Frecce

Filippo Facci

DI PIETRO

La storia vera

MONDADORI

Dello stesso autore
in edizione Mondadori

Presunti colpevoli
Di Pietro, biografia non autorizzata

www.librimondadori.it

Di Pietro
di Filippo Facci
Collezione Frecce

ISBN 978-88-04-59258-7

I edizione ottobre 2009

Indice

Di Pietro

Al padre. Al figlio

Gli agenti svegliarono me e la mia famiglia, perquisirono l'appartamento e sbirciarono persino tra i disegni dei bambini. Poi eccomi a San Vittore. I miei difensori mi dissero che sarei stato interrogato dal dottor Di Pietro e che sarebbe stato un interrogatorio durissimo, la cui asprezza e brutalità non potevo neanche immaginare, mi dissero di prepararmi al peggio. «Lei deve sforzarsi di dire qualcosa, faccia dei nomi» mi avvertirono «sennò non la tiriamo più fuori. Lei interessa a Di Pietro come pedina che possa coinvolgere altri personaggi.» Ma io non avevo niente da dire, dovevo forse inventare?

Di Pietro entrò, salutò i miei avvocati e sbrigativamente anche me. Mi lesse una dichiarazione e mi chiese: «Lei cos'ha da dire?». Risposi che la pratica era regolare e cercai di spiegare perché. Lui m'interruppe: «Basta, non mi racconti le cose in modo professorale, io non voglio sapere le cose belle, io voglio sapere le cose brutte, voglio sapere quali sono le tangenti che sono state pagate. Vada nella saletta e incominci a scrivere, io voglio sapere tutte le aziende che hanno pagato e lei mi deve fare i nomi, io non voglio filosofie, voglio nomi e cognomi: chi, come, dove e perché».

Entrava e usciva dalla stanza, interrogava contemporaneamente altre tre persone e ogni tanto tornava: «Fuori i nomi, lei ci deve dare le chiavi della siderurgia». Io replicai: «Ma scusi, io sono stato arrestato per via di una pratica, parliamo di questa pratica». E lui: «No, lei mi deve dire tutte le aziende siderurgiche che hanno pagato tangenti. Voglio i nomi, e se lei non me li dice, resterà qui dentro tanti di quei mesi che le farò perdere...», non ricordo il termine preciso, insomma ogni velleità. Questa tortura è durata sei ore.

Da inquisito non rividi più Di Pietro. Tempo dopo il pm Paolo Ielo m'interrogò quel tanto che bastava per capire che non c'entravo nulla. E mi liberò. Nel 1995 appresi che il fascicolo era stato inviato a Roma. La sentenza di archiviazione diceva: «Nessun addebito può esser mosso al signor Kraus neanche sotto il profilo formale».

Ma il carcere è il carcere. Ho un figlio che essendo molto piccolo non ne risentì, ma mia figlia di otto anni ha avuto dei problemi. Non è semplice da spiegare. Per molto tempo continuò a disegnarmi... a disegnare il suo papà dietro le sbarre di una cella.

Colloquio dell'autore con Daniel Kraus, direttore generale dell'Assolombarda arrestato il 1° ottobre 1993 e prosciolto il 24 febbraio 1996.

Preludio

> Un cane, se lo allevi e lo accudisci, non ti morderà.
> È questa la differenza tra un uomo e un cane.
>
> MARK TWAIN, *Wilson lo zuccone*, 1894

La riconoscenza è una responsabilità che alcuni non sanno reggere e che presto trasformeranno in rancore, talvolta in furore. L'ingrato spesso corrisponde a un archetipo ben delineato: il suo profilo è quello del classico anaffettivo che a una mancanza di investimenti relazionali fa tuttavia coincidere una grande velocità nel saper decifrare il prossimo; è un investigatore nato, tipicamente. Non di rado è un personaggio che mischia istinto e furbizia nel cogliere l'essenziale altrui (la parte che gli interessa, almeno) e che in genere non perde un minuto del proprio tempo per districare il groviglio dei malanimi accumulati. Crisi di coscienza: non pervenute. Disponibilità all'autoanalisi: zero, perché la vita corre. È questo, Di Pietro? Nel suo caso c'è qualcosa che va oltre.

Quando Antonio Di Pietro aveva undici anni, per tutto il durissimo periodo del seminario a Termoli, sin dal primo minuto fu affiancato da colui che fu un compagno ma soprattutto un vero amico del cuore, a quanto risulta l'unico della sua vita: Pasqualino Cianci. Era un coetaneo di Tavenna, vicino a Termoli: e non ci fu ora o giornata o stagione che i due non divisero per quei tre lunghi anni adolescenziali. Era un confidente, un consigliere, un complice inseparabile anche nei periodi estivi passati alla masseria. Pasqualino, figlio di artigiani, imparò a pascolare le pecore, a raccogliere le spighe, a lavorare la terra, tutte le durezze e le soavità della stagione più bella della campagna e spesso della giovinezza. È lui, intervistato, ad aver descritto

Tonino come un contadino nato e la sua naturalezza anche solo nel raccogliere un frutto, tagliare l'erba con la falce, fermare una pecora in fuga tirandole un sasso. I due seguivano le greggi e si isolavano per giornate intere; fosse stato per loro, ha raccontato, avrebbero vissuto in quei campi per tutta la vita. Invece, dopo il seminario, Pasqualino emigrerà negli Stati Uniti e si laureerà in medicina prima di sposare una paesana e tornare a vivere proprio a Montenero, di fronte alla masseria dell'amico frattanto emigrato al Nord. Anche durante i primi mesi di Mani pulite, con Tonino in perenne fibrillazione e lui operato due volte per un tumore, divideranno speranze e angosce. Durante l'estate del 1992, quando un Di Pietro già acclamatissimo tornerà a Montenero di Bisaccia per pochi giorni di vacanza, Pasqualino sarà praticamente l'unico ad avere libero accesso alla casa colonica della famiglia: diverrà un parziale portavoce e un riferimento per giornalisti e biografi; lo stesso Di Pietro lo indicherà come testimone e raccontatore ufficiale di quel surreale periodo da prete apprendista. Quando Di Pietro temeva attentati e c'era da nascondere i bambini, li teneva Pasqualino a casa sua. Quando Di Pietro paventava davvero che l'avrebbero arrestato, nel dicembre 1996, fu a Pasqualino che dette incarico di tranquillizzare i suoi figli raccontando loro una storia edificante. Eccetera. L'epilogo di quest'amicizia che pareva indistruttibile si rivelerà tuttavia così sconcertante da spiegare il biografato meglio di cento altri episodi.

> Ansa – Campobasso, 8 marzo 2002 – Una casalinga di 50 anni, Giuliana D'Ascenzo, è stata uccisa stamane nella sua abitazione alla periferia di Montenero di Bisaccia (Campobasso). È stata colpita al petto con un'arma da taglio ed è morta dissanguata sul pavimento della cucina. Il marito della vittima, Pasqualino Cianci, 52 anni, insegnante di inglese, ha detto di essere stato tramortito con un corpo contundente alla nuca ed è ancora ricoverato nell'ospedale di Termoli, dove avrebbe dichiarato ai carabinieri di essere rimasto vittima di un aggressore che tentava una rapina in casa. In tarda serata è atteso a Montenero di Bisaccia l'arrivo di Antonio Di Pietro, amico della famiglia Cianci, che probabilmente assumerà anche la veste di avvocato di parte civile.

Di Pietro era lui: aveva già avvertito la stampa del proprio arrivo. E Giuliana era lei, quella bambina di dieci anni con cui giocavano d'estate attorno alla masseria. Dopo il ginnasio, Pasqualino era partito per Filadelfia e molti anni dopo l'aveva incontrata ancora e per caso a Chieti. Si erano sposati ed erano andati a vivere nella casa del suocero, davanti a quella di Tonino.

I due amici si erano tenuti sempre in contatto, e Pasqualino in un momento di difficoltà aveva chiesto e ottenuto dall'amico persino un prestito di 60 milioni di lire.[1] Il caso volle che si fossero incontrati anche la domenica precedente al fattaccio, a Termoli.[2] Di Pietro li aveva nuovamente invitati ad andarlo a trovare su a Bergamo. Poi quel fatto orribile. Con Pasqualino, ancora sofferente in ospedale, che ricorreva all'amico del cuore che subito si era catapultato: questa, almeno, la versione accreditata da Di Pietro. Pasqualino Cianci ha raccontato:

> La sera stessa dell'omicidio me lo sono ritrovato accanto al letto dov'ero ricoverato. È diventato, non richiesto, il mio avvocato. Mi disse che era stata mia figlia a contattarlo, aggiungendo che dovevo andare orgoglioso di lei perché aveva gli attributi. Mi ha ospitato persino due settimane a casa sua dicendo che così ero più al sicuro.[3]

Di Pietro diffuse un comunicato in cui si diceva rammaricato «per l'uscita di resoconti e locandine giornalistiche con affermazioni diffamanti e infondate come quella in cui si afferma che a essere indagato sarebbe un familiare». Quindi pregava i giornalisti «di non alimentare sospetti infamanti in questo momento di sofferenza delle persone offese», perché è deprecabile che «vengano additati all'attenzione pubblica persone già duramente colpite dal dramma». Una reprimenda severa. Intanto la salma di Giuliana veniva tumulata nel cimitero del paese, Di Pietro accanto all'amico.

Apposti i sigilli sul luogo del delitto, Di Pietro come detto ospitò Pasqualino a casa sua come ai vecchi tempi. L'amico era sconvolto e non usciva mai, non leggeva i giornali, non guardava la televisione e non rispondeva al telefono. Il suo avvocato intanto si mise a indagare e affidò un incarico medico-legale al consulente Armando Colagreco. Interrogò Antonio Sparvieri, consuocero di Pasqualino. I primi esiti dell'autopsia disposta su Giuliana rivelarono che era morta per strangolamento e che le coltellate erano state inferte a cose fatte. Come per depistare.

Qui comincia l'incredibile. Chiuso e isolato nella masseria di Tonino, Pasqualino Cianci neppure seppe che il suo avvocato stava cominciando a mormorare in giro che l'assassino era lui. E Di Pietro diceva questo, attenzione, anche ai parenti, ai figli del medesimo. Ha raccontato Cianci:

> Quando Di Pietro disse che se l'avessero arrestato dovevo star vicino ai suoi figli, per me voleva dire star loro vicino, appunto, trovare una chiave per raccontare una storia non dico edificante, ma una storia da raccontare a dei figli: mica mettersi a parlare della Karfinco e di Pa-

cini Battaglia e dir loro magari che i miliardi, secondo me, il loro papà li aveva pure presi. Lui invece, a mia insaputa, andò dai miei figli e gli disse che potevo essere l'assassino della loro madre.

Il linguaggio dell'avvocato Di Pietro prese a cambiare anche pubblicamente: «Ho svolto costantemente le mie indagini che metto a disposizione della procura. La soluzione dell'omicidio della mia amica d'infanzia Giuliana dipenderanno dalla valutazione delle prove». Di Pietro tendeva a nominare meno Pasqualino e sempre più Giuliana, rinnovata «amica d'infanzia» e rinnovato riferimento affettivo. Questo mentre l'amico dormiva sempre a casa sua, ignaro.

Un giorno Tonino passò a prenderlo perché disse che c'era una formalità da sbrigare. Per una faccenda di nomine e di risarcimenti serviva che uno o più parenti mettessero la firma su una carta, scartoffie. Ancora confuso com'era, accompagnò il suo avvocato da un paio di parenti e non capì che cosa stavano firmando. Certamente neanche loro. Tutto quello che il grande Tonino suggeriva andava sempre bene.

Di Pietro poi prese da parte Domenico Porfido, un avvocato già consigliere regionale dell'Italia dei Valori che era amicissimo pure lui di Tonino e di Pasqualino. Siccome doveva andare e venire da Bruxelles, gli disse Di Pietro, poteva essere una buona idea che lui l'affiancasse nella difesa: lui fisso, Tonino pendolare. Ottimo, l'idea piacque anche a Cianci, che gli firmò la nomina.

Il 19 marzo Di Pietro era in macchina con Pasqualino e gli disse: «Ferma un attimo, sbrigo una cosa in procura». Entrò e mise agli atti la rinuncia al mandato. Poi risalì in macchina con l'amico, cui non disse niente: come a nessun altro, tantomeno all'avvocato Porfido. Presto avrebbe depositato anche alcune dichiarazioni che aveva raccolto dal consuocero di Pasqualino, a sua difesa, ma in forma di accusa. Chiederà che siano acquisiti alcuni documenti che aveva trovato a casa dell'amico e che siano fatte indagini su alcuni suoi movimenti bancari. Porterà in questura, sempre di nascosto, il passaporto di Pasqualino.

Cominciò a porsi qualche domanda, Pasqualino, quando un giorno incontrò la figlia. Non l'aveva ancora ringraziata per quant'era stata tempestiva e intelligente nel chiamare Tonino come suo avvocato: ma lei cadde dalle nuvole, lei non lo aveva chiamato per niente. L'amico gli aveva raccontato una balla. Poi toccò alla figlia chiedere al padre se fosse stato lui a chiamare quelli di «Chi l'ha visto?» che scorrazzavano in giro.

Ha raccontato Cianci:

Non era un gran momento per lui. L'Italia dei Valori era fuori dal Parlamento e lui in Molise non solo non aveva vinto, ma era arrivato pure terzo. Io ero un uomo distrutto. A quel punto gli feci una domanda secca, a muso duro: «Senti, non è che stai cercando i riflettori con questa storia di Pasqualino amico tuo? Non è che stai a terra e allora vuoi far vedere che sei così giusto che arresti pure l'amico migliore?». Io volevo solo un sì o un no, e glielo dissi. Lui ebbe una reazione di stizza, non mi disse niente e mi spintonò contro il muro.

Nell'arco di pochi giorni, il 4 aprile, l'amico fu indagato. E il 17 aprile fu arrestato dai carabinieri di Termoli per omicidio volontario. Immaginarsi in paese. La figlia, Debora, ne gridò l'innocenza come sempre farà. Le parole di Tonino si fecero definitivamente ambigue: «Difenderò la vittima, chiunque sia l'assassino».[4]

Pasqualino sempre più allucinato:

> Se lui si comporta in un certo modo per fini politici, è libero di farlo, ma io ero il suo miglior amico di sempre. Tu non puoi venire a mangiare e dormire a casa mia e poi andarmi ad aprire i cassetti, e se per caso trovi qualcosa andarmi pure a denunciare. Avrei preferito che mi dicesse: scusa, preferisco non difenderti. L'avrei capito. E invece non mi ha mai dato chiarimenti. Questa è una storia che voglio chiarire a tu per tu, mi deve guardare negli occhi e mi deve spiegare questi quarant'anni di amicizia traditi a quel modo. Io sono qui, il mio numero ce l'ha. Io non lo giudico come magistrato, come politico, e alla fine nemmeno come avvocato. Lo giudico come l'uomo che non è.

Debora e suo fratello erano figli del sospetto assassino ma anche dell'assassinata, dunque parti lese, vittime. Ma non avrebbero mai accettato di costituirsi contro il padre, anche e soprattutto perché credevano alla sua innocenza. Di Pietro l'aveva capito: ecco perché si era fatto accompagnare da qualche altro parente che firmasse senza capirci troppo. Il 17 gennaio 2003, da Busto Arsizio, Di Pietro spedì ai due figli una raccomandata-capolavoro che non conobbe imbarazzo:

> Carissimi, per come si sono messe le cose ho il dovere di farmi da parte per consentire a voi di stare in maniera migliore vicino a vostro padre … Vi ricordo che mi venne espressamente richiesto (da voi a da tutti gli altri familiari di Giuliana, vostro padre compreso) di assistervi nella vostra qualità di parti lese. È solo questa la ragione per cui ho accettato l'incarico e ho svolto le relative indagini difensive … Dovendo io rispettare la vostra coscienza, le vostre convinzioni e il vostro dramma umano, non posso che dimettermi dall'incarico. Incarico che ho già provveduto a rimettere anche nelle mani dei vostri nonni e zii

ma che mi è stato da essi riconfermato. Nei loro confronti, per un dovere morale che sento di avere verso l'indifesa Giuliana, continuerò a svolgere il mio mandato.

In altre parole: Di Pietro, mollato dai figli una volta inteso che non voleva difendere il loro padre ma sbatterlo in galera, per tenere un piede nel processo era ricorso a nonni e zii materni.

Ed eccoci direttamente al 18 gennaio 2005, prima udienza del processo di Corte d'assise contro Pasqualino Cianci. Antonio Di Pietro, come visto, era diventato avvocato di parte civile contro di lui grazie a un curioso «mandato collettivo» del parentado. Eccolo coi giornalisti: «Abitava vicino alla mia casa di campagna, da ragazzi abbiamo pascolato insieme tante mucche e pecore». Ma stava parlando di lei: «Sono qui per difendere la memoria di una donna perbene che è stata uccisa».

La sentenza fu il 31 gennaio 2007. Il pubblico ministero Luca Venturi aveva chiesto l'ergastolo. La parte civile, Di Pietro, aveva cercato di individuare dei pazzeschi retroscena per tutto il processo: aveva scavato nelle precedenti attività dell'ex amico del cuore e controllato e ricontrollato i contatti con esponenti politici, i viaggi all'estero, i movimenti bancari, eventuali debiti o affari loschi che la moglie avesse potuto scoprire. Più che avvocato, magistrato. Più che magistrato, poliziotto. Furono i giudici a spiegare che alla fine si trattava solo di un uxoricidio a Montenero di Bisaccia.

Pasqualino Cianci per tutto il tempo era rimasto saldamente ancorato alla proclamazione d'innocenza e alla sua ricostruzione della prima ora, puntando sull'assenza di un movente credibile: conoscenti, amici e la figlia avevano testimoniato che i due andavano d'amore e d'accordo. Poi, dopo nove ore in camera di consiglio, la condanna a 21 anni e 6 mesi di carcere.

Pasqualino Cianci ha fatto Appello. Anche la pubblica accusa attende l'Appello: ha ritenuto 21 anni e mezzo una pena troppo bassa. Pochi mesi dopo, l'Ordine degli avvocati di Bergamo ha sospeso Antonio Di Pietro per violazione dell'articolo 51 del Codice deontologico:[5] aveva assunto la difesa di una persona e in un secondo momento si era costituito contro di essa. Da avvocato accusatore, durante il processo aveva citato un teste che aveva interrogato come avvocato difensore. Domenico Porfido, anche lui amico di una vita, ingannato, romperà con Di Pietro dopo quarant'anni di amicizia e abbandonerà l'Italia dei Valori. Fu lui a redigere il ricorso all'Ordine degli avvocati che rivelerà come le attività dell'avvocato Di Pietro fossero state utili alla condanna.

Dopo la decisione dall'Ordine forense, nel novembre 2007, Di Pietro ha dichiarato:

> Ho richiesto io la sospensione dall'Albo degli avvocati ... Appena avrò tempo spiegherò la storia che l'Ordine degli avvocati di Bergamo non ha voluto leggere, ritengo per valutazioni preconcette verso un ex pm che ha lavorato nello stesso territorio. Peraltro, la persona che ha fatto scattare la sospensione dall'albo è già stato riconosciuto colpevole da un tribunale e condannato a vent'anni per aver assassinato sua moglie ... Su questa storia si potrebbe scrivere uno di quei romanzi che vedono alla fine il protagonista, suo malgrado, subire critiche nonostante egli abbia agito per la ricerca della verità e nel rispetto della legge. Come sono sicuro verrà accertato dal Consiglio Superiore dell'Ordine degli avvocati, giacché questa è solo una pronuncia di prima fase.[6]

Il tentativo di anticipare ogni mossa, ergendosi ad artefice delle decisioni altrui e prospettando come gradito anche quello che non gli è gradito per niente, sarà una costante della biografia di Antonio Di Pietro. Le «valutazioni preconcette» dell'Ordine degli avvocati, da lui citate, sono riferite al periodo che passò da pm a Bergamo più di ventidue anni prima, dal 1983 al 1985. Il richiamo alla «persona che ha fatto scattare la sospensione», ossia al suo ex amico del cuore Pasqualino Cianci, si spiega solo con un tentativo di delegittimarlo in quanto condannato per assassinio. Per quanto riguarda la mera «pronuncia di prima fase», infine, nel marzo 2009 il Consiglio superiore degli avvocati ha confermato la sanzione con parole non proprio leggere.[7]

Ruoli e significati dell'avvocato difensore, come visto, a Di Pietro paiono sfuggire o comunque non interessare. Per quanto lo riguarda egli non ritiene che i diritti dell'assistito vadano garantiti sempre e comunque, ma solo in caso di innocenza intesa come assoluzione. Non gli importa di porsi come una parte giuridica contrapposta a un'altra, ma come il sacerdote della verità: questo in tutti i mestieri che ha fatto in vita sua. Suo obiettivo non è tendersi come un nobile soccorritore di amici o dignitoso limitatore di danni, ma come paladino vincente del giusto contro lo sbagliato. Lui arresta anche il migliore amico, nel caso: questa la sua trovata in un momento di stanca, in un momento di pausa nella sua corsa da criceto nella ruota politica.

È noto che le più varie circostanze possono contribuire ad assolvere colpevoli o condannare innocenti, giacché la verità e la verità processuale non sempre coincidono: nel caso di Di Pietro, poi, dopo le esperienze bresciane, da non parlarne. Ma nel caso di Pasqualino

Cianci, da un preciso momento in poi, molto lasciava intendere che sarebbe stato condannato in ogni caso. Data la particolarità della situazione, Di Pietro poteva scegliere di astenersi, ma non lo fece: non lo ritenne un modus compatibile con la propria immagine pubblica. È passato ufficialmente ad accusare l'amico. Può darsi che abbia abbandonato la sua difesa perché lo riteneva colpevole, o può darsi che l'abbia abbandonata perché pensava che il tribunale l'avrebbe comunque condannato.

Ancora paralizzato dallo stupore, ma custode di un'idea di amicizia perlomeno propria, nei giorni precedenti un delicatissimo intervento chirurgico, Pasqualino Cianci non ha voluto fornire nessuna notizia utile a parlar male dell'amico:

> Io non parlo male di lui, io sto male all'idea di dover parlar male di lui. La cosa peggiore nella vita è quando temi di non aver capito niente, di aver sbagliato veramente tutto. La cosa peggiore è il rimpianto.[8]

A sopraffare è uno stordimento. A cercare ogni volta una spiegazione dell'inspiegabile, la storia ricircola come un mantra: Antonio Di Pietro ha un solo amico del cuore, uno solo; questo amico è accusato d'aver ucciso la moglie e Di Pietro gli si presenta nel momento del bisogno, diventandone avvocato; Di Pietro finge di difenderlo pubblicamente e lo valorizza come amico d'infanzia, ma trama di nascosto contro di lui; poi l'amico viene arrestato e Di Pietro passa ad accusarlo con gli stessi materiali raccolti per difenderlo, e valorizza come amica d'infanzia la moglie trucidata; per tenere un piede nel processo, infine, ricorre ai nonni; l'amico viene condannato a 21 anni e rotti.

Parte prima

LA SEMINA

Prima di essere un giudice sono un poliziotto, un poliziotto da marciapiede.

ANTONIO DI PIETRO, in Giorgio Bocca, *Metropolis*, 1993

I
Da contadino a immigrato

Un'Italia fa

Neppure la data di nascita di Antonio Di Pietro è del tutto chiara. È appurato che la sua prima moglie Isabella Ferrara è nata il 1° ottobre 1951 e che il suo primo figlio Cristiano è nato il 1° ottobre 1973: stesso giorno, stesso mese. «Anch'io sono nato il 1° ottobre» ha raccontato compiaciuto l'ex magistrato, però «mi iscrissero all'anagrafe con un giorno di ritardo». Questo si legge anche in due biografie:[1] che nacque il 1° ottobre 1950 ma che fu registrato il 2.

All'anagrafe di Montenero di Bisaccia, al numero civico 168 del Comune, si apprende tuttavia che nacque il 2 ma che fu registrato il 4. Le discordanze tra biografo e biografato iniziano da qui.

Antonio Di Pietro in ogni caso è nato in via Conte di Torino 69 alle 18. Montenero di Bisaccia è un paesino a 273 metri d'altitudine che dista settanta chilometri da Campobasso e meno di dieci dal mare. Ai tempi aveva ottomila abitanti, oggi seimila. Gli abitanti, fuggendo nel periodo delle invasioni barbariche, si rifugiarono su una collina chiamata appunto «monte nero» per via della boscaglia. Il villaggio fu invaso da tutte le popolazioni possibili e anche da questo, forse, derivano la rassegnazione e il fatalismo di un paese dove sino a poco tempo fa le mogli vestivano come vedove e gli uomini mendicavano pensioni d'invalidità: a Montenero la percentuale di invalidi è tra le più alte d'Italia, e chi non le otteneva doveva emigrare, piegarsi nei campi o pietire dal notabile di turno:

> Ho un ricordo di bambino. Mia madre aveva bisogno di un favore e bussò alla porta di uno che contava ... portava sotto un braccio una gallina viva e sotto l'altro non so quale regalo. La moglie del potente aprì la porta e mentre diceva che il marito non era in casa s'affrettò a liberare le braccia di mia madre. Restammo come due scemi davanti alla porta chiusa.[2]

I genitori di Antonio Di Pietro si erano sposati il 31 dicembre 1933, ventenni, e avevano avuto due figlie femmine in sei anni.

Antonio Di Pietro nacque quando le sorelle Concettina e Pierina avevano già sedici e undici anni. Fu un parto gemellare: con lui venne alla luce Angiolina. Erano tempi di miseria anche per dei contadini abituati alla vita dura: la madre Annina (Gilda all'anagrafe) era arrivata soltanto alla terza elementare e solo uno dei cinque fratelli era arrivato alla quinta. Dove ora c'è la sala da pranzo, alla masseria, c'era una stalla dove si dormiva tra il forno e gli animali. Tonino crebbe senza acqua corrente e senza servizi interni. Conoscerà l'uso dello spazzolino da denti solo a quattordici anni, in seminario.

Il bagno, alla masseria Di Pietro, in località Capo la Serra, l'hanno costruito solo nel 1987 dopo la morte di papà Giuseppino,[3] travolto da cinque balle di fieno mentre era intento a scaricare un trattore. Andò a sbattere con la testa contro il gancio di un rimorchio a ottantatré anni suonati, età in cui lavorava come sempre. Era un uomo dalle mani grandi e callose, più alto e corpulento del figlio cui ha trasmesso il modo di muoversi, le spalle un po' cadenti, una riconoscibile andatura caracollante e soprattutto il sorriso.

Il piccolo Di Pietro fu instradato al mestiere com'era naturale: lil suo primo incarico fu quello di guardiano di galline. Con gli anni passerà a pecore e maiali. Le mucche invece lo intimorivano. Ancor oggi, a quasi sessant'anni, l'ex magistrato si dice capace di arare, seminare, guidare i buoi, potare e concimare.

La madre ha raccontato che lui e Angiolina si appostavano vicino alle galline per mangiare le uova crude così com'erano, mentre all'età di tre anni maneggiavano direttamente le mammelle delle mucche. Altri due aneddoti: il figlio uccideva i polli a bastonate per poi spacciare che fossero stati investiti da un autocarro; quando Tonino infilò una ventina di pulcini in una damigiana, solo l'intervento materno impedì che restassero soffocati.

Era la sorellina a guidarlo nei giochi:

> Era lei a comandare. Se Antonio sbagliava qualcosa ... gli tirava le orecchie e lo sgridava ... senza dire una parola... E lui capiva e chiedeva scusa... «È cattivo, è fatto così» diceva davanti agli altri come per dire: che ci posso fare se è così?... Si mangiava le mandorle già sgusciate dalla sorella ... gli vibrò una mattonata sulla guancia...[4]

Di Pietro ne porta ancor oggi traccia sulla guancia sinistra, ben visibile.

Angiolina morì il 29 maggio 1954 e la famiglia non seppe neanche bene perché. Forse paralisi cerebrale. Era gente semplice, i morti erano morti. La trovarono immobile una mattina nel letto, e per il fratellino non dev'esser stato facile: le biografie parlano di un Di Pietro segnato profondamente e per mesi inappetente. Il «Corriere della Sera», a margine di un'intervista di Enzo Biagi dell'8 luglio 1992, scriverà erroneamente «Il giudice Di Pietro a tre anni» sotto una foto di Angiolina.

Nella famiglia Di Pietro erano tutti democristiani come naturale conseguenza dell'essere molto cattolici. La madre pregava diverse ore al giorno, e al magistrato, grandicello, infilerà nel portafoglio un'immaginetta della Madonna di Bisaccia. La capacità di autocontrollo della madre come pure del padre, che interiorizzavano ogni dolore se non altro per necessità, sono evidenti indizi del carattere decisamente anaffettivo del figlio. Per quanto timorata di Dio, Annina di fronte alle durezze della vita sapeva essere glaciale, ed è stato proprio il figlio ad attribuirle il motto «prega i morti, frega i vivi» che lui pare aver ereditato nella parte meno religiosa.

La famiglia di Tonino annoverava anche cinque cugine suore, una delle quali in Bolivia, e un cugino frate in Pakistan. Anche Pierina passerà un periodo in convento. Ai tempi mandare i figli dai preti era normale, tantopiù in un paese a monocolore comunista che offriva tre professioni possibili: contadino, prete o poliziotto.

«Mia madre mi picchiava se mi sorprendeva a giocare con il figlio del vicino di casa, il figlio del comunista»:[5] questo in un paese che ha sempre avuto amministrazioni comuniste e postcomuniste.

Tonino fece le scuole elementari a Montenero. Era piccolino e il maestro Mario Raspa lo mise proprio al primo banco, sedicesimo di trenta alunni in buona parte scalzi. D'inverno i bambini dovevano portarsi da casa la legna da ardere, ma Tonino per giungere a scuola percorreva tre chilometri in bicicletta ed era sempre accaldato. Andava abbastanza bene in tutte le materie ma aveva qualche difficoltà con l'italiano.

Il mare distava meno di dieci chilometri, ma lui lo vide per la prima volta a dieci anni, quando il padre lo accompagnò a Costa Verde, stazione ferroviaria di Petacciato.

Gli anni del seminario

Per le scuole medie i genitori decisero di spedirlo al seminario diocesano di Termoli. La retta di 7500 lire al mese per la famiglia era certo un sacrificio, ma l'alternativa era che Tonino cominciasse a lavorare a undici anni e che fosse condannato a un'eterna modestia. La tonaca era vista come una promozione sociale e in convento si andava a star meglio per definizione. Era un modo per prendere tempo. Tutto questo nel settembre 1961.

Di Pietro arrivò al seminario con una federa utilizzata come sacco e poco altro che non fossero maglietta, mutande e un solo paio di calze e pantaloni. Non è chiaro se avesse le scarpe. Ai tempi la classificazione sociale era semplificata: essere figlio di artigiani si traduceva nel poter portare le scarpe tutto l'anno (un solo paio) mentre i figli di contadini spesso non le avevano o le portavano solo in chiesa; un altro confine era tra chi a casa propria dormiva con gli animali e chi no. Nei fatti, gli artigiani avevano uno status e magari qualche soldo, però niente da mangiare: pane e pasta erano fatti in casa, ma per tutto il resto dovevano rivolgersi al contadino. Oltretutto i negozi di alimentari esistevano solo nelle città. I contadini, per contro, non avevano uno status e raramente avevano soldi, ma in compenso avevano un sacco di roba da mangiare: non era poco, in tempi di fame. Ecco perché al seminario uno come Tonino poteva trovarsi peggio di altri: brodaglie insapori condite col grasso e a colazione latte condensato.

Non risultano né registri né pagelle di quel periodo. Unica traccia: svariate fotografie che lo ritraggono sempre con la stessa maglietta a rigoni, assieme ai suoi venti compagni. È magro, segaligno e ha un'espressione piuttosto infelice. Si annoiava. Stava in seminario, o, d'estate, al pascolo con le bestie. In masseria doveva alzarsi tutte le mattine per mungere il latte e dar da mangiare agli animali, ma in seminario le regole erano da seminario: sveglia alle sei e mezzo, venti minuti per rifare il letto e lavarsi e vestirsi, santa messa, dieci minuti di colazione, venti minuti di ripasso delle lezioni e poi scuola alle otto precise. Dopodiché c'era la regola del silenzio assoluto. Vietato parlarsi e persino salutarsi: studio e solo studio, bene che andasse partite di ping-pong. Più raramente, qualche uscita in città, in fila per due, con divieto di parlare ai compagni e a chicchessia. Il tutto indossando una divisa con un berrettone. La corrispondenza doveva essere aperta e vagliata dal rettore, don Mario Vincelli. Niente giornali e niente tv. Se qualcuno doveva uscire per recuperare una pallina da ping-pong veniva interrogato dai compagni per sapere che cosa aveva visto. Un giorno di maggio, quand'era in terza media e l'anno scolastico era agli sgoccioli, toccò a Tonino recuperare la pallina: e però lui non fece ritorno. Scappò. Avrebbe voluto andare sino a Ciampino dalla sorella Pierina che intanto si era sposata, ma a Pescara si dimenticò di cambiare treno e fu acciuffato da un controllore. Il rettore lo spedì a casa tra l'ignominia generale, ma non perse l'anno scolastico. Sostenne gli esami in una scuola statale come tutti gli altri, e li passò. Comunque era chiaro che non avrebbe fatto il prete.

La Escort targata Campobasso

Era la fine del 1964 e il giovane Di Pietro decise di iscriversi all'Istituto Montani di Fermo, provincia di Ascoli: corso di perito elettrotecnico. Tonino viveva in un appartamento con tre compagni del paese e in aula sedeva al secondo banco perché era ancora bassino. Gli scrutini del 10 giugno 1965 gli fruttarono un 5 in fisica, un 4 in italiano e nelle altre materie sufficienze appena risicate. Il suo insegnante di religione, don Elio Frumenti, ha raccontato che aveva serie difficoltà a esprimersi e i suoi compagni hanno spiegato che raddoppiava eccessivamente la «b» di Bisaccia perché aveva l'accento marino. A settembre riuscì a cavarsela ma cambiò scuola. Si trasferì dalla sorella Pierina, a Ciampino, e si iscrisse all'Istituto tecnico Giovanni XXIII del quartiere Torre Spaccata, in via Cavour.

Le superiori scivolarono via. Tra i sedici e i diciassette anni crebbe di undici centimetri e diventò com'è ora, un po' più smilzo. S'industriava in una tipografia facendo il tuttofare del padrone cui all'occorrenza lavava il cane. A spizzichi avrebbe fatto anche il benzinaio, il garagista, il cameriere e – pare – il correttore di bozze. Risulta anche un Di Pietro suonatore di tromba con un gruppo di amici conosciuti al bar Enal, coi quali andava pure a ballare ai Castelli Romani oltreché giocarci a pallone, a biliardo, a briscola e a quel che capitava.

L'amico prediletto di quel periodo si chiamava Tonino come lui. L'omonimo, una sera, lo invitò a seguirlo al mare a Fregene, ma Di Pietro aveva già un invito a una festa e rimase indeciso sino all'ultimo. Optò per la festa e insomma non salì sull'auto che in serata si schiantò sul raccordo anulare, seccando l'amico. Tonino ne uscì sconvolto. Passò giornate intere a consolare la madre assieme ad altri amici. Dopo un'infanzia sufficientemente segnata da dolori e sofferenze, la morte cominciava a passargli vicino un po' troppo spesso. Sarà una costante della sua vita.

In quarta superiore venne rimandato. Pur nascondendo la cosa alla famiglia, se la cavò e alla fine l'agognato diploma fu suo. Una biografia[6] descrive Tonino che si presenta alla madre con queste testuali parole: «Ti presento il perito elettrotecnico Di Pietro Antonio». È il giugno 1969.

Il neodiplomato avrebbe potuto iscriversi a qualsiasi facoltà universitaria: proprio quell'anno era entrato in vigore il famigerato Decreto Sullo che lo consentiva. Secondo l'amico Pasqualino Cianci, che nello stesso anno prendeva la maturità classica, Tonino decise di non andare all'università per non pesare ulteriormente sulla famiglia. Queste sarebbero state le sue parole: «I miei genitori hanno già fatto abbastanza per me. Non posso chiedere più di quanto ho avuto. Non posso più permettermi di chiedere nulla ai miei, non posso pesare su di loro o avanzare pretese».[7]

L'ipotesi di studiare e lavorare, come tanti altri, non venne presa in considerazione. La versione degli scrupoli verso la famiglia contrasta con l'automobile che Di Pietro accettò in regalo dalla madre: una Ford Escort 900 usata color azzurrino-verdolino, targata Campobasso.

Nonostante la ricca aneddotica, e matrimoni a parte, il rapporto di Di Pietro con le donne verrà qui tralasciato. Passano in cavalleria solo una sua nota attenzione per il genere femminile nonché alcuni atteggiamenti molto italiani (occhiate, piccole sbruffonerie) che le giornaliste e le avvocatesse milanesi ben conoscono.

Immigrato in Germania

Di Pietro conobbe la sua futura prima moglie durante una delle ultime licenze, su presentazione di un cugino. I due cominciarono a filare. Isabella Ferrara era figlia di un argentino che a sua volta era figlio di un abruzzese di Rivisondoli. Diplomata alle magistrali, si iscriverà all'Università dell'Aquila ma dopo il matrimonio e la gravidanza rinuncerà giocoforza agli studi.

Tonino finì il militare nel dicembre 1971, dopo 14 mesi e 14 giorni. Gli alibi erano finiti e non sapeva ancora bene che fare. Non è chiaro se Isabella fosse già ufficialmente la sua fidanzata.

Una sera, al bar, Tonino conobbe i fratelli Pasquale e Giuseppe Zappitelli che erano appena tornati dalla Germania per qualche giorno di vacanza a Montenero. Erano due emigrati e li sentì raccontare che lassù la vita era dura ma la paga buona. Da quelle parti cercare lavoro all'estero era normale ma significava tornare a casa una o due volte l'anno e dormire ammassati in baracche di compaesani: poteva durare pochi mesi come una vita, e in Germania e in Svizzera c'erano figli che non ricordavano i volti dei padri.

Decise che si poteva fare. Pasquale Zappitelli aveva una giovane fidanzata che lavorava come impiegata alla Wmf, ditta tedesca specializzata in articoli casalinghi in acciaio: fu lei a far sapere che cercavano gente. Tonino decise di partire assieme al cugino, che però avrebbe rinunciato dopo una settimana. Era l'inizio del 1972, Di Pietro aveva ventun anni. Con in tasca 10.000 lire della madre cambiò quattro treni e arrivò a Böhmenkirch, nel Baden-Württemberg, tra Ulm e Stoccarda. La Wmf era a Geislingen an der Steige, diciassette chilometri da lì. Cominciò a lavorare come pulitore di metalli: doveva lucidare posate e mestoli per 30 marchi al giorno. Al figlio Cristiano racconterà che se si chiudeva in bagno per più di cinque minuti i padroni bussavano per reclamarlo. Rimanendogli il pomeriggio libero, trovò altro lavoro in una segheria dove rimaneva fino a sera e rimediava un po' di legna da ardere nella stufa della casa dei fratelli Zappitelli, dove dimorava a scrocco.

Tornava in Italia ogni due mesi e a un certo punto portò su anche la macchina, utilizzata per carichi di caciotte, salami, olio e vino da distribuire ai compagni. La Escort 900 stracarica era un'icona dell'immigrato che viaggia verso Nord. Le citate biografie esagerano in qualche episodio un po' eroico e si contraddicono anche sulle sue presunte conquiste femminili. In una di esse[8] si ammicca alla seduzione di qualche cassiera tedesca e a presunte gite in camporella con un'emigrante di Sulmona, in un'altra[9] si spiega che «la Germania abbonda di ragazze, ma Tonino non ha tempo per loro». E poiché Isabella intanto aspettava al paese, si decanta: «Quando Di Pietro prende un impegno c'è da star sicuri che manterrà la parola». Un'affermazione che si avrà modo di verificare.

Il periodo da immigrato in Germania, assai decantato dal protagonista, durò in definitiva non più di sette mesi, durante i quali Di Pietro tornò a casa tre volte. L'ultima, nell'agosto 1972, fu definitiva. Ebbe modo di riempirsi la valigia di posate Wmf di cui farà cimelio da esibire regolarmente a convivio, come testimoniato anche dagli amici socialisti e democristiani dei tardi anni Ottanta. È del settembre dello stesso anno la chiamata del ministero per le prove scritte e orali del concorso dell'Aeronautica. Di Pietro non si tirava indietro.

II

Da immigrato a poliziotto

L'imperio e la supplica

Tra il luglio e il settembre 1992 Di Pietro corresse e vistò personalmente due monografie a lui dedicate e in via di pubblicazione. Lui stesso aveva suggerito i personaggi da intervistare. Questi scritti da una parte autorizzano a pensare che le informazioni contenute siano rispondenti al vero, o comunque gradite a Di Pietro che altrimenti le avrebbe corrette o tagliate; d'altra parte vi è da ritenere che i tagli apportati da Di Pietro contenessero errori o particolari non graditi: il dato è interessante dal momento che l'autore di questa biografia ne è venuto in possesso.[1] Il materiale verrà perciò in parte riproposto: trattasi, in un caso, di correzioni originali, non fotocopiate e scritte in corsivo dall'allora magistrato.

Da una biografia,[2] per esempio, risulta tagliata questa testimonianza di Giuseppe Lucibello sugli esami dell'amico al ministero: «Ha avuto la fortuna e la bravura di sedersi vicino a un laureato in ingegneria che gli ha dato una mano per il compito».

Per gli orali sarebbe andata in ben altro modo, o così pare. Ecco, più o meno, cosa disse Tonino:

> Vi voglio dire la verità: non ho studiato, non so nulla. Sono partito ieri sera alle 6 dalla Germania, dopo una giornata di duro lavoro. Ho viaggiato tutta la notte, sono stanco morto. Guardatemi, sono un disperato. Io sono qui davanti a voi e non voglio nascondervi nulla: desidero tornare in Italia, non ce la faccio più a vivere in Germania e a lavorare come un mulo. Se mi aiutate, se mi promuovete, io vi prometto, io vi do la mia parola che studierò, imparerò, farò il mio lavoro nel miglior modo possibile. Credetemi. E vi prego, aiutatemi.[3]

L'imperio alternato alla supplica sarà un'altra cifra riconoscibile del biografato.

Fatto il concorso, comunque, Di Pietro lavorò come operaio in uno zuccherificio di Termoli e parlicchiò di matrimonio con Isabella: forse a settembre, diceva. Ma nel febbraio 1973 gli giunsero due notizie. La prima era che aveva passato il concorso: avrebbe controllato le produzioni che una ditta, l'Elettronica Aster, eseguiva per conto del ministero. Questo a Milano e poi in Brianza, nella sede di Barlassina. Ormai era uno statale con stipendio sicuro, come sarebbe rimasto per il resto della vita.

La seconda notizia era che Isabella era incinta. E i tempi e i luoghi erano quelli che erano, perciò decisero di non dirlo a nessuno. Si sarebbero sposati appena possibile. Tutto stava precipitando verso il futuro.

Il matrimonio riparatore

Il 7 aprile 1973 Tonino si presentò in chiesa con un look immortalato da svariate fotografie: basettoni, pettinatura con ciuffo laterale, vestito scuro attillato, papillon, calze chiare e una cintura con una fibbia enorme. Lei era tradizionalmente in bianco con lo strascico. Non fecero un vero viaggio di nozze, poveretti, non ne ebbero modo e tempo: solo una decina di giorni in un curioso circuito tra Roma, Rimini e la Svizzera, con *Montagne verdi* di Marcella Bella come colonna sonora dell'idillio. Ma c'era da correre subito a Milano. Partì prima lui, lei lo avrebbe raggiunto con calma.

A Milano lui dormì in una stanza in zona Forze Armate, e quando arrivò anche lei alloggiarono dapprima all'Hotel Parma di via Piero della Francesca e poi in un vano dalle parti di via Tonale, dietro la Stazione Centrale. Visti i prezzi, Di Pietro aveva adocchiato un appartamento a trentacinque chilometri da Milano, a Lurago d'Erba. Ma non era ancora pronto.

Il 1° ottobre 1973, un lunedì, nacque Cristiano. Isabella dopo l'estate si era fermata a Vasto perché voleva partorire nella sua terra. Il nome lo scelse lei, che donò al bimbo naso e bocca, tutto il resto sarà il padre sputato. Di Pietro fu sfortunato: era appena ripartito per Milano. Seicentocinquantasei chilometri, nove ore di treno: poi telefonò dalla Stazione Centrale e dovette riprendere un treno per tornare.

L'inaugurazione del nuovo appartamento di Lurago d'Erba è del giugno 1974. Lo stipendio di lui, 170.000 lire al mese, ci metterà poco a non bastare. Cercherà altre cose e comincerà col fare l'amministratore del proprio stabile e poi di altri della zona, lavorando la sera. Ci vorrà qualche anno perché Isabella cominci a fare qualche supplenza scolastica.

Siamo al Di Pietro definitivamente adulto benché indeciso in qualche postura esteriore. Smise di fumare e si fece crescere una barba improponibile. Una foto dell'epoca ce lo mostra poi con scarpe bianche, pantaloni bianchi, giacca bianca, cravatta bianca e camicia nera. In un'altra è con giacca a quadrettoni e cravatta a rigoni.

Milano: Aster, Ustaa e Sismi

Il complicato approccio al suo lavoro nella Aster non è più rinviabile. Secondo un testimone, Tonino cominciò a lavorare al Centro Regione Aerea di piazza Novelli. Secondo un altro, passò direttamente in un ufficio di Barlassina, in provincia di Como. Secondo un altro ancora, trascorse qualche tempo negli uffici dell'Aeronautica di Linate, o forse in via Farini, sempre a Milano.

La versione più probabile è che facendo parte della Dca (Direzione costruzione armamento) abbia saltabeccato qua e là prima di passare all'Ustaa di Barlassina. Un colonnello del genio dell'Aeronautica, Michele Merlo, aveva lasciato il corpo per entrare nella proprietà della Aster, azienda di apparecchiature elettroniche. All'interno di questa società era dislocata una postazione dell'Ustaa (Ufficio sorveglianza tecnica armamento aeronautico) e fu appunto lì che il ministero della Difesa spedì Di Pietro. Secondo Merlo, dal 1975. Secondo un amico di Tonino di allora, Gianni De Cet, nel 1973.

L'Ustaa, in sostanza, aveva il compito di sorvegliare l'operato delle aziende fornitrici, ossia che i prodotti corrispondessero ai requisiti contrattuali per quantità e termini di consegna, nulla più. E questo faceva Tonino: compilare i documenti che accompagnavano i materiali al collaudo e dare un'occhiata perché tutto fosse prodotto come i capitolati d'appalto prevedevano. Secondo altre fonti (le solite biografie) eseguiva dei veri e propri controlli di qualità con supervisione su costi e preventivi: circostanza impensabile, anche perché stiamo parlando di un perito civile di venticinque anni che difettava del bagaglio tecnico e di responsabilità necessario.

L'ufficio si occupava, e saltuariamente anche Di Pietro, di aziende come la Breda Meccanica, l'Aerea, la Salmoiraghi e altre ancora. Ma il suo ufficio era appunto dislocato presso la Aster di Barlassina, e di essa Tonino si occupava in prevalenza. Si parla di un'azienda che lavorava per conto dell'Aeronautica, della Marina e dell'Esercito, che collaudava pezzi di alta tecnologia adottati dai paesi Nato e che, in consorzio con altre aziende (ma solo successivamente, e tanto per fare un esempio), avrebbe prodotto parti dei sistemi di controllo dei caccia Tornado. Il giovane Di Pietro si occupava perlopiù del «sistema d'arma Nike», parti di missili in dotazione alle nazioni del Patto atlantico.

Va da sé che un organismo cruciale come l'Ustaa fosse a contatto con il Sismi: si vorrà dare per scontato che i servizi segreti militari tengano d'occhio perlomeno i centri di produzione militare. E, come detto, nelle aziende in questione non si producevano gavette. Quelli con il Sismi, beninteso, non erano contatti ufficiali (non lo sono mai) ed era ben logico che i proprietari delle aziende ne fossero tenuti all'oscuro per quanto possibile. Alcune sparate su un Di Pietro dipinto come uomo dei servizi segreti nascono da queste considerazioni, poste in maniera mai seria e comunque indimostrate. Non era strano che il Sismi fosse a contatto con la Cia e che questa fosse legittimamente interessata al controllo e alla supervisione di quelli che in fondo, anzi principalmente, erano prodotti strategici della Nato. Tanto che i militari, gli industriali bellici e i dipendenti come Di Pietro dovevano preliminarmente (ogni sei mesi, più o meno) passare il vaglio del Nos, il Nulla osta sicurezza. In un mare di sigle, dipartimenti e organismi non stupisce che sia caduto in confusione persino l'ex capo del Sismi, l'ammiraglio Fulvio Martini:

> Da quel che ho capito Di Pietro lavorava all'Usi, l'Ufficio sicurezza.
>
> *Come, non all'Ustaa?*
>
> Quello non c'entra niente, io credo che lavorasse all'Ufficio sicurezza.
>
> *E Di Pietro cosa faceva?*
>
> Chi lavorava in certe ditte aveva bisogno di un nulla osta di sicurezza, un pezzo di carta che veniva dato ai tempi della guerra fredda. Mettiamo che lei lavori in una fabbrica con una produzione che interessa alla Difesa e quindi viene a conoscenza di segreti e cose di ambito Nato. Bene, c'erano degli organi di sicurezza, nello Stato, impegnati in attività di spionaggio che dovevano verificare ad esempio che lei non fosse un acceso comunista. Ecco, allora non le avrebbero dato il nulla osta, che veniva rilasciato da questo ufficio che appunto non era operativo: trasmetteva agli operativi la richiesta di informazioni su Tizio o su Caio.
>
> *L'ufficio si chiamava Ustaa...*
>
> Ufficio sicurezza, per quanto so. Ma forse ha cambiato nome dopo la legge del '77-78, la 801.
>
> *Non Ustaa?*
>
> Ustaa... io conosco l'Uspa.
>
> *Che cos'è?*
>
> Ufficio sicurezza Patto atlantico.[4]

L'Ustaa comunque esisteva. Al suo interno, pur essendo un civile, Di Pietro rispondeva al capitano dell'Aeronautica Antonio Montagna e divideva l'ufficio con due ufficiali più un altro civile come lui. L'hanno descritto come un tignoso, un pignolino, un uomo tendenzialmente di destra ma disinteressato alla politica. Forse vi fu qualche problema, all'inizio: il capitano Montagna, che ogni fine anno doveva stilare una valutazione complessiva sull'operato dei suoi uomini, diede il voto più basso proprio a Di Pietro. Piccoli screzi; forse non facilitava le cose che lui guadagnasse molto meno degli altri perché sprovvisto delle indennità militari.

La raccolta di queste e altre informazioni, da parte dell'autore, ha richiesto una fatica impensabile. Non ha certo aiutato la tendenza di Di Pietro a smentire senza però spiegare né chiarire di suo, con in più il vizio di querelare quanti abbiano cercato di sondare una carriera che profili di scarsa trasparenza, vedremo, ne ha offerti più d'uno. Suo l'indubbio vizio di omettere, di raccontare verità parziali, talvolta di mentire. Il caso dell'Ustaa e della Aster non è neppure il più lampante.

Prendiamo, appunto, l'Ustaa e la Aster. Un amico di Tonino, il già citato Gianni De Cet, ha raccontato[5] che nel 1974 Di Pietro portò addirittura suo padre Giuseppe alla sede di Barlassina «per mostrargli dove lavorava»; è stato De Cet ad accompagnare Tonino per la prima volta a Barlassina; ed è stato confermato che fu Di Pietro stesso a indicare ai biografi il nominativo di Michele Merlo, proprietario della Aster, tra quelli da contattare perché raccontassero (bene) di lui.[6]

Niente da fare: «Non lavoravo alla Aster» dirà Di Pietro il 7 febbraio 1997 in tribunale e in ogni sede possibile. E chiusa lì. È vero, lavorava all'Ustaa, non alla Aster. Ma l'Ustaa era solo un ufficio dentro la Aster. Eppure Di Pietro ogni volta non lo spiega: nega. Fa di tutto, insomma, per autorizzare misteri e sospetti.

Per capire meglio: in un interrogatorio reso a Brescia nel 1995, metterà per iscritto di aver lavorato per il Controllo armamenti del ministero della Difesa dal 1973 al 1977; subito dopo, in un libro che raccoglie le sue carte processuali,[7] comparirà una correzione: dal 1973 al 1979, come per coprire quel paio d'anni in seconda stesura; finché, da altri documenti ufficiali e non smentibili, si apprende che vi lavorò dal 10 febbraio 1973 al 15 gennaio 1980. In un libretto titolato *La mia politica*,[8] nel 1997, torna a scrivere: fino al 1977.

Si parla dell'uomo che invoca trasparenza e di cui neppure la data di nascita è data per acclarata. In realtà, la carriera di Antonio Di Pietro non è stata costruita dai servizi segreti non perché sia stata fatta luce su un certo suo ruolo, come è lecito attendersi da un magistrato prima e da un politico poi, ma unicamente per secche smentite.[9]

Nel 1977, tuttavia, qualcosa accade. All'Ustaa, Di Pietro si fa vedere sempre meno. Di quel periodo si sa che sfornò un esame universitario dietro l'altro, tema che si affronterà più avanti. Anche le agiografie faticano a giustificare qualche zona buia di troppo, in quegli anni.

Nel 1992 i cronisti del Palazzaccio assisteranno a un commovente incontro tra Merlo e Di Pietro: «Il mio maestro...» disse Di Pietro appropinquandosi a lui. E furono abbracci per il proprietario della Aster che già da tempo era scivolato su una storiaccia giudiziaria. Nel febbraio 1993, però, cambiò tutto. Merlo presenziava al dibattimento d'appello che lo riguardava e si accorse che il pm Carmen Manfredda stringeva in mano una delle biografie citate e in cui si narrava, tra altro, del suo pregresso rapporto con Di Pietro. L'imbarazzo fu di molti, perché quel processo ipotizzava anche reati di mafia.

Suo compagno di scorribande, allora, era Gianni De Cet. Le biografie descrivono i weekend in Valsassina, sci ai piedi. Di Pietro negherà. De Cet, interpellato, ha raccontato delle gesta di Tonino portiere in partitelle di calcio tra dipendenti della Aster e anche di quando un'uscita poco ortodossa spaccò la gamba di un avversario e Tonino volle smettere per il rimorso: «Lui che odia nuocere in qualsiasi modo al prossimo» ha raccontato il figlio Cristiano.

Il laureato sprint

Come anticipato, Di Pietro arrotondava lo stipendio amministrando qualche condominio, compreso «I prati» in cui viveva. Altri soldi li mandavano i genitori di Isabella. Poi, non si sa come, comprò una casa. In un paesino adiacente, Lambrugo d'Erba, c'era lo scheletro di una villetta in costruzione e i coniugi Di Pietro decisero di acquistarla dividendola con un'altra coppia. Secondo le biografie, Tonino la ristrutturò praticamente da solo. Non si ha notizia di svaghi come cinema, teatri eccetera. Da quanto appreso, passava ore e ore col figlio, la sera, e il gioco preferito era la lotta.

La visione a scorrimento veloce di tutto questo lasso di tempo (1974-1978) giustifica una pausa di riflessione: perché in mezzo a tutto questo Di Pietro si è laureato in giurisprudenza.

Da «Oggi» dell'8 novembre 1995:

La laurea ce l'ho, non consentirò a nessuno di scherzarci sopra. A costo di prendere una mazza e passarla per la schiena a chi prova (o riprova) a sfottermi su questo tasto.

Da Corriere.it del 19 maggio 2008:

«Proprio stamattina ho querelato il Presidente del Consiglio che in campagna elettorale aveva detto che avevo preso la laurea grazie ai servizi segreti.» Lo afferma il leader dell'Italia dei Valori, Antonio Di Pietro, a Gr Parlamento.

Ciò per chiarire quanto la vicenda sia ancora discussa.

Certo, la cronaca abbonda di personaggi che pur lavorando di giorno hanno ottenuto una laurea. Non è noto se facessero i pendolari da Lambrugo, gli amministratori condominiali, i ristrutturatori di villette, i portieri, gli sciatori nei weekend e poi di sera i mariti, i padri e i giocatori di Monopoli: tuttavia sono tanti coloro che prendendo a pugni la vita e il congiuntivo, come Di Pietro, ce l'hanno fatta. Magari girovagando per anni nella galassia dei fuoricorso, o facendo buon viso a certi 18 sul libretto: ma alla fine ci sono riusciti e l'hanno gridato al mondo.

Di Pietro no. Di Pietro diede ventun esami in trentadue mesi, si laureò con 108 e secondo le biografie non lo disse a nessuno: un'impresa che di norma riesce a pochi studenti modello, gente che non ha altre occupazioni oltre allo studio. Colpisce peraltro che le solite biografie, tese a ingigantire anche gli episodi più improbabili e insignificanti, sull'argomento sorvolano. Sbagliano le date. Cercano di ovviare a una reticenza di Tonino che altrimenti sconfina – è l'unica spiegazione – nella modestia. Addirittura scrivono:

Tonino non aveva mai detto a nessuno che si era iscritto all'università, i suoi genitori lo seppero per caso... All'Elettronica Aster vennero a sapere della laurea per caso. Tonino si presentò al lavoro regolarmente, come se laurearsi in quattro anni [*accademici, perché in pratica sono meno di tre*] fosse la cosa più normale del mondo per un uomo che lavorava da mattino a sera.[10]

Dall'Aster-Ustaa hanno smentito decisamente. Tonino, hanno detto, portava i libri anche in ufficio, studiava «a pappagallo» (a memoria) e soprattutto, appunto dal 1977, in ufficio lo si vedeva poco. Inoltre, particolare che Tonino il lavoratore non ha mai raccontato, aveva orari da ministeriale: staccava alle 14.00.

Non risulta che festeggiò mai la laurea. Nessun amico o familiare assistette alla tesi. Ai genitori non aveva neppure mai detto d'essersi iscritto. Fotografie dell'evento non ce ne sono.

Lo studente Di Pietro Antonio matricola 144836 divenne dottore il 19 luglio 1978 con una tesi sull'attuazione della Costituzione nel primo trentennio di applicazione. Relatore il costituzionalista Paolo Biscaretti di Ruffia, correlatore l'assistente Maria Paola Viviani. Purtroppo Biscaretti di Ruffia è morto, ma nel 1995 fece in tempo a controllare il suo quadernetto personale in cui annotava tutti gli studenti laureatisi con lui. Di Pietro c'era, disse.

Il nome del futuro magistrato compare anche nell'archivio informatico dell'università. E il rettore, con lettera privata, ha confermato che Di Pietro Antonio risulta laureato.

In questo straordinario modo:

1975

28 maggio – Storia del diritto romano (400 pagine): 28/30

4 giugno – Istituzioni di diritto romano (700 pagine): 25/30

4 luglio – Istituzioni di diritto privato (1100 pagine e 2969 articoli del codice civile): 24/30

10 novembre – Diritto costituzionale (700 pagine e 139 articoli): 30/30

(data illeggibile) – Diritto costituzionale comparato: 26/30

1976

20 febbraio – Esegesi delle fonti del diritto italiano: 26/30

28 aprile – Contabilità dello Stato: 26/30

3 maggio – Diritto regionale e degli enti locali: 29/30

15 giugno – Diritto ecclesiastico: 26/30

1° ottobre – Diritto canonico (300 pagine): 28/30

25 ottobre – Diritto commerciale (1400 pagine): 27/30

30 novembre – Economia politica (700 pagine): 26/30

20 dicembre – Organizzazione internazionale: 27/30

1977

24 gennaio – Scienze delle finanze e diritto finanziario (800 pagine): 26/30

7 febbraio – Storia del diritto italiano (650 pagine): 28/30

31 marzo – Diritto processuale civile (1000 pagine e 831 articoli): 28/30

18 aprile – Diritto tributario (450 pagine): 27/30

24 maggio – Diritto penale (1200 pagine, 734 articoli): 27/30

7 luglio – Procedura penale (1100 pagine, 675 articoli): 28/30

29 ottobre – Diritto civile (800 pagine): 25/30

1978

26 gennaio – Diritto amministrativo (1400 pagine): 28/30

19 luglio – Tesi di 320 pagine e laurea. Voto finale: 108/110.

In un libretto[11] a firma Antonio Di Pietro, è scritto: «Si è laureato con il massimo dei voti». Non è vero, come visto: prese 108. Purtroppo la maggior parte dei professori dell'epoca sono morti. Quelli vivi sarebbe anche normale che non ricordassero uno che non frequentava i corsi. Per la stessa ragione, forse, non figura neanche uno studente tra i centomila personaggi intervistati nel corso degli anni Novanta perché dicessero «anch'io conoscevo Di Pietro».

Il quotidiano «Il Foglio» aveva ritenuto di averne individuato perlomeno uno, di personaggio:[12] Agostino Ruju, assistente di Diritto civile del professor Pietro Trimarchi. Di Ruju erano assodati i rapporti intrattenuti con carabinieri, poliziotti, finanzieri e uomini del Sisde e del Sismi. All'interno dell'università milanese era un punto di riferimento per figli di generali e di questori e vantava la tessera «Amici dei carabinieri». «Il Foglio» aveva ipotizzato che Ruju avesse preso a cuore anche le sorti del giovane Di Pietro, ma l'interessato smentì la circostanza, dapprima cortesemente, e si disse anzi convinto che Tonino avesse studiato al Sud. «Dopo la pubblicazione dell'articolo era semplicemente terrorizzato» hanno fatto sapere dal quotidiano. Ruju fu arrestato da Di Pietro per Mani pulite ed era in attesa di giudizio[13]. Ma una cosa curiosa, da principio, aveva fatto in tempo a dirla: «Se è vero che Di Pietro sostenne Diritto privato il 4 luglio del '75, ricordo che quello fu il mio primo appello da assistente: bocciai tutti». Messa così è inquietante. Qualche mese dopo, per fortuna, corresse il tiro sul «Corriere della Sera»: l'esame? «Non l'ha certo sostenuto con me. Io ero appena stato nominato assistente, ricordo bene quell'appello: lui è stato promosso, mentre io ho bocciato tutti.»[14] E messa così è diverso: potrebbe anche solo significare che Di Pietro era il migliore di tutti. A ogni modo, anche qui, le illazioni del «Foglio» non hanno trovato conferma.

Poliziotto, anzi no

Le biografie spiegano che, divenuto dottore, Di Pietro si licenziò dal ministero della Difesa. Ma neanche qui risulta niente di chiaro. Come già visto, parlò di dimissioni avvenute nel 1977 (nell'interrogatorio bresciano) e poi corresse in 1979 (nel suo libro di memorie difensive). La laurea è di quasi due anni prima.

Ci sarebbe un altro fatto che non quadra, a prender per buono quanto testimoniato da Aldo Freschi, un dipendente della Maa Assicurazioni. La sua dichiarazione non è riportabile per esteso in quanto oggetto di querela, però descrive, per quanto ci importa, un Di Pietro in versione poliziotto già nel Natale del 1979, quando ufficialmente non lo era: in quel periodo manca quasi un anno al concorso di Di Pietro per vicecommissario di Polizia.

Viene in soccorso, o complica le cose secondo i punti di vista, un'intervista che il noto giornalista Paolo Guzzanti fece il 29 aprile 1993 ad Antonia Setti Carraro, suocera del generale Carlo Alberto Dalla Chiesa e madre della sfortunata Emanuela con lui assassinata a Palermo. La signora, affettuosamente, riferì che aveva conosciuto Di Pietro (già celeberrimo, nel periodo dell'intervista) quand'era un «agente» al servizio del generale: novità assoluta e titolo di merito stranamente escluso da ogni profilo biografico. Il 1° maggio 1993 «La Stampa» pubblicò l'intervista. Domanda: «Lei ha conosciuto Di Pietro?». Risposta: «Benissimo. Le dirò che era alle dipendenze del generale Dalla Chiesa». I nuclei del generale erano dei gruppi interforze, un apparato di intelligence antiterrorismo a metà strada tra magistratura e ministero dell'Interno, a stretto e giustificato contatto con i servizi segreti.

Dopo la pubblicazione dell'intervista non accadde nulla, nessuno smentì nulla. La signora, anzi, ringraziò. Quattro anni dopo, il 16 settembre 1997, Guzzanti riproponeva la confidenza della Setti Carraro e scoppiava il finimondo. Lei smentiva in maniera un po' disordinata, poi riferiva che a dirle dell'attività di intelligence svolta da Di Pietro (dunque confermata) fu lo stesso Di Pietro quando le rese visita in compagnia di un «alto magistrato». Altri comunicati e interviste si susseguirono fino a che Guzzanti scrisse: «Devo confessare a questo punto l'impressione, ricavata dal tenore poco spontaneo della lettera, che la signora Setti Carraro si sia dovuta risolvere a scriverla piuttosto di malavoglia».

Contattata a bocce ferme, la signora Setti Carraro ha detto:

> Gli feci recapitare un biglietto, lui mi venne a trovare a casa accompagnato da una collega magistrato di cui adesso non ricordo il nome, mi pare fosse la figlia di uno dei presidenti del Tribunale di Milano. S'intrattenne a casa mia per circa un'ora e mezzo e, parlando, mi disse di aver lavorato alle dipendenze di mio genero a Milano. Lo appresi direttamente da lui. Per questo nell'intervista rimarcai la sua collaborazione con il generale. Per quello che ricordo non faceva parte della sua scorta personale ma era uno degli agenti che avevano il compito, credo, di tenere sotto controllo l'accesso ai covi.[15]

La citata «figlia di uno dei presidenti del Tribunale» dovrebbe essere il pm Gemma Gualdi, in realtà nuora del presidente della Corte d'appello Piero Pajardi e decisamente amica di Di Pietro, tanto che questi, nello stesso periodo, cercava di cooptarla nel Pool di Mani pulite. Per quanto riguarda i covi, è lo stesso Di Pietro ad aver ammesso una sua «attività di investigazione riservata presso il covo terroristico di via Astesani sotto coordinamento dell'allora mio dirigente Vito Plantone».[16] Non era proprio il primo che passava, Plantone: aveva guidato l'irruzione nel covo del brigatista Walter Alasia e aveva dato la caccia ai peggiori delinquenti degli anni Settanta prima di diventare questore.

Di Pietro non ha mai voluto dire una parola sull'argomento. Paolo Guzzanti, sul «Giornale» del 23 giugno 2009, ha invece puntualizzato nuovamente: «La signora Setti Carraro mi disse: "Indovini chi veniva sempre col generale e restava seduto su quella sedia con la mitraglietta sulle ginocchia? Proprio lui, Antonio Di Pietro". Con la mitraglietta al seguito di Dalla Chiesa? Davvero era un poliziotto? Non sembra risulti dagli elenchi».

Di certo vi è che Di Pietro si dimise dall'Aeronautica e che grazie alla liquidazione cambiò finalmente auto: lasciò la Escort e comprò un'Alfetta 1600 giallo ocra, usata. La moglie guidava una Fiat 500.

Era cominciato il periodo dei concorsi. Prove ed esiti si incrociarono tra loro. Si iscrisse a un corso per segretario comunale all'Università di Pavia e così poté presentare domanda alla Prefettura di Como per una supplenza in due paesini della Val d'Intelvi, Pigra e Blessagno. Poi, a Roma, fece anche il concorso vero e proprio per segretario comunale e anche quelli per Polizia e per Magistratura. Quest'ultimo gli andò malissimo, ma negli altri due superò gli scritti. Per un certo periodo tentò anche di fare pratica notarile in uno studio di Mariano Comense, ma non era cosa. La madre ha raccontato come lui ripetesse «da grande voglio fare legge e missione» ma la prima moglie ha ribattuto che lui alla magistratura arrivò quasi per caso, tra un concorso e l'altro, e che suo massimo obiettivo sarebbe stato fare il notaio.

Il vicecommissario

È una fase che presumiamo commovente per la famiglia Di Pietro: sogni e speranze cominciavano a intrecciarsi. Tonino passava le serate sui libri mentre il piccolo Cristiano, allo stesso tavolo, disegnava o faceva i compiti. Era un bambino molto buono, pare, col fisico del padre e il carattere dalla madre. Non mostrava le particolari ambizioni tipiche di molti bambini e indispettiva il padre dicendogli che da grande avrebbe voluto fare il camionista.

Giunsero i primi buoni risultati: passò gli orali da segretario comunale e fu chiamato a occuparsi anche di altri due paesini del comasco, Introbio e Pasturo, ma l'incarico fu spazzato via dal successo agli orali per Polizia e dall'ammissione al corso per commissario. Il training, a Roma, durava sei mesi e la lontananza creò le prime tensioni familiari. Tonino, durante l'addestramento alla difesa personale, si ritrovò a terra con tre costole incrinate e una prognosi di dieci giorni; un'altra volta Isabella stava andando a prenderlo alla stazione di Como ma ebbe un incidente sul lungolago, sfasciò l'Alfetta, proseguì a piedi ma poi non trovò il marito che si era addormentato sul treno ed era finito in Svizzera.

Di Pietro risostenne gli scritti per magistrato in data imprecisata. Intanto terminò il corso della Polizia e lo assegnarono a Milano. Questo il 21 settembre 1980.

Fu nuova vita. Il vicecommissario piombava a Milano tutte le mattine con l'Alfetta ormai ridotta a un rottame: dopo l'incidente della moglie, a un semaforo venne pure speronato da una 500 e la constatazione non fu molto amichevole. Si batté il verbale da solo.

In breve si rivelerà un poliziotto nato e quel tirocinio a Roma si dimostrerà forse più prezioso della laurea sprint. Non fu la giurisprudenza cartacea a insegnargli come far confessare certe pellacce di quartiere, gente cui la galera faceva il solletico. Coi colletti bianchi di Mani pulite sarà tutto così facile anche per questo.

Era un poliziotto. E fu il poliziotto a carpire il trucco delle banconote segnate, fu il poliziotto a impadronirsi di un motto sui confidenti a lui caro: «Il primo giorno ascoltali, il secondo parlagli, il terzo arrestali». Da magistrato confesserà: «Seguo ancora questa regola e credo proprio di non sbagliarmi».

Concorda un racconto di Isabella Ferrara:

> Qualunque cosa gli chiedessero diceva sempre di sì... io lo rimproveravo: Tonino, perché hai accettato? Sai benissimo che non potrai farlo. E lui mi rispondeva: l'importante è che sia andato via contento, c'è sempre tempo per deludere la gente.[17]

Fu una scuola di formazione. Il Tonino poliziotto aveva tutto dello sbirro da telefilm. Lui stesso ebbe a definirsi «zanza» nonché «re degli zanza». Complici ne erano l'incedere sergentesco, i pantaloni a zampa d'elefante, i basettoni, i capelli ispidi e quella sua Alfetta scassata: requisiti da perfetto infiltrato nella malavita.

Non ci mise granché a farsi qualche amico. Nel periodo in cui stazionò alla Squadra Mobile conobbe Achille Serra ed Eleuterio Rea, dirigente della Digos. Poi venne trasferito al Quarto distretto Monforte-Vittoria di via Poma 8 con la qualifica di commissario in prova. Era il 9 aprile 1981.

In via Poma legò subito col maresciallo molisano Pio Cafaro e col dirigente Carlo Iacovelli, ma l'amico vero fu senz'altro l'appuntato Roberto Stornelli, complice e testimone di un sedicente «metodo Di Pietro» così riassumibile: sfondare la porta e sorprendere i ricercati mentre erano a letto con le loro donne. Due biografie descrivono l'episodio di una poveretta che cerca di sedurre Di Pietro perché non arresti il suo uomo, e Tonino a fare battutine assieme all'amico appuntato. Colpisce che Stornelli e i biografi narrino l'episodio con fierezza. Così pure si racconta dei fine settimana che i due passavano nei boschi, a castagne, prendendole a revolverate: Tonino con la P38, Roberto con la Beretta 91. I poliziotti ogni tanto fanno queste cose. Purtroppo Stornelli sarà inquisito per mafia e corruzione.[18]

Di Pietro era stato appena assegnato quando il «Corriere della Sera» pubblicò un durissimo attacco contro il Quarto distretto di via Poma: scrisse che droga e malavita regnavano indisturbate e che il commissariato dormiva. Ne scaturì un repulisti a macchia di leopardo, e durante un blitz di Tonino in via Salomone ecco un episodio fondamentale: Di Pietro trascinò alcuni spacciatori ammanettati lungo un cortile e la gente lo applaudì appollaiata sui balconi. Qualcuno gridò «Forza Di Pietro» e la cosa gli piacque. Da allora non si è fermato più. «Tentava di fare il duro» ha raccontato un suo collega «ma mentre attraversavamo il cortile il sorriso gli scappava da tutte le parti.»[19]

Quella e altre maxioperazioni come il repulisti di Ponte Lambro (trecento arresti, oltre quattrocento agenti impegnati) sono state impugnate dalle biografie per adombrare una ritrovata efficienza del distretto dovuta proprio all'avvento di Di Pietro. Una tesi risibile: l'operato di via Poma, a essere moderati, si rivelerà uno dei più vergognosi casi d'inefficienza della storia criminale di Milano. Non bastasse, traspariranno connivenze col mondo della mafia e della delinquenza organizzata in genere. Nella stessa via Salomone in cui Tonino ostentava un sorriso da vendicatore degli oppressi, fin dal 1977, operava la più potente centrale criminale mai trapiantata nel Nord Italia, il famoso autoparco della mafia. Ma in via Poma non se ne accorgeranno mai: per smantellarlo, quindici anni più tardi, dovranno intervenire la Procura di Firenze e i Gico della Finanza. Roberto Stornelli verrà condannato per corruzione, ma Di Pietro non si accorse di nulla: seguiterà a dar fiducia a Stornelli al punto da cooptarlo nella squadra dei poliziotti di Mani pulite.

Il periodo in Polizia comunque non durò molto. Di Pietro frattanto era riuscito nel miracolo di passare gli scritti del concorso per Magistratura e il 12 novembre 1981 il ministero gli comunicava che era stato ammesso agli orali. Nel grande giorno gli chiesero un documento perché si identificasse, ma reagì stizzito: «Sono il commissario Di Pietro». «Sì, ma deve dimostrarlo» gli risposero.

Nei tre elaborati scritti aveva preso il voto minimo o forse neanche quello: in due era più sul 5 e tra questi c'era il compito di Diritto penale. Di Pietro maltrattò il latino e suscitò le ire del commissario di Diritto romano. Il presidente di commissione ogni volta smussava e placava, il percorso della vedetta molisana aveva commosso anche lui. Per la materia principale, Diritto penale, gli fece una domanda elementare: se durante una rapina i banditi chiudono gli impiegati in una stanza, che reato viene commesso? Di Pietro tacque. Forse fu l'emozione, ma ignorava il concetto di sequestro di persona. Il resto dell'esame non andò molto meglio: si profilava una bocciatura e il più determinato era il commissario di Diritto romano. Il noto garantismo del presidente di commissione, Corrado Carnevale, rovesciò la situazione:

> Avevo letto il suo curriculum. Era stato emigrante, si era arrabattato molto. Questo mi indusse a essere clemente. Se devo pentirmi di tutto, come pretendono in molti, mi pento anche di questo. Nei concorsi per magistrati non bisognerebbe tener conto di considerazioni pietistiche. In base all'esame però non avrebbe meritato il voto minimo che gli abbiamo attribuito.[20]

Il garantismo avrebbe fruttato seri guai al presidente di Cassazione Corrado Carnevale, ma per ragioni diverse.

Promosso. Tonino ce l'aveva fatta. Il più formale ed erudito dei magistrati ne aveva messo in pista uno che insomma. Il 12 novembre 1981 ricevette la raccomandata: sarebbe stato operativo dal 23 del mese. A Milano l'attendeva il tirocinio da uditore giudiziario, figura che non apre indagini ed è coadiuvata da un magistrato: assiste, ogni tanto interroga ma più spesso scartabella. Per poco più di un anno Tonino si limitò a fare questo.

Al Palazzaccio gli chiesero di vestirsi un po' meglio. Cambiò anche auto: una Fiat 850 e una Fiat Panda per la moglie. Ma la sera rientrava spesso tardi. Con Isabella non andava più tanto bene.

Quella Milano gli era comprensibilmente estranea: per abituarsi ai labirinti del palazzo di giustizia ci vogliono anni. Aveva ancora qualche amico tra i poliziotti del distretto ma al momento nessuno tra i nuovi colleghi. Simpatizzò semmai coi cancellieri e col personale amministrativo. La sua risata sgretolava i cornicioni.

Il magistrato che ufficialmente seguiva il nostro uditore era Alfonso Marra e dopo un anno abbondante il suo giudizio su Tonino parve soddisfacente anche se certe valutazioni sono piuttosto standardizzate: «Buona preparazione giuridica, impegno costante, equilibrio e capacità». Marra sottolineò «la pregressa esperienza da commissario di pubblica sicurezza».

La prima parte del tirocinio insomma volò, e il 9 febbraio 1983 venne destinato a Bergamo. Apprese che sarebbe entrato in esercizio dal 31 marzo come sostituto procuratore. Era quasi un magistrato.

III

Da poliziotto a magistrato

Bergamo: una bomba a mano sulla scrivania

Quel giorno giurò nelle mani di Ottavio Roberto, presidente della seconda sezione penale di Bergamo, e i cronisti locali segnarono questa frase di Tonino: «Come magistrato, voglio operare a stretto contatto con le forze dell'ordine».

Non sarà un modo di dire. Fin dal principio i suoi amici e collaboratori furono il capo della Squadra Mobile Enzo Ricciardi e il colonnello dei carabinieri Antonio Santoro. Poi ci litigherà, ma da principio stava più in questura che in procura.

Il suo ufficio non brillava proprio per sobrietà: un cesto di caramelle, un poster di New York, una pianta ornamentale e, sulla scrivania, una bomba a mano disinnescata. Ogni mattina passava a salutare il procuratore capo Giuseppe Cannizzo che dopo qualche giorno, imbarazzato, gli spiegò che quella puntuale processione non era necessaria. Tonino spiegò che era abituato così col questore.

Non saranno tanto i poster o le bombe disinnescate a preoccupare. Certo che neanche il suo abbigliamento pareva rassicurante: completi improbabili, cappelli tipo Borsalino che facevano investigatore, spesso jeans con la pistola infilata sulla destra e, secondo una fonte, addirittura la mimetica: da qui un paio di nomignoli (John Wayne, Lone Wolf) e qualche preoccupazione per quella 7.65 che ogni tanto dimenticava in giro, come racconterà il suo autista di servizio, Guido Moscheni. Comprensibile dunque qualche snobismo verso chi «sa come muoversi tra prostitute e spacciatori, sa scendere al volo da un'auto della polizia, riesce a comprendere e a esprimersi nel gergo della malavita».[1]

Una delle prime vicende che lo riguarda, come altre, è avvolta nella leggenda. Ci sono vari modi di ricordare un episodio. Il procuratore capo Cannizzo, per esempio, ha raccontato: «Scese in strada in maniche di camicia con la pistola in pugno. Irruento, questo era». Una delle biografie[2] ha invece scritto:

> Appena Di Pietro ascolta alla radio il messaggio di allarme ... ordina all'autista di accendere la sirena e precipitarsi nella via della rapina, dove nel giro di pochi secondi ... con un salto scende dall'auto ed estrae la pistola che tiene infilata nei jeans ... lo raggiunge, lo blocca e lo arresta tra l'ammirazione generale.

Nostra versione: nel pomeriggio del 12 luglio 1983 Di Pietro si trovava all'interno di una volante della polizia, come al solito. Un bandito tentò di rapinare un negozio di abbigliamento, ma sparò al proprietario e l'uccise: Di Pietro, rubando il tempo ai colleghi poliziotti, inseguì e bloccò il malvivente.

Il suo problema era già allora un certo presenzialismo. Era sempre per strada. Quando il 19 luglio 1983 esplose la Pirotecnica bergamasca, ritenne necessario recarsi sul posto: le foto lo ritraggono mentre guarda i morti. Dove c'era un morto c'era lui. Con Giancarlo Borra, medico legale addetto alle autopsie e futuro parlamentare dc, fece conoscenza in questo modo. Diverranno amici. Borra sarà inquisito da Di Pietro per Mani pulite.

Mirabile uomo d'azione, Tonino aveva prevedibili problemi con la giurisprudenza. Si infiammò nell'approcciare un genere che riprenderà a Milano: il sospetto di tangenti alla Motorizzazione civile. Un titolare di officina gli aveva parlato di una serie di revisioni compiacenti da 30.000 lire l'una. Lui però diede il via a un'inchiesta labirinto che si protrarrà per quattordici anni e proseguirà ben oltre la sua permanenza a Bergamo; un colosso dai piedi d'argilla che vedrà rinviare a giudizio i funzionari Pietro Liberatore, Antonio Massimino, Pasquale Martarelli e Mario Epis: tutti assolti l'11 febbraio 1997 perché il fatto non sussiste.

Il giudice sbirro

Digiuno di cultura giuridica ma non di fantasia, Di Pietro proporrà capi d'imputazione inesistenti che i suoi agiografi definiranno «avanguardia» nonché «tesi nuove e moderne che la dottrina ufficiale non ha ancora recepito». In sostanza faticava a distinguere i reati. Nei processi bergamaschi per droga, per esempio, proporrà «l'uso di gruppo» piuttosto del consumo o spaccio: l'associazione con la futura «dazione ambientale» di Mani pulite non è casuale. Sono entrambe soluzioni che sposano un problema del biografato (la scarsa cognizione, come detto) con un'altra tentazione comune a tanti magistrati: non perdere troppo tempo. Non a caso le soluzioni legislative proposte dal Pool di Milano mireranno a evitare, com'è accaduto, che per distinguere una corruzione da una concussione possano trascorrere giornate intere.

A Bergamo, comunque, di queste «avanguardie» non gliene passarono una. Qualche collega disse che Tonino voleva solo mettersi in mostra. Da principio era apprezzato da Mario Conte, un magistrato progressista. Un luogo comune vuole invece che sia stato ostacolato da magistrati invidiosi o alla peggio intortati col potere. Ha detto a proposito l'allora procuratore capo Cannizzo:

> Gli affidai molti processi già previsti a ruolo per i suoi colleghi. Questo suo attivismo e certi suoi atteggiamenti avevano suscitato qualche perplessità, specialmente da parte di altri sostituti: Mafferri, Conte, Locatelli, Ferrucci. Ci furono alcune vicende legate al suo comportamento che suscitarono una certa irritazione. Non potei fare a meno di segnalare i fatti alla Procura generale per le sue determinazioni. ... Gli erano rimasti alcuni atteggiamenti da commissario di polizia. Dentro di sé portava ancora una specie di deformazione professionale che non si addiceva a un magistrato.[3]

La versione del Di Pietro osteggiato dal potere dev'esser stata comunque gradita a lui medesimo, giacché a tal proposito ha eliminato dalle biografie ogni opinione non convergente con le sue. In particolare, una: quella di Gianfranco Mafferri, ai tempi sostituto procuratore di punta della procura orobica:

> Ho venticinque anni di anzianità nella magistratura e non ho paura di nessuno, ma le mie opinioni me le tengo. Ho sentito, ho letto di questo preteso contrasto tra me e Di Pietro. Questo signore è l'eroe nazionale del momento e dunque qualsiasi cosa si dica contro di lui può apparire motivata dall'invidia. Io oggi sono procuratore capo, sto facendo la mia carriera: questo è un fatto, questa è una risposta. Ero a Bergamo da vent'anni. Si immagini se arriva Di Pietro, uditore giudiziario da due mesi, e mi metto in competizione con lui. Faccia riferimento ai documenti, vada al Csm a leggere il fascicolo. Vedrà. La prego di astenersi dal prospettare un contrasto personale tra me e Di Pietro. È stato lui ad accreditarlo ... Di Pietro non andava d'accordo con nessuno degli altri suoi colleghi. Posso documentarlo in ogni momento. Provi a chiedere al dottor Conte, un altro dei sostituti di allora. Chieda ad Antonio Rodari, presidente dell'Ordine degli avvocati. Si informi alla questura. Mi sento onorato di essere considerato un avversario dell'eroe nazionale. Aspetti. E intanto si documenti...[4]

«Eccessivamente inquisitorio»

Ci si è documentati.

La Procura di Bergamo, sin dal 1983, si era determinata a impegnarsi soprattutto nei reati come bancarotta e fallimento fraudolenti. Anche il giovane Di Pietro era stato messo in pista, ma dovettero pentirsene. I suoi metodi di indagine (interrogatori di avvocati, commercialisti, professionisti in genere) verranno definiti «eccessivamente inquisitori» dalla stessa procura. In settembre Tonino spedì in galera i fratelli Minali, quattro noti industriali, e con loro l'amministratore dell'azienda Giuseppe Carrara. Forse gli arresti non erano necessari, scrisse anche la stampa locale.

Il 5 ottobre 1983 i carabinieri indiziarono l'imprenditore Fausto Tombini di truffa aggravata. Di Pietro ordinò di arrestarlo nonostante gli agenti – questo almeno hanno raccontato loro in sede giudiziaria – gli avessero evidenziato che quel reato non prevedeva le manette. Di Pietro allora ipotizzò l'articolo 416 (associazione per delinquere) spiegando che in questo modo – saranno ancora i carabinieri a confermarlo – «si sarebbe aggirato l'ostacolo». Tonino li denuncerà.

Comunque sia andata, il 7 ottobre il maggiore Antonio Santoro, il maresciallo Francesco Di Maio e il brigadiere Francesco Mirone portarono in caserma Tombini e lo arrestarono. Lo misero in regime di isolamento e apposero i sigilli alla sua azienda di Tortona. Perché l'avevano arrestato? Di Pietro aveva optato per un'ipotesi di ricettazione, ma nessuno lo spiegò o contestò a Tombini. Sarebbe il magistrato a doverlo fare, ma non si fece vedere.

Aveva altre cose da fare. Era impegnato a interrogare decine di persone per un'altra inchiesta riguardante una rapina del 28 aprile al Monte dei Pegni: la classica banda dei sardi aveva razziato 2 miliardi. Era così infatuato, Di Pietro, da richiedere che gli fosse tolta di mezzo la polizia giudiziaria: per far parlare i sardi, disse, bastava lui.

L'8 ottobre spedì una lettera riservata all'attenzione del questore e per conoscenza alla procura generale: annunciava che «da quel momento in avanti, il contatto con l'informatore sarebbe stato tenuto esclusivamente da lui». La figura del magistrato-poliziotto ha dei precedenti, ma in Sudamerica.

Intanto Tombini rimaneva dentro senza sapere perché. Di Pietro non lo aveva interrogato né aveva convalidato il fermo e il sequestro dell'azienda: aveva continuato a occuparsi dei sardi. Solo dopo una settimana, il 13 ottobre, lo liberò, «rilevato che sono scaduti i termini per la carcerazione e il fermo». Termini che non erano neppure stati convalidati. L'imprenditore Fausto Tombini uscì di galera senza sapere perché c'era finito.

Di Tombini, nelle biografie, non v'è traccia.

Il 26 ottobre l'imprenditore denunciò Di Pietro per sequestro di persona. Il procuratore capo Cannizzo chiese spiegazioni e lui reagì come sempre farà: denunciando chi l'ha denunciato e preparando una lunga memoria difensiva. Nel caso denunciò i carabinieri e dichiarò solennemente che non si sarebbe più occupato delle indagini su Tombini. Sua tecnica classica anche questa: rinunciare a ciò che non gli appartiene. Il fascicolo, infatti, era già passato al collega Conte.

Tensione, continui ritardi e assenze, chissà che altro: sta di fatto che con Isabella, intanto, la storia era finita. In città, in via Mazzini, Tonino prese due stanzette e una donna di servizio. Quasi mai tornava a Lambrugo. Decisero per la separazione. Cristiano aveva quasi dieci anni e il padre lo reclamò con decisione, e Isabella acconsentì pur con riserve. Lui decise che avrebbe ceduto alla moglie la sua parte di casa. Per il prezzo si metteranno d'accordo.

Pazzo per la stampa

Ormai aveva l'età di Cristo e cominciava a perdere i capelli. Decise di distrarsi ed ebbe inizio una lunga fase relativamente farfallona. Grazie a due carabinieri aveva conosciuto Fabrizio Pavan e Cinzia Astolfo, una coppia di disinvolti: lei era di origini molisane e così familiarizzarono. I due vivevano in un grande appartamento di Bergamo Alta, a palazzo Perini, vicino al curvone di San Giacomo. Il giardino dava sulle vecchie mura. Invitato a cena, Tonino si presentò con una piccola damigiana di olio della sua terra, e anche questo sarà un classico.

«La Pavan», come la chiamavano, organizzava feste e serate dove erano presenti anche magistrati, ufficiali e giovani della sedicente Bergamo bene; *guest star* era Roby Facchinetti dei Pooh. Un andirivieni che aveva creato qualche lagnanza del vicinato e qualche scandaletto.[5]

Durante una festa di fine ottobre, presente Tonino, non si sa bene che successe: secondo testimoni, la Pavan raccontò alla sua amica Carla Loda, una ragazza con una boutique in città alta, che Tonino si era pubblicamente vantato del prossimo arresto di due importanti avvocati. Li aveva indagati e messi sotto intercettazione telefonica, disse. I due erano Aldo Algani ed Ernesto Tucci, e in città erano piuttosto noti. Carla, colpita, passò parola all'amica Ilda Capelli, la moglie di Algani. Che ovviamente lo riferì al marito.

Così il 29 ottobre, alle ore 22.30, l'avvocato Algani passò in questura a chiedere spiegazioni. Il questore Ricciardi telefonò a Mafferri che si precipitò. Sfilarono vari testimoni. Tutti confermarono. La Pavan accorse successivamente e parlò di un equivoco, anche se pareva dura da digerire: tutto coincideva e certo i testimoni non potevano essersi inventati un fatto vero: l'arresto dei due avvocati infatti era previsto. Si profilò un favoreggiamento a mezzo festa. Interpellato, Di Pietro diede una versione che non convinse più di tanto. A Bergamo, da qualche parte, c'è ancora il fascicolo, si suppone archiviato.

Di Pietro insomma ne uscì indenne ma da quel momento i brontolii di certi ambienti bergamaschi si fecero ancora più persistenti. Per cominciare, la procura dispose che dei reati fiscali e societari tornasse a occuparsi Mafferri: il 2 novembre Cannizzo lo definì «magistrato indubbiamente di maggiore esperienza e, come tale, pienamente consapevole, fra l'altro, dello stretto riserbo a cui un magistrato è tenuto». Riferimenti non casuali, ma poco male: Di Pietro era ancora preso dalla banda dei sardi. Aveva fatto centoventi interrogatori in un mese (non quello di Tombini) e il 23 novembre soprassedette alla formalizzazione dell'inchiesta senza neppure mandare il fascicolo al giudice istruttore. La rapina era stata compiuta da quattro persone ma ne rinviò a giudizio diciannove, compresa tutta una ramificazione sarda. Tredici erano già in galera e a suo dire non potevano non sapere: associazione per delinquere. «Un rinvio a giudizio più veloce, pronto e tempestivo di questo» scrisse un quotidiano locale «non si ricorda facilmente. Bisognerà vedere se il processo potrà resistere ai soliti cavilli della procedura, qualora gli aspetti formali non siano stati del tutto rispettati.»[6]

Di Pietro il 16 marzo 1984 otterrà 44 anni di carcere per i rapinatori. Il magistrato protesterà perché aveva proposto una pena doppia. Inoltre era stato assolto il cassiere dell'istituto di credito Giovanni Picchiello, che lui riteneva fosse il basista della rapina.

Ogni sua azione comunque otteneva grande spazio sui giornali: cui qualcuno, evidentemente, passava le notizie. Il 2 dicembre «La Notte» pubblicò un articolo che il procuratore capo attribuì apertamente all'ispirazione di Di Pietro. Il 9 dicembre su un giornale locale uscì un altro articolo, molto ispirato anche quello. Cannizzo, furibondo, convocò il direttore del quotidiano a causa del «contenuto generalmente inesatto e indubbiamente tendenzioso» di quanto scritto. Ottenne la pubblicazione di una rettifica.

Ma decise che a quel punto il dottor Di Pietro andava calmato. Intanto, con un po' di ritardo, rispose alla missiva con cui il magistrato pretendeva di saltare a piè pari la polizia giudiziaria: il 14 dicembre, «essendo venuto a conoscenza che questo metodo di lavoro chiaramente inammissibile per un magistrato era stato adottato in altre occasioni», invitò Di Pietro ad acquisire le notizie di reato come gli altri magistrati occidentali.

I suoi giri di amici si allargarono. Frequentò in particolare i fratelli Bruno e Angelo Sartori, quest'ultimo titolare di un'autoscuola. Angelo aveva un macchinone sportivo e con Tonino farà un non ben precisato viaggio a Praga. Anche Di Pietro aveva cambiato auto: era passato a una Fiat 127 diesel color lilla made in Brasile. Molto snob. Una biografia racconta che il magistrato osservava le Mercedes e commentava: «Ma che avrà mai in più rispetto alla 127?».

Con i due fratelli faceva spesso baldoria anche perché avevano un gruppetto musicale che si chiamava Daniel Santa Cruz Ensemble. Una biografia racconta che un Natale, indecisi su cosa regalare a Tonino, i Sartori optarono per una Walther PP super. E che una sera, in città alta, si divertirono col classico gioco della verità. Ad Angelo Sartori chiesero: che pensi di Tonino? Risposta: «Se sua madre rubasse un'arancia, arresterebbe anche lei». Risero. Buon che Sartori fosse una persona onesta: era titolare di un'autoscuola, ma scamperà all'inchiesta «patenti facili» condotta da Tonino qualche anno dopo.

Fra i tagli apportati da Di Pietro alla biografia di Moncalvo, c'è anche questa opinione di Sartori:

> Non parlava del suo lavoro, ma si sapeva che non gli volevano affidare inchieste importanti. I suoi colleghi lo avevano emarginato fin dall'inizio. O gli arrivava qualcosa quando era di turno o difficilmente gli arrivavano procedimenti scottanti.

È il giro dei Sartori a fargli conoscere Anna Bionda, ex fidanzata del terrorista Michele Viscardi, un killer di Prima Linea. Era stata in carcere per favoreggiamento, spesso la convocavano in questura. All'inizio, di Tonino, aveva avuto paura. Una biografia: «Di Pietro era pieno di umanità e comprensione nei suoi confronti... Le fu vicino, la aiutò». Purtroppo, poco tempo dopo, Anna Bionda si schianterà con la sua Mini Minor contro un camion della nettezza urbana. Morta. La lista s'ingrossa.

L'11 gennaio 1984 il procuratore capo Cannizzo spedì alla Corte d'appello di Brescia una durissima relazione sull'operato di Di Pietro. Il quale, dalla citata biografia di Moncalvo, ha tagliato l'opinione di Cannizzo a proposito. Questa:

Era mio dovere riferire. Non potevo esimermi. Avevo tutti i sostituti addosso. Di Pietro aveva esagerato, si era creata una certa tensione, una certa preoccupazione. In quel clima anch'io correvo dei rischi. Le notizie sarebbero arrivate comunque a destinazione. C'era una certa freddezza dei colleghi nei suoi confronti, direi qualcosa più della freddezza. Soprattutto con Gianfranco Mafferri.

Nella relazione, che il 20 gennaio giunse anche al Csm, si leggeva:

Questi episodi insieme ad altri [*tra i quali il caso Tombini, la festa dalla Pavan, la pretesa di fare a meno della polizia*] hanno determinato una situazione di grave disagio e nei rapporti esterni e in quelli interni, e in particolare con la polizia giudiziaria e il foro. Si prospetta quindi l'opportunità, qualora questa situazione dovesse perdurare, di adottare misure cautelari e in particolare l'esonero permanente del Dr. Di Pietro dal cosiddetto turno esterno.

La bocciatura

Che fine aveva fatto Tombini? Il 5 marzo 1984 la sua denuncia contro Di Pietro veniva archiviata.[7] Il sostituto Giuseppe Porqueddu aveva ravvisato tutti gli estremi del reato di omissione d'atti d'ufficio, ma giustificava il comportamento di Di Pietro perché impegnato con la banda dei sardi. La sentenza, però, recitava: «Per amor di precisione deve osservarsi che la cifra di 57 detenuti indicata da Di Pietro non può essere tenuta in considerazione», in quanto una buona parte erano stati arrestati il 3 ottobre e andavano interrogati per legge entro il 7, data dell'arresto di Tombini. Porqueddu non mancò di far notare che ai tantissimi interrogatori, in fondo, bastava aggiungerne uno: «Non emerge dagli atti un vero e proprio impedimento al compimento dell'atto, in sé semplice».

Non sembra, ma fu un'archiviazione.

Dal 27 marzo Tonino venne assegnato a Cremona per tre settimane. Era ancora via, il 16 aprile 1984, quando Cannizzo fu chiamato a riferire delle sue condotte:

Il Dr. Di Pietro non dava viceversa sempre prova di adeguata professionalità nell'uso concreto delle sue funzioni giudiziarie, nonostante i continui avvertimenti e suggerimenti dello scrivente e dei colleghi di maggiore esperienza, assumendo atteggiamenti quali la spiccata tendenza a imporsi e sostituirsi alla polizia giudiziaria e in particolare la disponibilità a trattare direttamente con i confidenti, il metodo eccessivamente inquisitorio nella conduzione delle indagini, i protagonismi non sempre corretti, che determinavano un grave disagio sia nei rapporti interni con i colleghi, sia in quelli esterni, sia in particolare con la polizia giudiziaria e il foro.[8]

Cannizzo insomma non fece marcia indietro né avrebbe potuto, ma aveva capito che il pm rischiava seriamente l'estromissione e questo non lo voleva.

In quel periodo Tonino conobbe Susanna Mazzoleni, avvocato e assistente di Diritto civile a Milano. Dell'incontro con la sua futura moglie esistono più versioni. Lui aveva trentaquattro anni, lei trentuno. Era alta, robusta e aveva degli strani lineamenti a metà tra una principessa del Kent e una contadina di Rota d'Imagna, paese in cui è nata. Il padre Arbace, classe 1916, ex ufficiale dei carabinieri, era un avvocato socialista e il suo studio era piuttosto rinomato.

L'8 ottobre 1984, per Tonino, una bastonata sui denti. Il consiglio giudiziario presso la Corte d'appello di Brescia esprimeva parere contrario alla nomina di Di Pietro a magistrato di tribunale.

C'era da tremare: «Si ritiene debba effettivamente farsi discendere fondati dubbi circa l'equilibrio, la diligenza, la riservatezza, lo scrupolo nello svolgimento del lavoro e l'adeguata preparazione professionale del magistrato», «scarsa preparazione e cioè ignoranza», «assoluta mancanza di riservatezza (per non definire in maniera più grave il comportamento del dottor Di Pietro)», «scarsa correttezza di certi rapporti avuti con la polizia giudiziaria ... scarsa diligenza e incapacità a programmare i propri impegni di lavoro», sicché «il dottor Di Pietro Antonio non è in grado di dare tutti quegli affidamenti che vengono richiesti a un magistrato».

Che poteva fare Di Pietro? Ricorrere al Consiglio superiore della magistratura, in primis, ed esercitare l'arte di cui era già maestro: lo sguardo basso della piccola vedetta molisana ossia quella «eccezionale modestia» di cui parlerà il vicepresidente del Csm Giovanni Galloni. Ma la vera mossa decisiva sarà il chiedere lui medesimo il trasferimento da Bergamo.

Avventura alle Seychelles

Nell'attesa, Tonino decise di prendersi una vacanza. E qui accade una cosa stranissima, forse la più strana dopo il periodo alla Aster e la laurea sprint.

All'epoca, nel novembre 1984, il paese era ancora scosso dagli strascichi dell'eversione. Nessuno aveva propriamente raccolto il testimone del defunto generale Carlo Alberto Dalla Chiesa, ma le più importanti inchieste sul terrorismo erano pervenute nelle mani del sostituto procuratore romano Domenico Sica. Un caso affidatogli fu quello del cosiddetto «Supersismi», sorta di servizio segreto parallelo creato dalla loggia P2 e reo di gravissime deviazioni e commistioni col peggior mondo criminale. Capi occulti di questo organismo risultarono essere altri esponenti eccellenti del Sismi e tra questi il cosiddetto faccendiere Francesco Pazienza, inseguito da mandati d'arresto d'ogni tipo.

Bettino Craxi era presidente del Consiglio e anche responsabile del corretto funzionamento dei servizi di sicurezza: aveva condiviso la nomina al Sismi dell'ammiraglio Fulvio Martini e proprio da un suo rapporto era nata l'indagine sul «Supersismi» affidata a Sica. Dai giornali dell'epoca si evince che della vicenda si occupò la magistratura in concerto con il Sismi, oppure che entrambi se ne occuparono sotto profili diversi che non è facile distinguere.

L'arresto del latitante Francesco Pazienza era divenuto un punto nodale, e i contatti e le sollecitazioni tra il presidente del Consiglio, il capo del Sismi e i magistrati si intensificarono. Il 20 ottobre Craxi incontrò Sica e quattro giorni dopo Martini riferì del caso Pazienza alla Commissione parlamentare per il controllo dei servizi.

Ma il faccendiere intanto se la rideva. Inquisito anche per la bancarotta dell'Ambrosiano, dall'autunno del 1984 si era nascosto alle isole Seychelles. Un uomo d'affari, Giovanni Mario Ricci, l'aveva presentato al presidente dell'arcipelago Albert René, con il quale il faccendiere era entrato in grande confidenza. Ogni tanto si limitava a far spedire in Italia memoriali difensivi dal suo avvocato americano o convocava finte conferenze stampa a New York. Sica gli aveva già fatto sequestrare tutti i beni e gli aveva spiccato contro sette mandati di cattura internazionali.

Martini venne a sapere che Pazienza era celato nell'arcipelago. Quello delle Seychelles era un regime comunista appoggiato dal Cremlino e tentare la via diplomatica all'epoca era impensabile. Alla disperata caccia di Pazienza si ritrovarono insomma il Sismi, il Sisde (i servizi segreti civili) e Domenico Sica. Una prima missione del Sisde era fallita: due agenti erano atterrati nelle isole a bordo di un aereo dell'Eni ma avevano combinato poco. La circostanza è stata confermata da Giovanni Mario Ricci, allora sporadico corrispondente dell'Ansa cui i due agenti si rivolsero. Ulteriore conferma giunse dal suo avvocato Corso Bovio. Ed eccoci al centro dell'arcano.

Proprio allora, il 20 novembre 1984, Antonio Di Pietro partì per le Seychelles. Con lui c'era una donna non identificata e i due fecero di tutto fuorché i turisti. Sole e mare a parte, non si trattava di una meta facile: il presidente René non brillava propriamente per democrazia.

Tonino fece del suo meglio per mettersi nei guai. A bordo di una Mini Moke a noleggio cominciò a fotografare in giro ma nascondendosi, acquattandosi; incontrò, fra altri, un vescovo cattolico ritenuto tra i capi dell'opposizione interna e chiese appunto informazioni su Pazienza, ascoltatissimo consigliere di René. Di Pietro e compagna furono subito pedinati e intercettati. Un responsabile dei servizi di sicurezza locali, un nordcoreano, stilò un rapporto con tanto di fotografie e ipotizzò che quel signore potesse essere un agente del Sismi o del Sisde o della Cia, tutti organismi interessati a Pazienza.

L'agente nordcoreano e altri due sovietici proposero tranquillamente di far fuori l'intruso spingendo la sua auto giù da una scarpata. Pazienza mantenne fede al suo cognome e prese tempo. Andò all'hotel e diede un'occhiata alle generalità di quello strano italiano al mare: Di Pietro Antonio, magistrato alla Procura di Bergamo. E, agli agenti sempre più ansiosi di far fuori il turista ficcanaso, spiegò che se ne sarebbe ripartito a breve, che si calmassero. Pensò comunque di architettare uno stratagemma che potesse svelargli i referenti italiani di Tonino, e con un complicato giro di telefonate fece avere al magistrato una notizia falsa: ossia che lui, il ricercato Francesco Pazienza, sarebbe passato dall'aeroporto di Lugano il 13 dicembre. Contemporaneamente diede la soffiata anche agli svizzeri di modo che potessero bloccare e identificare gli agenti italiani sopraggiunti irregolarmente per arrestarlo: se fossero stati poliziotti, significava che Tonino agiva per canali istituzionali; se fossero stati agenti del Sismi, no.

La fonte di questa storia è Francesco Pazienza, ma le conferme che il suo racconto sia vero, perlomeno nella sostanza, sono molteplici. Per cominciare, gli arresti ci furono, e gli agenti fermati dalla gendarmeria svizzera furono due: un tenente colonnello e un brigadiere dei carabinieri. Agenti del Sismi, si appurò. Fulvio Martini non fece una bella figura.

«Le informazioni raccolte da Di Pietro finivano al Sismi» ha raccontato Pazienza «e non c'erano dubbi ... le passava a un altro magistrato il quale poi le riversava a Martini.» Il magistrato, appunto, era Sica. Non vi è certezza che il giro fosse esattamente questo, ma tutto porta a crederlo. Di Pietro ha fornito tiepidissime conferme, ma non si è mai voluto soffermare sui particolari. Pazienza, detenuto dal novembre 1995, ha confermato tutta la vicenda e così pure ha fatto Giovanni Mario Ricci, ma dell'intreccio si trova traccia anche nelle motivazioni della sentenza per il cosiddetto crack del Banco Ambrosiano. Uno degli avvocati di Pazienza, Giuseppe De Gori, è esplicito:

> È chiaro che qualcuno ce l'ha mandato. A che titolo sennò poteva stendere un rapporto per Sica? Se era un sostituto procuratore a Bergamo, allora non poteva né indagare né stendere rapporti. Di Pietro ha detto che l'aveva spedito alla Procura di Bergamo, ma questo non è

vero. Io so solo, ed è strano, che quel rapporto finì non si sa come nelle carte dell'Ambrosiano. Non esiste una norma giuridica per cui sia ammissibile che si sia verificato ciò.[9]

La vicenda è così anomala – Di Pietro non l'ha mai voluta chiarire, e nelle biografie non ve n'è traccia – che stabilire un confine tra lecito, illecito e pazzesco non è semplice.

L'allora capo della Procura di Bergamo, Cannizzo, ha dichiarato:

A me non è mai arrivato nulla. Se fosse arrivato un rapporto del genere l'avrei saputo, ero il capo della Procura. Per quanto ne so, Di Pietro era in vacanza.[10]

L'allora capo del Sismi ammiraglio Fulvio Martini, interpellato, ha confermato l'agguato contro Pazienza in Svizzera nonché l'arresto dei due suoi agenti, non escludendo un depistaggio architettato dal faccendiere; ha specificato di aver saputo della sua presenza alle Seychelles a mezzo intercettazioni telefoniche intercontinentali, ma ha detto di non aver mai saputo nulla di Di Pietro e di un suo rapporto con Sica; ha chiarito che «l'operazione Pazienza fu gestita interamente dai servizi segreti fino al suo primo arresto, negli Stati Uniti» nel marzo 1985, ma di non aver spedito suoi uomini alle Seychelles; ha ipotizzato che Di Pietro «lavorasse anche per il ministero dell'Interno e avesse mantenuto dei legami col precedente mestiere».

Stando a Pazienza, altri contatti tra Tonino e il faccendiere risalgono al periodo di Mani pulite. Il 9 gennaio 1993 Di Pietro e Pazienza si sarebbero incontrati alle 9 e poi alle 13. Quel giorno Tonino avrebbe appreso che Pazienza gli aveva salvato la pelle.

Non meno curioso, stando al racconto del faccendiere, un appuntamento che lui e Di Pietro avrebbero concordato per il 14 ottobre 1994. Pazienza ha riferito di una telefonata della sua segretaria mentre era in viaggio per Milano: i carabinieri gli stavano perquisendo l'ufficio. Ragione ufficiale: i suoi presunti rapporti con la contessa Francesca Vacca Agusta, allora già latitante. Pazienza riferisce di saluti cordiali tra lui e Di Pietro e che, tornato in ufficio, cominciò a risistemare le carte messe in disordine dai carabinieri: c'era tutto. Tranne il dossier Di Pietro-Seychelles. Anche questo dice Pazienza.

È certo, per contro, che il 17 aprile 1996 il faccendiere venne convocato dalla Corte d'appello di Milano per il processo sul Banco Ambrosiano. In primo grado era stato condannato anche in base al rapporto che Di Pietro aveva steso su di lui alle Seychelles: lo si era utilizzato per sostenere che il faccendiere se la spassasse ai tropici coi soldi del Banco. Pazienza, per difendersi da quest'accusa, in aula raccontò parte della storia che si è appena narrata, ma priva di particolari decisivi. *Di Pietro spiava per Sica* titolò il «Corriere» del giorno dopo con un tono di sufficienza, fingendo ironia. Nessuno o quasi capì. Tanto che Di Pietro, non poco imbarazzato, dovette ammettere: «La faccenda è molto più complicata... comunque ne feci oggetto di un rapporto al pm Sica». Nulla più.

Restano da capire molte cose. Di Pietro non ha spiegato come e perché si ritrovò a condurre oggettivamente una missione da intrigo internazionale spiando un latitante cui il responsabile del servizio segreto militare teneva in particolar modo e a cui pure teneva il principe dei magistrati antiterrorismo, e sopra tutti, se non disturba, teneva il presidente del Consiglio dei ministri. Sostenere la casualità del viaggio è follia, ma Di Pietro era un magistrato.

Si provi a ricapitolare: un giovane signore ha lavorato negli ambientini dell'Aeronautica (Nato, Ufficio sicurezza, Aster, Ustaa o Uspa o Ruspa che fosse) per cinque anni; si è successivamente laureato in trentadue mesi; è divenuto poliziotto; avrebbe lavorato (il condizionale è d'obbligo) per un'intelligence antiterrorismo; è divenuto magistrato, e – con una doppia bocciatura e un imminente «processino» al Csm – è partito per i tropici stendendo poi un rapporto per Domenico Sica, per alcuni aspetti continuatore di Dalla Chiesa, e su chi? Su uno come Francesco Pazienza, passando con disinvoltura dalla banda dei sardi a faccende di agenti sovietici e nordcoreani a tal punto convinti che egli sia un agente da volerlo ammazzare. Poi si appura che le sue informazioni arrivano al Sismi e che fanno scattare altre azioni del Sismi, gradite alla Cia.

Piacerebbe coltivare qualche curiosità a proposito, piacerebbe insomma scrivere questa biografia per intero. Di Pietro non l'ha mai voluta scrivere.

L'autotrasferimento a Milano

Di ritorno dall'iperspazio si riatterra perplessi a Bergamo.

Nel mondo delle persone normali le inchieste sui comportamenti di Di Pietro si intensificavano. Il 25 gennaio 1985 la direzione del ministero di Grazia e Giustizia riceveva il rapporto bresciano e sollecitava un'inchiesta dell'ispettorato generale. L'11 febbraio si richiedevano nuovi accertamenti.

Come detto, Tonino la sua vera partita l'aveva giocata con la richiesta di trasferimento, unica mossa che poteva dargli concrete speranze. La magistratura italiana si muove con meccanismi tutti suoi: se imposto, il trasferimento viene ritenuto una punizione gravissima; se richiesto dall'interessato, diviene un rasserenante atto di contrizione che sistema tutto. Sicché la domanda formulata da Di Pietro scivolò lesta tra carte bollate e pastoie burocratiche, sorvolò uffici e timbri, e insomma: il 17 gennaio 1985 era già accolta. L'udienza del Csm era prevista per il 5 marzo. Perfetto. Più di qualsiasi argomento di merito, conterà questo. Oltre, s'intende, agli umili registri di voce che saprà adottare.

La commissione disciplinare ascoltò preventivamente sia lui che Cannizzo. Quest'ultimo lo difese e comunque già sapeva che avrebbe lasciato la città. Lui preparò una serie di memorie. Negò molte delle accuse. Per quelle innegabili, piegò il capo e per esempio definì «deplorevole» la sua lettera per la gestione dei confidenti. Circa il caso Tombini, rispolverò l'inchiesta sui sardi protrattasi per giorni.

Il 5 marzo, alle 10.20, il Csm discusse il caso. Trattavasi di «sostituto procuratore della Repubblica a Bergamo ... ma da poco trasferito a Milano dove ancora non ha preso servizio». Morale: Di Pietro Antonio fu promosso con ventitré voti e un astenuto. Questo era, ed è, il Csm.

Quattro giorni dopo la promozione, il 12 marzo, Cannizzo spiegò ai colleghi bresciani la situazione: Di Pietro «ha da tempo radicalmente mutato atteggiamento ... adempiendo con sollecitudine a tutte le diverse incombenze con rinnovato stimolo ed equilibrio ... serietà e riservatezza, sì da recuperare fiducia e considerazione...». Traduzione: Di Pietro se ne andrà.

Ed ecco che il 26 marzo venne nominato magistrato di tribunale.

Due cuori e un capanno

La vicenda della casetta di Curno, dove Susanna e Tonino andranno a vivere stabilmente dal 1988, è piuttosto interessante e si spalma dal 1986 al 1989.

A Curno, in via Lungobrembo, Di Pietro aveva adocchiato un immobile diroccato da risistemare. Fu lei a contattare il proprietario, Leone Zanchi, un contadino che di quel rudere non sapeva che farsene; ogni intervento diverso dalla cosiddetta «manutenzione straordinaria» gli era infatti proibito dal piano regolatore. Accettò dunque di vendere il casolare per 35 milioni e il 17 aprile 1985 la Mazzoleni ereditò la concessione edilizia richiesta dallo Zanchi pochi giorni prima, come detto una «manutenzione straordinaria».

La provvidenza farà il resto. La cascina verrà sventrata ugualmente dopo l'accidentale crollo di un muro che nottetempo trascinerà con sé tutta la casa. Questo almeno scrisse l'architetto Angelo Gotti in data 7 maggio, giorno seguente all'inizio dei lavori che curava personalmente. «Del vecchio fabbricato» notarono due periti comunali «è rimasto solo il muro a est, la restante parte non c'è più.» Susanna Mazzoleni sarà costretta a chiedere di ricostruire tutta la cascina come Zanchi non aveva potuto fare.

Va da sé che l'ex proprietario andò fuori dalla grazia di Dio e cominciò a piantar grane tirando in ballo anche Di Pietro. Sulla scrivania dell'assessore competente, Roberto Arnoldi, si materializzò un esposto anonimo di cui non venne fatta copia, né venne passato alle autorità, né finì nel cestino: Arnoldi pensò di spedirlo ai futuri coniugi Di Pietro. Non solo. Arnoldi si fece improvvisamente attivo e preparò una missiva diretta ai gruppi consiliari, liquidando l'ex proprietario come un beota e parlando di «strumentalizzazione» ai danni del magistrato. Scrisse il 22 maggio: «Di Pietro non risulta tra gli interessati alla concessione, né legato agli stessi da vincoli di parentela». Una bella forzatura, visto che Di Pietro in quella casa andrà a viverci col figlio e con la futura moglie. Ma i particolari curiosi sono anche altri. Il primo si ricava dalla missiva di Arnoldi: non è lui, infatti, a scriverla, bensì è direttamente l'architetto Angelo Gotti, teste di parte e incaricato dalla Mazzoleni di ristrutturare il cascinale. Un conflitto d'interessi spettacolare.

«Caro Arnoldi» rivela difatti una nota erroneamente dimenticata «ti trasmetto copia della risposta all'anonimo ... non avendo gli esatti indirizzi, ho ritenuto opportuno impostare la risposta in modo tale che tu debba solo far preparare la prima pagina.»

Secondo particolare curioso: Roberto Arnoldi nel 1996 diventerà capo di gabinetto dei Lavori pubblici presieduti dal ministro Antonio Di Pietro. Notato per la sua Porsche, per qualche tempo sarà anche una sorta di portavoce.

Ma non tutto filò liscio. Tempo dopo ecco che l'avvocato Mario Benedetti, richiesto di un parere, si dichiarò favorevole alla variante chiesta dalla Mazzoleni: purché rispettasse le volumetrie preesistenti. Bocciò invece la pretesa costruzione di una serie di garage e lasciò intravedere, comunque fosse andata, la possibilità di una «sanatoria per gli abusi edilizi». Dicasi condono.

I lavori proseguirono a dispetto di qualche rogna. Il sindaco di Curno, Franco Gasperini, si ritrovò due rapporti (16 e 19 dicembre 1988) dove si rilevava «una baracca di legno alta tre metri e mezzo senza autorizzazione del sindaco, d'altra parte mai richiesta». Era il capanno degli attrezzi già caro a Tonino e che sarebbe divenuto una sorta di leggenda ai tempi di Mani pulite. Il sindaco a quel punto chiese di consultare la «pratica Mazzoleni-Di Pietro» e «nella ricerca si verificava che era stata fatta un'ulteriore richiesta, del proprietario, di una piscina», «ma tale fascicolo non veniva ritrovato». Il rapporto di un agente spiegava come risultasse «asportato o trafugato». È tutto nero su bianco.

Ma Di Pietro era già Di Pietro da un pezzo. Il 3 gennaio 1989 interverrà con una lettera delle sue: «Non ho mai intrattenuto rapporti con alcuno dell'amministrazione comunale ... Invito a voler evitare di considerarmi inopinatamente parte in causa ... sono venuto a conoscenza che il predetto Zanchi avrebbe riportato frasi calunniose nei miei confronti ... sono a richiedervi copia dell'esposto al fine di provvedere a tutelare la mia onorabilità nelle sedi più opportune». Solito schema. Spiegò anche di non conoscere l'assessore Roberto Arnoldi.

I documenti scomparsi comunque riapparvero improvvisamente: anche se una nuova perizia, purtroppo, confermava «una costruzione in legno con caratteristiche strutturali tali da violare le norme». Il 25 gennaio venne chiamato a esprimersi un altro avvocato, Riccardo Olivati, che dichiarò «sconcerto» per le «sparizioni strane e riapparizioni magiche di documenti» e definì la citata lettera di Arnoldi (fatta scrivere in realtà all'architetto Gotti) come «prassi da non ripetere per evitare sospetti di parzialità». Mentre quel Di Pietro, scrisse Olivati, andava eventualmente «segnalato all'autorità giudiziaria» solo se «risultasse con prova certa ... [che] ha contribuito alla costruzione materiale del manufatto». Il capanno di legno, cioè. Ed è una fortuna, a proposito di costruzione «materiale», che non fosse ancora uscita una biografia del 1992 dove si legge proprio questo: «Nella villetta dove abita, a Curno, fin dall'inizio ha progettato e poi realizzato *con le proprie mani* un capanno degli attrezzi che è il suo regno assoluto e intoccabile». Per la cronaca: la villetta ha due piani, otto stanze e una taverna.

Giugno, tempo di migrare a Milano.

Libri e giornali hanno favoleggiato di uno scambio di battute telefoniche tra i procuratori Cannizzo e Borrelli: «Mi hanno mandato un poliziotto che è diventato magistrato» dice Borrelli col suo splendido snobismo. «No, il poliziotto l'ho avuto io e gliel'ho mandato magistrato» sarebbe stata la replica.

Né l'uno né l'altro, forse.

Tonino salutò Bergamo e anche l'autista Guido Moscheni, che andò a fare il camionista in un'impresa edile. Salutò pure il maresciallo che gli faceva da segretario da qualche mese: il 23 giugno, giorno del commiato, lo arrestò per concorso in concussione. Di Pietro aveva rinchiuso un altro maresciallo in un armadio perché lo sorprendesse con una mazzetta da 10 milioni. Parte delle banconote erano state siglate.

Né l'uno né l'altro. Era Di Pietro.

IV
Ninì

Milano e Di Dietro

Milano era semplicemente un'altra cosa. Gli immensi corridoi del Palazzaccio di giustizia erano anticamere di un potere che si intersecava con altri, e diveniva appannaggio di un ceto che rendeva il magistrato contiguo al politico, al finanziere, al costruttore, al giornalista, al questore e al piccolo trafficante travestito da addetto alle pubbliche relazioni. Denaro e potere si corteggiavano, allora e per sempre.

Di Pietro guardava tutto ciò come da una galassia lontana. I vertici della procura erano vette, Adolfo Beria di Argentine appariva altezzoso come il suo cognome, Francesco Saverio Borrelli discettava del Wagner di Wilhelm Furtwängler, non dei Daniel Santa Cruz Ensemble. Se Tonino gli si fosse presentato con la pistola alla cintola, Borrelli forse l'avrebbe estratta e usata contro di lui.

Altri magistrati votati alle supreme cause si riunivano in circoli come Società civile, fondato da Nando Dalla Chiesa. Il 17 novembre 1986, per esempio, al salone Pier Lombardo c'erano Ilda Boccassini, Piercamillo Davigo e Gherardo Colombo. Di Pietro non sapevano neppure che esisteva.

L'avevano relegato nella stanza più minuta del Palazzaccio, quasi uno sgabuzzino davanti al registro generale, e non aveva una segretaria: solo un tavolo, una sedia, una macchina per scrivere e un calendario della questura. In ufficio era solito indossare delle ciabatte. Quando il procuratore capo Borrelli lo chiamava, ossia quasi mai, lui rispondeva «Comandi».[1]

Si occupava dei turni in carcere, degli incidenti col morto e dei suicidi. Come detto, nessuno lo filava. Non aveva rapporti neanche coi giornalisti, o non erano buoni: lo sfotticchiavano per la pronuncia o addirittura fingevano un refuso e scrivevano «Antonio Di Dietro». I giovani cronisti lo chiamavano «il troglodita».[2]

Socialmente, il suo sbocco naturale fu l'avvocato Giuseppe Rosario Lucibello. «Geppì» si era laureato a Napoli nel 1978 e aveva aperto uno studio a Vallo della Lucania, dove però non batteva chiodo. Ha raccontato ai giornalisti d'aver conosciuto Tonino quando già era magistrato a Milano: poco dopo, nell'estate del 1986, sarebbero partiti per Palinuro con mogli o fidanzate che fossero. Secondo un'altra versione, da lui fornita al pm Fabio Salamone, la conoscenza risalirebbe al 1984, quando Tonino era ancora a Bergamo.

Dai tagli apportati alla biografia di Moncalvo è come se Di Pietro non volesse palesare troppo i suoi rapporti con l'amico Lucibello. Moltissimi passaggi in cui era scritto «racconta Lucibello» diventano «gli amici dicono» o «un amico intimo dice». Riga rossa anche nelle parti in cui si racconta che l'avvocato era il miglior amico del magistrato e che i due sarebbero stati in vacanza assieme. In un passaggio, Tonino suggerisce questa formula: «A furia di averlo come controparte nei processi, gli è diventato amico». Ma non risulta sia andata così.

Geppì cominciò a impratichirsi nello studio di Bruno Senatore. La figlia, Paola Senatore, l'affiancherà anche in Mani pulite. Di lui qualcuno ricorda l'abbigliamento decisamente originale. Dalla biografia di Moncalvo, Di Pietro ha tagliato questa opinione di Lucibello su di lui:

> I suoi colleghi lo trattavano con aria di superiorità e non lo consideravano affatto. Qualcuno lo trattava con disprezzo, lo chiamavano il poliziotto, non aveva amici. Oltreché con la questura riprese i contatti con altri ambienti, un modo come un altro per far circolare la voce: «ci sono pure io»...

Un passaggio chiave fu il riallacciato rapporto con Eleuterio Rea, un irpino passato per Siena prima di fare carriera a Milano. Nel 1984 era divenuto capo della Digos. Fu Rea a presentargli l'imprenditore Antonio D'Adamo e tutto un altro giro di amici.

D'Adamo aveva lavorato per Silvio Berlusconi e aveva qualche guaio giudiziario che ai tempi non pregiudicava nulla. Se a Tonino piacque subito, come da regola, fu anche per le sue origini: Serracapriola, provincia di Foggia, trentacinque chilometri da Montenero di Bisaccia. D'Adamo era pure sposato bene: con Marinella Gandini, una contessa con casa patrizia a Robecco sul Naviglio, Villa Gaia, con ampio giardino e volte affrescate.

Nel tempo diverranno Ninì (Di Pietro), Geppì (Giuseppe Lucibello) e Dadone (Antonio D'Adamo).

Babbo Natale

Un altro passaggio chiave fu la conoscenza di Giancarlo Gorrini: brillante, elegante, abbronzato, ricchissimo di famiglia e di matrimonio, berline e Ferrari, uffici in Galleria del Corso, casa a Parigi e a Milano con cameriera in divisa rosa. E cavalli: centocinquanta cavalli allenati da Luciano d'Auria e da Ubaldo Pandolfi, già scudiero di Luchino Visconti. Per mantenerli servivano dai 4 ai 5 miliardi di lire annui più un centinaio di galoppatori che gli faranno vincere il derby di trotto e di galoppo ma gli faranno profondere per l'ippica molti più soldi di quanti mai ne ricaverà. Sarebbe rimasto il proprietario di Peler, il più forte galoppatore d'Europa, se non avesse dovuto svenderlo causa il successivo dissesto della Maa, la sua compagnia di assicurazioni.

Nel 1987 Gorrini andava a mille e la sua corte di donnine e cavallari e portaborse lo seguiva ovunque. Lui ricambiava con generosità: Babbo Natale, lo chiamavano. Giocava e scommetteva su tutto e senza battere ciglio accumulava perdite anche di 40 o 50 milioni a botta. Era sposato con Marina Vasaturo, figlia di un noto produttore cinematografico romano, e passava parte del suo tempo nella saletta privata che possedeva all'ippodromo. Gli allibratori clandestini di San Siro si erano addirittura consorziati per fronteggiarlo, ma si faceva voler bene anche da loro. Gli altri erano politici, magistrati, pubblici ufficiali e gente che spesso, alla Maa, comprava automobili a prezzi di svendita. Negli anni di Mani pulite quelle stesse vetture saranno rottamate come il passato di quanti Gorrini frequentavano e riverivano.

Per uno come Babbo Natale poteva senz'altro impazzire Eleuterio Rea: la passione del gioco li accomunava. Timoroso di rapimenti o sequestri, Gorrini si era fatto presentare il capo della Digos in un bar di fronte alla questura.

Altro personaggio fondamentale era Osvaldo Rocca, ex lavamacchine con libero accesso ai conti correnti della Maa. Gorrini e Rocca si erano conosciuti negli anni Sessanta e la loro era una simbiosi tipo pesce pilota con lo squalo.

Gorrini, nella sua casa di via Tamburini, invitava perlopiù cavallari e gente come Rea. Non si è capito se Di Pietro abbia conosciuto prima Gorrini o Rocca, ma poco importa. È certo che il pm frequentava Rocca e ci andava spesso a caccia o in qualche trattoria dell'Oltrepò pavese. Tonino, è pure acclarato, fece conoscere a Gorrini anche il sodale Geppì Lucibello. «Di Pietro» ha raccontato Gorrini «me lo presentò e disse: dobbiamo aiutare questo mio figlioccio. Io gli assegnai delle cause penali della Maa.»[3]

Per Di Pietro cominciava una fase, diciamo così, socialmente florida: cene, incontri e serate in una metropoli che si divertiva anche se aveva cominciato lentamente a divorarsi. In quello scenario, Di Pietro era pieno di amici che però non erano amici. Neppure lui, soprattutto, era realmente amico di qualcuno. La sua diffidenza contadina, stretta parente del suo istinto e della sua furbizia, troverà in questo un preciso limite.

E il 13 giugno 1987, quando d'un tratto partì per Montenero di Bisaccia, in auto con lui di amici non ce n'erano: solo il figlio Cristiano. Fecero il viaggio senza dirsi una parola e quel suo sguardo severo si fece ancora più severo. Il racconto è di Cristiano: superarono la salita che nasconde la masseria e scorsero le auto parcheggiate ancora lontane. Tonino inchiodò i freni, spalancò la portiera e corse verso le querce. Suo padre, più tardi, sarebbe stato seppellito vicino alla chiesa.

Le cose migliorarono quando Di Pietro riuscì a entrare nel Quarto dipartimento, quello dei magistrati che trattavano i reati contro la pubblica amministrazione. Presto, per la sua inchiesta cosiddetta «Patenti facili», gli avrebbero concesso persino un aiutante, un vigile urbano. Ma i due non andarono d'accordo.

Ed ecco entrare in scena Rocco Stragapede da Modugno, provincia di Bari, ex poliziotto della stradale. Tonino giungerà a cointestargli il conto bancario e a farne il suo uomo ombra: chiuso, silenzioso, guardaspalle, autista, dattilografo, telefonista, organizzatore di fascicoli e compagno di caccia. Esempio di telefonata di Osvaldo Rocca a Gorrini: «Giancarlo, Tonino dice che Rocco vuole sparare». In genere nella tenuta di Giovanni Conti, nell'Astigiano. Pagava Babbo Natale.

Patenti facili

Prima di Di Pietro, fu un colonnello piemontese della polizia stradale a intuire le irregolarità del caso «Patenti facili». Fu lui a fornire i verbali e i primi riscontri. Svariate comunicazioni per corruzione erano partite dopo la scoperta che molti iscritti agli esami si patentavano nel giro di un mese: troppa efficienza. Ma ad Alessandria resterà solo una minima parte dell'inchiesta.

Di Pietro cominciò ad ascoltare testimoni, funzionari e titolari di autoscuole. Lucibello lo accompagnava. Dal 3 novembre altra grande svolta: accettò di fare da cavia informatica e l'applicazione di un militare di leva esperto di computer, Fabio Racchi. Fu una furbata: così avrebbero per forza dovuto spostarlo in una stanza più grande e dotarlo di una segretaria, Rosamaria. E infatti tre mesi dopo eccolo nella mitizzata stanza 254.

Di Pietro ordinò accertamenti anche su vari funzionari della Motorizzazione. Emergeranno non tanto degli esami truccati (Di Pietro si sbraccerà, ma questo non riuscirà mai a dimostrarlo) quanto dei sodalizi illeciti per sveltire alcune procedure. Si scoprirà che molti esaminandi, ragazzini sparsi nei paesini del Nord, neppure sapevano che pagando compivano un illecito. Decisamente più consapevoli i candidati milanesi o quanti avevano pagato per aggirare la pur ridicola visita medica.

Così, una mattina, Di Pietro partì con centodue arresti per concussione. Era il 1° dicembre 1987 e i mandati di cattura furono qualcosa di mostruoso: 1300 pagine stampate al computer. Ciascuno. Nell'insieme, 300.000 fogli. Per notificarli tutti, la polizia usò un camion. Se distinguere nel marasma degli arrestati è cosa ardua per il giudice, lo è ancor più per il biografo. Il caso di Enrico Caldiroli resta comunque un buon esempio. Titolare di un'autoscuola a Rovereto, finì anch'egli dentro il 1° dicembre. Lo svegliarono alle 5.30 e gli perquisirono la casa davanti alla moglie e ai figli. Motivi dell'arresto: un camionista aveva raccontato che Caldiroli gli aveva consigliato una certa autoscuola per fare più in fretta. Nient'altro.

Dal verbale di polizia del 2 dicembre:

> Abbiamo notificato il suindicato ordine di arresto a firma del dottor Di Pietro consistente in due volumi di 1300 pagine ... consegnandone copia nelle mani di Caldiroli ... previa lettura ... [*sic*][4]

Caldiroli ha così riassunto il successivo interrogatorio:

> *Di Pietro*: Allora Caldiroli, confessa? Gli altri lo stanno già facendo.
> *Caldiroli*: Confessare che? Mi faccia delle domande...
> *Di Pietro* (ad alta voce): Senta, sono quattro giorni che non dormo. Nega l'addebito?
> *Caldiroli*: Che addebito?
> *Di Pietro* (lo fissa, punta l'indice e con tono minaccioso): Si ricordi che la prossima volta sarà lei a chiamare me.

Questo il racconto di Caldiroli, che più volte si è soffermato sul sorriso di Di Pietro, l'immagine che maggiormente gli è rimasta impressa. Di seguito restò per undici giorni a San Vittore, terzo raggio, cella 303 assieme a un tossicodipendente; poi passò nella 313 con un rapinatore, poi altri quattro mesi di arresti domiciliari con una camionetta dei carabinieri sotto casa. Ogni istanza di scarcerazione verrà respinta.

Al Palazzaccio cominciarono i mugugni: nei fatti, erano centodue arresti e una specie di maxiprocesso condotto da un uomo solo che stava risolvendo tutto per confessione, come al solito. Senza contare che, dalle carte, si apprendeva di quasi duemila interrogatori già effettuati: com'era stato possibile?

Si scoprirà che gli interrogatori erano stati standardizzati modello ciclostile: domande stampate al computer, uguali per tutti, con lunghi elenchi di accusati da confermare o escludere. Non disturbava le cose l'assidua presenza di due difensori d'ufficio: Giuseppe Rosario Lucibello e la piacente avvocatessa Viviana Trombini.

L'11 gennaio 1988 il processo iniziò con ottantacinque persone ancora in galera preventiva. Tonino esordì con una furbata delle sue: ebbe avvisaglia che il giudice era propenso ad accogliere la richiesta di arresti domiciliari, preannunciata dall'avvocato Michele Saponara, e a inizio udienza prese subito la parola: «Sono padri di famiglia» disse nel chiedere i domiciliari per tutti. Era l'uomo che aveva mandato ad arrestare centodue persone, protraendo le carcerazioni: ma giocare d'anticipo era la sua regola aurea.

Non mancarono particolari succosi. Per quel processo, Di Pietro giunse a scrivere:

> Correlativamente è sempre stato altrettanto chiaro che a questo testimone eccellente non poteva essere riconosciuta la credenziale kantiana dell'affidabilità...

La credenziale kantiana: si tenga conto che il Di Pietro di oggi è un accademico della Crusca, rispetto ad allora. Non a caso, in un altro documento, si richiamava alle origini:

> Partendo dal logico presupposto che nei momenti della bufera i responsabili del branco facciano la conta delle pecore...

Il processo evidenzierà molte approssimazioni del metodo Di Pietro. In parecchi dei capi d'imputazione mancava il luogo, il tempo, i modi, insomma il dettaglio delle singole responsabilità. Dalla Procura di Alessandria, dove intanto erano già approdati a sentenza, bacchettarono Di Pietro: «Le indagini hanno avuto una direzione univoca e non si è presa in alcuna considerazione elementi che potessero essere a favore degli inquisiti ... e questo non è un buon sistema...».[5] Il giudice paventò perciò «possibili errori».

Eccone uno: il citato Enrico Caldiroli da Rovereto. Dopo il suadente incontro con Di Pietro, nessuno l'aveva più interrogato. La Corte di cassazione, a proposito del suo arresto, parlerà di «patente [*sic*] violazione di legge» nonché della mancanza di «indicazioni concrete specifiche».

Inoltre: un cavallo di battaglia dell'accusa, la cosiddetta «convergenza del molteplice» (testimonianze che riferendo gli stessi fatti si confermano tra loro), semplicemente non convergeva: ognuno raccontava una storia diversa. La formula dell'interrogatorio prestampato lasciò perplessi: apparivano deposizioni tra loro identiche e gli accusati erano spesso elencati in identica successione in una lista prestampata al computer.

A confermarlo furono i testi del processo. Disse in aula Luigi Donati:

> Quando mi è stato fatto l'elenco dei nominativi dei funzionari non ho avuto umanamente il tempo di pensare ... ho fatto dei nomi a cui escludo di aver mai dato soldi.

Il teste Giancarlo Oppo:

> Mi trovavo in una situazione drammatica ... era stata operata mia figlia il giorno dell'arresto ... il dottor Di Pietro mi ha fatto un elenco di nomi...[6]

Nell'interrogatorio reso a Tonino, Oppo aveva indicato cinquantun persone: nel corso del processo diverranno dodici. Moltissimi ritratteranno, altri diranno «ho fatto confusione» o che alcuni personaggi li avevano solo «sentiti nominare». Altri sosterranno che davanti a Di Pietro non ricordavano neanche un nome e che allora avevano detto, pressati, «tutti quelli del verbale». Quello prestampato.

Il teste Mario Dondi:

> Al pubblico ministero avevo detto molte volte «questo non me lo ricordo» e lui ce l'ha messo ugualmente ... oppure «può darsi» e lui ce l'ha messo ugualmente...

Per raccogliere tutta la documentazione del processo dovettero utilizzare un'aula bunker in cui Di Pietro aveva fatto depositare mezzo milione di fotocopie per un peso complessivo di due quintali e mezzo. A parte una «entusiastica ammirazione»[7] da parte del procuratore generale Beria di Argentine, nelle alte sfere cominciarono anche a chiedersi se per dimostrare qualche mazzetta servisse davvero quel canaio. L'utilizzo del computer, questo sconosciuto, metteva in soggezione un po' tutti: Di Pietro aveva fatto immettere negli hard disk degli Olivetti M380 trenta milioni di dati, salvo poi consegnare i relativi dischetti agli avvocati che in stragrande maggioranza non avevano un computer in cui infilarli: quasi un esibizionismo. Non fu neppure, come Di Pietro amerà dire, la prima volta in cui ci si servì del computer in un processo: era stato utilizzato al maxiprocesso di Palermo oltreché nei processi contro il clan dei catanesi a Torino e per l'attentato al giudice Carlo Palermo a Caltanissetta. Fu comunque, a suo modo, il mesozoico del processo Cusani.

Intanto erano cresciuti anche gli arresti: ventitré erano avvenuti in corso d'opera, da sommarsi agli altri centodue. In compenso c'erano meno imputati: uno era morto.

Il processo fu estenuante e nel corso dell'istruttoria accadde di tutto. I capi d'imputazione cambiavano continuamente a fronte di una requisitoria di diciassette volumi che menzionava 1441 persone. Per mantenere in piedi la «convergenza del molteplice» che non convergeva, Di Pietro chiese assoluzioni e derubricazioni per gli stessi reati che pure gli avevano consentito gli arresti di massa. Il pm in pratica commisurava le richieste di pena all'ammissione delle accuse. Tra i numerosi legali di quel processo c'era anche Giuliano Pisapia, figlio del giurista Giandomenico e futuro parlamentare di Rifondazione comunista:

> L'ho conosciuto all'interrogatorio di un'anziana titolare di una scuola guida che era stata convocata a piede libero ma con modalità estranee al Codice, e cioè non con un formale invito a comparire in Procura ma con una telefonata e in una caserma della polizia stradale. Pochi giorni dopo ho ritrovato Di Pietro all'interrogatorio di un funzionario della Motorizzazione civile, arrestato. ... Tutti e due furono prosciolti: la donna già alla fine delle indagini preliminari, l'uomo in appello, dopo aver scontato numerosi mesi tra carcere e arresti domiciliari. ... Da subito emerse chiaramente la sua concezione dell'arresto o della minaccia all'arresto, troppo spesso finalizzato alla ricerca della prova, della confessione, della chiamata in correità.[8]

La sentenza, il 22 giugno 1989, confermerà un vasto sodalizio illecito ma anche le falle della giustizia all'ingrosso di Tonino. Dopo un gran canaio, finalmente degno dell'attenzione dei cronisti, le 113 condanne furono decisamente basse e la più grave fu per Bruno Carmelo, un funzionario che in primo grado beccò 3 anni e 7 mesi di carcere: il che significa, tra benefici vari, che non sarebbe finito dentro neppure lui. Dieci persone più il morto, poi, furono assolte. Uno fu Mario Castellano, rimasto dentro dal 21 dicembre 1987 al 7 gennaio 1988. Otterrà 10 milioni di presunto risarcimento con queste motivazioni: «La carriera di Castellano è stata bloccata, i commenti hanno avvelenato l'esistenza dell'intera famiglia, i due figli hanno sostanzialmente interrotto la loro normalità di vita».

Di Pietro naturalmente fu insoddisfatto, disse che le pene erano troppo miti, che gli assolti dovevano essere condannati, che i titolari delle autoscuole e i funzionari dovevano essere interdetti dal lavorare. Il giudice aveva ignorato la sua convergenza del molteplice così decise di ricorrere immediatamente in appello.

Ebbene: dopo quel mezzo milione di fotocopie, l'appello, il suo appello, fu di sei pagine. Il giudice, invero seccato, dovrà fargli notare che l'appello non è la mera ripetizione del primo grado in un'altra stanza, ma il tentativo di ridisegnare un percorso processuale anche sulla base delle valutazioni apparse nella prima sentenza. Di Pietro, invece, aveva rimandato tutti e diciassette i volumi del primo processo e arrivederci. La Corte dovrà annotare che nell'appello «si richiede genericamente di condannare singoli appellanti pur di fronte a una motivata assoluzione ... il pm ha fatto un acritico rinvio ai volumi della propria requisitoria ... un'operazione inammissibile, non consentita...».[9]

Senza contare che l'appello sortirà effetto contrario: manderà assolti altri imputati. Il citato Enrico Caldiroli da Rovereto, 1 anno e 7 mesi in primo grado, fu pienamente assolto: «In un quadro probatorio così fragile e vago è doveroso pervenire all'assoluzione dell'appellante...». Il 7 marzo 1994 otterrà un presunto risarcimento di 41 milioni e mezzo, meno delle spese sostenute per difendersi. Spiegherà la Corte d'appello:

> Caldiroli fu privato della libertà per un periodo di 4 mesi e 20 giorni, incensurato ... padre di figli che hanno certamente provato dolore e disagio ... non va trascurato il danno all'immagine e all'attività.

Socialista & democristiano

Il giro delle amicizie di Tonino intanto si faceva sempre più clamorosamente ampio. Il 24 febbraio 1987, nonostante le dicerie sul vizietto delle scommesse, Eleuterio Rea era diventato capo della Criminalpol in sostituzione del neoquestore Achille Serra. In via Fatebenefratelli c'è ancora la foto scattata quel giorno: un gruppo di poliziotti con il sindaco Paolo Pillitteri in mezzo a Rea e Serra.

Tonino si era ben introdotto. Nel giro c'era anche il socialista Sergio Radaelli, detto «il Lucido», consigliere dell'Azienda trasporti milanesi (Atm) e uomo fidatissimo di Paolo Pillitteri. E fu un attimo per Tonino arrivare fino al «nostro amico Paolo», come lo chiamò più volte, e quindi al potente democristiano e presidente dell'Atm Maurizio Prada. Altri amici, sempre in senso lato, erano l'ex questore Umberto Improta, che molti consideravano addirittura il protettore di Tonino, e l'industriale e consigliere dell'Inter Franco Maggiorelli, «il vostro pianista preferito». Canzoni più richieste, tanto per cambiare: *My way* e *Stranger in the night*. Tonino sorrideva sempre, ma non cantava mai.

Non è che si ritrovassero al bar tutte le sere: c'era un sacco di gente ma non sempre e non nello stesso modo. Pillitteri, il sindaco, ovviamente era pieno di grane. Achille Serra e la moglie Agnese, segretaria di Maurizio Prada all'Atm, c'erano quando c'erano. E pure Improta. Ma alla fine dieci o dodici persone, mogli comprese, spuntavano: a casa di questo o quello, da Savini, al Toulà, in qualche trattoria dei Navigli. Per le feste, invece, si andava ogni volta da Antonio D'Adamo in via De Amicis.

Tra gli inseparabili c'erano Rea, Pillitteri, Prada e Maggiorelli. Rea, a partire da Mani pulite, tenderà a defilarsi. Di Pietro non ne parliamo.

C'erano, poi, dei giri un po' più silenziosi: da Maurizio Prada, a Milano San Felice, vicino alla Mondadori, c'era magari l'architetto socialista Claudio Dini, presidente della Metropolitana Milanese, e da lì partiva tutto un altro salotto con l'assessore comunista Giovanni Lanzone, l'imprenditore Valerio Bitetto e altri ancora. Di Pietro, complice Rea, era bravo a infilarsi un po' dappertutto.

Altri giri erano ancora più appartati, in un certo senso segreti l'uno per l'altro: null'altro, altrimenti, avrebbe potuto giustificare la presenza di Antonio Di Pietro in un simposio andreottiano, il convegno dell'Università Cattolica «Il nuovo processo penale, forma e strutture», tenutosi dal 19 al 21 maggio al Circolo della stampa. A spedirgli l'invito fu Maurizio Di Pietropaolo, defunto legale di Licio Gelli, e tra gli sponsor c'era la Fondazione Fiuggi di Giuseppe Ciarrapico. Tra i partecipanti: Corrado Carnevale, Giulio e Maria Elena Andreotti, Adolfo Beria di Argentine e Ombretta Fumagalli Carulli, quest'ultima nemica giurata di Pillitteri e di Prada e braccio armato di Andreotti nella capitale morale. Di Pietro intervenne su un tema che riproporrà decine di volte: «L'informatica individuale nel nuovo processo penale». Qualche buon uffizio, non per niente, farà di Tonino un consulente per l'automazione del ministero della Giustizia.

«I politici non li prendi mai»

Dì lì agli anni successivi Di Pietro mise al fuoco più carne umana che poteva: un censimento di tutte le sue inchieste è cosa impervia. Nell'arco di un paio d'anni sul suo tavolo si ammucchieranno i fascicoli dei procedimenti Atm, CoDeMi, Lombardia Informatica, frane in Valtellina, una misteriosa «Merendine d'oro» e persino una denuncia di Beppe Grillo: il comico aveva vinto un ricorso contro i primi giochini acchiappalettori diffusi dai quotidiani, ma c'era da immaginarsi lo spazio che i giornali avrebbero riservato a un'inchiesta su loro stessi. Di Pietro archiviò e arrivederci. Lo intrigavano inchieste che potessero finire sulla stampa, come già raccontò il suo amico Elio Veltri, consigliere regionale: l'aveva conosciuto il 16 febbraio 1988 dopo che un esposto suo e del collega consigliere Emilio Molinari l'aveva costretto ad aprire un procedimento che però lo solleticava poco. I due si vedevano in ufficio o alla pasticceria Taveggia, e siccome le voci di certe amicizie già circolavano, Veltri lo stuzzicava semiserio: «Tu gli giri sempre intorno, ai politici, ma non li prendi mai». Il suo futuro portavoce stava scrivendo un libro col giornalista Gianni Barbacetto e Di Pietro era raggiante: avrebbe parlato anche di alcune sue inchieste. Stampato nei mesi successivi, *Milano degli scandali*[10] circolerà nel capoluogo lombardo, soprattutto tra i socialisti e i democristiani, come un oscuro oggetto di presagio.

«L'unica cosa da fare è occuparsi di Lombardia Informatica» disse Di Pietro al suo futuro portavoce.[11] Nacque un sodalizio fondato sulla carcerazione del prossimo, ma con scarse fortune: l'inchiesta durerà tre anni senza combinare granché; in compenso, vedremo, rispunterà qua e là secondo strane circostanze.

Lombardia Informatica era una società a partecipazione regionale creata per il controllo della spesa sanitaria e nei fatti era gestita dalle segreterie di partito, sospettate di inventarsi degli stratagemmi per autofinanziarsi con giochi di nomine e spartizioni. Ma sarà lo stesso Francesco Saverio Borrelli a smontare l'indagine:

> Non aveva dato grandi risultati. Era rimasta un'indagine piuttosto confusa. Anche il mio procuratore aggiunto Gerardo D'Ambrosio era scontento. L'indagine non era riuscita a provare nulla di sicuro, c'erano delle incertezze nella contestazione dei reati e nei capi d'imputazione. E questo anche per una certa inesperienza di Di Pietro.[12]

Presto l'inesperienza non sarebbe più stata un problema, considerando che Borrelli pronunciò queste parole un mese prima di Mani pulite. Ma, allora, Borrelli e D'Ambrosio rifiuteranno persino di firmare le 483 carte del procedimento.

Più interessante e premonitrice fu senz'altro la cosiddetta «Carceri d'oro» o «CoDeMi». Il processo era nato a Genova e Di Pietro se lo ritrovò per caso. La guardia di finanza aveva notato discrasie tra il fatturato dichiarato dal costruttore Bruno De Mico (meno di 800 milioni) e le fuoriserie e l'elicottero personale di questo signore segaligno ed elegante alle cui feste, nella sua villa settecentesca nel Comasco, accorrevano molte personalità politicamente corrette. Grande amico suo, nel nome di una comune inimicizia con Salvatore Ligresti, era il conte Carlo Radice Fossati, rampollo prestato alla politica e, vedremo, presto restituito.

«CoDeMi» significava De Mico. Il costruttore, e architetto, era stato arrestato il 24 marzo e subito aveva confessato una serie di tangenti pagate per costruire i grattacieli di Porta Garibaldi più varie carceri lombarde. Erano stati rinvenuti dei floppy disk che i pm Piercamillo Davigo e Filippo Grisolia, titolari dell'inchiesta dal 23 luglio, pensarono di far decrittare a quel tizio che si occupava di computer, quello dell'inchiesta sulle patenti.

L'interpretazione del cifrario elettronico divertì molti. Per tradurre Ni2Mi o Ni5Zi bastava invertire le coppie di lettere. Così Ni2Mi era Milani Gianstefano, onorevole socialista; Zi5Ni era Nicolazzi Franco, ministro socialdemocratico; To2Li era Ligato Ludovico, presidente delle Ferrovie, Ta3Be era il meno noto Fausto Beretta, personaggio della sinistra socialista legato a Gianstefano Milani. L'avvocato di Beretta era Giuseppe Lucibello. L'avvocato di Milani, anche.

Dalla biografia di Moncalvo, Tonino ha eliminato questa parte:

> Il processo De Mico è stato un vero processo politico, ma Di Pietro non lo ha creato del tutto, se lo è trovato sul tavolo. È un po' strano che ciò sia accaduto, anche perché abbiamo visto che Di Pietro dice che non gli davano molto da fare.

La sentenza del processo CoDeMi, nel febbraio 1991, deluderà molti giornalisti cosiddetti democratici. A parte l'immolato ex ministro Nicolazzi, i quarantacinque rinviati a giudizio furono tutti pesci piccoli. I democristiani Vittorino Colombo e Clelio Darida ne uscirono prosciolti, mentre per il socialista Gianstefano Milani non era stata concessa l'autorizzazione a procedere. Fuori anche Epifanio Li Calzi, comunista, ex assessore ai Lavori pubblici: aveva ammesso d'aver preso soldi da De Mico, ma solo come un compenso professionale non dichiarato al fisco. Era lo stile comunista, neo Pds.

Tra altre, neppure le seguenti sigle portarono ad alcuno sbocco penale:

MiPSegrSi (Segreteria Psi Milano)
Na15De (Democrazia cristiana)
Sa2Ch (Chiesa)
Se6Dc (Dc milanese)
Te5It (Italposte)
Ti29Sin (Sindacati)
Unità (quotidiano «l'Unità»)

Il giudice Antonio Lombardi scrisse un rinvio a giudizio che a suo modo dovrebbe passare alla storia. Fu lui, con equilibrio e lucidità, a dipingere il vero affresco della «dazione ambientale». Un solo frammento:

> Si paga al ministero o negli uffici dell'impresa, per strada o al cantiere, in pieno giorno o tarda sera, in cielo, in terra e in ogni luogo. E dietro questo fiume di tangenti il campionario più vario di umanità: dal parlamentare al direttore dei lavori, dall'alto dirigente del ministero al fruttivendolo assessore comunale, dal provveditore alle opere pubbliche al contabilizzatore di quartiere ... c'è chi è perentorio e sbrigativo (passi dal mio segretario per quantificare il problema), chi brutale (tutto e subito), chi più comprensivo (con pagamenti differiti), chi gentile (sappiamo che avete già dato ma ora ci sono io), poi c'è il taglieggiatore di professione (che richiede i pagamenti ancorati a monete forti), c'è il petulante (che assilla in modo ossessivo al telefono persino la segretaria), e chi sfiora il ridicolo parlando in modo convenzionale al telefono (mi mandi venti chili di mele).

Tonino rimase impressionato da questa sentenza. La farà sua, ne farà il vangelo di Mani pulite: ma senza citare la fonte. Anche la classificazione dei corruttori ideata da Lombardi (il perentorio, lo sbrigativo, il brutale ecc.) gli piacque molto: nel maggio successivo, in un articolo pubblicato dal mensile «Società civile»», riproporrà una classificazione analoga ma con termini diversi: l'untuoso, il ricattatore, il mendicante, il ragioniere, il millantatore, il prestanome.

Vi è da chiedersi che ci facesse un articolo di Tonino su un periodico come «Società civile». Probabilmente aveva raccolto un invito di Gianni Barbacetto, il coautore del libro con Veltri, e si era fugacemente affacciato al tempio politicamente corretto di Nando Dalla Chiesa e dei vari pm Armando Spataro, Gherardo Colombo, Piercamillo Davigo, Francesco Di Maggio, Giuliano Turone e Ilda Boccassini. Del circolo Società civile erano invece nemici giurati personaggi come Pillitteri, Maurizio Prada e altri amici di Tonino. Sicché la sua fama non migliorava.

Anche perché Tonino tendeva a intrufolarsi ovunque gli offrissero neanche un pulpito, ma uno sgabello. L'uomo che riusciva a conciliare Pillitteri e Dalla Chiesa (uno ignaro della frequentazione dell'altro, dapprima) scriveva, sempre in maggio, anche per «Gran Milàn», mensile orbitante attorno a una parte della Dc avversa all'altro amico Maurizio Prada. Tonino, sulla rivista, aveva una rubrica fissa con foto, «Magistratura». Immaginarsi l'orgoglio. Gli editori erano il conte Carlo Radice Fossati e Ismaele Passoni, quest'ultimo futuro editore del quotidiano «Il Telegiornale», che ritroveremo. Direttore era Egidio Maggioni, futuro animatore sempre del «Telegiornale». Tra i collaboratori: Giuseppe Lucibello. Tra gli sponsor: la Mazzalveri & Comelli di Gabriele Mazzalveri, futuro inquisito. Nel consiglio di amministrazione (Intercity Srl, 100 milioni di capitale) sedeva anche il democristiano Giuseppe Zola e, naturalmente, Lucibello.

Un'altra inchiesta noiosa, ma interessante ai fini biografici, fu la cosiddetta «Oltrepò pavese» o «Campanili d'oro». Come altre, Di Pietro se la ritrovò sul tavolo nella prima decade del luglio 1989. Nata dopo un articolo del «Giornale», evidenziava anomale distrazioni della Protezione civile a favore di un centinaio di parroci che pure non avevano chiesto un soldo: una serie di carteggi democristiani sembrava avvalorare delle illecite gestioni clientelari. Dopo infiniti rimpalli tra commissioni e collegi inquirenti, il 30 giugno era pervenuta l'autorizzazione a procedere contro il ministro della Funzione pubblica Remo Gaspari, ed ecco il fascicolo sulla scrivania di Tonino. Nell'inchiesta entrò anche l'allora democristiano Bruno Tabacci, che al pari di Gaspari sarà assolto. Ma da quell'indagine Tabacci aveva già tratto un'impressione precisa:

> Di Pietro era ansioso di utilizzare le inchieste anche per la pubblicità che gliene derivava sui giornali. Un furbo. Ho scoperto dopo che le mie frequentazioni milanesi erano più prudenti delle sue. La sera frequentava Pillitteri, a mezzogiorno Ombretta Fumagalli che era l'accusatrice di Pillitteri.[13]

Il pasticcio informatico

Il problema, per farla breve, fu questo: il ministro della Funzione pubblica, Remo Gaspari, da una parte era inquisito da Di Pietro, e dall'altra era il referente di Di Pietro nel suo tentativo di avviare un progetto di informatizzazione della Giustizia. L'inchiesta era sua e solo sua, anche se Di Pietro farà di tutto per sostenere che fosse stata coassegnata a Piercamillo Davigo. A smentirlo sarà ufficialmente Francesco Saverio Borrelli, e del resto bastava guardare la copertina del fascicolo: c'era scritto «n/8534/89, Antonio Di Pietro». Davigo, in realtà, venne solo informalmente consultato, e peraltro disse che la competenza del fascicolo secondo lui era di Roma. Tonino la tenne lo stesso.

E siamo al Di Pietro versione informatico, esperienza utile per capire sino a che punto il biografato possa spingersi pur di incamerare un risultato. La vicenda è intricata, a tratti alienante, ma fa capire molte cose.

Di Pietro, meritevole d'essersi occupato di un tema che interessava pochi, era divenuto consulente al ministero della Giustizia del già designato «Comitato di automazione» presieduto da Liliana Ferraro. Dall'inizio del 1989 aveva formulato valangate di proposte elaborate in realtà dai suoi fidi carabinieri-ingegneri Claudio Nati e Luciano Pazzucconi, mentre i capi della Procura milanese spalleggiavano dormienti. Un certo suo individualismo, a margine di questa vicenda, esploderà in tutta la sua ruspante virulenza.

I referenti per il suo progetto erano i ministeri della Funzione pubblica e della Giustizia. In giugno spedì a quest'ultimo dicastero una relazione che spiegava che cosa a suo dire dovesse fare il ministro. Di seguito, e non era il primo, presentò un altro programma informatico preparato stavolta con un altro carabiniere, Vittorio Morganti.[14] A Roma incontrò il capo di gabinetto Filippo Verde e gli disse che la sua opzione per automatizzare i tribunali era la migliore possibile, e il tono non ammetteva eccezioni. In ottobre, poiché uno dei suoi carabinieri era stato richiamato in altro reparto, fece scrivere una lettera dal ministero perché il ragazzo potesse tornare a occuparsi delle sue cose informatiche. Non ebbe imbarazzi. Dirà così: «Lo facevo per dovere».[15] Sino a quel momento non sembrava minimamente intenzionato ad astenersi dall'inchiesta.

Partecipò piuttosto al cosiddetto «Comitato metropolitano» della Lombardia, che a sua volta doveva predisporre dei progetti finanziabili da Roma, ma dilagò come al solito. Nelle prime sedute si verbalizzò con malcelata ironia: «La Commissione prende visione delle proposte già avviate dal dottor Di Pietro prima ancora della costituzione della Commissione stessa». Il 10 ottobre irruppe alla prima riunione del Comitato metropolitano di automazione (sponsorizzato da Remo Gaspari, il ministro da lui inquisito) e investì tutti dei suoi importanti progetti. Nonostante non avesse un ruolo formale, «riempiva ogni spazio allargandosi via via fino a occupare tutta la scena», si legge nei verbali delle assemblee, «al punto da soffocare con la sua irruenza la Commissione stessa, le cui sedute cominciano ad andare deserte».[16] Il presidente della Commissione, Umberto Loi, scriverà direttamente a Tonino: «La tua ricca personalità, espressa in molteplici iniziative personali trasferite pari pari a livello collegiale, ha dato l'impressione ad alcuni componenti di essere appiattiti in ruoli di supporto, e alla Commissione di funzionare come cassa di risonanza».[17] Di Pietro proseguì imperterrito. Il 17 ottobre presentò un altro software e il 19 lo spedì al ministero della Funzione pubblica, cioè a Gaspari.

Era poi così competente, Di Pietro? Il pm Fabio Salamone lo paragonerà a un «piazzista di computer porta a porta», mentre Racchi dirà che «si era fatto la fama di grande competente utilizzando il lavoro che facevamo Pazzucconi e io, mentre in realtà di informatica ne capiva poco».[18] Troppa severità. Era semplicemente l'unico che a palazzo di giustizia se ne occupasse, anche perché per saperne più di Borrelli bastava saper infilare una spina nella presa. Di Pietro avrà tuttavia il fegato di dire: «Da molto tempo ho deciso di far uso dell'informatica nelle indagini... i miei collaboratori non sono specialisti... Li ho fatti addestrare, due di loro sono diventati degli appassionati...». Stiamo parlando di due signori che conobbe quand'erano già ingegneri informatici.

Da italiano vero, Di Pietro ritenne che una spintarella fosse comunque utile. Aveva bisogno di entrature in due ministeri, Funzione pubblica e Giustizia, e pensò di rivolgersi all'amico sindaco Paolo Pillitteri durante una delle consuete seratine. Il dicastero della Giustizia era retto da socialisti e la sostanza è che Di Pietro non voleva troppi comitati tra le scatole: per far filtrare i suoi progetti voleva dialogare direttamente col Guardasigilli Giuliano Vassalli. Sicché Pillitteri telefonò a Filippo Verde e Di Pietro poté reincontrarlo. Andò tutto bene. Poi Tonino ne riferì all'amico sindaco: tutto lecito, benché molto italiano. Verde ne accennò a Vassalli che diede il suo assenso: perché così gira il mondo o perlomeno l'Italia, e non perché Vassalli «si era reso conto che solo una persona esperta e competente come me poteva portare in porto una progettazione così importante», come dirà invece Di Pietro in sede difensiva.

Morale: Vassalli e il sottosegretario Franco Castiglione chiamarono il ministro della Funzione pubblica, che era sempre Gaspari, e dipinsero Tonino come «un mago dell'informatica». È tutto a verbale.

Gaspari, esterrefatto, allertò il suo capo di gabinetto: «La vuoi sapere l'ultima? Di Pietro vuol fare il consulente per noi». Il magistrato, in effetti, non si era ancora astenuto dall'inchiesta come sarebbe parso logico nonché obbligatorio. Fu fissato un incontro.

Invasato dalla retorica di Mani pulite, l'ex pm negherà di esser stato raccomandato come un qualsiasi italiano. Da indagato a Brescia, nel 1997, di fronte a una precisa domanda su come maturò quella convocazione, non verrà creduto neppure dal giudice in assoluto più tenero con lui, Roberto Spanò.

Il 6 novembre, finalmente, Francesco Saverio Borrelli accolse l'astensione di Di Pietro dall'inchiesta su Gaspari: anche se, sorpresa, l'atto di accoglimento dell'astensione venne perduto. A esser precisi, andò persa anche la lettera di astensione scritta da Di Pietro. È agli atti anche questo.[19]

Il 7 novembre Di Pietro fu ricevuto da Alfonso Quaranta, uomo di Gaspari. Quaranta riferirà dell'atteggiamento deferente di Tonino nonché dello «stupore» e «imbarazzo» legati alla sua pretesa di passare a salutare Gaspari, personaggio che solo due mesi prima interrogava per peculato.

Comunque sia, tornò a casa felice perché aveva percorso i primi passi per un incarico formale. Ed eccoci: due giorni dopo, né più né meno, venne costituita la Isi, Ingegneria dei sistemi informatici. In pratica, mentre i suoi progetti correvano, i carabinieri che lavoravano con lui costituivano una società che si occupasse di questi progetti: una clonazione che sembrava studiata su misura per ingenerare sospetti. Nella società c'era l'ex dirigente Bull Paolo Bronzoni che Di Pietro aveva conosciuto durante l'inchiesta CoDeMi, e si materializzeranno l'immancabile avvocato Lucibello e per un breve periodo anche Cristiano Di Pietro. Un palese conflitto d'interessi che Di Pietro non ritenne di dover spiegare a nessuno. Niente di strano che il procuratore generale di Milano, Adolfo Beria di Argentine, cominciasse a nutrire perplessità.

«La Isi era una ditta come tante» dirà Di Pietro da inquisito. A dire il vero, Fabio Racchi ammetterà che «sapendo che Di Pietro poteva diventare responsabile di progetti per l'informatizzazione presso il ministero della Funzione pubblica, avevamo la speranza di essere prescelti». Anche se non è chiaro come sapessero della futura nomina del magistrato: quando la Isi fu costituita, mancavano ancora tre mesi.

La Isi, in breve, si propose al ministero con un software per gestire le notizie di reato: l'offerta venne valutata per 10 o 12 miliardi di spesa.

Il 27 novembre la decisione ufficiosa: Di Pietro sarebbe divenuto anche direttore dei progetti che sarebbe stato incaricato di seguire. Il pm Fabio Salamone accuserà Tonino di aver fatto costituire la Isi proprio in funzione del suo incarico, ma il gip Roberto Spanò, nel 1997, boccerà la richiesta di rinvio a giudizio e sosterrà solamente che per l'incarico a Di Pietro fu decisiva la raccomandazione dei socialisti.

A quel punto, «tutti cercarono di boicottarmi» dirà l'ex pm. Purché nella lista comprenda se stesso. Infatti a Milano fioccavano interrogativi. Liliana Ferraro parlò con Beria di Argentine che parlò con Borrelli che parlò con Di Pietro: «Chiamai Antonio e gli dissi: dimmi la verità, devo saperla anche per poterti difendere. Lui negò decisamente di avere ragioni di cointeressenza con società del settore».

Di Pietro era sempre più agitato. Il 4 gennaio 1990 scrisse una drammatica missiva a Filippo Verde per pubblicizzare nuovamente i suoi progetti e per lamentarsi dei sospetti che lo circondavano: non m'interessa, scrisse, a quale ditta il ministro intenda rivolgersi. L'11 gennaio rimandò lo stesso progetto a Vassalli e a Liliana Ferraro. Non mollava mai. Inoltre annunciò un altro progetto per informatizzare tutta l'area dei gip.

Il 19 gennaio, nonostante le chiacchiere che ormai lo riguardavano, ottenne il sospirato incarico ufficiale: Gaspari nominava Di Pietro direttore responsabile del progetto «informatizzazione integrata dei servizi giudiziari di Milano», dunque avrebbe potuto «stipulare convenzioni e procedere ad acquisti anche mediante trattativa privata». I vertici della Procura milanese rimasero basiti.

Appena cinque giorni dopo la Isi formalizzò un'offerta al ministero della Giustizia e Di Pietro ne risultò perfettamente al corrente.[20] Il 23 e 24 gennaio Liliana Ferraro scrisse a Borrelli chiedendogli se quei due della Isi, Pazzucconi e Racchi, non fossero per caso i due signori legati ad Antonio Di Pietro. Lo erano.

Rinvenuto, il procuratore generale Beria di Argentine reagì per lesa maestà. Anni dopo insinuerà un sospetto fatto proprio da Fabio Salamone: che Di Pietro in sostanza potesse aver ricattato Gaspari. Secondo il pm, Tonino «si inseriva comunque almeno fino all'8 gennaio 1990» nell'inchiesta sull'Oltrepò. «Era da mesi che non rimetteva il procedimento a Roma pur essendo di competenza di quella procura» dirà Beria di Argentine.[21] Il gip Spanò, come detto, argomenterà in senso opposto e avrà l'ultima parola.

Il fascicolo dell'inchiesta su Gaspari pervenne nelle mani dei pm Piercamillo Davigo e Filippo Grisolia solo il 3 febbraio. Dopo una riunione con Borrelli per esaminare gli atti, si concluse che peraltro aveva ragione Davigo: la competenza era romana.

In estrema sintesi: un magistrato, certo Di Pietro, indaga su Gaspari; si astiene, non è chiaro quando, e per tre mesi l'inchiesta scivola nel limbo; quando riappare, il magistrato non c'è più: perché ha avuto un incarico da Gaspari.

Dopo la nomina di Di Pietro, i capi della Procura milanese sollevarono comunque un inferno. Beria di Argentine in pratica disse che l'incarico sarebbe spettato a Piero Pajardi perché Di Pietro non era nessuno. Era, a dire il vero, l'unico che si fosse interessato di computer, e forse i belligeranti avrebbero potuto mediare. Non lo fecero.

Di Tonino, Beria di Argentine dirà: «È sempre stato raccomandato dai socialisti, da Pillitteri e altri. Di Pietro era protetto dal Psi».[22] Come meglio vedremo, Beria di Argentine di socialisti se ne intendeva.

La querelle, in ogni caso, non era finita, anche perché s'affacciavano curiose coincidenze. Il 18 febbraio 1990 uno dei tanti comitati per l'automazione presenti sulla scena (il lettore non s'adonti se non si raccapezzasse: è capitato anche a noi) bocciò una proposta della Isi giudicandola troppo esosa. Non solo. Il comitato, presieduto dal giovane democristiano Giancarlo Albini, consigliere regionale, fece notare che un analogo progetto della Procura di Torino era a costo zero e promosse un'indagine amministrativa sul caso. Quattro giorni dopo, a margine dell'indagine su Lombardia Informatica, ecco: Albini ricevette un avviso di garanzia per peculato. Chi lo firmò? Di Pietro. La perquisizione durò sette ore. Sulla scrivania, il neoinquisito appoggiò un provocatorio fascicolo sulla Isi ribattezzato «Fascicolo Di Pietro»: venne ignorato.

Dirà ancora Beria di Argentine:

> Al ministero si riteneva che l'inchiesta [*su Lombardia Informatica*] fosse stata rispolverata per ritorsione nei confronti del comitato tecnico che si era rifiutato di acquistare il programma della Isi.[23]

Il gip Spanò, per quest'uscita dell'ex procuratore generale, arriverà a ipotizzare il reato di calunnia.

Ora, in tutto questo quadro ci si immaginerà un Di Pietro scornato che dignitosamente avesse mandato al diavolo tutti quanti: neppure per idea. Dispose un progetto per la realizzazione della stenotipia elettronica e lo trasmise subito al comitato di automazione, uno dei tanti. E ricominciò a scrivere. A tutti. Il 18 aprile sarà infine l'Olivetti a predisporre il maledetto software per i tribunali: ma dopo aver inglobato la Isi. Fine della storia?

Figurarsi. Quel giorno stesso, Di Pietro scrisse al sottosegretario Castiglione: «Ritengo che i passi da avviare possano essere i seguenti...». E risottopose il suo progetto. Il 20 aprile chiese a Liliana Ferraro se il software Olivetti dovesse intendersi esteso anche alla Pretura di Milano: in caso contrario, si poteva utilizzarne uno suo. Di Pietro era fatto così.

A riprova della sua purezza e del suo disinteresse, spiegherà che per Mani pulite inquisì anche i vertici dell'Olivetti che avevano inglobato la Isi. «L'unico che si è salvato» scriverà «è stato l'ingegner Bronzoni, perché quando iniziò Mani pulite era morto.» Sul punto sarà particolarmente esaustivo: «Se è morto non era colpa mia, perché altrimenti anche lui sarebbe rimasto inquisito». Peccato.

Di Pietro dovrà avvedersi che ogni suo progetto d'informatizzazione, anche solo alla Procura di Milano, verrà cortesemente respinto. Eppure, stando all'ex consigliere regionale Francesco Rivolta, la sua ossessione informatica non si era ancora esaurita:

> Eleuterio Rea, più volte e ripetutamente, nella seconda metà del '91 mi disse che Di Pietro voleva andare via da Milano e aveva aspirazioni a ricoprire un incarico presso il ministero come capo dell'ufficio automazione. Rea mi sollecitò pertanto a fare interventi per favorire quella nomina ... mi sottolineò come proprio in riferimento a Lombardia Informatica fosse utile che Di Pietro lasciasse la Procura di Milano.[24]

Rivolta, inquisito per Lombardia Informatica, avrebbe poi interpellato i segretari regionali Andrea Parini (Psi) e Gianstefano Frigerio (Dc) perché ne parlassero a Claudio Martelli e Arnaldo Forlani.

Vi è poi la testimonianza del citato Giancarlo Albini:

> Rivolta mi disse di rivolgermi al ministro Virginio Rognoni [*parente di Albini*] perché ottenesse la nomina dal Guardasigilli Martelli ... sollecitava il mio intervento perché riteneva, anche per intercessione di Rea, che l'eventuale nomina del magistrato avrebbe chiuso la vicenda di Lombardia Informatica.[25]

Rognoni, interrogato come gli altri a Brescia, ha confermato i «pressanti interventi», ma pure che lasciò perdere in quanto stranito dagli «interessi che potevano esserci attorno al trasferimento da Milano del dottor Di Pietro». Chi ha negato tutto è Eleuterio Rea: incontrò Rivolta, suo buon amico, ma non fece pressioni su nessuno per conto di nessuno. Questo ha detto a Brescia.

La mirabile sintesi di Di Pietro sarà questa: «A mia insaputa si sono adoperati per mandarmi via». Sì, ma non a Gaeta: al ministero, e con in tasca l'incarico che inseguiva da anni.

Questo filone, nato da un'inchiesta giornalistica dell'autore di questa biografia, si concluderà a sua volta con un non luogo a procedere vergato dal giudice Roberto Spanò: a suo parere le pressioni di Rivolta corrisposero al tentativo di sfuggire all'inchiesta che Di Pietro stava conducendo. Non altro. E anche l'accusa di aver favorito la Isi, formulata a Brescia dal pm Fabio Salamone, finirà in nulla.

A Mani pulite non mancava molto, ma quando la Corte d'appello di Milano disporrà una sperimentazione di stenotipia elettronica diversa da quella di Di Pietro, quest'ultimo se la prenderà davvero a morte: «Si cerca di isolare ogni mia attività ... da oggi non mi interesserò più nemmeno di stenotipia ... non godo, mio malgrado, di un rapporto di fiducia».

Esatto. Era la sua precisa situazione a Milano.

Atm, un'inchiesta tra amici

Un passo indietro. Il 14 aprile 1988, bella e impostata, Di Pietro si ritrovò sulla scrivania un'inchiesta decisamente scottante. Per molti sarebbe potuta essere l'inizio di Tangentopoli ma decisamente non lo sarà: segno che Tangentopoli esisteva e resisteva. Di fronte a questo, nella considerazione di cronisti e addetti ai lavori, neppure stavolta il ruolo di Antonio Di Pietro fu propriamente quello dell'eroe.

La Procura di Torino aveva dichiarato la propria incompetenza e così l'inchiesta cosiddetta «Atm» (Azienda trasporti milanesi) venne passata a Di Pietro dal procuratore aggiunto Giovanni Caizzi. Ancora una volta Di Pietro si ritrovò tutto predisposto: intercettazioni, rapporti della guardia di finanza, nomi, cognomi e reati ravvisabili.

In sintesi: su tre quadernetti sequestrati il 20 maggio 1988 a casa del capo ufficio acquisti dell'Atm, Claudio Provini, comparivano in sigle e cifre le tangenti pagate all'azienda da varie ditte fornitrici. Accanto alle cifre c'erano i nomi dei beneficiari. Una contabilità precisa: data della fornitura, importo e relativa tangente. La regola, in Atm, era un 5 per cento su ogni appalto per Dc e Psi.

Provini, uomo del presidente democristiano dell'Atm Maurizio Prada, figurava come il collettore di tutti i versamenti. Non finì nei guai da solo: lo seguì il direttore tecnico Lucio Calicchio che a sua volta era un uomo del socialista Sergio Radaelli che a sua volta era uomo del sindaco Paolo Pillitteri.

Ovviamente nessuno pensò che i soldi spuntati in un conto bancario appartenessero ai soli Provini e Calicchio, anche perché nei quadernetti con le sigle (oltre a «Prov» che sta per Provini) compariva per esempio anche «Riv» o per esteso «Riva» che molti ricollegarono a Luciano Riva Cambrin che era un altro uomo di Maurizio Prada. A esser precisi era quasi il suo segretario particolare nonché capo del Sif, ufficio fantasma che l'Atm adibiva ad attività politiche: chi cercasse lavoro nell'Atm doveva passare di lì, tesserare l'intera famiglia e aspettare.

Di sigla ce n'era anche un'altra: «Rad». Il nome «Radaelli» compariva in chiaro nel 1978, poi divenne «Rada» e ottantun volte «Rad», come se il compilatore del quadernetto vi avesse via via preso confidenza. Ventisei volte, poi, «Rad» era associato a un certo «Lupi».

Era Sergio Radaelli, pensarono tutti: si profilava dunque il rischio che Di Pietro incontrasse di giorno gli amici che frequentava la sera. Imbarazzi? Astensione? Neppure per idea. Non ci fu problema né per lui né per il capo della Mobile Eleuterio Rea, che paradossalmente fu incaricato della decrittazione delle sigle «Riv», «Rad» e persino «Eleut».

Cominciava un'indagine con sfumature demenziali. Il 23 maggio, il pm (Di Pietro) chiese al capo della Mobile (Rea) di identificare le persone legate ai cognomi dedotti dal quadernetto. Il 2 giugno, per iscritto, Rea gli rispose che ne aveva identificati solo alcuni e che gli mancavano questi: Radaelli, Santini, Riva e Meazza.

Ma Di Pietro decise di non aspettare e diede il via a oltre duecento comunicazioni giudiziarie per corruzione, concussione, turbativa d'asta e l'immancabile associazione per delinquere. Era la sua tecnica: uno dei capi d'imputazione sarebbe stato quello giusto. Gli atti e le perquisizioni non sfiorarono, ovviamente, i nominativi non identificati.

Come visto, era Rea a disporre. Il rapporto amichevole e professionale con Di Pietro era condito da letterine formali: il magistrato, per esempio, il 19 luglio gli fece nuovamente presente che «i nominativi Santini, Riva, Meazza e Radaelli» non erano stati «ancora compiutamente identificati». Rea ci mise otto giorni per rispondere. Il 27 luglio fornì «le complete generalità dei funzionari verosimilmente corrispondenti ai nominativi richiesti»: Santini Mario, Riva Cambrin Luciano, Meazza Alessandro e per finire Radaelli Sergio, nato il 23 giugno 1937 e residente a Milano in via Alberto Mario. Era lui, il «Lucido».

E pareva tutto risolto, sulla carta: dopo Provini e Calicchio, ecco nero su bianco un altro uomo di Prada, Riva Cambrin, e pure Sergio Radaelli. Dc e Psi, cioè. Neppure qui Di Pietro pensò di astenersi. Sosterrà, nel 1997, che Radaelli non lo conosceva ancora.

Giunti a quel punto, scrisse all'amico Rea:

> Nel contempo si vorrà acquisire l'elenco dei nominativi delle persone facenti parte dei Consigli di amministrazione dell'Atm a partire dal 1975 a oggi.

Di Pietro, cioè, voleva sapere quanti dipendenti avessero il cognome che incominciava per «Rad» e quanti si chiamassero proprio Radaelli: salteranno fuori dodici persone. L'indagine andava all'indietro. Cercava altri Radaelli. Parentesi: Francesco Saverio Borrelli, nell'ottobre 1994, parlerà di Tonino in termini di «intuito fulmineo, addirittura medianico». Nel 1997 non pareva molto medianico.

Il 27 luglio, alleluja, Di Pietro dispose una comunicazione giudiziaria per Sergio Radaelli: non l'arrestò, ma essendo indagato dispose una perquisizione. Ebbene: per notificarla ci impiegheranno quasi tre mesi. Ecco la simpatica dinamica.

Su disposizione di Rea, il 30 luglio un poliziotto si reca a casa di Radaelli e citofona. Ma non risponde nessuno. Allora torna indietro. Passano due giorni e il poliziotto, Gaetano D'Amato, fa rapporto a Di Pietro: ho suonato il citofono, scrive, ma non rispondeva nessuno. Testuale: «I ripetuti controlli al citofono davano effettivamente esito negativo ... Pertanto si restituisce il provvedimento...». A tutti gli altri avevano rovistato la casa, sequestrato le agende e controllato gli estratti conto: mai rispondere al citofono.

Per tutto agosto il provvedimento non venne eseguito. Per tutto settembre neanche. Di Pietro si svegliò solo il 18 ottobre con un'altra comunicazione a Radaelli, che il 20, comodamente, rispose al citofono. Per quando fissarono il suo interrogatorio? Non venne fissato. Meglio: a fissarlo fu Radaelli, che concordò una «presentazione spontanea» per il 14 novembre. Un altro mese.

Il verbale del suo interrogatorio è del genere che riporta le risposte ma non le domande del pm: si può solo tentare di dedurle. Premetteva Radaelli:

> Nego ogni addebito. Faccio presente che dall'ottobre '77 all'ottobre '78 non ho fatto parte del Consiglio di amministrazione dell'Atm, e pertanto alcun fatto mi può riguardare.

È un autogol, perché le tangenti che il quadernetto associava a «Rad» iniziavano proprio nel 1978 e si intensificavano dal 1979. Di Pietro non obiettò nulla. Gli chiese se conosceva questo Provini.

> Ho incontrato Provini una sola volta ... nel 1977 ... Faccio altresì presente che mi sono sempre battuto per la trasparenza dei rapporti con le ditte appaltatrici, su questo mi riservo di presentare una memoria.

Aspettando la fondamentale memoria sulla trasparenza di Radaelli (nel 1992 troveranno decine di miliardi illeciti su suoi conti esteri) Di Pietro alla fine gli mostrò un assegno del Credito Lombardo all'ordine di un certo Radaelli, chiedendo se riconoscesse la sua firma: «No». A mettere la sua sul verbale, gli sarà tremata la mano. Verbale che finiva così: mezza pagina.

Di seguito, qualche esempio di domanda che Di Pietro non ritenne di dover fare: che cosa pensa del fatto che «Radaelli» e «Rad» scompaiano o appaiano secondo la sua presenza o meno all'Atm? Perché il suo cognome è associato a un certo Lupi per ventisei volte? Non le risulta che sia socialista come lei e che, come tutti sanno, faccia politicamente riferimento a lei? Ma lei cosa faceva in Atm, non firmava gli ordini d'acquisto? Dal quadernetto si associa la ditta Parravicini a un certo Radaelli per ventidue volte: l'ha mai sentita nominare? E la ditta Arpam? E la Dittongo? E tutte le altre? Sergio, stasera fate qualcosa?

Il biografo deve confessare di non aver reperito, pur esaminando le migliaia di atti dell'inchiesta, le deposizioni dei titolari della citata impresa Parravicini. Consultando allora un'altra copia degli atti, e pure una terza, neppure le reperiva.

Dopo l'interrogatorio mignon, l'inchiesta andò in sonno apparente per un po' di tempo. Sergio Radaelli aveva altro per la testa: era divenuto membro del comitato esecutivo Cariplo ed era pure candidato alla presidenza dell'Istituto Bancario Italiano. E Prada? Nell'inchiesta comparirà ufficialmente solo per dare una mano. Dirà Di Pietro al proposito:

> Sì, li ho conosciuti Prada e Radaelli ... li ho conosciuti anni fa, durante l'inchiesta sulle irregolarità nelle assunzioni all'Atm ... Furono molto collaborativi. Prada, soprattutto, mi diceva che stavo aiutandolo a compiere un'opera di pulizia morale ... Lo stesso faceva Radaelli ... Erano due testimoni che davano un leale contributo al cammino della giustizia...[26]

Come detto, Di Pietro sosterrà che conobbe Radaelli in occasione di questo interrogatorio. Le testimonianze di segno opposto sono alquanto numerose.

Il 28 settembre Di Pietro decise di scuotere l'inchiesta: arrestò Calicchio, Provini, Attilio Lupi e altri ancora. Valanghe di perquisizioni ovunque. I cronisti affilarono le penne aspettando i nomi grossi, ma dopo giorni continuava a non succedere niente. Finché «la Repubblica», il 12 ottobre, i nomi li scrisse belli chiari: «Riv» e «Rad», si leggeva nero su bianco, erano Luciano Riva Cambrin e Sergio Radaelli. Panico. Querele.

Sta di fatto che quattro giorni dopo Di Pietro decise di stralciare dal processo le posizioni di Riva Cambrin e Radaelli. Il 16 ottobre, cioè, divise gli uomini dai loro peccati dimostrabili. Un gruppo di sedici pesci piccoli da una parte, trentasei da un'altra, fino al terzo fondamentale stralcio qui di seguito trascritto:

> Nei confronti delle sottoindicate persone ... persiste allo stato il dubbio sulla loro esatta individuazione personale:
> – Riva Cambrin Luciano;
> – Radaelli Sergio;
> – Meazza Alessandro.

Persiste il dubbio.

Il 19 ottobre l'inchiesta era conclusa. I rinviati a giudizio furono sedici. Era, secondo il vecchio rito, un'istruttoria sommaria: significava che gli atti di Di Pietro non erano né sarebbero passati al vaglio del giudice istruttore (il gip dell'epoca) cosicché si andò a giudizio senza un controllo formale. Senza un controllo, cioè.

Radaelli era scivolato via, e presto la sua posizione sarà archiviata definitivamente. Finite le indagini, il processo sarà un lampo. Claudio Provini, l'uomo dei quadernetti, non presenziò neppure. Il 3 aprile, però, al processo, fece pervenire una memoria e molti tremarono. I cronisti già pregustavano il colpaccio.

Gli appunti riflettono fatti veri ... somme pagate, destinatari, criteri ... ho ricevuto quel denaro, è vero che è stato ripartito ... È corretta l'identificazione fatta dal pm riguardo alle sigle ... indicano l'ing. Calicchio ... «Di M.» corrisponde a Di Maio, «Bram» identifica Bramanti, «Meaz.» corrisponde a Meazzini, «Eleut.» identifica Eleuterio, «Lupi» è il cognome dell'omonimo imputato, «Quar» corrisponde a Quarni, «S.» corrisponde a Santini, «Riv» e «Rad»...

Tensione. Mormorio del pubblico.

... corrispondono a persone estranee al processo o addirittura estranee ai fatti...

Ed era finita. Di Pietro, l'uomo che per il processo delle patenti aveva arrestato centoventicinque persone quasi tutte «convinte» a confessare, l'uomo che faceva cantare spacciatori e banditi sardi, l'uomo che durante Mani pulite sarà decantato per la sua abilità a far parlare anche i sordomuti, Di Pietro insomma, soccombeva di fronte alla verità epistolare del malato e fragile Claudio Provini.

Nella requisitoria, Tonino riaccennò alla famosa «dazione ambientale»: «Sono tutti colpevoli... Coloro che chiedono tangenti e coloro che sono disposti a pagarle». Aveva ragione. Dieci funzionari vennero condannati a complessivi 30 anni. Claudio Provini ne beccò 7, Lucio Calicchio 6. Molti patteggiarono. I giornalisti fecero spallucce. Riva Cambrin e Radaelli, come visto, erano stati stralciati. Nel caso di Radaelli, Antonio Di Pietro aveva chiesto l'archiviazione il 1° febbraio. Arrivederci e grazie.

Tra i condannati ci fu anche Angelo Meazzini, l'unico personaggio che si era recato spontaneamente in procura per denunciare il marcio dell'Atm. «Lei è una brava persona, finirà bene» gli aveva detto Di Pietro prima di incriminarlo con l'accusa d'aver intascato un paio di milioni e farlo condannare a 16 mesi: carriera azzoppata. Ma era innocente: «Il gip Nicola Tranfa» dirà «ci ha messo un minuto ad accorgersi che non c'entravo nulla». La Corte d'appello, il 24 luglio 1995, lo assolverà definitivamente per non aver commesso il fatto. Nel frattempo era stato inquisito, condannato, sospeso dal lavoro e dapprima respinto dal nuovo presidente dell'Atm.

Nello stesso giorno della sentenza Atm, combinazione, Antonio Di Pietro firmò un contratto da sogno: un affitto a equo canone, dietro piazza della Scala, concesso dal Fondo pensioni Cariplo di cui Sergio Radaelli era occasionalmente consigliere. Lo stesso Radaelli di cui aveva appena chiesto l'archiviazione.

Per incriminarlo non era bastata l'associazione col citato Attilio Lupi. Eppure quest'ultimo, interrogato da un altro magistrato al processo di secondo grado, dirà espressamente così: passavo i soldi a Sergio Radaelli. Ma con Di Pietro non lo disse. Oltretutto, le uniche tangenti non contestate a Lupi, attenzione, furono proprio quelle che nel quadernetto lo ponevano a fianco di Radaelli.

Qualche veloce esempio. Il destinatario delle tangenti, per le sottostanti, rimase sconosciuto:

Rad: 4.402.000
Rad: 7.660.000
Rad: 22.798.000
6.000.000 x Radaelli
+ 650.000 (per Radaelli + pagamento)

Per le seguenti, invece, condannarono Attilio Lupi:

150.000 Lupi
180.000 Lupi
5.000.000 Lupi
1.000.000 Lupi

Per queste, infine, non condannarono nessuno:

1.000.000 Lupi Rad
2.000.000 Lupi Rad
1.000.000 Rad Lupi

Sergio Radaelli era stato vicepresidente dell'Atm per undici anni, dal 1976 al 1987. Nella commissione amministratrice sedevano personaggi che di fronte a un paio di manette, durante Mani pulite, racconteranno qualsiasi cosa. Invece, al processo Atm, e con loro Prada e Radaelli, non furono ascoltati neanche come testi. Eppure Provini era uomo di Prada, e che quest'ultimo lo avesse piazzato in un posto chiave perché facesse il collettore lo si evinceva da un'intercettazione telefonica del 29 ottobre 1986 (trascritta nel faldone Atm a pagina 816) che pure non bastò. Nel quadernetto, anno per anno, c'era scritto «sezione Loreto», e anche le rotaie dei tram sapevano che era la sezione dc di Riva Cambrin e di Prada, che ne controllava i voti. Ma non risulta che sia stato chiesto un elenco degli iscritti. Risulta, semmai, che tutti i «Riva» identificati da Rea fossero operai e tranvieri, tranne uno. Ma niente da fare, «Riva» non fu identificato e risulta che non gli sia mai stata fatta una perquisizione in azienda. Anche le ditte fornitrici saranno principesse in Tangentopoli: Fiat, Iveco, Breda, Socimi, Coop 7, eccetera.

Mani pulite, insomma, era già tutta lì.

Ma non si sta facendo, qui, un processo sommario a Sergio Radaelli: il punto è che Radaelli era colpevole. I soldi li aveva presi davvero. Lo si comprenderà in una memoria difensiva del 18 luglio 1997 scritta proprio da Antonio Di Pietro, dove ogni cosa ovviamente è raccontata a modo suo. Ecco il resoconto dei soccorritori dell'«Espresso»:

> Di Pietro prima spiega di aver conosciuto Radaelli solo superficialmente dopo l'esplosione dell'inchiesta Atm, aggiungendo che questi «sempre escluse di essere la persona cui si riferivano le sigle» [*capirai...*]; poi rileva un «dettaglio di non poco rilievo». Il 12 dicembre 1993 è stato proprio lui [*Di Pietro*] a riaprire le indagini sul caso Radaelli-Atm, contestando all'indagato la corruzione. Quel giorno infatti Di Pietro, dopo aver saputo che durante il processo d'appello uno degli imputati (il socialista Attilio Lupi) aveva a sorpresa tirato in ballo l'ex consigliere Psi, lo convocò e lo fece confessare.[27]

Ecco, non è andata proprio così.

Gli ingredienti sono gli stessi, ma la ricetta è diversa. Il 27 ottobre 1993, al processo d'appello per l'Atm, Attilio Lupi presentò un memoriale che spiegava, a tutt'altro magistrato, quello che a suo tempo non aveva detto a Di Pietro: o quello che Di Pietro, se vogliamo, non era riuscito a farsi dire da lui. In questo memoriale Lupi diceva: davo i soldi a Radaelli. Sicché la Corte d'appello, ravvisato il reato, predispose la spedizione degli atti al sostituto procuratore Di Pietro perché procedesse d'ufficio. In due parole: non aveva scelta, altro che «è stato proprio lui a riaprire le indagini».

Il 2 dicembre 1993 (non il 12, come scrisse «L'Espresso») venne dunque verbalizzata una nuova deposizione di Lupi. Ma non da Di Pietro: il quale era così ansioso di «riaprire le indagini», notare, da delegare al posto suo il brigadiere Vincenzo La Morticella. Il pm si fece vivo solo più tardi, pare in ciabatte: ed è interessante – questo almeno hanno raccontato Lupi e il suo avvocato – che Radaelli fosse già lì, casualmente gironzolante nei corridoi della procura. Un paragnosta: già sapeva. Ed ecco quanto disse Lupi:

> Ognuno di noi era giunto con l'etichetta di appartenenza a un partito... io ad esempio ero del Psi... Conobbi il dott. Radaelli il quale mi disse che era al corrente che in quell'ufficio vi era la possibilità di finanziare il partito... Provini mi consegnava una busta che io sapevo contenere denaro e io a mia volta la consegnavo al Radaelli... nella sede del Psi di corso Magenta o nel suo ufficio privato ... il signor Biassoni Walter [*un fornitore Atm*] ogni due o tre mesi mi consegnava una busta contenente denaro che io a mia volta consegnavo al Radaelli ... [*la sigla Rad*] potrebbe essere riferita al Radaelli, poiché è l'unica persona a cui facevo capo come riferimento politico.

Come tutti sapevano già allora, cioè. Come tutti avevano capito. Poi successe questo: immediatamente dopo l'interrogatorio di Lupi, Di Pietro convocò Radaelli. Non si astenne neppure stavolta, Di Pietro: così come, nei suoi confronti, non si è mai astenuto per tutta Mani pulite. Ed ecco la deposizione del suo ex amico:

> Ho già riferito numerosi fatti a mio carico anche spontaneamente. Ho intenzione di ammettere le mie responsabilità anche in riferimento al denaro che mi è pervenuto in qualche modo dalla struttura Atm. Ribadisco la mia totale estraneità alle dazioni di denaro contestatemi. Ammetto invece che intorno al 1983, in più occasioni, Lupi mi ha consegnato delle modeste somme di denaro, per un totale complessivo di alcuni milioni, che sapevo che egli riceveva a sua volta da alcune ditte che operavano con l'Atm.

Gli «spontaneamente» di Radaelli li vedremo poi: per il resto, la sostanza è che il dirigente socialista se la cavò ancora una volta. Nonostante la solarità dell'ammissione di Lupi, infatti, Radaelli ha raccontato d'aver preso soldi solo «per un totale complessivo di alcuni milioni». Traduzione: ho preso dei soldi, «modeste somme di denaro», ma è roba che non c'entra niente con la famosa sigla «Rad» e col quadernetto delle tangenti. E a Di Pietro, il Di Pietro oltretutto versione Mani pulite, andrà bene così. Contestò a Radaelli solo una piccola corruzione slegata dalle decine di altre segnate sul quadernetto di Provini.

Ecco perché non pare azzardato soffermarsi sul contratto d'affitto che Di Pietro ottenne proprio dalla Cariplo di Radaelli, personaggio politico e amico di cui aveva appena chiesto l'archiviazione.

In equo canone dietro piazza della Scala

Di Pietro ebbe a disposizione dal Fondo pensioni Cariplo un appartamento a equo canone per 234.000 lire al mese, comprese le spese di ristrutturazione. L'ex sindaco Paolo Pillitteri, circa la faccenda della casa, ha testimoniato che a Di Pietro aveva consigliato proprio questo: di chiedere a Radaelli. Ha detto Pillitteri:

> Si stava sempre insieme, lo chiamavamo Ninì, c'eravamo impegnati un po' tutti perché potesse rimanere a Milano di sera... Tonino chissà a quanti l'avrà chiesta, la casa.[28]

Anche tale vicenda fu resa nota dall'autore di questa biografia nel 1994 e poi nel 1995.[29]

Andò così: il direttore generale della Cariplo, Sandro Molinari, contattò il funzionario Gioacchino Bassano e gli chiese di trovargli un appartamento con determinate caratteristiche. Molinari e Bassani si ritrovarono poi con Di Pietro. Bassano venne pregato di accompagnarlo in via Andegari 18, in una lussuosa palazzina appena risistemata: due locali più cucina in posizione meravigliosa. Via Andegari fa angolo col tratto di via Manzoni che sbocca in piazza della Scala. L'appartamento abbisognava di una risistemata (in bagno c'erano piastrelle di sei colori diversi) ma ci si sarebbe messi d'accordo. All'angolo tra via Monte di Pietà e via Romagnosi, poi, il futuro inquilino esibì il suo biglietto da visita: Antonio Di Pietro, magistrato. Aggiunse di contattare, se fosse servito, il suo aiutante Rocco Stragapede. Più tardi il direttore Molinari giunse a inquietarsi perché il suo funzionario aveva appreso l'identità del neoinquilino e si raccomandò che il contratto, una volta preparato, fosse chiuso in cassaforte. Come si dice: alla luce del sole.

I 20 milioni delle spese di ristrutturazione furono ricaricati sull'equo canone che in questo modo salì da circa 100.000 al mese a 234.000. L'assegnazione, nel complesso, fu anomala a dir poco: non tanto perché venne ignorata la prevista graduatoria d'attesa (che in Italia è normale, anche se certo non regolare) ma perché venne saltata di netto l'apposita commissione affittanze che si limiterà a ratificare una decisione calata dall'alto. Il rapporto cartaceo è ancora lì, anche se non reca il nome del destinatario: è rimasto in bianco.

Agli appartamenti del Fondo pensioni Cariplo avevano accesso solo i raccomandati di ferro. Tra i magistrati riuscì ad averne uno, per dire, la prima carica di palazzo di giustizia: il procuratore capo Giulio Catelani. Il quale però proveniva da Firenze. Mentre la maggior parte dei magistrati normali – di quelli che non ritengano di dover pagare un affitto normale, come i cittadini normali – erano raggruppati perlopiù nelle case comunali di viale Montenero 8. Il Fondo pensioni inoltre era pubblico e regolato con decreto del presidente della Repubblica. Nessun dubbio insomma sul privilegio concesso dalla Cariplo di Radaelli, il grande miracolato dell'inchiesta Atm.

Quella dell'appartamento è una polemica vecchia e gustosa. Di fronte alle prime malizie, nel luglio 1993, il procuratore capo Borrelli disse che al Tribunale di Milano esisteva un ufficio che procurava case «ai magistrati che vengono da fuori»: ma non era vero, e comunque è da escludere che potesse servire a trovar casa ai figli dei magistrati. In via Andegari, infatti, ci andò a stare Cristiano Di Pietro: questo nonostante il contratto vietasse tassativamente qualsiasi tipo di subaffitto.

Trovar casa a Cristiano era necessario anche per i problemi che

Di Pietro aveva in famiglia. I rapporti tra suo figlio e Susanna erano precipitati. Dalla biografia di Moncalvo, su questo, è stata tagliata una parte che non è il caso di riproporre: storie di frigoriferi divisi e linee telefoniche separate. Di Pietro, a malincuore, aveva detto a Cristiano che non c'era scelta: doveva andarsene in collegio. Ma lui puntò i piedi. Dalla biografia è stata tagliata anche questa opinione di Isabella Ferrara sulla Mazzoleni:

> Non posso certo stimarla per il modo in cui si è comportata con Cristiano: prima l'ha convinto ad andare a vivere con lei e Di Pietro. Poi, una volta nata la bambina, l'ha abbandonato a se stesso.

E pure questa di Cristiano:

> Io e Susanna Mazzoleni siamo come cane e gatto … Lei è gelosa di me perché vede che io e papà siamo così uniti. Infatti è questo il motivo che mi ha fatto andar via di casa scegliendo il convitto.[30]

Cristiano, infatti, si sistemerà per un po' di tempo al convitto Esperia di Bergamo. Ma urgeva una soluzione. Fu a carico del Fondo pensioni Cariplo.

Per Di Pietro era un periodo un po' così. In quei giorni sua nipote Giuseppina sparò al figlio prima di suicidarsi. Il giorno di Pasqua, invece, si sparò Giuseppe Pace, l'uomo che aveva elaborato le sigle di Bruno De Mico. Non aveva retto il tritatutto dei giornali. Anche il cane di Rocco Stragapede ebbe dei problemi. Di Pietro, l'amico Rocca e il fido Rocco un giorno andarono a caccia, e il resto lo racconta una biografia:

> Nell'irreale silenzio del bosco il fagiano si alza in volo… Il giudice ha i riflessi pronti … spara con eccessivo anticipo colpendo cespuglio, alberi, fagiano e cane, tutto insieme … la povera bestia stramazza a terra tra guaiti di dolore…[31]

Una poltrona per uno

Aveva problemi seri anche Eleuterio Rea: il gioco d'azzardo lo stava tirando scemo. Si stava separando dalla sua compagna e si era messo a giocare ancora più forte. Era sempre all'ippodromo col programmino in mano, e quando le cose si mettevano male lo stracciava e lanciava in aria in mille pezzi: da qui il soprannome di Coriandolo. Si perdeva in quel porto di mare che era la saletta di Gorrini, dove viveva come un satrapo orientale senza averne le possibilità, ma qualche allibratore lo assediava e insomma le voci giravano, era pur sempre il vicequestore. La sua permanenza a Milano era a rischio. Giocava ai cavalli e al totonero e testimoni l'avevano visto perdere anche 7 milioni a puntata: il suo stipendio era di 3 milioni, poco meno. Dicevano: Rea incassa le scommesse che vince ma non paga quelle che perde. Era il più giovane vicequestore d'Italia ma rischiava di divenire il più vecchio. Gli amici più stretti cominciarono a interrogarsi, a pensare come potessero aiutarlo. Si parlò di un trasferimento a Lamezia Terme come questore, una finta promozione, ma soprattutto a Di Pietro e al sindaco Pillitteri non andava di separarsi da «Stefano», come ogni tanto lo chiamavano. Ci pensò Pillitteri a creare il necessario consenso politico e ad avere l'idea.

Una nomina a comandante dei vigili urbani, per esempio, gli avrebbe permesso di rimanere a Milano. Ma c'era l'intoppo di un banale regolamento che impediva un passaggio diretto da una poltrona all'altra: una delibera del maggio 1988 addirittura escludeva che il comandante dei vigili urbani potesse esser nominato per concorso. Ma erano pur sempre problemi di carta: superabili.

Decisero di battere la strada del concorso per titoli ed esami. L'11 aprile 1989 venne emanato il bando e si predispose la commissione giudicatrice. In via eccezionale, presidente ne sarebbe stato Pillitteri: altri membri furono invece il segretario generale Gaspare Centonze, la sua vice Adriana Cavaliere, il capo del personale Maurizio Longhi e il sindacalista Cesare Cauzzi. Tutti amici di Pillitteri. Ma ne mancava uno: un tecnico, se possibile, magari un esperto che approvasse il regolamento predisposto. Per esempio: un magistrato.

Iniziava la commedia. Si ipotizzò una triade di papabili. Nel corpo dei vigili intanto era sbigottimento: perché un concorso? E annunciarono un ricorso al comitato regionale di controllo: perché ricorrere a un candidato esterno, quando al Comando ne siedono almeno cinque con tutti i requisiti?

Perché sì. Anche questo, in fondo, era un modesto spaccato della Prima Repubblica. Pillitteri telefonò al procuratore capo Francesco Saverio Borrelli e gli sottopose una triade di nomi, lasciando chiaramente intendere quale avrebbe gradito. Borrelli chiamò Di Pietro e gli disse che, se credeva, poteva accettare l'incarico.

L'11 giugno Di Pietro scrisse a Borrelli: «Ho ricevuto l'incarico di cui alla missiva allegata: posso andare? Devo avere qualche autorizzazione preventiva? Da chi? Mi perdoni l'ignoranza».

Borrelli l'ignoranza non la perdona mai. Dalla lettera infatti apprese anche la data del concorso, e così rispose: «Penso [*so*] che occorra, come per ogni incarico extragiudiziario, l'autorizzazione del

Csm, che non è certo cosa rapida. La convocazione per il 15 giugno mi pare impensabile».

Chiunque intenda la lingua italiana avrà tradotto così: amico, non ci puoi andare, è «impensabile» che tu riesca ad avere il permesso del Csm entro quattro giorni. Ma Di Pietro tradusse così:

> Non esiste alcun parere contrario … mi invitò a richiedere l'autorizzazione al Csm … A tale incarico mi invitò a partecipare Borrelli … gli dissi «se me lo chiede lei, ci vado» … mi disse che non vedeva alcuna controindicazione e allora io lo autorizzai a segnalare il mio nome.[32]

Carte alla mano, è il contrario della verità. Borrelli dirà di non aver mai chiesto espressamente alcunché, ma solo d'aver dato un nullaosta informale; di seguito, avendo appresa la data del concorso, dirà di aver definito appunto «impensabile» la partecipazione, in quanto mancava l'autorizzazione del Csm: i tempi erano troppo stretti per «pensare» di ottenerla. Chiarissimo.

Ma Di Pietro, dopo aver fatto domanda al Csm il 12 giugno, e senza aver ricevuto risposta, il 15 giugno andò lo stesso in Commissione. Era la riunione che doveva ratificare i criteri di scelta e di punteggio dei candidati, anche se lui sosterrà che in quella seduta si limitò a guardare. Quel giorno fece verbalizzare: «Il Dottor Di Pietro si riserva di proseguire nell'espletamento del concorso solo a seguito di autorizzazione del Csm». Non è chiaro, allora, che cosa ci andò a fare.

Di Pietro avrà la faccia tosta di sostenere che solo quel giorno, il 15 giugno, apprese che il suo amico Rea partecipava al concorso: lo sapeva mezza Milano. Di Pietro dirà: «Io non so cosa si diceva in giro». In tutti quei mesi, dovremmo dedurre, non vide mai neppure Rea. Se lo vide, parlarono d'altro.

Di Pietro sosterrà che in ogni caso conosceva personalmente tutti i ventuno candidati: «Ciò non vuol dire affatto che io nel momento in cui avrei [*sic*] dovuto fare il mio lavoro di commissario mi sarei abbassato a favorire l'uno a discapito dell'altro».[33] Segnaliamo il condizionale errato non per pedanteria, ma perché compare sia in un memoriale che in un verbale.

Di Pietro dirà ancora: «Non è vero che i criteri adottati erano tali da favorire in qualche modo il Rea». Eccone qualcuno: abolizione della prova scritta e anonima (vantaggio, cioè, per chi anonimo non era); età minima per partecipare non più 45 anni ma 40 (Rea ne aveva 43); poca o nessuna importanza all'anzianità di servizio nel corpo dei vigili (Rea non ne aveva); massima attenzione al curriculum scolastico dei candidati (Rea era laureato con 110 e lode). Mancava solo la richiesta di chiamarsi Eleuterio.

Di Pietro dirà, infine: «Rea avrebbe comunque vinto il concorso». E in questo aveva perfettamente ragione.

La famosa autorizzazione del Csm, oltretutto, gli fu negata. Palazzo dei Marescialli, il 5 luglio, deliberò che non potesse presenziare ad alcuna commissione. Risulta una lettera di rinuncia di Di Pietro nel consueto tentativo di giocare d'anticipo. Venne sostituito dal viceprefetto.

La commissione di conseguenza ricominciò daccapo. La legge infatti diceva che tutte le decisioni assunte in presenza di un membro devono essere rinnovate in caso di sua sostituzione: altra dimostrazione che la sua fu una presenza effettiva. Le decisioni da ridiscutere non a caso furono proprio le stesse per le quali era stata richiesta la sua presenza di «esperto»: cioè i criteri di valutazione, che vennero confermati in toto.

Il 18 luglio fece un po' di baccano il missino Riccardo De Corato, futuro vicesindaco: rispolverò una delibera che proibiva concorsi pubblici di quel tipo e ne agitò anche un'altra in cui il Csm vietava la presenza dei magistrati in commissioni del genere. De Corato conosceva quelle deliberazioni, ne era al corrente. Anche i giornali ne scrissero: erano state decise dopo alcuni scandaletti in Irpinia. Di Pietro, professione magistrato, non le conosceva. E neppure i suoi amici. Tutto molto credibile.

Un giudice di Brescia sentenzierà che in quella condotta non vi fu nulla di penalmente rilevante. Ne uscirà indenne persino Paolo Pillitteri, che pure aveva raccontato la vicenda nella convinzione di confessare un reato. Eleuterio Coriandolo Rea vinse il concorso da primo classificato: punti 71,376. Il secondo, Giovanni Cobianchi, ne prese 66,950. Il nuovo comandante s'accomodò al nobile ufficio di piazza Beccaria e anzitutto chiese che il cappotto coi gradi gli fosse confezionato su misura. Il 21 ottobre 1989, durante la cerimonia, disse: «Mi vedrete sulla piazza al fianco di quegli uomini che vogliono continuare a essere amici di tutti».

Così sarà. Grandi festeggiamenti in via San Michele del Carso, a casa sua, dietro il carcere di San Vittore. Tutti contenti. Di Pietro, l'anno successivo, terrà dei corsi di procedura penale agli agenti della polizia municipale.

V
Prima della pioggia

La nave andava

Tutti felici e contenti. Tutto andava bene a tutti. All'ascesa socialista si era via via accompagnato un discutibile sottopotere socialista. Milano era da bere, ma lo slogan era soprattutto di chi non poteva sedere a tavola. Il *Titanic* romano già affondava lentissimo, ma Milano era una *Bismarck*. La nave andava. Di Pietro era a bordo.

E forse successe qualcosa, in quei giorni. Da una parte il banchetto, il convivio ludico che toccò il massimo storico: le feste, i ritrovi a casa di Maggiorelli con calciatori e banchieri e politici e magistrati molisani, oltreché – sì, certo – i famosi nani e le famose ballerine; dall'altra è come se l'ex contadino di Montenero, dopo attenta mietitura, avesse deciso che ormai era stagione e che il frutto delle sue amicizie andasse vendemmiato una volta per tutte. Chiederà e gli sarà dato. Ed è impressionante la mole di favori che ricaverà da quella rendita di posizione che in fondo è, anche, l'amicizia. Alcuni diranno che fu il periodo più felice della sua vita, e non solo per lui. Il Sindaco era il sindaco, Rea aveva una nuova fidanzata, anche Gorrini aveva scovato la trentaduenne Raffaella Zoppelletto, che lo chiamava Pupi. Prada aveva un potere immenso. Radaelli, a suo modo, pure. Gli affari di D'Adamo galoppavano.

Ma quando Di Pietro chiese agli amici di pagare i debiti di Rea, ecco, qualcosa di impercettibile ebbe inizio. Amici, sì, ma insomma: 300, 600, 1500 milioni. Sulla cifra precisa ciascuno dirà la sua, anche se pare appurata in almeno 680 milioni.[1] Comunque ne parlarono.

Non poterono non farlo durante una prima cena organizzata per festeggiare il comandante Coriandolo, presente anche Radaelli. Ne riparlarono in altre due serate a casa di D'Adamo e qualcuno ha descritto i tavoli rettangolari del convivio e della discussione: D'Adamo, Rea, Tonino, Maggiorelli, Rocca e Gorrini da una parte; le signore Gandini, Mazzoleni, Zoppelletto, Maggiorelli e la nuova fiamma di Rea, la giovanissima Carla Cremonesi, dall'altra. E vallo a capire con quale tono Gorrini disse alla sua Raffaella: «Mi tocca scucire trecento milioni». Seguirono un'altra cena da Gorrini e un'altra da Maggiorelli.

Raffaella Zoppelletto dirà che Di Pietro intimò che tutti pagassero quei conti; Maggiorelli sosterrà che il magistrato si recò personalmente nel suo studio e che, nonostante lui avesse già dato, ricontribuì con qualche decina di milioni. Senza coercizione: amichevolmente. Di Pietro ha smentito. Di Pietro smentirà quasi tutto, le sentenze no.

Il tribunale retto da Francesco Maddalo farà cenno a un «interessamento specifico» dai «risvolti non certo trasparenti», e spiegherà che un magistrato un po' particolare si recò pure all'ippodromo per smuovere la situazione: «Vi è stato un intervento di Di Pietro al fine di ottenere il consenso sia di D'Adamo che di Gorrini per aiutare finanziariamente Rea».[2]

Punto. Ma non fu reato. Tutti i fatti raccontati da Gorrini si sono verificati, spiegherà la sentenza accennando anche al «sistematico ricorso di Di Pietro ai favori di Gorrini». Dirà ancora quest'ultimo:

> Era proprio Di Pietro il contabile di Rea e Rocca l'ambasciatore. Di Pietro si fece garante di Rea per i suoi debiti: sotto la sua direzione Rocca andava a pagare e portava i giustificativi a Di Pietro. Di Pietro aveva l'elenco dei debiti e diffidava tutti dal permettere a Rea di giocare ancora.[3]

Soldi, cellulari, Mercedes e calzettoni

Non fu reato, ma intrallazzo sì. Degno, per un magistrato, di una sanzione disciplinare che forse avrebbe trasferito a Lamezia Terme pure lui. È a sentenza anche questo. Ma non fu concussione, anche perché continuarono a vedersi e a frequentarsi.

Mietitura, vendemmie: ben altri termini sceglieranno gli accusatori di Tonino. Perché il pubblico ministero Antonio Di Pietro avrà modo di procurare, dal 1989 in poi:

Soldi per sé

– 100 milioni senza interessi (da Gorrini, restituiti con assegni circolari poi incassati e avvolti in carta di giornale poco prima di dimettersi nel 1994)

– 100 milioni senza interessi (da D'Adamo, restituiti nel 1994 in una scatola da scarpe messa agli atti)

Soldi per altri

– decine o centinaia di milioni, cifra imprecisata, per il debito di Rea (da Gorrini)

– decine o centinaia di milioni, cifra imprecisata, per il debito di Rea (da D'Adamo)

– decine di milioni, cifra imprecisata, per il debito di Rea (da Maggiorelli)

Automobili

– una Mercedes Ce da 65 milioni (da Gorrini) rivenduta a Lucibello per 20 milioni (50, secondo una sentenza bresciana) con i quali il magistrato si è comprato una Fiat Tipo bianca. I soldi sono stati restituiti con assegni circolari emessi nel maggio 1994 ma incassati in novembre, prima delle dimissioni

– una Lancia Dedra per sé e la moglie (da D'Adamo)

Case

– utilizzo stabile di una *garçonnière* dietro piazza Duomo (da D'Adamo) fino all'inizio del 1994

– utilizzo di una suite da 5-6 milioni al mese, per almeno un anno e mezzo, al Residence Mayfair di Roma, dietro via Veneto (da D'Adamo), a partire dal 1989

– appartamento a 234.000 lire al mese dietro piazza della Scala (dalla Cariplo di Radaelli)

– appartamento acquistato a Curno con soldi propri (ma forniti da Gorrini)

– appartamento gratis per il collaboratore Rocco Stragapede

Incarichi e consulenze

– pacchetti di pratiche legali per la moglie (da Gorrini)

– consulenze legali per la moglie (da D'Adamo) con contratti di consulenza per complessivi 62 milioni: ma «quei contratti», metterà a verbale D'Adamo, «sono stati costruiti successivamente». La segretaria del costruttore ha confermato

– impiego del figlio, due volte, alla Maa (da Gorrini)

– consulenze legali per Lucibello (da D'Adamo)

– consulenze legali per Lucibello (da Gorrini)

Benefits

– vestiario di lusso per sé nelle boutique Tincati, Fimar e Hitman di Milano (da D'Adamo)

– un telefono cellulare per sé (da D'Adamo)

– un telefono cellulare intestato a Rocco Stragapede (da D'Adamo)

– almeno quindici biglietti aerei Milano-Roma (da D'Adamo)

– ombrelli, agende, penne e cartolame vario (da Gorrini)

– stock di calzettoni al ginocchio (da Gorrini)

– viaggi in jet privato per partite di caccia in Spagna, Polonia e nella riserva astigiana di Giovanni Conti (da Gorrini)
– una libreria destinata alla casa di Curno (acquistata tramite D'Adamo).

Parte degli episodi citati sono databili, altri no. Circa le sollecitazioni per l'azzeramento dei debiti di Rea, per esempio, c'è chi ha parlato di 1989 (la maggioranza) e chi di 1990, 1991 e addirittura 1992. Ma neppure il tribunale vi ha dato importanza.

Databili o meno, sono episodi imbarazzanti. La segretaria di D'Adamo, Marisa Pasti, ha messo a verbale che per giustificare i benefits concessi a Di Pietro fu costretta a falsificare dei contratti.

> Ricordo con certezza che non era previsto nessun benefit. Dopo l'inizio di Tangentopoli e comunque tra il 1993 e il 1994 ricevetti l'incarico di sostituire il contratto della Mazzoleni con un altro nel quale venivano aggiunti l'utilizzo di una macchina e di un telefono cellulare … anche i contratti che erano già stati firmati. Distruggemmo, stracciandoli, i vecchi contratti. Ciò evidentemente per non lasciare prova delle modifiche.

Interrogata il 16 luglio 1997, la segretaria di D'Adamo ha spiegato che la Mazzoleni veniva pagata senza fattura:

> Le ho consegnato mensilmente in nero, e non lasciando traccia dei pagamenti in contabilità, la somma di 1.500.000 lire in una busta. Lei non rilasciava ricevuta.

Di Pietro si rivela come il principe dello scrocco, a esser gentili, anche nella testimonianza dell'autista di D'Adamo, Angelo Bonizzoni:

> Ero al corrente che il dott. D'Adamo avesse consegnato un telefono cellulare nonché un'autovettura Lancia Dedra di colore scuro. Ogni qualvolta l'autovettura aveva dei problemi meccanici e di carrozzeria veniva portata da una persona di fiducia del dott. Di Pietro per le riparazioni. Ero poi io per conto dell'ing. D'Adamo che provvedevo a pagare. Ricordo di aver accompagnato il dott. Di Pietro in diverse occasioni presso la fabbrica di abbigliamento Hitman in via Lorenteggio e presso la boutique Tincati in piazza Oberdan. In qualche occasione era presente, a seguito della nostra macchina, la scorta armata del dott. Di Pietro … In una circostanza ricordo anche che l'ing. D'Adamo, seduto nella parte posteriore della Mercedes in compagnia del dott. Di Pietro, ebbe a consegnare a quest'ultimo del denaro in contanti. Ho visto la scena nello specchietto retrovisore.

Bonizzoni, cioè D'Adamo, pagava anche le spese condominiali di un appartamento in via Capuana, a Rho, concesso gratuitamente a Rocco Stragapede. E andava pure, Bonizzoni, a ritirare i pantaloni di Di Pietro con l'orlo rifatto: ma qui siamo allo scrocco di piccolo cabotaggio. Il principale di Bonizzoni, Antonio D'Adamo, interrogato pure lui a Brescia, ha parlato invece delle questioni più toste:

> Rea mi chiese dei soldi per ripianare debiti di gioco sui cavalli. In un primo momento ho incominciato a dare qualche cosa, circa 50 milioni; successivamente, con l'intervento del dottor Di Pietro, che ha fatto rinunciare il dottor Gorrini ai suoi crediti verso Rea, mi sono accordato con Gorrini di dividerci il debito di Rea verso terzi per circa 600 milioni ... La sistemazione dei debiti è avvenuta per le richieste fatte da Di Pietro e sotto la sua costante regia.

Giancarlo Gorrini, in un verbale reso a Brescia nell'autunno del 1995, aveva dato una versione non molto diversa. Rea, invece, ascoltato sempre a Brescia nel tardo 1997, dirà: «Io non volevo che lui intervenisse, perché ero sicuro di poter saldare i conti a breve. Ma Tonino si intromise lo stesso». Questo, a suo dire, perché aveva capito che avrebbe potuto avere anche lui del denaro: i 100 milioni di Gorrini e quelli di D'Adamo. Un'accusa non da poco. Poi sarà ancora più duro:

> Di Pietro ha detto che non mi frequenta più perché sarei un tipo pericoloso... Cos'è più pericoloso? L'hobby privato di Eleuterio Rea? O il Di Pietro che si spaccia come l'amico ma in realtà si intrufola per chiedere subito subito cento milioni per sé? Chi è peggio, eh? Sono stato io a presentare D'Adamo a Di Pietro. Non passa qualche mese e Tonino va da D'Adamo e gli chiede di brutto cento milioni. Poi, quando viene a sapere che ho dovuto rivolgermi a D'Adamo per un prestito, lui mi fa: «Sei un fetente. Hai chiesto i soldi perché hai perso alle corse con Gorrini». Si mette in mezzo e come finisce? Che chiede, lui, altri cento milioni a Gorrini. E se li intasca... Io non ho mai chiesto l'intervento di Di Pietro. Questo lo dice lui. Gli avevo anche detto: sei un magistrato, non metterti in mezzo... L'obiettivo di Tonino, con il suo intervento, era quello di ottenere soldi per se stesso, punto e basta... Se fossi un giornalista chiederei a Tonino: dove li hai messi i soldi di Gorrini e di D'Adamo?[4]

Una volta sola fu Di Pietro a pagare, o così pare. Accadde quando gli fecero capire che gli onori di casa spettavano a lui. Andò un po' in crisi: «La mia sala da pranzo è piccola, può contenere poche persone» metterà addirittura a verbale. Allora chiese in prestito al suo amico Gianni Rizzo la villona di Medolago, nel Bergamasco: due piani con ala laterale, piscina, parco secolare, radar sul tetto, fotocellule dappertutto e due Ferrari Testarossa parcheggiate davanti al portone. Rizzo era un costruttore dalle attività soffuse e viziate da una serie di falsi in bilancio, aveva una moglie di Bogotá e andava e veniva dalla Colombia. Lui e Tonino si erano conosciuti in una discoteca del Bergamasco e sui giornali circolerà una foto che li ritrae davanti al Muro di Berlino. Rizzo era nel cuore di Tonino anche per il graditissimo regalo di Natale: un trapano. Rizzo è morto nel 1995 per un tumore al cervello. E la lista s'ingrossa ancora.

Però quella volta Di Pietro invitò proprio tutti. Saranno stati una trentina. C'era anche Arbace, il padre di Susanna. Cibarie rustiche, bevande e dolci: non stava fermo un attimo, riempiva bicchieri e tagliava salami. Gorrini racconterà che anche quella volta Tonino gli si affiancò per dirgli: dobbiamo regolare i conti di Rea. Dobbiamo. Seguiranno soldi e auto per sé.

Sui debiti di Rea, come su tutto il resto, Di Pietro accuserà Gorrini d'essere un mentitore. Se di bugie si trattò – opinione non condivisa dalla magistratura, come detto – lo furono anche quelle contenute in un'impressionante telefonata intercettata nell'autunno del 1995 e mai uscita sui giornali. Eppure, data la sua posizione sul tema intercettazioni, Di Pietro non avrebbe probabilmente niente da obiettare:

Uomo: Che Stefano [*Rea*] avesse i debiti, tutto sommato, è una cosa che...

Gorrini: Benissimo, son cazzi suoi... La cosa grave, ed è gravissima, mi fa schifo, e per la quale io ho litigato con Di Pietro e me ne sono andato via sbattendo la porta dicendo: voi siete degli schifosi... [è] quando ha arrestato Prada e Radaelli... che si rinfacciavano uno con l'altro le cose più gravi... E lui tre anni dopo, tre anni dopo va ad arrestarli per quelle cose, per una parte di quelle cose che si buttavan in faccia davanti a me, davanti a Pillitteri, davanti a D'Adamo e Stefano e Rocca, tre anni prima. Allora sono andato a dire: sei un mascalzone... ma porca puttana come fai ad andare ad arrestare uno... e la stessa cosa con Sergio... come se io fumo e tu mi lasci fumare o mi offri le sigarette, e dopo tre giorni perché c'è la giornata del fumo mi vieni ad arrestare, dài! Avanti, io questo gliel'ho detto a lui... per delle cose che ci buttavan in faccia anche peggiori... e io sono andato a chiedere: sei stato tu o è stato Ricciolo [*il pm Gherardo Colombo*]? E lui dice no, son stato io... allora mi fai schifo, e te lo dico di persona, da amico, mi fai schifo... tu gliele hai buttate in faccia tre anni fa quando facevam la sera... la cena da... da... da D'Adamo per festeggiare il salvataggio di Stefano con Pillitteri... ma come fai? Chi eri tu tre anni fa? Dài...

Uomo: Hai sempre avuto un giudizio negativo di questo qua?

Gorrini: No. Mi sembrava uno che voleva arrampicarsi su tutti gli specchi e da tutte le parti, ma a questo punto non mi sembrava giusto. M'ha fatto fare delle cose che... mi son preso l'affare dei sindacati per il figlio che non tenevo lì [*Cristiano Di Pietro alla Maa Assicurazioni*]... mi volevan denunciare per violazione all'Inps dei contributi, ho avuto delle grane e basta, cazzo... a parte il fatto che a quel punto lì, correttamente, dovevi farla fare a un altro [*l'inchiesta*]... ci davam del tu, ci siamo abbracciati e baciati andando via... ho stretto la mano a tutti... Sergio... Ci davam del tu... Prada, Radaelli e Di Pietro... sono andato a chiedergli se gli era partito il tarlo della testa, che si sentiva il salvatore della patria...

Uomo: Quindi tu eri in confidenza massima con lui.

Gorrini: Ma perché, pensi che fosse Rocca? Rocca l'ho presentato io... Rocca nella sua ruffianaggine era disponibile, bazzicava... poi un bel momento veniamo presi per il collo io e D'Adamo, da lui, per Stefano e... per se stesso. Lui aveva paura di se stesso perché il concorso di Stefano... glielo ridiceva Pillitteri davanti a me: tu sta' bravo, va', che sei stato tu che hai fatto fare... le norme del concorso di Stefano... han fatto un concorso che andava bene solo a Stefano... però... eh, se lo rinfacciavano l'uno con l'altro e quindi c'era il pericolo che... Rea coinvolgesse un sacco di persone... Di Pietro aveva paura che rendesse pubblica la situazione...[5]

Non fosse chiaro, è il periodo in cui Di Pietro si fece dare 100 milioni da Gorrini. Il prestito è di quei giorni e Tonino ben sapeva chi fosse a sborsare. Cercherà di sostenere che la gentilezza fosse solo appannaggio del suo amico Osvaldo Rocca, ma i giudici non crederanno neanche a questo. Ha detto Gorrini:

Io non ho mai prestato niente a Di Pietro, non faccio mica l'usuraio. Sapevo benissimo che non sarebbero mai tornati indietro.[6]

Li ritirò per contanti alla Maa di piazza De Angeli. Sosterrà di averli utilizzati per l'acquisto di una casa per il figlio, a Curno. Il che risulta: la pagò 150 milioni.

Non fu concussione. Fu un regalo, secondo Gorrini. I giudici accenneranno ai tentativi di «eccessivo ridimensionamento» della faccenda da parte di Tonino: il quale ricambiava Gorrini, per sua ammissione, con piccole damigiane d'olio e centrini ricamati dalla madre. A Di Pietro non importava che Gorrini in quel periodo fosse inquisito per bancarotta fraudolenta e risultasse già condannato per appropriazione indebita.

Poi c'è la famosa faccenda della Mercedes. Quando in autostrada fuse il motore della sua Fiat Regata, ricorse agli amici. Stando al racconto di Gorrini, Rocca disse: «Tonino ha bisogno di un'auto». E lui rispose: «Fattura al minimo e pagala coi miei soldi». Un altro regalo: una Mercedes 300 Ce blu notte del 1987 (65 milioni di listino) svenduta per

20 milioni da restituire a babbo (Natale) morto. «La ritenevo regalata» dirà Gorrini. In una memoria, Di Pietro definirà «sporadiche» le frequentazioni con quel signore che gli dispensava vetture e pecunie.

Sempre secondo la magistratura, però, Di Pietro fiutò l'affare e poco carinamente vendette il regalo. Ne parlò con Lucibello, che il 16 novembre 1989 firmò l'atto notarile, e pagò. Pagò Di Pietro, non la Maa Assicurazioni. Quanto pagò?

> Di Pietro vendette la Mercedes a Lucibello ... con ogni probabilità non al prezzo di favore a lui accordato, cioè venti milioni, ma al reale valore di mercato, ovvero cinquanta milioni ... ciò che in origine era un'iniziativa per l'acquisizione a buon prezzo di un'autovettura, diviene, senza soluzione di continuità, un'operazione per l'acquisizione a titolo di prestito della somma conseguita dalla vendita dell'auto medesima.[7]

La stessa sentenza spiega che Di Pietro cercò «di occultare il prezzo reale dell'auto limitandosi a richiamare i prezzi delle auto di provenienza furtiva». Significa che fregò anche Lucibello? Quest'ultimo negherà, sostenendo che assicurò l'auto per una cifra superiore a quella risarcibile: una cifra giustificata dal fatto che poi fece risistemare l'auto. Mio fratello Silvano, nel Cilento – dirà – mi procurò i pezzi di ricambio «fatta eccezione per un fermo paraurti e un filtro benzina»; effettuò i lavori il signor Carmine Di Sevo di Vallo della Lucania. Il tribunale non la riterrà una versione attendibile. «La macchina va bene», risulta che Di Pietro abbia infine detto a Gorrini. E sarà ancora il Tribunale di Brescia a evidenziare il paradosso: negli stessi verbali in cui Di Pietro nega di sentirsi debitore di Gorrini, ammette di essere andato a ringraziarlo.

Altro capitolo è l'infinita serie di ulteriori favorini elargiti da Gorrini, dei quali menzioniamo solo le penne, gli ombrelli e il cartolame vario (con cui Di Pietro a sua volta omaggiava i propri collaboratori), e poi la faccenda delle pratiche assicurative della Maa passate alla moglie.

Dirà Gorrini:

> Di Pietro mi pregò di dare lavoro alla moglie a Milano... Le feci avere una cinquantina di pratiche, assegnandole parte dell'assistenza legale Maa... centinaia di pratiche da due a tre milioni l'una... Il suocero di Di Pietro m'invitò con l'ex magistrato a pranzo in un ristorante di Milano. Lui nel '60 curava pratiche della Maa, ma la collaborazione era diventata scadente e si era diradata. Tramite Di Pietro, caldeggiava di avere più lavoro.[8]

Non andò esattamente così, secondo il Tribunale. Le pratiche non furono centinaia, ma molte meno. È tuttavia appurato che vennero distolte da un altro studio professionale e che il pranzo in questione ci fu, in piazza Belgioioso. Tonino dirà che la Maa e lo studio Mazzoleni vantavano collaborazioni trentennali, ma il tribunale definirà «non fisiologico» quel nuovo rapporto: anche perché le pratiche furono passate personalmente a Susanna, non allo studio Mazzoleni.

Un uomo, cinque case

L'appartamento a 234.000 lire al mese dietro piazza della Scala è il caso più noto, ma neanche tanto. Di Pietro, come detto, risiedeva a Curno e nel bilocale dormiva solo quando non tornava dalla moglie o quando, per una maggiore privacy, non preferiva la pur disponibile *garçonnière* di Antonio D'Adamo distante poche centinaia di metri: se ne parlerà poi. In sostanza, Tonino aveva tre case a disposizione.

La sua difesa è sempre stata invero goffa, su questo. «Radaelli» dichiarava dapprima «non c'entra nulla nella storia della casa … è abitudine, qui alla procura, che quando viene un nuovo magistrato gli si cerchi una casa.»[9]

Falso, come visto: lui stava a Curno e pure volentieri. Di fronte all'evidenza, poi, ammise di essersi rivolto a Pillitteri e in seguito alla Cariplo per una casa dove potesse abitare il figlio, ma senza menzionare Radaelli: «Cristiano aveva diciotto anni e decisi di prendergli una casa… non potendola comprare…».

Strano anche questo: si era fatto dare apposta i 100 milioni da Gorrini, erano per una casa, lo mise a verbale. Infatti l'acquistò proprio in quel periodo: come si è visto, un lotto a mutuo agevolato per 150 milioni, soldi in contanti e mai passati per banca, a Curno. E questo significa che le case a disposizione erano quattro. Una la pagava la moglie. Una la pagava la banca. Una la pagava D'Adamo. Un'altra la stava pagando lui: coi soldi di Gorrini.

A essere precisi, le case erano cinque. C'era anche la disponibilità di una suite al Residence Mayfair di via Sicilia 183, Roma, dietro via Veneto: roba da 5 o 6 milioni al mese pagati da D'Adamo che staccava assegni anche per i relativi biglietti aerei Milano-Roma-Milano (una quindicina) acquistati all'agenzia Gulliver di via San Giovanni sul Muro. A saldare provvedeva Angelo Bonizzoni, l'autista di D'Adamo. Neppure della *garçonnière* di via Agnello 5, con entrata anche da via Santa Radegonda 8, sopra la Edilgest, si è ancora parlato. C'è poco da dire: quaranta metri quadri al sesto piano, all'interno di una torretta piazzata in mezzo a un terrazzone con vista sul Duomo. All'interno, una *boiserie* a rivestire camera da letto e soggiorno più zona pranzo semicircolare.

Ha raccontato l'autista di D'Adamo:

> Il dottor Di Pietro aveva in uso l'appartamento denominato Torretta. È capitato che io abbia portato nell'appartamento dei generi alimentari per il dottor Di Pietro.

In altra circostanza, dopo aver accompagnato il magistrato alla casa di via Andegari, il poveretto doveva pure comprare «panini e brioches che venivano poi portati e consumati nell'abitazione del dott. Di Pietro».

E a proposito del bilocale di via Andegari: «La Cariplo» si legge in un memoriale difensivo di Di Pietro «ha reso pubblico, con il mio consenso, l'entità effettiva del canone… a dimostrazione della falsità delle accuse di favoritismo». Niente di tutto questo: i dati sull'appartamento divennero noti solo perché due giornalisti (tra questi lo scrivente) ci avevano lavorato sopra per mesi. È tutto nello schedario degli immobili Cariplo, a pagina 531: contratto intestato a Di Pietro Antonio, 65 metri quadri calpestabili (70 commerciali), 230 metri cubi a un canone annuo di 2.817.039 lire, ossia 234.753 al mese.

Ancora Di Pietro: «Dopo tre o quattro anni di peregrinare, finalmente il Fondo pensioni Cariplo ha concesso anche a me un appartamento… Altro che privilegio!». Fu un privilegio eccome: a parte che ci piazzò il figlio, il Fondo pensioni non gli doveva nulla. Aveva già la citata *garçonnière* di D'Adamo, gratis. Peraltro sorvolò la graduatoria Cariplo e la commissione affittanze, e fu paracadutato direttamente in casa. Non definire «privilegio» un bilocale che a una persona normale sarebbe costato non meno di 3 milioni mensili (a trovarlo, in quella posizione) significa non ricordare che per situazioni analoghe, vedi scandalo Affittopoli, un qualsiasi Massimo D'Alema dovette traslocare, mentre altri magistrati come Ugo Giudiceandrea, a Roma, ricevettero tanto di avviso di garanzia.

Antonio D'Adamo, comunque, metterà a verbale:

> Il dottor Di Pietro riuscì a tener fuori dalle indagini il dottor Radaelli che ebbe poi modo di disobbligarsi intervenendo sul dottor Molinari … perché il dottor Di Pietro potesse ottenere un appartamento in equo canone in via Andegari.

Metterà a verbale anche che Di Pietro, alla fine del 1994, gli restituì i 100 milioni in contanti dentro una scatola da scarpe. È stata messa agli atti.

Bonizzoni, l'autista di D'Adamo, dichiarerà:

> Trovandomi con l'autovettura in via Andegari, l'ing. D'Adamo pose sotto il sedile posteriore della Mercedes una scatola da scarpe, se mal non ricordo di colore bianco con un fiocchetto legato attorno, pregandomi di fare molta attenzione e di chiudermi dentro l'autovettura. Era la prima volta che l'ing. D'Adamo lasciava all'interno della propria autovettura una scatola da scarpe.

Ma la magistratura di Brescia, anche per queste vicende, non ha ritenuto che vi fossero gli elementi per procedere penalmente. Della magistratura di Brescia, e di certe sue decisioni ai confini della realtà, si parlerà meglio più avanti: ma va chiarito subito un punto. Tecnico.

L'innominabile sentenza Maddalo

La mole di favori ottenuti da Di Pietro e i suoi comportamenti discutibili evidenziati in questa biografia, come visto, sono tutti a sentenza. La loro minuziosa descrizione, tuttavia, non è tratta dalle sentenze di non luogo a procedere vergate dai gup Roberto Spanò e Anna Di Martino nel 1996, laddove, a porte chiuse, si stabiliva che Di Pietro per tutte queste vicende non dovesse essere neppure processato: la descrizione, al di là delle investigazioni personali, è tratta da un successivo giudizio di tribunale che ha superato queste sentenze una volta per tutte.

L'unico rinvio a giudizio andato in porto tra quelli richiesti nel 1996 dai pm Fabio Salamone e Silvio Bonfigli, infatti, fu quello dove Di Pietro paradossalmente figurava come parte lesa, e dove Cesare Previti, Paolo Berlusconi e gli ispettori ministeriali Ugo Dinacci e Domenico De Biase furono invece accusati di averlo ricattato per farlo dimettere dalla magistratura. Il processo, durato dal 23 settembre 1996 al 18 gennaio 1997, fu condotto perlopiù sulla base delle stesse carte e testimonianze accumulate nelle inchieste di Salamone e Bonfigli già cassate in precedenza, e gli imputati furono assolti al termine di un dibattimento dove Di Pietro, peraltro, rifiutò di rispondere alle domande. Trattandosi dunque di un giudizio di tribunale che ha fatto seguito a un pubblico dibattimento con esibizione di prove e audizione di parti, la valutazione dei fatti trattati – quelli ripresi in questa biografia, appunto – è perciò da ritenersi definitiva e vincolante rispetto a qualsiasi precedente udienza preliminare a porte chiuse: la sentenza, come si dice, «fa stato quanto ai fatti accertati». È definitiva, cioè: anche perché nessuna delle parti, Di Pietro compreso, ha mai presentato appello.

Ebbene: di questa importante sentenza, depositata dal giudice Francesco Maddalo il 10 marzo 1997, Di Pietro non ha parlato né parla assolutamente mai. Nel blog di Antonio Di Pietro (www.antoniodipietro.com), il capitolo «La mia storia attraverso le sentenze» non menziona neppure la più importante sentenza di tribunale che lo riguarda come parte lesa. Tutte le vicende sinora descritte, più molte altre che vedremo più avanti, vengono liquidate così:

> Una miriade di accuse poi tutte smontate dai giudici «perché il fatto non sussiste». Alla fine ho avuto giustizia, ma quelle accuse furono prese e rilanciate da altri che avevano interesse a costruirmi addosso una montagna di nefandezze che non avevo commesso.

Le «nefandezze», in realtà, benché ritenute penalmente irrilevanti, sono state storicamente acclarate proprio dalla magistratura e sono state commesse. Ma il perfetto dipietrista, a quanto pare, non ha motivo di saperlo né di conoscerne i particolari.

A futura memoria, seguono estratti dalla sentenza vergata da Francesco Maddalo.

> P. 151: «È indubbio che i fatti raccontati da Gorrini si erano radicalmente verificati [*ossia*] ... La prestazione di attività lavorativa di Cristiano Di Pietro a favore della Maa, l'assegnazione di alcune cause a Susanna Mazzoleni da parte della Maa, l'erogazione di un prestito a Di Pietro, la cessione a Di Pietro di un'autovettura recuperata dalla Maa e trasformata da Di Pietro stesso in prestito, l'intervento di Di Pietro per ottenere che D'Adamo e Gorrini erogassero un prestito a Rea onde favorire l'estinzione di debiti consistenti».
>
> PP. 151 e 152: «[*Questi episodi*] rischiavano di prospettare agli inquirenti un sistematico ricorso di Di Pietro ai favori di Giancarlo Gorrini, il quale, peraltro, alla data del novembre 1994 risultava già condannato per appropriazione indebita ... Ne viene fuori un quadro negativo dell'immagine di Di Pietro ... fatti specifici che oggettivamente potevano presentare connotati di indubbia rilevanza disciplinare».
>
> PP. 140, 141 e 142: «Di Pietro ammette di aver usufruito del prestito di 100 milioni ... Di Pietro fu reso edotto dell'identità dell'erogatore del prestito [*Gorrini*] quanto meno sin dal 1992. È Di Pietro stesso a dirlo: "Io ho avuto modo di parlare con Gorrini della vicenda dei 120 milioni [*100 più i 20 della Mercedes*] nel 1992, allorché egli venne a trovarmi in ufficio" ... Di Pietro ebbe coscienza e consapevolezza della persona che aveva provveduto all'esborso di 100 milioni fin dall'inizio ... Non si spiegherebbe, seguendo l'impostazione di Di Pietro, la telefonata di ringraziamento a Gorrini dopo la restituzione».
>
> P. 153: «Di Pietro vende sostanzialmente un'auto che non gli appartiene, trattenendo i soldi».
>
> P. 145: «Che Di Pietro non avesse coscienza che anche la cessione dell'auto avesse coinvolto direttamente Gorrini è ben difficile da soste-

nere, visto che fu egli stesso a parlare nel 1992 dei 120 milioni ... Ugualmente, pare arduo sostenere che l'autovettura avesse un così infimo valore: 20 milioni. Era stata immatricolata nel 1987 e contestualmente assicurata per un importo non inferiore certo a 65 milioni, visto che la compagnia assicuratrice versò, a titolo di risarcimento, proprio tale ultima somma ... Peraltro non è di poco conto che lo stesso acquirente Lucibello abbia assicurato l'auto per un importo di 50 milioni. L'istruttoria dibattimentale comprova perciò un valore dell'auto intorno a questa cifra di fronte a un prezzo di vendita di 20 milioni. Sicché non può negarsi il trattamento di favore riservato dalla Maa a Di Pietro nonostante le apodittiche affermazioni contrarie di quest'ultimo».

P. 149: «Vi è stato un intervento di Di Pietro al fine di ottenere il consenso sia di D'Adamo che di Gorrini per aiutare finanziariamente il Rea».

PP. 149 e 150: «Un personale coinvolgimento di Di Pietro, con conseguente esposizione dello stesso che pure ricopriva un ruolo di prestigio e di rilievo (si pensi alla sua comparizione all'ippodromo presenti scommettitori e allibratori) si giustificava soltanto in relazione all'incisività dell'intervento che si voleva attuare».

PP. 147, 148 e 149: «È accertato altresì che Di Pietro si interessò per il ripianamento della situazione debitoria parlandone sia con D'Adamo sia con Gorrini e Maggiorelli ... Osserva il collegio che, al di là delle enfatizzazioni cui ricorre frequentemente Gorrini, e al di là degli eccessivi ridimensionamenti operati da Di Pietro, vi è stato un intervento di quest'ultimo al fine di ottenere il consenso sia di D'Adamo che di Gorrini per aiutare finanziariamente Rea. Questo intervento non può limitarsi, come vorrebbe Di Pietro, a una sorta di mera acquisizione di informazioni e a una sorta di consiglio dato per evitare la vacuità dell'aiuto».

PP. 154 e 156: «I fatti si erano realmente svolti ed alcuni rivestivano caratteri di dubbia correttezza, se visti secondo la prospettiva della condotta che si richiede a un magistrato ... [*trattasi insomma di*] aspetti di indubbia discutibilità».

P. 150: «Il complesso della narrazione era tale da creare una qualche preoccupazione in tal senso in Di Pietro, e ciò anche per alcuni risvolti non certo trasparenti che a quelle vicende si erano accompagnati».

Presunto infiltrato

Tutto era diverso, a quel tempo. La cerimonia d'insediamento di Giulio Catelani, venturo procuratore generale, fu benedetta dalla presenza di Giulio Andreotti. Persino la nomina di Francesco Saverio Borrelli a capo della procura ebbe il placet della Dc e del Psi, su consiglio di Beria di Argentine.

E non crollò il mondo quando la richiesta di autorizzazione a procedere nei confronti del socialista Antonio Natali, nel maggio 1990, fu respinta. La Metropolitana Milanese era a tutti gli effetti una società per azioni privata, si disse, dunque poteva finanziare i partiti. Tutti. Eppure, neanche due anni dopo, il ragionamento sarà rovesciato e si andrà di ramazza. Allora invece nessuno fiatò, neanche le opposizioni. Borrelli non fece ricorsi alla Corte costituzionale. Non si procedette neppure per violazione del finanziamento illecito.

Le biografie tendono a raccontare che già in quel periodo Di Pietro indagasse per Mani pulite, anzi, indagava praticamente da sempre, sorta d'infiltrato che anziché vivere conduceva indagini preliminari da circa quarantadue anni. A cena da D'Adamo non cenava: raccoglieva materiale probatorio. Con Radaelli fingeva amicizia: difatti sbirciò nel suo portafoglio – questo scrivono ancora le biografie – e annotò il nome delle banche in cui aveva i conti. Se Di Pietro era un infiltrato, si era infiltrato davvero bene.

Eppure è anche vero: Mani pulite nasceva in quei giorni. Ma nessuno lo sapeva. Il 9 giugno 1990 «Il Giorno» pubblicò un articolo di un vecchio cronista, Nino Leoni, nel quale l'impresario funebre Mario Sciannameo raccontava che per lavorare bisognava pagare 100.000 lire per ogni salma. L'immediata querela di Mario Chiesa venne affidata a Di Pietro, che l'archiviò ma ne annotò i contenuti.

L'uomo che secondo alcuni preparava Mani pulite da mesi o da anni, il 2 luglio 1991 si occupava del signor Makram Hamed Saleh Ali che aveva strangolato una prostituta dopo averla violentata «con organo sessuale malato», spiegò nella requisitoria. In quei giorni Di Pietro istruiva anche sconosciutissime indagini sulle messaggerie telefoniche del Videotel, un rudimentale sistema telematico per lo scambio di informazioni gestito dalla Sip. Ha raccontato l'avvocato Giuliano Pisapia:

> Di Pietro fece scattare un grosso blitz: senza seguire le regole, alcune persone, anziché essere invitate a comparire come previsto dal nuovo Codice, furono prelevate alle 6 di mattina e portate non in Procura ma nella sede della Criminalpol, e interrogate con modalità non conformi al Codice, nella convinzione che questo modo choccante di interrogare favorisse la raccolta di dichiarazioni utili. Di Pietro contestò l'associazione per delinquere e truffa.[10]

Il procedimento, dopo il blitz, resterà fermo in procura sino al 1995-96, quando per l'associazione ci sarà l'archiviazione e per la truffa la trasmissione degli atti alla procura circondariale. In linguaggio corrente: finì in nulla.

Era un sistema

Nulla giustifica come il finanziamento illegale della politica, un tempo fisiologico e necessario, fosse degenerato a Milano e nel resto del paese. Nella capitale morale ogni appalto doveva sovvenzionare la politica in quote prestabilite (tot alla Dc, tot al Psi, tot al Pci, ecc., secondo il consenso acquisito) e le imprese a loro volta potevano prestabilire i vincitori delle gare in barba al libero mercato, formando così un «cartello» che escludeva altra concorrenza e falsava i costi. Maggioranze e opposizioni conducevano un gioco delle parti che dietro le quinte diveniva complicità e spartizione degli affari: a Milano accadeva che per determinati appalti ci fosse un cassiere unico che poi ridistribuiva agli altri partiti.

Il sistema era talmente oliato da rendere praticamente impossibile comprendere chi, tra imprese e partiti, avesse il coltello dalla parte del manico. Gli imprenditori si definiranno come ricattati dai politici, i politici come assediati da imprenditori ansiosi di offrire: in concreto «era un sistema», come disse Bettino Craxi, o quantomeno una «dazione ambientale», come la descrisse Di Pietro: ispirato, come visto, dal giudice Antonio Lombardi.

Era un sistema malato di elefantiasi e degenerato negli effetti pratici ed economici. Più costose e durature erano le opere e più grande era la torta da spartire. Il mercato era sfalsato e così pure la selezione delle offerte migliori e più convenienti.

Non ci si occupa, qui, di ricostruire tutte le combinazioni e gli incroci che resero possibile la nascita dell'inchiesta Mani pulite, storica demarcazione tra Prima e Seconda Repubblica, e tantomeno di contestualizzare gli scenari internazionali che indubbiamente, più che dare origine all'inchiesta, non ne impedirono la nascita come in passato sarebbe probabilmente accaduto. Si possono tuttavia menzionare pochi accadimenti chiave che prepararono il terreno.

Uno, nell'aprile 1990, fu l'amnistia che contemplava vari reati compiuti sino al 24 ottobre 1989, e tra questi il finanziamento illecito ai partiti. La demarcazione si rivelerà essenziale per giustificare l'impunità di alcune parti politiche e soprattutto per depenalizzare ogni finanziamento illecito versato al Pci dall'Unione Sovietica. Dall'ottobre 1989 al marzo 1992 non passarono che una trentina di mesi: l'intero sconvolgimento del sistema politico italiano è stato realizzato in quel periodo.

Dirompente, nel tardo 1989, fu poi l'entrata in vigore del nuovo Codice di procedura penale Vassalli-Pisapia. Esso si proponeva, nelle intenzioni, pari dignità giuridica tra accusa e difesa, custodia cautelare come *extrema ratio*, segretezza delle indagini, pubblicità del processo e, soprattutto, prova che doveva formarsi rigorosamente in aula. Il totale stravolgimento delle velleità del nuovo Codice, con la complicità della classe politica e il palese dolo della magistratura, sarà una chiave di volta della prima e fondamentale parte di Mani pulite.

Molti magistrati nei primi anni Novanta lanciavano grida d'allarme contro un nuovo Codice che paventavano come troppo garantista. Il procuratore generale della Cassazione Vittorio Sgroi, all'inaugurazione dell'anno giudiziario 1992, definì le nuove norme addirittura «ipergarantiste» e lo stesso facevano i cronisti.

Il professor Giandomenico Pisapia, presidente della commissione per la riforma del codice di procedura penale, intervistato dallo scrivente nel 1992, la mise così: «È il processo che è pubblico, non le indagini. Il nuovo Codice vieta la divulgazione di atti che sono in gran parte segreti: il segreto delle indagini c'è e serve a tutelare sia le indagini sia l'indagato che naturalmente teme che la divulgazione di notizie anticipate possa pregiudicare la sua immagine, immagine che una volta guastata non può essere ripristinata nemmeno in caso di assoluzione».

L'allora vicepresidente del Csm Giovanni Galloni, sempre nel 1992, aggiunse: «La stampa deve intervenire solo a conclusione delle indagini, e l'avviso di garanzia deve essere protetto da segreto istruttorio». Sembra fantascienza.

Il referendum sulla preferenza unica proposto da Mario Segni simboleggiò poi come anche Bettino Craxi, che invitò bonariamente gli elettori a disertare le urne, non avesse polso di quanto andava montando. Alle urne si recò il 65 per cento degli italiani e il referendum passò con il 95,6 per cento di sì. Il voto celava null'altro che una forte insofferenza contro i partiti.

Altre date rilevanti, a Mani pulite iniziata, saranno il 5 ottobre 1992 e il successivo 29 ottobre, quando la lira cioè scese al minimo storico e fu ratificato anche in Italia il Trattato di Maastricht sull'unione monetaria. Qualsiasi peculiarità italiana, di lì in poi, avrebbe dovuto allinearsi a parametri ormai imprescindibili: anche da questo, il 10 luglio 1992, nascerà una manovra finanziaria da 30.000 miliardi di lire con cui il governo di Giuliano Amato tenterà un primo risanamento del disavanzo pubblico. Nello stesso periodo verrà avviata la privatizzazione di Iri, Eni, Enel e Ina: una strada obbligata e però gravida di conseguenze sociali e occupazionali che contribuiranno a riscaldare il clima.

Detto questo, ipotizzare che alle spalle di Mani pulite vi fosse un preciso disegno giudiziario resta una tesi peregrina. Vero è che Milano, da sempre laboratorio anticipatore di ogni brezza o tempesta destinata a spirare nel paese, era una polveriera rimasta incustodita. Le concause e le variabili impazzite che originarono Mani pulite restano tuttavia separate e indipendenti.

«È amico nostro»

L'inchiesta Mani pulite, intesa come procedimento contro Chiesa Mario, nacque in realtà non il fatidico 17 febbraio 1992 ma nel settembre 1991. La prima richiesta di proroga (senza la quale un'indagine, dopo sei mesi, dovrebbe essere chiusa) sarà infatti del marzo 1992.

Nessuno, se mai avesse voluto ordire complotti legati a Mani pulite, li avrebbe affidati a uno come Antonio Di Pietro. Come visto, era anche meno di un magistrato come un altro: era quantomeno chiacchierato e la sua vicinanza agli ambienti socialisti era nota. Il 2 dicembre 1991, quando l'intero corpo dei magistrati scioperò contro i pronunciamenti del capo dello Stato Francesco Cossiga, non meravigliò che tra gli otto che non aderirono ci fosse appunto anche Di Pietro, magistrato che l'«Avanti!» mandò immediatamente a intervistare in quanto – dissero al cronista, lo scrivente – «è amico nostro». Fuori dalla sua stanza, quel giorno, Di Pietro aveva appeso un cartello con scritto «Qui si lavora» e ne venne premiato da una complimentosa telefonata di Cossiga che a sua volta aveva provocato un prevedibile pandemonio di giornalisti, tutti attorno al crumiro: «Credo che l'opinione pubblica» disse il pm in palese solluchero «sia sconcertata come me e quindi non capirebbe il perché di tanto chiasso... Come possiamo dare tranquillità ai cittadini se neanche noi ne abbiamo?». L'«Avanti!» ne fece un santino da parabrezza e l'onore di mettere l'articolo nero su bianco toccò allo scrivente.

Le toghe cosiddette «contro», a Milano, erano considerate altre. Gherardo Colombo e Piercamillo Davigo tuonavano contro lo stesso nuovo Codice che pure benediranno in quanto «consente spazi di manovra più ampi». Davigo, ancora sul settimanale «Epoca» del 25 settembre 1991, ironizzava circa «l'archivificio di palazzo di giustizia» (nel 1990 erano pervenuti 66.025 provvedimenti e il 77,44 per cento era stato archiviato) mentre Borrelli, sempre su «Epoca», incolpava la carenza di personale.

È lo stesso Borrelli che estromise Ilda Boccassini dal Pool antimafia, citandone «l'individualismo, la carica incontenibile di soggettivismo e passione e la non disponibilità al lavoro di gruppo»: il Psi e la Dc, coi loro giornali, si spellarono le mani dagli applausi. E chi invece presenziava, nel Comitato comunale antimafia insediato nel regno del sindaco Pillitteri? Antonio Di Pietro. In virtù di quale competenza non è chiaro, ma sarebbe rimasto nella commissione fino ai primi mesi del 1992.

L'ultima cena

Di Pietro, una sera, invitò i soliti amici a cena da lui, a Curno, nella mitica cascina in fondo alla strada bianca. L'Oglio era lì, a cento metri. «Ninì» mostrò le stanze agli illustri ospiti, onorato e imbarazzato. Le camere da letto al piano di sopra, le foto dei figli nelle cornici d'argento, la tavernetta col camino, i mobili di legno lucidato. Più tardi il padrone di casa tagliava il salame agitando un coltellaccio, Rea accanto a lui. «Ho ristrutturato tutto io» diceva indicando i muri. Susanna armeggiava in cucina, il padre Arbace in sala. Ogni tanto Radaelli ci riprovava: andava da Pillitteri e perorava la causa di Lucibello: «È bravo, Tonino ci tiene... non ci sarebbe un ente per questo bravo ragazzo?». Non ci fu.

Queste sono le versioni di Pillitteri, ovviamente: mai smentite neppure in sede giudiziaria. L'ex sindaco ha parlato anche di alcuni interessamenti di Di Pietro perché si sbloccasse un'area edilizia (quella del Sieroterapico), che interessava a D'Adamo, mentre il progetto lo curava un altro amico, l'architetto socialista Claudio Dini. L'assessore competente era il comunista Giovanni Lanzone, altro amico del salotto di Dini. Il problema è che la giunta milanese stava per cadere.

Non c'è livore, nelle parole di Pillitteri. C'è nostalgia:

> Io lo stimavo e gli volevo bene. Mi aiutava a capire problemi giuridici, concessioni, norme. Facevo ricorso a lui per districarmi dalle trappole in cui rischiavano di finire assessori comunali o regionali. I metodi delle sue inchieste però non erano diversi da quelli adottati successivamente. Gli parlavo di Ombretta Fumagalli Carulli, che non sapevo fosse sua amica, e la sua prudenza sconfinava nella reticenza.[11]

Niente di strano che Pillitteri avversasse la Carulli e viceversa: quest'ultima era espressione di un andreottismo milanese tutto speciale, agguerritissimo nel cavalcare le inchieste e i veleni giudiziari meneghini. Un giorno, passando dal Circolo della stampa per un convegno, Pillitteri si era accorto che in una sala attigua se ne stava celebrando un altro: organizzatori ne erano Ombretta Fumagalli Carulli e Carlo Radice Fossati, oratore principale, invece, Antonio Di Pietro.

Milano significava Craxi, e colpire il leader socialista nella sua città voleva dire costringerlo a scendere a patti nelle segrete stanze romane, le stesse in cui già si discuteva delle elezioni politiche e della successione di Francesco Cossiga al Quirinale.

Su Milano gravava un tridente: l'andreottismo della Fumagalli Carulli a destra, l'anatema curiale al centro e, a sinistra, il fuoco purificatore dei circoli tipo Società civile. Senza contare la Lega di Bossi.

Fu questa la vera santabarbara di Mani pulite. La nave, come detto, andava, il fiammifero era acceso, ma nell'attesa Di Pietro vivacchiava in cambusa. Ogni cambusa possibile: un antipasto moralistico al circolo di Nando Dalla Chiesa, un rapido buffet al seminario andreottiano di Ombretta Fumagalli Carulli, la sera stinco di maiale coi socialisti.

Il palcoscenico milanese era aperto a strapiombo sulla spettacolare vallata degli anni Novanta e qualche teatrante si ritrovò per l'ultima cena: che però non fu quella a casa di Tonino. Anche se quella sera, a Curno, lasciando la cascina, gli amici lasciarono scivolare una freddura che suonò come un presagio: «Ma non vi fa impressione, a voi, uno che in ingresso tiene l'altarino dei carabinieri a cavallo?».

L'ultima cena fu il 19 dicembre 1991, a casa di Antonio D'Adamo, nei due grandi appartamenti di trecento metri quadri tra il primo e il secondo piano di via De Amicis 47. Era una seratina prenatalizia a base di regali, regalini, ricicli e patacche varie, e l'atmosfera era più raccolta del solito. Sergio Radaelli beveva champagne, un po' seccato perché qualche strascico giudiziario gli aveva fatto perdere una presidenza importante. In compenso, dalla maledetta inchiesta Atm, alla fine, era uscito: il 30 ottobre la sua posizione era stata archiviata. Il giudice aveva scritto: «Non è stato acquisito nessun elemento che consenta di ritenere che Radaelli abbia ricevuto taluni dei pagamenti illeciti». Non era stato acquisito, in effetti. E da chi? Da quel tizio accanto a lui, il sostituto procuratore Antonio Di Pietro, quella sera più estroverso del solito: simpatico, zingaro, bighellone, con ancora in mano quell'inutile librone regalatogli dall'architetto socialista Claudio Dini.

Paolo Pillitteri giunse in ritardo per colpa di un po' di riunioni e sottoriunioni e telefonate e trattative: Palazzo Marino era sull'orlo della crisi perché il conte Carlo Radice Fossati aveva detto che avrebbe mandato la giunta a catafascio. Il quasi ex sindaco arrivò trafelato, e Di Pietro si alzò e lo accolse per primo, ancora col tovagliolo in mano. Baci e abbracci. Più tardi, nonostante Pillitteri avesse ben altro per la testa, Tonino riuscì a prenderlo da parte e a risollecitargli una soluzione per l'area del Sieroterapico che interessava al padrone di casa. Tonino, anzi Ninì, scrisse un numero di telefono su un foglietto e lo porse al sindaco: «Usa questo, che è più sicuro». Un cellulare. Non erano ancora così diffusi, all'epoca. Più tardi Ninì era al telefono con l'ex questore Umberto Improta che secondo lui doveva diventare capo del Sisde: «Eddài Paolo, anche Giulio è d'accordo, manca il sì di Bettino». Giulio. Bettino. Gli piaceva chiamarli per nome.

L'ora del brindisi fu funestata da un discorsetto politico di Pillitteri. Ancora lui, Di Pietro, alzò il calice per primo e inneggiò «al migliore dei sindaci possibili, il nostro amico Paolo». Era affetto da *name-dropping*.

Radaelli, anzi Sergio, non poteva certo immaginare che Di Pietro entro pochi mesi l'avrebbe messo in galera. Neanche Claudio Dini immaginava che sarebbe praticamente marcito dentro. Figurarsi se «l'amico Paolo» poteva immaginare che Di Pietro, la sera dopo, sarebbe andato a casa di Carlo Radice Fossati dove sarebbe maturata la decisione di mandare a casa la giunta, e che la giunta, la sera dopo, sarebbe andata a casa davvero; chissà se poteva immaginare che Di Pietro avrebbe chiesto anche il suo arresto.

Nessuno immaginava.

Il punto è se l'immaginasse Di Pietro.

Parte seconda

IL RACCOLTO

L'anello mancante tra la scimmia e l'uomo civilizzato esiste: siamo noi.

KONRAD LORENZ

VI

1992

Un'inchiesta come un'altra

L'Italia, all'inizio del 1992, era un castello di carte che aspettava solo un refolo di vento. Crisi varie, inflazione, la Fiat che annunciava prepensionamenti, carabinieri ammazzati dalla camorra, urla contro i politici durante i funerali, l'antipolitica che strepitava dai televisori: senza contare che il capo dello Stato, Francesco Cossiga, il 2 febbraio avrebbe sciolto le Camere.

Che Antonio Di Pietro avesse in mente tutto fuorché Mani pulite l'ha raccontato in più occasioni Elio Veltri, che l'incontrò nei primi giorni di febbraio: il magistrato gli disse che presto avrebbe abbandonato i reati contro la pubblica amministrazione e si sarebbe dedicato alle estorsioni. Di Pietro aveva archiviato il caso di un'intera famiglia di Parma scomparsa nel nulla e «Chi l'ha visto?» ci aveva montato una puntata intera. A lui era piaciuto. Per rintracciare la famiglia era passato dal Venezuela, dalla Spagna, dalla Francia e dall'Africa.

Tonino era ancora scornato da quelle centinaia di pagine su Lombardia Informatica che i suoi capi, Borrelli e D'Ambrosio, avevano rispedito al mittente assieme alle richieste di rinvio a giudizio. Erano praticamente da buttare.

Ha ammesso lo stesso Di Pietro:

> Invece di indicare le fonti di prova ho fatto in pratica una requisitoria scritta, circa 800 pagine piene di nomi, fatti e misfatti ... Borrelli e D'Ambrosio mi chiesero di ritirarla, oppure di assumermi la responsabilità di firmarla da solo.[1]

Eppure mancava pochissimo all'arresto del socialista Mario Chiesa, un signore delle tessere che mirava in alto ma che era stato temporaneamente sistemato al Pio Albergo Trivulzio dove si era trovato coinvolto, come detto, nel «racket del caro estinto». Di Pietro aveva archiviato, ma in parallelo aveva aperto il fascicolo 6380/91 e disposto un po' di intercettazioni.

Per arrestare Mario Chiesa usarono Luca Magni, un imprenditore del ramo pulizie a cui era stato chiesto di versare il 10 per cento su un appalto. Nella giacca gli misero un microfono e in una valigetta settanta banconote da 100.000 segnate: flagranza di reato, concussione. Uno schema che Di Pietro aveva sperimentato a Bergamo.

Le modalità di quell'arresto, riviste oggi, fanno comprendere quanto fosse diverso l'atteggiamento della stessa magistratura a proposito della custodia cautelare. In Mani pulite, una sola chiamata in correità basterà per incarcerare chicchessia, ma prima di essa Di Pietro non si fece bastare la confessione di Luca Magni e neppure le intercettazioni telefoniche: predispose banconote segnate, microfono e persino una telecamera che non funzionò.

L'allora capo della Polizia Vincenzo Parisi, qualche mese più tardi, consegnerà a Bettino Craxi i tabulati di alcune conversazioni telefoniche intercorse nel periodo febbraio-maggio tra Di Pietro, Giuseppe Lucibello, Antonio D'Adamo, Sergio Radaelli più alcuni indagati. I tabulati, che indicavano solo chi parlasse con chi, dimostreranno come Di Pietro da principio si muovesse sempre all'interno della prediletta cerchia di amici. Lucibello, comunque, era consulente della Baggina di Mario Chiesa, anche D'Adamo era in affari con Chiesa, mentre il socialista Radaelli era semplicemente interessato all'inchiesta: e infatti finirà in galera. Di Pietro negherà sempre d'aver informato gli amici degli sviluppi delle indagini. Ciascuno valuti.

> Durante l'arresto, alle 18.00, Tonino era al telefono con Giuseppe Rosario Lucibello. Si risentirono alle 19.14;
> alle 20.14 invece fu Sergio Radaelli a chiamare Lucibello;
> alle 20.16 Lucibello parlò con D'Adamo;
> alle 20.30 D'Adamo telefonò a Di Pietro e poi ancora a Lucibello. A quell'ora il magistrato stava stilando un comunicato che alle 21.50 lesse ai giornalisti.

L'arresto di Chiesa destò scalpore. L'«Avanti!» vi dedicò poche righe. Il neonato Tg5 non pronunciò la parola «socialista» neanche una volta, e nell'icona grafica fece scrivere «cronaca».

Tra i preoccupati c'era l'imprenditore Fabrizio Garampelli che a Chiesa aveva passato 3 miliardi e mezzo per la ristrutturazione del Pio Albergo Trivulzio. A metà pomeriggio del 18 febbraio, Garampelli bussò allo studio di Federico Stella, avvocato del giro cardinalizio e buon amico del gip Italo Ghitti; il suo studio ospitava anche Massimo Dinoia, futuro legale di Di Pietro. Organizzarono un incontro col magistrato per il giorno dopo. In questa prima fase, Garampelli fu l'unico a non andare in carcere.

L'avvocato di Chiesa, Nerio Diodà, chiese subito il patteggiamento. «Faremo la direttissima» annunciò Borrelli, inconsapevole di quanto aveva tra le mani.

Dirà Di Pietro:

> Alla fine Mani pulite s'è fatta perché io – sì, io e solo io –, diciamo per sbaglio, «dimenticai» di depositare gli atti nei tempi prescritti per la direttissima ... Borrelli aveva dato pubblicamente l'indicazione di depositare gli atti ... erano in vista le elezioni del '92, la tensione montava, il fatto risultava chiaro, era opportuno rinviare Chiesa a giudizio per direttissima e chiudere così il caso e le crescenti polemiche. A quel punto, io non ho la forza di dire al dottor Borrelli che non lo faccio perché voglio arrivare a un obiettivo preciso; e allora «mi sbaglio». Ma è uno sbaglio voluto.[2]

Borrelli a suo modo ha confermato:

> Non immaginavo che dall'arresto di Chiesa potesse nascere quello che è nato, ma credo che non l'immaginasse nessuno. Non l'immaginava certamente Di Pietro.[3]

Non fu difficile scoprire una serie di immobili venduti da Chiesa ad amici, familiari, prestanome e persino ad Antonio D'Adamo. Il 26 febbraio i carabinieri irruppero nell'ufficio ombra di Chiesa in via Castelfidardo. Non trovarono più nulla. Questo mentre continuavano frenetiche le telefonate tra Di Pietro e Lucibello e D'Adamo. Inutile dire che il secondo era l'avvocato del terzo.

Mariuolo Chiesa

Bettino Craxi, intanto, pensava alla campagna elettorale per le elezioni politiche. E il 3 marzo disse:

> Mi ritrovo un mariuolo che getta un'ombra su tutta l'immagine di un partito che a Milano, in cinquant'anni, non ha mai avuto un amministratore condannato per reati gravi contro la pubblica amministrazione.

«Mariuolo», disse. Il richiamo alla mancanza di condanne era probabilmente un messaggio criptato per Chiesa, come a dire: sta' tranquillo. Pochi se ne avvidero.

Il 17 marzo nelle carte rispuntò D'Adamo. Risultava che il Pio Albergo Trivulzio avesse venduto alla Recon di via Agnello 5 uno stabile sito in via Ciardi. In via Agnello c'era anche la sede della Edilgest di D'Adamo e la *garçonnière* in uso a Tonino. Il prezzo dello stabile era stato di 5 miliardi 400 milioni, ossia 700.000 lire a metro quadro; l'investimento iniziale si era moltiplicato di otto volte. A complicare le cose c'era che in via Ciardi aveva sede quella Ricos di cui Susanna Mazzoleni, stipendiata in nero da D'Adamo, era stata rappresentante delegata. Un bel pasticcio. Cosicché, il 19 marzo, Di Pietro cedette il filone a Gerardo D'Ambrosio che spedì i poliziotti in via Agnello: il filone sparì perlomeno dalle cronache. In quei giorni e in quelle ore, come da tabulati, intercorsero infinite telefonate tra Di Pietro e Lucibello e D'Adamo.

Chiesa intanto marciva dentro. Con gli imprenditori, invece, tutt'altra strategia: se confessavano niente galera, anzi, immediato sblocco dei conti bancari. Coadiuvato dai suoi legali Stella e Dinoia, Garampelli diventò una sorta di infiltrato: il 22 marzo convocò una riunione riservata coi suoi colleghi imprenditori e discussero le tangenti per gli appalti ospedalieri. Segnarono tutto su un foglietto. Il giorno dopo Garampelli lo portò a Di Pietro.

Mario Chiesa decise di parlare alle ore 10.00 del 23 marzo. Era politicamente finito, non aveva più un lavoro né una moglie, suo figlio non gli scriveva da un mese e la sua nuova compagna era incinta da sette. Parlò per questo. Ammise i versamenti ai vari big del Garofano.

Il 30 marzo i cronisti appostati vicino alla stanza 254 annotarono un urlo di Chiesa: «M'avete rotto i coglioni con quel nome». Il nome di Bobo Craxi. Suo padre era candidato alla presidenza del Consiglio e vantava ancora un alto gradimento. Il 2 aprile Chiesa ottenne gli arresti domiciliari. Il gip Italo Ghitti disse chiaro e tondo: «Il nostro obiettivo è colpire un sistema, non le singole persone». Cominciò una nuova fase giurisprudenziale. Ogni reato ipotizzato sarebbe stato inquadrato nell'affiliazione a un sistema, e dimostrare che l'indagato ne avesse fatto parte sarebbe bastato a giustificare il protrarsi delle carcerazioni. Chi parlava e denunciava altri, invece, poteva essere liberato perché ritenuto ormai inaffidabile agli occhi del sistema: come i pentiti con la mafia. Ogni proposta di sistematizzare la confessione sarebbe stata avallata dal Pool. E ogni tentativo di limitare le carcerazioni sarebbe stato chiamato «colpo di spugna».

Mario Chiesa non chiamò in causa né Craxi né suo figlio, in definitiva. Né molti altri che probabilmente avrebbe potuto. Attribuire le confessioni di Chiesa al «Mariuolo» detto da Craxi, piccolo vizio storico dei cronisti di Mani pulite, non regge, soprattutto alla luce di questa lettera:

Milano, 13 aprile '92

Caro Bettino,

trovo solo ora il coraggio di scriverti dopo 45 g. di cella di isolamento e poi gli arresti domiciliari e dopo che il voto a Milano ha quantificato in termini elettorali il «Caso Chiesa» e il Psi.

A te chiedo scusa dal profondo del cuore perché ho sacrificato in parte il tuo lavoro politico.

Ti ringrazio anche per le dichiarazioni rilasciate nelle tue interviste sul «Caso Chiesa». Di censura, ma non infamanti. Tengo a dirti che la stampa «disinformata» ha cercato di farmi passare per un «pentito». Nulla di più falso.

Chiesa non ha fatto nomi. Ma tantomeno quello di Mosini, Colucci o di altri amministratori. Non c'erano motivi e poi non l'avrei mai fatto. Ho parlato invece di sottoscrizioni volontarie fatte al Psi. Altri hanno parlato. Quelli che dicono di finanziare il Partito e non lo fanno, quelli che danno i soldi agli amministratori e tre giorni dopo il mio arresto mi hanno denunciato per concussione.

Affronterò le mie colpe senza chiedere sconti, né protezioni del resto improbabili, ma questo tenevo a dirti.

Ti assicuro che non ho *mai* venduto a me stesso le case del Pat, che i soldi trovatimi non sono solo tangenti, ma il lavoro di 25 anni. L'invidia e il rancore di molti compagni per il supposto conto non mi ha certo giovato.

L'espulsione dal Psi, dopo l'arresto sotto le elezioni, la capisco ed è giusta.

Ma certe interviste di autorevoli compagni al contrario.

Nessuno del gruppo dirigente del Psi deve preoccuparsi dei «si dice» per l'interrogatorio di Mario Chiesa.

Se problemi vi fossero stati per i compagni questi sarebbero venuti da altre fonti. Cioè da chi terrorizzato aveva sostenuto di aver lavorato a Milano e aveva pagato perché costretto con la pistola in pugno.

Ora che sono rimasto solo con un passato da far dimenticare, senza presente né futuro, voglio ringraziarti di cuore per la tua venuta al Trivulzio.

Ti ringrazio per le opportunità che tu mi hai dato di fare politica a Milano.

Ti chiedo ancora scusa per ciò che ho fatto e per i guasti elettorali che ho provocato.

Paolo Pillitteri, ormai ex sindaco, era un po' che sentiva puzza di bruciato. Non lo rassicurò una prima visita di Radaelli e Lucibello. «È un amico, sta' tranquillo» continuavano a ripetergli. «Sì, ma senti Tonino, fatti dire» raccomandò a Radaelli. Il quale tornò pochi giorni dopo con un'espressione strana. Ero con Lucibello – raccontò – e gli è suonato il cellulare, ho riconosciuto la voce di Tonino e ho accostato l'orecchio, diceva che sarebbe finita dentro mezza Milano.

Erano gli ultimi giorni di campagna elettorale. Pillitteri pranzava, presenziava, stringeva mani più o meno pulite. Radaelli, nel baccano di una cena zeppa di socialisti, tornò a confidargli in un orecchio: sono stato da Tonino. «E che dice?» Che non c'è niente contro di noi. Il giorno dopo si ritrovarono in piazza Duomo. «Io lo chiamo» disse Pilli. Aveva ancora il numero che Tonino gli aveva dato a Natale. Sempre occupato. Poi libero: «Pronto… pronto?», il vocione molisano. La linea disturbatissima. Non sarebbero riusciti a parlarsi mai più.

Anche un altro amico, Maurizio Prada, era un po' teso. Ma il segretario regionale Gianstefano Frigerio, nella sede dc di via Nirone, lo rassicurava: qui non arriveranno mai.

5 aprile, fine di una Repubblica

L'antipolitica montava soprattutto in Tv. Su Raitre c'era Gad Lerner col suo «Profondo Nord» poi diventato «Milano, Italia». Su Italia 1 c'era Gianfranco Funari con «Mezzogiorno italiano». Michele Santoro a fine gennaio fece grandissimi ascolti con una puntata di «Samarcanda» dedicata alla crisi dei partiti; poi, dopo che il 12 marzo a Mondello avevano ucciso il democristiano Salvo Lima, si rivolse direttamente alla piazza: «Siete contenti che l'hanno ammazzato?». Scoppiò un putiferio. Gli fu intimato di rinunciare alla piazza nelle settimane pre-elettorali, ma rifiutò, sicché il direttore generale Gianni Pasquarelli, sentita la Commissione di vigilanza, gli chiuse la trasmissione per quindici giorni. Da immaginarsi che cosa ne venne fuori.

In ogni caso il voto del 5 aprile 1992 segnò il crollo storico della Dc e perdite minime per il Psi, ma il pentapartito ne uscì comunque malconcio. La Lega superò i 3 milioni di voti (quasi il 9 per cento) e cantarono vittoria anche neomovimenti come la Rete. La stampa aprì un fuoco di fila contro la maggioranza e ci fu anche una telerissa in diretta fra il direttore del Tg1 Bruno Vespa e il segretario repubblicano Giorgio La Malfa:

> *La Malfa*: Il Tg1 ha ignorato noi, la Lega, la Rete… Avete fatto un uso inaccettabile della televisione pubblica!
>
> *Vespa*: Ma come, abbiamo trasmesso i migliori servizi sulla convention repubblicana!
>
> *La Malfa*: Per tutto il mese di marzo non mi avete mai intervistato! L'uso che i partiti di governo hanno fatto della televisione mostra che il problema della Rai è il primo da affrontare nel prossimo Parlamento. Due movimenti che hanno avuto successo in queste elezioni, repubblicani e leghe, hanno ricevuto un trattamento inaccettabile dalla Tv di Stato!

Vespa: Posso dire il mio parere?

La Malfa: Lo dice ogni sera, lasci perdere! Vespa, lei è stato sconfitto come l'onorevole Forlani. E se ne deve andare!

Vespa: E lei ha lottizzato la Rai come hanno fatto gli altri partiti se non peggio! E non mi faccia fare i nomi!

La Malfa: Li dica, li dica...

Vespa: Dovrei parlare dei colleghi e non voglio farlo.

La Malfa: Capisco che lei sia nervoso perché con i soldi degli italiani ha fatto la campagna elettorale per un partito che ha perso le elezioni. Ora credo che dovrebbe trarne le conseguenze...

Vespa: Io sono un professionista!

La Malfa: ... al servizio dei partiti.

Vespa: Lei è poco sportivo.

La Malfa: E adesso che fa, mi toglie la linea?

La Prima Repubblica era finita. Cominciava un burrascoso interregno giudiziario ed ebbe inizio un periodo incredibile: chiamate in correità a mezzo stampa, il Tg3 come se l'Armata rossa fosse alle porte di Trieste, telefonate concitate, avvocati coi clienti in lista d'attesa. Una tappa importante fu la retata del 21 aprile: una sola notte di prigione trasformò otto imprenditori in terribili accusatori: ammisero 150 miliardi pagati a vari politici e cominciò la delazione ambientale. «Se non paghiamo chiudiamo la saracinesca» disse per tutti il costruttore Vincenzo Lodigiani.

Ammetterà Di Pietro:

> Per l'imprenditore la convenienza è soprattutto imprenditoriale. Qual è il suo primo problema quando viene coinvolto? I giornali, la televisione, l'arresto, la confessione, tutto questo produrrà effetti a catena disastrosi per la mia impresa. Le banche mi ritireranno i fidi, i committenti non mi daranno più gli appalti, i lavoratori mi contesteranno, sarò costretto a chiudere.[4]

Il 23 aprile ecco un caposaldo: il fascicolo virtuale. Tutti i fatti di Tangentopoli sarebbero stati compresi in un solo procedimento con un solo giudice delle indagini preliminari, il finto mite Italo Ghitti. Dirà ancora Di Pietro, senza farsi problemi:

> Abbiamo raccolto tutti gli atti in un solo fascicolo, virtuale appunto, perché contrassegnato dallo stesso numero, ma destinato a dividersi in mille rivoli ... man mano che s'ingrandisce, il fascicolo arrivava al punto che riuscivo a raccapezzarmici solo io. Ecco perché i difensori si sono sempre opposti. Fu l'avvocato Spazzali a chiamarlo per primo fascicolo virtuale, perché secondo lui era impossibile trovarlo; quando chiese al tribunale copia degli atti di un procedimento, il presidente rispose che non poteva dargliela.[5]

Di Pietro andò per la sua strada. Affinò le sue tecniche: sedeva sulla sedia al rovescio e appoggiava sulla scrivania montagne di fascicoli pieni di nulla che tuttavia lasciavano presagire istruttorie e prove spettacolari. Se scoprivano il bluff, scaricava su Rocco Stragapede. Ogni volta riproponeva il giochino dei tre vasetti, quello dei corruttori, quello delle vittime e quello dei «non so niente»: poi chiedeva all'indagato di sceglierne uno. Altro numero tra i preferiti: slacciarsi l'orologio, sbatterlo sul tavolo e urlare «lei non uscirà di qui finché non mi ha raccontato tutto». Se il quadrante si spaccava, pazienza: erano dei Rolex falsi che Stragapede gli procurava in blocco dai venditori marocchini della metropolitana.[6] Smise di usarli dopo qualche battutina di giornalisti e indagati che indossavano Rolex veri. Altra abitudine: sgranocchiare cioccolatini Ferrero Rocher uno dopo l'altro, senza mai offrirli. Un tic di quando s'innervosiva: tirarsi giù i calzettoni e grattarsi i polpacci per ore. Un trucco più serio: se aveva tre chiamate in correità contro qualcuno – questa la riferiscono vari biografi – ne utilizzava due, e se il galeotto faceva ricorso estraeva la terza. Era molto efficace: ma era proibito, perché implicava una discrezionalità dell'azione penale.

Nel tardo 1997, credendosi al riparo da orecchie indiscrete, Di Pietro rivelerà ad alcuni avvocati una serie di trucchetti che sono pietre tombali sulla parità tra accusa e difesa:

> L'avviso di garanzia è stato un bel passo indietro, perché noi pm abbiamo potuto agire indisturbati e in silenzio più di prima ... La legge dice che il pm dovrebbe cercare anche gli elementi favorevoli all'indagato. Ma figuriamoci! A volte è meglio non fargli neppure interrogare i testi della difesa.[7]

Dopo l'iscrizione di Tizio nel registro degli indagati, secondo il nuovo Codice, un'inchiesta non doveva durare più di sei mesi. Come aggirare la normativa? Col modello 44, cui si ricorreva quando l'indagato era ignoto: i sei mesi, nel caso, non decorrevano. Di Pietro disse: «È il registro in cui abbiamo inserito Bettino Craxi... Non si può permettere che la Procura attraverso il modello 44 prenda tempo».

Non si poteva permettere, ma lui l'aveva fatto.

Altro giochino: archiviare direttamente a modello 45 (cui si ricorre quando si ritiene che non esista notizia di reato, come nel caso di denunce presentate da pazzi con manie di persecuzione) oppure, sempre per indagare a tempo scaduto, comunicare al Procuratore generale l'intenzione di rinviare a giudizio. «Era la controtecnica che usavamo a Milano per non farci scoprire le nostre carte.» Male che andasse, dopo cinque mesi e ventinove giorni si poteva dare incarico alla polizia giudiziaria perché indagasse a tutto campo: «Così è la polizia che indaga e non il pm ... non avete idea di come ci giocavamo a Milano. Questi giochini li facevo anch'io». Da prenderlo in parola.

L'entusiasmo della stampa cominciò a creare problemi. Il 27 aprile i carabinieri non poterono arrestare il socialista Matteo Carriera perché sotto casa sua c'era il Gabibbo di «Striscia la notizia». Carriera, ex presidente dell'Ipab, un ente di assistenza, era un genere di personaggio da manuale di psicopatologia criminale che ricorrerà piuttosto spesso in Mani pulite. Dopo quindici giorni in infermeria, Carriera incontrò Di Pietro e lo abbracciò piangendo. Il pm l'aiutò a togliersi il maglione mentre il galeotto gli raccontava che suo padre, anziano militante col basco blu alla Pietro Nenni, non voleva più vederlo. La sindrome di Stoccolma lo avrebbe spinto a restituire le scarse onorificenze ricevute.

Dal suo penoso verbale: «Vedevo che i miei predecessori andavano tutti i giorni al ristorante mentre io andavo alla mensa del Fatebenefratelli, e solo quando assunsi la carica ebbi anch'io la possibilità di andare tutti i giorni al ristorante...». Si era comprato anche la barca: «L'ho pagata attorno ai 16 milioni e subito dopo ho deciso di venderla perché non ero capace di portarla». Carriera si era comprato anche una pistola, per darsi un tono. E si era fatto anche il conto in Svizzera, ma con pochi milioni.

La sindrome avanzava. Ci furono ex assessori come Alfredo Mosini (Psi) che una mattina scoppiò a piangere davanti a Di Pietro, o come Luigi Martinelli (Dc) che raccontò di essersi redento dopo un colloquio col fratello prete e con una donna che aveva avuto delle visioni.

Sempre quel 27 aprile, Mario Chiesa venne interrogato al gabbiotto, una costruzione prefabbricata al centro di uno spiazzo interno al Palazzaccio. C'erano settanta persone tra giornalisti, cameraman e fotografi. Si sentì tutto perché avevano aperto una finestrella laterale. Luca Fazzo della «Repubblica» era appeso a una grondaia. «Mi avete rovinato, sputtanato davanti a tutti» urlò Chiesa. «Quello che so ve l'ho già detto, basta, non chiedetemi più nulla di quelli lì, basta.» Negò di aver dato soldi a Pillitteri, Tognoli e Martelli.

Gherardo e Piercamillo

Con Di Pietro, al gabbiotto, c'era un nuovo pm: Gherardo Colombo, ex pm dello scandalo dei fondi neri Iri e della P2, uno gentile, jeans stinti, Lacoste, scarpe da vela consumate, il vizio delle sigarette e delle dita nel naso.

I pm che bussavano all'inchiesta erano più d'uno. Di Pietro aveva richiesto che gli fosse associato Piercamillo Davigo, ma Borrelli aveva preso tempo. Ignaro, Piercamillo aveva indirizzato una divertita lettera di adesione ma Borrelli aveva bloccato tutto. E Davigo era partito per le ferie.

Se Borrelli preferì Colombo, all'inizio, fu anche per controllare meglio Di Pietro, che aveva la fama che aveva. Colombo si era mostrato a sua volta perplesso: era già impegnato alla Commissione stragi e pensava che al carattere di Di Pietro si prestassero meglio dei giovani. Lui aveva ricambiato i dubbi: ai suoi occhi Gherardo era politicizzato, apertamente di sinistra, esperto, giocava a bridge, si atteggiava a intellettualino. Borrelli se li lavorò entrambi: a Di Pietro disse che sarebbe venuto anche il turno di Davigo e a Colombo che si sarebbe potuto occupare delle rogatorie internazionali che l'appassionavano.

Scrisse Colombo di Di Pietro:

> Dato il carattere immediato e irruento, credo fosse irresistibile per lui l'esigenza di condurre personalmente gli interrogatori, mentre lo stesso non si verificava per l'analisi delle carte, dei documenti sequestrati.[8]

Due amici in galera. Quasi

Nel giorno in cui vennero materialmente stesi gli avvisi di garanzia per gli ex sindaci Pillitteri e Tognoli, ecco nuove telefonate:

> alle 13.55 Di Pietro telefonò a Lucibello
> alle 15.02 Di Pietro telefonò a Lucibello
> alle 17.00 D'Adamo telefonò a Lucibello
> alle 17.17 Di Pietro telefonò a Lucibello
> alle 17.21 Di Pietro telefonò a D'Adamo
> alle 17.25 Di Pietro telefonò a Lucibello
> alle 18.24 Radaelli telefonò a Lucibello
> alle 19.28 D'Adamo telefonò a Lucibello
> alle 19.56 Di Pietro telefonò a Lucibello
> alle 20.25 D'Adamo telefonò a Di Pietro.

Era il 30 aprile. Forse parlavano della Festa del Lavoro.

Per il suo amico Pillitteri, Di Pietro non si astenne. Dal 2 maggio in poi si intensificarono le chiamate di un altro amico nei confronti del quale, pure, non si sarebbe astenuto: Radaelli, consapevole che il suo arresto era ormai prossimo. Prima cosa da fare: cambiare avvocato. Radaelli mollò il suo e prese Giuseppe Pezzotta, figlio di un ex sindaco democristiano, buon conoscente di Di Pietro sin dai tempi di Bergamo e sovente ospite dei Mazzoleni.

Il 5 maggio il pm vergò la richiesta d'arresto. La sera stessa, a margine di centomila solite telefonate, Pezzotta depositò una provvidenziale memoria con dichiarazioni di ampia collaborazione. La mattina del 6 Lucibello avvertì Radaelli alle 10.05. I militi lo prelevarono e lo portarono nella caserma di via Moscova, dove a immediata disposizione c'erano Di Pietro e il gip Italo Ghitti.

Fu un minuetto:

> Il difensore fa presente che il proprio assistito intende rendere immediatamente le proprie dichiarazioni come peraltro già fatto presente con dichiarazione scritta presentata in data di ieri...

A moltissimi non sarebbe stato consentito. Uno per tutti: Raul Gardini.

Gli avvocati Pasquale Pantano ed Enzo e Salvatore Lo Giudice, difensori di Bettino Craxi, sosterranno apertamente che il difensore di Radaelli – e, più avanti, anche il difensore del democristiano Carlo Radice Fossati – fosse stato avvertito con anticipo degli arresti. Nulla sarà dimostrato.

Radaelli ammise di aver ricevuto soldi da molteplici aziende, descrisse la spartizione delle somme tra i partiti (Prada per la Dc, Massari per il Psdi, Pillitteri e Tognoli per il Psi) e subito Di Pietro propose gli arresti domiciliari. Ghitti annuì e Radaelli fu fuori. Niente pericolosità sociale né pericolo di fuga o di inquinamento probatorio. A Radaelli venne concesso anche di telefonare, evidentemente: perché alle 20.33 riecco lo a conversare con Lucibello.

Il cassiere socialista Radaelli non aveva dovuto aspettare i comodi del pm come decine di altri. Non aveva vuotato interamente il sacco: e infatti sarebbe stato interrogato a singhiozzo per altri due mesi. Non dimostrò l'annunciata lealtà processuale: in un successivo interrogatorio del 19 maggio, infatti, e solo perché messo alle strette da indiscrezioni di stampa, avrebbe dovuto ammettere l'esistenza di un conto corrente mai confessato, «Law Criss». Altre ammissioni sarebbero seguite il 27 maggio. Finita? No: in agosto si scoprirà che il denaro versato nei conti ammontava a cifre molto superiori rispetto a quelle mormorate negli interrogatori precedenti.

Poi toccò a un altro amico: Maurizio Prada, uomo piuttosto colto, discreto, dignitoso, imparentato con le omonime pelletterie, di elevate frequentazioni, un'aria da alto prelato che poco s'accompagnava a una camminata da orso Yoghi. Uno come lui, laureato in legge, avvocato, dottore in Diritto canonico all'Università Lateranense, come difensore scelse Giuseppe Rosario Lucibello. Ma funzionò. Passò in prigione solo la notte tra il 6 e il 7 maggio, e magari non ci avrebbe passato neanche quella se Di Pietro non avesse dovuto interrogare anche Radaelli.

Fu tutto regolare. Non sarà d'accordo, interrogato a Brescia nel 1997, solo Antonio D'Adamo:

> Il dottor Di Pietro, nell'indagine su Tangentopoli, ha trattato bene i comuni amici, Maurizio Prada e Sergio Radaelli, non mandandoli in carcere e dando consigli attraverso me e l'avvocato Lucibello su come comportarsi.

Il 7 maggio 1992 emerse che Prada non aveva intascato una lira dei 50 miliardi depositati su un conto svizzero che pure gestiva personalmente. Il democristiano rivelò, fra l'altro, che il ruolo di cassiere socialista non era passato a Claudio Dini, come presumeva Di Pietro, ma all'architetto Silvano Larini. A Prada furono concessi i domiciliari in attesa di altri interrogatori collaborativi.

Nello stesso giorno fioccavano altri arresti eccellenti: Gianstefano Frigerio e Augusto Rezzonico (entrambi Dc) ed Enso Papi (con la «s») della Cogefar-Fiat. Da registrare, in serata, altre telefonate tra Tonino e Lucibello per parlare, forse, dell'ultimo giudizio dell'agenzia Moody's sull'Italia.

Terzo e quarto potere

Fra telecamere e gabibbi la ressa a palazzo di giustizia si era fatta insopportabile. Quei parvenu della Fininvest, proprio negli stessi giorni, esordivano coi loro telegiornali e dapprima vennero sospettati di intelligenza col nemico, ma gli steccati caddero subito, anzi, il problema divenne un altro: Tg5, Tg4 e Studio aperto di notizie ne davano sin troppe e rischiavano di bruciare tutti gli altri. Ogni tanto Paolo Brosio del Tg4 diffondeva il panico nei servizi della notte («Il gip ha appena firmato ventinove ordini di cattura») e ogni volta i cronisti della carta stampata venivano richiamati per verificare e ribattere. Una volta, in diretta, Brosio disse che avevano arrestato l'industriale Carlo Gavazzi – in realtà morto – e non suo figlio Riccardo. Un'altra volta intervistò l'ex sindaco Carlo Tognoli e lo chiamò per cinque volte Pillitteri. Da raccontare ce ne sarebbero mille.

Di Pietro, pazzo per i giornalisti, da principio usciva ogni mezz'ora a dare notizie: poi si fece prezioso ed esclusivo. L'informazione si strinse dapprima nel collo di bottiglia di pochi cronisti che avevano consolidato rapporti personali e di ovvio schieramento coi magistrati, ma poi si allargò a tutti gli altri. Nacque, per un limitato ma decisivo periodo, una specie di Pool dei giornalisti: una redazione giudiziaria unificata con distribuzione equanime delle notizie e dei celebri verbali, spesso tradotti dal burocratese e semplificati in linguaggio corrente. Due gli obiettivi: gestire la mole impressionante delle notizie e proteggersi da eventuali censure distribuendo le notizie a tutti gli altri. Di fatto, l'informazione si fece uniformata da giornale a giornale.

L'entusiasmo e la giovane età, in qualche caso, giustificarono episodi al limite del fanatismo: per esempio la produzione della maglietta «Anch'io seguo Mani pulite» o il primo avviso di garanzia a Craxi appeso in sala stampa (dopo aver brindato a champagne, come accadde anche per l'arresto di Salvatore Ligresti) e più in generale una dedizione che portò alcuni ragazzi a sentirsi parte dell'inchiesta anziché strumento della medesima: «C'è un gruppo di cronisti che si comporta in maniera alterata, abbandonando il privato»[9] disse il decano dell'Ansa Annibale Carenzo.

Le notizie trapelavano da più direzioni, non soltanto dai magistrati: ma difficilmente uscivano se loro non volevano.

Dirà Italo Ghitti, il gip storico di Mani pulite:

> Ci fu un momento [*marzo 1994*] in cui ebbi la certezza che determinate notizie uscivano dagli uffici dei pm e mi resi conto di non riporre più fiducia nella correttezza di alcuni magistrati del Pool.[10]

E qui si potrebbe raccontare delle notizie che uscivano dal suo ufficio, ma il discorso sarebbe fuorviante. Ci furono casi in cui le notizie furono depositate nelle edicole prima che nelle mani degli avvocati, o altri casi, particolari, come quello raccontato dal cassiere democristiano Severino Citaristi:

> Consegnai gli elenchi anche a Di Pietro. Conoscendo le poco corrette abitudini di Milano, gli raccomandai di fare in modo che l'elenco non fosse reso pubblico. Me lo assicurò. Infatti, due giorni dopo, quotidiani e settimanali pubblicarono integralmente i tre elenchi consegnatigli, contenenti nomi di oblatori che prima non erano mai apparsi come per esempio Pietro Barilla. Anche in questo caso il cosiddetto Pool di Milano continuò nella sua poco corretta abitudine.[11]

Scrisse Bruno Perini, che seguiva l'inchiesta per «il manifesto»:

> Bisogna pur dire che a Tangentopoli i giornalisti hanno avuto il loro padrone: la magistratura. Molti giornali si sono messi sull'attenti, si sono scordati pezzi del Codice penale, pezzi importanti delle ga-

ranzie che la legge prevede per gli imputati. È stato rispettato più il Codice Di Pietro che non il nuovo Codice penale. C'è stata una specie di identificazione totale con l'ufficio del pm, tanto che alcuni periodici [*«L'Espresso» e «Panorama»*] sono diventati i portavoce della Procura e i depositari dei verbali d'interrogatorio. I giornali si sono così abituati a singolari trattative sulla carcerazione preventiva o sulla consegna degli imputati, come se fosse una cosa normale ... anche in questo caso ha funzionato la forte dipendenza dalle fonti di informazione. Con un'aggravante: soprattutto nell'inchiesta Mani pulite, le fonti di informazione erano univoche.[12]

Che cosa fosse o non fosse il segreto istruttorio, al di là delle intenzioni del legislatore, i Pool dei magistrati e dei giornalisti presero a raccontarselo da soli. Il 19 dicembre 1992, al Circolo della stampa, ci fu un convegno organizzato dal Gruppo di Fiesole alla presenza dei succitati Pool. Piercamillo Davigo la mise così:

> Se una cosa la sappiamo in tre, e io sono tenuto al segreto altrimenti commetto un reato, un altro è tenuto al segreto altrimenti commette un illecito disciplinare, ma il terzo non è tenuto al segreto, allora la notizia non è più segreta.

Più ideologicamente, Gherardo Colombo:

> È vero che il diritto alla riservatezza di tutti noi va tutelato, ma quando la via di tutti, il progredire di tutti confligge con l'interesse particolare, io penso che il più delle volte vada sacrificato il secondo al primo.

Il ruolo della stampa era fisiologico all'inchiesta: questa la vera novità. Travestita da libera circolazione delle notizie, la pubblicazione di certi verbali piuttosto che altri si traduceva in un irresistibile effetto richiamo per decine di indagati che si ritrovavano nero su bianco sui giornali. Di Pietro aveva prospettato un uso della stampa a fini istruttori sin dal primo giorno, quando lasciò filtrare la notizia – falsa – che su un conto bancario della madre di Mario Chiesa ci fossero oltre 4 miliardi. Uscita la notizia sui giornali, convocò la poveretta e le chiese: «Quanti soldi ha sul conto?». «Quattro miliardi e mezzo» rispose lei. Ma erano quasi 7 e questo poté dimostrare che quel denaro non era gestito da lei. Ma molti e troppi altri furono gli utilizzi della stampa: soprattutto in un periodo in cui un avviso di garanzia, o mezza notizia ben filtrata, erano in grado di squadernare ogni trattativa politica.

Tra i cronisti, Di Pietro era oggettivamente adorato. L'uomo che anni prima avevano chiamato «Di Dietro», nel loro gergo divenne

«Zanzone», «Dio», «Diozanza», «Padrepio», «l'Onnipotente» e da un certo punto in poi «la Madonna». Aveva eccellenti rapporti con tutti, ma se non stavi alle regole erano guai.

Primo esempio. Il 4 giugno 1992 il decano dell'Ansa, Annibale Carenzo, stava raccontando le ultime su Di Pietro in sala stampa; tutti prendevano appunti, e Gianandrea Carreri, cronista dell'agenzia Adn/Kronos, chiese se poteva diffondere le frasi attribuite a Tonino o se fossero un'esclusiva di chi le aveva raccolte. Gli risposero che non c'era problema. Tuttavia, non essendo un assiduo del Palazzaccio, ignorava che le uscite di Tonino andavano limate, verificate e soprattutto autorizzate. Carreri le diffuse come le aveva apprese, cioè così: «Quando io colpisco, mando a fondo ... Se dovessimo indagare sui candidati finanziati da persone sospette, in Parlamento rimarrebbero solo i senatori a vita, e forse non tutti...». Ne seguì un caos immaginabile e più tardi Di Pietro spalancò la porta della sala stampa e si mise a urlare. Il giorno dopo i cronisti più osservanti dipinsero Carreri come un ingenuo mitomane. «L'Unità» sistemò tutto: «L'Adn/Kronos è di stretta osservanza socialista».

Un altro esempio dei rapporti che Di Pietro intratteneva coi giornalisti, poi, è ricavabile da un interrogatorio di Giancarlo Gorrini reso nel 1997 a Brescia:

> Io e Di Pietro ci trovammo a uscire dal suo ufficio. Nel suo corridoio vi erano numerosi giornalisti e operatori delle varie Tv che immediatamente accesero i faretti. Di Pietro, alzando e muovendo le braccia, disse di stare fermi in quanto la persona che era con lui non era un indagato bensì un suo amico, e per confermare mi abbracciò e mi baciò davanti a tutti.

Giancarlo Gorrini in quel periodo era già inquisito per bancarotta fraudolenta e condannato per appropriazione indebita: ma a Di Pietro, coi giornalisti, bastava alzare un braccio.

La manovalanza dei cronisti doveva giocoforza interfacciarsi coi desk delle rispettive redazioni, e circolavano improbabili leggende secondo le quali i direttori dei principali quotidiani si telefonavano la sera per concordare spazi e titoli comuni. Un Pool di vertice, in pratica. Si stupirono in molti, diversi anni dopo, quando Piero Sansonetti, condirettore dell'«Unità» nel 1992-1993, raccontò che era tutto vero:

> Nel biennio 1992-1993 la società politica era allo sbando, i partiti di governo quasi non esistevano più, anche il Pci era sotto botta. Chi contava? I giornali. E nacque un'alleanza di ferro tra quattro giornali italiani: il «Corriere», la «Stampa», l'«Unità» e «Repubblica». Il direttore

dell'«Unità» era Veltroni, alla «Stampa» c'era Mauro, il caporedattore di «Repubblica» era Antonio Polito. Tra i quattro giornali si stabilì un vero e proprio patto di consultazione che li rendeva fortissimi: ci si sentiva due o tre volte al giorno, si concordavano le campagne, le notizie, i titoli. Il punto di riferimento di tutti era Mieli, perché era il «Corriere della Sera» quello che contava di più.[13]

Paolo Mieli ed Ezio Mauro non hanno confermato, ma Antonio Polito sì:

> Le cose funzionavano pressoché come dice Sansonetti ... c'era un vuoto, i partiti pesavano pochissimo, il governo era altrettanto debole, perse in pochi mesi una decina di ministri che si dimettevano subito, appena ricevuto l'avviso di garanzia, anche per via delle nostre campagne di stampa. Abbiamo interpretato e indirizzato l'opinione pubblica. Facemmo quel patto proprio perché il nostro peso era enorme ... Quella scelta di federarsi fra giornali non fu buona, non la rifarei. Ma lo dico oggi.

L'unico giornale non propriamente sdraiato sulle procure era «Il Giorno» diretto da Paolo Liguori, dove scrivevano firme come Andrea Marcenaro, Carla Mosca e Napoleone Colajanni. Suo antagonista naturale era «L'Indipendente», dove ai brindisi all'avviso di garanzia si accompagnavano talvolta veri e propri ammiccamenti alla violenza di piazza, come nel caso di Massimo Fini e Giordano Bruno Guerri, quest'ultimo poi pentitosi.

Persino al «manifesto», storicamente garantista, a parte sporadici editoriali di Luigi Ferrajoli o Ida Dominijanni o Rossana Rossanda, la linea pro-giudici non conosceva tentennamenti.

La Madonna degli avvocati

C'era una seconda ragione per cui i cronisti chiamarono Di Pietro «la Madonna»: fu per via delle decine di avvocati che presero a pellegrinare in procura in omaggio al citato effetto richiamo dei giornali. Partì da qui, sommessamente, una polemica volta a indicare anche una sostanziale abdicazione del ruolo dell'avvocato alla base del crescente successo di Mani pulite. Per tutta l'inchiesta, infatti, ruolo essenziale fu quello dei cosiddetti «avvocati accompagnatori», legali che spesso si limitavano ad assistere i loro clienti nel percorso che li portava fino nella stanza 254 di Antonio Di Pietro: poi null'altro che un'ossequente confessione. Un cronista del «Mattino», Frank Cimini, a proposito dell'appoggio dato ai clienti nel parlare e liberarsi, li ribattezzò «addetti al vomito».

Scrisse il cronista del «manifesto» Bruno Perini:

> Gli avvocati nella maggior parte dei casi sono in linea con la procura, raramente rappresentano un contradditorio con i magistrati, una fonte d'informazione alternativa ... il fenomeno delle confessioni a cascata impedisce un vero contraddittorio. Il processo in pratica si celebra prima di andare in aula. ... I legali di Tangentopoli il più delle volte si inchinano ai magistrati, il loro ruolo si limita ad assistere inerti agli interrogatori o alle trattative per evitare ai loro clienti la galera.[14]

I cosiddetti principi del foro, con poche eccezioni, con Mani pulite non batterono chiodo. Non era sfuggito che avvocati poco noti e tuttavia vicini o graditi ad Antonio Di Pietro, come Giuseppe Lucibello, Giuseppe Pezzotta e Bruno Senatore, erano i difensori di molti dei principali accusatori di Tangentopoli. Cambiare avvocato, nei fatti, si traduceva in un riconoscibile cambio di atteggiamento e in una potenziale e apprezzata svolta processuale: il solito Sergio Radaelli, per esempio, mollò il suo legale abituale per Giuseppe Pezzotta – che neppure conosceva – e riuscì a evitare l'arresto; il dc Maurizio Prada, come pure vedremo, diede incarico a Giuseppe Lucibello come pure fece il democristiano Carlo Radice Fossati: questo ben prima che Geppì assumesse difese clamorose come quella del banchiere Pierfrancesco Pacini Battaglia. Anche il democristiano Roberto Mongini, che di legali ne cambiò addirittura tre, prese Pezzotta e cominciò a parlare. Uno come Salvatore Ligresti, difeso da Raffaele Della Valle ed Ennio Amodio, rimase in carcere per cinque mesi sinché cambiò avvocati – scelse Gaetano Pecorella, ai tempi in buoni rapporti con Gherardo Colombo – e fu subito liberato previo cambio di atteggiamento: «Non sono un avvocato per tutte le stagioni» commentò furioso Della Valle.

Autentica guerra di nervi fu poi quella combattuta da Michele Saponara, presidente dell'Ordine degli avvocati: i suoi clienti marcivano regolarmente in galera. Il socialista Loris Zaffra, da lui difeso, rimase a San Vittore per sei mesi sinché non diede incarico pure lui a Gaetano Pecorella, e fu l'apriti sesamo. Eppure, in un interrogatorio prenatalizio, fiutata l'aria, Zaffra era giunto a far verbalizzare: «Non intendo avvalermi di un altro avvocato di fiducia». «La procura» accusò Saponara «fece sapere alla famiglia di Zaffra che se voleva tornare libero doveva cambiare avvocato.» A tal proposito, ascoltato dagli ispettori ministeriali nel 1995,[15] Saponara produrrà una testimonianza secondo la quale il pm Piercamillo Davigo aveva urlato a

Zaffra: «Se non cambia legale, si dimentichi di uscire». Ma le accuse non trovarono conferma.

Col tempo, e col progredire dell'inchiesta, architrave di Mani pulite diverrà invece lo studio del professor Federico Stella, eminenza grigia, difensore dell'Eni e futuro *ghostwriter* di Antonio Di Pietro. Il professor Stella, come visto, difese l'imprenditore Fabrizio Garampelli che con le sue confessioni spedì in galera praticamente chiunque tranne se stesso; difese uno sterminato numero di dirigenti dell'Eni «buono» (tra questi il presidente Franco Bernabè, ufficialmente mai neppure indagato) e in seguito elaborerà ben due proposte di legge per uscire da Tangentopoli, entrambe appoggiate dal Pool: una nell'ottobre 1992, progettata in seno all'Assolombarda e un'altra praticamente identica nel settembre 1994, presentata in pompa magna alla Statale di Milano.

A dispetto di queste semplificazioni, comunque, in Mani pulite trovarono spazio anche avvocati con posizioni più varie e sfumate. Quando «L'Espresso» nella primavera del 1993 pubblicò una specie di hit-parade degli avvocati di Tangentopoli (titolata *Primo Bovio, ultimo Chiusano*) il presunto vincitore, Corso Bovio, spedì al settimanale una cortese ed emblematica risposta:

> Caro Direttore, la qualità di un avvocato non si misura dalla durata della custodia cautelare. Credo che la funzione primaria del legale sia quella di far rispettare la dialettica del processo. Spesso si negozia non perché il cliente abbia tutti i torti, ma per evitare, per esempio, che finisca nel Palazzaccio, tradotto in manette davanti alle telecamere, o che la sua azienda vada allo sfascio ... Apparire nel guinness dei primati per le confessioni fiume e detenzioni lampo non costituisce per me un vanto, anzi, mi convince della patologia di questo momento della nostra storia giudiziaria. La mia coscienza professionale non è serena. Debbo cercare giustificazioni, ripetermi che ho resistito ai limiti del possibile perché conviene adeguarsi alla regola «o confessi o finisci nel tritacarne». Quindi mi autoassolvo, ma non sento di assolvere il mio ruolo. Sentirmi però dire che per questo sono un bravo avvocato mi fa sorridere amaramente. In verità il miglior avvocato è quello che con puntiglioso scrupolo e in silenzio difende il cliente che vuol far valere davvero le sue ragioni nel duello giudiziario. Perry Mason non è famoso perché pilota le confessioni o patteggia le pene. Oggi sono vincenti l'inquisizione, il pentitismo, lo Stato di Polizia con le sue manette e le sue galere. E se alla fine anch'io contribuisco a questo, non lodarmi.[16]

Il Pds, pur coinvolto dall'inchiesta, cercava di approfittare di Mani pulite per colpire gli avversari e alimentare così la leggenda di una sua totale autonomia finanziaria improbabilmente basata sulle sottoscrizioni e sulle feste dell'Unità. Il 29 maggio, alla storica sede della Bolognina, Achille Occhetto avrebbe chiesto scusa per l'inclusione di alcuni dirigenti del Pds nel filone della Metropolitana: «Milano grava come un macigno sulla nostra coscienza. La lacerazione è più profonda per il nostro partito che per gli altri. Noi non abbiamo lo stomaco di Craxi o di Forlani».

In quel periodo finì nei guai anche il citato moralizzatore Carlo Radice Fossati. Nelle edicole c'era ancora il suo «Gran Milàn», il mensile sostenuto da Giuseppe Lucibello. L'ultima rubrica di Tonino era stata strillata sulla copertina del numero di aprile, sostituita all'ultimo momento, a pagina 9, da un articolo dell'ex sindaco Carlo Tognoli sulle Olimpiadi. La collaborazione di Di Pietro era terminata. Nel numero di giugno, in compenso, era comparsa un'intervista al candidato sindaco Carlo Radice Fossati: *Come tirare Milano fuori dal guado*. Ma ora l'assessore regionale Luigi Martinelli aveva confessato di aver ricevuto un miliardo tondo dalle mani del conte. Doveva servire a sbloccare la costruzione di una discarica, ma lo sblocco non ebbe mai luogo e il moralizzatore perse pure il miliardo.

Di Pietro si avviava a divenire un eroe nazionale: partecipò alla festa della Polizia e l'applaudirono per due minuti. In un'altra occasione ha raccontato Cristiano: «Eravamo in piazza e c'era la gente che gridava "uno, cento, mille Di Pietro". Papà mi ha guardato e mi ha domandato: ma tu l'avresti mai detto?».[17] Cominciò a prenderci gusto. Il suo status era cambiato in un niente: gli avevano riverniciato la stanza, aveva quattro scrivanie, tre computer e due poltroncine girevoli in similpelle.

La madre lo chiamava appena sveglio. Rocco Stragapede faceva l'inventario dei verbali e degli interrogatori. Gli altri, carabinieri, poliziotti, finanzieri e persino un vigile urbano, cercavano dati e sollecitavano estratti conto. I suoi uomini lo chiamavano simpaticamente «il primitivo».

A Di Pietro giungevano migliaia di lettere da tutt'Italia, soprattutto immaginette sacre e santini di Padre Pio, e la sera le portava a casa per leggerle al figlio. Pochi pubblicherebbero un libro con le lettere dei propri ammiratori: uno fu lui, che affidò ad Antonio Carlucci un'antologia delle missive. «Anche Padre Pio» introdusse Carlucci «è sempre stato visto come uomo contro, una persona mai completamente accettata dal sistema.»[18]

Finalmente un termine di paragone.

Nuoro, 3 giugno 1992

Mi chiamo Noemi e sono una bambina di terza elementare ... Sono certa che se starai attento nessuno ti toccherà, e quando tutti saranno arrestati tu sarai libero.[19]

Il primo quotidiano italiano, nell'arco della sola settimana dal 7 al 15 maggio, sfoderò questi titoli: *Il pm contadino, quasi un eroe*; *La domenica tranquilla dell'eroe*; *Il fascino discreto dell'uomo onesto*.[20]

Il dipietrismo nacque ufficialmente in maggio. La prima scritta, il 4 del mese, era stata individuata nel parcheggio dello stadio di San Siro: «Di Pietro, sei meglio di Pelé». Poi un «Grazie Di Pietro» in via Manin e poi, domenica, lo striscione «Di Pietro sindaco» ancora a San Siro. E così via. *La rabbia degli onesti corre sui muri* titolò «l'Unità» del 10 maggio. A metà del mese ecco poi la prima fiaccolata pro Di Pietro con cabaret finale a cura di Lella Costa, David Riondino, Paolo Rossi più una giovanissima Sabina Guzzanti. Il 30 maggio, su Italia 1, Gianfranco Funari nel suo programma «Mezzogiorno italiano» fece partire uno spot quotidiano con immagine di Di Pietro che camminava e una voce di sottofondo che lo incitava: «Vai avanti... vai avanti...».

Il clima da caccia grossa non fu estraneo purtroppo all'arresto del socialista Michele Colucci, uno degli episodi più raccapriccianti del periodo di Mani pulite. Su mandato d'arresto del pm Fabio De Pasquale, la tarda sera del 28 maggio 1992, quattordici agenti irruppero a casa di Colucci a mitragliette spianate. Intanto, davanti alla caserma della guardia di finanza di via Fabio Filzi 44, in trepidante attesa bivaccavano parenti, amici, giornalisti, fotografi, cameraman e una piccola folla di curiosi. «Ancora una volta» recitava un invito firmato dalle Fiamme gialle «nel mirino degli inquirenti sono gli intrecci d'affari tra politici, amministratori e mondo imprenditoriale...» Tra gli ultimi a ricevere l'invito, gli avvocati di Colucci.

La via era transennata e illuminata a giorno, circolavano panini e birre, un cronista dell'«Indipendente» cantava canzoni di Lucio Battisti accompagnandosi con la chitarra. Le auto con a bordo gli arrestati rallentarono a cinquanta metri dal bivacco per dar modo alla stampa di prepararsi, poi ripartirono a sirene spiegate non transitando però dal passo carraio, come d'uopo, bensì bloccandosi davanti all'ingresso pedonale così da far sfilare gli arrestati uno a uno. E fu ressa, flash, spintoni, parenti e fotografi ad azzuffarsi. Colucci, malfermo sulle gambe, fu trascinato a braccia nella calca e appena entrato in caserma crollò a terra per un edema polmonare. Venne a prenderlo un'ambulanza e il poveretto fu fatto ripassare in barella tra le forche caudine della stampa: la folla si strinse attorno a un corpo privo di sensi, coperto da un lenzuolo, e un giornalista gli piazzò il microfono davanti alla mascherina dell'ossigeno.

Tutto il regime in manette titolò «L'Indipendente» di Vittorio Feltri. Su una macrofoto, raffigurante Colucci trascinato da due agenti, la scritta «Il vero volto dei partiti»; «Avvenire», il giornale dei vescovi, pubblicò direttamente le foto segnaletiche; il quotidiano pomeridiano «La Notte» propose un paginone di sole foto con didascalie ragionate; alcune reti televisive, Fininvest in particolare, replicarono più volte le immagini degli arresti.

Inquisito per voto di scambio, Michele Colucci sarà assolto in Cassazione.

L'ultimo insulto a Falcone

La strumentalizzazione dell'assassinio di Giovanni Falcone fu una delle pagine più disgustose della retorica di Mani pulite.

Falcone non era simpatico neppure ai vicini di casa. Alcuni condòmini del giudice, in via Notarbartolo, a Palermo, stesso stabile dove ora c'è «l'albero Falcone», scrissero al «Giornale di Sicilia» nel timore che un attentato potesse tirarli in mezzo. Il 16 dicembre 1987, quando grazie alla sua istruttoria la Corte d'assise di Palermo comminò 19 ergastoli, tutti pensarono che il nuovo consigliere istruttore di Palermo dovesse essere lui: ma il Csm, il 19 gennaio 1988, scelse Antonino Meli seguendo il criterio dell'anzianità.

Cominciarono a voltargli le spalle in tanti. Leoluca Orlando, tuonando contro gli andreottiani, era diventato sindaco di Palermo e aveva inaugurato una cosiddetta primavera che auspicava un gioco di sponda tra procura e istituzioni, anzi «una sinergia», come aveva detto Falcone stesso. Durerà fino all'estate del 1989, quando il pentito Giuseppe Pellegriti accusò il democristiano Salvo Lima di essere il mandante di una serie di delitti palermitani: Falcone fiutò la calunnia e Orlando si convinse che il giudice volesse proteggere Andreotti. Durante una puntata di «Samarcanda» Orlando scagliò l'accusa: Falcone, disse, ha dei documenti sui delitti eccellenti ma li tiene chiusi nei cassetti. Questa menzogna verrà ripetuta a ritornello da altri esponenti della Rete come Carmine Mancuso e Alfredo Galasso. È di quel periodo, peraltro, un primo e sottovalutatissimo attentato a Falcone, una bomba ritrovata nella sua casa al mare all'Addaura.

Poi, quando Falcone accettò l'invito del ministro della Giustizia Claudio Martelli a dirigere gli Affari penali, le accuse non poterono che aumentare. L'obiettivo di Falcone era creare strumenti come la procura nazionale antimafia, ma fu accusato di essersi venduto al potere politico. Si scagliò contro di lui «il Giornale di Napoli»: «Dovremo guardarci da due Cosa Nostra, quella che ha la Cupola a Palermo e quella che sta per insediarsi a Roma».[21] Così Sandro Viola sulla «Repubblica»: «Non si capisce come mai Falcone non abbandoni la magistratura ... s'avverte l'eruzione d'una vanità, d'una spinta a descriversi, a celebrarsi, come se ne colgono nelle interviste dei guitti televisivi».[22] «L'Unità», due mesi prima che Falcone saltasse in aria, fece scrivere un corsivo al membro del Csm Alessandro Pizzorusso: *Falcone superprocuratore? Non può farlo, vi dico perché*.[23] È la stessa «Unità» che aveva titolato *Falcone preferì insabbiare tutto*.

Cosa Nostra aveva già deciso di saldare il conto: la Cassazione, infatti, il 30 gennaio aveva confermato gli ergastoli del maxiprocesso. Mentre Roma discuteva su come impedire la nomina di Falcone, Giovanni Brusca stava facendo dei sopralluoghi sull'autostrada Palermo-Punta Raisi.

Poi, a macerie fumanti, ecco il tentativo di sfruttare la morte di Falcone per portare acqua a Mani pulite. Falcone morì un sabato e lunedì 25 «la Repubblica» uscì in edizione straordinaria col titolo *L'ultima telefonata con Di Pietro*:

> Provava un'affettuosa invidia per Gherardo Colombo e Antonio Di Pietro: li vedeva correre, trovare, scavare, coordinare blitz, mentre lui stava dietro una scrivania del ministero ... si è saputo solo ieri che Giovanni Falcone seguiva da vicino l'inchiesta sulle tangenti ... Di Pietro e Falcone si erano sentiti al telefono, l'ultima volta, proprio venerdì sera. Il giorno prima c'era stata un'altra, lunga telefonata di Falcone con il procuratore capo Francesco Saverio Borrelli, ma adesso una tonnellata di tritolo ha spezzato per sempre il suo contributo all'indagine milanese.

In un riquadrino della stessa pagina: «A mezzanotte e un quarto una sirena squarcia il silenzio irreale di Palazzo di Giustizia [*di Palermo*]. Arriva Antonio Di Pietro da Milano, il giudice delle tangenti, il Falcone del Nord ... Con lui ci sono Nando Dalla Chiesa, Carmine Mancuso e Leoluca Orlando». Perfetto.

«Il Giornale» titolò: *Di Pietro: Giovanni collaborava con me*. «L'Unità» scrisse: «A Milano i magistrati hanno subito considerato la strage di Palermo anche un avvertimento per quanti vogliono smascherare i signori di Tangentopoli». Pure Borrelli ci si mise: «L'azione intrapresa dalla magistratura a Milano può minacciare molto da vicino il mondo dell'affarismo mafioso». Il messaggio pareva questo: per dar fastidio a Di Pietro qui al Nord, hanno fatto saltare Falcone un migliaio di chilometri più a sud.

Il giorno dopo, il ministero della Giustizia fu costretto a un comunicato:

> Giovanni Falcone aveva da tempo individuato nella cooperazione internazionale un settore fondamentale per favorire le indagini all'estero. In questo solo intento egli ha seguito le richieste di rogatorie dei giudici milanesi, nel rispetto rigoroso della legge e dunque con l'esclusione di qualsiasi intervento nella materia oggetto dell'indagine.

Da direttore degli Affari penali, insomma, Giovanni Falcone stava semplicemente disponendo le rogatorie chieste dal Pool: era il suo lavoro. «Venne da me indignato perché qualcuno, a Milano» disse il guardasigilli Claudio Martelli «aveva come dubitato che non seguisse con adeguata attenzione le rogatorie sui conti cifrati ed esteri. Era schifato.»[24]

La conferma più drammatica fu quella di Ilda Boccassini, a lui molto legata. Pochi giorni dopo la strage di Capaci intervenne durante una commemorazione organizzata nell'aula magna del Palazzaccio dall'Associazione nazionale magistrati:

> Anche voi avete fatto morire Falcone con la vostra indifferenza, le vostre critiche ... voi che diffidavate di lui ... Due mesi fa ero a Palermo in un'assemblea dell'Associazione nazionale magistrati. Non dimenticherò quel giorno. Le parole più gentili erano queste: Falcone si è venduto al potere politico ... E tu, Gherardo Colombo, tu che diffidavi di Giovanni, che sei andato a fare al suo funerale? L'ultima ingiustizia l'ha subita proprio da voi di Milano, gli avete mandato una rogatoria per la Svizzera senza gli allegati. Mi telefonò quel giorno, e mi disse: «Che tristezza, non si fidano del direttore degli Affari penali...».

La morte di Falcone ebbe il potere di accelerare l'elezione del presidente della Repubblica dopo un interminabile gioco di fumate nere, veti e controveti. Il 25 maggio fu eletto Oscar Luigi Scalfaro, sponsorizzato da Marco Pannella e Bettino Craxi, che non se ne pentiranno mai abbastanza. I primi di giugno, dopo le tormentate elezioni di Giorgio Napolitano e Giovanni Spadolini alla Camera e al Senato, anche la corsa per palazzo Chigi s'avviava a conclusione: «Craxi», sussurravano tutti.

Ma la sera del 3 giugno la notizia era un'altra: «C'è anche il nome di Craxi nell'inchiesta sulle tangenti» disse al Tg1 Maurizio Losa, già allora in eccellenti rapporti con Antonio Di Pietro. Il quale, alle 22.00, precisò: «Allo stato, il mio ufficio non ha rilevato nulla di penalmente rilevante che possa riguardare la famiglia Craxi». Allo stato, Craxi non sarebbe stato presidente del Consiglio.

La tripartizione

Era la stessa sera in cui arrestarono il democristiano Roberto Mongini. Aveva un appuntamento in procura il mattino dopo, ma lo ammanettarono in una pizzeria del centro: un classico di Di Pietro. Mongini era vicepresidente della Società degli aeroporti milanesi (Sea) ed era un brillante e istrionico avvocato con un maggiolino amaranto e un quadro di Miró in ufficio. «La Notte» titolò: *Mongini vuota il sacco*. Ma non aveva ancora aperto bocca.

Era stato arrestato per delle presunte tangenti riguardanti l'ospedale Fatebenefratelli:

> Quando venni interrogato da Di Pietro gli chiesi come mai nessuno mi chiedeva nulla a riguardo del Fatebenefratelli. La risposta fu esauriente: perché non c'era nulla di particolare da chiedere su quell'argomento … Quelle rivelazioni ai giornali erano state pilotate da Di Pietro. Far scrivere ai giornalisti che Mongini stava parlando significava spingere gli imprenditori a presentarsi.[25]

I suoi legali chiesero la scarcerazione, ma fu rifiutata con questa inedita motivazione: «Risulta palese la sussistenza del pericolo di inquinamento probatorio che, allo stato, sussiste per mesi sei». Cioè: il reato contestato prevedeva un massimo di tre mesi di custodia cautelare ma si inventava un pericolo d'inquinamento probatorio di sei mesi. «Era un messaggio intimidatorio bello e buono: o parli o stai dentro sei mesi» dirà Mongini. Anche gli ispettori ministeriali rileveranno l'anomalia.

Pure la maniera in cui convinsero Mongini a parlare la dice lunga sul clima dell'epoca. Il 19 giugno, con l'ex vicepresidente della Sea in cella da sedici giorni, verso le 18 una guardia avvertì Mongini che Di Pietro gli voleva parlare. L'avvocato non c'era, ma pazienza. Dopo i convenevoli, Tonino spiegò che i suoi precedenti interrogatori non l'avevano convinto: se anche gli avessero concesso gli arresti domiciliari (Davigo aveva appena dato parere favorevole), lui avrebbe potuto ricorrere per farlo rimettere dentro. Bene, rispose Mongini. Tonino poi s'incartò in una gaffe automobilistica: «La seguo da tre anni, l'ho anche fotografata mentre saliva sulla Porsche». Mongini gli disse che l'aveva venduta cinque anni prima. Di Pietro sbottò: «Lei appartiene alla categoria degli zanzoni, il problema è che di fronte a lei c'è il re degli zanza, come sanno tutti. Adesso o lei parla o io di qua non la faccio più uscire». «Fu durissimo, pesante, poliziesco» ricorda Mongini.[26]

Il giorno dopo, 20 giugno, Mongini si decise a fare una serie di ammissioni al parlatorio del carcere. Ma d'un tratto Di Pietro l'interruppe e scattò in piedi: «Devo andare, ho un impegno importantissimo». L'appuntamento per cui Mongini si vide rinviare la scarcerazione era una festa della guardia di finanza. Tonino sorrise alle telecamere e rincontrò il suo ex procuratore capo Giuseppe Cannizzo: «Ecco il mio maestro» disse.

Più tardi raggiunse Gherardo Colombo e Piercamillo Davigo a una cena. Raccontò loro di Mongini: «Sono passato da San Vittore, dovete pagare da bere. Sono entrato con quattro faldoni, li ho messi sulla scrivania, gli ho detto di fare i suoi conti».[27]

Messaggio ricevuto. A partire da quel giorno, racconterà Colombo, la tripartizione sarebbe stata precisa: Tonino interrogava, Colombo spulciava le carte e Davigo vergava le richieste di autorizzazione a procedere. Italo Ghitti, invece, autorizzerà gli arresti «privilegiando la rapidità al cesello». L'espressione è di Colombo.

Dirà Di Pietro, appena più grezzo:

> Io andavo da Davigo o da Colombo e segnalavo un'operazione che mi puzzava. «Vedi che cosa è successo qui? Questo secondo me è un reato di porcata ... Cari Davigo e Colombo, cavoli vostri, entro domattina trovate una soluzione che dal punto di vista giuridico non faccia una piega perché devo procedere e non voglio rischiare una sconfitta dal tribunale della Libertà.»

Traduzione: io lo metto dentro, il come e il perché trovatelo voi.[28]
Ha raccontato anche Primo Greganti, storico inquisito comunista:

> Avevano emesso un mandato d'arresto illegittimo. E sia Ghitti che Di Pietro hanno riconosciuto l'errore.
>
> *E allora come mai ti hanno tenuto dentro?*
>
> Dopo aver ammesso l'errore, Di Pietro ha detto: «Adesso vado da Davigo e vedrai che lui un motivo per tenerti dentro lo trova». Fatto sta che io ritorno in cella e ci resto per ventisei giorni.[29]

Quando Di Pietro tornò finalmente da Roberto Mongini, per l'interrogatorio rimasto a metà, i due andarono insieme alla Sea per una perquisizione. Ricorda Mongini:

In quell'occasione si è proprio visto il poliziotto che c'è in lui. Era chiarissimo che gli piaceva un mondo entrare negli uffici con tutti i carabinieri intorno ... Ogni tanto chiamava qualche dirigente per farsi portare i documenti ... Li chiamava con un atteggiamento poliziesco ... durante questa ispezione è arrivato anche un dirigente che era inquisito per favoreggiamento, ma non lo sapeva ancora. Di Pietro gliel'ha detto con una brutalità tale... «Se ne vada, esca immediatamente, lei è un inquisito.» Lui usa questi toni da poliziotto un po' perché gli piace e un po' perché gli rende in termini processuali. Almeno con quelli che non sono delinquenti incalliti.[30]

20 giugno 1992

Caro Di Pietro,

ho ventidue anni, mi chiamo Luana e abito a Gorgonzola ... anche a me piacerebbe fare qualcosa per aiutarla ... mi permetto di chiederle se una ragazza come me non possa darle una mano ... Le prometto la massima discrezione...

Luana L.[31]

Il caso Amorese

Nell'inchiesta Mani pulite «nessuno si suicida, neppure metaforicamente: tutti i protagonisti diretti o indiretti, o anche i moralizzatori esterni, hanno reazioni minimali o stonate o addirittura sfrontate». Parole di Luigi Pintor sul «manifesto» dell'8 maggio 1992.

Di suicidi, per niente metaforici, purtroppo ce ne saranno parecchi. Dal 1992 al 1998 i suicidi «giudiziari» sparsi in giro per l'Italia saranno 45, cifra tutt'altro che fisiologica: e ben 32 saranno addensati dal 1992 al 1994, nel periodo in cui impazzava la carcerazione preventiva.

Il 9 giugno Di Pietro arrestò un altro buon conoscente, Claudio Dini, quello che a Natale gli aveva regalato un inutile librone a casa di D'Adamo. L'ordine di custodia di venti pagine non chiamava in causa il destinatario per nessun episodio specifico: era accusato di essere a conoscenza del sistema. Affranto, Di Pietro andò alla festa dei carabinieri della caserma Montebello.

Il 12 giugno un socialista di Lodi, Renato Amorese, si presentò spontaneamente dal magistrato. Nessuno l'aveva mai chiamato in causa o aveva fatto il suo nome, ma raccontò quel che sapeva sui meccanismi della Metropolitana Milanese: «Vada, ma ci pensi» gli disse Di Pietro nel salutarlo. «Quanto detto circa gli episodi di cui abbiamo discusso è la verità, non sono coinvolto in altri fatti» scriverà Amorese in una lettera. A cena, racconterà la moglie, era agitatissimo. Il giorno dopo si dimise da tutte le cariche che ricopriva. Il mattino seguente, una domenica, disse al suo migliore amico che l'indomani sarebbe tornato da Di Pietro.

Lunedì 15 giugno si alzò prestissimo, s'avviò verso Milano e anticipò i carabinieri che poco più tardi bussarono a casa sua. Mentre faceva anticamera nei corridoi del palazzo, via cellulare, apprese dalla moglie che la Benemerita l'attendeva con una busta in mano. E tutto nella sua mente precipitò. Di Pietro aveva bisogno di qualche pezza per incastrare l'amico Claudio Dini che aveva appena fatto ricorso al Tribunale della libertà: l'interrogatorio fu durissimo, Amorese, sfinito, accettò di mettere a verbale di aver «dedotto» che Dini conoscesse il ruolo nel sistema di un altro importante cassiere socialista, Silvano Larini. Dopo le perquisizioni dei suoi uffici, Amorese tornò a casa sconvolto. Era notte. «All'inizio ti trattano come un amico, poi ti spremono come un delinquente» disse alla moglie.

Martedì pomeriggio Di Pietro ricevette una lettera di Amorese e, insieme, un brivido alla schiena. Ma era tardi, il dirigente socialista si era già sparato a Cascina Santo Stefano, vicino a Lodi. Nel pomeriggio di mercoledì Di Pietro spedì un comunicato: Amorese era solo «una delle tante persone ascoltate nell'ambito dell'inchiesta», «non era inquisito» e «neppure gli era stata notificata un'informazione di garanzia». Insomma non c'entrava nulla. E col suicidio, soprattutto, non c'entrava Di Pietro.

Una ventina di giorni dopo, l'8 luglio, il «Corriere della Sera» pubblicò la prima e ultima intervista che Di Pietro concederà per anni a un quotidiano. Era stato lui a chiederla: «Ero stanco e nauseato da quegli attacchi ... Mi hanno detto che usavo metodi duri ... Per questo ho pensato che quella lettera ... affidata a una penna seria e autorevole ... quella di Enzo Biagi...».[32] Due intere pagine e, in filigrana, il desiderio di restituire un Di Pietro molto umano. Il titolo: *Non amo le manette*. Sottotitolo: *Sono cristiano e credo nelle confessioni quando nascono da un tormento interiore*. Una parte era dedicata al suicida: «Renato Amorese, che per la vergogna si è ucciso, nascondeva in una cassetta 400 milioni. Li aveva tenuti per sé, ma gli pesavano. Non ne aveva parlato neppure con la moglie. Prima di spararsi le ha raccomandato di restituirli ... Mi ha addolorato la strumentalizzazione che è stata fatta del suicidio». Strumentalizzazione che, a dire il vero, non aveva fatto nessuno se non l'«Avanti!». Il «Corriere» pubblicò anche una lettera di Amorese a Di Pietro. In essa, consapevole dell'imbarazzo che il suo gesto avrebbe creato al magistrato, il dirigente socialista lo implorava di non rivalersi sulla sua famiglia e di non attuare pignoramenti. Motivati da cosa? Pareva chiaro, stando all'intervista: 400 milioni in una cassetta di sicurezza. Ecco il segreto di Amorese: una mazzetta, la vergogna e il suicidio. Ma non fu chiaro perché Di Pietro volle sbattere in faccia al paese, a un morto e alla sua famiglia quei 400 milioni.

Una plausibile risposta la si apprendeva però su altri giornali dello stesso giorno. Scrisse «Il Sole-24 Ore»:

> Amorese ha lasciato un libretto al portatore in una cassetta di sicurezza, in una banca di Lodi, in cui sono depositati 400 milioni. Sono parte di una tangente di 2,2 miliardi che la Siemens, attraverso Amorese, aveva versato alla Metropolitana Milanese. Ieri il Tribunale di Lodi ha acconsentito all'apertura della cassetta. Ecco spiegato il suicidio.

L'avvocato di Amorese trasalì. In un comunicato negò il rinvenimento della somma e chiarì che le cassette non erano state aperte. Notizia clamorosa, ma la sua precisazione venne soffocata. Il «Corriere» non scrisse una riga. Un cronista dell'«Avanti!» scoprì che Di Pietro in realtà aveva messo sotto sequestro le cassette di sicurezza di Amorese nel giorno del suo interrogatorio (ossia ventiquattr'ore prima del suicidio) e che il dissequestro era stato autorizzato solo nel giorno dell'intervista sul «Corriere». La notizia venne rilanciata dall'Ansa, ma nessun giornale la riprese.

Poco tempo dopo, il Tribunale della libertà rigettò la richiesta di scarcerazione del socialista Claudio Dini. Nella sentenza erano riportati alcuni passi dell'interrogatorio che Amorese aveva reso a Di Pietro. Il dirigente del Psi raccontava di quando fece da tramite tra la Siemens e la Metropolitana, e, per quanto interessava, spiegò che «Dini, avendomi fatto il nome di Larini, era a conoscenza del ruolo da lui ricoperto nell'ambito del sistema».

Pare complicata, ma è semplice: Renato Amorese, da morto, era divenuto la chiave di volta per mantenere in galera Claudio Dini. La logica era raggelante: Di Pietro aveva dato la notizia (falsa) secondo la quale Amorese era un semplice teste e non un indagato, venti giorni dopo aveva dato la notizia (falsa) del ritrovamento di 400 milioni nelle cassette, mentre nello stesso giorno i giornali davano la notizia (falsa) dell'apertura delle cassette che in realtà erano sigillate. Quei soldi, neppure trovati, erano diventati la giustificazione di un suicidio.

Le cassette di sicurezza di Amorese vennero aperte il 16 e 23 luglio. I soldi non c'erano. La notizia non comparve sui giornali. Neanche sul «Corriere della Sera», che pure aveva sostenuto in prima pagina il contrario.

Non era aria. *Li vogliono in manette* titolò «la Repubblica» del 5 agosto nel dare conto di un sondaggio Swg realizzato per «Famiglia Cristiana»: un solo italiano su dieci, diceva, pensa che mostrare in Tv un uomo ammanettato sia lesivo della sua dignità.

Parole al vento

Bettino Craxi, il 3 luglio, pronunciò un discorso alla Camera destinato a passare alla Storia. Il contenuto, per buona parte, verrà riversato in un altro discorso che lo stesso leader socialista pronuncerà il successivo 29 aprile 1993, giorno precedente all'assedio dell'Hotel Raphaël.

Craxi chiese al Parlamento di assumersi le proprie responsabilità per trovare una soluzione politica alla crisi della Prima Repubblica. Lo fece quando mancavano quasi sei mesi a un suo coinvolgimento in Mani pulite, e quando l'eventualità che potesse essere inquisito pareva semplicemente impensabile.

> Si è diffusa nel Paese, nella vita delle istituzioni e delle pubbliche amministrazioni, una rete di corruttele grandi e piccole che segnalano uno stato di crescente degrado della vita pubblica. I casi sono della più diversa natura, spesso confinano con il racket malavitoso, e talvolta si presentano con caratteri particolarmente odiosi di immoralità e di asocialità. Purtroppo, anche nella vita dei partiti molto spesso è difficile individuare, prevenire, tagliare aree infette, sia per l'impossibilità oggettiva di un controllo adeguato, sia, talvolta, per l'esistenza e il prevalere di logiche perverse. E così, all'ombra di un finanziamento irregolare ai partiti, e ripeto, al sistema politico, fioriscono e si intrecciano casi di corruzione e di concussione, che come tali vanno definiti, trattati, provati e giudicati. E tuttavia, d'altra parte, ciò che bisogna dire, e che tutti sanno del resto, è che buona parte del finanziamento politico è irregolare o illegale. I partiti, specie quelli che contano su apparati grandi, medi o piccoli, giornali, attività propagandistiche, promozionali e associative, e con essi molte e varie strutture politiche operative, hanno ricorso e ricorrono all'uso di risorse aggiuntive in forma irregolare o illegale. Se gran parte di questa materia deve essere considerata materia puramente criminale, allora gran parte del sistema sarebbe un sistema criminale.

Dirà il segretario amministrativo della Dc Severino Citaristi:

> Ho detto a Forlani: «Secondo me è il momento di prendere posizione: così come Craxi ufficialmente e pubblicamente alla Camera ha ammesso che i partiti, tutti i partiti, erano potuti sopravvivere anche grazie ai contributi illegali, sarebbe opportuno che anche la Dc prendesse

posizione, come fece a suo tempo Ugo La Malfa». Forlani, per ragioni sue, e nonostante glielo abbia detto due o tre volte, non ha creduto opportuno assumere questa posizione.[33]

Aggiungerà Giovanni Pellegrino, Pds, allora presidente della giunta per le autorizzazioni a procedere del Senato:

> Quando Craxi fece quel discorso, chiunque si fosse alzato per dire che era d'accordo si sarebbe autocondannato all'esecrazione popolare. Ci voleva un atto di eroismo, ma i leader politici di quella fase erano quello che erano. In quel Parlamento c'era ancora qualche margine per fare almeno delle riforme che consentissero di uscire da quel pantano: non se ne fece niente perché Occhetto aveva altri programmi: Violante o non Violante, pensava che il Pds sarebbe uscito tutto sommato indenne dalla bufera di Mani pulite, mentre gli altri partiti sarebbero stati cancellati dalla geografia politica.[34]

Pur tardivamente, cinque anni dopo, Occhetto ammetterà:

> Craxi aveva parzialmente ragione, perché effettivamente una parte di finanziamento illecito riguardava tutti i partiti, compreso il Pci.[35]

Due pesi e due imprese

Lo psicodramma tra la Fiat e Mani pulite era cominciato il 5 giugno, quando Di Pietro era andato a Santa Margherita Ligure per un convegno degli industriali e aveva denunciato la «concussione ambientale». «Quest'atmosfera» spiegò «è fatta anche dagli imprenditori che gli tengono bordone ... a volte più potenti dello stesso pubblico ufficiale.» Cesare Romiti, amministratore delegato della Fiat, rispose così: «Un conto sono i comportamenti individuali, un conto quelli di un sistema ... Si occupi del Codice penale, che al sistema delle aziende ci pensiamo noi». Intanto il galeotto Enso Papi si era dimesso dalla Cogefar-Fiat ma aveva già collezionato altri due mandati di cattura. Di Pietro ci teneva, a Papi. Stavano per finire dentro altri due manager di corso Marconi: Vittorio Del Monte e Luigi Grando, quest'ultimo al secondo arresto. *La Cogefar non ha pagato una lira* titolò «La Stampa» il 18 giugno.

Enso Papi, in galera ormai da quasi due mesi, non ce la faceva più. Una decina di giorni dopo mandò a chiamare il cappellano del carcere, don Luigi Melesi, e gli accennò propositi suicidari. Spiegò che il suo legale di parte Fiat, Vittorio Chiusano, lo obbligava a tacere e che lui non sapeva che fare: se non avesse parlato chissà quando sarebbe uscito, se avesse parlato rischiava il licenziamento.

Più tardi, alle 20, don Melesi bussò da Di Pietro e gli raccontò tutto. Il magistrato lo mise a verbale come persona informata sui fatti e le confidenze fatte a un prete entrarono nelle indagini: pazienza se trattavano del rapporto tra un avvocato e il suo cliente, segreto per definizione. Era la prova che l'avvocato Chiusano proteggeva interessi superiori, pensò Tonino. Corse dal gip Italo Ghitti, che però rimase impressionato dal dettaglio che l'uomo minacciava il suicidio.

Di Pietro acconsentì alla scarcerazione di Papi, ma siccome mancavano le auto per scortarlo fino a Torino a metà mattinata era ancora lì. Giunsero Davigo e Colombo, imbufaliti perché avevano appreso della decisione di Tonino e non la condividevano per niente. Tartassarono Papi di domande anche se il manager risultava già scarcerato, ma d'un tratto arrivò Di Pietro che si mise a battibeccare coi colleghi prima di prendersela con un paio di agenti: «Che fate? Questo è sequestro di persona». La sera prima voleva tenerlo dentro. I due pm lo guardarono perplessi. Se ne andarono.

Colombo, in un suo libro, accennerà alla «naturale irruenza del collega e alla tendenza a sovrapporsi al lavoro dei colleghi, ad accentrare su di sé i fili dei rapporti con gli altri, fossero indagati, avvocati, testimoni, in genere terzi».[36]

Era anche vero, suicidi a parte, che i metodi di Tonino funzionavano: Papi, prima di uscire, gli aveva confessato di aver dato 2 miliardi al democristiano Maurizio Prada. La telenovela Fiat-Mani pulite era appena all'inizio.

Il trattamento riservato a Salvatore Ligresti, invece, fu decisamente più duro. Il 15 luglio i carabinieri si presentarono nei suoi uffici milanesi per recapitargli un avviso di garanzia, ma non lo trovarono. Il costruttore si presentò da Di Pietro il mattino dopo: i due si annusarono e si piacquero pure. Il pm gli chiese chi fossero i destinatari di varie tangenti versate per l'acquisto di alcuni terreni, ma Ligresti rispose picche. Poco dopo finì ammanettato. Restò dentro quasi cinque mesi. Era nel mirino della magistratura dagli albori di Mani pulite: nulla avrebbe potuto giustificare, altrimenti, una domanda che Mario Chiesa si era sentito rivolgere pochi giorni dopo il suo arresto: «Cosa può dirci dei rapporti tra Craxi e Ligresti?».

Il finanziere, durante la carcerazione, ebbe tre collassi cardiaci e finì in clinica. La sera del 15 novembre, diversi mesi dopo, sempre ricoverato in clinica, Ligresti era di buon umore perché a mezzanotte sarebbero scaduti i termini di carcerazione preventiva e una volta ristabilito sarebbe potuto uscire. Ma il capitano dei carabinieri non gli recapitò la scarcerazione bensì un nuovo ordine d'arresto per un modesto «abuso d'ufficio» ricavato da una dichiarazione che aveva reso un mese prima. Ligresti ebbe un altro collasso cardiaco.

Il suo avvocato, Raffaele Della Valle, lasciò l'incarico, e i pm Di Pietro e Colombo raccolsero le poche dichiarazioni che Ligresti fu disposto a mettere a verbale in cambio della libertà: d'un tratto non fu più «socialmente pericoloso». Divertente che proprio in quei giorni, il 23 novembre, la Corte di cassazione così rispondesse a un ricorso presentato dal manager Fiat Enso Papi: «L'ordinamento vieta di trarre dall'esercizio del diritto al silenzio qualsiasi conseguenza negativa per l'imputato».

Sono gli stessi giorni in cui finirono in galera i consiglieri regionali democristiani Giuseppe Adamoli e Serafino Generoso: con loro crollò l'intera giunta regionale della Lombardia da poco rimessa in piedi dopo mesi di crisi. Adamoli aveva appena assunto notorietà nazionale apparendo a «Milano, Italia» di Gad Lerner: era, o voleva essere, l'espressione di una Dc rinnovata e onesta.

Dal «Corriere della Sera» del 26 novembre 1992:

> «Dio ce la mandi buona.» Aveva appena pronunciato queste parole tra i suoi colleghi del Pirellone, sottolineando lo sforzo della Dc perché fosse varato il nuovo governo della Regione. Neanche il tempo di pensarci e i carabineri lo avevano caricato su un'Alfetta. Adamoli, capogruppo della Dc alla Regione ed ex assessore ai Lavori pubblici, è finito a San Vittore con l'accusa di concorso in corruzione. Stessa accusa per un altro Dc di peso: Serafino Generoso, pure lui, come Adamoli, consigliere regionale e responsabile dei LL.PP. ... Gli ordini di cattura per Adamoli e Generoso sono stati chiesti dai pm Antonio Di Pietro, Piercamillo Davigo e Gherardo Colombo, con una scelta di tempo che non mancherà di sollevare furibonde polemiche.

Sul «Giorno» si lesse di un Achille Occhetto che «gongolava come vivesse un momento di vittoria». Sull'«Unità» del 28 novembre, invece, Piercamillo Davigo ammoniva: «La giustizia ci vede benissimo. Simbolicamente è sempre rappresentata con la spada sguainata perché è pronta a colpire. Di questi tempi, quelli che sanno di aver preso quattrini dovrebbero avere il buon senso di restar fuori dai giochi politici».

Adamoli e Generoso furono assolti il 23 dicembre 1994 «perché il fatto non sussiste» e «per non aver commesso il fatto». I due, risarciti per ingiusta detenzione, avevano già lasciato la politica.

Ricevette il suo primo avviso di garanzia anche il democristiano Bruno Tabacci, già inquisito da Tonino per l'inchiesta Oltrepò pavese e poi prosciolto. Fu il primo di altri cinque o sei avvisi finiti in nulla. Nel 1992 si parlava di lui come aspirante ministro, ma il marchio d'infamia dell'inquisito lo costrinse a lasciare la politica per molti anni. A margine dell'ultimo proscioglimento, nell'estate del 1996, dovrà avvedersi che ministro, intanto, sarà divenuto il suo accusatore.

Montenero blindata

Dopo Falcone, il 19 luglio saltò in aria anche Paolo Borsellino. I primi tam tam sostenevano che a saltare fosse stato Giuseppe Ayala, il giudice appena eletto deputato repubblicano. I suoi figli già lo piangevano: nella zona dell'attentato, a trecento metri da via Mariano D'Amelio, per quel che ne sapevano, abitava lui e non altri. Ayala, invece, era per strada che camminava verso quel portone annerito. Vide due cadaveri, poi un terzo. Neanche lui sapeva che la madre di Borsellino abitava da quelle parti. Brandelli umani, rottami di lamiera, poi inciampò in qualcosa. Guardò per terra e riconobbe quel naso grifagno, quei denti, un tozzo scuro. Era inciampato in un pezzo del suo amico Paolo Borsellino.

Il clima era ormai di guerra civile. Tre giorni prima, un rapporto riservato dei Ros (Raggruppamenti operativi speciali) aveva paventato pericoli proprio per Borsellino ma anche per Di Pietro. Quando il rapporto era stato pubblicato sul «Secolo XIX», il 23 luglio, i cronisti milanesi dapprima lo avevano deriso: in quel periodo i falsi attentati a Di Pietro non si contavano. L'8 giugno, per esempio, la Squadra Mobile di Milano aveva dovuto smentire una delirante sparata del quotidiano «La Notte» secondo la quale due croati volevano uccidere Di Pietro utilizzando due pani di plastico, venticinque candelotti da miniera, una rudimentale mina anticarro e una cartina con segnati a pennarello la Stazione Centrale, la Garibaldi e San Vittore; ma la cartina, dove compariva anche la pubblicità di un arredobagno, era un «Tuttocittà», lo stradario. Doveva servire ai croati, poi scagionati, per imparare a muoversi per la metropoli.

Di lì in poi, tuttavia, il Viminale rafforzò la scorta di Tonino e sostituì la sua Tipo bianca con un'Alfa blindata color amaranto con vetri a cinque strati.

Di Pietro in quei giorni era comprensibilmente nervoso. Preferiva dormire da Cristiano, nell'appartamento di via Andegari. Teneva la pistola sotto il cuscino. Era un rifugio, più che una casa; era spoglia, c'era solo una bandiera a stelle e strisce che troneggiava sopra il giradischi e appesi in corridoio lo stemma della procura e la maglietta «Milano ladrona, Di Pietro non perdona». In giro, fumetti di «Sturmtruppen» e di «Lupo Alberto», automobiline giocattolo, bottiglie di birra St Denise. A far la spesa, Tonino andava con tre uomini armati di mitra.

Fosse per lui non avrebbe neppure fatto vacanza, ma il 31 luglio decise lo stesso di partire con un'inquieta Susanna. Trascorse qualche giorno nella masseria di Montenero, ma era praticamente agli arresti domiciliari: per la sorveglianza i carabinieri dovettero chiamare rinforzi da Vasto e un elicottero sorvolava costantemente la zona. Ad assediarlo erano soprattutto i paesani, oltreché i giornalisti. Una sua foto mentre si faceva la barba (Di Pietro usa mettersi curiosamente la schiuma su tutta la faccia, fino alle palpebre) fece il giro d'Italia. Il presidente della Pro Loco volle insignirlo di una medaglia d'oro ma lui mandò a ritirarla suo figlio. A messa, però, ci andò: indossò il vestito blu e fu un tripudio. Gli era sempre piaciuto apparire alle cerimonie religiose e ai funerali. Una volta, a Rota d'Imagna, con l'autista Guido Moscheni si era accodato a una processione.

In piazza lo aspettavano: l'amico Pasqualino Cianci incitava la folla. C'era la banda del paese, il profumo di caramello dello zucchero filato, i palloncini. Ma Tonino restò a casa. Partecipò solo a una cena, ma serpeggiava un po' di disagio: c'erano venti commensali e quaranta poliziotti di scorta. I fotografi invano lo attesero al mare, a San Salvo o a Termoli. In mancanza d'altro si riesumò una leggenda di qualche anno prima, già cara alle biografie. Quasi una parabola:

> Di Pietro, ottimo giudice, superbo calzolaio, egregio contadino, è nondimeno un nuotatore provetto. Se ne sta tranquillo in spiaggia ... quando s'accorge che qualcuno, a una decina di metri dalla riva, sta agitando affannosamente le braccia ... Di Pietro non esita a buttarsi. In poche bracciate raggiunge la poveretta ormai stremata e la porta in salvo ... anche i bagnanti più distratti si rendono conto ... acclamano il salvatore come un Dio.[37]

Il poker che c'era

Loris Zaffra, ritenuto assai vicino a Craxi, era stato arrestato il giorno prima che Tonino partisse per le vacanze. L'ex presidente di un ospedale l'aveva chiamato in causa per una tangente divisa con alcuni politici e con il medico Ezio Omboni, fratello del magistrato Maria Grazia Omboni. Il medico non venne arrestato, Zaffra sì. Le polemiche si trascineranno per anni. A Omboni erano stati versati 50 o 60 milioni, a Zaffra meno; quest'ultimo, peraltro, si era messo a disposizione dei magistrati, lasciando ogni carica e chiedendo per iscritto di essere ascoltato. Niente da fare: Zaffra serviva in galera. Piercamillo Davigo, per difendere il trattamento riservato a Omboni, giungerà a sostenere che il poveretto aveva cinque figlie che invocavano la pena ogni volta che vedevano i tangentisti in Tv.[38]

Nel corso dell'estate altre debolissime chiamate in correità furono fornite da Gianstefano Frigerio, malato di ipertensione, arrestato in pigiama, portato all'ospedale in manette, liberato, riarrestato e riliberato, afflitto da serissimi problemi alla vista: «Quando mi sarò fatto operare agli occhi e starò meglio» si legge in un suo verbale «preciserò tutti i dettagli della vicenda, modificando le dichiarazioni che ho già reso sul punto».

Il punto era Zaffra, che da principio ammise gli addebiti. Di Pietro e il gip Ghitti lo rassicurarono: la scarcerazione a quel punto era garantita. Ma poi Di Pietro e Ghitti partirono per le ferie e Davigo e Colombo ne approfittarono per spiccare altri due ordini d'arresto contro Zaffra, che rimase tutta l'estate a cuocere mentre a Milano nasceva addirittura un comitato per liberarlo, animato dal giovane socialista Riccardo Pugnalin.

Agosto fu il mese dei famosi tre corsivi sull'«Avanti!» vergati da Bettino Craxi. Il segretario socialista, pur non firmando direttamente, il 23 la mise giù dura:

> Nell'inchiesta guidata dal dottor Di Pietro vi sono diversi aspetti non chiari e non convincenti, rapporti e relazioni connessi e collegabili all'inchiesta tutt'altro che chiari e tutt'altro che convincenti, un corso della giustizia che ha finito con il procedere a zigzag. Con il tempo e attraverso una migliore conoscenza dei fatti di cui qualcuno dovrebbe finalmente occuparsi, potrebbe persino risultare che il dottor Di Pietro è tutt'altro che l'eroe di cui si sente parlare e che, in questo caso, come in tanti altri della vita, non è proprio oro tutto quello che riluce.

Il 26 agosto, ore 17.30, fu indetta una riunione nella segreteria di via del Corso per discutere di un po' di cose, Di Pietro e corsivi compresi. C'era Giuliano Amato ma non Claudio Martelli, che già allora preparava il parricidio. La riunione fu lunga. Tutti, all'uscita, tacquero. Tranne l'onorevole Rino Formica, che certo non poteva immaginare il successo di quella battuta che improvvisò mentre si chiudevano le porticine dell'ascensore: «Craxi ha in mano un poker, anzi una scala reale contro Di Pietro. Si tratta di cose precise e serie». L'allora presidente del Consiglio Giuliano Amato, pur presente ufficialmente alla riunione, per anni cercherà di sostenere di non esserci stato: dirà che si era assentato per andare in bagno proprio quando si era parlato di Di Pietro. Lo smentirà lo stesso Formica:

> Amato c'era. Intervenne proprio su come fronteggiare Di Pietro. Il giorno dopo Vittorio Scalfari scrisse un violentissimo attacco contro

Amato perché aveva partecipato da presidente del Consiglio. Amato mi telefonò: «Devo fare una smentita. Dirò che non ho partecipato quando si è parlato di Di Pietro». Mi disse: «Sei l'unico che può rompermi i coglioni, posso fare questa dichiarazione?». Gli dissi: «Falla».[39]

Il poker di Craxi non era un bluff: tutte le carte – Mercedes svendute, frequentazioni, cosiddetti prestiti, ecc. – come visto verranno calate negli anni successivi e saranno decisive per le dimissioni di Antonio Di Pietro dalla magistratura.

Già allora, quali che fossero, Di Pietro temeva quelle carte palesemente. Il 2 settembre telefonò all'avvocato Michele Saponara, legale di Loris Zaffra, e gli disse che lui non c'entrava niente con gli ordini di custodia emessi durante l'estate contro il suo cliente, e in effetti era vero: era roba di Colombo e Davigo. Il gip Italo Ghitti, tornato dalle vacanze, annullò l'arresto: «Gli indizi di colpevolezza per la loro genericità possono essere considerati solamente sufficienti, ma non possono essere considerati gravi». Bastava scriverlo.

Di fatto, per qualche tempo, fioccarono le scarcerazioni. Il 9 settembre liberarono il tecnico comunale Achille Iorio: Davigo non era d'accordo, ma Iorio era dentro dal 27 luglio ed era rimasto ad aspettare con un carcinoma alla vescica. Italo Ghitti annullò anche gli ordini d'arresto per il costruttore Marcellino Gavio, latitante, e per il suo collaboratore Bruno Binasco. «Come mai» scrisse Michele Brambilla sul «Corriere della Sera» dell'11 settembre «Di Pietro rinuncia alla sua proverbiale risolutezza? Perché una linea tanto morbida?»

Se lo chiese anche Gherardo Colombo:

> È successo ... che tornando dalle ferie estive, dissentisse su iniziative di Piercamillo e mie, ancora in tema di custodia cautelare, ritenendole eccessivamente esponenti o inopportune. Poco importava che il gip ci avesse dato ragione, e la decisione di questi venisse poi confermata da tribunale e cassazione; ovvero che, avendoci dato torto il gip, gli organi giurisdizionali superiori ne avessero ribaltato le decisioni. Ciò si verificava, soprattutto, contestualmente al fatto che qualche organo di stampa, qualche televisione avesse avuto da ridire su alcuni aspetti dell'indagine.[40]

La trattativa

Un'altra scarcerazione pesante, il 7 settembre, fu quella del socialista Claudio Dini. In una serie di appunti da lui presi proprio quel giorno, e poi fatti avere a Craxi, si legge di un colloquio che avrebbe avuto con Di Pietro:

Si aspetta apprezzamento e forse difesa per il suo atteggiamento coraggioso nel liberarmi che gli metterà contro il suo palazzo. Si aspetta la fine degli attacchi contro di lui ... mi prega di essere messaggero di questo suo desiderio. Avverte i difensori che il parere positivo lo ha dato solo lui al gip ... attribuisce illegalità [*i due ultimi mandati d'arresto spiccati contro Loris Zaffra*] agli altri due [*Colombo e Davigo*] ... posizioni di grande coinvolgimento ideologico ... si commuove e ci si ferma per una decina di minuti cercando distrazione su argomenti generici. Alla ripresa detta il verbale lui, precisando che riconfermo integralmente le dichiarazioni fatte aggiungendo alcune mie considerazioni sui miei inappuntabili rapporti con le imprese fornitrici di Metropolitana Milanese. Arriva il gip con l'autorizzazione alla scarcerazione e con forti e solidali strette di mano ci si saluta.

L'immagine di un Di Pietro piangente mentre libera Claudio Dini, suo vecchio conoscente della Milano da bere, può stupire solo chi non lo conosca.

Secondo il resoconto di Craxi in un suo libro,[41] Giuliano Amato gli aveva portato un messaggio del capo della Polizia Vincenzo Parisi che a sua volta si faceva latore di un messaggio di Di Pietro. Accadeva i primi di settembre e il messaggio era questo: provvederò a liberare Zaffra e Dini, ma per Ligresti non dipende da me.

L'incontro con Parisi è descritto nei minimi particolari[42] e Craxi ebbe modo di raccontarlo anche durante un pranzo con Bruno Vespa.[43]

«Parisi» scrisse Craxi nel suo libro «chiese udienza i primi di settembre.» Era un dirigente stimato, era stato nominato capo della Polizia dal ministro dell'Interno Oscar Luigi Scalfaro sotto il governo Craxi. Disse che Di Pietro, col quale vantava un contatto diretto, gli mandava a dire che era disposto a correggere e smussare eccessi dei quali era consapevole e che lui stesso non condivideva. In particolare – era quanto Di Pietro avrebbe riferito a Parisi – ammetteva condotte discutibili, tra queste «la debolezza della Mercedes».

Se autentica, fu un'espressione che Craxi non comprese appieno per anni. Al tempo, qualche lettera anonima vagheggiava di viaggi in Austria di Lucibello e Di Pietro appunto a bordo di una Mercedes, ma erano sciocchezze. Di Pietro, d'altra parte, non conoscendo le carte di Craxi, non aveva motivo di scoprire le sue.

Parisi mostrò anche una serie di informative della polizia a suo dire rilevate casualmente a margine di indagini più ampie. Tra queste, i famosi tabulati delle telefonate tra Di Pietro, Lucibello e D'Adamo citati in precedenza.

Dell'esistenza di una sostanziale trattativa fra Bettino Craxi e Antonio Di Pietro, moderata da un presidente del Consiglio e da un capo della Polizia, prenderà atto anche il Comitato parlamentare sui servizi segreti in una relazione del 6 marzo 1996.[44]

Per quel che poteva valere, all'«Avanti!» circolò l'ordine di moderare i toni su Di Pietro: presto tutto si sarebbe sistemato, si vociferava.

Il 13 settembre «L'Espresso» intervistò Radaelli, che ammise genericamente le frequentazioni con Di Pietro. Elio Veltri, che in un suo libro aveva accennato all'esclusione di Radaelli dal processo Atm, chiese spiegazioni a Tonino che gli rispose così: «Mi attribuiscono rapporti con gli inquisiti che ho arrestato ... e pensare che li ho visti tre o quattro volte in mezzo ad altre persone!».[45]

Forse, a contribuire a una certa cautela, era stato anche il terribile suicidio del deputato socialista Sergio Moroni, il 3 settembre. La sua toccante lettera spedita al presidente della Camera, letta al Tg2 e pubblicata da tutti i giornali, denunciava un clima da caccia alle streghe e risvegliò qualche orgoglio parlamentare. Ma erano colpi di coda:

> Non credo che questo nostro paese costruirà il futuro che si merita coltivando un clima da pogrom nei confronti della classe politica, i cui limiti sono noti, ma che pure ha fatto dell'Italia uno dei paesi più liberi. Io ho iniziato giovanissimo, a solo 17 anni, la mia militanza politica nel Psi. Ricordo ancora con passione tante battaglie politiche e ideali, ma ho commesso un errore accettando il «sistema», ritenendo che ricevere contributi e sostegni per il partito si giustificasse in un contesto dove questo era prassi comune, né mi è mai accaduto di chiedere e tantomeno pretendere. Mai e poi mai ho pattuito tangenti, né ho operato direttamente o indirettamente perché procedure amministrative seguissero percorsi impropri e scorretti, che risultassero in contraddizione di «ladro» oggi così diffusa. Non lo accetto, nella serena coscienza di non aver mai personalmente approfittato di una lira. Ma quando la parola è flebile, non resta che il gesto. Mi auguro solo che questo possa contribuire a una riflessione più seria e giusta, a scelte e decisioni di una democrazia matura che deve tutelarsi. Mi auguro soprattutto che possa servire a evitare che altri nelle mie stesse condizioni abbiano a patire le sofferenze morali che ho vissuto in queste settimane, a evitare processi sommari (in piazza o in televisione) che trasformano un'informazione di garanzia in una preventiva sentenza di condanna.
>
> Con stima
>
> *Sergio Moroni*

Sergio Moroni aveva ricevuto tre avvisi di garanzia e aveva ammesso la sua appartenenza al sistema, ma non si era mai arricchito con la politica. La sua morte e quella lettera oggettivamente bella e nobile, forse nel timore di contraccolpi all'inchiesta, registrarono reazioni che impressionarono per durezza. La stampa, in primis «il Giornale», cercò subito di accreditare la falsa notizia che un tumore ai reni attanagliasse il deputato: non estraneo alla patologia, scrisse il quotidiano, «lo spettro dell'agonia del partito nel quale aveva profondamente creduto».

Bettino Craxi, con le lacrime agli occhi, parlò di «clima infame» e se possibile peggiorò le cose. «Il clima infame l'hanno creato loro ... c'è ancora qualcuno che si vergogna e si suicida» rispose il procuratore aggiunto Gerardo D'Ambrosio. Davigo fu meno ambiguo: «Le conseguenze dei delitti devono ricadere su chi li ha commessi, non su chi li ha scoperti».

Una decina di giorni dopo, il 13 settembre, «L'Indipendente» di Vittorio Feltri prese il corpo di Moroni letteralmente a calci: *La verità su Moroni*, sparò in prima pagina, *Ecco tutte le tangenti incassate dal segretario Psi. Un giro vorticoso di miliardi sporchi*. Il quotidiano stava semplicemente pubblicando la richiesta di autorizzazione a procedere contro il parlamentare, che in ogni caso aveva incassato soltanto 200 milioni come quota socialista sui rifiuti.

Questo l'editoriale di Vittorio Feltri:

> Si è fatto un gran parlare di quel povero cristo di Sergio Moroni, il politico bresciano che si è tolto la vita sparandosi in bocca per due motivi: primo, era coinvolto nelle ruberie di partito (capirai che novità, per un socialista); secondo, aveva un cancro a un rene, di quelli che non perdonano ... Nei panni di Moroni penso che mi sarei ammazzato due volte, per l'uno e per l'altro motivo, per cui non è di questo che vorrei discutere ... Nessuno ci accuserà di sciacallaggio se nelle pagine che seguono pubblichiamo il documento per la richiesta di rinvio a giudizio di Sergio Moroni ... La quantità di soldi che finiva nelle mani dei politicanti era tanto elevata che neanche il più ingenuo di voi può pensare che nelle tasche dei mascalzoni tesserati non restasse qualche spicciolo ... Infine il lettore è bene che si renda conto che Craxi, e quanti con lui hanno pianto su Moroni, non hanno pianto la morte di un amico sventurato, ma quella di uno che portava soldi al partito (salvo percentuale per sé) ed era quindi un prezioso collaboratore. Un prezioso mariuolo, di quelli di cui Bettino amava circondarsi anche in casa.

Il 19 settembre il cassiere socialista Vincenzo Balzamo passò da palazzo di giustizia e fu preso d'assalto dai cronisti. Nessuno di loro ricorda quel giorno con particolare orgoglio: Balzamo si fece via via ansimante, si perse nel labirinto del tribunale, s'intrappolò davanti a un ascensore che non funzionava, schiacciò il tasto e quello non arrivava. Lo bloccarono anche per strada. Annaspava. Nelle redazioni circolò voce che si fosse accollato le proprie responsabilità, un po' come aveva fatto il cassiere della Dc Severino Citaristi.

Un paio di mesi dopo, il 1° novembre, l'«Avanti!» titolò *Querci: ho dato 400 milioni a Balzamo*. Nessun altro giornale fece altrettanto, anche perché Balzamo quel giorno era sul letto di morte. Proprio l'«Avanti!»: il direttore Roberto Villetti stava cercando disperatamente di riposizionarsi. Il 2 novembre, giorno dei morti, Balzamo morì stroncato da un infarto. «L'Indipendente», battendo un record difficile da definire, titolò in prima pagina *Balzamo, infarto da mazzetta*.

Altri giornali, sempre il 2 novembre, titolavano invece *Il giudice soccorre una donna* o in subordine *Di Pietro in autostrada soccorre una ferita* o ancora *Di Pietro salva ragazza*.[46] Scriveva «Il Giorno»: «A un eroe non fa difetto la virtù della soccorrevolezza [*sic*], e Antonio Di Pietro non ha esitato a togliere i panni dell'irreprensibile giudice per indossare coraggiosamente quelli del buon samaritano». Era successo che una Renault Clio era finita contro il guardrail e si era ribaltata in autostrada; la guidatrice, illesa, era stata accompagnata al pronto soccorso da Di Pietro che passava di lì con la scorta. Il settimanale «Visto» fece questo titolo in copertina: *Così Di Pietro mi ha salvato la vita*. Sottotitolo: *Il giudice che la gente ama ha veramente un gran cuore*. Dal testo: «Poteva essere una trappola ... Di Pietro è fatto così. Ubbidisce al suo istinto. E il suo istinto non lo tradisce mai».[47] L'istinto, oltretutto, era quello di evitare una denuncia per omissione di soccorso.

Da quel giorno, 2 novembre 1992, tutte le accuse contro il segretario amministrativo del Psi sarebbero state deviate su Bettino Craxi.

Dipietrismi

Ormai il paese era un groviglio di manette, di malcontento e di retorica. Retate ad Ancona, Vercelli, Bergamo e Monza. Un'imponente manifestazione contro la manovra economica degenerò in scontri con sessanta feriti. Gli scioperi fiorirono dappertutto e vennero addirittura contestati i sindacati. La Lega invitò a non acquistare i Bot, fallì un attentato contro la sede della Confindustria, scesero in piazza persino i commercianti contro l'annunciata minimum tax. Durante uno sciopero generale, al segretario della Cisl Sergio D'Antoni tirarono un bullone in testa.

Il paese si avviava alla follia giudiziaria. Nella notte del 29 settembre venne condotta una maxioperazione che portò in galera i dieci componenti della giunta regionale dell'Abruzzo e il presidente Rocco

Salini. Erano il liberale Giuseppe Benedetto più un gruppone di democristiani e socialisti composto da Aldo Canosa, Franco La Civita, Giuseppe Lettere, Romano Liberati, Giuseppe Molino, Paolo Pizzola, Filippo Pollice, Domenico Tenaglia e Ugo Giannunzio. L'accusa era di tentata truffa alla Comunità europea per dei fondi – si appurerà – neppure mai erogati. Il Tg5 ci fece l'apertura, «la Repubblica» titolò in prima pagina *Una Regione in galera*, il clamore fu ripreso nientemeno che dal «New York Times» e dal «Washington Post». «L'Indipendente» titolò: *Sgominata un'altra giunta*. Le indagini furono estese ai familiari degli assessori, alla vana ricerca di tesori nascosti: ma sin dall'udienza preliminare sparì «la tentata truffa» che aveva motivato gli arresti e rimase solo l'abuso d'ufficio. La sinistra andrà al governo dell'Abruzzo per la prima volta nella sua storia.

Nel giugno 1997 la Corte di cassazione ha prosciolto tutti gli indagati abruzzesi per «assoluta carenza di indizi di colpevolezza». Il giorno dopo l'assoluzione, sulla «Repubblica» non uscì neppure una riga.

A Vercelli, invece, nella notte del 1° ottobre 1992 arrestarono in un sol colpo sindaco, vicesindaco, cinque assessori, quattro funzionari comunali, due imprenditori e un direttore tecnico. Per la cattura del sindaco, Fulvio Bodo, si ritenne necessario l'utilizzo di una jeep a passo lungo imprestata dal comando di Alagna, in Valsesia; diciassette uomini, alle 5 del mattino, circondarono l'abitazione del sindaco in un caos di giornalisti e fotografi appostati da ore. L'ipotesi di reato riguardava abusi d'ufficio, truffa aggravata e turbativa d'asta: tutte imputazioni per cui di norma non scattavano le manette. La maggior parte degli arrestati rimarrà in carcere dal 1° al 7 ottobre, poi otterrà gli arresti domiciliari; il sindaco Fulvio Bodo, invece, resterà dentro fino al 17, in isolamento assoluto e col divieto di leggere i giornali. Verranno assolti tutti.

Niente di strano, in questo festival, che il 9 ottobre «il manifesto» recensisse ironicamente la prima biografia di Di Pietro accanto a quella di padre Mariano. La biografia era quella di Gigi Moncalvo, ma dopo l'uscita del libro l'amicizia con Tonino prese a incrinarsi: Di Pietro, infatti, fece diramare un comunicato in cui specificava che la biografia «non era autorizzata». L'aveva corretta personalmente, aveva dato suggerimenti e fotografie, aveva imposto una dedica («Dedicato a Peppino, Anna, Anna jr, Antonio jr e Cristiano da parte della persona che li ama di più») ma d'un tratto non era più autorizzata. Tutto nasceva, così pare, dal capitolo dedicato a Tonino e le donne.

Con la biografia successiva capitò più o meno la stessa cosa. Gli autori (uno dei quali, Paolo Colonnello, era in buonissimi rapporti con Di Pietro) si erano rivolti direttamente al magistrato per le correzioni e i tagli. Tutto pareva a posto, ma Tullio Pironti, l'editore, ricevette una furibonda telefonata di Di Pietro e poi una raccomandata datata 5 ottobre: il testo – diceva perentoriamente la missiva – andava stampato con ulteriori correzioni. Pironti provvide. Ma non bastò, il libro uscì il 6 novembre seguito da un'altra raccomandata di Tonino: nel testo erano contenute «palesi falsità, ingiustificate e diffamatorie valutazioni nei confronti di altre persone» e quindi si stava trattando di «un'illecita intromissione nella mia vita sentimentale-familiare...». Eppure l'aveva rivisto e corretto lui. Da quanto appreso, era successo che Susanna Mazzoleni aveva letto il libro e aveva cacciato di casa Tonino per venti giorni. Lui come al solito andò a dormire da Cristiano e poi se la prese sia con Pironti che con Lucibello, al quale non avrebbe rivolto la parola per mesi.

Che Di Pietro venisse cacciato di casa, ogni tanto, pare assodato. «La Repubblica», giornale che non gli era ostile, scrisse:

> Gira di nuovo la voce secondo cui lo avrebbe addirittura buttato fuori di casa ... Sta di fatto che la signora già buttò fuori di casa suo marito nel bel mezzo di Mani pulite, quando apprese che la mafia progettava un attentato ... il marito non le aveva detto nulla...[48]

Spiegava lo stesso articolo:

> Tanto quanto Antonio in casa è silenzioso, lei è attiva e rumorosa. Ma per quanto si agiti, le sue rimostranze non varcano la soglia difensiva del marito. Sono alla fine le sue decisioni maschili quelle che contano ... non dà il minimo ascolto ai consigli della moglie ... A Montenero, Susi è l'unica donna che mangia insieme con gli uomini mentre le altre femmine di casa servono a tavola e si alternano in cucina.

In questo lasso di tempo, a fine ottobre, vi fu un incontro fra Tonino e Giancarlo Gorrini. Di Pietro sosterrà che nell'occasione rassicurò l'amico: presto avrebbe messo insieme «la provvista necessaria» alla restituzione del famoso prestito di 100 milioni. Gorrini, in verbali e interviste, la raccontò in un altro modo:

> In quell'incontro i toni salirono ben presto. Rimproveravo a Di Pietro di aver dimenticato gli amici di un tempo, di aver scaricato gente con la quale aveva ottimi rapporti. Ora che ci penso bene alzai parecchio la voce. Tanto che Di Pietro mi faceva segno di abbassare i toni. «Ci sono fuori i giornalisti... stai zitto» ripeteva.[49]

Giancarlo Gorrini era interessato a Ligresti per vendergli un pezzetto della sua Maa Assicurazioni, ma l'incontro con il costruttore era stato fissato proprio in quel 16 luglio che l'aveva visto ammanettato. Gorrini si era rivolto allora al finanziere Renato Della Valle, ma a quel punto temeva che potessero arrestare anche lui:

> Da notizie di stampa appresi che anche il Della Valle era sotto inchiesta. Ritenendo che anche della posizione del Della Valle si occupasse il dr. Di Pietro, mi recai nel suo ufficio in un pomeriggio verso le 16.30 ... Dissi al Di Pietro che già mi aveva messo nei guai facendo arrestare Ligresti, e gli chiesi se stesse accadendo la stessa cosa mostrandogli l'articolo ... mi tranquillizzò subito dicendo che non aveva inchieste sul Della Valle, ma disse anche «Non vorrei che fosse Roma», aggiungendo «Lo vediamo subito».

Di Pietro, secondo Gorrini, chiamò il pm Antonino Vinci: «Gli chiese se nelle sue indagini era venuto fuori Della Valle o Della Valle finanziaria. Ricordo il particolare anche perché fui io a scrivergli in un foglietto il nome della società». Vinci avrebbe risposto che sì, c'era: «Di Pietro allora invitò il collega a stralciare quel nominativo perché poteva interessare Milano». Dove, ad accoglierlo, c'era il solito avvocato Lucibello.

Il contratto tra Gorrini e Della Valle fu perfezionato la sera del 22 ottobre. Dirà il magistrato romano Francesco Viviani:

> Mi colpì l'estrema confidenza di Vinci con Antonio Di Pietro... Ogni volta che Vinci aveva un problema con i milanesi componeva il diretto di Antonio Di Pietro.[50]

Sono i giorni in cui il settimanale «L'Europeo» regalava gli adesivi circolari «Forza Di Pietro» mentre «Famiglia Cristiana» scriveva che «l'impegno di Di Pietro sarebbe piaciuto a Leonardo Sciascia». «TV Sorrisi e canzoni» titolava in copertina *Di Pietro facci sognare*. «Il Venerdì di Repubblica» includeva il magistrato in questo sondaggio: «Tra questi personaggi chi proporrebbe come santo?».

Le più sperticate erano le giornaliste. Scriveva Chiara Beria di Argentine sull'«Espresso»: «Un implacabile nemico delle mazzette, un giudice mastino che interrompe i lunghi, estenuanti interrogatori offrendo Ferrero Rocher». Scriveva Maria Laura Rodotà su «Panorama»: «Il nuovo eroe italiano, il nuovo modello, a grande richiesta ... Di Pietro, eroe tranquillo, un role model, un modello di comportamento italiano». Scriveva addirittura Laura Maragnani su «Donna»: «Di Pietro fa sognare anche le donne. Piace. Strapiace. C'è chi lo definisce un sex symbol, un eroe per gli anni Novanta ... Dicono di lui che sia duro, testardo, di metodi spicci. E che sia onesto, onestissimo. Basta questo a farlo adorare alle donne? O è merito anche del suo anti-look, del calzino corto che si ribella alla tirannia dell'apparire? ... Signori, è l'Italia degli anni Novanta ... dei tanti Di Pietro che sono fedeli alle mogli, si occupano del giardino e dei gerani, pranzano con i suoceri, preparano il biberon al figlio di cinque mesi ... una nuova specie di uomo... Italiane, la caccia è aperta». [51] Tra gli editorialisti dei grandi quotidiani tifavano per Di Pietro, tra moltissimi altri, Marcello Pera, Ernesto Galli della Loggia, Saverio Vertone, Paolo Bonaiuti, Maurizio Belpietro e Paolo Guzzanti.

Non meno indicativo il racconto del magistrato romano Francesco Misiani:

> Avevamo arrestato Mauro Leone, figlio dell'ex presidente della Repubblica. Non stava bene e aveva ottenuto gli arresti ospedalieri. Di Pietro, Gherardo Colombo, il sottoscritto e Antonino Vinci decidemmo di andarlo a interrogare nella corsia dell'ospedale dove era stato ricoverato, il San Camillo se non erro. Quando le macchine della scorta infilarono il vialetto che portava all'ingresso, fummo bloccati da due ali di folla che gridava e applaudiva all'indirizzo di Di Pietro. Malati in pigiama e vestaglia, medici di turno e infermiere cui il sorriso e l'eccitazione cancellavano la patina di sofferenza e grigiore che si deposita in ogni ospedale. Una sorta di metafora visiva del paese e dei suoi umori profondi. Scendemmo dalle macchine a fatica, in una calca indescrivibile, e una trentina di infermiere si strinse intorno a Di Pietro. Spingevano per poterlo toccare, abbracciare. Era pomeriggio e gli spiegarono che lo stavano aspettando dalla mattina, quando avevano deciso di non tornare a casa dopo il turno di notte. Avevano saputo infatti che a ore sarebbe dovuto arrivare Di Pietro per interrogare quel paziente importante piantonato da due agenti di polizia. Erano talmente eccitate che a un certo punto pensai che volessero spogliarlo, come una rockstar. Aspettavamo in silenzio che si placasse la folla. Finché io non lasciai scivolare una battuta: «Dio mio, sembra il balcone di Piazza Venezia».[52]

A grande richiesta

Craxi festeggiò i cento anni del Psi nello stesso giorno in cui condannarono Mario Chiesa. E qualcosa, quel 28 novembre, strideva: per il Mariuolo 6 anni, 6 mesi e 6 miliardi da restituire, il 160 per cento dei soldi ricevuti. Mentre Fabrizio Garampelli, il concusso, dovette rimborsare solo il 15 per cento senza che frattanto avesse mai smesso di lavorare: la sua Ifg Tettamanti vinceva gli appalti della Baggina da vent'anni, con ogni presidente, e continuò a farlo. Altri imprenditori se la cavarono con meno di 2 anni e la condizionale.

Dirà Mario Chiesa:

Tangentopoli non nasce solo per la prepotenza dei politici. Di imprenditori estorti non c'è nemmeno l'ombra ... corruttori pronti a prendere calci nel culo, a subire ogni vessazione, sempre pronti a presentarti ventisette donne pur di non uscire dalla loro nicchia ed evitare di misurarsi col libero mercato ... Una logica da gironi danteschi: nel primo c'erano le imprese garantite per i lavori a cavallo del miliardo, nel secondo quelle per opere sui tre miliardi ... sino alla Cupola, sei o sette imprese che si riuniscono e pianificano investimenti e leggi ad hoc per dividersi gli appalti secondo una logica mafiosa.[53]

Confermerà, molti anni dopo, Piercamillo Davigo:

Le imprese si sono sempre giustificate dicendo che erano state costrette a farlo, che erano concusse, ma quello che si è appurato nei processi o nei patteggiamenti, con le innumerevoli condanne, mi fa propendere per l'altra ipotesi, quella di una prevalente corruzione. Anche perché, molte volte, al versamento delle tangenti si accompagnavano sistematiche pratiche di alterazione delle gare attraverso gli accordi tra le imprese stesse. Insomma, molti imprenditori costituivano una categoria di soggetti abituati a vivere di «protezione», al riparo dalla concorrenza, con un mercato privilegiato in cui gli appalti venivano suddivisi e spartiti al loro interno; in questa situazione il costo delle tangenti era rappresentato, a ben vedere, da cifre tutto sommato modiche rispetto ai benefici che se ne ottenevano.[54]

Mani pulite era ormai al suo primo e richiestissimo punto d'arrivo. Nell'emozionante rush finale vinse Fabio Poletti di Radio Popolare per un'incollatura. Il primo lancio d'agenzia:

Mar Dic 15, 11.59

Tangenti: Avviso di garanzia a Craxi, dice Radio Popolare = (Asca) Milano, 15 dicembre – Un'informazione di garanzia sarebbe stata consegnata al segretario del Partito socialista, Bettino Craxi. Le accuse ipotizzate sono: concorso in corruzione, ricettazione, violazione della legge sul finanziamento pubblico ai partiti. È quanto ha detto questa mattina Fabio Poletti, cronista di Radio Popolare, nel corso di un collegamento con il palazzo di giustizia di Milano, in un servizio diffuso dalla stessa radio in diretta. L'indiscrezione, comunque, non ha trovato per il momento alcuna conferma ufficiale.

Nell'avviso di garanzia si leggeva: «Doveva essere a conoscenza, almeno nelle linee generali, dell'esistenza di somme illecitamente pervenute al partito». Tra gli elementi addotti dall'accusa c'era anche un frammento del suo discorso alla Camera del 3 luglio, intervento che oggi viene pubblicato e ripubblicato come un documento storico. Per la procura fu materiale probatorio.

In più occasioni, Di Pietro dirà: «A Craxi non abbiamo mai applicato la regola del "non poteva non sapere": l'avviso di garanzia gli arriva non quando maturiamo un sospetto sul piano logico, ma quando Larini dichiara che gli portava i soldi in piazza del Duomo». Uno scherzo della memoria: l'avviso di garanzia, come appena visto, è del dicembre 1992, mentre Silvano Larini, come vedremo, deve ancora costituirsi e lo farà nel febbraio 1993.

La demonizzazione più feroce della storia d'Italia, seconda solo a quella di Benito Mussolini, si avviava a raggiungere il suo acme. Craxi non si era mai sforzato di piacere a chi non piaceva, e non farà nulla per cambiare le cose. Prenderà ogni sua decisione senza fare sondaggi né badare al consenso.

Turris eburnea

Proprio quando stavano per scadere i tre mesi di carcerazione preventiva per il socialista Loris Zaffra, il 18 dicembre, il Pool gli fece un brutto scherzetto. Nel chiedere e ottenere una proroga di un altro mese e mezzo di galera, infatti, infilarono delle motivazioni che «L'Indipendente» riassunse così: «Ce n'è uno peggio di Chiesa: Zaffra. A lui faceva capo un enorme groviglio di società all'estero ... stanno indagando anche su alcuni sorprendenti contatti con un narcotrafficante». Erano perfette invenzioni per le quali non fu neppure indagato: Zaffra era comproprietario di un'agenzia di viaggi e il «groviglio di società» erano solo dei tour operator. Ma i giornali menzionarono anche la moglie del dirigente socialista, e fu la molla decisiva: crollò. Pronuncerà l'apriti sesamo – Craxi – e uscirà in giornata. Svanita ogni cosiddetta pericolosità sociale. E svanito anche il comitato per la sua liberazione: Riccardo Pugnalin lo sciolse.

La prosa adottata da alcuni ispettori ministeriali a proposito del caso Zaffra, tre anni dopo, dimostrerà come tutto potesse essere fatto o detto:

> Il magistrato può disporre come ritiene della libertà personale per il perseguimento delle finalità di giustizia previste dalla legge ... La scelta del Pool di rimettere in libertà gli indagati colpiti da arresto, solo dopo la confessione e l'eventuale chiamata in correità, può essere stata rispondente invero a una strategia in un contesto sociale che richiedeva un radicale cambiamento del sistema ... La magistratura è uscita definitivamente dalla Turris Heburnea [*sic*].[55]

E sono problemi, quando la magistratura esce dalla turris eburnea. Anche se Giorgio Bocca, in quei giorni, la metteva giù semplice:

> Un uomo antico questo Di Pietro ... un uomo dell'Italia comunale, un popolano eletto a una delle cariche pubbliche, ingenuo e consapevole della sua democratica autorità. Forte, timido, violento, appassionato con quel suo italiano ancor pieno di sapori contadini. Trovare ancora uomini così è una fortuna che ci riconcilia con questo paese ... C'è qualcosa di francescano, di monacale in questo uomo antico...[56]

Alla discoteca Hennessy di Torino organizzavano il Di Pietro party: in omaggio la citata maglietta «Milano ladrona, Di Pietro non perdona».

Il settimanale «Epoca» regalava l'*Apologia di Socrate* ribattezzata «Mani pulite». Gianni Rivera invocava Sportopoli, Montanelli la ribattezzava «Piedi puliti». Circolavano anche pubblicità ispirate: «Dopo Mani pulite una bella lavata di testa, Shampoo Clear nuova formula risolve vecchi problemi e nuovi grattacapi». In alternativa: «Mani pulite sempre, con guanti di polietilene Renco Maxwell».

In un localino milanese, La Briosca, servivano la pizza Mani pulite; al Laboratorio dell'attore di Firenze mandavano in scena *Grazie giudice Di Pietro*; l'emittente Studio 5 organizzava un festone con viaggi-premio alle Maldive, alle Seychelles e a Montenero di Bisaccia; alla discoteca Velvet, sempre a Milano, mostra fotografica su Mani pulite e tutti in pista col rap dei Foggy Brains:

> Per i signori delle tangenti
> niente monumenti
> ma tribunale, galera e anni di tormenti
> sono un onesto e bravo bambino
> voglio gridare: ora basta Bettino.

In ottobre, Gianni Morandi presentò una canzone titolata *Il presidente*: «Se io fossi il presidente, guarderei tutti dall'alto, / sarei sempre sorridente e in tasca un altro miliardo, / da tutti quanti io vorrei le tangenti / anche da amici veri e da parenti». È lo stesso periodo di *Povera patria* di Franco Battiato: «Si credono potenti e gli va bene quello che fanno, / e tutto gli appartiene».

Era il Natale di Mani pulite. Potevi scegliere tra «Tangentopoli» e «Il Tangentomane», giochi da tavolo per passare un paio d'ore in allegria e magari in galera, ma per finta. I giornali spiegavano che la prossima canzone di Bobby Solo si sarebbe intitolata *Mani pulite*. Lo «Zecchino d'oro» era stato vinto da una canzone la cui strofa principale recitava: «Siccome era il più grosso, rubava a più non posso».

VII

1993

Il Pool bussa alla Camera

Per l'economia italiana il 1993 fu l'anno più drammatico: il prodotto interno lordo calò dell'1,2 per cento e i consumi scesero del 2,5, decrescita peggiore dal dopoguerra. Il valore della lira era in discesa libera e si era a un passo dalla bancarotta finanziaria. La Lega di Umberto Bossi minacciava secessioni mentre nella vicina ex Iugoslavia si scannavano serbi e croati e bosniaci e musulmani. La mafia preparava bombe mentre pezzi di apparati dello Stato, orfani della guerra fredda, erano in subbuglio. In mezzo a tutto questo l'inchiesta Mani pulite distruggeva un ceto politico senza che un altro avesse il tempo di sostituirlo.

Ha raccontato Giovanni Fasanella:

> Mi è capitato di intervistare Reginald Bartholomew, ambasciatore americano a Roma tra il 1993 e il 1997. Mi ha raccontato che nel 1993 era a Bruxelles, alla Nato, ed era già stato trasferito in Israele, quando Clinton gli chiese improvvisamente di venire in Italia. Lui si stupì, ma il presidente insistette: voleva a Roma uno con il suo curriculum. Era stato in Libano quando quel Paese era dilaniato dalla guerra civile, poi aveva compiuto una serie di missioni in Medio Oriente e nel golfo Persico all'epoca della rivoluzione khomeinista e della guerra Iran-Irak, era stato a Cipro durante il conflitto greco-turco, a Pechino subito dopo la rivolta studentesca di piazza Tien An Men, a Mosca dopo il collasso del Patto di Varsavia, a Sarajevo e a Mostar durante la guerra civile serbo-bosniaca.[1]

Ha detto invece Piercamillo Davigo:

> Il differenziale di inflazione con gli altri paesi europei fu l'elemento che determinò la grande crisi finanziaria del 1992, vale a dire la no-

stra traumatica uscita dal Serpente monetario e l'inizio delle grandi manovre finanziarie per contenere debito e deficit. A mio parere proprio quella crisi, che toccò gli italiani nel portafoglio, indignò l'opinione pubblica contro le classi dirigenti di allora e rese le inchieste di Mani Pulite tanto popolari.[2]

La confidenza del Pool di Milano coi propri mezzi creò un incidente che ebbe il sapore di una sfida al Parlamento. I primi di febbraio un tenente colonnello della guardia di finanza, su ordine del pm Gherardo Colombo, bussò a Montecitorio per acquisire i bilanci del Partito socialista dei cinque anni precedenti, di norma reperibili sulla Gazzetta Ufficiale e quindi in una qualsiasi libreria. L'inviolabilità del Parlamento è citata anche nei testi di educazione civica per le scuole medie, sicché il presidente della Camera Giorgio Napolitano ordinò di mettere alla porta il militare e chiamò subito Francesco Saverio Borrelli che dapprima cadde dalle nuvole. La spiegazione di Gherardo Colombo fu molto confusa, parlò di «equivoco» e scaricò in parte sulla guardia di finanza. La cosa sembrò chiudersi lì ma poi esplose sul quotidiano «Il Secolo XIX» e le polemiche infiammarono il Parlamento: a non protestare furono solo Lega, Msi e Rete. Napolitano cercò di chiuderla con un comunicato ufficiale:

> Preciso che si è chiesta in maniera irrituale agli uffici della Camera, da parte di ufficiali della guardia di finanza, su invito della Procura di Milano, copia di atti peraltro già pubblicati per obbligo di legge sulla Gazzetta Ufficiale. La segreteria della Camera ha contestato l'irritualità e l'incomprensibilità di tale passo ufficiale. Il procuratore capo di Milano ha espresso a nome del suo ufficio formali scuse.

Borrelli non gradì e rispose a mezzo stampa: «Queste valutazioni sono del presidente della Camera ed è logico che nel chiarire un equivoco ci si scusa sempre».

La tentata incursione della finanza alla Camera, dall'«Indipendente» fu titolata così: *Mani in alto al Psi.*

Lo schianto dei moralisti

Il 13 gennaio venne trasmessa al Parlamento la prima richiesta di autorizzazione a procedere per Craxi, e fu questo a calamitare l'attenzione. Il ministro Guardasigilli Claudio Martelli, delfino storico, se n'era occupato a tempo record. Si era già candidato alla successione di Craxi «per restituire l'onore ai socialisti» ed elogiava di continuo l'operato «salutare» della magistratura. Antonio Di Pietro in quei giorni interrogò per dieci ore filate il suo ex compagno di salotto Valerio Bitetto (Tonino l'aveva conosciuto a casa di Claudio Dini) il quale pronunciò la parola «Craxi» almeno duecentocinquanta volte e tornò subito a casa. L'ex consigliere Enel finirà ugualmente in galera il 26 marzo successivo, divenendo l'oggetto di un contendere davvero inusuale: il gip Italo Ghitti respingerà una richiesta di scarcerazione formulata non dai difensori, ma da Antonio Di Pietro in persona.

Giornalisti e pubblico intanto si erano appassionati all'epilogo della leggenda di Silvano Larini: straricco di suo, faccia da pirata, donne e barche, passava sei mesi all'anno nei mari della Polinesia e gli altri sei a raccogliere finanziamenti per il Psi. In poche ore, rientrando in Italia e dopo aver pranzato in una trattoria della Riviera, disse tutto il possibile contro Craxi e soprattutto Martelli in ottantanove pagine di verbale.

Cosicché, il 10 febbraio, le velleità di Martelli si schiantarono una volta per tutte. Fu indagato e si dimise da ministro della Giustizia, dal Psi e, per molti socialisti, da essere umano. Larini lasciò il carcere dopo quattro giorni e Bettino Craxi lasciò la segreteria del partito dopo quindici anni.

Presto si schianteranno altri improvvisati rinnovatori. Tra questi Giorgio La Malfa, segretario del Pri da lui stesso ribattezzato «partito degli onesti»: verrà indagato e convocato al Palazzaccio divenendo bersaglio di sputi e monetine lanciate da un gruppo di missini aizzati da Riccardo De Corato, futuro onorevole e vicesindaco di Milano.

In Parlamento era un disastro via l'altro. Il 5 marzo il mite ministro Guardasigilli Giovanni Conso, subentrato a Claudio Martelli, tentò di proporre un decreto che depenalizzasse il finanziamento illecito dei partiti più altri reati minori. Da tempo, sin dal luglio precedente, un paio di pm del Pool di Milano si erano lasciati sfuggire una generica disponibilità a discutere un'eventuale legge – o condono, come l'aveva chiamato Gherardo Colombo, ispirato da un'idea del democristiano Roberto Mongini – la quale in sostanza non prevedesse il carcere per chi confessasse e restituisse il dovuto. Il decreto Conso fu tutt'altro, ma nelle intenzioni non era certo una legge troppo permissiva: prevedeva un patteggiamento allargato per i reati di concussione e corruzione con possibilità di sconti di pena che evitassero il carcere, e depenalizzava il finanziamento illecito prevedendo però il pagamento del triplo dei soldi non dichiarati. Una legge valida per i politici come per gli imprenditori, cioè per chi incassava e chi versava.

Ci fu una sorta di trattativa tra governo e Pool, o così pare. Il segretario generale della presidenza del Consiglio, Fernanda Contri, di ritorno da Milano, disse ad Amato più o meno così: «Borrelli mi ha detto che non ci sono problemi, ma avvertono che la misura è largamente antipopolare e quindi non possono garantire nulla».

Furono però commessi diversi errori. Il primo fu quello di vendere il decreto all'opinione pubblica come se corrispondesse a un preciso desiderata del Pool milanese. Il secondo fu quello di sottovalutare Oscar Luigi Scalfaro, che meditava, da tempo, di assumere un ruolo che superasse la tradizionale custodia delle istituzioni per assomigliare sempre di più a una sorta di arbitro-giocatore. Nello stesso 5 marzo in cui Giovanni Conso portava in aula la sua legge, infatti, il presidente del Consiglio era passato dal capo dello Stato: quest'ultimo aveva raccomandato che i fruitori del decreto dovessero lasciare per sempre la politica. Scalfaro aveva predicato qualcosa del genere anche il 26 febbraio, in un discorso a Pavia.

Il governo si riservò di fare semplicemente la legge che gli pareva, avendone la facoltà: l'esclusione a vita dalla politica non fu prevista, e fu aggiunta semmai una norma per ripristinare il segreto istruttorio per come previsto in origine dal nuovo Codice.

Il bello è che per ventiquattr'ore non accadde assolutamente nulla, anzi, Eugenio Scalfari sulla «Repubblica» del 7 marzo scrisse un editoriale un po' sospeso, mentre sul «Corriere della Sera» compariva il titolo positivo *Questo non è un colpo di spugna*.

Poi la rivoluzione. Il Pool si riunì per stilare un comunicato che Francesco Saverio Borrelli lesse direttamente alle telecamere: si prendevano le distanze dal decreto e si paventava «totale paralisi delle indagini e l'impossibilità di accertare fatti e responsabilità». Il Pool, cioè, aveva capito che senza lo spauracchio delle manette l'inchiesta aveva chiuso.

Poi intervenne la libera stampa che lungo l'asse «Corriere» / «Stampa» / «Repubblica» / «Unità» si mise d'accordo per boicottare il decreto: «Decidemmo che quel decreto non andava bene» ha raccontato l'allora vicedirettore dell'«Unità» Piero Sansonetti «e quell'asse fu deciso e funzionò perché insieme potessimo avere un potere politico». «In quel clima» ha aggiunto l'allora caporedattore della «Repubblica» Antonio Polito «ci bastò scrivere "decreto salvaladri" e il gioco era fatto: interpretammo e indirizzammo l'opinione pubblica.»[3]

«La Stampa»: *Furto a Di Pietro*. Il «Corriere»: *Hanno seppellito Mani pulite*. «La Repubblica»: *Il governo dello scippo*. Eccetera. Scoppiò una baraonda incredibile con manifestazioni davanti al palazzo di giustizia milanese. Il presidente del Consiglio Giuliano Amato fu convocato da un ridestato Oscar Luigi Scalfaro che l'incontrò assieme ai presidenti di Camera e Senato. Il decreto non s'aveva da fare, dissero. Scalfaro non l'avrebbe firmato. Fu ritirato.

Quasi dieci anni dopo, Francesco Saverio Borrelli ammetterà:

> La presa di posizione del marzo 1993, sul decreto Conso, era stata – inutile negarlo – una forma di pressione sul Parlamento. Per la verità avevo deciso di intervenire per smentire ciò che diceva il governo, e cioè che quel decreto l'avevamo chiesto noi...
>
> *Perché dice che parlare del decreto Conso fu una forzatura?*
>
> Perché quella esternazione aveva aperto la porta a un equivoco sulla nostra posizione. Non voglio dire che eravamo gli unici interlocutori della politica (sarebbe presumere troppo da se stessi), ma nei fatti eravamo l'unica voce ascoltata. In quel periodo, i nostri uffici erano meta dell'incessante pellegrinaggio di una gran quantità di personaggi politici, che venivano qui per schiarirsi le idee, chiedere consigli, cercare di comprendere le dimensioni e la qualità del fenomeno Tangentopoli. Non dico che pendevano dalle nostre labbra, ma quasi. Quindi oggi è ipocrita affermare che i pubblici ministeri hanno svolto un ruolo di supplenza o addirittura usurpato le funzioni della politica, perché allora c'era la sensazione esattamente contraria: era il mondo politico che veniva da noi per attingere notizie, idee, suggerimenti. Perciò, se noi eravamo in qualche modo degli interlocutori politicamente accreditati, anche la presa di posizione contro il decreto Conso rientrava nel clima, nell'aura di quel momento storico.[4]

Armanini, l'archetipo

Il 19 febbraio aveva esordito anche la giustizia catodica. A «Un giorno in pretura» era in programma la differita del processo al socialista Walter Armanini, celebrato nel maggio precedente. Fu il primo dibattimento televisivo dell'era di Mani pulite, e lui, ex assessore socialista con delega ai cimiteri, divenne l'archetipo del politico arrogante:

> Ho preso dei soldi, ma erano sottoscrizioni volontarie per la mia campagna elettorale. Non c'è stata nessuna concussione, gli imprenditori mi avevano sempre detto: signor assessore, noi siamo qui, non si faccia problemi. E quando io ho avuto necessità, non me ne sono fatti... non ho messo la corda attorno al collo di nessuno.

Armanini durante la carcerazione era quasi finito all'obitorio. Una notte cominciò a perdere sangue da un orecchio e lo portarono in infermeria: un quarto d'ora – gli disse il medico di turno – e sarebbe morto. Non è chiaro quel che successe, ma perse due diottrie da un occhio. Altri particolari li fornì lui: «Per costringermi a dire cose che non sapevo, la notte prima degli interrogatori, per tre volte mi misero in cella un detenuto di colore in crisi di astinenza».[5]

Quel 19 febbraio, alla registrazione di «Un giorno in pretura», Armanini intuì l'inghippo quand'era troppo tardi: invano chiese l'oscuramento del proprio volto. Subito Di Pietro lo canzonò: «È un fatto normale, per lei, chiedere denaro?». L'imputato venne cucinato a fuoco lento e reagì come poté: «Non ho mai considerato un reato chiedere a un privato di darmi una mano in campagna elettorale... Adesso è cambiato tutto... in quel momento ritenevo che fosse giusto chiedere un finanziamento a un privato. Va bene?».

No. Di Pietro chiese 5 anni di galera. La telecamera staccò su Armanini che si lasciò sorprendere con le lacrime agli occhi. Gliene diedero 4 e mezzo con 372 milioni da pagare.

Il giorno dopo, «la Repubblica» se ne uscì con un titolo di scatola: *Di Pietro, otto milioni davanti alla tv*. Il critico televisivo Aldo Grasso, sul «Corriere della Sera», mise invece in rilievo: «Armanini è stato condannato due volte: la prima dalla giustizia ordinaria, la seconda dalla giustizia televisiva».

Il match televisivo pochi giorni dopo diventerà un disco: *Di Pietro speech*, un missaggio dei punti salienti della requisitoria.

Roma, 25 febbraio 1993

> Il 22 sera ho seguito la conclusione della trasmissione di «Un giorno in pretura» contro il signor Armanini e mi sono così entusiasmata per la Sua simpatia ... Le confesso che ho un sogno nel cassetto: vedere Lei giudicare il signor Craxi...
>
> *Lettera firmata*[6]

Salvate Romiti

I metodi alla Di Pietro – parlavi, uscivi – si può dire che funzionavano, ma se poi risultava che avevi taciuto qualcosa i pm si arrabbiavano molto. Il cassiere dc Maurizio Prada, per esempio, il 15 febbraio 1993 fu richiamato perché risultava che non avesse parlato di alcune tangenti: e un componente del Pool voleva ingabbiarlo ancora. Non accadde perché Di Pietro si oppose: si ritrovò con Prada e il suo avvocato, Lucibello, sinché il cassiere democristiano dovette confessare che anche i manager Fiat Antonio Mosconi e Paolo Mattioli sapevano di certe tangenti per un'azienda municipale.

Per la Fiat fu un periodo di passione. Misero in galera altri quattro manager mentre il redivivo Enso Papi, già arrestato e liberato, varcò nuovamente la soglia della procura e confessò che i dirigenti Mattioli e Mosconi l'avevano autorizzato a pagare tangenti. Il problema è che nello stesso istante, dall'ufficio stampa Fiat di corso Marconi, diramavano questo comunicato: «I due dirigenti dimostreranno al più presto la loro completa estraneità».

Il 18 marzo perciò ci fu quasi una rissa. Maurizio Prada, mentre i vari manager Fiat erano sempre dentro, mise a verbale che Paolo Mattioli non la stava contando giusta: era a conoscenza delle mazzette – disse – e gliene avevano parlato durante una cena d'affari. L'avvocato Chiusano prese a minacciare[7] Prada e scoppiò un parapiglia incredibile, quasi volarono botte. Morale: arresti per altri tre manager Fiat. E il Tribunale della libertà, il 25 marzo, rifiutò di scarcerare Mosconi e Mattioli. Un colpo durissimo.

Il «Corriere della Sera» il giorno dopo occupò tre pagine della cultura per pubblicare alcune lettere che Enso Papi aveva scritto dal carcere. Il mistero di quelle pagine non fu mai chiarito, resta che non interruppe i problemi di casa Fiat: il 2 aprile si costituì il manager latitante Riccardo Ruggeri e il 7 partì l'ordine d'arresto per Giorgio Garuzzo, altissimo dirigente di corso Marconi. Piercamillo Davigo valutò seriamente di commissariare la Cogefar-Fiat (non la Fiat intera, come scrisse qualcuno) e due civilisti milanesi andarono dal pm per scongiurare quest'ipotesi: ma Davigo li cacciò via. Alla fine la Cogefar-Fiat non verrà commissariata. Neppure la Ferruzzi di Gardini verrà commissariata. Solo Publitalia, nelle intenzioni, lo sarà.

Il 13 aprile Gianni Agnelli indisse una riunione per inventariare i versamenti in nero della Fiat. Si predispose un memoriale. Il giorno dopo, il manager Antonio Mosconi cominciò a parlare dalla galera, e in quarantott'ore fu libero. Ha raccontato il suo legale: «Mosconi condivideva la cella con tre persone. Si dormiva su materassi stesi per terra e c'era un malagevole gabinetto senza porta né possibilità di aerazione. Topi, in massiccia quantità, sfilavano al di là del finestrino, pronti a entrare qualora lo si aprisse». In precedenza era spiccato il racconto del socialista Claudio Bonfanti che a San Vittore aveva catturato un topo con le mani. Era un genere che andava molto, tra i giornalisti: lo pseudoverismo carcerario del potente con l'occhio a spiare nella serratura delle loro prigioni, indugiando sulle dimensioni della turca, sulla densità demografica di uomini e scarafaggi, sulla barba e le depressioni dell'ex ministro.

Impressionante, nondimeno, fu anche quando il manager Mattioli venne scarcerato: all'uscita non trovò nessuno. Allibiti i cronisti. Mattioli era un supercapo Fiat e ora eccolo lì, da solo, coi sacchetti in mano. Sconvolto, rientrò provvisoriamente in carcere.

Il 17 aprile 1993 si diffusero voci su un possibile arresto di Cesare Romiti. Intanto in procura c'era un supervertice con il Pool e tre avvocati della Fiat. Gianni Agnelli, nello stesso momento, parlava al Teatro la Fenice di Venezia (quello che andrà a fuoco) e il suo discorso fu interpretato come un segnale: «Anche da noi» disse «si sono verificati episodi non corretti». E qui, secondo una leggenda giornalistica, accadde qualcosa. Un paio d'ore dopo, Colombo e Di Pietro uscirono dall'ufficio e si chiusero in un angoletto coi loro cellulari. C'è un cronista che lo giura ancora oggi: avrebbe udito un «fermate gli arresti» mentre un altro cronista sentì distintamente «fermate l'arresto». Ma D'Ambrosio e Davigo hanno smentito.

Alla fine, comunque, erano tutti contenti. Davigo disse che c'era stato «un segnale positivo» e quattro manager Fiat latitanti rientrarono con dei voli privati. Solo l'avvocato Carlo Taormina non era tanto contento: «Il mio cliente Giuseppe Ciarrapico» disse «è in galera: perché Romiti no?». Borrelli rispose: «I legali della Fiat hanno espresso disponibilità a collaborare». Taormina replicò ancora: «Il Codice non prevede soluzioni del genere. Un arresto o è motivato o non lo è. Alla base di ogni collaborazione, inoltre, vi è sempre un accordo: quale?».

Il 21 aprile 1993 un elicottero sorvolava Milano segnalando la propria posizione praticamente ogni secondo. Atterrò e il prezioso passeggero fu chiuso in questura, completamente isolata per l'occasione. Giunsero delle volanti a sirene spiegate: era il Pool. Questo per interrogare un semplice teste: Cesare Romiti.

Il numero due della Fiat lodò dapprima Enrico Berlinguer (la questione morale) e poi parlò malissimo di Bettino Craxi, Giulio Andreotti e Ciriaco De Mita. Disse che le responsabilità delle tangenti Fiat erano tutte addebitabili agli amministratori delle società controllate (dunque non a lui) e parlò di un conto estero di nome Sacisa. Disse ai magistrati: «In altre circostanze saremmo diventati amici». Il clima si distese. Di Pietro fece persino il burlone; telefonò all'avvocato della Fiat, Vittorio Chiusano, e gli disse davanti a tutti: «Guardi che per Romiti le cose si mettono male». E risate. Anche di Romiti.

Però due giorni prima, come risulterà, Romiti aveva fatto bruciare delle carte. Il manager Antonio Mosconi metterà a verbale: «A Vaduz [*Liechtenstein*] dovevano scegliere chi doveva attribuirsi i fatti commessi ... hanno deciso di distruggere o comunque occultare tutto il resto del conto Sacisa, in modo da dare all'autorità giudiziaria alcune specifiche informazioni per farla contenta e chiudere così il conto con la Procura di Milano ... ritengo che tutto ciò sia stato coordinato e disposto da Romiti, in quanto fu lo stesso Romiti che dette ordine in tal senso».

Ma questo allora non si sapeva ancora, e Romiti era tutto preso dalla sua opera di distensione con la procura. Così, il 24 aprile, il «Corriere della Sera» titolò: *Aiutiamoli, questi giudici, stanno cambiando l'Italia*. L'esortazione di Romiti giungeva a un anno e mezzo dall'inizio dell'inchiesta, dopo una quindicina di arresti in casa Fiat, dopo la minaccia del commissariamento e dopo la latitanza di quattro dirigenti. Romiti, quel mattino, si presentò in procura con il «Corriere della Sera» in mano e presentò un memoriale che accennava a «degenerazioni politico-istituzionali non addebitabili alla volontà degli imprenditori». Al chiaro compiacimento del Pool si opporranno le perplessità del gip Italo Ghitti, cui non piaceva per niente quella collaborazione. Il tempo gli darà ragione. Nei fatti, Romiti non era neppure indagato e i pm accettarono che le responsabilità fossero state attribuite ai dirigenti subalterni.

La maggior parte dei giornali scrisse della deposizione di Romiti definendola «una svolta». Fece eccezione qualche altra uscita di Carlo Taormina («Devo rilevare disparità di trattamenti rispetto ad altri personaggi» disse), ma soprattutto l'articolo *Latitante, ripassi domani* firmato da Frank Cimini sul «Mattino» il 28 aprile, a commento del quale, nello stesso giorno, scrisse il suo direttore Pasquale Nonno:

> La procura milanese ha fatto un accordo con la Fiat, cioè con una azienda nel suo complesso. Così il direttore generale della Fiat, latitante, viene consigliato a non presentarsi ... Gli industriali italiani si sono messi d'accordo con i politici, negli anni passati, per fare soldi, e si mettono d'accordo ora, con i giudici, per farla franca.

«Il Mattino» fu querelato dal Pool milanese (anche se non se n'è saputo più nulla, riferisce oggi Frank Cimini) e a distanza di ventiquattr'ore il «Corriere della Sera» titolò così: *Il Mattino: l'editore non vuole più Pasquale Nonno*. L'editore era Stefano Romanazzi, in stretti rapporti d'affari con la Fiat. Pasquale Nonno lasciò la direzione trenta giorni dopo.

Il 25 aprile, però, proprio dal «Corriere» si poteva apprendere che anche la Procura di Torino stava indagando sulla Fiat. Fu l'inizio di una querelle in cui non ci addentreremo. I filoni Fiat verranno sparsi per mezz'Italia e ciascuno darà valutazioni diverse: ai magistrati di Roma, per esempio, sfuggirà il dettaglio (che non sfuggirà ai colleghi torinesi) che della «consociata» Cogefar-Fiat Romiti fu consigliere, vicepresidente, membro del comitato esecutivo e amministratore delegato, e questo per dieci anni. È interessante – sempre per capire certi metodi d'indagine di Mani pulite – come questo particolare non fu mai «confessato» da nessuno: bastò, a un certo punto, quello che nessun magistrato milanese o romano aveva ancora fatto: una visura camerale.

Per scoprire che la deposizione di Romiti era stata sommariamente ridicola non sarebbe occorso molto tempo. Il 21 gennaio 1994, al valico di Ponte Chiasso, i finanzieri infatti fermarono il manager Fiat Ugo Montevecchi con una valigia di carte: stava cercando di far rientrare qualche scampolo documentale dello stesso conto Sacisa che Romiti aveva ordinato di bruciare dopo averlo fatto trasferire da Lugano a Vaduz. Nella valigia furono trovate anche delle altre carte che lasciavano intuire l'esistenza di un altro conto che Romiti aveva celato agli inquirenti.

Per capirne di più, Di Pietro cercò di torchiare nuovamente il manager Antonio Mosconi coi suoi sistemi. L'11 febbraio lo mandò ad arrestare, ma gli agenti lo trovarono a letto in condizioni critiche. Mosconi era un uomo che aveva collaborato, aveva rinunciato alla difesa dell'irriducibile Vittorio Chiusano, era in una situazione professionale compromessa perché Romiti gliel'aveva giurata. Non bastasse, era stato appena operato per un'ernia inguinale. Di Pietro gli disse che l'avrebbe fatto comunque trasferire in carcere, e quello cedette.

Romiti, disse Mosconi, sapeva e disponeva del conto Sacisa, e aveva predisposto la riunione a Vaduz per far bruciare un po' di carte. Inoltre, a Milano, aveva presentato un memoriale che era una collezione di omissioni. Mosconi stava prefigurando una serie di esemplari inquinamenti probatori, roba da arresto.

Il Pool arrestò Romiti? No, la Fiat licenziò Mosconi. Il manager Francesco Torri lo sostituì e diventò amministratore delegato.[8] Il 13 dicembre venne liquidata un'altra lingua lunga: Giorgio Garuzzo, licenziato da Giovanni Agnelli in persona. L'altro manager Paolo Mattioli, invece, condannato a 2 anni e mezzo, non fu licenziato: il suo nome fu stampigliato nella gerenza del quotidiano «La Stampa». Il dignitoso primato di chi ha maggiormente ricompensato i silenti e punito i delatori, in Mani pulite, fu conteso tra la Fiat e il Pds.

A confermarlo c'è un ultimo racconto di Mosconi. La Fiat, disse, aveva fatto confluire anche 200 milioni su tre conti bancari intestati ai pidiessini Renato Morandina e Cesare De Piccoli. Erano destinati a «finanziare la campagna elettorale dell'onorevole Massimo D'Alema», disse Mosconi a Di Pietro.

Le reazioni degli ambienti dalemiani furono violentissime. E ci fu qualcosa di grandioso in questo signor Renato Morandina che alle 10 del mattino era già lì, a palazzo di giustizia, a bussare e a spiegare che quei 200 milioni erano solo suoi. Ma li aveva già spesi, oltretutto. E perché un manager della Fiat glieli aveva dati? E perché li aveva prelevati da un conto svizzero? Erano – rispose – soltanto il compenso per una consulenza. Che tenerezza: Morandina era solo un maestro elementare. Nel suo modello 740 di quel compenso non trovarono traccia; delle consulenze neppure. Di Pietro lo lasciò andare.

Romiti, al dunque, le manette non le vide mai. Neppure quando, il 22 febbraio 1994, alle confessioni di Mosconi seguirono quelle dell'ex segretario di Craxi Mauro Giallombardo nel corso del processo Cusani: confermò che il numero due di corso Marconi aveva fatto accreditare 5 miliardi al Psi. A Mani pulite iniziata.

Sulle inchieste Fiat di tutta Italia peserà comunque lo spirito accentratore di Tonino Di Pietro. Il 31 aprile 1993, per esempio, il manager Enso Papi venne convocato a Torino con procedura d'urgenza: ma all'ora prevista, le 10, non si fece vedere perché Di Pietro aveva voluto ascoltarlo per primo. Gli atti delle inchieste Fiat migreranno lentamente a Torino solo dopo le dimissioni del grande accentratore: a smistarli sarà il pm milanese Elio Ramondini che li ritrovò rinchiusi in uno stanzone che li precludeva alle competenze delle procure di mezza Italia, come appurerà il magistrato Marcello Maddalena.[9] Il grande accentratore riuscirà a litigare con la Procura di Torino anche nell'ottobre successivo: una delle questioni sul tappeto, nell'inchiesta torinese per falso in bilancio contro la Fiat, era infatti se le tangenti ai socialisti avessero avuto il consenso di Romiti. Maddalena avrebbe voluto chiederlo a Craxi che all'epoca non era mai stato interrogato da nessuno. Riuscirono a organizzare l'incontro grazie all'intercessione di Andrea Galasso, difensore del socialista Giuseppe Garesio: avrebbero dovuto vedersi i primi di ottobre. Ma Di Pietro lo venne a sapere ed ebbe una mezza crisi isterica: nelle successive telefonate con Torino volarono parole grosse. E non si sa come, né ufficialmente perché, ma riuscì a impedire l'incontro. Annunciò che sarebbe stato soltanto lui a incontrare Craxi. I torinesi dovettero accodarsi.

Nobili e meno

I primi di giugno, «L'Espresso» riportò un interrogatorio di Umberto Belliazzi, capo dell'ufficio di rappresentanza romano della Fiat. Belliazzi tirava in ballo l'ex sindaco di Roma ed ex ministro Guardasigilli Clelio Darida, mentre su Cesare Romiti, richiesto, non disse praticamente nulla. Finì dentro. Ma il giorno stesso, alle 16, dopo riflessione, chiese un nuovo interrogatorio. Eccolo:

Di Pietro: lei ha avuto rapporti diretti anche con il dottor Romiti?

Belliazzi: avevo anche indicazioni dirette dal dottor Romiti, convegni, appuntamenti.

Di Pietro: lei ha riferito di richieste di denaro a Romiti?

Belliazzi: è possibile che ne abbia parlato con Romiti.

Sarebbe stato anche umano non ricordarsi davvero.

Di Pietro: (massaggiandosi il polpaccio) cerchi di ricordarsi meglio. Intanto torni a San Vittore.[10]

Poco male: almeno aveva tirato in ballo Clelio Darida, accusato d'aver messo in contatto la Fiat e il Psi per il pagamento di una tangente. Il referente per il Psi era un vecchio commercialista romano, Crescenzio Bernardini: nonostante l'età, settantotto anni, fu portato a San Vittore per tre giorni, e poi riportato a Roma, e poi riarrestato per un giorno, e poi messo agli arresti domiciliari: ma solo per obbligo di legge. Pochi giorni dopo, il professor Aldo Aureggi certificherà a Belliazzi, visitato d'urgenza, «un grave stato di ansia depressiva» oltre a disturbi cardiocircolatori.[11] Morirà due anni dopo. Era vecchio anche lui.

Il 7 giugno Clelio Darida fu arrestato su richiesta dei pm Di Pietro e Paolo Ielo. Il filone era quello denominato Intermetro, i lavori per la metropolitana romana. Darida venne svegliato alle 6.45, ammanettato, trasferito alla Questura di Milano e infine a San Vittore. Gli vietarono di partecipare alla messa domenicale e lo misero in isolamento dopo che un brigatista, nell'incontrarlo in infermeria, l'aveva riconosciuto maliziosamente quale padre del vecchio articolo 90, l'attuale 41 bis, il carcere duro. Poi l'interrogatorio di convalida:

> Avrebbe dovuto partecipare anche Di Pietro, ma tardava. Cominciò il Gip che mi chiese: ha letto l'ordine di custodia cautelare? Risposi: sì, ne ho letto la sintesi sull'«Espresso» ... Ghitti non mise la frase a verbale ... L'interrogatorio fu fulmineo. Che cosa ha da dire? Respingo ogni addebito, mi dichiaro innocente, non ho altro da dire. Letto, confermato e sottoscritto. Poi è arrivato Di Pietro. Ha detto: mi dispiace, avevo da fare. Mi ha dato la mano, ha letto il verbale, rapido come il pensiero. Chiuso. Il mio rapporto con Di Pietro è cominciato ed è finito qui. Non l'ho più visto nei miei due mesi di carcere.[12]

Dopo una quarantina di giorni dal suo arresto, il Pool si decise a predisporre un confronto con l'accusatore Belliazzi: ma quest'ultimo non disse mai che Darida gli aveva chiesto quattrini. Né mai lo dissero altri imprenditori interrogati nello stesso periodo. Darida rimase in carcere lo stesso. In pratica era accusato d'aver inventato lo «schema di ripartizione» delle tangenti per la metropolitana:

> Il mio avvocato milanese, Salvatore Catalano, mi disse: se te la senti di restare in carcere, alla fine dovranno arrendersi, visto che contro di te non hanno niente. Allora io mi son fatto l'idea che qualcuno possa aver pensato: questo è un signorino, se ne va un po' in cottura a San Vittore e vedi che miniera di notizie diventa. Mi feci mandare un po' di libri da casa e cominciai a leggere.[13]

Dirà Primo Greganti:

> Ho dei dubbi che la maggior parte degli inquisiti che sono stati in galera abbiano detto tutta la verità. Alcuni hanno certo detto cose non vere ... ognuno ha detto ciò che in quel momento gli sembrava più utile per poter uscire dal carcere. D'altra parte, è inevitabile che questo accada quando per l'imputato il problema più immediato e urgente è quello di uscire dal carcere ... A San Vittore ho incontrato un personaggio importante, molto noto, che mi ha detto: «A me non me ne frega niente, io appena m'interrogano firmo qualsiasi cosa, poi ritratterò tutto al processo. Io qui dentro non ci voglio più stare neanche un giorno». Era stato arrestato il giorno prima ed è stato rimesso in libertà qualche giorno dopo.[14]

Darida rimase a San Vittore quasi due mesi e poi l'inchiesta passò a Roma, come sembrava logico sin dall'inizio: la metropolitana, in effetti, era quella di Roma. Lasciò il carcere solo il 31 luglio e restò ai domiciliari sino al 9 settembre. Il gip della capitale e la Cassazione dovettero ammettere che contro di lui non c'era assolutamente nulla, e così pure avrebbe poi fatto la Corte d'appello: l'avevano arrestato senza praticamente ascoltarlo e senza un avviso di garanzia. Le accuse si dimostrarono talmente fragili che non lo processarono neanche: il 25 luglio 1994 fu prosciolto dal gip Adele Rando data «la completa assenza di elementi probatori». Il 20 marzo 1997 la Corte d'appello di Roma disporrà una riparazione di 100 milioni per ingiusta detenzione, massima cifra concessa all'epoca. La Corte specificò che l'arresto di Darida non sarebbe stato necessario neppure se si fosse rivelato colpevole.

Nei primi giorni del luglio 1993, dopo l'interrogatorio di Romano Prodi, il presidente Oscar Luigi Scalfaro deplorò un uso eccessivo delle manette. Il procuratore capo Borrelli ribatté così: «Noi ci siamo sempre e soltanto attenuti alla legge». Aggiunse il gip Italo Ghitti: «Le valutazioni non si fanno in astratto, bisogna esaminare i casi concreti».

Replicò Carla Mosca sul «Giorno»:

> Si chiedono casi concreti, con nomi e cognomi? I primi sono quelli di Gabriele Cagliari e Franco Nobili ... Poco meno che settantenni, sono entrambi ex manager di Stato decaduti dalle cariche: dunque non potrebbero reiterare nel reato neppure se lo volessero, né, per lo stesso motivo, potrebbero inquinare le prove dal momento che le loro carte sono state messe sotto sequestro ... Viene il dubbio che Cagliari e Nobili stiano in galera perché erano responsabili di enti pubblici: simboli, insomma, di uno Stato che va punito e tenuto in scacco.[15]

Gabriele Cagliari sarà giudicato da un altro tipo di tribunale.

Franco Nobili, presidente dell'Iri, invece sarebbe stato assolto. Di Pietro l'aveva mandato ad arrestare il 12 maggio ed erano in molti ad averlo tirato in ballo in vari verbali: nessuno che però avesse mai ammesso d'avergli dato soldi. L'accusa, dunque, era di «sapere».

Qualche giorno dopo fu interrogato da Gherardo Colombo che gli disse: «Lei è qui per raccontarci tutte le nefandezze dell'Iri». Rispose Nobili: «Non le conosco».[16]

Il successivo interrogatorio fu la bellezza di un mese dopo. Andò Di Pietro, ma l'incontro durò un minuto perché Nobili non aveva cambiato posizione.

Un sabato di fine giugno, poi, sorpresa: Nobili fu caricato su un furgone cellulare e dopo sette ore di viaggio eccolo a Salerno. Rimase ignaro in una cella per quattro giorni, sinché gli contestarono il pagamento di una tangente alla fine del 1989 per conto della Cogefar-Fiat di cui era stato presidente. Nobili fece presente che lui, all'epoca, già da due mesi era presidente dell'Iri. Si erano sbagliati. Il pubblico ministero salernitano chiese subito il proscioglimento, ma il gip, diciamo così, per prudenza, lo rinviò a giudizio lo stesso. Lo riportarono a San Vittore e lo liberarono il 27 luglio, senza che fosse accaduto nulla di nuovo a parte i suicidi di Gabriele Cagliari e Raul Gardini.

Franco Nobili, in primo grado, sarà incredibilmente condannato a 2 anni e 7 mesi per via di questa sola dichiarazione dell'accusatore Fulvio Tornich: «Incontrando Nobili in un luogo che non ricordo, gli riferii che un dirigente mi aveva detto che bisognava dare 600 milioni al tesoriere Psi Vincenzo Balzamo per un appalto Enel ... Nobili non mi rispose né con un cenno né con una parola. Mi ritenni autorizzato». L'appalto in questione era del 1987 e Nobili giunse all'Iri nel 1989; ma Nobili non poté neppure contraddire il suo accusatore perché la riforma dell'articolo 513 non era ancora stata approvata – come vedremo poi – e quindi Tornich non dovette neppure ripetere le accuse in tribunale: per ottenere la condanna di Nobili bastò riproporre il verbale d'interrogatorio strappato in galera. Già assolto a Salerno, Nobili nell'arco di sette anni sarà assolto in appello anche a Milano. Un altro processo che lo riguardava, a Roma, sarà interrotto anzitempo per prescrizione.

Craxi, il discorso, il silenzio

Bettino Craxi, il 24 gennaio, aveva preso la parola alla Camera per chiedere l'istituzione di una commissione d'inchiesta che indagasse sul finanziamento illecito ai partiti negli ultimi vent'anni, ma la proposta era caduta nel vuoto. Troppo tardi: il paese stava per precipitare in un vortice senza fine. Il 29 gennaio la Procura di Milano ordinò sette arresti, spedì sei avvisi di garanzia pesantissimi e mandò a perquisire la sede del Psi di via del Corso: *Terremoto tangenti sui partiti* titolò il «Corriere» parlando addirittura di «giorno più teso della Repubblica». Non avevano ancora visto niente.

Il 19 febbraio, tra Roma e Milano, ci furono trentacinque arresti in un solo giorno. Due ministri, Francesco De Lorenzo e Giovanni Goria, si dimisero rispettivamente dalla Sanità e dalle Finanze. Il ministro Franco Reviglio, che aveva sostituito Goria, dovette lasciare il 29 marzo per via dell'inchiesta Eni. Era il settimo ministro del governo a doversi ritirare per lo stesso motivo.

Così, il 22 aprile, si dimise anche Giuliano Amato. Al suo posto fu designato il «tecnico» Carlo Azeglio Ciampi, già governatore della Banca d'Italia. Il governo, per la prima volta nella storia della Repubblica, era guidato da un non parlamentare e ospitava tre ministri del Pds.

Ed eccoci al 29 e 30 aprile, i giorni dell'assedio all'Hotel Raphaël e del linciaggio come estetica rivoluzionaria. Uno dei discorsi più belli e drammatici della storia della Repubblica purtroppo coincise con la morte politica di chi lo pronunciò.

Craxi scrisse quel discorso a Monte Mario, a casa di un'amica. Il discorso pareva funzionare ma il calcolo dei voti pro e contro non lasciava scampo. Antichi favori andavano nella direzione di un appoggio segreto dei Radicali e della parte di Rifondazione comunista legata ad Armando Cossutta e al Manifesto, ma non bastava. Mancavano almeno 58 voti.

Il 29 aprile Craxi si affacciò alla Camera vestito di blu e con una cartellina rosa sotto braccio. Il relatore della giunta per le autorizzazioni a procedere, il democristiano Roberto Pinza, stava già spiegando che personalmente era favorevole a tutte le autorizzazioni del caso. Le tribune erano affollate da una dozzina di emittenti straniere tra cui una televisione messicana. Si vedevano Paolo Liguori, Giuliano Ferrara, Emanuele Macaluso e Luca Josi, fedelissimo di Craxi.

Prima dell'intervento del leader socialista ce ne furono un'altra decina senza particolare gloria. Marco Pannella, dopo una serie di subordinate senza ritorno, disse che avrebbe votato a favore delle autorizzazioni. Craxi a quel punto si voltò verso le tribune e allargò le braccia come a dire che era finita. A favore delle autorizzazioni si dissero poi anche il verde Mauro Paissan, il missino Filippo Berselli, il leghista Luigi Rossi e il diessino Giovanni Correnti. Craxi, intanto, stava sempre seduto, talvolta distratto. Poi toccò a lui, e l'aula si gremì. Gianfranco Fini rientrò in aula, Achille Occhetto preferì restare fuori.

Dello straordinario silenzio che seguirà, per 54 minuti, si farà letteratura.

Craxi ricamò attorno alle sue 39 cartelle. Cercò di inaugurare una Grande Confessione cui nessuno darà seguito: «Craxi aveva capito» ammetterà anni dopo anche il procuratore aggiunto Gerardo D'Ambrosio «e avrebbe favorito, forse, una soluzione seria, ma fu vittima di un meccanismo perverso con i partiti che volevano approfittare delle disgrazie altrui».

Il leader socialista ammise le continue violazioni della legge da parte di quasi tutte le forze politiche e denunciò la criminalizzazione dei partiti rispetto a fatti di corruzione personali:

> La vicenda dei finanziamenti illegali ha accompagnato le vicende italiane dal dopoguerra: il fatto che tutto questo avvenisse senza l'insorgere di clamorose contestazioni e denunce, senza particolari conflitti ... significa che il sistema in funzione, e le sue irregolarità, non solo erano in principio riconosciute, ma erano contestualmente accettate e condivise, almeno dai più ... È un sistema cui hanno concorso tutti i maggiori gruppi industriali del paese, privati e pubblici, gruppi e società influenti anche sui mercati internazionali ... Di questi tutto si può dire, tranne che siano state vittime di una prepotenza, di un'imposizione, di un sistema vessatorio e oppressivo di cui non vedevano l'ora di liberarsi.

Poi il passaggio che cristallizzò la platea:

> Non credo che ci sia nessuno, in quest'aula, responsabile politico di organizzazioni importanti, che possa alzarsi e pronunciare un giuramento in senso contrario a quanto affermo: presto o tardi i fatti si incaricherebbero di dichiararlo spergiuro.

Quel giorno ne sarebbe bastato uno solo, di scemo disposto ad alzarsi: ma il Parlamento aveva esaurito anche quelli.

Il voto fu una scheggia: la voce del presidente Giorgio Napolitano scandì la concessione di due autorizzazioni a procedere su sei: sì alle indagini per corruzione a Roma e per finanziamento illecito a Milano, no per corruzione «in luogo non accertato» e per il reato di ricettazione. Dopo un attimo d'incertezza, partirono applausi sarcastici da missini, leghisti e dalle sinistre.

Lo spettacolo stava per cominciare. Mazzi di volantini furono gettati tra i banchi, un deputato leghista incrociò le braccia simbolizzando le manette, e furono pugni battuti sui banchi, «Ladri di regime», «Mafiosi», il presidente della Camera ordinò di sgomberare le tribune, il socialista Giulio Di Donato lanciò un fascicolo verso Leoluca Orlando, un altro socialista, Giacomo Maccheroni, venne trattenuto dai colleghi mentre si scagliava contro Nando Dalla Chiesa.

Tutti i volantini e i cartelli di protesta erano già preparati, dunque preventivati. Il democristiano Francesco D'Onofrio fece capire che i voti a favore di Craxi erano giocoforza venuti anche dall'opposizione e Gianfranco Fini perse la calma: «Se dici queste cose sei un mascalzone, siete dei ladri che hanno difeso altri ladri». Più tardi annuncerà una lettera a Francesco Saverio Borrelli in cui esprimerà «solidarietà e sincero apprezzamento» e soprattutto auspicherà che sia superato «l'inammissibile scudo dell'immunità parlamentare». In quelle ore, del resto, lo chiesero un po' tutti.

La sinistra ritirò il sostegno al governo Ciampi alle 20.22: il nuovo Consiglio dei ministri non si era neppure insediato. Il verde Francesco Rutelli era stato ministro dell'Ambiente per poche ore, tanto che Carlo Azeglio Ciampi sarà costretto a un rimpasto prima ancora di aver ricevuto la fiducia dalle Camere. Presto il voto segreto per le autorizzazioni a procedere verrà abolito, e i lavoratori, il 1° maggio, l'unica festa vorranno farla a Craxi.

Dirà Giovanni Pellegrino:

> Noi della sinistra consentimmo che venisse cancellato l'istituto dell'autorizzazione a procedere, strumento a tutela dell'autonomia del potere politico rispetto al potere giudiziario. E si aprì la strada alla mattanza di partiti di governo. Avevamo una sponda al Quirinale, e l'ansia di raccogliere i frutti sul piano elettorale era tale che facemmo in modo che quel Parlamento venisse sciolto anticipatamente.[17]

Eppure, quel 29 aprile, Bettino Craxi ancora non sapeva che cosa l'avrebbe atteso l'indomani. Cenò al Raphaël, tranquillamente, con pochi fedelissimi e la donna che amava. Sembrava tutto normale.

Nani e monetine

La stanza di Craxi non aveva l'affaccio sulla strada ma si sentiva lo stesso un certo trambusto: «Cos'è questo casino?» chiese. Era il 30 aprile e il casino era che in tutte le città d'Italia c'erano migliaia di manifestazioni contro di lui. C'erano occupazioni e presidi e sit-in e proteste, i centralini del Parlamento e dei quotidiani erano ingolfati di strepiti, le forze politiche facevano a gara nell'improvvisare comizi, la sua casa milanese era assediata, Montecitorio era circondato di bandiere e striscioni, piazza Colonna era sigillata dalla polizia, i commercianti avevano svuotato le vetrine per protesta, le sedi socialiste e democristiane dello Stivale erano presidiate come ai tempi del terrorismo, il missino Riccardo De Corato si era ammanettato davanti all'ufficio craxiano di piazza Duomo, nella stessa piazza già rumoreggiavano centinaia di persone, il fido Ugo Intini era stato preso a sassate durante un'intervista, i verdi milanesi tiravano monete e oggetti vari contro la sede socialista di corso Magenta, decine di università, per esempio a Venezia, erano state occupate dagli studenti anche con l'appoggio dei rettori.

Succedeva questo. Il presidente dei giovani industriali Aldo Fumagalli chiedeva di manifestare «contro una delle pagine più nere della storia», il cardinal Martini invitava i cittadini alla «veglia dei lavoratori», l'Arci parlava di «scempio delle istituzioni democratiche», la Lega delle cooperative di «rischio per la tenuta democratica del paese», i metalmeccanici proclamavano due ore di sciopero, i liceali saltavano le lezioni, «Repubblica» aveva il titolo più grande della sua storia, *Vergogna, assolto Craxi*, con Eugenio Scalfari a scrivere: «Dopo il rapimento e l'uccisione di Moro, è il giorno più grave della nostra storia repubblicana. Forse c'è addirittura un filo nero che lega uno all'altro questi due avvenimenti».

Il filo, nel frattempo, aveva lo spessore di una corda. Giorgio Forattini la disegnò annodata al piede di un Craxi raffigurato a testa in giù, come a piazzale Loreto. In basso a destra, sempre sul quotidiano di Scalfari, si annunciava un comizio di Achille Occhetto in piazza Navona, ore 18.

Silvio Berlusconi, intercettato vicino all'Hotel Raphaël da una sua Tv, non badava ancora ai consensi: «Sono amico di Bettino da vent'anni, e da amico, personalmente, sono contento per lui: mi sembra che basti. Che rispetto potrei avere di me stesso, se dovessi voltargli le spalle nel momento della cattiva sorte?». Intanto Paolo Bonaiuti, suo futuro uomo-ombra, scriveva un violentissimo editoriale contro Craxi sulla prima pagina del «Messaggero».

Bettino Craxi cominciò a intuire che qualcosa non andava alle 6 del pomeriggio: a largo Febo, dove c'è il Raphaël, riecheggiava il comizio di piazza Navona. Il cielo si stava abbrunendo e intanto davanti al Raphaël c'era sempre più gente, perlopiù reduci dal comizio.

Tra i poliziotti che entravano e uscivano dall'hotel era palpabile una certa insofferenza. Forse sarebbe bastato bloccare le vie d'accesso all'albergo, ma ormai era tardi, la folla s'ingrossava ogni minuto. Si udì un boato: era finito il comizio di Occhetto ed ecco giungere davanti all'hotel ancora più gente, arginata malamente da solo due cordoni di celerini.

Era quasi buio e la folla gridava «Sei fi-ni-to, sei fi-ni-to», «su-i-ci-dio, su-i-ci-dio». I poliziotti, nella hall, cominciarono seriamente a temere di non poter controllare la situazione. Nicola Mansi, l'autista di Bettino, fece da tramite fra loro e Craxi che era ancora nella sua stanza. Un tizio in borghese provò con Luca Josi, l'uomo più vicino a Craxi in quel periodo di sventura: «Deve convincerlo a uscire dal retro». «Glielo dica lei» rispose Josi.

Si sentì un botto: Craxi era uscito dall'ascensore dando un calcio alla porta. Si mise a posto la cravatta e si avvicinò a un gruppo di turisti: «Scusate il casino». Si accostò alla vetrata con un sorrisone beffardo e attraversò un nugolo di poliziotti che aprì come le acque di Mosè: «Dicono che dovresti uscire da dietro» gli bisbigliò Nicola. Craxi si voltò di tre quarti e chiese soltanto: «La macchina è pronta?». «Sì.» «Bene.» Un attimo di pausa. «Allora andiamo.»

Craxi diede un calcione alla porta, tipo uscita dal saloon, e fu un'esplosione. La scena era illuminata a giorno dai flash e dai faretti delle telecamere, a guardarla in televisione sembra primo pomeriggio: sulla Thema marroncina salirono lui, Nicola alla guida e dietro Luca Josi e il fotografo Umberto Cicconi. Volarono urla, sassi, monetine, accendini e anche un ombrello. Cicconi sanguinò dalla testa, Josi si prese qualcosa in un occhio, Craxi sorrideva. Pugni sul vetro, colpi di casco, sassi sulla carrozzeria, nessun filtro tra l'auto e i dimostranti, i poliziotti erano tutti spersi o travolti. Craxi sorrideva dal finestrino.

Ha raccontato la giornalista Rai Valeria Coiante:

> Eravamo a piazza Navona, c'era la manifestazione del Pds, facevo le mie interviste di routine. Arriva la notizia: negata autorizzazione a procedere per Craxi. Si avvicina il collega Fabrizio Falconi del Tg4: «Andiamo al Raphaël, si sta radunando un sacco di gente». C'eravamo solo noi, quel giorno, io col mio operatore e lui col suo. A un certo punto il cordone dei poliziotti mi allontana dall'operatore, io comincio a dargli istruzioni col microfono, lui era in cuffia, era l'unico modo per comunicare con lui in quel casino: «Rimani sempre acceso, prendi tut-

to, fammi quelli coi cartelli e con le mille lire...». La folla urlava sempre di più, un mare di persone si riversava nel vicolo stretto, la polizia infilava i caschi e parava gli scudi. Craxi esce dal portone, esplode un boato; «Eccolo! Eccolo!» urlo nel microfono ... mi abbasso e supero il cordone di polizia, corro verso la macchina di Craxi. Vengo investita da una tonnellata di metallo in tondini: monete. «Stanno tirando di tutto! Pezzi di vetro, monete, tirano di tutto!» ... La sera, in montaggio, mentre ero lì che assemblavo il pezzo e pulivo la pista audio, entra in sala Gianni Minoli. «Fammi vedere.» «Aspetta, sto levando l'audio e sto mettendo gli effetti.» «No, fammelo vedere così.» Va be', penso io, la voce la levo dopo. «Ok, è incredibile. Perfetto. Va bene così, non toccare niente.» «Ma sembro 'na pazza... fammi levare almeno dove sfondo i livelli.» «Non se ne parla, va in onda così.» Fece sette milioni di telespettatori al primo passaggio.[18]

Il sogno del corsaro

L'inchiesta Enimont, per complicatezza e oscurità, è un amaro calice per qualsiasi narratore di Mani pulite.

Enimont era lo sfortunato polo chimico che avrebbe dovuto unire un'industria privata, la Montedison, a un'industria pubblica, l'Eni. Le due parti avrebbero potuto detenere al massimo un 40 per cento a testa, e il restante 20 per cento sarebbe stato quotato in Borsa, ossia sparpagliato fra piccoli azionisti: in questo modo nessuno avrebbe potuto avere la maggioranza assoluta del polo chimico. L'accordo tra l'Eni di Stato (Franco Reviglio) e la Montedison (Raul Gardini) venne firmato alla fine del 1988. Una clausola, tuttavia, stabiliva che ciascuno avrebbe potuto vendere il proprio 40 per cento all'altro: e già questa fu una stranezza. La fusione, peraltro, non prevedeva esborsi di denaro per l'una o per l'altra società: cosicché quella che fosse riuscita a rilevare anche le azioni quotate in Borsa (il rimanente 20 per cento) avrebbe facilmente raggiunto la maggioranza assoluta (40+20=60) e avrebbe controllato l'intera chimica italiana spendendo pochi soldi.

Il socio privato, Gardini, in particolare, aveva un problema: per fare la fusione avrebbe dovuto pagare tasse incredibilmente alte e perciò cercò di ottenere un decreto legislativo che stabilisse un'esenzione. Ebbe assicurazioni dal governo ma delusioni dal Parlamento: molti partiti facevano resistenza. Spunterà perciò una prima maxitangente per accelerare i tempi di un decreto legge che riconoscesse a Gardini degli sgravi fiscali: e già qui spunteranno soldi per tutti i partiti.

Il colpo di scena fu nella primavera del 1990. Gardini, ormai alle strette col partner pubblico, cioè l'Eni, di colpo dichiarò: «Voglio tutta Enimont», e subito dopo alcuni suoi alleati acquistarono l'11 del 20 per cento quotato in Borsa: in questo modo Gardini s'impossessò virtualmente della maggioranza di Enimont. L'Eni – primo colpo di scena – a quel punto decise di vendere la propria parte alla Montedison di Gardini che rimase completamente spiazzato, perché al momento non aveva il denaro per rilevarla. Il 5 novembre 1990 intervenne la magistratura con il giudice civile Diego Curtò che stabilì di sequestrare cautelativamente le azioni dei contendenti (Eni e Montedison) e di affidarle in custodia giudiziale al consulente Vincenzo Palladino. Il giudice si rivelerà un corrotto (fece liquidare a Palladino una parcella da 4 miliardi e mezzo in cambio di 400.000 marchi) ma bloccò ogni azione di Gardini che a quel punto si convinse a rinunciare all'intera partita. Decise di vendere. Pensò che fosse giunto il momento di scendere a patti col mondo politico e accettò di pagare i partiti in cambio di una supervalutazione della sua Montedison. Tutto si giocò qui. Il 22 novembre 1990, il 40 per cento di Gardini venne quantificato in 2805 miliardi, una bella valutazione: e infatti a quella cifra fu ben contento di vendere. Nessuno contestò nulla e tutto andò apparentemente liscio. L'Eni successivamente acquisterà il restante 20 per cento (pure controllato in parte da Gardini, come visto) e in conclusione, per tutta Enimont, lo Stato spenderà 4200 miliardi. Tutto bene, dunque: se non fosse che per l'affare, cioè la valutazione di 2805 miliardi, Gardini pagò una seconda supertangente da paura (altri 152 miliardi per tutti i partiti) che lascerà nella sua scia quattro cadaveri e soprattutto un detto: chi tocca Enimont muore.

Figura chiave dell'intera vicenda era Franco Bernabè, amministratore delegato dell'Eni dall'agosto 1992. Bernabè era temuto, giornali e giornalisti gli attribuivano ingerenze di ogni genere in risposta ad articoli non graditi. Visite improvvise della guardia di finanza e inaspettati rinvii a giudizio da parte della magistratura furono fatti risalire al tocco del suo zampino.

Ed eccoci finalmente a Mani pulite, albori del 1993. Già il 7 gennaio il «Corriere della Sera» accennava a una guerra dentro l'Eni o meglio a «due squadre nel grande gruppo pubblico: una guidata dall'amministratore delegato Franco Bernabè e l'altra dai manager operativi». Sullo sfondo c'erano le tensioni per l'imminente rinnovo dei vertici: Bernabè puntava a una riconferma e gli altri avrebbero voluto ridimensionarlo. Bernabè, per esempio, si scontrò anche duramente con Raffaele Santoro e Pio Pigorini, presidenti di Agip e Snam. Ma, di qui in poi, ogni suo problema sarà risolto da Mani pulite. Due mesi dopo, per cominciare, Santoro e Pigorini finiranno dentro e Bernabè sarà riconfermato senza problemi.

Di un'inchiesta su Enimont si vociferava da tempo. Per primi, dopo l'esposto di un avvocato, presunto azionista, erano partiti i magistrati romani Ettore Torri e Orazio Savia,[19] interessati a comprendere chi avesse agevolato la vendita della Montedison di Gardini per ben 2805 miliardi. Il personaggio che appunto aveva proposto un prezzo d'acquisto tra i 2650 e i 2805 miliardi fu individuato dapprima in Franco Bernabè che tuttavia si difenderà spiegando che il suo gruppo di valutazione si era limitato a proporre alcune valutazioni fatte da altri, ossia un esperto indipendente e le banche d'affari Merryl Linch e Goldman Sachs. Ma la relazione che Bernabè aveva firmato il 16 novembre 1990, sinceramente, non pareva quella di un passacarte: «Questo gruppo» recitava «ha raggiunto il convincimento che il valore attribuibile al pacchetto azionario ... rappresentativo del 40 per cento di Enimont sia compreso tra 2650 e 2805 miliardi». Le ragioni di Bernabè comunque diverranno vangelo. Le chiamate in correità di numerosi testimoni mai lo sfioreranno.

Il 26 gennaio 1993 il Pool sfiorò invece e decisamente Giuseppe Garofano, ex presidente di Montedison: ma si era già dato alla macchia. Stava iniziando una delle tante guerre di competenza tra la Procura di Milano e il resto del mondo: basti dire che in quella stessa giornata la guardia di finanza perquisì gli uffici di Montedison per ordine delle procure romana e milanese. Le accuse per Enimont intanto prendevano forma: sostenevano chiaramente che per favorire la supervalutazione di 2805 miliardi a favore di Gardini era stata pagata una supertangente.

Ed ecco che sul proscenio dell'inchiesta Enimont, in gestazione, si affacciava un altro personaggio chiave: Federico Stella, docente all'Università Cattolica e in eccellenti rapporti col cardinal Martini, con Romano Prodi, coi vertici dell'«Espresso» e in particolare sintonia con Gherardo Colombo e con Luciano Violante. Per Enimont, da avvocato, Stella difenderà imputati con posizioni in apparenza anche contrastanti, compreso Franco Bernabè, che pure non sarà mai ufficialmente indagato. I molteplici incarichi di Stella saranno anche oggetto di un esposto all'Ordine degli avvocati e di pesantissimi rilievi del Gruppo d'investigazione sulla criminalità organizzata, il Gico, di Firenze, ma finiranno in nulla.

L'Eni smontata

A Roma, intanto, interrogavano l'ex presidente dell'Eni Gabriele Cagliari, socialista, il quale ammise l'errata valutazione di Enimont e suggerì una perizia che potesse confermare la sua tesi.

Nello stesso periodo, i magistrati Gherardo Colombo e Francesco Misiani, vecchi amici, si ritrovarono a passeggiare dopo aver pranzato al nucleo dei carabinieri di via Inselci, a Roma. «Ciccio,» disse Colombo «non riesco a capire come possa opporti pure tu alla nostra competenza. Se c'è una possibilità di andare in fondo a Tangentopoli, ce l'abbiamo noi milanesi, voi non potete farcela.» «Le cose sono cambiate» rispose Misiani «e poi non è che ogni volta possiamo fingere che non esistano il codice e le regole sulla competenza.» E ancora Colombo: «Ciccio, forse non hai capito. Qui non dobbiamo decidere chi è competente, ma chi può fare o non fare le inchieste. A Milano si possono fare».[20]

Roma agiva e Milano rispondeva il giorno dopo: il 13 febbraio arrestò Paolo Ciaccia, amministratore della consociata Saipem. La richiesta di Gherardo Colombo ad alcuni parve pretestuosa: tangenti per un'azienda municipale. Nei fatti fu il primo atto della grande inchiesta Enimont condotta dal Pool. Nelle quarantotto pagine dell'interrogatorio di Ciaccia, uno dei verbali più introvabili di tutta Mani pulite, vennero chiamati in causa buona parte dei vertici Eni (trasferiti direttamente a San Vittore) e così pure tutti i nemici che Franco Bernabè fronteggiava da tempo nella sua scalata. L'Eni fu smontata. Paolo Ciaccia descrisse una decade di affari leciti e illeciti e fece anche il nome, per la prima volta, di un personaggio chiave di Mani pulite, forse il più importante di tutti, una sorta di reggente di tutti gli affari sporchi della Prima Repubblica: un certo Pierfrancesco Pacini Battaglia.

Negli ambienti giudiziari e giornalistici si chiacchierò di altri imminenti sviluppi e le certezze parvero due: che Enimont fosse stata supervalutata a favore di Gardini (tutti i testi lo confermavano) e che presto sarebbe scoppiato un conflitto di competenza tra Roma e Milano.

Con i suoi sistemi, vincerà il Pool di Milano. *Di Pietro vuole le inchieste romane* prese a titolare il «Corriere della Sera». I magistrati capitolini dapprima non se ne curarono e disposero una perizia sul valore di Enimont come Cagliari aveva suggerito. Un altro manager interrogato, Sergio Cragnotti, confermò a sua volta che la supervalutazione ci fu e indicò pure il prezzo corretto che si sarebbe dovuto pagare a Gardini: solo 2000 miliardi. Lo confermò anche Luigi Cappugi, altro ex amministratore delegato dell'Eni: parlò di un regalo da 600-800 miliardi a Gardini.

Nella stessa mattinata, sempre a Roma, era fissato un altro interrogatorio dei pm Ettore Torri e Orazio Savia con Sergio Castellari, ai tempi stretto collaboratore dell'ex ministro delle Partecipazioni statali Franco Piga. Una prima richiesta di arrestarlo era stata respinta. Castellari sapeva davvero molte cose di Enimont: con Cagliari e Piga, al ministero, aveva passato nottate intere a preparare la mediazione tra Eni e Montedison poi azzerata dall'intervento della magistratura. Piga era morto nel 1990; gli altri due, Cagliari e Gardini, lo seguiranno entro pochi mesi. Ma Castellari non si presentò dai pm. Si saprà che era passato dallo studio prima di Franco Bernabè e poi di Giulio Andreotti, forse l'ultimo che lo vide vivo, ma il suo cadavere, il 25 febbraio, verrà trovato col volto sfigurato accanto a una bottiglia di whisky semivuota e a un mozzicone di sigaro che un test del Dna rivelerà fumato da labbra femminili. La pistola, ben infilata nella cintola, aveva il cane ancora alzato. Una serie di documenti ritrovati a casa di Castellari lascerà intendere che fosse custode di importanti e fondamentali segreti sulla nascita e dissoluzione di Enimont, ma sulla sua morte rimarrà il mistero assoluto.

Carra, il reticente

L'inchiesta romana su Enimont prospettava clamorosi sviluppi che sembravano puntare verso l'amministratore delegato Bernabè, o almeno questo si mormorava in tutte le redazioni giornalistiche della Penisola: ma il conflitto di competenza lo vincerà il Pool grazie a una chiave di volta che si chiamava Enzo Carra, ex portavoce della segreteria dc. Andò così: un manager arrestato, Graziano Moro, riferì che Carra in passato gli aveva consigliato di appoggiare un personaggio che aveva finanziato la Dc. Carra, il 16 febbraio, venne convocato in qualità di teste ma negò d'aver mai consigliato alcunché. Lo riconvocarono tre giorni dopo e Di Pietro gli riservò un trattamento tutto speciale. Per cinque ore Carra negò l'addebito che in sostanza era quello di aver pronunciato una certa frase qualche anno prima. Poi Di Pietro gli illustrò la teoria del cesso:

> Vabbè, lei non sa niente. Ma per anni ha vissuto in piazza del Gesù, a strettissimo contatto con Forlani, Citaristi, Malfatti … Gli altri tre sapevano. Lei non poteva non sapere, perché arriva sempre il momento in cui si va al cesso. E lì, lavandosi le mani, vengono fuori le confidenze.[21]

Carra resistette alla teoria del cesso, ma Di Pietro d'un tratto cambiò espressione e tono di voce. Si precipitarono in stanza anche Davigo e Colombo e scese il silenzio. È lo stesso ex portavoce ad aver raccontato le tecniche del Pool: «Parla», «È inutile che taci», «Adesso ti arrestiamo, se ci sbagliamo farai la vittima», e Davigo che, a quanto pare, prese un codice in mano e lo scagliò rabbiosamente a terra.

«Di Pietro» dirà Carra «dava l'impressione di essere uno sceriffo. Un poliziotto, più che un magistrato. Un inquisitore. Sulla scrivania aveva una cartellina bianca con una scritta a matita: "Persone che vogliono cantare".»

Ha raccontato:

> A un suo gesto prestabilito, mi si avvicinò, silenzioso in tanta confusione, un signore di mezza età con un maglioncino girocollo. Era un maresciallo dei carabinieri in borghese, chiamato per procedere al mio arresto. Scusi, ma perché mi arresta? chiesi al maresciallo. Perché non si dicono le bugie!, mi rispose severo scuotendo la testa.[22]

False dichiarazioni a pubblico ministero: Carra, tre ore dopo, era in fila per ritirare due coperte, una gavetta, lenzuola e forchette di plastica. Per quanto ammanettato per una sciocchezza, il «Corriere» titolò *Arrestato Carra per Enimont*. Carra, futuro parlamentare della Margherita, fu arrestato grazie all'evoluzione di un articolo di legge, il 371 sulla reticenza, voluto da Giovanni Falcone per spezzare l'omertà dei testimoni di mafia; dopo la strage di Capaci se ne erano impossessati gli ex ministri Claudio Martelli e Vincenzo Scotti che avevano varato il 371 bis (dapprima giudicato incostituzionale, poi ripristinato, poi modificato) perché fosse utilizzato contro la mafia. Fu usato contro Carra.

La stessa norma prevedeva tuttavia il rinvio a giudizio per direttissima, ergo i legali la chiesero e l'ottennero: una mossa spiazzante che gli avrebbe permesso di lasciare il carcere comunque fosse andata, dunque di non cuocere dietro le sbarre come da regola di Mani pulite. Qualcuno non glielo perdonò.

Nella notte fra l'8 e il 9 marzo finì in galera anche l'ex presidente dell'Eni Gabriele Cagliari. Mentre percorreva i corridoi di San Vittore, di mattina prestissimo, incrociò Enzo Carra che stava andando alla gogna. L'ex portavoce dc, infatti, venne tradotto insieme a cinquantacinque detenuti e lasciato per sette ore nei sotterranei del Palazzaccio; poi una telefonata fece scattare gli schiavettoni ai polsi e ne seguì una celebre bolgia: trascinato e spintonato tra la folla, fu rinchiuso nella gabbia dei detenuti pericolosi e poi fotografato come un mostro da baraccone. La sua foto è un'icona di Mani pulite. I telegiornali, nelle stesse ore, trasmettevano un Totò Riina sorridente che nell'aula del suo processo camminava e salutava a mani libere. Dirà Michele Brambilla, al tempo al «Corriere della Sera»: «In una decina d'anni trascorsi tra caserme dei carabinieri e aule di tribunale, non avevo mai visto le manette ai polsi di una persona accusata di falsa testimonianza».

E dirà lo stesso Carra:

> Non sapendo a chi addossare quella responsabilità, si pensò di accusare un sottoufficiale e un paio di carabinieri, decisione che, dico la verità, mi fece arrabbiare molto: fui anche tentato di autoaccusarmi, così l'avrebbero fatta finita con il rituale scaricabarile. Dell'episodio, infine, mi colpì la carica implicitamente comica di altre discussioni. Mentre un tizio, nei corridoi, viene esibito al pubblico ludibrio ovvero sottoposto a gogna elettronica, dunque irrimediabilmente condannato dall'onnipotente tribunale della televisione, nell'aula dove si sta per celebrare il vero processo un pm si opponeva alla registrazione televisiva del dibattimento, volendo così, dice, tutelare l'immagine del deputato.[23]

Al processo di primo grado, Piercamillo Davigo lo accusò null'altro che di «sapere»:

> Guardate, nessuno ha mai ipotizzato o ipotizza che Carra abbia avuto qualsivoglia parte nella ricezione o nell'esazione di quelle somme o nella gestione di quei fondi. Carra è persona estranea agli eventuali reati che sono stati commessi, ma come tale è persona informata dei fatti, ha l'obbligo di dire la verità.[24]

Carra fu condannato a due anni col doppio beneficio della condizionale e della non iscrizione. Una pena troppo bassa, secondo Davigo: propose appello.

Ancora il racconto di Carra:

> I miei avvocati, dopo un colloquio con il dottor Di Pietro, mi esposero realisticamente i fatti. Il processo di appello stava per svolgersi davanti a una sezione, la quarta, presieduta dal dottor Renato Caccamo, giudice di ben nota severità ... Se non avessi fatto nuove dichiarazioni al pool, avrei corso il forte rischio di passare dalla sospensione della pena alla pena detentiva ... Il dottor Di Pietro esibiva tre dita della sua mano destra davanti agli occhi del mio avvocato.[25]

E invece, il 29 giugno 1994, la pena venne ridotta a 1 anno e 4 mesi. Difficile raccontare quei giorni. Un sondaggio del «Giornale» rilevava che 63 milanesi su 100 giudicavano gli schiavettoni ai polsi di Carra «una cosa giusta». Il professor Gianfranco Miglio, già ideologo della Lega di Bossi, commentò il caso Carra in questo modo:

> Quelle immagini sono poca cosa, perché tutti i cittadini stanchi di questa classe dirigente vorrebbero vedere quei signori ai lavori forzati, e con le casacche a righe, come nelle vignette ... Il linciaggio è la forma di giustizia nel senso più alto della parola.[26]

Nel tremulo emiciclo di Montecitorio riuscivano a farsi largo personaggi come il macellaio brianzolo Luca Oreste Orsenigo, un deputato leghista che agitò un cappio in aula e provocò il sorriso gengivale della futura presidente della Camera Irene Pivetti. Nello stesso giorno un corteo sfilava davanti al Palazzaccio di giustizia milanese e un cartello recitava testuale «Le manette non bastano, ci vuole il cappio al collo». Erano cortei curiosamente misti, La Rete di Leoluca Orlando coi repubblicani di La Malfa, i verdi coi leghisti, il pidiessino Carlo Smuraglia accanto al missino Ignazio La Russa, e poi i cobas, gli operai, le casalinghe, gli attori, i cantanti, gli impiegati, i geometri, le hostess, gli insegnanti: buon ceto milanese, estremisti in giacca di tweed, «gente» che ridiveniva buona e invincibile nelle piazze, nelle arene televisive, con i lenzuoli alla finestra, le fiaccole, i palloncini e i loro piccoli e grandi Di Pietro cui intonare, con la propria lira scordata e svalutata, un salmo di riconoscenza.

Nel 1993 c'era un solo uomo senza peccato: e scagliava pietre.

Un sondaggio di quel periodo, tra «abbastanza», «molta» e «moltissima», attribuiva a Di Pietro il 90 per cento della fiducia.

In pentola bolliva ogni cosa. Il 27 marzo Giulio Andreotti era stato inquisito per mafia ed era stato un boato: *A grande richiesta* fu il titolo del «Giorno» di Paolo Liguori. Entro quattro mesi Andreotti sarebbe stato inquisito anche come presunto mandante dell'assassinio di Carmine Pecorelli, giornalista direttore dell'agenzia di stampa OP.

Ha raccontato Giovanni Pellegrino:

> Venni convocato dall'allora coordinatore della segreteria Pds, Davide Visani, che mi fece questo discorso: «La Dc non consentirà mai che venga concessa l'autorizzazione nei confronti di Andreotti. Noi sappiamo che tu, come presidente, hai voluto mantenere una posizione super partes, non esprimendo mai il tuo voto. Questa volta non ti potrai permettere. Dovrai votare a favore dell'autorizzazione e siccome finirai in minoranza, dovrai dimetterti».
>
> Il disegno era chiaro: il rifiuto dell'autorizzazione a procedere avrebbe creato una rivolta nell'opinione pubblica e noi avremmo potuto cavalcarla. In realtà il Pds pensava che il processo giudiziario ad Andreotti non si sarebbe mai celebrato, quindi bisognava fargli il processo politico e bisognava farglielo nella Commissione antimafia e nelle piazze. Luciano Violante, di fatto, doppiò l'inchiesta del giudice Gian Carlo Caselli a Palermo: i pentiti prima venivano sentiti da uno e poi dall'altro.[27]

Un centinaio di missini, tra i quali svariati parlamentari, il 1° aprile 1993 bloccò l'ingresso di Montecitorio per quasi un'ora. Il gruppone indossava delle magliette con scritto «Arrendetevi, siete circondati» e nel trambusto una sassata mandò in frantumi una porta a vetri. La pattuglia di parlamentari annoverava anche Altero Matteoli, Adriana Poli Bortone, Domenico Nania e Maurizio Gasparri, il quale, un anno più tardi, il 7 maggio 1994, dirà pubblicamente: «Per noi Di Pietro è meglio di Mussolini».

A Napoli, quel giorno stesso, il missino Giuseppe Fortunato aveva lanciato una secchiata d'acqua sui banchi degli assessori mentre il missino Amedeo Laboccetta aveva occupato la poltrona del sindaco: era scoppiato un putiferio molto napoletano con sirene da stadio e pugni e calci e urla e minacce e fischietti e trombette.

Chiamato a risponderne il giorno dopo, così disse il segretario dell'Msi Gianfranco Fini:

> Quei ragazzi sono andati lì soltanto a chiedere di votare un altro Parlamento ... Un pericolo fascista in Italia è inesistente; lo agitano solo quelli che ne hanno bisogno per creare un fantasma contro il quale schierarsi. Il vero pericolo è che di fronte agli scandali, ai ministri inquisiti, all'economia a pezzi, il disgusto dell'opinione pubblica diventi troppo forte. Questo può succedere. Per questo vogliamo votare.

Pacini, l'indagato exclusive

I primi di febbraio il potente banchiere Pierfrancesco Pacini Battaglia ricevette una strana telefonata a nome dello studio di Federico Stella: i legali si mettevano a sua disposizione qualora ne avesse avuto bisogno. Un messaggio chiaro e curioso: mancava ancora diverso tempo all'incriminazione del banchiere e il suo nome non era ancora comparso sui giornali. A tirarlo pesantemente in ballo, come già visto, sarà il manager Eni Paolo Ciaccia.

Pacini Battaglia, garante di tutti gli affari sporchi della Prima Repubblica, un moloch, descritto dal gip Italo Ghitti come «un gradino sotto dio», però non scelse lo Studio Stella: scelse un avvocato come Giuseppe Rosario Lucibello da Vallo della Lucania, a suo dire segnalato da un altro suo legale, l'avvocatessa Manola Murdolo. Ascoltato a Brescia nel 1995, il banchiere racconterà che a consigliargli un legale di quel genere fu anche il suo amico Franz Sesti, già procuratore generale a Roma: «Mi disse che andava cercato non un principe del foro, ma un avvocato che fosse sveglio e in contatto con la procura». Peccato che, per anni, nessuno abbia mai chiesto conferma a

Sesti, che difatti ha smentito nell'ottobre 1997. Perché Lucibello? Per molte ragioni. Era sveglio, invadente, amico di Tonino, senz'altro il legale più collaborativo in subordine a Federico Stella: il primo contatto tra lo Studio Stella e Pacini Battaglia, del resto, risaliva a quando l'inchiesta su Enimont non era ben configurata e non era ancora chiaro che le posizioni di alcuni manager e del banchiere non potevano essere gestite da uno stesso avvocato. Questo da una parte. Dall'altra, l'associazione Pacini-Lucibello-Di Pietro, come vedremo, sarà oggetto di sospetti capaci di lasciare macchie indelebili su tutta Mani pulite.

Il provvedimento d'arresto per Pacini Battaglia fu firmato il 17 febbraio. Il 19 gli perquisirono la casa romana e gli uffici, ma lui risultò ufficialmente latitante. E qui, dopo altri tentativi andati a vuoto, entrò in ballo Giuseppe Lucibello che riuscì a combinare l'impossibile: convincere l'intero Pool a non arrestare l'uomo più importante di Tangentopoli, anzi, a interrogarlo a piede libero a partire dal 10 marzo. C'entrò qualcosa il canale preferenziale tra Lucibello e Di Pietro? Nemmeno per sogno, secondo Piercamillo Davigo:

> Un giorno mi telefonò Di Pietro, dicendomi che fuori dalla sua porta c'era l'avvocato Lucibello, incaricato della difesa di Pacini. Lui non voleva vederlo perché temeva che, stante il loro rapporto, Lucibello riuscisse a capire da lui dell'esistenza dell'ordine di custodia.[28]

I citati tabulati telefonici forniti dal capo della Polizia Vincenzo Parisi, però, descrivono triangolazioni telefoniche tra Di Pietro, Lucibello e l'immancabile Antonio D'Adamo avvenute il giorno prima dell'interrogatorio di Pacini Battaglia.

L'interrogatorio fu una cosa fatta bene, senza imbeccate ai giornalisti né impicci vari. Si parla di un uomo la cui banca svizzera, la Karfinco, era lavacro di finanziamenti d'ogni tipo, dai fondi neri dei partiti ai traffici di petrolio e di armi. Della deposizione del banchiere, sui giornali, non si parlò quasi: e va detto che il riserbo della stampa, durante Mani pulite, corrispondeva a quello di chi di norma passava le notizie.

Pacini raccontò che aveva organizzato, per i capi di varie società dell'Eni, un'imponente contabilità parallela a beneficio della Dc e del Psi: fornì carte, ricevute, estremi di conti e società. Di Pietro li utilizzerà per formulare trentuno rogatorie redatte null'altro che sulla falsariga delle deposizioni del banchiere.

Il Pool, di qui in poi, lascerà perdere la questione della supervalutazione di Enimont (chi la fece, e perché) e si concentrerà sulla tangente che Raul Gardini pagò per ottenerla. Difficile comprendere la logica degli inquirenti: la famosa «madre di tutte le tangenti», ossia i 152 miliardi che il Gruppo Ferruzzi elargì ai partiti che sfileranno al processo Cusani, fu palesemente solo il «ringraziamento» di Gardini per i 2805 miliardi ottenuti dalla vendita di una Montedison che ne valeva 2000. I reati, come era evidente, apparivano due: il surplus di 600-800 miliardi pagati a Gardini e poi i 152 miliardi elargiti da Gardini. Solare. Eppure, nonostante il primo illecito paresse all'apparenza più grave, il Pool si occuperà solo del secondo.

La Procura di Roma aveva raccolto più testimonianze circa il sovrapprezzo gradito a Gardini, ma il Pool non ravviserà reati. Nel corso di un convegno a pagamento del settembre 1997, riservato agli avvocati e proibito alla stampa, Di Pietro all'apparenza lasciò intendere che fine avesse fatto l'indagine su quella supervalutazione. Questo il resoconto della giornalista Sabrina Cottone, travestita da avvocato:

> Tra le maglie della legge i pm scovano anche il modo di insabbiare le inchieste sgradite. Di Pietro docet, è possibile persino aggirare l'obbligatorietà dell'azione penale. Il trucco si chiama modello 45; il procuratore archivia senza passare dal gip perché ritiene che non esista notizia di reato. «Come nel caso della supervalutazione Enimont» la butta sul pratico Di Pietro.[29]

Il trattamento riservato a Pacini Battaglia susciterà polemiche infinite. Il celebre Pool, capace di ottenere qualsiasi cosa da chiunque, si accontentò delle cose dette e non fece tragedie per quelle non dette, ma soprattutto si fece rifilare anche delle sonore balle. Si tratta di capire dove ebbe inizio, in questo, la responsabilità del Pool e quella del solo Di Pietro.

Un esempio. Di Pietro interrogò il manager Eni Sergio Cragnotti tre giorni dopo il suo arresto. Cragnotti gli confessò di aver spartito una tangente di 5 miliardi con Raul Gardini e col manager Lorenzo Necci. Disse che la tangente, legata a dei lavori all'Enichem di Brindisi, era stata versata in quel lavacro che era appunto la Karfinco di Pacini Battaglia. Il quale, però, interrogato da Di Pietro, negò. Di Pietro credette a lui e non a Cragnotti, punto. Parola contro parola. Non dispose neppure un confronto tra Cragnotti e Lorenzo Necci, ovviamente difeso dallo studio di Federico Stella. Nel caso, l'interrogatorio di Pacini Battaglia terminò così, con Di Pietro a proporre la scarcerazione e il gip Italo Ghitti a firmarla. Grazie a quel salvataggio, Pacini Battaglia ottenne il mantenimento di un sistema di relazioni con un cliente di rilievo (Lorenzo Necci) e l'autocopertura da altri guai che Mani pulite avrebbe potuto procurargli. Cragnotti, invece, sarà costretto a ritrattare nonostante avesse detto il vero, come si appurerà. A spiegare la verità provvederà lo stesso Pacini Battaglia in un'intercettazione telefonica:

> E poi vogliamo parlare di chi ha salvato Lorenzo [*Necci*] da Tangentopoli? Io e soltanto io. Ora ti racconto. Doveva essere interrogato Sergio Cragnotti. Gli telefono. Gli dico: ahò, scordati quella mazzetta di sei miliardi divisa con Lorenzo e finita alla Karfinco, mi raccomando. Non ho mai creduto che lo facesse. E infatti non l'hanno portato nemmeno in cella che già vomitava la storia. E chi è che lo ha contraddetto? Io. A chi ha creduto il Pool? A me. Sono stato io ad aver salvato Necci, ricordatelo...[30]

Altro esempio. Il manager Sergio Cragnotti, ancora lui, raccontò a Di Pietro che l'imprenditore Mario Maddaloni aveva pagato 5 miliardi all'Enimont per alcuni appalti chimici:

> Necci e Gardini mi informarono che Maddaloni voleva versare cinque miliardi. Fu Necci a presentarmi Pacini Battaglia e a dirmi che l'erogazione dei fondi sarebbe pervenuta dal medesimo ... Gardini diede una gratifica a me e a Necci ... fu Necci a darmi le istruzioni per l'accreditamento della somma presso l'istituto di Pacini.

Le chiamate di correo sono chiaramente tre: questo Maddaloni, Lorenzo Necci e Raul Gardini. In teoria quattro, comprendendo Pacini Battaglia.

Perfetto, Di Pietro decise di arrestare solo Maddaloni. Gardini no, perché all'epoca si era già suicidato. Necci era decisamente vivo, ma qualcuno stava per scagionarlo pur confermando tutto il resto: Pacini Battaglia. E chiusa lì.

La maniera in cui Di Pietro cercò di arrestare Maddaloni è passata alla storia di Mani pulite. Uno scambio di messaggi tra il pm e il gip Italo Ghitti, infatti, verrà ritrovato casualmente in un faldone tre anni più tardi:

> Appunto per Italo.
> Riservatamente a titolo personale ti anticipo perché Maddaloni dovrebbe andare dentro al più presto.
>
> *Antonio*

In allegato, una memoria manoscritta. La grafia non era quella di Tonino. E Ghitti, il gip, il famoso gip, il giudice terzo, il garante delle parti eccetera, rispose in giornata:

4/1/1994

Per Antonio

Trova altro capo d'imputazione perché:

– il 2621 [*falso in bilancio*] è già stato contestato quanto meno fino al 1991 con il precedente provvedimento di custodia cautelare e i fatti vengono contestati «in continuazione». Con l'attuale capo d'imputazione ci si inserisce nella contestazione precedente (vedi provvedimento 1/5/93) di cui l'episodio attuale rappresenta solo una parte.[31]

Gli dice: trova un altro capo di imputazione. Uno qualsiasi.

Cioè: un pubblico ministero spiegava a un giudice che tizio andava arrestato e segnalava perciò gli estremi di un possibile reato; il giudice si accorgeva che il reato non avrebbe consentito di ingabbiare tizio – unico aspetto ritenuto interessante – e allora consigliava al pm d'inventarsi qualcos'altro.

Intanto Necci e Pacini Battaglia si facevano gli affari loro.

Di Pietro, anni dopo, si difenderà in questo modo: «Chi liberò Pacini lo fece col consenso del Pool ... Pacini venne interrogato dal gip e non da me ... il parere sulla remissione in libertà fu formulato sull'accordo unanime di Davigo e Colombo e D'Ambrosio e Borrelli». Questa l'autodifesa media.

Era vero che la firma dei diversi pm compariva in genere all'unisono: era una regola del Pool. Che vi fosse sempre una convergenza, invece, è assai meno vero. Scriverà Gherardo Colombo:

> È successo, per esempio, che Antonio divenisse esclusivo nel trattare la posizione di alcuni indagati; che tendesse cioè a occuparsi da solo della posizione di costoro ... Con l'andare del tempo la tendenza era che agli interrogatori degli indagati per i fatti di maggior rilievo dovesse provvedere comunque lui. Dopo qualche tentativo di cercare di regolamentare i nostri rapporti interni, che ha ricevuto sfuggenti risposte da parte di Antonio, ho definitivamente preso atto di quella pragmatica ripartizione di compiti.[32]

L'esclusività del rapporto Di Pietro - Pacini Battaglia ben la conobbe anche il pm Fabio De Pasquale, che cercò ripetutamente il banchiere per farlo testimoniare nel processo Eni-Sai. Attese invano per quattro volte: 4, 5 e 10 maggio e 2 giugno. Il pm non era riuscito a trovarlo nella residenza italiana né in quella svizzera e neanche chiedendo all'avvocato Lucibello, che pure telefonava a Pacini ogni minuto. Con Di Pietro e col maresciallo Salvatore Scaletta, incaricato dal Pool, Pacini invece si era reso disponibile per tre interrogatori in febbraio, due in marzo – oltre a tutti quelli dell'anno precedente – e così pure farà il 30 giugno e il 27 settembre, dopo esser stato dichiarato «irreperibile» da De Pasquale. Una pari indisponibilità, per altri, aveva comportato l'arresto.

Pierfrancesco Pacini Battaglia, insomma, fu trattato in guanti bianchi. Nulla di strano se poi capitò che Antonio Di Pietro e il Pool di Mani pulite si lasciarono sfuggire la più incredibile truffa di tutti gli anni Novanta, quella dell'Alta Velocità: un affare da 140.000 miliardi di lire che passò loro sotto il naso e che farà impallidire persino Enimont. La cosiddetta «Tangentopoli 2», nelle sue ciclopiche e incredibili proporzioni, verrà scoperta soltanto nel 1996 e soltanto a La Spezia, dopo un percorso perlomeno curioso.

Sino al 1993, infatti, le inchieste sull'Alta Velocità erano state addirittura due: una a Milano, curata da Di Pietro, e una a Roma, curata da Giorgio Castellucci. I due pm dapprima si divisero il lavoro, ma l'anno dopo Di Pietro si dimise, mentre Castellucci fu inquisito e arrestato a Perugia proprio con l'accusa d'aver insabbiato quell'inchiesta, tra altre. Lo scandalo esploderà il 15 settembre 1996 appunto a La Spezia, quando i pm Silvio Franz e Alberto Cardino arresteranno l'amministratore delle Ferrovie Lorenzo Necci ma soprattutto – eccolo – ingabbieranno l'imprendibile Pacini Battaglia. Si scoprirà una colossale truffa che triplicava ogni spesa e affidava gli appalti senza gara a dei consorzi compiacenti: e il gestore di tutte le tangenti raccolte tra i costruttori era ovviamente Pacini Battaglia, che rivestiva una funzione di collettore né più né meno di come aveva fatto con l'Eni.

A Milano, della spaventosa spartizione non si accorsero mai: questo nonostante le confessioni del costruttore Vincenzo Lodigiani e una deposizione del manager Fiat Enso Papi che pure aveva parlato chiaro: «Il boccone più ghiotto è quello dell'Alta Velocità». Sarà la magistratura di Perugia, anni dopo, a dover ammettere che le inchieste milanesi furono tali da evitare rischi per quegli interessi che il banchiere continuò comodamente a mantenere.

Questo ufficio non procede

Altro esempio: per Pacini Battaglia era continuato a filar tutto liscio anche nel giugno 1993, a margine di un altro paio di comodi interrogatori con Di Pietro in data 8 e 23 del mese. Sembrava solo che potesse esserci qualche problema per una certa inchiesta romana sulla cooperazione internazionale.

Il magistrato romano Vittorio Paraggio, infatti, stava indagando su un giro di tangenti legate alla costruzione di una strada in Bangladesh: c'era da mettere a fuoco il ruolo dei socialisti Craxi, Gianni De Michelis e Ferdinando Mach di Palmstein, ma soprattutto del solito Pierfrancesco Pacini Battaglia. Quando s'imbatté nel suo nome, il 1° giugno, Vittorio Paraggio pensò subito di avvisare Di Pietro: Tonino gli rispose con un fax che aggiungeva, «per conoscenza, la memoria redatta dalla difesa di Pacini Battaglia», ovvero dal suo amico Giuseppe Lucibello. Di Pietro, cioè un pubblico ministero, non trovò di meglio che spedire a un collega la memoria difensiva dell'accusato.

Il giorno dopo un altro giudice romano, Vincenzo Terranova, ascoltò il manager Paolo Ciaccia che a sua volta gli parlò del ruolo di Pacini in certe pratiche Eni, e pure quel verbale finì sul tavolo di Paraggio. Ecco che tornò a farsi vivo Di Pietro: «Ribadisco che, nei confronti del predetto Pacini Battaglia, procede questo ufficio e che lo stesso sta rendendo ampia collaborazione, per cui sarebbero inopportune sovrapposizioni di indagini».

Di Pietro chiese ufficialmente gli atti relativi alla posizione di Pacini in data 11 giugno 1993, e l'8 luglio successivo, Paraggio glieli spedì in copia. Trattenne gli originali, cioè.

Il dettaglio è che l'ufficio di Di Pietro non procedeva per niente: non sulla cooperazione, almeno. Anni dopo, infatti, con Di Pietro ormai fuori dalla magistratura, la Procura di La Spezia chiederà lumi al Pool di Milano, che tuttavia – rispose – di quegli atti sulla cooperazione non sapeva niente, non aveva mai sentito parlare. Le carte, morale, erano sparite.[33]

Quando la faccenda esplose sui giornali a margine dell'inchiesta di La Spezia, il 22 ottobre 1996, Di Pietro, richiesto, dovette improvvisare una spiegazione scritta al procuratore capo Borrelli:

> È stato concertato che quel filone sarebbe stato seguito dal pubblico ministero dottor Vittorio Paraggio. Mai si è stabilito di spostare la posizione di Pacini da Roma a Milano. All'inizio dell'inchiesta, ed essendo emerso dai giornali un collegamento di Pacini sia nella cooperazione sia nelle nostre indagini, ho trasmesso, d'accordo con gli altri colleghi, copia degli atti al pm Paraggio, facendogli presente che per tutti i fatti risultanti in atti e diversi dalla cooperazione stavamo indagando noi. Dopo questa missiva Pacini è stato nuovamente interrogato più volte dal pm di Roma, ciò a riprova che la sua posizione processuale era rimasta ancorata in quella città. ... Mai è stato trasmesso da Roma, almeno a me, un fascicolo processuale riguardante la posizione di Pacini.[34]

Borrelli finse di bersi anche questa, ma c'era comunque il problema che Vittorio Paraggio, intanto, diceva giusto il contrario: quegli atti, lui li aveva proprio spediti a Milano, a Di Pietro. Chi raccontava balle?

Le raccontava Di Pietro. Lo accerterà la Procura di Perugia:

> Gli atti relativi a Pacini sono stati effettivamente trasmessi a Milano dopo che, su istanza di Lucibello, il pm Di Pietro chiese al collega Paraggio di non svolgere indagini su Pacini, in quanto stava offrendo rilevante collaborazione nelle indagini svolte dalla Procura di Milano.[35]

Di Pietro fu anche convocato a rispondere del suo comportamento in data 7 aprile 1997, ma alla fine preferì non presentarsi davanti all'autorità giudiziaria, cioè al sostituto procuratore Giuseppa Geremia. Indagato a Brescia per reato connesso, sorprendentemente, si avvalse della facoltà di non rispondere.

Il responsabile di polizia giudiziaria che lavorava per conto di Vittorio Paraggio, oltretutto, era il maggiore Francesco D'Agostino, molto legato a Di Pietro e più volte fotografato con lui. Chi invece conduceva le indagini su Pacini Battaglia per conto di Di Pietro, da Milano, era il capitano della guardia di finanza Mauro Floriani.

Di fatto, accadrà questo:

– Non si trovò mai più il nome di Pacini Battaglia nell'inchiesta sulla cooperazione, nonostante fosse stato chiamato in causa da altri indagati.

– Il 5 gennaio 1996, in una conversazione telefonica intercettata, si sentirà un ridacchiante Pacini Battaglia far cenno proprio al processo sulla cooperazione: «Trentasette rinviati a giudizio e uno archiviato... ero io...».

– Il maggiore Francesco D'Agostino otterrà un «prestito» di 700 milioni da Pacini Battaglia per l'acquisto di un appartamento.

– Il capitano Mauro Floriani, in seguito promosso maggiore, finirà alle dipendenze del dottor Lorenzo Necci, grande protetto di Pacini Battaglia, e otterrà pure lui un «prestito» di 70 milioni ovviamente sempre dal banchiere, soldi che secondo l'accusa dovevano servire a finanziare la campagna elettorale della moglie di Floriani, Alessandra Mussolini, accusa mai confermata.

– Di Pietro, Paraggio, D'Agostino e Floriani, tutti quanti insieme, nel 1995 diverranno «esperti» della Commissione bicamerale d'inchiesta sulla cooperazione allo sviluppo con gettone di presenza di 5 milioni al mese ciascuno. Ne farà parte anche l'appuntato poi brigadiere poi maresciallo Giampaolo Fortieri, braccio destro del succitato maggiore D'Agostino e futuro segretario particolare di Antonio Di Pietro al ministero dei Lavori pubblici, e poi, ancora, inquisito dalla Procura di Chieti il 23 aprile 1997 con l'accusa di aver arrotondato lo stipendio passando informazioni riservate a un'agenzia investigativa. Di Pietro si dimetterà dalla Commissione il 6 giugno 1995.

Questo il quadro.

L'ignaro Borrelli

Né queste né altre cose, all'epoca, si riuscivano o potevano scrivere. Così, quando il 13 luglio 1993 le agenzie di stampa anticiparono alcuni stralci di un dossier che sarebbe stato pubblicato dal settimanale «Il Sabato», scoppiò il finimondo. L'inchiesta curata da Roberto Chiodi, cronista di lungo corso, partiva dai giudizi negativi racimolati dall'ex pm a Bergamo («metodi eccessivamente inquisitori») e si soffermava su quel Fausto Tombini dimenticato in carcere, sulle sue amicizie socialiste e democristiane della Milano da bere, soprattutto in copertina c'era una bella foto di Tonino intento a telefonare col cellulare elargito da Antonio D'Adamo e dalla sua Edilgest. E ancora: malizie sulla commissione che nominò Eleuterio Rea comandante dei vigili urbani di Milano (Di Pietro ne fece parte) e soprattutto su quelle inchieste precedenti Mani pulite, da «Carceri d'oro» ad «Atm», che videro risparmiati i suoi amici Maurizio Prada e Sergio Radaelli. C'era anche un accenno alla locazione in equo canone dietro piazza della Scala concessa dalla Cariplo.

Nell'insieme, non una sola cosa falsa: ma tutti i giornali ne imboscarono a dir poco i contenuti. Il procuratore capo Borrelli telefonò subito a Di Pietro che ammise solo il particolare del telefonino: che però, disse, non era suo, era della moglie che gliel'aveva prestato perché lui neppure ce l'aveva, la procura non gliel'aveva mai dato. Tutte le altre questioni furono rintuzzate superficialmente una a una, pratica neppure necessaria: la stampa, non riferendo né spiegando le singole contestazioni, non riportò neppure le singole smentite e si accontentò di frettolose dichiarazioni a rapido consumo dei cronisti più zelanti: «Il dossier» disse loro Borrelli «è una diligente raccolta di tutte le insinuazioni, di tutti i pettegolezzi, di tutte le calunnie che da un anno a questa parte sono state messe in circolazione sul conto del collega … Pettegolezzi, volgarità, insinuazioni, calunnie, menzogne. Al valoroso collega Di Pietro confermo la mia piena fiducia. È una vergogna».

L'ignaro Borrelli non sapeva che il contenuto del dossier corrispondeva a verità. Roberto Chiodi, l'autore, ci aveva lavorato per mesi.

Dirà Davigo:

> Nel merito [*del dossier del «Sabato»*] ne parlai con Di Pietro chiedendogli «stiamo tranquilli?». E lui ci tranquillizzò: «Sì, assolutamente, possono inventare ma di vero non c'è niente…».

Di vero c'era tutto. E nel seguente modo, infatti, una sentenza bresciana definirà quel dossier:

> Puntigliosa analisi di fatti meticolosamente documentati ... contrassegnati da profili di rilevanza quanto meno disciplinare ... in quel dossier ve n'era abbastanza per ottenere una qualche attenzione da parte di autorità disciplinari ... nessuna di queste autorità si è attivata...[36]

Canili di Stato

Nel marzo 1993, in sostanza, Franco Bernabè imperava sull'Eni e Gabriele Cagliari, che imperava prima di lui, era in galera. Il manager socialista rimaneva dentro perché i suoi racconti non venivano ritenuti sufficienti: i fatti contestati li aveva già ammessi e l'11 febbraio aveva anche aggiunto un episodio che i pm ignoravano, ma ogni volta non bastava. Il 16 marzo aveva disvelato natura, entità e meccanismi dei finanziamenti illeciti erogati dall'Eni, descrivendo il ruolo centrale di Pacini Battaglia. Ma ancora non bastò o forse non interessò. Il gip Italo Ghitti negò la scarcerazione perché la sua detenzione, spiegò, poteva consentire «la ricostruzione del quadro complessivo ... un più vasto ambito che deve essere dettagliatamente ricostruito». Restava in galera, cioè, per dei fatti che i pm ignoravano ma lui no.

Nei mesi a venire a mantenere in galera Gabriele Cagliari sarà invece il pm Fabio De Pasquale con la sua inchiesta Eni-Sai, un affare che vedeva come controparti Cagliari e Salvatore Ligresti. L'ex presidente dell'Eni osservava una sola regola, non parlare mai per primo: ma il 15 luglio, dopo aver saputo che Ligresti aveva fatto qualche ammissione, decise di rendere una confessione che incontrò le attese di De Pasquale: la parola Craxi faceva sempre un certo effetto. Il pm spiegò quindi ai legali che Cagliari presto avrebbe lasciato il carcere. De Pasquale, al galeotto Cagliari, testualmente disse: «Lei me l'ha messo in culo, ma io devo liberarla». E così Gabriele Cagliari tornò nella sua cella 102 convinto d'avercela fatta.

De Pasquale cambiò idea il giorno dopo, ma non avvertì neppure la difesa di Cagliari: si limitò a passare al gip un parere ancora una volta negativo. Qualcuno però avvertì i giornalisti: e così il giorno dopo l'avvocato di Cagliari apprese dalla radio che il pm si era rimangiato la promessa e che l'indomani sarebbe partito per le vacanze, in Sicilia.

Dai verbali di Vittorio D'Aiello, legale di Cagliari, davanti agli ispettori ministeriali:

> Il dottor Fabio De Pasquale, alla fine dell'interrogatorio, disse al Cagliari che avrebbe dato parere favorevole alla sua libertà, affermando espressamente rivolto al Cagliari: «Lei me l'ha messo in culo, ma io devo liberarla».

Dalle conclusioni degli stessi ispettori, paragrafo IV:

> Il dott. De Pasquale, con espressioni non consone, ha tenuto dei comportamenti certamente discutibili ... soprattutto per avere promesso a un indagato che era in carcere da oltre centotrenta giorni, di età avanzata e in condizione di grave prostrazione psichica, che avrebbe espresso parere favorevole ... e di avere invece assunto una posizione negativa senza però interrogare nuovamente lo stesso indagato, impedendogli, così, di fatto, di potersi ulteriormente difendere. È mancato quel massimo di prudenza, misura e serietà che deve sempre richiedersi quando si esercita il potere di incidere sulla libertà altrui.

Il quotidiano «La Stampa», il giorno dopo, intervistò Bruna Di Lucca, la moglie di Cagliari. Le chiese: che cosa le ha detto l'ultima volta che l'ha visto? Risposta: «Ma io non l'ho mai più visto, da quando è stato arrestato. Lui non vuole che io vada a trovarlo».

L'ingegner Gabriele Cagliari, la mattina del 20 luglio, trovò il modo di lasciare il carcere con un sacchetto di cellophane infilato in testa, legato con dei lacci da scarpe. Una tecnica che esige lucidità e volontà straordinarie. Aveva già spedito diverse lettere, di cui una, indirizzata alla moglie e ai figli, è divenuta celebre. Tralasciando le parti troppo personali, ecco un breve estratto:

> L'obbiettivo di questi magistrati è quello di costringere ciascuno di noi a rompere, definitivamente e irrevocabilmente, con quello che loro chiamano il nostro «ambiente». Ciascuno di noi, già compromesso nella propria dignità agli occhi della opinione pubblica per il solo fatto di essere inquisito o, peggio, essere stato arrestato, deve adottare un atteggiamento di «collaborazione» che consiste in tradimenti e delazioni che lo rendano infido, inattendibile, inaffidabile: che diventi cioè quello che loro stessi chiamano un «infame» ...
>
> I magistrati considerano il carcere nient'altro che uno strumento di lavoro, di tortura psicologica, dove le pratiche possono venire a maturazione, o ammuffire, indifferentemente, anche se si tratta della pelle della gente. Il carcere non è altro che un serraglio per animali senza teste né anima ...
>
> Siamo cani in un canile dal quale ogni procuratore può prelevarci per fare la propria esercitazione e dimostrare che è più bravo o più severo di quello che aveva fatto un'analoga esercitazione alcuni giorni prima o alcune ore prima ...
>
> A tutti lascio il ricordo di me che vorrei non fosse quello di una scheggia che improvvisamente sparisce senza una ragione, come se fosse impazzita. Non è così, questo è un addio al quale ho pensato e ripensato con lucidità, chiarezza e determinazione.
>
> Non ho alternative.
>
> *Gabriele*

Fabio De Pasquale apprese la notizia fra Capo Peloro e Punta Faro, spaparanzato in Sicilia. I colloqui coi giornalisti furono invero penosi: «Non ho rimorso per quello che ho fatto ... No, non mi sento in colpa. Ho svolto il mio lavoro basandomi sulla legge ... E poi non ho fatto quella promessa. È paradossale: io sono contrario alla carcerazione preventiva».

Paradossale, sì. De Pasquale fu ufficialmente mollato da cronisti e procura. Francesco Saverio Borrelli fu visto piangere. «Non si può promettere e non mantenere» ebbe il coraggio di dire Di Pietro, che di quella massima aveva fatto una regola di vita.

La macchietta Paolo Brosio, per il Tg4, intervistò la signora Cagliari e la definì in diretta «la vedova di Roberto Calvi» dopodiché aggiunse «No... ho sbagliato vedova, scusa Emilio».

Cagliari era colpevole: su un suo conto segreto celava 12 miliardi illeciti di cui neppure la moglie sapeva alcunché. Ma a distanza di tempo appare sempre più lampante – ed è una verità ormai storica, più che giudiziaria – come l'inchiesta Enimont, complicatissimo architrave di Mani pulite, sia stata giocata su una mera discrezionalità. Milano contro Roma. Una procura contro l'altra. Eni buono contro Eni cattivo. Cagliari era finito tra i cattivi.

Quella notte gridò tutto il carcere di San Vittore. Le grida sfumarono nel silenzio e dal silenzio risalì un crescente e notturno frastuono di sbarre battute. Chi incontrò Cagliari, in carcere, fu il democristiano Clelio Darida:

> Cagliari era un uomo molto chiuso e molto triste. Lui era separato da noi perché aveva chiesto di non stare in un braccio speciale. Il nostro era speciale perché c'eravamo noi politici e c'erano i detenuti comuni a rischio: i pedofili, perché i carcerati, soprattutto i meridionali, sono capaci di rappresaglie terribili contro chi tocca i bambini. C'erano i «femminielli» per salvarli dallo scherno. C'erano i delatori perché difficilmente noi li avremmo sgozzati su commissione. Incontrai Cagliari in sala avvocati la sera prima che si suicidasse. Poiché in carcere tutti sanno tutto di tutti mi disse: ma che ci fai ancora qui? Contro di te non hanno niente. Non immaginai nemmeno lontanamente che potesse uccidersi. Quando si ammazzò, in carcere scoppiò una rivolta. I detenuti comuni incendiarono i materassi, durante la notte venivano battute le porte.[37]

Il professor Gianfranco Miglio, ideologo leghista, snocciolava opinioni che all'epoca non erano poi così eccentriche:

> Non c'è nessun motivo di pietà ... Anzi, il suicidio dimostra che la pietà e la carità sono tutte balle. Non mi meraviglio della fine di Ca-

gliari ... La politica è un gioco mortale. Questa vicenda non fa che confermare che bisogna fare pulizia in maniera totale.

Il titolo dell'«Indipendente» fu questo: *Misteriosa morte di Gabriele Cagliari. I politici ne approfittano per attaccare i giudici.*

Gardini, mandato di cottura

Di Pietro, in più occasioni, racconterà che una mancanza di tempestività nell'arrestare Raul Gardini fu uno dei grandi errori della sua vita:

> Se una colpa mi devo attribuire, è quella di non aver mandato subito i carabinieri ad arrestarlo: c'erano le perquisizioni da fare e si rischiava di finire a notte inoltrata, per cui decisi di rinviare tutto all'indomani ... quel pomeriggio i suoi difensori intuiscono che c'è l'arresto nell'aria, vengono da me e trattano la resa: concordiamo che Gardini verrà nel mio ufficio a costituirsi la mattina dopo ... Quindi i suoi legali lo informano dalla sera prima dell'arresto.[38]

Di Pietro ha ragione, una certa responsabilità ce l'ha. L'ha confermato anche il pm Francesco Greco.[39] È il racconto di Di Pietro che però fa acqua da tutte le parti, a cominciare da un dettaglio: che Gardini si poteva benissimo non arrestarlo proprio.

Nei fatti, sin dalla prima estate di quell'anno, Raul Gardini pensava di potersela cavare come avevano già fatto altri finanzieri quali Cesare Romiti e Carlo De Benedetti, ossia con un memoriale decoroso e piazzato al momento giusto. Il 16 maggio, una domenica, l'ingegner De Benedetti si era presentato alla Procura di Milano con un memoriale lunghissimo nel quale sosteneva che la sua Olivetti era stata sistematicamente concussa dalle Poste italiane. «De Benedetti» scriverà Di Pietro in un suo memoriale difensivo a Brescia «si presentò spontaneamente ... Molti seguirono il suo esempio.»

Ma non a tutti fu permesso. Raul Gardini, quando aveva saputo che il pm Francesco Greco aveva spiccato un primo mandato d'arresto contro di lui, era rimasto incredulo: ma in ogni caso il gip Antonio Pisapia aveva respinto la richiesta. Francesco Greco tornò tuttavia a lavorarci sinché un altro gip, il solito Italo Ghitti, il 16 luglio accolse il mandato di cattura che rimase sospeso sul finanziere come una spada di Damocle. Che il mandato era stato firmato, Gardini lo venne a sapere il 17 luglio; al che, coi suoi due avvocati, uno dei quali era Giovanni Maria Flick, predispose ben più di un decoroso memorialetto: si dichiarava infatti disponibile a parlare di tutta la vicenda Enimont e di soldi versati ai partiti e di contabilità parallela e di paradisi fiscali. Chiese un interrogatorio spontaneo come altri avevano ottenuto e mandò un secondo avvocato, Marco De Luca, in avanscoperta: ma quest'ultimo tornò con le pive nel sacco e anche questo fu un preciso segnale che non volevano interrogarlo, volevano arrestarlo. Meglio: volevano interrogarlo, poi arrestarlo e poi reinterrogarlo da galeotto.

Si arrivò così al 20 luglio, quando Gardini apprese che Gabriele Cagliari si era suicidato nello stesso carcere in cui Di Pietro lo voleva spedire. I legali gli comunicarono che non c'era più niente da fare, il mandato era già firmato e la galera doveva farsela: dissero che avevano ottenuto di rimandare l'arresto al giorno dopo, ma era un mezzo bluff, perché in realtà il proposito di arrestarlo nel pomeriggio era stato rinviato solo per evitare che le perquisizioni potessero protrarsi sino a notte fonda. Con le sue gambe o col cellulare della polizia, ergo, Gardini sarebbe andato in procura e poi in galera. Gli avvocati, d'accordo con Di Pietro, fissarono anche un orario: 8.30.

Il corsaro passò la notte in questa consapevolezza. Il mattino dopo, appena sveglio, gli portarono come al solito i giornali e notò che sulla prima pagina della «Repubblica» c'era il titolo *Tangenti, Garofano accusa Gardini*. I verbali del suo accusatore, il presidente di Montedison Gabriele Garofano, erano sui giornali prima ancora che potesse confrontarsi con lui. Visse la cosa come l'ennesimo tradimento, dopodiché si uccise. Poche centinaia di metri più in là stava per sfilare il funerale di Gabriele Cagliari.

La reazione di Di Pietro, a caldo, fu questa: «Nessuno potrà più aprire bocca, non si potrà più dire che gli imputati si ammazzano perché li teniamo in carcere sperando che parlino».[40] Aveva ragione: qualcuno si ammazzava prima di finirci.

Di Pietro, quel giorno stesso, mandò ad arrestare vari parenti e amici di Raul Gardini tra i quali Carlo Sama e Sergio Cusani. Il gip Italo Ghitti fu più che d'accordo: «Eccezionalmente» dirà «su quei provvedimenti ho indicato l'ora. Le 9 del mattino. Pochi minuti dopo il dramma. Per testimoniare che, nonostante il dolore, la giustizia deve andare avanti». Più che la giustizia, gli arresti.

Dirà Sergio Cusani:

> La Procura l'ha tenuto a bollire: i suoi avvocati chiedevano incontri e i procuratori li negavano. Gardini era diventato un personaggio comodo, spendibile. La spaccatura della famiglia Ferruzzi lo aveva indebolito, ma anche da ex potente lui era famoso nel mondo. Un bell'uomo, un grande velista internazionale, uno dei maggiori imprenditori italiani. Per i media internazionali sarebbe stato l'arresto del secolo. ... Lui

era convinto di subire lo stesso trattamento di Romiti e De Benedetti, pensava che la Procura si sarebbe accontentata di un memoriale di poche pagine ... Pensava insomma che sarebbe stato rispettato il copione classico di Tangentopoli: salvaguardare l'economia e i poteri forti che sono i produttori di denaro e colpire gli intermediari politici. ... Ma non aveva valutato la cosa più importante: non era più un potere forte dopo la spaccatura della Ferruzzi. Certo, la sua Gardini srl era una società ricca e importante, ma non con il potere ramificato che conta.[41]

Il vicepresidente del Csm, Giovanni Galloni, decise di rilasciare un'intervista all'«Unità» per far conoscere la posizione ufficiale della magistratura. Titolo: *La custodia cautelare non si tocca*. Svolgimento: «Al Consiglio nessun avvocato ha finora denunciato abusi. L'ordinamento attuale è già molto garantista. I suicidi eccellenti non devono far cambiare la legge».[42]

Le tangenti rosse

Il 1° marzo, in teoria – alquanto in teoria – anche il Pds nazionale era entrato seriamente in Tangentopoli: si era fatto vivo tal Primo Greganti, un ex funzionario comunista di Torino sospettato d'aver raccolto una tangente di 621 milioni per il Pds e di averla nascosta in un conto svizzero chiamato Gabbietta. Sarà la prima di una serie di contestazioni inutili: Greganti si chiuderà in un silenzio eroico e inusuale dicendo in pratica di aver preso i soldi per sé e non per il partito, ossia il contrario di quanto sosteneva il politico medio. L'ex segretario amministrativo del Pds, Marcello Stefanini, sarà inquisito lo stesso: ma la sua morte prematura coinciderà con quella di molti filoni sui finanziamenti al Pds, come non era accaduto per il Psi con la morte del segretario amministrativo Vincenzo Balzamo.

Dirà Greganti:

Quando ho incontrato Di Pietro, e ho scoperto che aveva mandato i poliziotti ad arrestarmi a casa prima dell'alba, non ho avuto più dubbi.

Ti voleva catturare nel sonno?

Proprio così. Solo che io non c'ero. Avevo dormito fuori. Dove abito io c'era mezzo metro di neve. E i poliziotti sono rimasti pure impantanati.

Come mai quella mattina sei andato da Di Pietro?

Avevamo un appuntamento. Era da quindici giorni che gli chiedevo di ricevermi. Finalmente ci accordiamo per le 11 al Palazzo di Giustizia di Milano, e lui che fa? Mi manda i poliziotti alle quattro del mattino a casa per arrestarmi. Hai capito che metodi?[43]

Il Pool di Milano intanto si era allargato: nella primavera del 1993 era arrivato il trentaduenne Paolo Ielo e Di Pietro avrebbe gradito anche l'inserimento del pm Gemma Gualdi, sua amica da molti anni, ma Borrelli le preferì infine un'altra collega, Tiziana Parenti, subito destinata al filone delle cosiddette «tangenti rosse». Le incomprensioni e i problemi caratteriali ebbero la meglio praticamente da subito, sia per il temperamento particolarmente orgoglioso di lei sia perché Di Pietro, come diceva Ielo, «vuole fare il prete, il sacrestano e anche il chierichetto».[44]

Ha raccontato il pidiessino Giovanni Pellegrino:

> All'inizio D'Alema era convinto che Violante, con la sua influenza nella magistratura, potesse proteggerci sufficientemente dall'azione dei giudici. Poi Tiziana Parenti cominciò a prendere di mira le fonti finanziarie del Pci-Pds e del sistema di imprese che ruotavano intorno al partito, arrestando Renato Pollini, che del Pci era stato l'ultimo tesoriere. In tal modo la situazione si fece pesante anche per il Pds.[45]

Nella primissima fase di Mani pulite il Pds non venne per nulla risparmiato. Le indagini rasero al suolo la federazione milanese (consiglieri, assessori, segretari) e i pidiessini non mancarono di lamentarsi: anche se, al solito, tra mille distinguo. «Dopo i primi arresti» ha raccontato Gianfranco Maris, legale del segretario cittadino del Pds Roberto Cappellini, «il mio cliente mi disse che aveva preso anche lui dei soldi. Chiesi a Di Pietro di sentirlo, ma rifiutò.» Racconterà Cappellini: «Me lo ricordo, Di Pietro, subito dopo l'arresto. Era scatenato, urlava: "Parla, perché se no non esci più"».

Il filone rosso parve decollare quando il manager Lorenzo Panzavolta raccontò che a Tangentopoli già scoppiata aveva versato altri 621 milioni al Pds sempre a mezzo Greganti: di lì in poi le chiamate in correità cominciarono a piovere da tutte le parti, e parlarono gli imprenditori Bruno Binasco, Giuseppe Squillaci, Paolo Pizzarotti oltre al solito Maurizio Prada e all'ex tesoriere milanese Luigi Mijno Carnevale. Quest'ultimo, a pagina tre del suo verbale d'interrogatorio, chiamò in causa molto chiaramente «Occhetto e D'Alema, naturalmente d'accordo con la segretaria amministrativa diretta dall'onorevole Stefanini».[46] Arrestarono anche Marco Fredda, il responsabile immobiliare del Pds. Ma le voci su avvisi di garanzia per Occhetto e D'Alema rimasero tali. Il dissidio definitivo sarà del 24 agosto, quando Tiziana Parenti decise di inviare un'informazione di garanzia al segretario amministrativo del Pds Marcello Stefanini senza neppure avvertire i colleghi: le iscrizioni, sino ad allora, le aveva sempre vergate personalmente Di Pietro. Marcello Stefanini era un senatore, e questo significava avere un solo mese di tempo per motivare la richiesta di autorizzazione a procedere: il Pool temeva che la collega non avesse abbastanza elementi per poterla ottenere. E mentre i vertici della Quercia denunciavano una «strategia della tensione», ecco che il procuratore aggiunto Gerardo D'Ambrosio, che di solito non muoveva un dito, condusse una sua personale indagine non per incolpare bensì per scagionare Primo Greganti: si era collegato con l'anagrafe tributaria e aveva concluso che neanche una lira era giunta al Pds. Il 29 ottobre 1991, nel giorno in cui Greganti prelevava una consistente somma a Lugano – spiegò – lo stesso firmava anche il rogito per comprare una casa, ecco dunque a prova che quei soldi non erano finiti a Botteghe Oscure. Il caso era chiuso, anzi no: il gip Ghitti avrebbe voluto vederci chiaro e dapprima negò l'archiviazione. Non credeva – senza malizia: nessuno ci aveva mai creduto – alla storia del Greganti millantatore. Ma perse la battaglia.

Tra pubbliche litigate e qualche chiacchierata di troppo coi giornalisti, in autunno l'inchiesta verrà ufficialmente tolta a Tiziana Parenti in quanto «non allineata con la procura» dirà Gerardo D'Ambrosio prima di aggiungere: «Questo non è il processo al Pds, ma a Greganti e Stefanini». D'Ambrosio è lo stesso personaggio che nel maggio precedente aveva dichiarato all'«Unità»: «Mani pulite è finita ... nel senso che ciò che doveva emergere nel filone politico-affaristico è venuto fuori». Sul settimanale «L'Europeo» era stato ancora più chiaro: «Lo scenario è nitido, Dc e Psi si finanziavano attraverso meccanismi illeciti ... c'è stata la fase dello stragismo ... poi è venuta l'epoca della corruzione». D'Ambrosio, anni dopo, una volta lasciata la magistratura, si candiderà come senatore nel Pds, frattanto divenuto Ds.

Se Primo Greganti rappresentava una domanda, ogni risposta giunse comunque tardiva e seppellita da formidabili solidarietà ambientali. Greganti divenne un vero personaggio in un mondo dove un barbuto presidente di una coop, già di suo, appariva mediaticamente meno intrigante di un cassiere socialista in crociera a Bora Bora. Ma diversi, più che gli uomini, erano i metodi: lo era un sistema di finanziamento illecito più difficile da individuare, lo erano elargizioni dall'Urss e commesse dall'Est che in buona parte rientravano nei reati amnistiabili; ma diversa, in quel 1993, fu soprattutto la gestione di Mani pulite da parte di una magistratura che sceglieva gli obiettivi a seconda delle possibilità del momento. Fu Francesco Saverio Borrelli a parlare di «Blitzkrieg»:

Era la guerra lampo tipica degli eserciti germanici che fu usata anche nello sfondamento di Caporetto: una penetrazione impetuosa su una fascia molto ristretta di territorio, lasciando ai margini le sacche laterali, le più difficili da sfondare. Di Pietro agiva allo stesso modo: tendeva ad arrivare molto rapidamente ad assicurarsi determinati risultati certi, lasciando ai margini una quantità di altre vicende da esplorare in un secondo momento.[47]

Cosicché i risultati giunsero, quando giunsero, in un secondo momento: ma dal 1994 in poi la stampa già pensava ad altro. Le carte che dimostravano come il Pds si finanziò in maniera illecita diventavano migliaia in tutto lo Stivale, e da altrettante sentenze si evinceva tuttavia che nel Pci-Pds, più che per altri partiti, la raccolta di fondi risultava periferizzata, parcellizzata e soprattutto spersonalizzata. I nomi dei percettori finali non comparivano quasi mai.

Il Pds poteva contare sul mitico sistema cooperativo, ma casi moralmente riprovevoli come quelli emersi in Campania (commistioni coop-camorra nell'aggiudicazione degli appalti) non fecero notizia più di tanto, mentre non si poteva negare che una scelta oculata di uomini di fiducia, cui intestare interi patrimoni immobiliari, fu premiata da comportamenti processuali poco solleticabili dal carcere.

Il magistrato Francesco Misiani la mise così:

> So perfettamente che se avessi insistito, forse, prima o poi, sarei riuscito a dimostrare in un'aula di tribunale che il Pci non era estraneo al circuito di finanziamento illecito ... non lo feci, consapevole anche del fatto che la resistenza anche a lunghi periodi di detenzione, dimostrata dagli indagati, forniva anche un ineccepibile dato formale in grado di chiudere le inchieste.[48]

Questo mentre Italo Ghitti, il gip di Mani pulite, in un'intervista rilasciata nel 2002 al «Corriere della Sera», ammetteva che il Pds aveva un apparato di finanziamento illecito non meno vorace:

> La storia di Mani pulite non ha esaurito e non esaurisce la storia: qualcuno si sarà anche potuto salvare da accuse di corruzione, ma magari ha dovuto lasciare la sede di partito, vendere il giornale, chiudere l'azienda ... il tempo ha evidenziato come, al di là dei fatti penalmente rilevanti, vi fossero realtà che adottavano praticamente lo stesso metodo dei partiti più coinvolti.[49]

Difficile non ripensare al ridimensionamento della macchina organizzativa pidiessina, notoriamente la più dispendiosa della Prima e della Seconda Repubblica. Durante la Prima resse in qualche modo la leggenda dei finanziamenti ottenuti dalla vendita delle salamelle al Festival dell'Unità, nella Seconda invece si passerà alle scalate bancarie.

Ha raccontato il democristiano ed ex presidente del Consiglio Arnaldo Forlani:

> Quando queste fonti si sono prosciugate hanno chiuso e poi riciclato l'Unità, hanno venduto la sede delle Botteghe Oscure, molte di quelle provinciali e di sezione, e infine hanno licenziato centinaia di dipendenti. Avevamo calcolato che spendevano più di tutti gli altri partiti messi insieme. L'autofinanziamento copriva sì e no un terzo dei costi. C'è una documentazione con alcuni dati: cinquemila funzionari tra federazioni provinciali e organismi collaterali, centinaia di dattilografe e autisti, un migliaio tra giornalisti e tipografi, oltre quattrocento addetti solo alla sede centrale.[50]

Il filone legato all'energia indica chiaramente che la spartizione a livello nazionale era fra tutti i partiti. Il manager Lorenzo Panzavolta parlò di tre tangenti di 1 miliardo e 242 milioni ciascuna a Dc, Psi e Pci: l'1,6 per cento sulle commesse assegnate al gruppo Ferruzzi. Spiegò che un tempo il Pci si limitava a pretendere che una quota degli appalti fosse assegnata alle cooperative rosse, ma dal 1986 il Consorzio cooperative costruzioni di Bologna puntò ad allargare il proprio mercato: sicché il pidiessino Giambattista Zorzoli entrò nel consiglio d'amministrazione dell'Enel e Panzavolta versò 1 miliardo e 246 milioni sui conti svizzeri di Greganti. Quest'ultimo sarà condannato a 3 anni e Zorzoli a 4 anni e 3 mesi per corruzione e finanziamento illecito al partito: «Le somme» recita la sentenza «non sono state incassate da Greganti per prestazioni personali bensì vanno collegate a un'intermediazione fiduciaria posta in essere da quest'ultimo a vantaggio del Pci».

Per gli appalti legati alla costruzione di impianti di desolforizzazione, in particolare, occorreva una nuova legge e serviva che il Pci assicurasse almeno il numero legale in Parlamento. Raccontò ancora Panzavolta: «Dissi a Greganti: se lei può dire ai suoi parlamentari ... Allora Greganti si adoperò e difatti la legge venne poi approvata, perché il numero c'era. Il Partito comunista votò contro questa disposizione, però era sufficiente la loro presenza per farla passare. E Greganti venne da me e disse: "Vede che io conto, vede che riesco a ottenere queste cose"».

I giudici della VII sezione del Tribunale di Milano, nel luglio 1996, spiegarono che

> a livello di federazione milanese, l'intero partito, e non solo alcune sue componenti interne, venne coinvolto direttamente nel sistema

degli appalti per la Metropolitana Milanese ... Da circa il 1987 l'allora Pci fu inserito nel novero dei partiti politici che partecipavano alla spartizione delle tangenti provenienti dalle imprese.[51]

L'accordo era a tal punto consolidato che il segretario amministrativo della Dc, Maurizio Prada, fungeva spesso da cassiere unico e smistava il denaro ai segretari amministrativi degli altri partiti, nessuno escluso: «Risulta dunque pacifico che il Pci-Pds, dal 1987 sino al febbraio 1992» spiega ancora la sentenza «ricevette, quale percentuale del 18,75 per cento sul totale delle tangenti, una somma non inferiore ai tre miliardi». Raccolti dal collettore Sergio Eolo Soave prima e dal sostituto Luigi Mijno Carnevale poi, nella divisione delle tangenti si passerà alla regola dei tre terzi: due terzi alla corrente occhettiana e un terzo alla corrente migliorista.

Si rimanda alle note finali per le non poche sentenze, condanne ed emblematiche assoluzioni del Pci-Pds-Ds nei filoni Alta Velocità,[52] Fiat-Pds,[53] tangenti «Le gru» di Grugliasco,[54] inchiesta veneta sulle cooperative[55] e inchiesta torinese su Eumit Intereurotrade.[56] Si tratta di situazioni definite che continuano a restare misconosciute rispetto a situazioni non definite ma di più forte carica simbolica: a distanza di anni, per esempio, si discute ancora del miliardo di lire che Raul Gardini pagò al Pci per l'affare Enimont, versamento assodato per il quale il socialista Sergio Cusani fu anche condannato in primo grado. È anche vero che i retroscena di quel miliardo vennero trasmessi per televisione al processo Cusani, questo in un periodo in cui un coinvolgimento del Pci-Pds in Mani pulite l'avrebbe probabilmente trascinato nello stesso baratro in cui giacevano altri partiti storici.

La storia è sempre quella: nel 1994 l'ex uomo di fiducia di Gardini, Leo Porcari, confermò ad Antonio Di Pietro di aver accompagnato il suo principale in via delle Botteghe Oscure perché incontrasse Massimo D'Alema e Achille Occhetto. Nella sentenza del 28 aprile 1994 si apprende di almeno tre incontri di Raul Gardini coi succitati. La testimonianza di Porcari convergeva con quella di Carlo Sama: l'ex amministratore di Montedison, infatti, aveva riferito a Di Pietro di un colloquio avuto con Sergio Cusani dove quest'ultimo raccontava che Raul Gardini «gli aveva detto di aver passato 1 miliardo tondo al Partito comunista, ad Achille Occhetto in persona, per ottenere un appoggio per la defiscalizzazione degli oneri gravanti su Enimont». Non bastasse, Pino Berlini, uomo Ferruzzi a Losanna, aveva confermato la movimentazione del miliardo, mentre Sergio Cusani, sempre secondo Carlo Sama, avrebbe usato un aereo privato della Montedison per portare il miliardo da Milano a Ravenna e poi da Ravenna a Roma. L'audizione di Occhetto e D'Alema fu tuttavia negata dal tribunale, che pure, nella sentenza, scrisse: «Gardini si è recato di persona nella sede del Pci portando con sé 1 miliardo di lire. Il destinatario non era quindi semplicemente una persona, ma quella forza di opposizione che aveva la possibilità di risolvere il grosso problema che assillava Enimont [*un decreto di sgravio fiscale*] e il fatto così accertato è stato dunque esattamente qualificato come illecito finanziamento di un partito politico». Nel processo d'appello, Cusani fu condannato a 6 anni – due in meno del primo grado –, ma l'episodio venne stralciato.

Riportare tutti i processati e i condannati delle inchieste sulle coop rosse, ancora e infine, è impresa impossibile: basti che hanno proceduto le Procure di Milano, Brescia, Torino, Venezia, Bologna, Reggio Emilia, Modena, Ravenna, Ferrara, Firenze, Grosseto, Arezzo, Roma, Frosinone, Napoli, Lecce, Palermo, Catania e Caltanissetta. Per non parlare dell'indagine veneziana di Carlo Nordio che con centinaia di imputati ha assorbito i procedimenti di Milano, Torino e Roma. Moltissime le condanne, nessuna o quasi di peso politico. Qualche incomprensione diplomatica, a margine dell'inchiesta di Nordio, a metà degli anni Novanta, rischiò di alimentare i dubbi di chi sosteneva e sostiene che il Pool di Milano abbia trascurato la sinistra.

Ha raccontato Carlo Nordio:

> La Procura di Milano mi mandò una serie di verbali anche molto importanti dai quali emergeva ... tutta una serie di finanziamenti fatti al Pci-Pds. Ricordo che furono inviati i verbali di un tale Carnevale. Dopo accadde un fatto anomalo. ... arrivò a Venezia un plico anonimo con la fotocopia di un verbale di questo Carnevale, dove si faceva il nome dell'on. D'Alema, e questo verbale [*da Milano*] non mi era stato mandato. Allora chiesi alla Procura di Milano: «Questo verbale esiste?». In un primo tempo mi dissero che non lo sapevano, ... che loro avevano mandato tutto quello che avevano... Allora fecero delle ricerche e lo trovarono ... Io ritenni il fatto singolare.[57]

Non meno singolare un altro episodio sempre raccontato da Nordio. La Procura di Milano, nel 1993, aveva già interrogato il futuro teste chiave dell'inchiesta veneziana, Agostino Borello, amministratore di una cooperativa piemontese che aveva raccontato una serie di finanziamenti occulti a margine dei quali, in forma di ringraziamento, si registrava la regolare presenza alle riunioni di D'Alema e di Craxi. Nordio, perciò, nella primavera del 1995, tornò a Milano per ascoltare questo Borello:

> Lo interrogai presso la sede della Guardia di Finanza. ... Vedendo che esisteva una direttiva della Procura di Milano della fine del 1993 che demandava alla Guardia di Finanza l'onere di riscontrare le dichiarazioni di Borello, chiesi agli ufficiali ... : «Cosa avete risposto a questa direttiva? ... L'avete riscontrato o meno?», e mi fu detto che non avevano ancora risposto. Al che io dissi: «Avete una direttiva della Procura di Milano di fine 1993 e un anno e mezzo dopo non c'è risposta?». Mi fu detto: «C'è stato tanto da fare».[58]

Bombe, manette e forche

Il Pool di Milano, nell'incredibile 1993, aveva ormai un potere smisurato. Il 2 maggio l'ex senatore democristiano Augusto Rezzonico apprese dai giornali dell'arresto di Giuseppe Parrella, uno dei tanti finanziatori della vecchia Dc. «Mi sono ricordato» disse Rezzonico «che Parrella mi era stato inviato da un collega parlamentare perché doveva portare un contributo al partito.» Il 3 maggio l'ex senatore bussò alla porta di Davigo che gli disse: si rivolga a Di Pietro. Ma Tonino era impegnato, stava interrogando il manager Antonio Mosconi e gli disse: torni un'altra volta. Allora, il 5 maggio, Rezzonico formulò una richiesta scritta di poter conferire col dottor Di Pietro, ma non ottenne risposta. Bussò dal gip Ghitti, che gli disse: spiacente, non seguo il suo caso. Morale: qualche giorno dopo venne riarrestato con la colpa di non aver confessato l'episodio a tempo debito.

Finire in galera era un attimo. Di Pietro e Davigo riuscirono ad arrestare anche una vecchia conoscenza: Giancarlo Albini, l'uomo che aveva respinto il progetto della società informatica Isi fondata dai due ex carabinieri che lavoravano con Tonino. Era il 17 marzo. Trentaquattro giorni dopo, il Tribunale del riesame lo liberò avvedendosi di un grave abbaglio: non poteva essere accusato di concussione perché non era un pubblico ufficiale. Di Pietro non se n'era accorto.

Il 26 marzo si presentò in procura il vicepresidente della Padana Assicurazioni Roberto Araldi. A interrogarlo provvide Gherardo Colombo. Il suo verbale finì poi in un fascicolo di Di Pietro, il quale, dopo attenta valutazione, tra il 29 e il 31 marzo fece arrestare tutti i personaggi menzionati da Araldi: e anche Araldi.

E riecco Gorrini. Appresa la notizia sui giornali, il patron della Maa Assicurazioni si precipitò da Di Pietro per lagnarsi: Tonino, hai messo dentro proprio Araldi, il perito che doveva verificare la contabilità della mia Maa. Un guaio. Da qui le versioni ovviamente divergono. Gorrini raccontò che convinse l'amico pm a liberarlo, e gli atti parrebbero confermarlo: Araldi finì dentro il 31; il 1° aprile Di Pietro espresse parere contrario alla scarcerazione; e qui si sarebbe inserito Gorrini. Araldi venne dunque interrogato il 2 aprile e Di Pietro in serata mandò un nuovo parere, stavolta favorevole, che recava solo la sua firma e non quella di Colombo e Davigo; il 3 aprile, poi, il gip Italo Ghitti concesse gli arresti domiciliari (non la scarcerazione) pur facendo notare a Di Pietro che la situazione del commercialista gli sembrava immutata; il 7 aprile, infine, ad Araldi venne concesso il permesso di espletare incarichi professionali, più precisamente di continuare a svolgere la consulenza tecnica per la Maa cui tanto teneva Gorrini. Si parla di un indagato di non secondaria rilevanza: fungeva anche da traghettatore di tangenti dalla Fiat al Psi. Naturalmente Di Pietro si difese con il consueto «tutte le decisioni venivano prese collegialmente dal Pool», non altro: anche se il parere positivo alla scarcerazione l'aveva firmato da solo.

Il 4 luglio Di Pietro interrogò Romano Prodi e gli domandò se i politici gli avessero mai chiesto soldi o nomine: no, fu la risposta. Il pm lesse le chiamate in correità di Giuliano Graziosi (Stet) e Franco Reviglio (Eni), ma Prodi non ricordava, ammise solo pressioni generiche da Craxi e Andreotti. «Va bene, professore,» gli disse «torni a Roma e rifletta su quello che abbiamo chiesto e che lei ci ha detto. Sappia, però, che potremmo essere costretti a farla continuare a riflettere lontano da casa.»[59]

Il Pool aveva arrestato per molto meno. Prodi presentò una comoda memoria, dopo l'estate, e non fu disposto alcun confronto coi testi che l'avevano chiamato in causa. Il giorno stesso passò dal Quirinale a lamentarsi. Scalfaro lo ricevette assieme all'allora suo amico Filippo Mancuso. Il presidente della Repubblica, quattro giorni dopo, lanciò anatemi contro la carcerazione preventiva in un clima incandescente.

È impossibile spiegare lo scenario in cui scivolavano le inchieste di quel periodo ed è altrettanto impossibile trovare un filo comune tra accadimenti che mozzavano il respiro: la bomba che il 14 maggio scoppiò al quartiere Parioli di Roma, l'autobomba che il 27 luglio esplose a Milano in via Palestro distruggendo il Padiglione d'arte contemporanea, le altre due che l'indomani scoppiarono a Roma in piazza San Giovanni in Laterano e accanto alla chiesa di San Giorgio al Velabro.

Lo scioglimento ufficiale della Democrazia cristiana, officiato il 26 luglio da Mino Martinazzoli, in mezzo a tutto questo diventava un fatto di second'ordine.

Il 30 luglio, durante i funerali delle vittime di via Palestro, opinione pubblica e mass media si ritrovarono in un conformismo politicamente corretto che si pensava smarrito: le bombe vennero interpretate come un generico tentativo di «fermare il nuovo» e cioè la magistratura.

Tutto il Pool sfilò ai funerali com'era giusto. Ma, esattamente com'era stato per l'assassinio di Falcone, tutto fece brodo. «Non ci fermeranno» ammonì genericamente Borrelli. E non li avrebbero fermati. Durante il funerale si distinsero frasi come queste: «Mettili tutti a pane e acqua: la forca, ci vuole la forca!», «La forca, giuratelo che li metterete tutti alla forca!», «Pulisci l'Italia, vai, sei potente!», «Di Pietro, fatti ridare i soldi che hanno rubato, devi sequestrare tutto, hai capito?».

Dopo quel paio di suicidi eccellenti che avevano calamitato l'attenzione della stampa mondiale sui metodi della magistratura italiana, l'esito delle bombe fu uno solo: si ripartì in quarta. Secondo un sondaggio elaborato subito dopo i suicidi, il 60 per cento degli italiani riteneva che l'uso della carcerazione andasse bene così.

La macchina ripartì a settembre con la stessa cattiveria e determinazione. A Milano finì dentro Diego Curtò, presidente vicario del Tribunale; stessa sorte, a Napoli, per l'ex direttore del Servizio farmaceutico del ministero della Sanità Duilio Poggiolini; pioggia di avvisi di garanzia anche per Francesco De Lorenzo.

Ex ministro più popolare d'Italia, glorificato da un editoriale di Enzo Biagi sul «Corriere della Sera»,[60] De Lorenzo venne presto associato a ogni possibile episodio di malasanità dello Stivale e nella classifica dell'odio popolare fu secondo probabilmente solo a Bettino Craxi. Al camorrista Raffaele Cutolo, autore di decine di omicidi, intervistato da «Mixer» del 24 gennaio 1994, sarà consentito di dire tranquillamente in un programma Rai: «Vorrei ammazzare De Lorenzo: ha fatto piangere tanta gente».

La decisione della Camera di negare la richiesta di arresti contro l'ex ministro, il 23 settembre, spinse il presidente della Repubblica a parole che aprirono tutti i telegiornali della sera: «Dopo quel voto, se gli adempimenti fossero stati completati, vi giuro che la giornata sarebbe finita con lo scioglimento delle Camere».

Quando poi si insedierà il nuovo Parlamento, eletto il 27 marzo 1994, «il Giornale» titolerà a tutta pagina *Da oggi De Lorenzo può essere arrestato*. «La Voce» scriverà maliziosamente: «De Lorenzo è più volte volato a Londra, non si sa bene per quale motivo».[61] Il motivo era un cancro al colon e la successiva trasferta a Londra sarà legata al tentativo di curarsi.

In quei giorni, a metà aprile, intrappolato nel traffico col figlio Ferruccio, De Lorenzo venne intercettato dal vice-Gabibbo Stefano Salvi di «Striscia la notizia»:

> Dove sono i soldi che ha rubato ai malati? Signor ministro, lei sta veramente in buona salute, ma non era malato? Non se ne doveva andare in Burundi, e il passaporto, l'ordine dei medici?[62]

Inquisito da otto mesi e interrogato già quattordici volte, De Lorenzo fu arrestato a furor di popolo il 12 maggio 1994 ma risulterà l'unico galeotto tra i 107 imputati dell'inchiesta che lo riguardava: giusto due giorni prima della scadenza dei termini di custodia cautelare, infatti, la posizione di De Lorenzo venne stralciata da quella dei suoi 107 coimputati e venne rinviato a giudizio da solo; in questo modo avrebbe dovuto subire il processo restando in carcere e, in caso probabile di condanna, attendere l'appello sempre dietro le sbarre. Questo con tutti i 107 coimputati in libertà. Se non accadde, e se rimase in carcere solo sette mesi, fu per la necessità di asportare il tumore che lo stava uccidendo: ma il professor Mario Del Vecchio, che a tal proposito aveva vergato un certificato di incompatibilità carceraria, fu messo a sua volta sotto inchiesta e venne prosciolto solo dopo che altri periti, e soprattutto il professor Alberto Manacorda, guru di Psichiatria democratica, confermarono la gravità della situazione.

Quando i legali presentarono un'istanza perché De Lorenzo potesse andare a Londra per farsi curare, l'8 agosto, la richiesta fu dapprima respinta paventando pericoli di inquinamento delle prove e reiterazione del reato, oltre al fatto, scrissero, che «non viene indicata esattamente la gravità della malattia». De Lorenzo era stato liberato per via del famigerato decreto Biondi e il pm Alfonso D'Avino giunse a sostenere che l'ex ministro si fosse ammalato per via del continuo entrare-uscire dal carcere: «Se non vi fosse stato questo decreto, certamente non imputabile alla magistratura ... questo ulteriore stress non vi sarebbe stato. Per cui le lamentele della difesa andrebbero indirizzate altrove, verso quegli ambienti in cui il decreto fu concepito e attuato».[63] Un collegio di periti, nominato dal giudice, accerterà l'esistenza e la gravità del cancro di De Lorenzo solo il 18 agosto, e solo il 30, perdendo altro tempo, giungerà il via libera per Londra.

Rispetto all'incredibile quantità di accuse rivolte all'ex ministro della Sanità, la stragrande maggioranza delle inchieste si sgonfiarono nel perfetto silenzio della stampa. Lo accusarono d'aver rovinato la vista di milioni di italiani per aver permesso la vendita in farmacia di occhiali premontati per i presbiti: fu assolto. Lo accusarono d'aver introdotto in Italia la Coca-Cola Light dapprima ritenuta dannosa: fu prosciolto. Lo accusarono perché il suo ministero aveva autorizzato la circolazione del farmaco Ketodol, da principio considerato nocivo: fu prosciolto. Lo accusarono di voto di scambio e cercarono di sequestrare il suo archivio elettorale a dispetto dell'immunità parlamentare – novembre 1992 – con ciò mandando su tutte le furie anche il presidente del Senato Giovanni Spadolini:[64] fu assolto. Lo accusarono per lo scandalo della nettezza urbana a Napoli: fu assolto. Lo accusarono, solo a mezzo stampa, per delle trasfusioni con sangue infetto: non fu neppure indagato. De Lorenzo fu prosciolto anche per le varie accuse d'aver aumentato il prezzo dei farmaci «sulla pelle dei malati» e così pure per un'incredibile inchiesta della Procura di Milano volta ad accertare illeciti contenuti nella sua legge del 1991 per la vaccinazione obbligatoria contro l'epatite B.

L'ex ministro fu invece condannato per finanziamento illecito, ma «tutte le somme», precisava la sentenza, «finivano nelle casse del Partito liberale». Venne condannato anche per associazione per delinquere in concorso coi succitati 107 coimputati, i quali, per lo stesso reato, furono invece assolti «perché il fatto non sussiste». Un caso unico: i coimputati, infatti, furono giudicati dopo la riforma del sacrosanto articolo 513 che in precedenza consentiva a un accusatore di sottrarsi al confronto con l'accusato; un'accusa lanciata dalla galera, e non confermata nell'aula del processo, ora non era più sufficiente. Nel caso di De Lorenzo invece gli accusatori verbalizzarono la loro deposizione in fase preliminare ma poi in aula si avvalsero della facoltà di non rispondere, il che bastò per condannarlo.

La Procura di Napoli meriterebbe un discorso a parte. Si potrebbe partire dalla furiosa indagine su Umberto Improta, costretto a lasciare la Prefettura di Napoli e poi risultato innocente dopo cinque anni, e ci si potrebbe chiedere che cosa sia rimasto delle decine di avvisi di garanzia ai danni di Paolo Cirino Pomicino: solo 1 anno e 8 mesi per finanziamento illecito e 3 mesi per corruzione. Il pm Nicola Quatrano giunse a chiedere il sequestro del motorino della figlia di Pomicino, ritenuto «profitto di reato».

Nicola Quatrano lo ritroveremo anche per il caso di Vito Gamberale, sempre a Napoli. Rimarrà memorabile una lettera spedita dai legali del manager ai magistrati: «Nell'interesse dell'ing. Gamberale, attualmente agli arresti ... si prega di voler autorizzare il sacerdote don Luigi Ciotti a recarsi presso il domicilio dell'ing. Gamberale per portargli assistenza religiosa e spirituale in occasione delle ricorrenze natalizie». La risposta del gip Luigi Esposito, annotata a penna, fu questa: «Si rigetta non ricorrendo indispensabili esigenze di vita del Gamberale». Guido Calvi, difensore del manager e senatore Pds, personaggio di norma attento a non polemizzare coi giudici, parlò chiaramente di un «sospetto che non si ricerchi più la verità, ma soltanto la copertura di un errore giudiziario». Gamberale venne assolto dopo otto ore di camera di consiglio.

Il pm Nicola Quatrano nel 1996 si metterà in aspettativa per candidarsi nelle liste pidiessine per il Parlamento ma poi non verrà messo in lista. Il suo non fu l'unico caso che prestò il fianco a sospetti di smaccate parzialità. Al di là delle esperienze di Gerardo D'Ambrosio e Gherardo Colombo (entrambi dichiaratamente di sinistra, il secondo, come detto, diverrà senatore diessino) e al di là del caso particolare di Antonio Di Pietro (che si candiderà al Mugello per il Pds prima di correre da solo) destò scalpore il caso di Alberto Maritati, che fece arrestare il socialista Rino Formica prima di divenire senatore e sottosegretario per i Ds. Anche il pm Roccantonio D'Amelio aveva chiesto l'arresto di Rino Formica e poi era stato candidato dal Pds nel 1994. L'ex deputato socialista fu inquisito per corruzione e finanziamento illecito a Bari, ma fu assolto perché i fatti non sussistevano. L'accusa aveva parlato di «un delittuoso sistema di alleanze, protezioni, complicità di ogni genere» nonché «del grave pericolo cui andavano incontro le libertà a causa di alleanze e intrighi». La notizia dell'assoluzione è stata ignorata praticamente da tutta la stampa nazionale.

E non è certo la sola. Il 26 settembre 1993 il latitante Aldo Molino, avvocato coinvolto nell'affare Eni-Sai, sbarcò all'aeroporto di Linate e si consegnò a Di Pietro: il patto era la messa a verbale di alcuni nomi che, al solito, fecero scattare valanghe di arresti e di avvisi di garanzia. Peccato che alcuni nomi, messi nero su bianco da Molino, fossero di persone innocenti: tra questi l'ex direttore generale del ministero dell'Industria, Vittorio Barattieri, e il direttore generale dell'Assolombarda Daniel Kraus, entrambi arrestati. Il giochino delle chiamate in correità a catena s'interruppe solo perché Kraus mostrò più carattere del previsto.

Ha raccontato:

> La Guardia di Finanza venne a casa mia prima delle 7 del mattino, svegliarono me e la mia famiglia. Gli agenti perquisirono il mio appartamento e sbirciarono persino tra i disegni dei miei bambini. Non trovarono nulla. Dopo i rituali in caserma eccomi a San Vittore.

Quanto vi restò?

Ventun giorni, poi passai poco più di un mese agli arresti domiciliari.

Chi la interrogò?

Dapprima il gip Maurizio Grigo. Gli dissi che la pratica di cui parlava, per quanto ne sapessi, era stata regolare.

E poi?

Alle 10 del mattino dopo, i miei difensori mi dissero che di lì a pochi minuti sarei stato interrogato dal dottor Di Pietro. Mi avvisarono che sarebbe stato un interrogatorio durissimo, la cui asprezza e brutalità non potevo neanche immaginare, mi dissero di prepararmi al peggio. «Lei deve sforzarsi di dire qualcosa, confessi, faccia dei nomi» mi avvertirono i legali «sennò qui non la tiriamo più fuori. Lei non interessa a Di Pietro in quanto Kraus, ma perché è una pedina che può tirarne fuori altre nel domino di Mani pulite.» Ma io non avevo niente da dire. Dovevo forse inventare?

Ma scusi, chi le parlò così? Gli avvocati?

Sì.

E come si chiamavano?

Federico Stella.

Se non sono troppo indiscreto, perché scelse Federico Stella?

Stella era il legale dell'Assolombarda e in particolare del presidente Ottorino Beltrami. Dapprima fui scettico, poi acconsentii anche se successivamente preferii cambiare, anche perché Stella continuò a rimproverarmi di non aver collaborato e di non aver fatto i nomi. Ma torno a dire: dovevo inventarmeli?

Continui.

L'interrogatorio ebbe luogo poco più tardi, al primo piano di San Vittore. Di Pietro entrò, salutò i miei avvocati e sbrigativamente anche me. Mi lesse la dichiarazione di Molino e mi chiese: «Lei cos'ha da dire?». Risposi che la pratica era regolare e cercai di spiegare perché. Lui m'interruppe: «Basta, basta. Non mi racconti le cose in modo professorale, io non voglio sapere le cose belle, io voglio sapere le cose brutte, voglio sapere assolutamente quali sono le tangenti che sono state pagate. Vada nella saletta coi suoi avvocati» disse «e incominci a scrivere, io voglio sapere tutte le aziende che hanno pagato e lei mi deve fare i nomi, io non voglio filosofie, voglio nomi, nomi e cognomi: chi, come, dove e perché». Entrava e usciva dalla stanza, interrogava contemporaneamente altre tre persone e ogni tanto tornava: «Fuori i nomi, lei ci deve dare le chiavi della siderurgia».

E lei?

Io replicai: «Ma scusi, io sono stato arrestato per via di una pratica, parliamo di questa pratica». E lui: «No, io voglio parlare della siderurgia, lei mi deve dire tutte le aziende siderurgiche della Lombardia che hanno pagato tangenti. Voglio i nomi e se lei non me li dice resterà qui dentro tanti di quei mesi che le farò perdere io qualsiasi...» adesso non ricordo il termine preciso, insomma ogni velleità. Questa tortura è durata sei ore, ma senza tempi morti sarebbe durata mezz'ora.

E tornò in cella.

Da inquisito non rividi più Di Pietro. Tempo dopo il pm Paolo Ielo, persona di grande correttezza, m'interrogò quel tanto che bastava per capire che non c'entravo nulla. E mi liberò.

E poi?

Per più di un anno nulla. Niente interrogatori, niente confronti, niente accertamenti patrimoniali. Finché all'inizio del 1995 apprendo che la Procura di Milano ha inviato il fascicolo a Roma per competenza.

Come al solito. E a chi?

Al pm Antonino Vinci.

E lui che cosa le disse?

Nulla, non mi ricevette mai, né si preoccupò d'incontrarmi. Dopo un po' chiese l'archiviazione. La sentenza diceva: «In sostanza nessun addebito può esser mosso al signor Kraus [*e a Vittorio Barattieri*] neanche sotto il profilo formale».

Fine della storia.

Si fa per dire. Il carcere è il carcere. Ho un figlio che essendo molto piccolo non ne risentì, ma mia figlia di otto anni, insomma... ha avuto dei problemi.

Nel senso che è rimasta turbata?

Non è semplice da spiegare... per molto tempo continuò a disegnarmi... a disegnare il suo papà dietro le sbarre di una cella.

Riassunto. Un pubblico ministero saltabecca da un interrogatorio all'altro dicendo «parla o stai dentro» a uno e più venturi innocenti, spalleggiato da avvocati che non credono neppure ai loro clienti. Tutto questo basandosi sulla sola parola di un millantatore che non viene neanche sottoposta a verifiche.

La sfilata degli untori

Nessuna persona normale fu in grado di comprendere qualcosa di serio del processo televisivo a Sergio Cusani. E che tenerezza il presidente del dibattimento, Giuseppe Tarantola, quando il primo giorno disse: «Non sarà un processo spettacolo».

Sarà uno spettacolo. La sintassi delle inquadrature avrà la meglio sulla grammatica processuale. Sarà la sfilata degli untori, il momento simbolicamente cruciale del crollo della Prima Repubblica, la pubblica degradazione di un ceto politico plaudita dal pubblico fremente ai bordi dell'arena. Come disse Francesco Saverio Borrelli: «Quando la gente applaude, applaude se stessa».

Arrestato poche ore dopo il suicidio di Gardini, il 23 luglio 1993, Cusani ammise di aver eseguito le disposizioni del finanziere per la distribuzione delle mazzette ma rifiutò di fare altre generiche chiamate di correo. Lo stesso atteggiamento tenne nei tre interrogatori successivi, alla fine di luglio. Non andò oltre le strette contestazioni per cui era stato arrestato.

Il 26 agosto dettò un lungo memoriale a Di Pietro e confermò le ammissioni già fatte. «Chiesi comunque a Di Pietro: quanto durerà il mio processo? Lui aprì tre dita della mano. Tre anni?, chiesi io allarmato. Tre giorni, rispose lui.»[65]

Durerà sei mesi.

La procura decise di punire il suo silenzio con tempi istruttori che porrebbero la giustizia italiana all'avanguardia del pianeta, se fossero regola: arresto il 23 luglio, richiesta di processo il 27 agosto, accoglimento il 6 settembre, prima udienza il 28 ottobre 1993, sentenza il 28 aprile 1994. Fanno 51 udienze, 400 ore di dibattimento e 117 testimoni.

> Io avevo tutte le intenzioni di chiarire, e avevo anche cominciato a farlo col pm Francesco Greco. Fui interrogato per delle ore. Greco voleva andare a fondo nella vicenda, non rimanere in superficie. Poi Ghitti mi disse: «Che cosa parli a fare con quello là?! Tanto non conta niente». Compresi insomma che Di Pietro voleva gestire l'inchiesta da solo, alla sua maniera. E a me quel gioco non stava bene.[66]

Cusani guarderà i primi due mesi del processo da detenuto: restò a San Vittore in tutto cinque mesi, sino al 23 dicembre. Fu la dimostrazione vivente di come la carcerazione preventiva venisse usata e abusata a piacimento: sostenere che potesse inquinare le prove o reiterare il reato era davvero arduo.

Alla sbarra andrà il solo Cusani ma in aula e in televisione sfileranno tutti gli imputati e i testimoni del processo Enimont vero e proprio, che avrà inizio quasi un anno più tardi. I duelli tra l'avvocato Giuliano Spazzali e Tonino Di Pietro, a modo loro, faranno epoca. E proprio «Epoca», il settimanale della Mondadori, offrirà ai lettori due videocassette con le udienze ritenute più spettacolari.

Durante il processo testimonieranno Bettino Craxi, Claudio Martelli, Arnaldo Forlani, Severino Citaristi, Paolo Cirino Pomicino, Giorgio La Malfa, Renato Altissimo, Carlo Vizzini, Carlo Sama e molti altri. Non mancheranno siparietti di mero ammiccamento al pubblico.

Uno fu il 9 dicembre, quando l'accusa interrogò il manager Lorenzo Panzavolta con inframezzi dell'avvocato Giuliano Spazzali. L'argomento erano alcune tangenti passate da Sergio Cusani al manager Alberto Grotti.

Panzavolta: Cusani in persona mi portò la borsa.
Di Pietro: Dove gliel'ha portata?
Panzavolta: A Roma. Era una borsa da pilota.
Spazzali: Con quei soldi si poteva volare, dice lei! [*Nessuno rise*]
Panzavolta: Non so se si poteva volare, le ali non le aveva.
Di Pietro: Con i soldi si hanno le ali! [*Tutti risero, si schiantarono, anche se la battuta era la stessa di Spazzali*]
Di Pietro: ... Immaginava che potessero essere soldi, o cioccolatini? Poteva essere una scatola di cioccolatini?
Panzavolta: Dottor Di Pietro, io quelle borse non le ho mai aperte.
Di Pietro: C'è bisogno di aprirle? Io non le ho chiesto se le ha aperte o no. Le ho chiesto cosa c'era dentro in quelle borse, cioccolatini?
Panzavolta: No, c'era del denaro, è evidente!
Di Pietro: Oh, ha visto che l'ha detto? C'era del denaro!
Spazzali [*scocciato*]: Senta, siamo sufficientemente adulti e vaccinati per sapere che non c'erano cioccolatini.
Di Pietro: Io non sono né adulto né vaccinato! Voglio sentirmi dire se c'era del denaro!
Spazzali: Grotti non mangia cioccolatini, incassa denari.
Di Pietro: Lo sa lei se non mangia cioccolatini Grotti? Abbia pazienza!

Nel corso del dibattimento, Di Pietro parlò anche di «mele» e «cento lire».

Conigli, leoni e pastori maremmani

Il 17 dicembre 1993 rimase memorabile per gli interrogatori di Arnaldo Forlani e Bettino Craxi. Il primo, balbettante in realtà non più del solito, venne strapazzato per via della sua palese reticenza. Due fili di saliva rappresa agli angoli della bocca, epilogo di quasi quattro ore di interrogatorio, saranno crudelmente ricordati più di una vita dedicata alla politica. Forlani, «coniglio mannaro» in una vecchia definizione di Giampaolo Pansa, non ammise nulla e Di Pietro ebbe gioco facile nell'infierire su di lui mentre il pubblico brontolava e mugugnava: «Ha mai saputo che in natura, così come ci sono gli alberi e le foglie, esisteva un illecito finanziamento ai partiti? ... Eh, vabbè, eh, okkei ... È inutile che giochiamo ... E benedetto il Signore».

Il forte da temere, Bettino Craxi, entrò in aula più tardi, alle 16.25. Fu subito chiaro che sarebbe stato un pomeriggio speciale e non vi fu traccia degli schiamazzi che avevano accompagnato Forlani in mattinata.

Di Pietro cercherà di giustificare la docilità di quel giorno spacciandola come strumentale ai suoi obiettivi istruttori: cioè far parlare un Craxi che a ben vedere di esortazioni non aveva granché bisogno. Negli anni successivi si sarebbe meglio compreso come Di Pietro potesse anche temere le sortite di un uomo che di lui sapeva molte cose, per quanto al magistrato non fosse chiaro quali e quante fossero. Qualsiasi cosa avesse detto Craxi, in ogni caso, quel giorno l'avrebbe detta davanti a milioni di persone, e Di Pietro lo sapeva.

Sta di fatto che non gli fece neppure una domanda vera e formulata fino in fondo, acconsentendo ogni volta di farsi interrompere con ripetuti «mi consenta di chiarire un punto». Craxi disse tutto ciò che voleva. Negò d'aver ricevuto personalmente dei soldi da Gardini ma si disse al corrente che «sia il gruppo Ferruzzi sia la Montedison hanno versato contributi all'amministrazione del partito: da quando non saprei, ma certamente da molti anni e fino alle elezioni del 1992».

Craxi parlò delle cooperative rosse, e Tonino: «Ecco, è importante anche questo»; spiegò che la Montedison non pagava solo il Psi, e Tonino: «È vero, è vero... ce l'hanno riferito in parecchi». Incapace di distinguere tra verità e verità processuale, il leader socialista ruggì a piacimento:

> Della natura non regolare o illegale dei finanziamenti ai partiti e al mio partito, io penso, ho cominciato a capire quando ancora portavo i pantaloni alla zuava ... Qualcuno può veramente credere che il ravennate Gardini, che aveva grandi interessi in Emilia, e il cui gruppo aveva interessi in Urss, non abbia mai dato un contributo al Pci? ... Si può immaginare seriamente, si può credere che un gruppo come la Fiat possa essere stato concusso o spaventato? ... È possibile credere che il presidente del Senato, Giovanni Spadolini, per dieci anni segretario del Pri, abbia sempre avuto un finanziamento assolutamente regolare e che le irregolarità e illegalità siano state commesse dal vecchio La Malfa e dal giovane La Malfa? Sarebbe come credere che il presidente della Camera, Giorgio Napolitano, che è stato per molti anni ministro degli Esteri del Pci, non si fosse mai accorto del genere di traffico che avveniva sotto di lui, tra i vari rappresentanti e amministratori del Pci con i paesi dell'Est.

Quando cominciò addirittura a parlare dell'attentato al papa e di reti di ricetrasmittenti smantellate dal Pci, persino Di Pietro pensò che forse si poteva tentare di rientrare in pista. Craxi non si fece pregare: estrasse dalla tasca un foglietto dove l'amministratore del partito Vincenzo Balzamo, spiegò, aveva segnato cinque anni di entrate irregolari ricevute da società e imprese: 186 miliardi in tutto per circa 40 miliardi all'anno. Anche quella scena – Craxi che porgeva il foglietto mentre Tonino andava a ritirarlo come la mancia al cameriere – lasciò il segno. Come si appurerà, Craxi bucò incredibilmente lo schermo.

Dirà l'avvocato Spazzali:

> Non ho dormito per due notti. Mi tremavano le mani. Conosco Bettino da trent'anni, ho fatto persino politica con lui all'inizio degli anni Sessanta. Gli abbiamo lasciato fare il suo discorso sui costi della politica e ci siamo dimenticati di chiedergli il conto sulle cose già accertate.[67]

Craxi finse di lasciare il palazzo di giustizia e salì invece nell'ufficio di Di Pietro, che appariva compiaciuto e soddisfatto. Luca Josi, presente alla scena, lo definì «rispettoso fino alla deferenza, un affettuoso pastore maremmano».

Non mancarono reazioni isteriche. «Il Torquemada di Montenero di Bisaccia ... stavolta ha il motore imballato. Traccheggia» scrisse il «Corriere della Sera». Un imbufalito Gerardo D'Ambrosio, sullo stesso giornale, lamentava: «Gli hanno lasciato fare questo show che col processo Cusani non c'entra niente» aggiungendo che avrebbe valutato se inquisire Craxi per calunnia. Francesco Saverio Borrelli se la prese col tribunale e si lasciò sfuggire un poco serafico «inchioderemo l'imputato alle sue responsabilità». Eugenio Scalfari, sulla «Repubblica», diede a Di Pietro nientemeno che del «compare» di Craxi, e a poco servì una lettera che il pm gli scrisse il 21 dicembre per difendersi e spiegargli: «Non potevo e non dovevo usare un'aula di tribunale per cercare rivalse personali, né per dare spazio a esigenze di spettacolo». Semplicemente, lo spettacolo non l'aveva dato lui.

Craxi in realtà aveva incontrato Di Pietro altre volte, in autunno. Capitò in almeno tre occasioni a Roma, alla presenza dei difensori: ma ne venne fuori poco. Della minutaglia, del chi dava a chi, Craxi non aveva mai voluto saperne. Scriveva lunghi memoriali ma non era in grado di entrare nello specifico. Incontrando il pm Marcello Maddalena a Torino, il 20 ottobre, nella sua seconda memoria non aveva fatto sconti a nessun gruppo imprenditoriale:

> I maggiori gruppi economici dovrebbero dire la verità e affrontare la realtà della situazione che si è creata, invece di nascondersi dietro un dito ... Mi riferisco evidentemente a grandi gruppi di importanza nazionale e internazionale che in varie forme dirette e indirette hanno certamente finanziato o agevolato i partiti politici e, anche personalmente, esponenti della classe politica. Dalla Fiat all'Olivetti, dalla Montedison alla Fininvest.

Il 18 dicembre, giorno seguente alla deposizione al processo Cusani, Craxi sprecò il suo tempo incontrando anche il pm Fabio De Pasquale che indagava su di lui per la vicenda Eni-Sai. Lo interrogò a Milano in una caserma decentrata, vicino al Parco Lambro. Bettino uscì dopo cinque ore. È andata bene, pensò. Salì sul sedile posteriore dell'auto e tenne la portiera aperta; sparò quattro battute ai cronisti ma la situazione si fece caotica e l'auto fu presto assediata. Paolo Brosio del Tg4, che aveva aggirato la carovana, stava per imbucarsi dall'altra portiera proprio mentre la berlina sgommò e partì: rimase infilato nell'auto per metà, con le gambe penzoloni, gridando «Aiuto». Craxi lo guardava.

Lui non ci stava

Intanto, un po' più su, finiva nei guai persino il capo dello Stato. In compagnia di tutti gli ex ministri dell'Interno tranne uno, che non era lui bensì Amintore Fanfani, il presidente Oscar Luigi Scalfaro fu accusato di aver attinto ai fondi neri del servizio segreto Sisde. Da ministro dell'Interno nei governi Craxi, dal 1983 al 1987, il capo dello Stato aveva ricevuto 100 milioni mensili e quindi 4 miliardi in quattro anni, cifra sufficiente a finanziare lautamente la campagna elettorale di una quindicina di deputati. Scalfaro, tuttavia, non ebbe mai modo né desiderio di chiarire come aveva impiegato quei soldi, perché l'indagine fu bloccata con uno stratagemma mai adottato in tutta la storia della Repubblica.

L'indagine era appunto quella sui fondi neri Sisde, regolarmente depredati da tutta una serie di alti funzionari. L'inchiesta dormiva da tempo alla Procura di Roma ma ecco che il pomeriggio del 3 novembre le agenzie di stampa resero note le esplicite accuse dell'ex direttore del Sisde Riccardo Malpica: Scalfaro era tirato pesantemente in ballo.

Fu così che il presidente della Repubblica, la sera del 3 novembre, decise di leggere la sua memoria difensiva a reti unificate:

> Prima si è tentato con le bombe, ora con il più vergognoso degli scandali ... È in atto un tentativo di lenta distruzione dello Stato. A questo gioco al massacro io non ci sto. Io sento il dovere di non starci e di dare l'allarme. Non ci sto non per difendere la mia persona, che può uscire di scena in ogni momento, ma per tutelare, con tutti gli organi dello Stato, l'istituzione costituzionale della presidenza della Repubblica.

Interpretata come isterica e onnipotente, l'uscita di Scalfaro non fece che peggiorare la sua situazione: questo mentre gli altri ex ministri dell'Interno ammettevano tranquillamente d'aver attinto alle stesse fonti riservate come la legge prevedeva. Invece di bloccarsi, lo stillicidio continuò sinché al pm Pietro Saviotti della Procura di Roma non venne un'idea che il procuratore aggiunto Michele Coiro fece subito sua, lasciando basiti un po' tutti: incriminare gli accusatori di Scalfaro per «attentato a organo costituzionale», articolo 289 del Codice penale.

Ha raccontato il magistrato romano Francesco Misiani:

> Contestare il 289 agli indagati significava porli in una condizione senza via di uscita. Ogni ulteriore chiamata in correità nei confronti di uomini politici in carica o, comunque, con responsabilità istituzionali, li avrebbe precipitati nella condizione di indagati per un reato gravissimo, da cui sarebbero usciti con condanne pesantissime ... Ipotizzare un reato di quel genere mi sembrava francamente eccessivo. La configurazione di un reato di quel tipo, che già teneva a stento sotto il profilo giuridico, risultava del tutto artificiosa sotto il profilo fattuale. Era evidente che i cinque del Sisde non stavano progettando un golpe, ma si stavano difendendo disperatamente sperando, in un'ottica del tanto peggio tanto meglio, di uscirne con qualche danno in meno ... Io ribadii che il 289 era una assurdità e che come me la pensava la maggioranza di Magistratura democratica.[68]

Il 4 novembre il procuratore capo Vittorio Mele ufficializzò la contestazione del 289 ai danni dei cinque funzionari del Sisde. Andò tutto come previsto. Nessuno di loro disse più una parola.

Forca Italia

La X legislatura, quella che era andata dal 1987 al 1992, non aveva registrato neppure una richiesta di autorizzazione a procedere per finanziamento illecito ai partiti. Ora l'XI, solo dal 1992 al 1993, ne aveva contate novanta. Il senno di poi avrebbe permesso valutazioni più prudenti.

> Onorevole Franco Antoci, inquisito a Ragusa per abuso in atti d'ufficio: archiviazione.
>
> Onorevole Luigi Baruffi, inquisito a Milano per finanziamento illecito dei partiti e peculato: prosciolto tre volte.
>
> Onorevole Giuseppe Botta, inquisito a Torino per corruzione: il fatto non sussiste.
>
> Onorevole Tancredi Cimmino, inquisito a Nola per peculato: archiviazione.
>
> Onorevole Calogero Corrao, inquisito a Termini Imerese per concussione: il fatto non sussiste. Inquisito per voto di scambio: archiviazione. Inquisito per lo stesso reato anche a Gela e a Caltanissetta: archiviazione.

Onorevole Giuseppe Degennaro, inquisito a Bari per finanziamento illecito: il fatto non costituisce reato.

Onorevoli Teresio Delfino e Raffaele Tiscar, inquisiti a Firenze per reati vari: non luogo a procedere perché il fatto non sussiste. Tiscar venne indagato per corruzione alla vigilia delle elezioni del 1994 e dovette rinunciare a candidarsi.

Onorevole Silvio Lega, inquisito a Torino per corruzione mentre era in corsa per la segreteria nazionale della Dc: archiviazione.

Onorevole Matteo Piredda, inquisito a Oristano per abuso d'ufficio: archiviazione.

Carmelo Pujia, accusato di corruzione in Calabria: archiviazione prima ancora del processo.

Onorevole Angelo Russa, deputato dell'Assemblea siciliana, arrestato a Messina per abuso d'ufficio: assolto e risarcito con 16.500.000 lire per ingiusta detenzione.

Onorevole Angelo Sanza, inquisito a Potenza per corruzione: prosciolto sia in primo che in secondo grado perché il fatto non sussiste.

Onorevole Vincenzo Viti, inquisito a Matera per tentata corruzione e finanziamento illecito: il fatto non sussiste.

L'onorevole Bruno Tabacci, come visto, era stato già indagato da Di Pietro nell'autunno del 1989: prosciolto. Eletto deputato nell'anno di Mani pulite, la procura di Mantova gli notificò quattro avvisi di garanzia e chiese l'autorizzazione per arrestarlo per via di un presunto reato pretorile – come notò, indignato, anche il pidiessino Giovanni Correnti – che in ogni caso lo vedrà assolto nel giugno 1996. Nella primavera del 1993, invece, il Pool chiese l'autorizzazione a procedere contro Tabacci per ricettazione e per finanziamento illecito dei partiti: per questi reati sarà assolto nel marzo 1996.

C'è poi il caso di Remo Gaspari, inquisito innumerevoli volte per abuso nell'utilizzo dell'elicottero regionale e oggetto di una campagna stampa a dir poco forsennata. La sua vicenda fu archiviata nel 1997 perché «il fatto non costituisce reato».

L'onorevole Carlo Giovanardi, in un suo libro,[69] si è poi dilettato nel contabilizzare quanti deputati democristiani (solo democristiani) siano usciti indenni dalle più varie inchieste:

Fabrizio Abbate: archiviazione
Michelangelo Agrusti: assoluzione
Giuseppe Aloisi: archiviazione
Giovanni Alterio: assoluzione
Gianfranco Astori: archiviazione
Salvatore Cardinale: archiviazione
Franco Ciliberti: archiviazione

Paolo Cirino Pomicino: 25 assoluzioni, 3 condanne per finanziamento illecito
Vincenzino Culicchia: assoluzione
Cesare Curzi: assoluzione
Florindo D'Aimmo: assoluzione
Giuseppe Degennaro: assoluzione
Paolo Del Mese: proscioglimento
Giovanni Di Mauro: assoluzione
Giancarlo Galli: assoluzione
Giacomo Gualco: assoluzione
Giuseppe Leone: archiviazione
Antonio Lia: assoluzione
Raimondo Maira: archiviazione
Manfredo Manfredi: assoluzione
Calogero Mannino: assoluzione
Antonio Matarrese: assoluzione
Angelo Mazzola: assoluzione
Elio Mensurati: assoluzione
Riccardo Misasi: archiviazione
Gabriele Mori: assoluzione
Vito Napoli: archiviazione
Anna Nenna D'Antonio: archiviazione
Matteo Piredda: archiviazione
Giovanni Polidoro: assoluzione
Francesco Polizio: assoluzione
Angelino Rojch: assoluzione
Ivo Russo: assoluzione
Antonio Scavone: archiviazione
Paolo Tuffi: prosciolto sette volte
Salvatore Urso: archiviazione
Salvatore Varriale: assoluzione
Pietro Zoppi: assoluzione

Parte dei suddetti probabilmente non finirono in carcere solo perché parlamentari. L'elenco in ogni caso è parziale e aggiornato solo alla fine del 2003.

Sterminato, vi è da presumere, sarebbe poi un elenco degli innocenti distribuiti tra le inchieste che cercarono di emulare Mani pulite. Si è già raccontato dei casi di Vercelli e dell'Abruzzo. A Firenze, invece, il vicesindaco democristiano Gianni Conti venne arrestato e rimase in carcere per 57 giorni ma fu assolto in primo grado nell'aprile 1995 e in appello nel 1996. Indagato altre sei volte per episodi vari, e processato altre tre, ogni volta è stato prosciolto perché il fatto non sussiste. Sempre a Firenze venne incarcerato per concussione il segretario regionale democristiano Piero Pizzi, assolto il 19 dicembre 1995 perché il fatto non sussiste.

A Reggio Calabria, il 2 dicembre 1992, furono tradotti in carcere i parlamentari Franco Quattrone (Dc), per tre volte sottosegretario di Stato, Pietro Battaglia (Dc), deputato e più volte sindaco di Reggio Calabria, il capogruppo e assessore Giuseppe Niccolò (Dc) e l'ex sindaco socialista Giovanni Palamara: tutti accusati di essere mandanti dell'assassinio di Lodovico Ligato, ex presidente delle Ferrovie dello Stato ucciso quasi quattro anni prima. «La Repubblica», quel giorno, titolò in prima pagina: *Ligato, la lupara dei politici*. Il 27 maggio 1994 tutti i menzionati sono stati prosciolti perché le indagini «non hanno apportato alcun elemento, neanche indiretto, neanche indiziario a sostegno della tesi accusatoria». Giudizio confermato in appello il 15 novembre 1995.

A Treviso, il 24 dicembre 1992, il manager democristiano Angelo Nicoletti venne arrestato per truffa aggravata ai danni dello Stato. La richiesta di archiviazione è del gennaio 1996.

All'Aquila, il 18 agosto 1993, il sindaco Giuseppe Placidi, eletto in febbraio, venne arrestato in municipio per una banale storia di autorizzazioni commerciali contestate. È stato prosciolto nel 2001.

A Pescara, il 4 ottobre 1993, finì in carcere l'ex onorevole missino Raffaele Delfino, presidente del collegio sindacale della Rai, accusato di truffa e abuso d'ufficio; Delfino era candidato sindaco e l'arresto ebbe luogo alla vigilia delle elezioni amministrative di Pescara. L'8 gennaio 1997 la Cassazione ha confermato la sua assoluzione dopo i pronunciamenti positivi del Tribunale della libertà, della terza sezione penale della Cassazione, del tribunale di Pescara, della Corte d'appello dell'Aquila e poi ancora della Cassazione. È stato risarcito con 10 milioni di lire.

A Genova, all'alba del 19 maggio 1993, arrestarono il pidiessino Claudio Burlando, trentanove anni, il più giovane sindaco della storia della città. Accusato di truffa e abuso d'ufficio, fu prosciolto a più riprese e in ultima istanza il 25 febbraio 1994, quando le liste per le elezioni politiche erano state chiuse da tre giorni. Per i suoi 13 giorni di ingiusta detenzione, sette dei quali ai domiciliari, ha incassato 60 milioni. «L'Unità» del 28 gennaio 1995 dedicò un'intera pagina al suo caso. Il titolo di taglio basso era *Il Mostro in prima pagina, e ora il silenzio*, seguito dal sottotitolo *Dopo i titoli gridati di due anni fa, oggi alcuni giornali ignorano la notizia dell'assoluzione*. Totale: 538 righe di giornale.

Sempre nella stessa pagina, «l'Unità» pubblicava anche un trafiletto invisibile: «L'arresto dell'on. Giovanni Andreoni, democristiano, fu un errore giudiziario. Lo ha stabilito la Corte d'appello». Totale righe: 33. A Motta Visconti, in provincia di Milano, l'ex sindaco ed ex parlamentare democristiano Giovanni Andreoni finì in carcere l'8 novembre 1993. In precedenza un imprenditore si era presentato alla Procura di Milano e sulla base della sua deposizione erano scattati sette arresti compreso il suo: questo imprenditore «si era deciso», si leggeva nel provvedimento, «a raccontare fatti accaduti molti anni prima a causa del nuovo clima che si respira quanto all'individuazione di responsabilità dei politici». Oltre ad Andreoni finì tra le sbarre anche Primo De Giuli, assessore allo Sport. Dall'ordine di arresto: «L'Andreoni è stato eletto per ben sei volte al Parlamento nazionale distribuendo favori e ricatti a destra e a manca, mentre gli altri conservano ancora cariche pubbliche con conseguente rischio di reiterazioni di analoghi fatti». Poi si scoprì che non era stato Andreoni a chiedere soldi, ma l'imprenditore, vanamente, a offrirne per vincere un appalto. Il caso è stato archiviato il 4 febbraio 1994. Primo De Giuli ha ottenuto 2 milioni e mezzo di lire per ingiusta detenzione, Giovanni Andreoni 5.

Il 17 novembre 1993 il procuratore capo Francesco Saverio Borrelli acconsentì a un'intervista propostagli dalla «Repubblica». Accettò una chiacchierata con un inviato esperto, Bernardo Valli.

> *Borrelli*: Vorrei dire che in questo specifico universo di investigazione che va sotto il nome di Mani pulite forse le conseguenze politiche possono essere trattate prima ancora di attendere la verifica dibattimentale...
>
> *Valli*: Lei vuol dire che il grande processo pubblico è già avvenuto...
>
> *Borrelli*: Il grande processo pubblico è già avvenuto.
>
> *Valli*: Quindi la sentenza è una cosa quasi secondaria che riguarda la procedura, il diritto, la giustizia propriamente detta, ma l'operazione che chiamo grande bucato è già lì...
>
> *Borrelli*: È già lì, è in parte già fatto.

In parte.

VIII

1994

Armatevi e partite Iva

Per molti il dilemma è ancor oggi se Mani pulite fu la causa oppure la conseguenza della discesa in campo di Silvio Berlusconi, se cioè il Cavaliere fu costretto oppure colse un'opportunità. I detrattori premono sulla prima ipotesi e sostengono che non avesse scelta, perché – dicono – era ottenebrato dai debiti e dall'estinzione dei protettori politici. Piacerebbe a molti, questo è sicuro, essere angustiati da problemi che per ripiego costringano a diventare presidente del Consiglio alla testa del più grande partito della storia italiana.

Che Berlusconi preventivasse di fare politica da parecchio tempo è sufficientemente provato. Il sostegno delle sue Tv e dei suoi giornali a Mani pulite non è in discussione, anche se il Cavaliere non fece mai mancare pubblica solidarietà all'amico Bettino Craxi: questo anche nel giorno in cui tutto il paese era idealmente fuori dall'Hotel Raphaël a scagliare monetine.

Le inchieste che sfiorarono la Fininvest nel 1992 e in parte nel 1993 furono ritenute trascurabili anche dalla stampa, mentre i famosi debiti – che c'erano: dai 3000 ai 7000 miliardi, secondo le stime – non rappresentarono mai un problema sinché non si decise che dovevano diventarlo.

L'accelerazione, nell'autunno del 1993, coincise con le vittoriose elezioni dei sindaci progressisti a Roma, Napoli e Genova. Le richieste di andare al voto anticipato si facevano sempre più pressanti. Berlusconi decise di esporsi il 23 novembre, dopo il primo turno elettorale per l'elezione del sindaco di Roma: al ballottaggio tra Francesco Rutelli e Gianfranco Fini – disse – sceglierei Fini.

«L'Espresso» la sua campagna l'aveva già cominciata: il 10 ottobre aveva titolato *Sua Emittenza in rosso*. Ma fu dopo l'editoriale *Un grave errore*, firmato da Alessandro Galante Garrone sulla «Stampa» il 24 novembre, che la diffidenza verso Berlusconi si fece conformismo. Un termometro vivente come Maurizio Costanzo, fiutata l'aria, lamentò subito: «Se non avessi la responsabilità delle 130 persone che lavorano con me, avrei già fatto le valigie dalla Fininvest».[1] Tutto fu di conseguenza.

Berlusconi prese a correre. Ogni contatto con Mario Segni era andato a vuoto e Mino Martinazzoli non gli aveva risparmiato una battuta liquidatoria: «La politica non si fa col pallottoliere».[2] Il 25 novembre il «Corriere della Sera» portava il primo attacco con un editoriale pur misurato di Angelo Panebianco: *Lasci perdere, Cavaliere*. Due giorni dopo toccava all'«Economist» con l'ansiogeno articolo *Burlesquoni* curato dalla futura parlamentare progressista Tana De Zulueta: «I ricavi della pubblicità televisiva ristagnano, i debiti stanno crescendo».

Il partito non c'era ancora, gli attacchi sì. La prima uscita televisiva, il 16 dicembre, fu un mezzo disastro: «Il rosso e il nero» di Michele Santoro invitò in studio il fondatore dell'Associazione dei club di Forza Italia Angelo Codignoni, seppellito dalla foga di Mario Segni e da quella dell'astro nascente Fausto Bertinotti. Le troupe di Raitre furono inviate in un paio di club e indugiarono sui militanti nel tentativo di farsene beffe. Santoro, al solito, chiese a Codignoni: «Ma se venisse Craxi da voi a iscriversi, lei che cosa farebbe?».

Un'intervista di fine anno rilasciata da Francesco Saverio Borrelli al suo giornalista preferito, infine, era suonata come un presagio:

> Quelli che si vogliono candidare si guardino dentro. Se sono puliti, vadano avanti tranquilli. Ma chi sa di avere scheletri nell'armadio, vergogne del passato, apra l'armadio e si tiri da parte. Tiratevi da parte, dico io, prima che arriviamo noi.[3]

In una quiete per nulla promettente si giungeva così al 16 gennaio 1994: il presidente della Repubblica firmò il decreto di scioglimento delle Camere e il voto anticipato fu previsto per il 27 e 28 marzo.

Il 18 gennaio venne registrato un partito, Forza Italia, che nell'arco di tre mesi cambierà completamente la politica italiana. Fu un periodo fecondo: nacquero altre tre formazioni politiche in due giorni. La Dc si scisse in Partito popolare e Centro cristiano democratico, l'Msi divenne Alleanza nazionale.

Uomo di sondaggi, Berlusconi tenne i primi rigorosamente per sé al contrario dei suoi avversari: una ricerca del Cirm di Nicola Piepoli fu citata dal Tg3 e dava Forza Italia al 6 per cento; Walter Veltroni commentò che era un risultato da «seconda serata».[4]

Nel pomeriggio del 26 gennaio Berlusconi spedì ai telegiornali una videocassetta di nove minuti in cui spiegava le ragioni della sua discesa in campo: l'incipit era il celebre «L'Italia è il paese che amo». Fu trasmessa integralmente dal Tg4 di Emilio Fede e da «Studio Aperto» di Paolo Liguori. Il Tg3 la troncò subito e chiamò a commentarla il verde Mauro Paissan: «Mi ha fatto ridere. Per la sinistra, Berlusconi in politica è un vantaggio». Sul Tg1, il candidato progressista Achille Occhetto parlò di discorso «risibile». Su Telemontecarlo, Sandro Curzi oppose un editoriale quasi di scherno.

Il giorno dopo furono scritte cose da antologia.

L'editoriale di Eugenio Scalfari, sulla «Repubblica», era intitolato *Scende in campo il ragazzo coccodè*:

> Ieri mattina il Grande Fratello era là, finalmente si era materializzato, si era incarnato, corrispondeva ai desideri repressi dei suoi fans, alla loro voglia di esibire i muscoli, abrogare la ragione, di sostituire la tolleranza con l'arroganza del potere.

Curzio Maltese sulla «Stampa»:

> Ricorda da vicino il salottino di rappresentanza di Guido Angeli, il profeta di Aiazzone. I toni sono da tema scolastico da quarta elementare.

Giampaolo Pansa sull'«Espresso»:

> Vincerà l'alleanza progressista ... Berlusconi può anche combattere per un pugno di parlamentari che tutelino gli interessi Fininvest, e il missino Fini non è così pazzo da immaginarsi alla conquista del governo ... Potrà capitarle di essere sbranato ... Si prepari a perdere, o impopolare miliardario di Arcore. Ha presente il suo amichetto Craxi? Temo che a lei andrà peggio. Molto peggio.

Ernesto Galli della Loggia sul «Corriere della Sera»:

> Spira da Berlusconi politico qualcosa che ha il sapore finto della plastica e ha la cadenza rigida, automatica della clonazione messa a punto in laboratorio.

Tra i pochissimi a capire che stava succedendo qualcosa ci fu Sandro Viola della «Repubblica» che perlomeno alzò il sedere e si fece un giro per il Nordest:

> Dietro le bandiere di Forza Italia si muove un esercito con connotazioni marcatamente popolari. Non solo «nani e ballerine», non solo «yuppies» di provincia, non solo calciatori e funzionari Fininvest. Sono gli stessi italiani che votavano per la Dc, per il Psi, per il Psdi, per il Pli e che sul finire degli anni Ottanta hanno cominciato a votare per la Lega ... Malgrado l'ignoranza, malgrado le tante pecche (l'insulto facile per l'ambulante di colore, l'evasione fiscale, la convinzione che i napoletani siano tutti ladri e i siciliani tutti mafiosi), brava gente. Italiani. E in più,

italiani molto spesso con la partita Iva: quelli che hanno lavorato, prodotto, risparmiato, consentendo al paese di sopravvivere nonostante la gestione disastrosa della cosa pubblica condotta dai vecchi partiti.[5]

Berlusconi correva. L'11 febbraio strinse un patto al Nord con la Lega di Bossi, battezzando il Polo delle Libertà, e due giorni dopo fece la stessa cosa al Sud con Alleanza nazionale di Gianfranco Fini, suggellando il Polo del Buongoverno. Pur di portare a casa il risultato lasciò ad Alleanza nazionale il 55 per cento dei seggi uninominali e alla Lega ne cedette 7 su 10. Pochi capirono che la geometria variabile di quelle alleanze sarebbe stata la chiave della vittoria: la sinistra, infatti, non fece alleanze di alcun genere, mostrando di non aver compreso la nuova legge elettorale.

Cominciò una campagna elettorale da far impallidire qualsiasi altra.

Grandi firme (sugli assegni)

Il processo a Sergio Cusani intanto teneva banco e dimostrava che le chiamate a mezzo stampa avevano fatto il loro tempo. Il 15 gennaio, durante l'esame del socialista Mauro Giallombardo, si passò alle convocazioni a mezzo video:

> *Di Pietro*: Lei sa nulla di un versamento di 4 milioni sulla banca Bil di Lussemburgo con riferimento Gabbiano?
> *Spazzali* (*sarcastico*): È forse un gabbiano che va a benzina?
> *Di Pietro*: Sì, forse va a benzina, e magari qualcuno ci ascolta, e domani viene qui in ufficio a parlarcene.

Stampa e Tv erano strumenti istruttori come altri: «Ho sentito questo nelle trasmissioni che riguardano queste udienze» aveva dichiarato Craxi in aula; «forse avrà letto sui giornali le dichiarazioni di Sama» aveva detto il giudice Tarantola; «l'ho letto sui giornali» spiegava ancora Paolo Cirino Pomicino. E scenette, teatrini, finte litigate: «Signor presidente,» disse Tonino davanti alle telecamere «non ce la facevo a proseguire se non stringevo la mano all'avvocato Spazzali». Bello.

> Stra, 7 febbraio 1994
>
> Tu sei forte, sei unico, sei un mito … Oltre a Spazzali si è messo anche Tarantola contro di te … Non sto qui a descriverti i vari momenti di odio che provo ogni volta che quei due cercano di bloccarti … Ogni lunedì e venerdì rinuncio ai miei impegni e mi piazzo davanti alla tv per guardarti. A volte mi incanto nel guardarti senza seguire i vari intrecci, mi basta sapere che sei lì, che li stai braccando.
>
> *Chiara B.*[6]

Venne anche il giorno del grande imputato, la Sfinge, il Marchese, l'uomo che non aveva mai voluto presenziare finché detenuto. Sergio Cusani non cambiò linea. Franco Bernabè – disse – non poteva non sapere; Raul Gardini fu estromesso da Enimont col ricatto; Pacini Battaglia era un uomo molto più riservato che malato. «Ho ammesso fatti molto gravi, ma quello che non mi potete chiedere» concluse «è di accusare qualcuno.»

Neanche i giornalisti, che delusione. Tutti aspettavano i nomi dei pennivendoli, le grandi o piccole firme che dovevano rilanciare l'immagine di Montedison grazie a un incentivo complessivo di un miliardo e mezzo di lire. Carlo Sama aveva parlato di 500 milioni elargiti a Giuseppe Turani per far quadrare il bilancio della sua rivista «Uomini e Business», poi di 300 milioni al redattore del «Sole-24 Ore» Osvaldo De Paolini, e ancora di 100 a Ugo Bertone della «Stampa». I tre negarono e nulla fu dimostrato.

Cusani dirà:

> Gardini ricercava, almeno all'inizio, solo «grandi firme» ... Non badava a spese. Se era necessario e utile in quel determinato frangente, un giornalista veniva prelevato manu militari con uno degli aerei o elicotteri del Gruppo [*Ferruzzi*] e poi riaccompagnato a casa in giornata ... Gardini considerava quasi tutti i giornalisti come cani da riporto.

Carte false

Il solito Pierfrancesco Pacini Battaglia, comodamente interrogato da Di Pietro il 28 ottobre 1993, aveva spiegato che le carte relative alle prime tangenti pagate da Raul Gardini per Enimont erano uscite dalla Karfinco rispettivamente il 23 ottobre e l'11 novembre 1990. I soldi erano stati spartiti quindi prima del 9 novembre 1990, data in cui le azioni del polo chimico furono congelate dal giudice Diego Curtò. Messa così, significava che l'intermediario socialista Sergio Cusani, Gardini e Carlo Sama erano dei corruttori, non dei concussi: avevano offerto e pagato prima, non erano stati ricattati dalla classe politica. Questo era ciò che Antonio Di Pietro aveva infatti sostenuto sin dal primo giorno, tesi che, poggiandosi appunto sulle cosiddette «contabili» fornite dal banchiere, avrebbe sostenuto sino alla fine del processo.

Ma quelle carte erano false. Il 9 marzo, all'insaputa di Cusani e dell'avvocato Spazzali, Di Pietro interrogò infatti l'avvocato Agostino Ruju, sua vecchia conoscenza che molti anni prima gli aveva presentato Susanna Mazzoleni all'Università Statale di Milano. E Ruju, a proposito delle «contabili» uscite dalla Karfinco, mostrò qualche perplessità: i giorni sono giusti, disse, ma l'anno è sbagliato. Gli risultava che risalissero al 1989, non al 1990. Il che equivaleva a dire, come sosteneva Cusani, che Gardini pagò i politici perché fu costretto a farlo, dunque che sarebbe stato un concusso, non un corruttore come diceva Di Pietro. Il quale, però, quel 9 marzo si cucì la bocca. La questione scivolò nel silenzio.

Solo più avanti si scoprirà che Ruju aveva ragione e che le carte erano state alterate. La Procura di Brescia, infatti, dopo aver respinto un primo esposto di Cusani presentato alla fine di settembre, solo nel giugno 1996 si deciderà a ordinare una perizia che nel successivo ottobre appurerà che le date e le cifre avevano avuto tempi di scrittura diversi, cioè erano state artefatte: lo sottoscriverà il perito calligrafo professor Giuseppe Sofia. Poco cambierà per Cusani, che in quel tardo 1996 sarà già stato condannato in appello e sarà già detenuto per una condanna definitiva del processo Eni-Sai.

Da una telefonata tra Giuseppe Lucibello e Pierfrancesco Pacini Battaglia intercettata nel gennaio 1996:

> *Pacini*: Guarda che mi hanno suggerito di addossare a te la colpa... ma io gli ho detto non diciamo stronzate... parla piano... usa un po' di cautela perché io e te la sappiamo bene... loro [*verosimilmente Cusani e il suo avvocato Giuliano Spazzali*] sostengono che quella data... Te e Di Pietro gliela avevate fatta... cioè che Di Pietro s'è messo d'accordo con me e con te perché io la data... per suo uso e consumo.
> *Lucibello*: E se si scoprisse?
> *Pacini*: Dirò che è uno sbaglio della mia...
> *Lucibello*: ...della segretaria... Forse quella è stata la più bella operazione che ho fatto...

Come Kasparov

Il primario neurochirurgo Sergio Caneschi fu arrestato il 17 maggio 1994 con l'accusa di abuso e concussione. Gravemente malato, la sua posizione verrà estinta l'anno successivo per morte del reo. Dopo tre giorni a San Vittore, scrisse alla moglie:

> Venerdì 20/5/1994
>
> Stamani circa cinque ore di interrogatorio! Il pm ha esordito dicendo che ero un uomo finito e che se non avessi confermato sarei finito come l'abate Farìa. Adesso, dato il personaggio che credono di avere in mano, pare che Di Pietro mi voglia interrogare.[7]

Di Pietro era il babau degli inquisiti, c'era anche quando non c'era. Il 28 giugno, per esempio, risultava presente a San Vittore e al tempo stesso in procura; il verbale d'interrogatorio del finanziere Giancarlo Rossi attestava la sua presenza in carcere con tanto di firma, ma in realtà il magistrato aveva delegato il maggiore Francesco Carluccio che solo in serata gli aveva portato le carte per la firma e l'approvazione. Per questi comportamenti, nell'autunno del 1996, Di Pietro sarà accusato di falso ideologico in quanto attestava erroneamente la sua presenza cioè interrogava e si muoveva su diverse scacchiere, come Kasparov.

La circostanza emerse una prima volta nell'aprile 1995, quando un avvocato segnalò che Tonino risultava avesse seguito due deposizioni alla stessa ora, 16.45, in luoghi diversi. Fu imbarazzante. Nell'ottobre successivo un esposto segnalò che uno dei verbali era stato corretto a penna: non più 16.45, ma 20.45. Di Pietro fu indagato a Brescia per altri sette episodi del genere, e ci andarono di mezzo anche gli uomini che aveva delegato al posto suo. Lui si difese spiegando che i ritmi dell'inchiesta erano frenetici, che il suo – disse così – era «un ufficio sperimentale», che quello era il sistema di Mani pulite, e tutti lo sapevano. Insomma, come al solito chiamerà in soccorso l'intero Pool:

> Tutto rientrava nell'ambito di un complesso e complessivo lavoro di ufficio che ha sempre trovato consenso, approvazione, coordinamento e collaborazione ed esplicazione di analoga attività istruttoria degli altri colleghi del Pool. Ho sempre avuto l'approvazione e il consenso della dirigenza dell'ufficio.

Anche questo non è del tutto vero, anzi. Nessuno dei colleghi di Di Pietro aveva mai delegato altri, per quanto si sapesse. Francesco Saverio Borrelli, ossia la richiamata «dirigenza dell'ufficio», prese le distanze giusto nel dicembre 1996: «Non ho mai autorizzato falsi ideologici. Mica andavo nella stanza di Di Pietro a vedere come faceva gli interrogatori».[8] La posizione di Borrelli fu archiviata un paio di mesi dopo.

Ma non quella di Di Pietro, che per difendersi dall'accusa – peraltro il mite pm Roberto Di Martino, suo dichiarato ammiratore, si era pubblicamente doluto di avergliela dovuta contestare – cercò come sempre di trasformare i suoi guai in calamità naturali. «Se quei verbali sono falsi, tutta Mani pulite è falsa» disse il legale Massimo Dinoia facendo sorridere persino Borrelli. Poi toccò a Di Pietro mollare il carico da novanta: «Se io dovessi essere condannato, tutti gli indagati e condannati di Mani pulite correranno alla Procura di Brescia per riproporre analoghe denunce e chiedere l'annullamento dei loro verbali. Il risultato tiratelo voi». Era una sciocchezza, ma bastò dirla. I verbali in discussione erano solo sette ed erano solo suoi, la conclamata falsità non ne avrebbe annullato i contenuti. Ma Di Pietro era fatto così.

Anche il Tribunale di Brescia era fatto a modo suo. Il 22 ottobre 1997, dopo dieci minuti di camera di consiglio, il gip bresciano Gianluca Alessio decise il non luogo a procedere a favore di Di Pietro. In termini giurisprudenziali significa che la figura del pm prestanome era lecita, si poteva interrogare per differita; si poteva – come raccontava Daniel Kraus nel capitolo precedente – passare da una stanza all'altra, da un luogo all'altro e dire anche solo «parla!», lasciando che altri facessero domande che un verbale, poi, avrebbe certificato come sue. Si poteva. Si può.

Comunque un miracolo

La marcia di avvicinamento di Antonio di Pietro verso Silvio Berlusconi accelerò all'inizio di febbraio: decise di arrestargli il fratello. Il magistrato evidentemente ci teneva. L'inchiesta, infatti, era stata aperta dal giovane pm friulano Raffaele Tito, ma Di Pietro si era inserito non appena si era prospettato qualche nome interessante. Era successo che Luigi Mosca, un alto dirigente della Cariplo, tra altri aveva chiamato in causa due personaggi: Paolo Berlusconi e Antonio D'Adamo. Il solito problema di Di Pietro: «Allorché ebbi modo di imbattermi nelle mie indagini nel nome di D'Adamo, mi astenni immediatamente ... se ne occupò il collega Tito».

Detta così è una bugia. L'inchiesta sulle tangenti alla Cariplo fu senz'altro aperta da entrambi i pm e proseguita dal solo Raffaele Tito, ma è falso che Di Pietro, dopo essersi imbattuto nel nome del suo amico D'Adamo, si sia astenuto «immediatamente»: attese, appunto, almeno fino all'11 febbraio, giorno in cui ci tenne ad apporre la propria firma sotto il provvedimento d'arresto per Paolo Berlusconi. L'accusa era di aver pagato 910 milioni per vendere tre immobili al Fondo pensioni della Cariplo, quello stesso ente che aveva affittato a Tonino l'appartamento in equo canone dietro piazza della Scala.

Paolo, invece, si era messo a disposizione della procura tre giorni prima dell'arresto, quando cioè cominciarono a circolare brutte voci che lo riguardavano. Una sua presentazione spontanea non interessò: Di Pietro lo voleva dentro. Il televideo Rai annunciò l'arresto due ore prima del fatto. La conduttrice del Tg2 delle ore 12 confuse i nomi e annunciò l'arresto di Silvio Berlusconi. Paolo si costituì l'11 febbraio e fu interrogato nel primo pomeriggio da Raffaele Tito, mentre Di Pietro arrivò tre ore dopo assieme al gip Italo Ghitti. L'amico Antonio D'Adamo, invece, non sarà mai arrestato e pochi mesi più tardi patteggerà la propria pena uscendo dalla porta di servizio. Sarà un errore: alla lunga, infatti, per l'inchiesta sulle tangenti Cariplo verranno prosciolti in Cassazione ben 250 imputati su 494 perché «il fatto non costituisce reato». Sarà assolto anche Paolo Berlusconi, dopo una condanna in appello a 2 anni e mezzo, e così pure il presidente della Cariplo Roberto Mazzotta, a suo tempo arrestato pure lui.

In quel febbraio 1994 l'arresto di Paolo Berlusconi venne preso tuttavia come un segnale. Ma Silvio non fece sparate anche perché col magistrato era ufficialmente in buona, anzi: «Di Pietro? Sì che mi piacerebbe averlo nella mia squadra» dirà la sera del 22 febbraio al «Maurizio Costanzo Show». In quei giorni un gioco impazzito di sondaggi attribuiva a Berlusconi una crescita incredibile. Infatti non fu creduta.

Le vere sparate da saloon arriveranno assieme al mancato arresto di Marcello Dell'Utri, presidente di Publitalia e collaboratore storico di Berlusconi. Che lo stessero per ingabbiare non era proprio un impenetrabile segreto: nel pomeriggio dell'8 marzo furono perquisite le sedi di Publitalia mentre la mattina del 9 marzo si aggirava per il Palazzaccio persino il Gabibbo, che oltretutto mandò in bestia Emilio Fede facendogli saltare la diretta. Era capitato più volte che circolassero i nomi degli arrestandi, mai che un giornalista li avesse annunciati prima del fatto compiuto. Lo fece Andrea Pamparana del Tg5 dopo averne discusso qualche ora con Enrico Mentana, forse più interessato allo scoop che a manifestare vicinanza aziendale. Prevedibile il putiferio. Fuori dalla grazia di se stesso, Borrelli s'incavolò sul serio: «Siamo ai limiti del favoreggiamento, non so chi sia stato a parlare, ma la procura no di certo».

Il gip Italo Ghitti dissentirà:

> Ricordo anche l'ora... le 15.57 dell'8 marzo 1994... Mi resi conto che non riponevo più fiducia nella correttezza di alcuni pm, perché in quella circostanza ebbi la certezza che determinate notizie uscivano dagli uffici dei pubblici ministeri.[9]

Gherardo Colombo spedì in sala stampa addirittura un finanziere: «Allora, chi è stato? Chi vi passa le notizie?». Un cronista rise: «Ma dite sul serio?».

Il giorno dopo ecco il primo Berlusconi antigiudici della sua carriera politica: «La sinistra utilizza i suoi uomini di riferimento nella magistratura» disse riferito a Colombo. A condurre l'inchiesta era una formazione da amichevoli: Colombo, Margherita Taddei e Francesco Greco. Di Pietro non c'entrava niente, insomma. Per Borrelli fece poca differenza: dopo un riferimento a chi avesse avuto «scheletri nell'armadio» andò di borrellese stretto:

> Questa iperagitazione del Cavalier Berlusconi non so come interpretarla: si può prestare a molte interpretazioni, non tutte nel senso dell'assoluta tranquillità di coscienza da parte di chi si agita.[10]

Lega e Alleanza nazionale, che erano stati i più accesi sostenitori del Pool, con l'alleato restarono gelidi. La stampa ostile prese a picchiare: *È come Craxi, minaccia i giudici*, titolò «l'Unità»;[11] *Peggio di Craxi*, fece eco un editoriale della «Repubblica».[12]

«La Repubblica» doveva ancora dare il meglio. Dopo una decina di giorni il giornale di Scalfari dava grande spazio alle confessioni che il pentito Salvatore Cancemi aveva reso nell'autunno precedente: si apprendeva che il mafioso Vittorio Mangano, legato a Marcello Dell'Utri dai tempi di Palermo, negli anni Settanta era stato impiegato come fattore nella villa di Arcore.

Il 21 marzo Augusto Minzolini della «Stampa» incrociava il presidente della Commissione antimafia Luciano Violante mentre chiacchierava compiaciuto con altri cronisti. Il problema è che Minzolini riportò tutto sulla «Stampa» del giorno dopo:

> Berlusconi parla di golpe bianco organizzato dai magistrati vicino al Pds? È una sortita che fa ridere. Magari ne avessimo la forza, lo faremmo ... Secondo me quelle cose che sono uscite sui giornali su Dell'Utri le hanno fatte uscire Berlusconi e gli uomini di Forza Italia ... Sono stupidaggini ... La verità è che Dell'Utri è iscritto sul registro degli indagati della Procura di Catania, non di Caltanissetta. E non si tratta di pentiti, questa volta. C'è un pm di lì, si chiama Marino [*Nicolò Marino*], che sta conducendo un'indagine di mafia su un traffico di armi e stupefacenti. L'inchiesta non si basa su dichiarazioni di pentiti, ma, a quanto pare, su intercettazioni ambientali. La cosa poteva venir fuori già in queste settimane, ma il capo della Procura ha preferito che tutto fosse rinviato a dopo le elezioni.[13]

Inevitabili le proteste e le smentite e le querele. Berlusconi chiese le dimissioni di Violante dalla Commissione antimafia e l'incredibile è che le ottenne. Il Pds, imbarazzato, non solidarizzò con il suo uomo che a quel punto decise di abbandonare. Ferito, il deputato progressista in un comizio serale a Palermo si lasciò andare a parole forse mai sentite:

> Ho l'impressione che il nucleo di interessi che si aggruma intorno a Forza Italia sia in profonda continuità con quel sistema di potere che in passato ha causato tanti lutti e tanti danni all'Italia. Forza Italia è un manipolo di piduisti e del peggio del vecchio regime. Berlusconi, con la chiamata alle armi contro il comunismo, ripete la parola d'ordine del fascismo e del nazismo quando morivano nei lager i comunisti, i socialisti e gli ebrei. E con questa parola d'ordine la mafia uccideva i sindacalisti. È una chiamata alla mafia, quella che Berlusconi ha fatto a Roma.[14]

Mentre si leggevano queste parole sui giornali, le agenzie battevano la notizia che nella sede romana di Forza Italia aveva bussato la polizia giudiziaria: si richiedevano gli elenchi di tutti gli iscritti del partito per via di un'inchiesta sulla massoneria condotta dal magistrato di Palmi Maria Grazia Omboni, sorella di quell'Ezio già coinvolto nel filone d'inchiesta che aveva incarcerato il socialista Loris Zaffra. Questo intanto che a Milano, a quattro giorni dalle elezioni, altri agenti di polizia giudiziaria chiedevano gli elenchi dei presidenti di tutti i club.

Protestò il capo del governo Carlo Azeglio Ciampi, che si rivolse al Guardasigilli Giovanni Conso. Protestò il capo dello Stato Oscar Luigi Scalfaro, che si rivolse al Csm perché convocasse il magistrato responsabile. Protestarono tutti o quasi. Anche perché quell'inchiesta, lo rivelerà il tempo, era niente.

Nessuno saprà mai se tutto quel bailamme giudiziario, allora e sempre, rubò o regalò voti a Silvio Berlusconi: ma i voti arrivarono lo stesso, oltre ogni ipotesi e sondaggio. Che pochi ci contassero lo testimonia il fatto che «La Voce» di Montanelli, ancora il 27 marzo, riproponeva il dilemma politico in questi termini: «Nei salotti romani già da un paio di mesi si gioca sull'accoppiata che vede Prodi a Palazzo Chigi e Ciampi al Quirinale».

Vinse il Polo delle Libertà e del Buongoverno. Forza Italia al primo colpo divenne il maggior partito italiano con il 21 per cento dei voti. Il Pds si fermò al 20. La Lega all'8,5, Alleanza nazionale al 13,5, il Partito popolare all'11. E via gli altri. La puntata di «Il rosso e il nero» del 28 marzo fu un tragedia in diretta. C'è gente che è rimasta inceppata da allora: Mani pulite, una rivoluzione, morti, suicidi, bombe, esiliati all'estero. E il risultato era che al governo c'era Silvio Berlusconi.

Secondo «la Repubblica»,[15] Antonio Di Pietro votò Forza Italia. Ha confermato Elio Veltri.

Otto anni sono pochi

Il 19 aprile ebbe inizio la requisitoria di Tonino nel grande processo spettacolo. Durò tre giorni.

Era stato Sergio Cusani a chiedere il dibattimento. Una sorta di sfida: caro Di Pietro, fammi vedere che prove hai trovato, invece di chiederle a me col ricatto del carcere. Tonino aveva prontamente risposto ottenendo il rito per direttissima, che per definizione dovrebbe fondarsi sull'evidenza e l'immediatezza della prova. Cusani alla fine non aveva confessato: ed era questo che a Tonino bruciava di più. La coreografica passerella di big era stata spettacolare, certo, ma poco significante quanto a contenuti probatori. La famosa prova non era evidente né immediata, anzi, in un caso si basava su carte false.

Che cos'era cambiato, in fondo, dai tempi del processo delle patenti? La prova era così «evidente» che Tonino aveva dovuto preparare una requisitoria di mille pagine con ventimila documenti; la prova era così «immediata» che per essere spiegata necessitò di supporti multimediali come cd rom, diagrammi, schermi cinerama, ridondanze pedagogiche rivolte più che altro alle telecamere.

Il presidente Giuseppe Tarantola aveva quell'aria come per dire: è toccato a me. Ma ora il karaoke giudiziario stava per cedere il passo al Di Pietro di sempre, quello che secondo circostanza sapeva abbassare o alzare la voce. «È geometricamente provato che è colpevole» spiegò nell'introdurre la sua arringa. Poi, enigmatico: «L'imputato ha il diritto di tacere, ma ha il diritto morale di spiegare». Non era molto chiaro, ma lo divenne in crescendo: Cusani era colpevole di falso in bilancio e di molte altre cose, si era appropriato di una provvista stramiliardaria celata a Gardini, era un traditore, un camaleonte, un bugiardo e un ladro – tre volte, sottolineò – e infine ecco il capolavoro: «Cusani è stato traditore anche con Gardini, che quella sera, prima di uccidersi, voleva venire a parlare con noi ma era disperato perché Cusani non gli aveva dato i rendiconti».

Eccolo lì, Antonio Di Pietro. Gardini, come visto, aveva cercato di farsi interrogare ed era stato respinto, aveva saputo che stavano per arrestarlo e si era sparato perché era rimasto a bagnomaria per troppo tempo e perché era convinto che la procura volesse distruggerlo: convinto a ragione. Andò così, Di Pietro lo sapeva: ma ora risollevava di peso quel cadavere e lo gettava come un sacco ai piedi di un amico storico di Raul Gardini, Sergio Cusani. E, in televisione, una cosa basta dirla.

L'ausilio tecnologico di Giuliano Spazzali fu la sua stilografica. Svolazzò con metafore mitologiche e in sostanza disse: è stato il sistema bancario a strozzare Gardini. Nel 1993 avrebbe voluto ritessere la tela dei rapporti con la Ferruzzi ma Enrico Cuccia e Mediobanca chiusero i rubinetti finanziari. Il Gruppo crollò, fu impacchettato per essere svenduto alla Fiat. Una tesi ardua da confutare, a distanza di anni. Infine: Cusani ha violato la legge sul finanziamento pubblico dei partiti – chiuse – ma l'ha ammesso.

Il 26 aprile, quando mancavano due giorni alla sentenza del processo Cusani, in procura si presentò un giovane vicebrigadiere della guardia di finanza. Ad ascoltare la sua storia fu il pm di turno, Raffaele Tito: parlava di una faccenda di mazzette prese dall'Edilnord e redistribuite dal suo superiore, il maresciallo Francesco Nanocchio. L'Edilnord apparteneva a Paolo Berlusconi e il maresciallo Nanocchio venne subito convocato in procura, di cui oltretutto era considerato uno stimato collaboratore. Il finanziere fornì una spiegazione di comodo ma faticò non poco a giustificare quella cinquantina di milioni in contanti che nel frattempo erano spuntati da una perquisizione a casa sua. Di Pietro orecchiò una conversazione fra Tito e un collega e apprese della faccenda. Se la fece spiegare bene e sbottò: «Ma dovevi arrestarlo subito, Nanocchio!».[16] E senza tanti complimenti scippò l'inchiesta a Raffaele Tito. Evidentemente ci teneva. Di Pietro mandò subito ad arrestare Nanocchio e vide che sulla lista delle sue verifiche fiscali c'era anche Telepiù. Una strada che l'avrebbe portato verso Silvio Berlusconi.

«Io chiudo Enimont e me ne vado»

Il 28 aprile aveva inizio la seduta conclusiva del processo Cusani. Interminabile. Si cominciò alle 8 e si sarebbe finito dopo le 23. Fra una sospensione e l'altra, il colpetto di scena: i poliziotti d'un tratto sollevarono Di Pietro e lo portarono via, i carabinieri ordinarono di sbaraccare, la gente si accalcava perché, oddio, «c'è una bomba, scappate!».

Era un affare di famiglia: la scoprì Cristiano Di Pietro. Il figliolo aveva notato che sotto una panca vicino all'ingresso c'era qualcosa, così aveva scavalcato la transenna e diffuso il panico nell'aula. Era solamente, si scoprì subito, una bombetta a mano, una cosa da esercitazione, una specie di petardo per soldati di leva. Ma che emozione, che paura. Il tribunale venne sgomberato per un'ora. I corridoi furono setacciati. L'aula, sezionata. L'unica fragorosa esplosione fu sui giornali del giorno dopo. «Il vecchio pur di resistere mette pure le bombe» spiegava uno spettatore del processo, intervistato da tutti. Ma che stupido prendersela sempre coi giornalisti: chi non l'avrebbe raccontata una storia così? Il giudice buono stava per condannare il cattivo, però un'associazione di altri cattivi ha messo una bomba; ma ecco, il figlio del giudice buono accorre e lo salva. Il cattivo beccherà 8 anni.

Lo si era perso di vista, il faccione vermiglio di Cristiano: eppure aveva fatto in tempo a divenire pure lui un personaggetto. L'indubbio figlio di Antonio Di Pietro non andava molto bene all'istituto Gavazzeni di Bergamo, ma dopo Mani pulite tutto era filato per il meglio: aveva vinto il concorso della polizia piazzandosi al primo posto in graduatoria su centocinquanta partecipanti. Papà era intervenuto alla cerimonia. Qualche maligno aveva insinuato che Tonino l'avesse infilato tra gli uomini della sua scorta, ma era falso, Cristiano si era solo un po' atteggiato davanti ai fotografi che l'avevano sorpreso mentre andava a pranzo col padre, e quella pistola bene in vista aveva fatto il resto.

Un rapporto inossidabile, il loro. Poco tempo prima, il 17 febbraio, Tonino era schizzato via dall'aula come una lepre: Cristiano, impegnato in un inseguimento a bordo di una volante, era stato speronato da una jeep. Quindici giorni di prognosi, contusione alle vertebre cervicali e collarino rigido.

A margine di quella giornata interminabile, sempre il 28 aprile, Tonino passò dal suo amico Italo Ghitti durante la pausa pranzo. Si sedette. Parlarono. Che coppia, anche loro. Un ex sbirro di periferia e un ex contrattista di diritto ecclesiastico. Per i cronisti, «Dio Zanza» contro «Nano ghiacciato». Il sanguigno e il rigoroso, o forse no, chissà, forse era tutta una finta, forse avevano ragione gli avvocati che ritenevano Ghitti – qualcuno lo riteneva, almeno – un finto tormentato, un succube, bramoso della sua porzioncina di celebrità. Che malfidenti. I pm sono solo degli opinionisti – diceva Italo all'inizio dell'inchiesta – ma poi chi firma gli arresti sono io. E ci aveva anche provato a dire di no, e qualche sporadica volta c'era pure riuscito. Ma sempre per casi di secondo piano, chi se ne importava che il gip Italo Ghitti avesse negato l'arresto del dirigente Jürgen Ferling? Chi lo conosceva? I casi di primo piano, i Marcello Stefanini e i Loris Zaffra, l'avevano sempre visto perdente. In fondo c'era stata una rivoluzione, la gente scendeva in piazza e che fatica, che tormento rischiare la figura del cavilloso, del troppo mediatore, del troppo misurato.

Italo, dispensatore di mille consigli, stavolta aveva da chiederne uno a Tonino. Qualche collega gli aveva proposto di candidarsi per il Csm: che fare? Quanto avrebbero potuto andare avanti?

«Vai pure» gli rispose Di Pietro «perché io chiudo Enimont e poi me ne vado. Mani pulite è finita, personaggi come quelli che abbiamo inquisito non ce ne sono più.»[17]

Uno forse c'era ancora.

Dell'episodio esistono molteplici resoconti. Il seguente è tratto da un libro di Bruno Vespa:

> Nell'ultima settimana di aprile del '94, Ghitti è indeciso se accettare o non la candidatura a membro del Consiglio superiore della magistratura. Ne parla con Di Pietro e questi gli consiglia di accettare. Anch'io me ne vado, gli dice Tonino, aspetto di concludere la requisitoria Enimont e poi entro in politica. Ci hai pensato bene?, chiede Ghitti. Ho fatto una attenta analisi e ho deciso, risponde Di Pietro. Per far politica, lo ammonisce Ghitti, non bisogna avere nessuno scheletro nell'armadio. E io non ne ho, risponde Di Pietro.[18]

Questo, più scarno, è della «Repubblica»:

> Di Pietro mi parlò della sua intenzione di lasciare il processo Mani pulite per la prima volta in data 28 aprile 1994.[19]

Alle 23.25 di quello stesso giorno Sergio Cusani venne condannato a 8 anni e a un improbabile risarcimento di 168 miliardi. Antonio Di Pietro ebbe la reazione del vincitore misericordioso: «Ammazza che botta!».

Il tribunale catodico stava già facendo appello. I centralini dei giornali s'intasarono di proteste: otto anni, spiegavano al telefono migliaia di frustrati, erano pochi.

Era finita, Ghitti e Di Pietro avevano ragione. Un modesto stralcio dell'inchiesta Enimont aveva calamitato, risucchiato ed esaurito l'interesse per il processo vero.

Italo Ghitti era lì. Passò accanto al condannato e gli mormorò: «Con te è finita Mani pulite». Sergio Cusani rispose qualche anno più tardi, dal carcere:

> La Procura di Milano la sua soluzione di Tangentopoli l'ha già trovata e applicata da un pezzo ... gli accordi sottobanco come li hanno presi con Pacini Battaglia ... una serie di provvedimenti giuridicamente atipici ... i canali dei patteggiamenti e degli accordi sottobanco ... C'è gente che era imputata di bancarotta, falso in bilancio, finanziamento illecito e appropriazione indebita e che ha chiuso con due anni e mezzo. Io se avessi fatto un quinto di quelle cose avrei preso l'ergastolo ... Se io chiedo un processo pubblico, viene considerato un atto di arroganza che va punito infliggendomi una pena più alta.[20]

Il valtellinese Giuseppe Tarantola non era la mozzarella che sembrava. Quando scrisse le motivazioni della sentenza, ebbe mano ferma:

> La procura ha chiesto di procedere contro Cusani con rito immediato ... il processo ha dimostrato che la richiesta era velleitaria. La parte civile, la difesa e il tribunale sono stati costretti alla celebrazione del processo con un rito del tutto improprio e con anomalo dispendio di energie ... l'accusa di Di Pietro è stata spesso imprecisa, a volte lacunosa, di certo fuorviante ... Giustamente la difesa più volte ha manifestato la sua impotenza. E il tribunale non ha nascosto il suo imbarazzo nel dover assistere a una sostanziale conferma in aula di dichiarazioni rilasciate poco tempo prima al solo pm e sconosciute alle altre parti.

Sembra un'assoluzione, era una condanna a 8 anni.

Antonio Di Pietro e Italo Ghitti si rividero, ne riparlarono. Tonino tornò a consigliargli di accettare la candidatura al Csm e gli riconfermò che alla fine della requisitoria di Enimont se ne sarebbe andato anche lui. Lo sollecitò a fissare con la massima urgenza l'udienza preliminare. Ma che cosa farai, Tonino? «Non lo so.» Anche Susanna Mazzoleni racconterà di un Tonino ormai stanco e stressato: finirà, le disse lui, ma lasciami terminare l'Enimont.

Di Pietro non si era mai occupato in alcun modo di Silvio Berlusconi, fino a quel momento. A parte l'arresto lampo del fratello, cui peraltro aveva subito concesso gli arresti domiciliari, gli scarni fascicoli che menzionavano il Cavaliere erano tutti intestati a meno noti colleghi.

Io vorrei, non vorrei

La coalizione vincente aveva problemi perché in Senato aveva una maggioranza risicatissima. Si sapeva chi doveva essere presidente del Consiglio, ma i ministri? La Lega aveva centottanta parlamentari e adesso reclamava il dicastero dell'Interno. Silvio Berlusconi e Gianfranco Fini nicchiavano.

Il 6 maggio Berlusconi chiamò Gianfranco Fini e gli propose l'idea: all'Interno ci mettiamo Di Pietro. Fini era d'accordo, Bossi no: di Tonino non voleva più saperne, nelle sue interviste lo chiamava «De Petrus» e una volta aveva definito il Pool «una banda di meridionali». Ma Tonino godeva di incredibili favori popolari: secondo un sondaggio Directa,[21] era un personaggio positivo per il 93,5 per cento degli italiani e negativo solo per l'1,5, quando Berlusconi era ritenuto positivo dal 48 per cento e molto negativo dal 22.

Il 7 maggio, di mattina presto, Berlusconi espose il suo proposito a Scalfaro, che rimase freddino; poi, con una trovata delle sue, pensò di chiamare Di Pietro direttamente dal Quirinale, accanto al capo dello Stato: «La chiamo dalla presidenza della Repubblica, avremmo pensato a lei per il ministero dell'Interno...». E si diedero appuntamento per le 14 presso lo studio di Cesare Previti, in via Cicerone. Nell'attesa ci fu un giro di telefonate tra Di Pietro e Davigo e Borrelli per sapere che cosa i due colleghi ne pensassero: fu sconsigliato dall'accettare.

Alle 14 Di Pietro arrivò in via Cicerone e trovò già i giornalisti in agguato. Incrociò Berlusconi sulle scale ed entrarono nell'ufficio dove Cesare Previti e Gianni Letta li lasciarono soli. Seguirà un colloquio col solo Previti a cui poi si aggiungerà ancora Berlusconi. La sostanza è che Di Pietro rifiutò la proposta: per un po' avrebbe seguitato a fare il magistrato, disse più tardi anche ai giornalisti cui lesse un comunicato. Resta che, come testimoniato da Piercamillo Davigo,[22] considerò seriamente l'idea di accettare.

Stando alla versione del Cavaliere, il pm gli rivelò che a dissuaderlo era stato Borrelli, a sua volta dissuaso da Scalfaro. Ma Di Pietro, sempre secondo Berlusconi, lasciò uno spiraglio per i mesi successivi. Lo stesso avrebbe confidato a Cesare Previti con cui instaurerà un rapporto più assiduo e informale.

Dirà Silvio Berlusconi:

> Di Pietro mi dice subito: guardi, io non posso lasciare la magistratura. Mi confessa che avrebbe accettato se Scalfaro non fosse intervenuto su Borrelli per fermarlo. Di Pietro lo ha detto anche a Cirino Pomicino.[23]

Confermerà l'ex ministro Paolo Cirino Pomicino:

> «Nel luglio del '94 al Palazzo di Giustizia di Milano, Di Pietro mi raccontò che avrebbe accettato di entrare nel governo Berlusconi se Scalfaro non glielo avesse impedito». Scalfaro da solo o Scalfaro attraverso Borrelli?[24]

Borrelli dirà solo questo:

> Di Pietro, quando ebbe il suo primo contatto con Berlusconi che gli offrì un ministero, tornò a Milano e ci raccontò di essere rimasto affascinato dalla simpatia del Cavaliere.[25]

Borrelli ha più volte smentito d'aver consultato Scalfaro per scoraggiare la candidatura di Di Pietro. A distanza di anni, invero, ciò che pensasse Scalfaro non importa più a nessuno.

Antonio D'Adamo, a Brescia, metterà però a verbale che Tonino nell'arco di tutto il 1994 l'aveva incaricato di palesare continua «vicinanza» a Silvio Berlusconi: il quale, delle inchieste sulla Fininvest, non doveva preoccuparsi. Ha inizio da qui – anzi, forse era già cominciato da un pezzo – il doppio e triplo gioco di Antonio Di Pietro con e contro Berlusconi, con e contro i colleghi del Pool, con e contro il fare politica.

Molti elettori che il 27 marzo erano rimasti sospesi ruppero ogni indugio alle elezioni europee del 12 giugno: Forza Italia fece il pieno e passò dal 21 al 30,6 per cento. Tutti gli altri a scendere: il Pds dal 20 al 19, la Lega dall'8,5 al 6,5, Alleanza nazionale dal 13,5 al 12,5, i popolari dall'11 al 10. Nell'insieme, il Polo sfiorò il 50 per cento e i progressisti restarono al 30; *Berlusconi in trionfo*, dovette ammettere la prima pagina della «Repubblica».

Il grande gendarme

Il procuratore capo Francesco Saverio Borrelli era un personaggio straordinario. Neppure con tutta la fantasia delle fiction si sarebbe potuto immaginare un soggetto più diverso dal suo soldato assaltatore Antonio Di Pietro. Una sera gli chiesero, a margine di una prima della Scala, se Di Pietro non avrebbe potuto assomigliare al Parsifal wagneriano, e la sua risposta la capirono in tre: «No, Parsifal è puro e folle».[26]

Borrelli era cresciuto in una famiglia altoborghese con la fissa della musica e del francese, lingua ufficiale di casa. La madre e il padre erano diversi come di più non si poteva: lei, Miette, era una raffinata ma pur sempre passionale donna calabrese; il padre, Manlio, era invece un dannunziano fortemente permeato di estetismo e le aveva davvero tutte: l'occhio azzurro, il monocolo, il fisico da ufficiale di cavalleria, nietzschiano della prima ora, un monarchico antifascista – ennesima, apparente contraddizione – che a Milano sarebbe diventato presidente di Corte d'appello e buon amico di Indro Montanelli.

Un napoletano sprovvisto dell'approssimazione e indolenza partenopee, Borrelli: un simpatizzante semmai della burocrazia austroungarica tutta costanza e disciplina, un signore da vacanze estive a Sils Maria, in Val Engadina. Il dualismo tra musica e legge ebbe a dividere sempre e amabilmente tutta la sua famiglia. La sorella andò in sposa al musicologo Roman Vlad, mentre il fratello Fabio, elegantissimo e snob, fu consigliere dell'Opera di Roma ovviamente con classica villa a Capalbio. Musica e legge: Francesco Saverio studiò entrambe. Il suo maestro di pianoforte e composizione, Roberto Lupo, disse che percepiva il lui un'inclinazione rigorosamente classica e poi un'altra disperatamente romantica, una lotta continua e di contrasto, la disciplina come gabbia di rigorosa coerenza e poi la tentazione del disordine. Nel 1951 vinse una borsa di studio per andare a Bayreuth, luogo sacrale del mito di Richard Wagner, e tornò completamente frastornato dal compositore che pure aveva ammaliato suo padre. Una passione eterna ma che accrebbe la sua indecisione sul che fare: tanto che nello stesso anno si diplomò al conservatorio e si laureò in giurisprudenza. Il titolo della tesi spiega tutto: «Sentimento e sentenza». Sceglierà quest'ultima.

Difficile cogliere il saldo tra questo Borrelli e quello che riuscì a divenire – il 17 marzo 1988, quando stava per compiere cinquantotto anni – procuratore capo a Milano. Il resto si sa. Dopo le elezioni politiche del 5 aprile 1992 i partiti tracollarono e risuonò tutt'altra musica, la *Götterdämmerung* della vecchia Repubblica. L'intervista che rilasciò il 1° maggio 1994 sul «Corriere della Sera», dal sen fuggita, non si può dimenticare:

> Dovrebbe accadere un cataclisma per cui resta solo in piedi il presidente della Repubblica che, come supremo tutore, chiama a raccolta gli uomini della Legge. E soltanto in quel caso noi potremmo rispondere. Non basterebbe certo ... una folla oceanica raccolta sotto i nostri balconi. Ma a un appello di questo genere, del Capo dello Stato, si potrebbe rispondere con un «servizio di complemento», questo sì.

Ormai la magistratura prendeva i contorni di un grande gendarme con potere d'interdizione permanente su uomini e cose. Un faro accecante sul vuoto della politica. Perché qualcosa accadesse, bastava farla accadere: a Craxi, ormai in ferie forzate, veniva ritirato il passaporto; Andreotti era rinviato a giudizio per associazione mafiosa.

Pavia, 15 luglio 1994

Carissimo dottor Di Pietro,

è tanto tempo ormai che non le scrivevo più. La depressione per l'elezione di Berlusconi mi aveva tolto ogni voglia di impegno. Quando ho sentito in televisione il programma di Forza Italia per la Giustizia ho pianto. Adesso però non riesco più a stare zitta. Ho voglia di urlare a squarciagola, dottor Di Pietro. Lotta dura senza paura.

Daniela Bianchi[27]

In un giorno imprecisato di giugno, Giancarlo Gorrini andò a trovare per l'ennesima volta il suo amico Tonino. Un incontro decisivo, pare: una litigata mai più recuperata.

Il racconto di quanto accadde riposa sulla sola testimonianza di Gorrini, ma va detto che la seconda sezione penale di Brescia spiegherà che tutti gli episodi citati da Gorrini «si sono verificati» e l'ex presidente della Maa viene definito «una miscela di tensione ideale e di ricerca di vantaggi personali».

Comunque litigarono:

> Gli dissi: «Ma dove pensi di andare, dove pensi di arrivare? Ti sei messo in testa di fare il presidente del Consiglio?». ... Io gridavo e lui mi rispose pacatamente: «Casomai potrei fare dell'altro. Ci sono incarichi istituzionali più importanti». Il presidente della Repubblica? Lui mi disse: «Quello è un incarico istituzionale» ... Gli replicai che era matto, che si era montato la testa. Lui imperterrito aggiunse: «Senti, oramai a me basta dare un semplice calcio per spostare sette-otto milioni di voti».[28]

Secondo un'altra intervista i milioni di voti sarebbero stati «cinque o sei», ma poco importa. Interpellato, Gorrini ha ripetuto che fu un litigio pesante: «Sei impazzito, sei malato di protagonismo» avrebbe detto a Tonino che di rimando: «Tu non hai capito niente di me e della vita».

Com'era cambiata, la sua vita. Da sconosciuto era divenuto l'uomo più popolare d'Italia. Nel 1992 aveva una stanzetta, ora ne aveva cinque. Prima aveva Rocco Stragapede, ora una squadra con trentacinque uomini di cui dieci sottufficiali della guardia di finanza, circa quindici carabinieri, qualche poliziotto, un paio di vigili urbani e cinque o sei tra segretarie, cancellieri e studenti d'informatica presi in prestito. I suoi uffici sembravano una rivendita di computer.

Dopo la sfuriata Giancarlo Gorrini telefonò all'allora parlamentare di Forza Italia Vittorio Dotti – è sempre l'ex patron della Maa a raccontarlo – e lo allertò circa lo stato mentale del suo amico pm, come già aveva fatto nella primavera precedente durante una cena a cui aveva presenziato anche Stefania Ariosto, compagna di Dotti.

Qualcosa stava succedendo. Perché dopo quel litigio, e dopo cinque anni, d'un tratto Antonio Di Pietro si ricordò del prestito di 100 milioni e della faccenda della Mercedes. Decise di cominciare a ripulirsi in vista di chissà che cosa, di non essere più ricattabile. Forse temeva proprio quello che Gorrini avrebbe effettivamente fatto: raccontare tutto.

Il 20 giugno Tonino firmò quattro assegni circolari per un valore complessivo di 20 milioni. Li intestò a Osvaldo Rocca, il pesce pilota di Gorrini, ma li tenne fermi. Erano i soldi della Mercedes, per cominciare. Li avrebbe restituiti in autunno inoltrato.

Gorrini intanto cominciò a chiacchierare e a sfogarsi con gli amici come avrebbe fatto per tutta l'estate. Diceva che Tonino dava segni di squilibrio.

Fiamme sporche

L'indagine sulle Fiamme gialle intanto si allargava a macchia d'olio. La scoperta più dolorosa, per il Pool, non fu tanto scoprire che un intero paese corrompeva la guardia di finanza, ma che tanti agenti corrotti erano di casa: facevano parte di quella stessa polizia giudiziaria che veniva spedita in lungo e in largo proprio per arrestare i corrotti. Gli indagati diventarono decine in pochi giorni, la lista dei venturi arresti si fece imbarazzante.

Di Pietro e Davigo cominciarono a esplorare l'assetto azionario di Telepiù per capirci qualcosa, anche se già sapevano dove volevano andare a parare. Al maresciallo Francesco Nanocchio fecero un discorso chiaro: sapevano che le mazzette che aveva preso potevano venire dalla Fininvest e gli dissero che se non avesse parlato l'avrebbero processato per direttissima. Nanocchio di lì in poi comincerà a dare versioni molteplici e confuse, a confessare e a ritrattare e a riconfessare, ma come visto tirerà comunque in ballo l'Edilnord di Paolo Berlusconi e parlerà di soldi pagati dai vertici di Telepiù.

Non c'era azienda che non avesse pagato e il carcere militare di Peschiera del Garda si riempì di finanzieri. Sono gli stessi giorni in cui Silvio Berlusconi – ancora ignaro di tutto e reduce dall'incontro con Di Pietro – stava formando la compagine di governo. Nanocchio chiamò in causa un collega, Giuseppe Capone, e parlò di soldi ricevuti da Salvatore Sciascia, direttore dei servizi fiscali di Fininvest. Era il prossimo obiettivo. Venne arrestato anche Capone che però negò ogni accusa.

Coi finanzieri non si andò tanto per il sottile. Dispensate con disinvoltura, le manette potevano tradursi nella morte civile o nel caso militare di chi non collaborava. L'ex colonnello della guardia di finanza Carlo Capitanucci, per dire, fu arrestato il 5 luglio 1994 e scarcerato il 17 luglio: ma del 1995.

Metterà a verbale il maresciallo Francesco Nanocchio:

> Il dottor Di Pietro mi disse che aveva già firmato il parere per la mia scarcerazione e che confermava gli impegni verbalmente assunti circa il fatto che non mi avrebbe fatto riarrestare per altre ipotesi di corruzione che fossero eventualmente emerse ... Mi fece però un'avvertenza ... se egli avesse appreso di un eventuale episodio di corruzione legato al gruppo Fininvest del quale io non avessi parlato, mi avrebbe fatto riarrestare.[29]

Il grande latitante dell'inchiesta sulle Fiamme gialle, il generale Giuseppe Cerciello, si consegnò al valico del Monte Bianco il 9 luglio. Intanto, il maresciallo Agostino Landi, un altro finanziere, stava lasciando il carcere di Peschiera perché beneficiato degli arresti domiciliari. Non era quasi rientrato a casa che squillò il telefono: il suo legale l'avvertiva che Gherardo Colombo, il pm con cui aveva a lungo collaborato, voleva già reinterrogarlo. Il maresciallo andò in bagno, sua moglie era fuori casa. Si sparò. Aveva intascato una mazzetta di 40 milioni. Al Palazzaccio non sapevano ancora niente. Il tenente Emilio Stolfo, pure lui reduce da quarantasei giorni in isolamento a Peschiera, apprese la notizia e scoppiò in lacrime.

Meno di un anno dopo, il 18 aprile 1995, il finanziere Domenico Cristiano deporrà a processo raccontando la sua verità su Agostino Landi:

> Pochi giorni prima che si suicidasse lo vidi piangere attaccato alle sbarre. «Di Pietro è una iena, una iena» mi disse, spiegando che il magistrato voleva a tutti i costi che lui ammettesse gli episodi contestati. A un certo punto Landi ricordò a Di Pietro che in un suo libro, riportando una frase della madre, diceva di non fare male agli altri uomini. Il magistrato lo abbracciò, poi riprese con più durezza l'interrogatorio.[30]

Che tra la guardia di finanza e il resto del mondo volassero mazzette non era neanche da discutersi: ma come sempre, anche e soprattutto per i processi alla Fininvest, il problema era stabilire chi fosse a chiedere e chi a offrire, chi a forzare chi. Un aspetto per nulla secondario era stabilire se le indagini, come sosterrà la difesa, fossero state o meno pilotate.

L'avvocato di Giuseppe Cerciello, Carlo Taormina, dirà:

> Prima di confessare, Nanocchio e i colonnelli Gianni Giovannelli e Angelo Tanca, i tre pilastri dell'accusa contro Cerciello, sarebbero stati apostrofati da Di Pietro che avrebbe loro prospettato i vantaggi della confessione … Di Pietro aveva promesso al maresciallo Nanocchio la libertà, la possibilità di mantenere tutto il suo patrimonio … In cambio Di Pietro voleva un nome, un solo nome: quello di Silvio Berlusconi.

Anche l'avvocato Giannino Guiso, difensore di Nanocchio, sostenne che «Di Pietro aveva fatto grandi promesse ai militari inquisiti. A Nanocchio aveva promesso il patteggiamento a 1 anno e 8 mesi». Ovviamente volarono denunce per calunnia e nessuno dimostrò queste accuse né quelle pronunciate al processo dal generale Cerciello:

> *Cerciello*: Qualcuno ha voluto che si facesse il mio nome.
> *Avvocato*: Chi è questo qualcuno? Lo dica, lo dica.
> *Cerciello*: Il dottor Di Pietro, per fare un cognome … E quando ero in carcere a Peschiera ho saputo anche che i magistrati volevano far dire

al maresciallo Francesco Nanocchio il nome di Berlusconi ... Il pm che mi interrogò mi disse: se dimostro che lei è responsabile di tutto questo, chiedo dieci anni per lei e uno per gli altri.[31]

L'indagine aperta su Di Pietro, per abuso d'ufficio, sarà archiviata. Per l'accusa di aver intascato mazzette, invece, il generale riceverà una pesante condanna.

In quel luglio 1994 la guerra tra Pool e Fininvest, coi finanzieri in mezzo, era ormai scoperta. Il Pool voleva a tutti i costi arrestare Salvatore Sciascia, il responsabile dei servizi fiscali, l'ultimo gradino prima del vertice; mentre la Fininvest, o meglio Silvio Berlusconi, che dell'inchiesta era ormai al corrente, temeva di essere l'obiettivo di una possibile triangolazione tra Pool e finanzieri.

Le manette impazzavano come non mai. Era da almeno un anno che una parte pur minoritaria del paese affiancava agli entusiasmi per Mani pulite una diversa presa di coscienza circa i metodi sbrigativi della magistratura, soprattutto a proposito di una carcerazione preventiva che da auspicata *extrema ratio* era ormai divenuta regola assoluta, palese strumento di indagine a scopo confessorio. Anche per questo, fin da giugno, un ministro e un sottosegretario del governo stavano lavorando a un decreto che potesse limitare l'abuso delle manette, già allora accusati di voler solo fermare le varie indagini sulla Fininvest. La verità stava probabilmente nel mezzo: la genesi di provvedimenti che limitassero la custodia cautelare coincise sicuramente con l'inchiesta sulla guardia di finanza e fu influenzata dal suo progredire, ma è anche vero che un governo pienamente legittimato, in precedenza, non c'era. Inchiesta e governo nacquero insomma insieme, ciascuno accusabile di rapportarsi meramente all'esistenza dell'altro.

La Procura di Milano in quello scorcio del 1994 si era autoproclamata interlocutrice delle istituzioni se non istituzione a sé stante, e questo era sotto gli occhi di tutti. Il problema non erano le libere opinioni dei magistrati ma i calcolati effetti di queste opinioni. Se mai vi fu supplenza della magistratura e non soltanto arretramento della politica, strumento ne furono comunque le manette. Soprattutto.

E il campione della specialità, nel pomeriggio del 13 luglio, stava facendo il pendolare tra il processo Enimont e un dibattimento per episodi minori di corruzione. Due imprenditori nicchiavano e non volevano patteggiare. Uno, Renato Melzi, si reputava addirittura innocente. Un affronto. Di Pietro si rivolse al suo legale: «Si vergogni, il suo cliente! Ha cercato di corrompere un ufficiale! Andiamo al processo e poi vediamo, lo sbatto in galera, gli faccio dare cinque anni!».[32] Melzi accettò il patteggiamento. Più tardi Di Pietro tornò a sbracciarsi al processo Enimont. Quando erano appena passate le 16 sopraggiunse Davigo che gli mormorò qualcosa all'orecchio poi prese il suo posto.

Tonino avanzò deciso verso i cronisti: «Noi non volevamo arrestarlo, non era sotto inchiesta, non avevamo niente contro di lui». Ed era solo questo che contava: come se il clima che si era creato fosse del tutto indipendente dalle sue azioni. Era il clima della legalità e chi lo metteva in dubbio era automaticamente arruolato dall'altra parte. Si era sparato un altro finanziere, il generale Sergio Cicogna, da Trieste.

In *Il vizio della memoria* di Gherardo Colombo,[33] curioso intreccio di vicende personali e professionali raccontate a bassa temperatura, le pagine meglio riuscite appaiono quelle dove il magistrato sembra soffrire il coinvolgimento di uomini e militari che avevano lavorato con lui. Ecco un colloquio che in quei giorni ebbe con la moglie:

> «Alessandra, questa sera non so quando torno.»
>
> «Perché? ... Sono stanchissima, la bambina è agitata, dovresti darmi una mano, vieni presto.»
>
> «È stato arrestato il tal colonnello.»
>
> «Proprio lui, ma è impossibile, così misurato, disponibile, rispettoso...»
>
> «Proprio lui... l'ho fatto cercare dappertutto. Visto il carattere, i rapporti che c'erano, non volevo che facesse qualche cosa di strano.»[34]

Si trattava con ogni probabilità del colonnello Giuliano Montanari, l'ufficiale in assoluto più vicino al Pool da un punto di vista anche personale, umano. Chi incontrò Di Pietro, quel giorno, lo vide barcollare fisicamente.[35]

Ha scritto ancora Gherardo Colombo:

> Persone che sino a un attimo prima avevo professionalmente apprezzato e stimato, che avevano lavorato con me per lunghi periodi, spesso ottenendo risultati investigativi eccellenti. Avevo talmente fiducia in qualcuno di questi, che faticavo a credere al suo coinvolgimento. E quando alla fine ci ho creduto mi sono illuso che si fosse trattato di un episodio isolato, di un errore, di un momento di debolezza ... Com'era possibile tanta schizofrenia di comportamento, contemporaneamente esser fedeli e vendersi ... il risultato di una mistificatrice abilità recitativa o il prodotto di un'effettiva scissione al proprio interno?[36]

Colombo non vide altre risposte possibili: ammanettò uomini che avevano lavorato con lui sin dai tempi dell'inchiesta sui fondi neri dell'Iri, perdendo giornate e nottate, e non seppe darsi risposte che non modificassero ogni volta le sue nette demarcazioni tra bianco e nero, tra bene e male, tra libertà e carcere. L'intero Pool fingerà per anni di non comprendere che l'archetipo di cotanta schizofrenia e scissione interiore, il campione di ogni abilità recitativa e doppiezza più umana dell'umano, dell'esser fedeli e vendersi, loro, pure quello, ce l'avevano in casa. Ed era il loro testimonial.

Quell'inchiesta stava scavando la fossa di Mani pulite, ma l'avrebbero compreso troppo tardi. In un'intervista, Italo Ghitti rispose a una precisa domanda:

> *Altri imputati si sono tolti la vita: l'ultimo, un maresciallo della finanza. Quanto hanno pesato quelle morti?*
>
> Hanno sicuramente impedito di approfondire alcuni fatti.[37]

Sovranità limitata

Nel pomeriggio del 14 luglio sopraggiunse un Tonino tutto accaldato: «È uno schifo, Gherardo... Sono pronto a dimettermi. Anche da solo».[38] Parlava del famigerato decreto Biondi di cui si leggeva sui giornali.

Il decreto era stato approvato all'unanimità il giorno prima. Per quanto importava a Di Pietro, lo schifo era che il carcere sarebbe stato sostituito con la detenzione domiciliare per tutti i reati che interessavano a lui. Tornava inoltre segreto l'avviso di garanzia e si facilitava il ricorso ai riti alternativi. Tre fasce di reati prevedevano altrettanti diversi approcci alla carcerazione preventiva: obbligatoria o quasi per i reati più gravi, proibita per i meno gravi, domiciliare per molti di quelli contestati in Mani pulite: corruzione, concussione, finanziamento illecito, falso in bilancio, ecc.

Il famigerato decreto Biondi era stato firmato dal presidente della Repubblica alle otto del mattino di quello stesso giorno, e quanto fosse inattuale lo si poteva evincere dai quarantanove arresti che erano in corso in quello stesso momento: diciotto finanzieri e trentuno fra commercialisti, imprenditori e consulenti. Il Pool stava facendo il pieno sinché era in tempo, e il gip Andrea Padalino, il trentenne che intanto aveva sostituito Italo Ghitti, quegli arresti li approvò tutti: ravvisò cioè in tutte le singole posizioni degli arrestandi i celebri pericoli di fuga, di inquinamento delle prove e di reiterazione del reato. Senza eccezioni.

Il Pool in serata si ritrovò per cominciare a buttar giù due righe di testo, un comunicato, qualcosa. Tre piani sopra, sul tavolo del gip Padalino, un altro pacco di nuovi mandati d'arresto attendeva smanioso una firma. Davigo scriveva cose terribili, Colombo smussava, persino Tonino ci mise del suo.

L'indomani, il procuratore capo Borrelli non ne sapeva ancora niente. Partecipando a una commemorazione si era lasciato sfuggire solo una battuta delle sue: «Nell'anniversario della Bastiglia si aprono squarci a San Vittore».

La proposta dei pm, più tardi, lo spiazzò un po':

> La presa di posizione di metà luglio io non la condivisi. Infatti, a parte quella battuta sulla Bastiglia, quel giorno io non volli apparire in televisione. Anzi, sconsigliai i miei sostituti dal prendere posizione, ma non ci fu verso: erano troppo determinati ... Già la presa di posizione del marzo 1993, sul decreto Conso, era stata – inutile negarlo – una forma di pressione sul Parlamento ... ripetere la stessa scena avrebbe finito con il confermare le critiche di chi ci dipingeva come desiderosi di essere protagonisti della scena politica del Paese ... Non lo firmai.[39]

Alle 19, ora del Tg3, un Tonino scravattato e dall'aria sfatta, con la barbaccia, si avvicinava al microfono. Un colpetto di tosse e poi dalla tasca tirò fuori un fogliettino stropicciato come lui: «Scusate, sono emozionato...». Poi:

> L'odierno decreto a nostro giudizio non consente più di affrontare efficacemente i delitti su cui abbiamo finora investigato. Infatti, persone raggiunte da schiaccianti prove in ordine a gravi fatti di corruzione non potranno più essere associate al carcere neppure per evitare che continuino a delinquere e a tramare per impedire la scoperta dei precedenti misfatti, talora persino comprando gli uomini a cui avevamo affidato indagini nei loro confronti ... abbiamo pertanto informato il procuratore della Repubblica della nostra determinazione di chiedere al più presto l'assegnazione ad altro e diverso incarico, nel cui espletamento non sia stridente il contrasto fra ciò che la coscienza avverte e ciò che la legge impone.

Traduzione del ministro dei Rapporti col Parlamento, Giuliano Ferrara: «Non posso più lavorare se non posso sbattere in galera la gente e farla confessare». Al Senato, dove ancora si stava discutendo del decreto, le opposizioni fecero scoppiare un baccano d'inferno. La linea comune fu «i politici non andranno in galera» e «la mafia ringrazia». Quasi tutte le procure d'Italia insorsero per solidarizzare col Pool. Il procuratore di Ivrea Bruno Tinti firmò ugualmente una serie di arresti e annunciò ricorsi alla Corte costituzionale. Protestarono Pier Luigi Vigna da Firenze, Agostino Cordova da Napoli, persino moderati come Michele Coiro da Roma e Carlo Nordio da Venezia.

Sul «Corriere della Sera» del giorno dopo, 16 luglio, in apertura di seconda pagina, campeggiava un occhiello come questo: *Borrelli, rischio di scontro istituzionale. Sì, ho ripreso a fumare.* Tutti a inveire contro il «decreto salvaladri». Secondo un sondaggio commissionato dal Tg3 alla Doxa, il 63 per cento degli italiani era contrario al decreto e il 69 riteneva «giuste» le affermazioni lette da Di Pietro.

Gianfranco Fini e Umberto Bossi cominciarono a pensare di doverne uscire in qualche modo, ma sia Alfredo Biondi che Silvio Berlusconi facevano capire che non se ne parlava neanche. Il ministro dell'Interno, Roberto Maroni, la sera del 16 luglio s'inventò che era stato ingannato perché gli avevano fatto leggere un testo diverso: «Biondi mi aveva giurato che non sarebbero usciti i tangentisti, mi ha detto di fidarmi, mi sono fidato, ho fatto male».

Il giorno dopo Gianfranco Fini chiese delle modifiche al decreto e Umberto Bossi alluse addirittura a nuove alleanze di governo. Oscar Luigi Scalfaro, con un comunicato ufficiale, ritenne di dover smentire una notizia del «Corriere della Sera» secondo la quale era andato su tutte le furie nel vedere il proclama del Pool in televisione; Francesco Saverio Borrelli fece sapere: «Il capo dello Stato mi ha telefonato oggi per esprimere il grave disappunto per una notizia totalmente infondata».

Dirà l'allora ministro Alfredo Biondi:

> La gestazione del decreto fu assai lunga e dipese da esigenze di ordine tecnico-giuridico oltre che politico. I leader della maggioranza erano stati informati. Si trattava di sostituire la custodia cautelare in carcere con gli arresti domiciliari o con altra misura meno afflittiva. Questa modifica avrebbe visto l'impiego di molti agenti delle forze dell'ordine per garantire le necessarie misure di controllo. Ciò era stato considerato dai gabinetti del ministro della Giustizia e del ministro degli Interni, perché del ministro degli Interni era necessario il concerto. Dopo questa fase istruttoria e decisoria, il decreto fu poi approvato all'unanimità dal Consiglio dei ministri con in testa il ministro concertante, Maroni e i suoi colleghi della Lega, Speroni e Pagliarini e da tutti i ministri di An da Tatarella a Fisichella, da Matteoli alla Poli Bortone. Anche Dini era naturalmente d'accordo ...
>
> Per taluni magistrati a togliergli le manette si provoca lo stesso effetto che si provoca togliendo il ciucciotto a un bambino: piangono. Io comunque le dimissioni le diedi, non le annunciai. Furono Berlusconi, l'intero Consiglio dei ministri e tutti i leader della maggioranza di allora – ho una lettera che lo dimostra – che mi chiesero di non provocare in quel momento la crisi del primo governo di centrodestra. È vero che io cedetti all'invito, mi chiedo se feci bene.[40]

Nella maggioranza fu una penosa gara ai distinguo. Francesco Storace di An parlò di «Polo della libertà provvisoria» e l'allora sodale Maurizio Gasparri ribadì: «Per noi Di Pietro è un mito».

Il 17 luglio il ministro Giuliano Ferrara annunciava il ritiro del decreto e la sua sostituzione con un disegno di legge di tutt'altra fatta, parlando apertamente di «Caporetto del governo». Il Quirinale tacque imbarazzato. Alfredo Biondi era il terzo ministro della Giustizia impallinato in due anni. Non fu l'ultimo e non fu un bel vedere. Immaginarsi, quella sera stessa, l'umore popolare quando poi sfumò la Coppa del Mondo di calcio per un rigore sbagliato da Roberto Baggio in Italia-Brasile. Gli italiani a quel punto era meglio lasciarli stare.

Antonio Di Pietro ricominciò subito ad arrestare. Il 21 luglio convocò il brigadiere Giovanni Arces e gli contestò di aver incassato alcune tangenti. Il finanziere negò e Tonino lo fece arrestare il mattino dopo, proprio nei giorni in cui la moglie del neogaleotto stava rischiando di perdere il figlio in gestazione dopo che ne aveva già perso uno l'anno prima. Allora, per dirla con Borrelli, Arces parlò e venne scarcerato. Ma il 6 marzo 1995 metterà a verbale:

> Signor presidente, ho confessato di aver preso soldi durante le verifiche fiscali per uscire dal carcere, ma non è vero niente. Non ho negato quanto mi veniva contestato da Antonio Di Pietro perché dopo cinque giorni di assoluto isolamento nel carcere di Peschiera pensavo che solo ammettendo potessi riacquistare la libertà.

Il calendario segnava il 23 luglio. Antonio Di Pietro arrestò altre ventitré persone. Le carcerazioni per l'inchiesta sulla guardia di finanza ricominciarono a cascata. Più di un militare parlò di mazzette prese dalla Fininvest. In stato d'arresto, il responsabile dei servizi fiscali dell'azienda Salvatore Sciascia si diede alla macchia e poi si costituì dicendo che Paolo Berlusconi era al corrente di ogni cosa. Il 29 luglio Berlusconi junior finì agli arresti domiciliari e si assunse ogni responsabilità.

Silvio Berlusconi, il 26 e 27 luglio, aveva pronunciato delle frasi che colpirono particolarmente il Pool:

> I magistrati, se vogliono governare, si facciano eleggere dal popolo sovrano. Se no, ogni sconfinamento, ogni invadenza, ogni eccesso è un colpo devastante alla credibilità democratica delle istituzioni. L'inchiesta sulla guardia di finanza può essere un'altra devastante azione di sventramento della società non solo politica, ma anche economica e imprenditoriale ... mio fratello Paolo è una persona perbene, non uno da mandare in galera. Se tutte le aziende fossero gestite come la Fininvest, in

Italia non ci sarebbero più problemi di moralità pubblica. Ma certo, se su una montagna si vuole cercare uno spillo fuori posto, lo si trova.

Il rischio, e il Pool se ne avvedeva, era che una larga parte del paese potesse attribuire alla magistratura un rallentamento della ripresa economica. Cominciò a maturare l'idea del famoso progetto di Cernobbio. Non capivano che era troppo tardi.

Il terzo tempo di Mani pulite

Il problema non fu la serpeggiante impressione che Mani pulite fosse ormai agli sgoccioli, stanca, talvolta astratta, con tutti quei cronisti che ciondolavano per i corridoi facendosi domande sul proprio futuro. Altri colpi di scena non sarebbero mancati, com'è noto. Il problema, e il Pool non lo comprese forse per *forma mentis*, fu che l'inesorabile fine di una stagione non poté non coincidere con quell'indagine sulla guardia di finanza.

Quegli imprenditori che cominciarono a confessare d'aver pagato anche i finanzieri perché chiudessero un occhio aprirono una voragine che in potenza non avrebbe mai avuto fine. Un reparto accusò l'altro, un reparto arrestò l'altro. Intere legioni di militari finirono in carcere e alcuni erano collaboratori del Pool, come visto. Anche nel corpo delle Fiamme gialle malfattori e galantuomini certo non mancavano, ma quell'immagine di finanzieri che iniziavano ad arrestarsi tra di loro divenne la metafora di un paese che si stava divorando. Onesti e disonesti, concussi e concussori, taglieggiatori e vittime: parole sempre più svuotate di significato, termini utili per delimitare, secondo fazione, le proprie simpatie e i propri interessi.

Nel paese in cui tutti pagavano tutti si scoprì che gli agenti della guardia di finanza, poveretti, incassavano mazzette perché avevano stipendi da fame, e trescavano con l'esercente che, poveretto, senza fatture false avrebbe chiuso bottega, e trescavano con il grande stilista che, poveretto, senza fatture false la bottega non l'avrebbe neanche aperta.

Si scoprì che la famosa dazione ambientale, che da lontano e sui giornali pareva solo un'associazione per delinquere, era vicina, vicinissima: dal fiscalista, dal commercialista, dal certificatore di bilanci, dall'impiegato comunale e regionale e statale, dall'avvocato, dal notaio, in negozio, al bar, nelle famiglie, con la domestica, nel 740, nello scontrino che non ti hanno dato ma che tu non hai preteso.

La cosiddetta inchiesta «Fiamme sporche» conterà centinaia e centinaia di indagati[41] ma comincerà a trasfigurare lo spettacolo di Mani pulite agli occhi del suo pubblico, a confondere proscenio e platea, a disamorare progressivamente da un'ubriacatura legalitaria ormai triennale e che dapprima era parsa tuttavia così liberatoria, espiatoria, deresponsabilizzante. Ora non più.

Il terzo tempo di Mani pulite nasceva morto. Nel primo, folle oceaniche plaudivano all'arresto dei politici ladri e corrotti, alcuni graziati e altri esiliati. Nel secondo, folle già più sparute plaudivano all'umiliazione degli industriali pure ladri e corrotti, immunizzati talora e suicidati talaltra. E ora il terzo: folle che plaudivano più stancamente e che cominciavano a chiedersi se i soldi, che scarseggiavano, fossero finiti tutti nei conti di Craxi; e finanzieri che arrestavano finanzieri perché si era addirittura scoperto, nel paese dei 150.000 miliardi non denunciati ogni anno, che la base della corruzione era proprio il nero dell'evasione fiscale. Ed era finita. Perché la sedicente società civile, con le mani ancora doloranti per gli applausi, nel tardo 1994 cominciò anche a chiedersi se per caso quel grezzo dualismo da fase orale – onesti e ladri, vittime e carnefici, magistrati e politici, Eni e Montedison, Cagliari e Bernabè, Craxi e Di Pietro, poi Berlusconi-Di Pietro – non celasse una qualsiasi lotta tra fazioni, tra un potere e un altro potere, tra un magistrato che inquisiva il ministro dei Lavori pubblici ma poi chissà, magari un giorno ne avrebbe preso il posto.

Nell'indagare sulla metà oscura dell'italiano medio, Di Pietro esplorava se stesso: nella patria che aveva il record mondiale delle seconde case, lui era giunto ad averne cinque; nel regno degli abusi edilizi, diciamo così, aveva avuto i suoi modesti problemi; nel paese che conservava le annate di «Quattroruote», s'è visto, prendeva la Mercedes per l'amichetto e la Lancia per la moglie; nel paese dei furbi sarebbe diventato lo scroccone che sappiamo e che riuscirà, quindici anni dopo, nel 2008, a intestarsi l'intero finanziamento pubblico dovuto a un partito politico.

Ma nel 1994 il manipulitista medio, moderato, tutto questo lo percepiva appena. Nella prima estate di quell'anno Antonio Di Pietro era ancora quello che arrestava i corrotti per rendere il mondo migliore. Era il braccio armato di una procura che operava vigilanze preventive e ammoniva quanti già parlicchiavano di decreti antimanette. Questo da una parte. Dall'altra, appunto, le manette.

Chiederanno molti anni dopo a Francesco Saverio Borrelli:

> *Quando vi siete resi conto che l'atteggiamento dell'opinione pubblica nei vostri confronti stava cambiando?*
>
> Direi più o meno in coincidenza con l'indagine sulla Guardia di fi-

nanza ... finché si trattò di colpire l'alta politica e i suoi rappresentanti, i grandi personaggi dei partiti che cominciavano a stare sullo stomaco a tutti, non ci furono grandi reazioni contrarie. Anzi. Ma quando, con l'indagine sulla Guardia di finanza, si andò oltre, apparve chiaro che il problema della corruzione in Italia non riguardava solo la politica, ma larghe fasce della società, insomma che investiva gli alti livelli proprio in quanto partiva dal basso. A quel punto il cittadino medio ebbe la sensazione che questi moralisti della Procura di Milano volessero davvero passare lo straccio bagnato su tutta la facciata del paese, sulla coscienza civile di tutti gli italiani. Parlo del cittadino medio, che vive spesso di piccoli espedienti, amicizie, raccomandazioni, mancette per poter campare e rimediare all'inefficienza della pubblica amministrazione. A quel punto, ho l'impressione che la gente abbia cominciato a dire: adesso basta, avete fatto il vostro lavoro, ci avete liberato dalla piovra della vecchia classe politica che ci succhiava il sangue, ma adesso lasciateci campare in pace. Quando abbiamo toccato la Guardia di finanza, a parte le reazioni ovvie del mondo politico, anche una parte di imprenditori si è sentita toccata troppo da vicino da quest'ansia di pulizia che veniva dalla Procura ... Ci si stufa delle guerre, figuriamoci di Tangentopoli.[42]

Dirà Piercamillo Davigo:

Le vicende che mi hanno più impressionato non sono state quelle delle grandi tangenti ... Sono le piccole vicende a deprimermi. Mi sono capitati due o tre processi dove centinaia di persone hanno pagato somme di qualche milione per non fare il servizio militare. Parliamo di centinaia di persone, non di qualcuna. Questo vuol dire, in primo luogo, che io pago non solo per non fare il servizio militare, ma anche perché altri lo facciano al mio posto ... È la stessa cosa, in grande, del non rispettare la fila. In secondo luogo, manca una percezione della gravità del comportamento tenuto. Eppure tutti i giovani venivano da buone famiglie che li finanziavano, perché a diciannove anni non si hanno dei milioni cash nel portafogli. Questo la dice molto lunga sulla diffusione di certi comportamenti e sulla valutazione che di essi viene data nel complesso della società.[43]

Scriverà proprio Enzo Carra, l'ex portavoce democristiano che Davigo aveva fatto condannare:

Mani pulite fu in ultima analisi un piccolo squarcio nei nostri vizi pubblici e privati; poteva essere una grande occasione per metterli sotto accusa, questi vizi, insieme ai corrotti e ai corruttori. È stata una grande occasione mancata per cambiare le regole e i comportamenti nella nostra società ... Con un'eccezionale prova dell'italianissima arte di arrangiarsi il cammino è ripreso come prima, o quasi ... Invece di cambiare sistema si è cambiato discorso.[44]

Estate.

SCENA PRIMA

Pierfrancesco Pacini Battaglia e Pietro Federico, magistrato di Grosseto, sono a caccia sul monte dell'Argentario.

«Non puoi immaginare quanto mi è costato uscire da Mani pulite» dice Pacini Battaglia tra una fucilata e l'altra. «Va' là fanfarone,» gli risponde Federico «che io Gherardo Colombo lo conosco da anni, su di lui ci metto la mano sul fuoco.» E Pacini: «Colombo è come gli altri». Federico non gli crede.

SCENA SECONDA

Piercamillo Davigo in ferie non è praticamente mai andato. Si ritrova allora con l'avvocato Federico Stella. In fondo – si dicono – quel progetto di legge elaborato nell'ottobre 1992 per l'Assolombarda, una sorta di «condono», non è così male. Allora cominciano a rispolverarlo. Piercamillo ritiene basilare che corruzione e concussione siano unificate in un unico reato. Ne parlano anche a Tonino, naturalmente. Preparerò io il terreno, anticipa lui.

SCENA TERZA

Giancarlo Gorrini è in Sardegna con la compagna Donatella Turri Gandolfi. Cerca di contattare Paolo Berlusconi, avrebbe voluto informarlo degli impazzimenti dell'amico Tonino ma deve rinviare perché l'imprenditore è ancora agli arresti domiciliari. A motivare Gorrini, come lui stesso racconterà al suo avvocato Mario Donzelli, è una sorta di nausea per i comportamenti di Di Pietro mista alla speranza di ottenere riconoscenze che possano tornargli utili.

Paolo Berlusconi, come accadeva nei più vari ambienti finanziari e giornalistici e politici, teneva da parte tutta una serie di dossier anonimi su Di Pietro che circolavano per Milano e che erano giunti anche al «Giornale»: verità, mezze verità e fantasticherie riunite in un cartafaccio aggiornato di continuo. Giancarlo Gorrini, nei dossier, era ampiamente citato: nell'apprendere che vuole parlargli, dunque, è probabile che Berlusconi immagini perché.

Col tramontare dell'estate si profilarono strane e inafferrabili intese. Ucciso sul nascere il decreto Biondi, ogni ipotesi di legge non repressiva trovava ostacoli nella stessa maggioranza. Il 26 agosto Gianfranco Fini bocciò l'idea di concedere l'affido sociale per le pene inferiori ai 3 anni e mezzo, e due giorni dopo, con un articolo sul quotidiano «La Voce», Davigo propose più o meno la stessa cosa. Tra Alleanza nazionale e parte del Pool si creò una qualche consonanza. Il parlamentare Pinuccio Tatarella, a metà agosto, aveva candidato Di Pietro perché prendesse parte a un «gruppo di saggi» che rifondassero la Repubblica. E il 31 agosto Piercamillo Davigo era in compagnia di Ignazio La Russa che già aveva incontrato in luglio. Discutevano di un progetto di legge.

Alla fine del mese, l'idea che potesse nascere una nuova maggioranza di destra, senza Berlusconi, serpeggiò disinvolta nei palazzi romani e nelle redazioni dei giornali. Qualcuno osava proporlo: Di Pietro premier. «Certo, a nome del Ccd» azzardò suo cognato Gabriele Cimadoro. Di Pietro si lasciò corteggiare soprattutto da Alleanza nazionale: Tatarella lo magnificava, Mirko Tremaglia lo esaltava, La Russa lo consultava.

Il 1° settembre l'avvocato Massimo Dinoia andò nel panico: apprese che Di Pietro voleva intervenire al convegno degli industriali di Cernobbio e che intendeva anticipare i contenuti della proposta di legge, ma loro non avevano neppure finito di scriverla. E dov'era Federico Stella? Alle Seychelles. Gli telefonarono, che rientrasse subito. Dinoia fissò un appuntamento con il collega Oreste Dominioni. Bisognava stringere.

Il giorno dopo Tonino era a Cernobbio. Pranzò con l'industriale progressista Aldo Fumagalli. Cesare Romiti aveva detto che servivano certezze? Allora – annunciava – nel pomeriggio parlerò.

E parlò. Era vestito di blu. Accennò per sommi capi i contenuti della proposta di legge e avvertì l'urgenza di «mobilitare le coscienze contro un eventuale colpo di spugna». Applausi. Fece persino una citazione dal giapponese parlando di «Kyosey», «collaborare»: il discorso glielo aveva scritto Federico Stella. Parole chiave: trasparenza, economia e democrazia. L'idea era quella del 1992: chi avesse confessato e restituito i soldi e abbandonato ogni carica avrebbe evitato il carcere.

Commentò Irene Pivetti, presidente della Camera: «Effervescente». Gianfranco Fini: «Bravo, starebbe bene con noi». L'avvocato Raffaele Della Valle era perplesso. Possibilista il pidiessino Fabio Mussi: «Non ho ancora capito il progetto di Di Pietro, ma sono fiducioso». Era un convegno di imprenditori ma della Fininvest non c'era nessuno. A parte, emblematicamente, l'avvocato difensore Oreste Dominioni.

Sul «Corriere della Sera» il 3 settembre uscì questo titolo: *Di Pietro, mobiliterò il popolo infuriato*. Il giorno dopo due quotidiani pubblicarono una prima bozza del progetto. Forza Italia protestò, qualche pidiessino si associò, Alleanza nazionale prese tempo.

L'8 settembre la Confindustria diede il suo appoggio ufficiale alla proposta di legge. Antonio Di Pietro, non c'è dubbio, in quel momento era l'uomo più potente d'Italia. Fermava le leggi del Parlamento e nello sperticamento generale ne proponeva di sue.

La proposta definitiva venne presentata il 14 settembre nel corso di un convegno all'Università Statale di Milano. «Qualcuno doveva pur proporre una prima bozza» riuscì a dire Tonino dopo che il Pool, per anni, aveva cassato tutte quelle del Parlamento. Questa volta la citazione improbabile riguardò Tito Livio: «Altrimenti, a forza di discutere, il nostro paese, come Sagunto, viene espugnato». Lui disse «Segunto», ma pazienza. Federico Stella sorrise, la grande saldatura tra magistratura e imprenditoria e stampa sembrava a portata di mano.

L'architrave era quello del rito ambrosiano: «dazione ambientale» come reato a sé stante e promessa d'impunità per i corruttori che avessero collaborato. Va detto che a non averlo fatto, nell'ottica degli inquirenti, era rimasto un solo gruppo imprenditoriale.

Nel dettaglio: il primo caposaldo era un «forte inasprimento delle pene» che prevedeva, per il reato unico di corruzione e concussione, una condanna massima non più a 5 anni bensì a 12, con immediata confisca dei beni; prima ancora del processo, se tizio avesse avuto una carica, sarebbe decaduto; se fosse stato un pubblico dipendente, avrebbe perso il lavoro; l'arresto inoltre sarebbe diventato obbligatorio senza la seccatura della convalida di un gip. Il secondo caposaldo prevedeva una «causa speciale di non punibilità» per chi, compiuto un reato, lo avesse denunciato entro tre mesi facendo il nome dei complici. Lui non sarebbe stato punito, i complici sì.

Il linguaggio adottato – presto ripreso in altri interventi ispirati dal *ghostwriter* Federico Stella – denotava una precedenza storica non ben individuata:

> I precetti e il dosaggio delle sanzioni minacciate devono essere il più possibile in armonia con la scala dei valori dominanti … Bisogna trovare il modo di penetrare nella sfera dell'impenetrabile, nel buio e nel segreto che circonda gli autori della corruzione, in modo da stroncare in loro la certezza dell'impunità, creando un clima di sospetto, di diffidenza, di incertezza.[45]

Gerardo D'Ambrosio, sensibile al rosso comunista ma allergico a quello porporale, si mostrò più che perplesso. Borrelli, invece, ci mise subito il cappello: «È la prosecuzione di quello che noi diciamo da due anni … non per rivendicarne la paternità, ma ad agosto ne avevo parlato anch'io». Non per rivendicarne la paternità. Già che c'era, due paroline a Berlusconi: «Non so chi possa dolersi di queste proposte, forse solo chi ha nella memoria, o in quella del suo gruppo, qualcosa da nascondere».

Non passarono due giorni e il 16 settembre ecco di nuovo il «Corriere della Sera», solare: *Di Pietro contro Berlusconi*. Il quotidiano anticipò stralci di un commentario sulla Costituzione firmato da Antonio Di Pietro con la prefazione di Francesco Cossiga. Tonino aveva rimasticato una parte della sua tesi di laurea con degli aggiustamenti: la politica del governo Berlusconi veniva accostata a quella del Minculpop. Ma nella versione definitiva del libro il passaggio fu smussato:

> Non possiamo negare (o far finta di non vedere) forme di nuove censure meno visibili, ma a presa più subdola, e condizionante, quali sono i tentativi di martellamento continuo delle menti da parte di chi detiene, attraverso il potere economico (a sua volta condizionabile da quello politico e/o condizionante lo stesso), il controllo dell'impresa giornalistica o radiotelevisiva.[46]

Prosa a parte, l'attacco a Berlusconi finì per distogliere l'attenzione da altri aspetti del commentario. Citando l'articolo 13 della Costituzione – «La libertà personale è inviolabile» – Di Pietro saltò il principio per cui «ogni cittadino è innocente fino a prova contraria». In grande evidenza invece tutte le circostanze per cui il principio poteva essere infranto. Nessun accenno – neanche uno – ai rischi dell'uso improprio della carcerazione e alla mole di errori e lentezze di una Giustizia evidentemente esente da critiche: «Spiace vedere che il sacrosanto diritto alla difesa» si leggeva semmai «venga strumentalizzato al punto da far dimenticare che esistono anche i diritti delle vittime».

Ovvio che le uscite del Pool e del suo testimonial non piacquero a tutti; furono di quei giorni un paio di frecciate anche notevoli perché provenienti dalla stessa magistratura: tra queste, il 28 settembre, quelle del procuratore generale presso la Cassazione Vittorio Sgroi, peraltro davanti al plenum del Csm: «Ogni giorno» parole sue «si assiste a una serie di condotte che, se non provenissero da magistrati che vanno spesso sui giornali, potrebbero interessare i titolari dell'azione disciplinare ... In Italia esistono magistrati intoccabili che possono aver acquisito una immunità disciplinare per aver acquistato benemerenze. Mi chiedo quanto il titolare dell'azione disciplinare possa ritenersi libero di esercitarla senza essere accusato di ritorsione».

Cinquanta milioni avvolti in carta di giornale

Di Pietro contro Berlusconi: anche Giancarlo Gorrini lesse il «Corriere» del 16 settembre. Telefonò subito all'avvocato Vittorio Dotti e gli chiese se poteva metterlo in contatto con Paolo Berlusconi. Un primo appuntamento venne combinato per il 20 settembre, ore 12.00. E quel giorno, a Foro Bonaparte, l'ex patron della Maa raccontò dei cosiddetti prestiti, della Mercedes, dei debiti mai riassorbiti di Eleuterio Rea, della colletta promossa da Tonino tra vari amici compreso quell'Antonio D'Adamo che Paolo conosceva.

Paolo Berlusconi a quel punto convocò Antonio D'Adamo per verificare anzitutto se Gorrini fosse pazzo o che altro. Ma D'Adamo, che non sapeva più in quante scarpe mettere i piedi – da mesi «rassicurava» gli ambienti del Cavaliere per conto di Tonino – confermò tutto il racconto. Disse che però non voleva entrarci. L'eterno doppiogiochista D'Adamo lo fece subito sapere a Di Pietro e non sarà un caso che proprio quel giorno, 22 settembre, Tonino staccò immediatamente altri tre assegni circolari per complessivi 50 milioni: si era d'un tratto ricordato di un'altra fetta del «prestito» di Gorrini. Dopo cinque anni.

Il giorno dopo, 23 settembre, Paolo Berlusconi rivide l'ex presidente della Maa sempre a Foro Bonaparte. Gorrini gli consegnò una memoria scritta. Era probabile che Paolo fosse animato anche da risentimento: in fondo Di Pietro l'aveva arrestato due volte. I giornali dipingevano Tonino come il venturo schiacciasassi della Fininvest, uno che avrebbe spodestato Berlusconi anche sul piano politico. *Forza Italia a modo mio* aveva titolato l'inserto di un quotidiano. Ed era chiaro come Giancarlo Gorrini sperasse di ricavarci un aiuto per la sua Maa assicurazioni. Ma non l'otterrà mai.

Era il 27 settembre: «Io da te li ho avuti e a te li restituisco» disse Tonino all'amico Osvaldo Rocca. Il quale poi fece sapere al suo principale, Gorrini, che c'era un pacco da ritirare. Fu spedito l'autista, Vincenzo Adragna, ed eccolì lì: 50 milioni. Rocca disse a Gorrini, davanti a quei soldi: «Probabilmente lei parla troppo, Tonino si è preoccupato». Dunque aveva saputo. Per colpa di D'Adamo, però.

Il 3 ottobre, mattina, Osvaldo Rocca restituì a Gorrini gli altri 50 milioni: erano avvolti in una pagina del «Sole-24 Ore». Osvaldo preannunciò una cena col magistrato come ai vecchi tempi. Assieme ai soldi c'era anche il libro di Tonino con dedica.

Di Pietro negherà sempre il particolare della carta di giornale. E Gorrini sempre lo confermerà. L'episodio ingannerà persino la Procura di Brescia. Avevano semplicemente ragione entrambi: Di Pietro infatti firmava degli assegni circolari intestati a Osvaldo Rocca, e quest'ultimo li incassava in contanti per poi restituire i soldi a Gorrini in una busta o avvolti in cartaccia di giornale. I tre assegni per i primi 50 milioni (20+15+15) erano stati firmati il 22 settembre e, come visto, restituiti il 27; gli altri due assegni per i secondi 50 (25+25) furono firmati il 3 ottobre e incassati nello stesso giorno. Una persona normale che avesse ottenuto i 100 milioni in una banca normale, con un tasso normale, tipo il 19 per cento, avrebbe dovuto restituirne 205.

Ha raccontato l'autista Vincenzo Adragna, un salernitano:

> Vidi un pacchetto sul tavolo avvolto in carta da giornale. Ho saputo che era stato portato da Rocca ... Ho sentito dire che Gorrini aveva procurato due macchine: una Mercedes e una Lancia Y10 al dottor Rea e ai suoi familiari.

La Lancia per Eleuterio Rea mancava alla collezione.

Il 4 ottobre Giancarlo Gorrini consegnò a Paolo Berlusconi una seconda stesura del primo memoriale, scritto a mano e piuttosto illeggibile: precisava meglio il ruolo di Tonino nel chiedere soldi per estinguere il debito di Eleuterio Rea. Paolo appoggiò il memoriale sopra la pila dei dossier. Quelle pagine prima di materializzarsi all'ispettorato della Giustizia, avrebbero ballato ancora per un mese.

Il 5 ottobre, dunque, Di Pietro sapeva a grandi linee che Gorrini e Berlusconi junior si erano parlati. Il gip Italo Ghitti descriverà l'aria frustrata e depressa che Tonino aveva quel giorno.[47] Più tardi, preoccupato, Di Pietro telefonò a Gorrini. Non a Osvaldo Rocca, ma a Gorrini: hai avuto i soldi, tutto bene?, gli chiese. E spiegò: grazie ai proventi del mio libro ho finalmente potuto restituirteli. Si dolse che la cena che volevano organizzare dovesse essere rimandata. Era gentile, Tonino. Giancarlo non avrebbe fatto esposti o sciocchezze, vero?

Di Pietro sosterrà sempre che i soldi glieli aveva prestati Rocca, non Gorrini. Però i ringraziamenti li fece a Gorrini.

Tamburi di guerra

La tensione politica e giudiziaria attorno al governo Berlusconi, o meglio attorno a Berlusconi, si era fatta quasi tangibile. I suoi uomini più fidati erano indagati per le inchieste milanesi o per altre ancora: da Fedele Confalonieri a Adriano Galliani, da Marcello Dell'Utri al cugino Giancarlo Foscale sino all'avvocato Massimo Maria Berruti, senza contare il fratello. Il segretario del Partito popolare Rocco Buttiglione fece un'uscita delle sue: «Se dovesse arrivare un avviso di garanzia a Berlusconi, la destra potrebbe pensare di sostituirlo con Di Pietro». Il giorno dopo «La Stampa» scrisse così: «È possibile che il presidente del Consiglio riceva un avviso di garanzia in seguito alle indagini giudiziarie su Telepiù. Se ne parla da settimane nei corridoi del Parlamento».

Il 5 ottobre, giorno della telefonata di Tonino a Gorrini, sul «Corriere della Sera» comparvero due titoli che per il Cavaliere dovettero suonare sinistri: *Scalfaro piccona il governo* e soprattutto *Borrelli: su Telepiù siamo a una svolta*. Il procuratore capo ufficializzava un preavviso di garanzia:

> Inutile nascondersi dietro un dito. È vero, siamo a un momento importante, cruciale. Quello che è apparso sui giornali sul problema Telepiù mostra abbastanza chiaramente che si rischia di arrivare a livelli finanziari e politici molto elevati.

Ne venne fuori un prevedibile pandemonio (anche perché Borrelli, sempre nell'intervista, disse che il ministro Biondi in precedenza aveva parlato «a un'ora pericolosamente tarda del pomeriggio», lasciando intendere insomma che potesse essere sbronzo) e Giuliano Ferrara, indiretto come al solito, parlò di avvertimenti da «capomandamento mafioso». Borrelli ovviamente negò che stesse riferendosi a Berlusconi. Riconoscerà anni dopo:

> È vero: si capiva che stavo parlando di Berlusconi. Ammetto che fu una frase inopportuna. Posso solo invocare l'attenuante della provocazione: il ministro Biondi, il giorno prima, aveva insultato la nostra categoria. Ero furente. Tant'è che, per la prima e ultima volta nella mia vita, fui io a chiamare il giornalista per farmi intervistare.[48]

Di esposti contro il Pool, alla fine di settembre, Alfredo Biondi sul tavolo ne aveva già appoggiati parecchi: denunce generiche o circostanziate, cose serie e meno serie. Biondi li aveva mostrati al capo degli ispettori Ugo Dinacci perché valutasse l'opportunità di un'inchiesta e quest'ultimo a sua volta ne aveva accennato al suo collaboratore Domenico De Biase.

Una sentenza bresciana[49] metterà nero su bianco il seguente passaparola: Domenico De Biase era solito parlare con Guglielmo Ascione, magistrato bresciano che poi parlava con Maurizio Losa, giornalista Rai che infine parlava con Di Pietro. È assodato. Complice la scarsa discrezione di De Biase, insomma, Di Pietro sarà regolarmente informato di ogni movimento dell'ispettorato.

L'8 ottobre Ugo Dinacci e Domenico De Biase consegnarono a Biondi un rapportino di sette pagine: gli sconsigliavano di procedere contro il Pool perché temevano che potesse sembrare una ritorsione contro Borrelli, il quale – in borrellese – gli aveva appunto dato dell'ubriacone.

Biondi non si diede per vinto e il 13 ottobre incaricò ufficialmente il capo degli ispettori perché investigasse su una decina di presunte irregolarità. Dinacci delegò l'indagine al suo vice Vincenzo Nardi e ai tre ispettori Evelina Canale, Oscar Koverech e Marina Moleti. Nardi era scettico, con Biondi era in cattivi rapporti. Ma alcuni degli esposti erano dettagliati e suffragati anche dalle insistenze di Giulio Catelani, procuratore generale di Milano.

Quel che accadde il 25 ottobre entrò a pieno titolo nella battaglia in corso. Il manager Fiat Ugo Montevecchi, dal nulla e senza apparente motivo, evidentemente sollecitato, d'un tratto spedì un memoriale ad Antonio Di Pietro con alcune precisazioni rispetto a un interrogatorio che aveva reso più di un anno prima, ossia il 28 aprile 1993. Una faccenda morta e sepolta, che c'entrava adesso? C'entrava. Perché il memoriale di Montevecchi, infatti, tirava in ballo l'avvocato Filippo Dinacci, il figlio di quel capo degli ispettori che stava per occuparsi anche di lui. Ed ecco che, proprio il giorno successivo alla ricezione da parte di Di Pietro di questa nota, il suo contenuto comparve puntualmente sul quotidiano «La Voce» dove appunto il nome di Filippo Dinacci veniva messo per la prima volta nero su bianco. Un monito preciso. La stessa manina passò poi il memoriale a «Panorama» che pure citò in bell'evidenza «Filippo Dinacci, trentatré anni, brillante penalista romano ... figlio di Ugo Dinacci, capo dell'Ispettorato del ministero della Giustizia ... quello stesso Dinacci che il ministro Alfredo Biondi aveva appena inviato a Milano». Perfetto.

Come detto, pareva una vicenda già morta e sepolta. Una storia semplice: il 28 aprile 1993 il manager Ugo Montevecchi, fra altre cose, aveva raccontato di un appartamento che la Fiat aveva acquistato e messo a disposizione del senatore dc Giorgio Moschetti su sua richiesta. In sostanza era una tangente. Il successivo contratto d'affitto, in bozza, era poi stato stipulato con un inquilino indicato dal senatore democristiano: l'inconsapevole Filippo Dinacci, suo avvocato. L'11 maggio 1993 era partito un avviso di garanzia per Moschetti ma la faccenda si era chiusa in meno di due mesi con un'archiviazione datata 17 giugno 1993. Filippo Dinacci, dopo un articolo di «Panorama» che pure non lo nominava ma che raccontava dell'appartamento, aveva ben pensato di bloccare il contratto e di restituire le chiavi. Ed era morta lì.

Ma eccola risorgere dall'oltretomba proprio nel tardo ottobre 1994, nei giorni in cui Ugo Dinacci predisponeva ispezioni che riguardavano anche Antonio Di Pietro: il quale improvvisamente riscopriva un'indagine che ne riguardava il figlio. Così Filippo Dinacci venne ascoltato dalla Mobile di Milano, e, data la situazione, Ugo Dinacci decise che da quel momento si sarebbe astenuto dal condurre personalmente l'ispezione a Milano.

Un particolare: siccome la questione Moschetti-Dinacci apparteneva al filone cosiddetto «Intermetro» – appalti per la metropolitana romana – la competenza era comunque della capitale: tanto che Davigo, il 29 ottobre, vi rispedì per competenza la nota di Montevecchi.

Ovvio che anche su questo vi siano state versioni rovesciate: il pm bresciano Fabio Salamone, inutilmente,[50] cercherà di capire se Di Pietro quel filone l'avesse riesumato apposta. Di Pietro, viceversa, affermerà:

> Faccio presente che nell'ottobre 1994 avevo attivato anche un filone di indagini riguardanti le modalità di locazione di un immobile fra il gruppo Fiat e l'avv. Filippo Dinacci … figlio dell'ispettore capo del ministero … Produco al riguardo copia del memoriale di Ugo Montevecchi del 25 ottobre 1994.[51]

Come a dire: ecco perché Ugo Dinacci ha poi disposto un'indagine su di me, voleva bloccare un procedimento contro suo figlio Filippo. Una versione più che incompleta: Di Pietro non precisò che l'indagine era nata l'anno prima, che l'aveva già chiusa, che la competenza era romana e, soprattutto, che era stato lui a riesumarla grazie a un improvviso memoriale spedito dopo un anno e mezzo.

Dirà Filippo Dinacci:

> Per la faccenda della casa … la Procura di Milano non aveva ritenuto di dover inoltrare domanda di autorizzazione a procedere … dopo l'avviso di garanzia non era mai stata fatta richiesta di proroga delle indagini preliminari.[52]

A fine ottobre, Ugo Dinacci si ritrovò nella casella della posta cinque paginette autografe firmate da Gorrini più un un corposo dossier intitolato «Abusi Dp». Il Tribunale di Brescia riterrà che il plausibile mittente di quella spedizione anonima fosse Paolo Berlusconi.[53]

Il capo degli ispettori portò il dossier in ufficio. E qui l'ispettore Domenico De Biase e il capogabinetto Gianfranco Tatozzi, ma soprattutto il ministro Biondi, giudicarono quelle carte alla stregua di spazzatura. Tatozzi e Biondi invitarono a buttarle senza nemmeno protocollarle, in quanto anonime e giunte presso un domicilio privato. Ma Dinacci non le buttò via. Le chiuse in cassaforte dopo averne dato una copia a De Biase.

Un primo approccio di Giancarlo Gorrini col ministero della Giustizia andò a vuoto nei giorni seguenti: il ministro Biondi non lo volle neanche incontrare. Lo scaricò sul sottosegretario Domenico Contestabile che a sua volta lo liquidò quasi subito.

Il 14 novembre il Pool si riunì in pompa magna. Di Pietro aveva predisposto una possente documentazione su Silvio Berlusconi e l'aveva distribuita a tutti. Era sempre più rabbiosamente determinato: il capo del governo andava iscritto nel registro degli indagati appena possibile – disse – e poi interrogato e mandato a processo. Il rinvio a giudizio era dato per acquisito. La prova regina era considerata un pass scovato da Gherardo Colombo pochi giorni prima. Il 9 novembre, infatti, in un'agenda sequestrata all'avvocato Massimo Maria Berruti, Colombo aveva rinvenuto un pass d'ingresso a palazzo Chigi e segnatamente alla presidenza del Consiglio. Era datato 8 giugno, ore 20.45. Incrociando i tabulati dei finanzieri che secondo il Pool avevano organizzato depistaggi per occultare le tangenti della Fininvest – tutti movimenti di cui l'avvocato Berruti era stato individuato come attore e regista – i magistrati si erano convinti che quel pass fosse la prova che Berlusconi era informato di tutto il movimento. Di Pietro era quasi euforico: quel cartellino, a suo dire, provava che Berlusconi sapeva e autorizzava perché ogni volta che loro avevano scoperto qualcosa, o arrestato qualcuno, risultavano chiamate di Berruti al Cavaliere. Decisero di iscriverlo nel registro degli indagati e di optare per un invito a comparire.

Altre testimonianze circa le ambivalenze di Di Pietro, perlomeno in quei giorni, vengono qui tralasciate. Degno di nota solo un aneddoto di Antonio D'Adamo: riferirà che, dopo aver chiesto all'amico se volesse davvero fare il ministro, ottenne questa risposta: «Solo il ministro?».

Più interessante il racconto di chi ha sostenuto che Di Pietro, in quei giorni, fece ogni sforzo pur di partecipare all'ormai prossima conferenza di Napoli sulla criminalità. L'idea di quel simposio, previsto per il 22 novembre, l'avevano avuta Silvio Berlusconi e Bill Clinton durante un incontro del giugno precedente. Gli organizzatori della manifestazione erano il giudice Francesco Di Maggio e l'ex direttore degli Affari penali Liliana Ferraro, ed è stata quest'ultima a riferire che il suo collega, davanti a lei, ricevette una telefonata di Tonino che caldeggiava un invito: «Non sono forse il simbolo di Mani pulite nel mondo?».[54] Ma l'autoinvito gli fu rifiutato – ha confermato anche Franco Frattini, allora segretario alla presidenza del Consiglio – perché si era deciso di invitare solo i procuratori generali. Il giudice Di Maggio nel frattempo è morto e non può confermare.

Dal 18 novembre in poi gli avvenimenti precipitarono in un vortice. Mentre il «Corriere» spiegava che «Di Pietro è uno dei quattro nomi che potrebbero guidare un governo di transizione»,[55] una riunione campale del Pool decideva ufficialmente l'iscrizione di Silvio Berlusconi nel registro degli indagati. Anche quel giorno fu Di Pietro a insistere oltremodo, a sbracciarsi, spingere: serrando i tempi avrebbero potuto chiudere il processo entro la fine del 1995, così da pregustare, disse, un «Cusani bis».[56]

Il giorno dopo, sabato 19 novembre, cominciò la quiete prima della tempesta. Ma non tutti riposarono. Paolo Berlusconi chiamò Cesare Previti, ministro della Difesa, e gli parlò della disponibilità di Gorrini. Gli raccontò tutto. A quel punto, ipotizzò Previti, questo signore poteva essere ascoltato dagli ispettori che erano in partenza per Milano.

Di Pietro era al corrente di ogni cosa. E quel che non gli veniva spifferato l'aveva già capito. Sapeva che Gorrini brancolava attorno all'ispettorato, allettato dall'entourage berlusconiano. Giusto in quelle ore, poi, Di Pietro aveva trovato tra la posta qualche pagina del dossier anonimo «Abusi Dp». Una provocazione. Un messaggio. Questo mentre Antonio D'Adamo, da lui incaricato, non dismetteva di recapitare messaggi di vicinanza politica allo stesso entourage berlusconiano che lo stava imbrigliando, e che lui, pure, stava per imbrigliare in direzione del suo più alto esponente. Era una gara d'ambiguità, quella che si stava giocando: Di Pietro, per una volta, aveva trovato pane per i suoi denti. Perché la sua non era doppiezza: era la sua storia.

Le idi di novembre

La mattina di lunedì 21 novembre Antonio Di Pietro vergò il mandato di comparizione per Silvio Berlusconi. Anche la data del primo interrogatorio era già fissata: 26 novembre. Poi si dileguò, partì per Parigi: forse voleva anche togliersi di torno mentre stava per scatenarsi l'inferno, ma soprattutto friggeva da settimane perché nella capitale francese avevano arrestato il socialista Ferdinando Mach di Palmstein, un uomo che nascondeva qualcosa che lui voleva assolutamente vedere. Da mesi si vociferava di un fantomatico dossier su Di Pietro confezionato addirittura da un'agenzia investigativa americana con ufficio di corrispondenza a Parigi, ma sembravano favole, però poi era successo che il 30 agosto il finanziere era stato intercettato mentre al telefono diceva così: «Se apro la bocca io è finita, il primo che va dentro è Di Pietro di cui so delle cose pazzesche che non dico a nessuno. E lui sa che io so». Mach di Palmstein era stato arrestato il 30 ottobre e l'iter delle rogatorie con Parigi non era ancora stato ultimato; Di Pietro cioè non avrebbe ancora potuto interrogarlo: ma partì ugualmente.

Il pomeriggio e la sera del 21 novembre per Francesco Saverio Borrelli saranno un'inarrestabile ouverture del *Tannhäuser*: la sua giornatina prevedeva soltanto il recapito di un mandato di comparizione per il capo del governo e una telefonata al capo dello Stato per renderlo edotto. Convocò un generale e un colonnello dei carabinieri, uomini suoi, così da approntare la partenza dell'auto di servizio che porterà a Roma il tenente colonnello Emanuele Garelli e il maggiore Paolo La Forgia: lo stesso, quest'ultimo, che due anni prima aveva recapitato il primo avviso di garanzia a Craxi. Tutte a lui.

Si tralascerà ogni plausibile retroscena su chi passò la notizia al «Corriere della Sera»: fu passata e basta. I due cronisti Goffredo Buccini e Gianluca Di Feo la notizia se la procurarono per conto loro, peraltro incompleta, e in tarda serata ebbero tutte le conferme del caso. La versione passata in cavalleria tra i cronisti, a distanza di anni, è che la conferma decisiva fu data da un magistrato milanese.

Ma il procuratore capo Borrelli, almeno sino al 2002, era di un altro avviso:

Davigo è convinto che la conferma dell'invito a comparire il «Corriere della Sera» l'abbia avuta dall'entourage di Berlusconi. E lei?

Sì, questa è la convinzione che abbiamo tutti. Noi pensiamo che la conferma decisiva al «Corriere della Sera» l'abbiano data o l'indagato o ambienti vicini all'indagato.[57]

Gli ufficiali Garelli e La Forgia poco prima delle 20 appresero che Berlusconi non era a Roma. Più tardi, dopo aver parlato con il sottosegretario alla presidenza Gianni Letta, telefonarono a Borrelli che li autorizzò a far contattare Berlusconi per telefono così che potessero leggergli l'invito a comparire direttamente alla cornetta. Berlusconi venne informato in due tempi, perché la prima telefonata fu a ridosso del previsto galà di Luciano Pavarotti al San Carlo di Napoli. Poi Borrelli avvertì Scalfaro.

Procuratore, lei ebbe la sensazione che il presidente Scalfaro fosse felice, quando fu notificato il primo invito a comparire a Berlusconi?

No. Anzi, tutt'altro: era irritato. Soprattutto per il momento in cui l'invito a comparire veniva notificato. O meglio: più che di irritazione, parlerei di sconcerto. Era stupito per la scelta dei tempi. Quando, quella sera, lo avvertii, mi rispose: «Ma come, proprio adesso?». Non aveva tutti i torti. Del resto anch'io, oggi, col senno di poi, non ripeterei più una scelta del genere. Aspetterei qualche altro giorno, la fine della conferenza dell'Onu. Il fatto è che il colonnello Bozzo dei carabinieri ci aveva assicurato che quel lunedì Berlusconi stava tornando a Roma per il tardo pomeriggio.

All'epoca non avevate valutato le conseguenze di quell'atto?

Le avevamo valutate eccome. Ma sulla base delle informazioni del momento. E poi ci eravamo prefissati una regola, durante l'intera inchiesta: quella di non tenere conto degli eventi circostanti.[58]

Mattino del 22 novembre, Napoli. Il «Corriere della Sera» aveva in prima pagina questo titolo: *Milano, indagato Berlusconi.* Il presidente del Consiglio risultava chiamato in causa per due tangenti pagate alla guardia di finanza. Alla conferenza sulla criminalità, a commentare questo dettaglio, c'erano 140 delegazioni governative più 30 delegazioni di organismi intergovernativi e non governativi: un totale di 1200 rappresentanti di governi e altre organizzazioni. A Napoli, in sostanza, c'era tutto il mondo oltre al segretario generale dell'Onu e 650 giornalisti.

Mattino del 22 novembre, Madrid. Cesare Previti stava per rientrare in Italia quando ricevette una chiamata da Paolo Berlusconi: apprese che Giancarlo Gorrini era pronto a farsi ascoltare dagli ispettori. Paolo Berlusconi richiamò subito Gorrini e gli disse che a breve avrebbero combinato l'incontro.

Alba del 22 novembre, Parigi. Di Pietro, ancora in albergo, apprese che il «Corriere della Sera» aveva pubblicato la notizia. Ebbe un moto di rabbia.

Il resto della giornata andò anche peggio. Ferdinando Mach di Palmstein, che Di Pietro non poteva ufficialmente interrogare, non volle neppure incontrarlo in via informale. Nell'appartamento parigino dell'attrice Domiziana Giordano, che aveva ospitato il finanziere latitante, la gendarmeria peraltro aveva trovato il dossier che riguardava Di Pietro, ma il magistrato Vittorio Paraggio non glielo volle mostrare. Mach di Palmstein era stato arrestato per le inchieste Sace e Cooperazione, quindi quelle carte erano roba romana. Mi spiace, gli disse Paraggio, ma il dossier parla anche di te, non mettermi in imbarazzo. Dalle autorità francesi, poi, Di Pietro apprese che un piccolo esercito di investigatori privati aveva setacciato la sua esistenza. Una parte del dossier era scomparsa: c'erano una novantina di pagine di accuse contro di lui, ma ne mancavano almeno trecento oltre ad allegati, fotografie, filmati e registrazioni.

Di Pietro, in una delle sue ambigue memorie difensive, sosterrà che il finanziere si avvalse della facoltà di non rispondere: falso, come visto. Di Pietro sarà smentito anche dal suo amico Vittorio D'Aiello, legale di Mach di Palmstein.

Negli anni successivi, grazie alla precisione del maggiore Francesco D'Agostino, collaboratore di Paraggio ma anche di Di Pietro, del dossier residuo si perderanno a lungo le tracce. D'Agostino, infatti, non lo allegherà ai fascicoli Sace o Cooperazione, ma a quello in cui l'attrice Domiziana Giordano era indiziata di favoreggiamento per aver ospitato l'amico Mach.

Quel pomeriggio, a Parigi, Di Pietro scivolò comunque nella depressione più nera. Gorrini come una spada di Damocle, il dossier «Abusi Dp» ricevuto per posta, l'indagine su Berlusconi sparata sul «Corriere», ora quel dossier parigino che in parte era scomparso e in parte non poteva vedere.

La storia di Antonio Di Pietro, personaggio ufficialmente non ricattabile, personaggio che ufficialmente non aveva niente da nascondere, in realtà ha dimostrato quanto fosse ricattabile e quanto aveva da nascondere. Conseguente, dai corsivi di Craxi in poi, era sempre stato il suo comportamento. Racconterà la moglie, interrogata a Brescia:

> Posso dire che quando tornò da Parigi, nell'autunno del '94, Antonio era assolutamente fuori di testa. Era depresso, indignato, sconvolto, aveva saputo che stavano indagando su di lui e sulla famiglia.[59]

Tardo pomeriggio del 22 novembre, Roma. Rientrato dalla Spagna, Cesare Previti incontrò il capo degli ispettori Ugo Dinacci e dopo una chiacchierata gli disse che Gorrini si sarebbe fatto vivo entro un paio di giorni. A quel punto venne avvertito anche il Guardasigilli Biondi, in precedenza assente, e con lui il capo di gabinetto Gianfranco Tatozzi più l'ispettore Domenico De Biase. Sarà quest'ultimo a contattare direttamente Gorrini per combinare l'incontro. Si vedranno l'indomani. Era deciso.

Un intero processo a Brescia, con imputati Cesare Previti, Paolo Berlusconi, Ugo Dinacci e Domenico De Biase, servirà a stabilire che la successiva presentazione di Gorrini all'ispettorato fu sostanzialmente decisa tra il 18 e il 20 novembre, prima quindi del mandato di comparizione recapitato a Berlusconi la sera del 21. Non fu perciò una ritorsione, secondo i giudici: i quali, con certa accuratezza, si soffermeranno anche sulle plausibili ragioni che motivarono le dimissioni di Antonio Di Pietro dalla magistratura.[60]

Mattino del 23 novembre, Milano. I famosi ispettori ministeriali trovarono un'accoglienza a dir poco siberiana. Il Pool aveva indagato su Berlusconi e quelli erano gli ispettori di Berlusconi, per tutti lo schema restava quello. Il procuratore capo Borrelli, ormai in progressiva esplorazione dei propri limiti personali e istituzionali, decise di vergare una missiva per chiedere al Csm come potesse difendersi da eventuali ingerenze e per sapere se avrebbe potuto esercitare azioni penali nei loro confronti. Un monito, più che una lettera: un segnale di pericolo generico che tutto il Pool o quasi appoggiò in bella mostra sulla scrivania. Al punto che gli ispettori si chiesero se l'opera di Borrelli «dovesse considerarsi una velata minaccia»[61] e andasse trasmessa all'autorità giudiziaria. Nell'insieme, un quadro demenziale: i magistrati milanesi indagavano sul capo del governo, il governo mandava gli ispettori a indagare sui magistrati milanesi – come deciso, però, prima che i magistrati milanesi indagassero sul capo del governo – dopodiché i magistrati milanesi in una lettera chiedevano se nel caso potevano sollecitare indagini sugli ispettori che indagavano su di loro, dopodiché gli ispettori si chiedevano se quella lettera costituisse reato, e questo per due ragioni: perché se l'avesse costituito e loro non l'avessero trasmessa all'autorità giudiziaria avrebbero potuto essere tacciati di omissione di atti d'ufficio; ma se invece l'avesse potenzialmente costituito e l'avessero trasmessa avrebbero anche dovuto interrompere l'ispezione per incompatibilità. Una guerra di nervi e di scartoffie. In quei giorni, secondo il magistrato romano Francesco Misiani, il suo collega e amico Francesco Greco tra l'altro lo contattò perché lo aiutasse a occultare gli errori commessi dal Pool con Clelio Darida.[62]

Primo pomeriggio del 23 novembre, Roma. Giancarlo Gorrini incontrò Paolo Berlusconi in un caffè vicino a Campo dei Fiori. Poco più tardi, ore 14.40, eccolo al ministero dove lo accolse l'ispettore De Biase al quale raccontò ogni cosa da capo: prestiti e Mercedes eccetera. La sua deposizione verrà inquadrata come «spontanea» senza cenni al ruolo propulsore di Previti e Berlusconi junior. Nei rilievi mossi a Di Pietro, De Biase ravvisò possibili valenze penali e deontologiche.

Mattino del 24 novembre, Roma. Al ministero della Giustizia si ritrovarono il ministro Biondi e i suoi sottoposti Gianfranco Tatozzi e Ugo Dinacci. I tre decisero che quell'inchiesta personalizzata su Di Pietro dovesse essere scorporata dalle ispezioni già in corso a Milano. Ma non la protocollarono, non ancora, non fecero alcun atto formale. La tennero lì. Sospesa.

Mattino del 24 novembre, Milano. Finalmente tornato da Parigi, Di Pietro venne interrogato dagli ispettori con i quali fu gentilissimo. Lui non mise sulla scrivania quell'antipatica lettera del suo capo Borrelli. Come mai? «Ero d'accordo senza riserve, per mera dimenticanza non ho riferito la cosa agli ispettori» dirà. Una dimenticanza. Gli squillò il cellulare: era Maurizio Losa che lo avvertiva di quello che stava succedendo al ministero con Gorrini e compagnia bella. Lo schema è quello già descritto: l'ispettore Domenico De Biase parlava con il magistrato Guglielmo Ascione che parlava con il giornalista Losa che parlava con Di Pietro. De Biase e Ascione erano amici da vent'anni.

Non gioco più

A Di Pietro, nell'insieme, stava bollendo il cervello. Era stanco. Era ricattato. Era deciso a fare altro. Era tutte e tre le cose: aveva solo il problema di lasciare senza sbagliare i tempi. Perché, oltre a tutto il resto, un'altra grande bussola ne magnetizzava i movimenti: il Cavaliere. Erano due, come il tempo dimostrerà, i grandi errori strategici che Di Pietro temeva di poter compiere: andarsene senza aver sfasciato Berlusconi oppure andarsene dopo averlo fatto.

Nel pomeriggio decise di confidarsi con l'amico Piercamillo Davigo. Gli disse che aveva saputo da fonte certa che era in arrivo un'ispezione tutta per lui. Lentamente, più o meno edulcorati, gli snocciolò i fattacci narrati da Gorrini e gli chiese una mano per redigere una memoria difensiva che stava preparando al computer: e questo, non bastasse il resto, dimostra che di Pietro conosceva le accuse di Gorrini nel dettaglio. Davigo ascoltò con attenzione. Poi, forse non sapendo o non capendo che i fatti narrati da Gorrini erano veri, e che tali sarebbero stati giudicati da un tribunale della Repubblica, Piercamillo suggerì a Tonino di denunciare Gorrini per calunnia.

Davigo lo sosterrà anche in futuro: se i comportamenti rimproverati a Di Pietro fossero finiti davanti al Csm, se cioè li avesse denunciati lui per primo, a suo dire non sarebbe stato punito.

Gli chiederà il giornalista Luigi Ferrarella:

> *E se invece quei fatti, non anticipati da Di Pietro al Csm, gli fossero stati tirati fuori da qualche avversario, per esempio come minacciava di fare l'ispezione ministeriale segreta di cui nel novembre 1994 era oggetto?*
>
> Be', la situazione poteva creargli dei condizionamenti, certamente sì.[63]

Avrebbe potuto incorrere in sanzioni disciplinari, cioè. Esattamente come scriverà la sentenza del Tribunale di Brescia del 29 gennaio

1997. E come Di Pietro cercherà di nascondere per il resto della sua carriera politica. E come tre giornalisti, aedi dell'ex magistrato, tenderanno sbrigativamente a negare.[64]

È anche vero che la succitata opinione di Piercamillo Davigo risale al 1997: e si può ritenere che all'epoca, ragguagliato solo da un Di Pietro per sua natura reticente, non avesse ancora una precisa contezza dell'impatto che le rivelazioni sul pm avrebbero potuto avere sull'opinione pubblica, soprattutto se corredate di particolari.

Di Pietro, in quelle ore, si diede comunque da fare per neutralizzare l'offensiva. Chiamò anzitutto Osvaldo Rocca, l'uomo a cui cercherà sempre di attribuire, contraddetto dal tribunale, la paternità dei prestiti di Gorrini: e si assicurò che la sua versione combaciasse coi propri desideri. L'amico Eleuterio Rea poi racconterà che in quelle ore incontrò Di Pietro nel bilocale di via Andegari: «Vola basso sull'intervento che ho fatto» gli avrebbe suggerito Tonino «e non dire nient'altro». Preoccupazioni inutili: Eleuterio Rea, dagli ispettori, non sarà neppure mai ascoltato.

Il 25 novembre il Pool si ritrovò per una febbrile riunione in cui venne preparato l'interrogatorio di Berlusconi, sulla carta previsto per l'indomani. È qui, secondo la testimonianza di Borrelli, che un risoluto Tonino invocò che lasciassero fare a lui: «Ci vado io al dibattimento, perché io, a quello, lo sfascio».

Si improvvisò una simulazione dell'interrogatorio. Ma il giorno dopo non ci fu nessun interrogatorio. Berlusconi non si presentò. Prese tempo, anzi, ne prenderà parecchio. Di Pietro, così riferiscono, ci rimase decisamente male. Nel pomeriggio ripassò da Davigo e decise di dirglielo: sai, penso proprio che mi dimetterò. Davigo cercò con forza di dissuaderlo, tornò a insistere affinché denunciasse Gorrini per calunnia, ma niente da fare: «Domani lo dico a Borrelli». Poi, quello stesso pomeriggio, Cesare Previti e Antonio Di Pietro si sentirono al telefono. Si accenderà una piccola querelle su chi abbia chiamato chi, ma al Tribunale di Brescia poco importerà:

> I colloqui telefonici tra Di Pietro e Previti, tutt'altro che rari o casuali, avvenivano con una certa regolarità dopo i primi contatti avuti nel maggio del 1994 in occasione dell'offerta dell'incarico di ministro dell'Interno.[65]

E quanto piacerebbe, anziché milioni di inutili intercettazioni sparse per lo Stivale, avere a disposizione la trascrizione di quel colloquio. Non solo per il suo contenuto, che pure è l'architrave della fine di una stagione: Previti, infatti, avvertì Di Pietro della prossima ispezione che lo riguardava – uno – e Di Pietro avvertì Previti che il 6 dicembre si sarebbe dimesso dalla magistratura – due. Non è solo per lo scambio: ma per la sceneggiatura, per i registri assai probabilmente imbastiti da questi due fantastici commedianti. Incrociando le loro testimonianze[66] ne esce un Previti paterno e rassicurante che dei racconti di Gorrini non tralasciò nessun particolare, salvo poi liquidarli come «polpetta avvelenata», disse, robaccia; e quell'altro a rispondere che in effetti sì, «è una pagliacciata, fatti vecchi... basta che gli ispettori sentano Rocca» aggiunse Di Pietro fornendo a Previti il numero telefonico di Osvaldo; e Previti ancora a rinfrancarlo, «ma certo», a dirgli che non doveva preoccuparsi, nessun problema, questo Rocca l'avrebbero sentito quanto prima, e che ci voleva. E poi un commovente, lungo sfogo di Tonino sulla spalla virtuale di Cesare Previti. Magnifico. Chissà quanti milioni di italiani, allora e per sempre, seguiteranno a credere che i due appartenessero a emisferi diversi.

Cesare Previti mise giù la cornetta nella consapevolezza che Antonio Di Pietro stava per dimettersi. Antonio Di Pietro mise giù la cornetta nella convinzione di essersi fatto strapagare delle dimissioni che stava per regalare, e che tra mille tentennamenti aveva comunque programmato per conto suo. Il grande baratto fu tutto in questa telefonata. E non fu reato, diranno i giudici. Era, erano, solo due arcitaliani convinti di essersi tirati un bidone.

Più tardi, nei corridoi della procura, Di Pietro apparve visibilmente sollevato.

Sarà Silvio Berlusconi a risolvere le ambiguità di Di Pietro: rimanderà il suo interrogatorio sino a dopo le dimissioni.

Chiederà a Davigo il giornalista Luigi Ferrarella:

> *Di Pietro le disse che non poteva fare denuncia perché non voleva mettere in difficoltà chi lo aveva informato dell'ispezione: ma le disse che, molto più in dettaglio di un giornalista, a metterlo al corrente era stato l'allora ministro Previti?*
>
> No. E ancora oggi non lo so. L'ho letto sui giornali. Ma lui non me l'ha mai detto.[67]

Il 27 novembre, una domenica, fu il giorno in cui Di Pietro dovette dirlo a Borrelli. Davigo ce l'aveva messa tutta per fargli cambiare idea, gli aveva consigliato piuttosto di andarsene un po' in vacanza. Macché. Piercamillo accompagnò allora l'amico dal procuratore capo che restò di sale. Riavutosi, consigliò a Di Pietro di prendersi almeno un paio di giorni per pensarci e intanto di non dirlo a nessun'altro.

Il giorno dopo Davigo comunicò la notizia delle dimissioni anche a Gherardo Colombo, che non si scompose per niente. Piercamillo aggiunse che Di Pietro forse avrebbe chiesto il trasferimento in Corte d'appello e che l'inchiesta era finita anche secondo lui. Colombo tacque e acconsentì, come avrebbe rivelato anni dopo:

> Pensai che Di Pietro facesse bene ... pensavo che ormai la sua figura fosse diventata talmente simbolica da rendere di fatto difficilissimo che l'amministrazione della giustizia non fosse caricata di significati di altro genere.[68]

Il 28 novembre fu anche il giorno in cui il Consiglio giudiziario approvò ufficialmente la nomina di Antonio Di Pietro a magistrato d'Appello. Un momento trascurato dai biografi e che Di Pietro tuttavia aveva strategicamente atteso: lo scatto di anzianità, infatti, gli avrebbe permesso di potersi dimettere con una soglia di pensione minima più alta. Mai avrebbe lasciato prima. Il relatore del Consiglio, Francesco Saverio Borrelli, il 14 ottobre aveva dato il suo lasciapassare con tonalità da «Giornale Luce»:

> Capacità di lavoro e produttività eccezionali, resistenza assolutamente fuori del comune, intuito fulmineo addirittura medianico delle situazioni, degli stati d'animo, dei nessi occulti tra indizi ... carica umana coinvolgente o addirittura travolgente sì da stabilire vincoli di affetto che, nei suoi collaboratori, rasentano il fanatismo ... Non posso tacere il modo addirittura toccante con cui, se ha percepito miei dubbi e perplessità su un problema, torna a interpellarmi con addolorata inquietudine per dissipare ogni ombra, per assicurarsi della mia fiducia. E quando è necessario, per battere i tacchi e concludere col motto garibaldino «obbedisco».

Il Consiglio giudiziario si limitò ad aggiungere qualche notarella circa «la sua indiscussa integrità morale» e «la sua specchiata deontologia professionale» e soprattutto «la sua vigoria e carica psicologica che possono produrre emozioni forti e anche sgradevoli».[69]

Accadeva questo, a proposito di specchiata deontologia professionale, nelle stesse ore in cui Giancarlo Gorrini si vedeva recapitare a casa gli ultimi 20 milioni che il magistrato gli doveva, quelli della Mercedes. Debito saldato. E sono anche le stesse ore in cui Di Pietro, tramite la mediazione di Previti, ebbe una serie di colloqui telefonici con Ugo Dinacci per raccomandargli di ascoltare il suo amico Osvaldo Rocca.

Il giorno dopo, 29 novembre, a quasi una settimana dall'audizione di Gorrini, il ministro Alfredo Biondi tornò da una visita in Israele e dispose immediatamente l'apertura dell'indagine ministeriale su Di Pietro: lo fece, se non altro, perché altrimenti non avrebbe mai potuto chiuderla e tantomeno ascoltare Osvaldo Rocca. La pratica fu protocollata con il numero 1296/94. «La prego» scrisse a Ugo Dinacci «di voler dar luogo ad approfondita inchiesta.»

L'indomani Ugo Dinacci passò la pratica a Domenico De Biase. Il quale, come da copione, dispose l'audizione di Osvaldo Rocca come suggerito da Di Pietro e da Previti e da Dinacci. Era tutto predisposto: il testimone a discarico, che viveva a Pavia e di tutta la faccenda ufficialmente non sapeva nulla, fu chiamato in mattinata, ed ecco che nel pomeriggio, alle 16.30, era già all'ispettorato pronto a testimoniare. Rocca diede tutta una serie di versioni edulcorate e anche segnatamente false: tipo che Di Pietro ignorava di chi fosse il prestito, che la Mercedes non valeva nulla e che gli interventi a favore di Rea in pratica non ci furono. Tutte versioni che il Tribunale di Brescia ridicolizzerà.

E mentre le voci sulle dimissioni di Antonio Di Pietro circolavano ormai anche al ministero, Domenico De Biase a quel punto chiese a Ugo Dinacci: che facciamo? Il capo degli ispettori gli rispose che l'indagine era sufficiente così com'era. Cioè: dopo Giancarlo Gorrini avevano ascoltato solo Osvaldo Rocca e in teoria c'erano da sentire Antonio D'Adamo, Eleuterio Rea e Attilio Santuccio, il braccio destro di Gorrini alla Maa. Come minimo. Ma non li contattarono neanche. Il ministro Biondi aveva scritto, notare, «approfondita inchiesta».

Me ne vado

Era il tempo delle scelte e il 1° dicembre Antonio Di Pietro riunì l'intero Pool per confermare la volontà di dimettersi. Mani pulite era finita – disse – e i tempi erano cambiati, non c'era più acqua nel mulino delle indagini, voglio scendere da cavallo prima di essere disarcionato, un tempo qui era tutta campagna. Provarono a dirgli che i politici avrebbero incolpato loro, che avrebbero dipinto il Pool come spaccato. Niente. Poi, saltando a piè pari ogni mozione degli affetti, Borrelli tentò un'ultima sortita e puntò sulla particolare soggezione gerarchica che il sottoposto Di Pietro aveva sempre nutrito nei suoi confronti: era l'unico che gli dava ancora del «lei», che lo chiamava «signor procuratore» anziché «Saverio» e che prima di congedarsi talvolta batteva ancora i tacchi. Borrelli gli disse che se fosse andato via ora, prima dell'interrogatorio di Berlusconi, la sua sarebbe stata un'autentica «defezione», magnifica espressione per qualificare in termini civili il disertore, il traditore, il transfuga. Ma niente da fare. Non ci fu verso. Tonino ripensaci, porta almeno a compimento il processo Berlusconi, due o tre anni al massimo – insistette –, oppure lascia con gradualità. Ma ormai aveva deciso. Da qualche mese. E da pochi giorni.

Borrelli racconterà che tentò di dissuadere Tonino in tutto tre volte. Alla terza cercò di metterlo più alle strette:

> Accennò a una storia di un'automobile che aveva pensato di comperare ma che poi aveva trattenuto e ceduto ad altri. Parlò di soldi ricevuti, ma restituiti. Disse che tutto era chiarito, che non c'era niente contro di lui. Non disse mai una parola sull'ispezione che segretamente il ministero aveva avviato sulla sua persona, ed esclusivamente sulla sua persona. Insomma, io una spiegazione da Di Pietro non l'ho mai avuta.[70]

Il 2 dicembre il ministro Alfredo Biondi decise di archiviare l'ispezione su Di Pietro. Una veloce riunione e la pratica fu chiusa. Nei giorni successivi si sarebbe esaurito anche il lavoro degli altri ispettori ministeriali, senza danni per alcuno. In serata, al Tg4, Emilio Fede sventolò un foglietto e disse che Di Pietro presto si sarebbe dimesso.

Il 3 dicembre, un sabato, l'ultimo inutile tentativo di redimerlo lo fece il procuratore aggiunto Gerardo D'Ambrosio. La sera dopo, a Curno, Di Pietro ritirò le chiavi di un camper che due amici gli avevano prestato.

Il 5 dicembre la notizia vagava incontrollata per il Palazzaccio. Di Pietro, nell'aula del processo Enimont, tirò fuori dalla tasca un trattore giocattolo che gli era stato regalato da un amico. Si rivolse ai cronisti: «Chi può farmi avere uno sconto per comprare un trattore?». Figurarsi se l'avrebbe comprato a prezzo intero. Poi passò dall'amico Italo Ghitti e gli mostrò due lettere che aveva preparato. Gli diedero una risistemata e infine l'ex gip Italo Ghitti le approvò: ormai era un riflesso condizionato. In serata, al Tg1, Maurizio Losa disse che il magistrato l'indomani si sarebbe dimesso.

Martedì 6 dicembre era il grande giorno. Alle 8 del mattino Di Pietro consegnò a Borrelli una chilometrica lettera di dimissioni, poi subito in aula per finire il processo Enimont. Poco prima di pranzo gli passarono una busta con un biglietto: Borrelli lo avvertiva che Scalfaro gli voleva parlare. Di Pietro racconterà che Scalfaro, in ben due colloqui, il secondo alle 18, non disse nulla d'interessante. Nessuna difficoltà a credergli.

Nel pomeriggio lasciò l'ultimo romantico ricordo da togato: chiese 35 anni di carcere per una ventina di imputati tra i quali tutti i segretari del vecchio pentapartito. Poi, alle 16.43, l'ultima sequenza da tramandare ai posteri: «Signor presidente, io ho finito, do solo indicazione ai miei collaboratori di spegnere i computer». Poi si sfilò la toga e pure il maglione, si riannodò la cravatta, indossò la giacca con uno sguardo tra il severo e il cane bastonato. Bruno Vespa, intanto, in diretta, confessava «una certa emozione». Italo Ghitti camminava nervoso nel corridoio. Infine Tonino passò ai giornalisti una copia della lettera teoricamente indirizzata a Borrelli.

Di essa, lunga e poco interessante, si fornisce una sintesi:

> Carissimo signor Procuratore, in questi anni, come lei mi ha insegnato, ho lavorato nel modo più obiettivo possibile, senza alcun fine, anche senza guardare in faccia a nessuno ... Eppure da più parti, specie in questi ultimi tempi, i miei doveri di magistrato vengono interpretati, mio malgrado, sempre più come una competizione personale ... innumerevoli manifestazioni di piazza hanno ormai esasperatamente personalizzato il mio ruolo a tal punto che ogni doverosa attività giudiziaria da me posta in essere viene letta in chiave di contrapposizione a qualcosa o a qualcuno ... Sento parlare, ormai, di «tifoserie politiche» con cui vengono accolte questa o quella decisione giurisdizionale ... Tutte queste distorsioni interpretative del mio agire, da me non volute, stanno alimentando uno scontro nel paese, in presenza del quale stento a ritrovare il significato profondo del mio ruolo di magistrato ... L'unica cosa che riesco a immaginare è quella di «spersonalizzare» l'inchiesta Mani pulite, nella speranza che, senza di me, le passioni si plachino. Lascio quindi l'ordine giudiziario, senza alcuna polemica, in punta di piedi, quale ultimo «servizio», con la morte nel cuore e senza alcuna prospettiva per il mio futuro, ma con la speranza che il mio gesto possa in qualche modo contribuire a ristabilire serenità...

Quella sera stessa, al ministero della Giustizia, si chiese che l'indagine ispettiva su Di Pietro fosse ufficialmente archiviata.

Mercoledì 7 dicembre Di Pietro tornò al Palazzaccio per riordinare le sue carte. Brindò con la sua squadra. «C'è anche la stampa» l'avvertì un poliziotto. E Di Pietro: «Dov'è? Giornalisti qui non ce ne sono». Era Maurizio Losa.

Il 10 dicembre, approvata da Ugo Dinacci, venne stesa la relazione finale sull'indagine ispettiva, preludio all'archiviazione: «Sembra potersi ritenere che il dottor Di Pietro non si sia mai discostato dai canoni di correttezza e di rispetto dei doveri d'ufficio».

Il 12 il fascicolo era finalmente in archivio. Di Pietro ne fu informato. Il giorno dopo, al Csm giunse una lettera con cui il magistrato chiedeva di essere messo fuori ruolo. Fu lo stesso giorno, 13 dicembre, in cui Silvio Berlusconi si presentò finalmente alla Procura di Milano per l'interrogatorio.

Di Pietro, intanto, se n'era scappato a Montenero di Bisaccia ma all'arrivo l'aveva trovata illuminata come Los Angeles. All'autogrill l'avevano fotografato mentre faceva pipì. Scoprì che al cimitero avevano rubato la foto di suo padre dalla tomba. Avevano rubato anche le sue pubblicazioni di matrimonio per fotografarle e pubblicarle: «Tra l'altro, è ricettazione» disse a una giornalista.

Il 16 dicembre, a Curno, in forma privata, Antonio Di Pietro sposò Susanna Mazzoleni.

> Ansa – Curno (Bg), 17 dicembre. L'assedio dei giornalisti ha determinato una violenta reazione del magistrato che ha aggredito un redattore dell'agenzia Ansa, intento a scrivere in un'automobile ferma in una strada pubblica a circa 150 metri dalla villetta. Di Pietro, sopraggiunto al volante di una Mercedes, ha estratto dalla vettura il giornalista, lo ha sbattuto contro la sua auto e l'ha colpito con una testata, un pugno e uno schiaffo intimando al cronista, che non ha reagito, di andarsene. In evidente stato di alterazione, Antonio Di Pietro ha poi strappato il rullino dalla macchina fotografica di un fotoreporter (presente alla scena con un altro cronista e alcuni carabinieri) continuando a inveire contro i giornalisti.

Il giornalista si chiamava Giuseppe Guastella. Il fotoreporter, invece, si chiamava Tiberio Barchielli e si scontrerà con Di Pietro anche il 5 ottobre 1995 a Firenze, a margine di un pranzo con Romano Prodi che doveva rimanere segreto. Questa volta, però, Di Pietro accompagnerà Barchielli direttamente al commissariato.

Tramontava l'anno.

Disse Gerardo D'Ambrosio: «Negli ultimi tempi stava persino migliorando il suo italiano». Disse Francesco Saverio Borrelli: «Una cosa è sicura: mi ha garantito che non entrerà in politica».

cembre, in cui Silvio Berlusconi [illegible] alla Procura di Milano per [illegible].

Di Pietro, intanto, se ne era scappato a Montenero di Bisaccia ma all'arrivo [illegible] trovata illuminata come Los Angeles. All'alba gli [illegible] fotografato mentre [illegible] che [illegible] dalla tomba. [illegible] anche [illegible] pubblicazione di [illegible] per [illegible] della [illegible].

Il 16 dicembre, [illegible] privata, Antonio Di Pietro [illegible].

[illegible] di cui [illegible]. Di Pietro [illegible] ha estratto [illegible] con una [illegible]. Antonio Di Pietro [illegible] delle [illegible] giornalisti.

Il giornalista [illegible] Giuseppe [illegible] Tiberio Barchielli [illegible] con Di Pietro [illegible] in margine di un [illegible] con Roma [illegible] volta, però, Di Pietro [illegible].

[illegible]

[illegible] Negli ultimi tempi [illegible] Dice [illegible] non [illegible].

Parte terza

LA VENDEMMIA

Sono cosciente di aver raccolto un notevole consenso popolare a seguito dell'attività giudiziaria da me svolta. Ritengo però immorale utilizzare tale consenso per acquisire meriti politici di cui non ho dato prova.

ANTONIO DI PIETRO, in «La Stampa», 5 aprile 1995

Insomma: nessuno può vietarmi, in uno Stato di diritto, di raccogliere intorno alla mia persona i consensi di coloro che credono in me e nel movimento di opinione che si sta costruendo ... Piaccia o non piaccia, siamo in tanti e con noi bisognerà prima o poi fare i conti.

ANTONIO DI PIETRO, in «Oggi», 13 agosto 1997

IX
Dopo la toga, tutto

Il professore

Da quell'anno in poi Antonio Di Pietro resterà fatalmente ingarbugliato nell'inestricabile matassa delle sue doppiezze. Avrà incontrato tutti combinando nulla, avrà rotto con Berlusconi ma anche con il Pool, avrà degli abboccamenti con Romano Prodi e si racconterà che il capo dello Stato stia per nominarlo primo ministro: sedotto dal futuro, tuttavia, il presente gli rovinerà addosso e il passato reclamerà i suoi sospesi. Vecchi fantasmi lo tireranno per i piedi e si ritroverà in un'aula di tribunale come sempre: ma dall'altra parte della vetrina.

Il 1995 si affacciava con la crisi irrisolvibile del governo Berlusconi, prima fiaccato dal veleno giudiziario e poi caduto sulla riforma delle pensioni. Il 13 gennaio il capo dello Stato affidò l'incarico di formare un governo tecnico a Lamberto Dini: fu il celebre e cosiddetto «ribaltone», ciò che rimarrà l'operazione più rimarchevole del settennato di Oscar Luigi Scalfaro.

Di Pietro fece un paio di cose a cui nessuno diede importanza. La prima, il 1° febbraio, fu diventare consulente della Commissione bicamerale sulle stragi presieduta dal pidiessino Giovanni Pellegrino, che ebbe l'idea. La trovata fu benedetta da Francesco Cossiga, che suggerì all'ex pm di sfruttarla come anticamera per la direzione del Sisde o del nascituro Sis, un ispettorato antievasione di cui tanto si fantasticava. L'incarico in Commissione, oltretutto, consentiva a Di Pietro di rimanere nei ranghi della magistratura senza mettersi fuori ruolo. La sua prima e unica consulenza riguardò una relazione sui misteri della cosiddetta «Uno bianca», un compitino che consegnerà il 18 aprile senza sostenere tesi particolari. Il primo e solo incidente sarà invece il 17 maggio, quando il ministro della Giustizia Filippo

Mancuso denuncerà che tutti gli allegati della relazione di Di Pietro non risultavano verbalizzati dalle procure che li avevano rilasciati e neanche dalla Commissione che li aveva acquisiti. Di Pietro, da sempre un po' elastico nelle procedure, in pratica aveva preso i documenti prima di chiederli, meglio, senza formalmente chiederli. La relazione, peraltro, apparve su tutti i giornali: «Non si può escludere» disse Mancuso «che un ignoto volatile l'abbia portata all'esterno».[1] Ma a Di Pietro, per prendersela a morte, era già bastato che il ministro avesse definito il suo comportamento «non positivo».

Di Pietro abbandonerà la Commissione quando sarà inquisito a Brescia. Si dimetterà anche dalla Commissione bicamerale di indagine sulla cooperazione, di cui molti apprenderanno, solo allora, che era stato consulente. Il gettone di presenza, per ciascuna commissione, era di circa 5 milioni di lire mensili.

Da annoverare tra le consulenze, a inizio anno, anche l'incarico di responsabile dell'Osservatorio sugli appalti pubblici su proposta dell'Igi, lo stesso Istituto grandi infrastrutture che aveva parzialmente decapitato da pubblico ministero. Presidente ne era l'ex cossighiano Giuseppe Zamberletti – ex inquisito a Varese – e vicepresidente ne era Franco Nobili, a sua volta ex presidente dell'Iri che in precedenza aveva arrestato. Di Pietro manterrà l'incarico per molti anni, a parte i giorni in cui sarà ministro, con uno stipendio che si aggirerà sui 15 milioni di lire al mese.[2] Un'interrogazione parlamentare del senatore di An Valentino Martelli, nel novembre 1996, sosterrà apertamente che il ministro Di Pietro avesse assunto all'Anas il figlio dello stesso direttore dell'Igi che ne aveva concordato il suo stipendio. Si ignora come sia andata a finire.

In seconda battuta accettò il ruolo di «docente a contratto» alla Liuc di Castellanza sotto regia dell'avvocato professor Federico Stella. Ad assumerlo fu ufficialmente Antonio Bulgheroni, industriale del cioccolato che era presidente appunto del Libero istituto universitario Carlo Cattaneo di Castellanza, cittadina in provincia di Varese nota per questo ateneo. L'ex magistrato prese a guadagnare più di 1 milione di lire ogni due ore di lezione. Accanto all'ufficio del rettore Camillo Bussolati gliene concessero uno tutto suo con tanto di segretaria: lui ci piazzò un televisore, un calendario dei carabinieri e, come fermacarte, una «volante» giocattolo sempre dei carabinieri. Gli approntarono anche una sala riunioni personale abbattendo un muro e restringendo il rettorato. Non avevano un proprio ufficio a Castellanza, nello stesso periodo, il professor Giancarlo Rota, direttore del dipartimento di Matematica del Mit di Boston, né Renato

Tagiuri, già docente alla Harvard Business School. In più di un'occasione, nella seconda metà degli anni Novanta, Di Pietro si qualificherà come «docente universitario».

La sua prima lezione «aperta» del 24 gennaio fu una specie di evento: a parte giornalisti e fotografi, nella prima fila dell'aula magna sedevano Romano Prodi, Roberto Maroni, Gianfranco Fini, Claudio Dematté, i pm Gherardo Colombo e Francesco Greco, i gip Maurizio Grigo e Andrea Padalino, il giudice Giuseppe Tarantola e poi la moglie, il suocero, eccetera.

Per il resto, Tonino insegnava «Impresa e Istituzioni» in un corso di Economia aziendale riservato a circa quattrocento rampolli della ricca borghesia lombarda, ragazzi che pagavano una retta spropositata e stipavano il parcheggio di jeep e Mercedes (di loro proprietà). Di Pietro chiese di registrare le sue lezioni e di trascriverle in dispense da distribuire ai ragazzi. Lo fece, disse, perché «non mi piace che il professore impone il suo libro».

Qualche studente ha raccontato i soliti aneddoti che inseguono un po' tutti gli insegnanti. Degno di nota quando l'ex pm chiamò le interrogazioni «interrogatori», più qualche innovativa espressione didattica: «Chi ha un chilo di mele mi facesse la sua offerta»; «Un belgio tedesco che arronzava quando parlava»; «Speriamo che ci lascia un po' di tempo» o in alternativa «Speriamo che ci lascia un attimo di tempo»; «Di questo, sapete già che cosa vuol dire»; «I puntini sugli i»; infine il sensuale «macchie di leoparda».

Uno alla volta, per carità

Corteggiato come in quel periodo, Di Pietro non lo sarà mai più. Incontrerà l'ex capo dello Stato Francesco Cossiga, quello in carica Oscar Luigi Scalfaro, Pierferdinando Casini, Rocco Buttiglione, Pino Tatarella, Gianfranco Fini, Mirko Tramaglia, Ignazio La Russa, Clemente Mastella, Ombretta Fumagalli Carulli, Cesare Previti, Roberto Formigoni, Francesco Rutelli, Walter Veltroni, Umberto Bossi, Irene Pivetti, Mario Segni, Eugenio Scalfari, Gianni Agnelli, Carlo De Benedetti, Franco Bassanini e Luciano Violante.

Di Pietro aveva le stesse parole per tutti: diceva che non voleva fare politica e che voleva mantenersi «in equidistanza» non è chiaro però da che cosa. Secondo Elio Veltri, che in quei giorni gli fungeva da consigliere, Di Pietro contava di accettare un probabile incarico di ministro dell'Interno o della Giustizia o magari anche di più: «Guarda, Elio, che ci chiamano, Scalfaro ci chiama». Un paio di colloqui avuti con Veltri tra gennaio e febbraio, e da lui riferiti, se autentici, prefigurano in effetti un Di Pietro sovralimentato:

> Dopo le prossime elezioni politiche voglio andare al governo, chiederò che i due schieramenti lascino fuori le scorie ... se scendo in campo anche con un appoggio esterno cambio la scena politica perché sposto milioni di voti ... Mi chiedono tutti di stare con loro. Ho incontrato tutti, ma sono sicuro che con le elezioni non si risolverà nulla. Anche dopo il voto il paese sarà ingovernabile e allora mi chiameranno per fare un governo del presidente.[3]

Male che andasse, c'erano altre soluzioni:

> Ho incontrato Violante a Torino, mi ha proposto di fare il leader dello schieramento di centrosinistra. E io gli ho chiesto: «E Prodi che fine fa?». E lui mi ha proposto una sorta di direttorio con a capo quello con l'immagine più forte, cioè io. Ma per ora, gli ho risposto, non ho intenzione di entrare in politica. Quello che penso è che dobbiamo essere pronti a sfruttare l'effetto sorpresa perché le cose possono cambiare in dodici ore ... Io gli ho detto di no, è solo allora che hanno ripiegato su Prodi ... Per quanto riguarda il mio movimento, Violante e il Pds sono d'accordo e vogliono stringere un'intesa con noi. Sono più seri, Elio, hai ragione, sono meglio della Destra.[4]

Se questo pensava, e converge ogni testimonianza, c'è da rivalutare quel Giancarlo Gorrini che sin dall'estate precedente ne descriveva gli accenni paranoidi: anche se un sondaggio Directa, in quei giorni, attribuiva a Di Pietro il 68 per cento dei consensi contro un misero 31,2 riservato a Silvio Berlusconi, avversario che l'ex pm considerava comunque prossimo a una liquidazione giudiziaria. «O sarò chiamato da Scalfaro» disse ancora a Veltri, secondo il racconto di quest'ultimo,[5] «oppure la gente mi chiamerà attraverso i mass media.»

«Attraverso i mass media», notare. Per molto tempo Di Pietro si sottrarrà in effetti non solo al semplice suffragio, ma al più elementare confronto, al dibattito nelle forme pubbliche e private più banali. Non disdegnando l'incontro a uno o a due, magari a convivio, ogni filtro tra lui e una legittimazione per acclamazione verrà vissuto come un cedimento verso le paludi del sistema, un'opacità nella visione cristallina che le masse dovevano invece mantenerne. Attribuirgli una velleità plebiscitaria significa riportare l'espressione alla sua radice originaria: una larghissima convalida popolare a conferma di una situazione di fatto, dall'esito scontato, comunque precostituita. Si fossero decisi a precostituirla, dunque: una legittimazione dalle urne non era evidentemente contemplata.

Un'altra cosa non era contemplata proprio, nella sua vita: pagarsi un telefono con soldi propri. Dopo aver scroccato per anni i cellulari da Antonio D'Adamo, infatti, dal 20 gennaio Di Pietro installerà sul suo Nokia Cityman Gsm 2110 una scheda telefonica svizzera intestata a certo Henri Lang, autista personale di Pierfrancesco Pacini Battaglia.

Calci nel sedere

Il *redde rationem* con Silvio Berlusconi non tarderà ad arrivare. Nell'attesa, Tonino collezionava incarichi. Il 20 dicembre precedente aveva pranzato al Santini di Milano con Elio Veltri e Vittorio Feltri, all'epoca direttore del «Giornale», e da quest'ultimo aveva accettato informalmente una proposta per scrivere articoli o editoriali. Poi, senza neppure avvertirlo, esordì sulla «Stampa» il 14 marzo 1995 con un editoriale che venne recepito come un'autocandidatura a primo ministro. Di seguito scrisse anche sulla «Repubblica» e sul «Sole-24 Ore». In confronto a tutto il resto, la rubrica «Dalla parte dei cittadini» che dal 17 maggio comincerà a tenere sul settimanale «Oggi» sarà un vero successone, l'unica collaborazione di una qualche durata. A occuparsene era in prevalenza Maria Celeste Crucillà, un'amica di sua moglie che selezionava la posta dei lettori. «Qualche volta» disse il direttore Paolo Occhipinti «Di Pietro modifica leggermente le domande adattandole agli sviluppi della situazione.»[6] In termini giornalistici significa che si scriveva le domande da solo, ma è la prassi. Molte delle sue rubriche si fonderanno al dibattito e alla polemica politica, difficile quindi individuarne una cifra distintiva. Faranno eccezione un paio di botti demagogici a testimonianza della sua instancabile ricerca di umore popolare. Nel settembre successivo per esempio si piazzerà alla destra della Liga veneta: «Tra gli immigrati clandestini ci sono bande di sbandati [*sic*] che meriterebbero non la galera, ma il taglio degli attributi».[7] Evocativo, l'anno successivo, il suo farsi fotografare inginocchiato nella cripta di Padre Pio a San Giovanni Rotondo: «Di lui ho apprezzato e apprezzo soprattutto la pazienza e l'obbedienza con le quali ha accettato torti e ingiustizie, in special modo dei suoi superiori e colleghi ... Era malvisto e malsopportato dagli altri frati e preti, specialmente quelli di rango più elevato, invidiosi del grande seguito di fedeli che andavano ad ascoltarlo, a confessarsi da lui ... era una persona di origine modesta, con un linguaggio essenziale e anche un po' rude con gli interlocutori. Però riusciva a trasmettere quel calore, quella serenità e quella speranza di cui ognuno aveva bisogno».[8] Non scrisse solo che stavano venendogli strane piaghe sulle mani.

Aspettando il saio, tolse la toga. Il 1° aprile spedì al Csm questa letterina:

> Sono Antonio Di Pietro, ex magistrato del pool Mani pulite, magistrato applicato presso la commissione stragi. Chiedo di essere dichiarato decaduto dall'ordine giudiziario. Ove ciò non fosse possibile, chiedo che siano dichiarate le mie dimissioni dalla magistratura.

Il Csm delibererà il 27 aprile e addio toga per sempre. Zitto zitto, si era dimesso per davvero. La pensione di anzianità decorrerà dal 6 maggio.

Il 5 aprile, invitato a Roma per un seminario sui Lavori pubblici, se la prese improvvisamente con Silvio Berlusconi ma senza nominarlo. Aggiunse, come farà cento altre volte, che usare il suo consenso da pm per spenderlo in politica lo considerava immorale. Un suo fondo sulla «Stampa» quello stesso giorno era esplicitamente titolato *Perché non entro in politica*.

Il giorno dopo disse il procuratore aggiunto Gerardo D'Ambrosio:

> Se fossi Berlusconi mi guarderei bene dall'attaccare Di Pietro, perché è un personaggio carismatico, un impulsivo, un uomo semplice, pulito e onesto e bene accetto dall'opinione pubblica.[9]

Berlusconi non aveva attaccato ancora nessuno. Nelle piccole truffe di Tonino sino a quel momento c'era cascato. L'aveva dimostrato anche all'indomani delle sue dimissioni, solo un paio di settimane dopo aver ricevuto l'invito a comparire:

> Di Pietro è un magistrato che si è conquistato con il suo lavoro il rispetto degli italiani. Penso di incontrarlo molto presto. In politica potrebbe essere un'ottima cosa ... È un uomo di centro come me ... Le Tv e i giornali della Fininvest sono stati sempre in prima linea nel difendere i magistrati e in particolare Di Pietro. La sua spinta alla moralizzazione sarebbe un patrimonio prezioso per tutto il paese.[10]

Di abbagli insomma ne prese tanti anche lui. A sua parziale discolpa c'era che Antonio D'Adamo gli continuava a portare ambascerie dipietresche sin dall'arroventato novembre 1994: mi prega di riferirle – era stato il sostanziale messaggio in quei giorni convulsi – che il Pool vuole distruggerla politicamente e che lui però non è d'accordo; dice che il mandato di comparizione lui l'aveva firmato malvolentieri; le consiglia infine di posticipare per quanto possibile la data dell'interrogatorio. Berlusconi, in luglio, interrogato a Brescia, riferirà di questa e altre ambasciate. È anche vero che Antonio D'Adamo aveva un'autentica maestria nel porsi sempre a mezza strada tra Di Pietro e il Cavaliere: gentile, profilo basso, ogni volta lasciava credere di pendere dalla parte giusta. Di Tonino era amico, dei Berlusconi lo faceva. Quando volevano ammanettare Paolo, a fine luglio 1994, aveva mediato in tutti i modi:

> Ne parlai con Di Pietro più volte ... Lui mi disse: «Fallo presentare». Ci fu una lunga trattativa tra me, Silvio Berlusconi, Di Pietro e gli avvocati della difesa: Paolo aveva paura, ma si volevano accelerare i tempi perché così sarebbe stato liberato ... Paolo ebbe gli arresti domiciliari ... Il 15 agosto telefonai a Di Pietro, era una lunga telefonata, e lo pregai che si interessasse per far uscire Paolo Berlusconi dagli arresti domiciliari. Dopo una settimana questo avvenne.[11]

Da settembre D'Adamo era passato all'incasso. Con la garanzia del Cavaliere riuscì a spuntare un finanziamento di 12 miliardi dalla Comit, per cominciare. Tentò anche di rifilare la sua disastrata D'Adamo Editore alla Mondadori, ma Berlusconi non abboccò. In compenso sottoscrisse un contratto preliminare per vendere un terreno all'Edilnord di Paolo Berlusconi, che gli era grato e di cui era buon conoscente da anni, e furono altri 3 miliardi cash. Se le date contano – siamo nel settembre 1994 – è per evidenziare che Silvio Berlusconi all'epoca non sapeva ancora niente dei favori particolari che legavano D'Adamo a Di Pietro: i «prestiti», le case, le auto, i telefoni, gli incarichi e i vestiti. Nessuno o quasi ne sapeva, allora: non si andava oltre qualche sfilacciato e vago dossier anonimo. La bomba inesplosa erano ancora i favori di quel Gorrini che Antonio D'Adamo, richiesto da Paolo Berlusconi, aveva solo confermato di conoscere: ma subito dileguandosi, perché lui di manovre non voleva saperne. D'Adamo, in quegli anni, non aderì mai a nessun proposito di delegittimare o accusare Di Pietro.

Però quel D'Adamo, dato il suo ruolo, continuavano a tenerselo buono. Neanche troppo, tutto sommato: Berlusconi fece in modo di acquietare i vertici della Banca popolare di Novara, principale creditrice dell'imprenditore foggiano, ma in sostanza si fermò lì. D'Adamo chiese che si facesse altrettanto con gli istituti Credito fondiario e San Paolo di Torino, ma alla fine non ottenne nulla: tanto che una parte del suo gruppo finì in amministrazione controllata e cioè nell'anticamera del fallimento. L'insieme di questi deboli interventi del Cavaliere, tuttavia, quattro anni dopo saranno considerati l'incipit di una «contropartita» data a D'Adamo in cambio di rivelazioni di cui Berlusconi all'epoca non conosceva neppure l'esistenza. Né lui né altri.

Il ruolo di ambasciatore di Antonio D'Adamo cominciò a traballare a metà febbraio 1995, quando Di Pietro e Berlusconi si incontrarono. Tra le duemila versioni che ne darà Tonino, una è questa:

> Quel giorno dissi a Berlusconi di non scambiare più D'Adamo per il mio portavoce: quando voleva conoscere il mio pensiero, doveva rivolgersi direttamente a me. D'Adamo si offese a morte per quella che lui riteneva una «sconfessione»: ancora in quel periodo – l'avrei scoperto più tardi, a mie spese – cercava di spillare favori miliardari al Cavaliere.[12]

D'Adamo confermerà: «Berlusconi mi disse che Di Pietro, quando si erano incontrati, gli aveva detto che non ero più il suo portavoce».[13] Ma è veramente difficile, conoscendo Berlusconi, che possa aver taciuto a Tonino che stava dando una mano al suo amico. Non è nel suo stile.

Una cosa è certa. D'Adamo oscillò di continuo tra Di Pietro e Berlusconi per dire a ciascuno che l'altro stava con lui: però solo in un caso era vero. Il Cavaliere voleva Tonino in squadra, lo sosteneva in pubblico e in privato. Di Pietro invece faceva l'attendista, cercava un varco per sostituirlo a margine dei processi che pensava l'avrebbero eliminato. Con calma.

Se gli avvitamenti di Tonino erano ancora coperti, Berlusconi in compenso non aveva grandi doppiezze da nascondere, anzi, aveva una gran voglia di dirla tutta. Da immaginarsi quindi il bailamme che il 13 aprile seguì alla telefonata del Cavaliere a «Tempo reale» di Michele Santoro, quando cioè disse in diretta:

> Mi risulta che Antonio Di Pietro non fosse così convinto di quell'atto firmato da tutto il Pool, Borrelli in testa. Ma si tratta di un discorso privato tra me e lui, e quindi non lo voglio divulgare.

Non lo voleva divulgare: e infatti aggiunse soltanto che Di Pietro gli aveva parlato il 18 febbraio direttamente ad Arcore, a casa sua, nella tana del lupo. La rivelazione fu paralizzante per tutti. Per la sinistra, certo. Per i tanti, a destra, che corteggiavano Tonino perché scalzasse il Cavaliere. Per chi, pure, vide solo un magistrato in carica che era andato a casa di un suo indagato per corruzione. La reazione di Borrelli non fu propriamente compassata:

> Avevo ancora il cellulare di Di Pietro e lo chiamai la sera stessa, verso mezzanotte. Lui era in automobile, e io gli dissi brutalmente: «Devi smentire immediatamente le falsità che Berlusconi ha detto stasera in trasmissione. Altrimenti non ti presentare più a palazzo di giustizia, perché ti faccio buttare giù dalle scale a calci nel sedere».[14]

Era accaduto l'irreparabile. Ogni tentativo di districarsi dal ginepraio che aveva creato non farà che peggiorare le cose. Tacque una giornata intera, dapprima. Poi, sulla «Stampa» del 15 aprile, scrisse l'articolo *Quante inutili polemiche* e si limitò a dire che «di ogni atto che ho firmato mi assumo la responsabilità»; a proposito dell'incriminazione di Berlusconi, però, precisò che «resta da capire se si tratta di un fenomeno corruttivo oppure di una patita concussione». Riecco l'ondivago.

Il procuratore aggiunto Gerardo D'Ambrosio non fu contento: «Non era quello che ci aspettavamo. Berlusconi ha fatto dichiarazioni molto precise: ha parlato di confidenze sulle indagini avute in un colloquio con Di Pietro, noi volevamo sapere se questo incontro c'è stato».[15]

Il procuratore capo Borrelli fu ancor meno contento:

> Il suo è un silenzio colpevole che mantiene sin dal giorno della sua defezione e che purtroppo getta una luce enigmatica sul suo stesso gesto di uscita dalla magistratura.

Saranno giorni penosi. Per cercare di ricucire, la sera del 18 aprile, Tonino accettò di partecipare a una cena a casa di Gherardo Colombo col Pool al completo.

Alessandra, moglie di Gherardo, magistrato pure lei, quella sera preparò un arrosto che ben rappresentava tutta la carne che c'era al fuoco: le dichiarazioni di un Di Pietro prepolitico abbondavano sui giornali, di spiegazioni esaurienti sulle dimissioni alla fine non ne aveva date – tantomeno a loro – e proprio quella mattina, durante il processo bresciano al generale Cerciello, l'avvocato Carlo Taormina aveva cominciato ad alludere a strani dossier e a faccende di prestiti e di Mercedes. Ma Di Pietro, quella sera, minimizzò. Non spiegò nulla, non chiarì nulla, non svelò nulla. Girò attorno all'arrosto tutto il tempo. Parlò dei debiti di Eleuterio Rea e della Mercedes rivenduta a Lucibello, ma «non fece cenno ad altri prestiti» ammetterà Borrelli.[16] Voleva profittare della popolarità acquisita con Mani pulite ma «sul punto, non una parola» aggiungerà il procuratore capo. Fu una serata triste, la vera fine di un sodalizio. Di Pietro cominciava a riassomigliare a quel personaggio che prima di Mani pulite, in procura, era visto un po' così, trasparente come una notte artica. Quella sera non mancò neppure il melanconico brindisi finale: Di Pietro ormai parlava col Pool come parlava col pubblico. Era un politico, faceva politica. Forse l'aveva sempre fatta.

Il più buono con lui, Piercamillo Davigo, tenterà di aggiustarla in questo modo:

No, non chiarì, ma nel senso che Di Pietro ha una certa capacità e disponibilità ad assecondare l'interlocutore. Un conto è dire determinate cose, un conto è lasciarle credere ... Di Pietro ha un'innata dote diplomatica. Risponde in modo tale da poter fare contento il suo interlocutore senza sbilanciarsi.[17]

Parole in assonanza con quelle di Isabella Ferrara, l'ex moglie di Tonino: «Tonino mi rispondeva: l'importante è che sia andato via contento, c'è sempre tempo per deludere la gente».[18]

I turlupinati

Il 21 aprile uscì un articolo dell'«Espresso» e via con altri avvitamenti: Di Pietro negava persino d'esser mai stato ad Arcore. Il Cavaliere reagì subito e parlò di «menzogne». Allora Tonino smentì d'aver mai concesso interviste: aveva solo risposto alla telefonata di auguri pasquali di una giornalista, disse. La giornalista però era la vicedirettrice dell'«Espresso» Chiara Beria di Argentine, una che con Di Pietro ci aveva marciato per anni: il giochino non le piacque e confermò «parola per parola senza tema di smentite»:[19]

Io gli chiedevo di questi incontri con i politici e lui svicolava, era vaghissimo, io ho cominciato a fargli i nomi un po' di tutti. Alla fine gli ho detto: ma non avrai incontrato anche Berlusconi, che era un tuo indagato? E lui: è il leader di Forza Italia, non l'ho mica incontrato, mi ha telefonato e io non posso buttargli giù il telefono.[20]

Era la centunesima versione. I due grandi turlupinati, Borrelli e Berlusconi, impiegheranno ancora del tempo a smascherare il furbastro una volta per tutte. Il Cavaliere vedrà interrompersi le ambascerie dipietresche solo a partire dal 25 luglio 1995, giorno in cui, interrogato a Brescia, verificherà quante testimonianze descrivevano l'ex pm come determinatissimo nel volerlo processare:

Scopro che è stato Di Pietro a insistere per l'invito a comparire. Rimango stupefatto. Chiamo D'Adamo che insiste: non è assolutamente possibile. D'Adamo mi dirà poi di essere andato a trovare di notte Di Pietro che confermò la sua precedente versione e si impegnò a una dichiarazione di smentita.[21]

Verrà la più autorevole delle conferme, invece. Il procuratore capo Borrelli, sempre a Brescia, testimonierà che Tonino del Cavaliere disse «Io a quello lo sfascio». Berlusconi, di converso, darà la sua versione su quanto l'ex pm gli disse ad Arcore: cioè che il mandato di comparizione l'aveva firmato «solo perché era consuetudine che tutta la squadra apponesse la propria firma». Borrelli, pur con tutta la sfiducia possibile nella versione di Berlusconi, dovrà accorgersi che tante e troppe testimonianze confermeranno il doppio gioco di Tonino. L'ex capo dello Stato Francesco Cossiga metterà a verbale che Di Pietro, all'inizio di gennaio, aveva rifilato anche a lui la panzana del Pool che voleva costringerlo all'interrogatorio.[22] Pierferdinando Casini, a sua volta, parlerà di un pranzo in cui Di Pietro gli disse che si era dimesso per via dello zelo persecutorio contro il Cavaliere. Eccetera.

Il Cavaliere, a verbale, preciserà che aveva offerto a Di Pietro la poltrona di capo della polizia o in subordine dei servizi segreti. Aggiungerà che l'ex magistrato, circa la celebre fuga di notizie sul «Corriere della Sera», aveva scaricato sugli ex colleghi dicendo che lui quel giorno era a Parigi. L'ex magistrato fece lamentazioni analoghe anche durante un incontro con Elio Veltri e con gli avvocati Federico Stella e Massimo Dinoia. Il racconto è di Veltri. Lo sfogo di Tonino, il 28 giugno 1995, sarebbe stato questo:

> Mi hanno usato come testa d'ariete. C'era il processo Enimont, Antonio lo fai tu, c'era da arrestare Paolo Berlusconi, Antonio pensaci tu. Volevano che interrogassi Silvio Berlusconi, ma se lo avessi fatto sarei dovuto restare nel Pool altri due anni ... e quando mi sono dimesso che cosa ha urlato Borrelli? Diserzione! Loro a cavallo e io a farmi il culo! Ma lo sapete che è stato Borrelli a dirmi di andare a far parte della commissione d'esame per il comandante dei vigili urbani, quella che doveva assumere Rea? Glielo aveva chiesto Pillitteri. Io però non volevo trovarmi nei guai e mi sono dimesso.[23]

Non una sola cosa vera. Borrelli, non a caso, non lo perdonerà mai. Nel tempo scolpirà parole durissime, e il rapporto non si rinsalderà. Con Berlusconi, invece, non si era neppure mai saldato.

Dirà Borrelli:

> Prese contatto con tutto il mondo politico di allora. E a me parve una cosa piuttosto ridicola, perché sembrava quasi o che andasse a proporsi al miglior offerente o che addirittura si sentisse investito di una missione superiore, e consultasse tutto il mondo politico ritenendo il suo appoggio decisivo alle sorti politiche del paese. Questo atteggiamento, a lungo andare, l'ha rovinato. Con il passare del tempo e dopo tante ondivaghe perlustrazioni, poco alla volta il ricordo di Mani pulite e di Di Pietro andò cancellandosi ... Se un mese dopo le sue dimissioni si fosse subito candidato, avrebbe preso la maggioranza assoluta dei voti. Invece, secondo me, Di Pietro ha sperperato con le sue stesse mani il patrimonio che aveva acquisito.[24]

Il garante del lettore

A montargli la testa però c'era un intero paese. «L'immagine di Di Pietro vale 10 miliardi» disse un offuscato Gavino Sanna che stava curando la campagna pubblicitaria per «Il Telegiornale» di Gigi Vesigna, ex direttore di «TV Sorrisi e Canzoni» ora tentato dalla sfida del quotidiano popolare. Così il 3 maggio Di Pietro divenne «garante del lettore» e in Tv comparve uno spot col suo faccione e sotto la scritta «Garantisce lui».

Era uno dei tanti quotidiani nati morti. Due dei promotori, Ismaele Passoni ed Egidio Maggioni, erano vecchie conoscenze di Tonino dai tempi del mensile democristiano «Gran Milàn». Per il lancio del nuovo giornale, il 14 febbraio era stato versato 1 miliardo di capitale sociale come indicato dal budget della C&C di Luciano Consoli, noto per aver già dato vita al quotidiano «La Voce», morto pure quello.

Aspettando i lettori, Di Pietro non fu propriamente garante dei giornalisti. Degli editori, infatti, poco seppe o finse di sapere. Ismaele Passoni era reduce dal fallimento della Ariete Edizioni, dove gli ex dipendenti sin dal giugno 1994 erano rimasti «senza posto di lavoro, senza liquidazione e senza neppure l'ultimo stipendio»,[25] oltre a essere impegnati in una causa fallimentare senza speranza; ora, invece, Passoni rispuntava in un quotidiano in cui investiva qualche miliardo con Di Pietro addirittura garante.

Neanche il curriculum del finanziatore Raimondo Lagostena ebbe a impensierirlo: massone della loggia Camea, era stato incarcerato nel 1985 per una serie di guai legati ai finanziamenti regionali promossi dal presidente della Liguria Alberto Teardo, era stato condannato a quattro mesi per aver messo in commercio le improbabili pomate Taurus e Mandingo che garantivano prominenti nottate sessuali, era stato presidente dell'emittente Rete Mia in cui aveva cooptato il transessuale Maurizia Paradiso prima di cederla – la rete – al bancarottiere Giorgio Mendella.

Ma al «Telegiornale» garantiva lui: e così Di Pietro, nel suo primo editoriale, si impegnò «formalmente a non essere di parte, a non schierarsi né a Destra né a Sinistra, né al centro né a trequarti». Sarà tutta l'avventura a finire in orizzontale, purtroppo: ma il 9 maggio ecco il primo numero. Tonino aveva la sua pagina con foto e doveva rispondere anche alle lettere: «Assicuro che lo farò. Mi riesce difficile provvedere già da oggi» si dolse «essendo impegnato presso la commissione stragi». Per quanto atteneva al garante del lettore, si lesse testualmente: «Caro direttore, permettimi una considerazione sul contenuto del primo numero del quotidiano: va bene così».

Di lettere in generale ne giunsero poche. In una si ricordava quando Di Pietro, nel Natale precedente, si era azzuffato con un giornalista e l'aveva preso a testate: «Ho visto la sua faccia furiosa davanti alla telecamera e ho sperato che lei, con un randello, facesse piazza pulita di fotografi e cameramen». Di Pietro rispose: «Eviterò di rispondere a fatti che riguardano esclusivamente la mia persona e la mia vita privata». Cioè non rispose.

Il 16 maggio una lettera chiedeva lumi sull'assetto proprietario della testata: «Ha avuto l'accortezza di preoccuparsi di sapere chi c'è dietro?». Di Pietro rispose: «Non so chi ci sia dietro e non lo voglio nemmeno sapere ... perché bisogna porsi il problema dell'identità dei proprietari? Fino a questo momento hanno dato dimostrazione della loro buona fede». E già.

Il 17 maggio una segnalazione per il garante: un articolo sull'inefficacia delle diete che era stato affiancato a una pubblicità che prometteva dimagrimenti impossibili. Il garante rispose: «Annotazione calzante e arguta ... il commento e l'eventuale risposta non è assolutamente necessaria». Perciò non commentò. E non rispose.

Intanto, dalle edicole, i resi erano miliardari. Il telegiornale, la gente, se lo guardava in televisione. Vesigna accusò Di Pietro di non scrivere praticamente mai, bisticciarono, sinché il 3 giugno il direttore apprese che se n'era andato: lo lesse sulle agenzie. Di Pietro smetteva di garantire i lettori (che non c'erano) per via delle solite inchieste bresciane. «Il Telegiornale» chiuse dopo neanche due mesi di pubblicazioni. Il 20 luglio 1995 fu dichiarato il fallimento.

Due anni dopo, il pubblico ministero Giulia Perrotti contesterà agli editori del «Telegiornale» il reato di «bancarotta preferenziale». Prima che lo sfortunato quotidiano chiudesse, infatti, precisamente il 2 giugno 1995, un paio di creditori furono liquidati con soldi che non potevano essere pagati perché l'azienda stava per fallire. Uno fu Gigi Vesigna, l'altro fu Antonio Di Pietro che aveva preteso 100 milioni di lire – sempre quelli – incassati in via illecitamente «preferenziale». La curatrice fallimentare, Rita Albano, gli richiese indietro i soldi per mesi: «La sottoscritta ritiene revocabile detto pagamento in quanto l'editoriale Tg già a quella data si trovava in stato di insolvenza ... Il pagamento è da ritenersi comunque revocabile anche per la sproporzione del corrispettivo incassato rispetto al lavoro effettivamente svolto». Cioè sei articoli in tutto: il resto era per l'attività di garante «che si estrinsecava essenzialmente nelle risposte ai lettori». E le abbiamo viste.

Di Pietro deciderà di restituire i soldi soltanto a 1997 inoltrato, ma non più di 40 milioni. Il resto, precisò il suo legale a margine di questa storia, l'avrebbe tenuto «a copertura delle sole spese vive nell'espletamento degli incarichi assolti». Quando si fece notare che in pratica Di Pietro aveva preso circa 17 milioni ad articolo, la risposta fu questa: «Il contratto prevedeva importi ben maggiori, in linea con il valore di una firma a cui si associano valenze morali che è semplicemente improponibile valutare nei termini di un tanto a riga».

Quelli che scrivevano un tanto a riga, i giornalisti, aspettavano a casa.

Lo spettro di Gorrini

Altri aspettavano a Brescia. Era successo questo: il 18 aprile, giorno della cena del Pool, durante il processo al generale Cerciello, l'avvocato Carlo Taormina aveva chiesto che Di Pietro fosse ascoltato a margine di una decina di questioni:[26] quasi tutte insinuazioni e spazzatura anonima raccolta in un dossier firmato dall'inesistente «Giovanni Salvi» e spedito probabilmente da entourage berlusconiani. Tra varie insinuazioni però c'era anche del vero: soprattutto a proposito di Tonino e dei suoi «rapporti con un certo costruttore Antonio D'Adamo e con l'assicuratore Giancarlo Gorrini», le solite faccende dei prestiti e della Mercedes. Il pm bresciano Fabio Salamone aveva già ricevuto il dossier e, indagando, aveva anche già acquisito gli atti dell'ispezione segreta su Di Pietro che nel dicembre precedente era stata aperta e archiviata in un baleno. Insomma la frittata era fatta.

Sui giornali la vicenda fu silenziata, ma non la reazione di Di Pietro, all'apparenza solo stizzita:

> Denuncerò all'autorità giudiziaria questi comportamenti perché è proprio ora di finirla … Senza alcuna carta processuale di riscontro, Taormina, ripescando vecchi e nuovi anonimi e illazioni, attacca me e la mia famiglia sul piano personale, su fatti totalmente inventati.[27]

I fatti, almeno in tre casi, non erano inventati per niente: ma il coro a sua difesa fu totale. Si distinse tra altri l'ex ministro Cesare Previti:

> La nostra stima per Antonio Di Pietro non è cosa nuova … Noi non abbiamo alcuna notizia che ci possa far pensare che nella sua attività di magistrato non si sia ispirato altro che alla legge.[28]

La commedia tra i due stava ricominciando: e non solo quella. Da Milano a Roma, dopo un armistizio tecnico, stava per ripartire la guerra tra un Pool decisamente indirizzato e il suo oggetto d'indirizzo. Di Pietro stava in mezzo, sorvegliato e blandito da entrambi.

Eclissato lui, prendersela col Pool fu più facile: anche perché non mollava mai. Il 23 marzo aveva incriminato Marcello Dell'Utri e chiesto trentasette rinvii a giudizio per i fondi neri di Publitalia. Il 20 maggio lo stesso Pool avrebbe chiesto di processare Silvio Berlusconi per le tangenti alla guardia di finanza, l'indagine della fuga di notizie durante il summit di Napoli. Il dibattimento, molti anni dopo, lo vedrà assolto per non aver commesso il fatto.

Nella terra della mediazione ogni cosa d'un tratto si fece dovuta: erano dovute le inchieste sulla Fininvest ed era dovuta l'indagine ministeriale che il Guardasigilli Filippo Mancuso indicò come conseguenza di quattordici capi d'accusa rivolti contro il Pool: un misto di spunti reali mischiati ad altri più fantasiosi, comunque indimostrabili. Il falò mediatico fu eccezionale: *Soluzione finale contro Mani pulite* titolò la prima pagina della «Repubblica». E il resto di conseguenza, col procuratore aggiunto D'Ambrosio morigerato come suo solito: «Quello che dice Mancuso vale come un soffio di vento...»,[29] «Uno aspetta che vadano in pensione poi invece li nominano ministri».[30]

Quale acqua e quale mulino

Il Pool dopo l'inceppamento iniziale si era riorganizzato. Pubblici ministeri più giovani come Paolo Ielo ed Elio Ramondini avevano avuto il compito di riesumare, concludere, archiviare o smistare procedimenti che erano stati l'architrave di Mani pulite ma che erano rimasti un po' così, sospesi in quella fase preliminare dominata dagli interrogatori di Tonino. Le richieste di rinvio a giudizio non erano mai state il suo forte. Di Pietro aveva portato sino in fondo solo il processo-vetrina a Sergio Cusani e il processo Enimont che ne era il clone: istruttorie abbastanza semplici perché fondate perlopiù su confessioni. I procedimenti Metropolitana ed Enel andarono a giudizio solo per la pervicacia di Ielo, che ottenne esiti anche ragguardevoli nel dimostrare il ruolo del Pci-Pds nella spartizione tangentizia. Il pm messinese in precedenza aveva lasciato il Pool e vi era rientrato solo dopo le dimissioni di Di Pietro: a un violento scontro con lui, infatti, si era dovuta la sua dipartita. Era successo che una parte degli indagati del procedimento Metropolitana, all'inizio del 1994, aveva chiesto dei patteggiamenti che Ielo, previa discussione coi colleghi, si era impegnato ad accordare; Di Pietro si era intromesso in un secondo momento e aveva negato gli stessi patteggiamenti senza dare spiegazioni. Ielo, però, aveva dato la sua parola e decise di patteggiare lo stesso. Poi salì dal procuratore capo Borrelli e lasciò il Pool. Passò ai reati tributari.

Ora era tornato e con lui c'era Elio Ramondini: insieme avevano l'ingrato compito di raccapezzarsi nelle montagne di faldoni di cui soltanto Di Pietro conosceva distribuzione e logica, quando ve n'era. Ramondini, come già detto, dovette accorgersi che caterve di atti sulla Fiat erano precluse alle procure di mezz'Italia. Ielo invece perse mesi per riordinare le carte dei filoni Pci-Pds che Tiziana Parenti a sua volta aveva lasciato un po' così.

La vecchia guardia del Pool puntava su Berlusconi, ma lo scenario era comunque cambiato o stava per farlo. Prima c'era Di Pietro che martellava, mentre agli altri pm, come dirà Francesco Greco,

> competeva un lavoro di ricostruzione successivo agli interrogatori ... ma la situazione si è modificata nel corso del 1994 quando le collaborazioni diminuirono fino a cessare. Fu lo stesso Di Pietro a dire che non arrivava più acqua al suo mulino, la tecnica investigativa cambiò.[31]

L'acqua, a dirla tutta, arrivava al mulino direttamente dal carcere. Era il carcere, irrogato o temuto, che stimolava le collaborazioni. Era il carcere, coi suoi effetti, che era venuto a mancare durante quel cambio di stagione che Tonino aveva subodorato. È quasi divertente come qualche ultrà di Mani pulite, per esempio i giornalisti Gianni Barbacetto, Peter Gomez e Marco Travaglio, abbia cercato di dissimulare questa verità elementare:

> Fin dai primi interrogatori, per una fortunata e forse irripetibile somma di abilità investigative, situazioni psicologiche e condizioni politiche, economiche e ambientali, i magistrati si trovano davanti persone che presto o tardi finiscono per confessare.[32]

Confessavano perché erano in galera e volevano uscire, cioè. Confessavano perché non volevano finirci, bene che andasse. Erano quelle le «situazioni psicologiche»: le altre, «politiche, economiche e ambientali», fecero parte del contesto «irripetibile» che permise un uso spropositato delle manette. La prassi di Mani pulite, sin dall'inizio, aveva ipotizzato reati i più gravi possibile così da giustificare ogni volta la carcerazione preventiva: questo anche per la semplice violazione del noto finanziamento illecito dei partiti. Per capirlo, in fondo, è sufficiente guardare quanti dei 1254 condannati di Mani pulite abbiano subito delle carcerazioni preventive a dispetto di pene poi risultate inferiori ai 2 anni, ossia condanne a cosiddette «pene sospese», con la condizionale: quasi tutti. È noto: effettive condanne al carcere, alla fine di Mani pulite, praticamente non ce ne sono state. Eppure la regola è sempre stata chiara: Tizio, se è presumibile che sarà condannato a meno di 2 anni, in carcere preventivo non ce lo dovresti mettere; certo, la regola implica una capacità «prognostica» – direbbero loro – di prevedere a quanti anni Tizio sarà probabilmente condannato: tra i compiti del magistrato c'è anche il cercare di presumerlo. Diciamo che il Pool ha sempre presunto molto male. Di Pietro ne era maestro sin dai tempi di Bergamo: sparare reati incredibili e sbattere dentro perché tanto, per derubricare un reato, c'era sempre tempo.

Non era certo un mistero che il rito ambrosiano corrispondesse all'ottenere a tutti i costi delle confessioni che confortassero le tesi dell'accusa: chi «parlava» poteva uscire e quindi evitare la gogna pubblica e la rovina economica. Di Pietro l'ha ammesso molte volte. Che poi il Pool facesse corrispondere le confessioni a una «rottura col sistema» per motivare le scarcerazioni, come per i pentiti di mafia, non cambiava la sostanza: cioè che il sistema, medioevale, non funzionava né funziona per chi non ha nulla da dire o per chi, peggio, pur di uscire farebbe dichiarazioni anche false. E di confessioni-patacca, nei fascicoli di Mani pulite e nel racconto di questo libro, non ne sono mancate.

Il clima manettaro che aveva permesso ogni cosa, in quel 1995, non c'era più. Si era raffreddato. Dall'altra parte, bene o male, c'era una classe politica rinnovata e legittimata: non è che il Pool avrebbe potuto respingere a vita tutte le norme del Parlamento. Dall'estate del 1994, oltretutto, molti indagati dell'inchiesta sulle Fiamme gialle non avevano collaborato neppure se carcerati: perché erano militari, forse, o perché non vollero e basta. Capitò anche con la Fininvest: del resto collaborare, assecondare l'accusa, non è obbligatorio. Dirsi innocenti, o crederlo, o addirittura esserlo, è ancora possibile, è lecito: e non per questo si marcisce dentro, nei paesi civili. Nei paesi civili si va in galera dopo una condanna, non prima. E si attende il processo con la prospettiva di finirci, non di uscirne.

Da qui la svolta spiegata da Francesco Greco:

> Dopo le dimissioni di Di Pietro cominciammo a lavorare prevalentemente su documenti e con altre tecniche, quali intercettazioni telefoniche ed ambientali, in precedenza trascurate in quanto non necessarie.[33]

Non necessarie perché c'era il carcere. Ora, invece, potevano ricominciare a lavorare come dei magistrati normali e con l'abilità investigativa che avrebbe contraddistinto Ilda Boccassini, per esempio.

Fu richiamata nel Pool dalla Sicilia e ogni vecchio dissapore fu ricomposto. Si ricominciava.

Ma Antonio Di Pietro guardava tutto questo da lontano. Resisteva al richiamo della foresta. Non sapeva neppure che a Brescia risultava indagato per concussione.

L'autodenuncia

Il 28 maggio Di Pietro pensò bene di andare a Brescia a fare quello che l'amico Piercamillo, nell'autunno precedente, gli aveva vanamente suggerito: autodenunciarsi per bruciare le mosse altrui. La sua più che altro fu una denuncia contro chi riteneva l'avesse calunniato: chiedeva delle indagini anziché rassegnarsi a subirle. Circa le faccende di Gorrini Di Pietro si rendeva disponibile «ad affrontare il merito senza reticenze» come fece in cinque pagine invero piene di reticenze. Scrisse che Gorrini l'aveva incontrato «non più di quattro o cinque volte» e che tal Osvaldo Rocca gli aveva dato una mano «facendomi un prestito e dilazionando il pagamento per tutto il tempo di cui ne avessi bisogno» e infine trovandogli «una Mercedes d'occasione» che però dovette rivendere perché consumava troppo. La colletta miliardaria per ripianare i debiti di Rea invece era proprio un'invenzione, scrisse: lui sapeva solo che i debiti c'erano, e che due tizi, Gorrini e Antonio D'Adamo, li stavano ripianando. In ogni caso, quando fu informato della situazione dell'amico Rea, lui non andò «nemmeno al suo matrimonio». Fine della spiegazione. Era poco, ma era moltissimo: perché quelle carte presto o tardi sarebbero uscite sui giornali e così pure i suoi rapporti «assolutamente leciti» che aveva, però, sempre cercato di nascondere.

Sono stato io a denunciarmi titolò un suo articolo sulla «Repubblica». Ma le notizie ormai uscivano a colabrodo. Si era autodenunciato quando era già indagato. Il gip Italo Ghitti, l'8 maggio, aveva pranzato con Tonino e gli aveva chiesto: che intenzioni hai? «Voglio ricoprire solo cariche pubbliche istituzionali.» Però non devi avere scheletri, tu ne hai? «No, no.» Poi, il 4 giugno, lesse i giornali e chiamò Tonino: «Lo presi a male parole».[34]

Ma Di Pietro, riferirono in molti, era tranquillo. Tranquillissimo. Agli avvocati Stella e Dinoia, secondo un altro racconto di Veltri, confidava:

> «Se Salamone mi manda allo sbaraglio poi fottono anche lui.» «Io», aggiungeva mostrando una notevole freddezza e sicurezza, «se vengo pro-

sciolto ne esco fuori come eroe e martire e prendo il 51 per cento ... ma se mi mandano sotto processo comunque mi presento lo stesso in politica, dico chi mi ha assassinato e chi ha fatto il pesce in barile, mi metto a battere tutte le Tv, e se anche mi condannano entro in politica lo stesso.»[35]

Non aveva torto a ostentare sicumera. Non gettò neanche via il cellulare di Pierfrancesco Pacini Battaglia che aveva in uso: lo farà solo l'8 luglio successivo. Mentre in giugno, secondo un sondaggio Swg, il 50,6 per cento degli italiani pensava a lui come leader politico e il 61,4 lo riteneva vittima di un disegno giudiziario.[36] Un paese ignaro e stordito sorreggeva Di Pietro da destra, da sinistra e dal centro. Gianfranco Fini, nel difenderlo pubblicamente, faceva a gara con Gianni Alemanno. Un dirigente di An annunciò i comitati «Di Pietro non si tocca». Il Fronte della Gioventù, il 26 giugno, organizzò una manifestazione pro Di Pietro davanti al ministero della Giustizia. Per non essere da meno, il 3 luglio ne organizzò una anche il Movimento sociale di Pino Rauti.

E la sinistra? Ci soccorre ancora Elio Veltri: solo la bufera bresciana aveva impedito un incontro ravvicinato tra Di Pietro e Massimo D'Alema programmato per il 23 maggio. All'incontro ci andò comunque Veltri, secondo il quale D'Alema disse così:

> Di Pietro se vuole fare il Ministro dell'Interno deve stare con il centrosinistra senza essere un uomo di parte, noi vogliamo uomini di centro ... Con noi può stare tranquillo, siamo persone serie, non facciamo scherzi, e tuttavia a lui voglio parlare da solo, voglio capire che tipo è, lo voglio guardare negli occhi ... ha detto e fatto cose che non mi sono piaciute per niente, la nostra è una democrazia parlamentare e lui non può alzarsi una mattina e dire quello che vuole.[37]

Alla fine «Berlusconi in galera» resterà l'unica cosa davvero di sinistra che Di Pietro pronuncerà mai: nella storia dell'ex magistrato, a ben vedere, di sinistra non c'era mai stato niente. Non le sue radici contadine e democristiane, non l'individualismo come scuola di vita e come istinto naturale, non mestieri ed esperienze che l'avevano portato ad approdi di destra quasi fisiologici e pur temperati, da ministeriale che leggeva «Il Tempo». Le dimissioni da magistrato, in fondo, coincisero con la presa di coscienza che gli entusiasmi nel paese stavano scemando non certo dalle sue ali bensì da quell'eterno «centro moderato» che unicamente e paradossalmente, in Italia, aveva permesso una rivoluzione prima di stancarsene.

Alle politiche del 1994 Di Pietro aveva votato Forza Italia.[38] Alle regionali del 23 aprile 1995 invece votò il Centro cristiano democratico di Casini e Mastella: questo almeno dedusse il «Corriere della Sera» nel conteggiare le due sole preferenze che il cognato di Di Pietro, Gabriele Cimadoro, raccolse nell'esiguo seggio elettorale di Curno dove votarono Tonino e Susanna. Di Pietro non smentì. Nella prima parte dell'anno i contatti tra l'ex magistrato e i postdemocristiani erano forse gli unici dotati di una qualche concretezza.

Il Centro cristiano democratico si era già dato da fare grazie alle cure della vecchia amica Ombretta Fumagalli Carulli, e uno come Pierferdinando Casini, per dire, era a tal punto convinto della riuscita cooptazione da aver già piazzato in vetrina la pelle dell'orso:

> Noi abbiamo la possibilità di mettere in campo per le prossime politiche una squadra imbattibile: Mario Monti Presidente del Consiglio e Antonio Di Pietro vicepresidente con la delega all'Interno e alla Giustizia.[39]

Fu solo uno dei tantissimi annunci e controannunci e passi avanti e dietrofront che enumerare e riordinare, ora, sarebbe esercizio feticistico: saggi politici come *Il Tribuno* di Alberico Giostra hanno già tentato con buona volontà di individuare il percorso logico di chi si avvoltolava attorno a un'ossessiva «indipendenza» anche dalla realtà. Ed era un'altra realtà, infatti, quella che interessava a Di Pietro. Pare evidente – senza per forza condividere le rudi impressioni cliniche di Gorrini – che l'ex pm era in piena indigestione di sé: quattro anni di adulazione forsennata potevano avergli infuso una fiducia nei propri mezzi quantomeno dilatata. Il suo centrismo naturale con tutta probabilità ricercava un qualsiasi mezzo rispetto a un fine che era già delineato ma che pochi compresero: allora come oggi. Il disegno c'era. Ed entro pochi giorni, per fatalità, l'ex pm l'avrebbe disvelato in tutto il suo falso candore.

Il paese che voleva

Il 2 luglio Antonio Di Pietro fu interrogato a Brescia per quasi diciotto ore: dalle 7.45 all'1.45 di notte. Riempì sessanta pagine di verbale assieme ai pm Fabio Salamone e Silvio Bonfigli: un delirio. Buona parte del tempo se n'era andata per accogliere un ciclopico memoriale dove Di Pietro ripercorreva la sua vita dal 1968 in poi, montagne di carta per elencare cronologicamente tutto: dal diploma all'impiego all'Aeronautica, dalla laurea alle segreterie comunali, dalla polizia alla magistratura, e poi tutte le indagini, i processi, i convegni, gli interventi, l'informatizzazione, la dazione ambientale, il fascicolo virtuale, i problemi, i suicidi, le minacce, l'inchiesta sulla guardia di finanza, Berlusconi, le fughe di notizie, i conflitti, chi e come cercò di delegittimarlo, ovviamente il ruolo di Craxi, persino i suoi rapporti con Giancarlo Gorrini. Che sono, ora, il lato meno interessante.

Il lato interessante era al punto 12 del verbale d'interrogatorio, dove finalmente si apprendeva che cosa Di Pietro volesse fare da grande:

> Il «Progetto strategico per il futuro»:
>
> – Completare le inchieste sulla guardia di finanza, raccogliere le prove fondamentali sul gruppo Berlusconi lasciando il proseguimento dibattimentale ai colleghi per non trovarsi bloccato per altri due anni, completare il processo Enimont, andare fuori ruolo, programmare l'ingresso nel Sis o Sisde per ricominciare da dov'ero rimasto.
>
> – Il progetto Mani pulite 2: la prevenzione, il Sis, il ricomponimento del Pool sotto il Sis, l'anagrafe tributaria, la direzione del Sisde, la proposta di Cossiga di ristrutturazione dei servizi segreti.
>
> – Il progetto Mani pulite 3: la ricostruzione, il ricambio della classe dirigente, nuove leggi e nuovi agglomerati politici, la divulgazione di Mani pulite nel mondo.
>
> – La soluzione giudiziaria proposta a Cernobbio.

Va premesso che Di Pietro, quando il «progetto» verrà reso noto, si difenderà così:

> L'espressione «esportare Mani pulite nel mondo» era soltanto un appunto di lavoro per indicare a chi mi interrogava che mi ripromettevo, e mi riprometto in futuro, di partecipare ad incontri di studio, seminari, conferenze presso organismi pubblici, universitari e associazioni culturali all'estero ... L'espressione «raccogliere le prove sul gruppo Berlusconi e poi lasciare agli altri la fase dibattimentale» vuol dire solo aver appuntato nel verbale che prima di lasciare la magistratura intendevo doverosamente completare le indagini preliminari ... Per ragioni analoghe avevo addirittura rifiutato mesi prima l'incarico di ministro degli Interni. E quanti altri incarichi ho rifiutato! Ed ora mi accusano di aver fatto l'operazione Mani pulite per ambizione. Che falsità.[40]

Per difendersi dalle più varie accuse, Di Pietro ridimensionerà il suo «progetto» a «considerazioni tecnico-giuridiche». Oggi, a distanza di anni, setacciando scritti e attività di Antonio Di Pietro dal 1994 al 1996, viene da pensare che l'avesse chiamato «Progetto strategico per il futuro» perché semplicemente lo era.

La prima parte del progetto l'aveva realizzata: le inchieste sulla finanza erano impostate, il rinvio a giudizio per Berlusconi era stato richiesto, il processo Enimont l'aveva concluso nel giorno delle dimissioni. E fuori ruolo c'era andato. Della parte successiva del progetto, «Mani pulite 2», laboratorio propulsore doveva essere – e in parte fu –

la citata Università di Castellanza; la «cattedra» assegnata a Di Pietro, infatti, aveva vestito di ufficialità anche un parallelo Centro di ricerca finalizzato all'elaborazione di varie proposte di legge; e Di Pietro di questo Centro era ovviamente presidente. Registi dell'operazione Castellanza, va ricordato, furono il professor Federico Stella e in minor misura l'economista Marco Vitale, poi dissociatosi: nel 1997 definirà l'ex pm «un uomo da niente».[41] Va detto che Stella scriverà quasi tutti i discorsi pronunciati da Di Pietro in quel periodo.

È tutto nero su bianco. Nel giorno del suo insediamento all'Istituto, Di Pietro fece un discorso[42] agli studenti ma rivolto come sempre al resto del mondo. Accennando ai propositi del Centro studi, dopo aver tuonato contro il Parlamento che aveva respinto la proposta legislativa di Cernobbio del settembre 1994, avvertiva: «Bisogna riscrivere le regole dei rapporti fra imprese e politica, fra politica e cittadini, fra diritto all'informazione e rispetto dei cittadini». Ecco i tre punti cardine:

> a) la legislazione sulla trasparenza nei pubblici appalti
> b) la riforma fiscale: migliore distribuzione del carico tributario ... riduzione dell'evasione e lotta alla corruzione
> c) l'oggettività dell'informazione e i confini del diritto di cronaca.

Del primo punto, in gennaio, Di Pietro aveva cercato di occuparsi divenendo responsabile dell'Osservatorio sugli appalti come propostogli dall'Igi, Istituto grandi infrastrutture. Per il secondo punto, la riforma fiscale, ruolo decisivo doveva avere il Sis, il progettato Servizio ispettivo di sicurezza di cui Di Pietro aveva cercato di assumere la guida: una superstruttura d'indagine sulla pubblica amministrazione che avrebbe dovuto sorvegliare e stanare quei burocrati che si fossero arricchiti in modo sospetto. Simile in teoria ad altre strutture esistenti nel mondo – il Public Account Commission inglese, l'Ispettorato federale Usa, l'Independent Commission Against Corruption australiano –, il Sis di Antonio Di Pietro era progettato in forma particolarmente estensiva grazie all'ausilio di un'anagrafe patrimoniale, ossia un archivio elettronico con tutti i dati sulle proprietà, i denari, i beni del cittadino e di tutti i suoi parenti e amici. L'anagrafe patrimoniale era originariamente prevista da un decreto legge del 18 luglio 1994 a firma del governo Berlusconi, ma l'idea originaria prevedeva che fosse limitata a un controllo dei dipendenti del ministero delle Finanze. Di Pietro, come d'abitudine, l'aveva fatta sua cercando di estenderla a tutta l'amministrazione pubblica italiana. In quella prima lezione a Castellanza Di Pietro denunciò appunto che il Sis, così come l'aveva concepito Giulio Tremonti, era una scatola vuota che a lui non interessava: «Non vado a Roma a scaldare sedie» disse.

La struttura che aveva in mente era un'altra cosa. In caso di rilievi del «suo» Sis, spiegò, sarebbe stato il pubblico dipendente a dover dimostrare che le rendite dichiarate fossero compatibili col suo stile di vita, non viceversa. Era l'inversione dell'onere della prova cara a Mani pulite, anzi, era lo strumento che doveva far continuare Mani pulite nella burocrazia e nella vita civile. Il Sis e l'anagrafe tributaria erano entrambi menzionati nel progetto «Mani pulite 2» dove pure si auspicava «il ricomponimento del Pool» in una struttura che per procedere non avesse neanche bisogno di notizie di reato. Di Pietro, o chi per lui, scrisse infatti:

> Non si deve aspettare più che costui venga scoperto con le mani nel sacco. Non c'è più bisogno che sia provata la sua corruzione. È sufficiente che egli abbia un tenore di vita o un patrimonio di cui non sappia dare esaurienti giustificazioni ... Si obietterà che rappresenterebbe un arretramento rispetto al principio della prova ... Invece no. La prova da acquisire è l'essere in possesso di beni e patrimoni.[43]

Fallito il Sis che aveva in mente lui, Di Pietro cercò di trasferire il principio in un'apposita legge sulla trasparenza sempre architettata a Castellanza: «I dipendenti» si leggeva nella proposta «devono periodicamente comunicare i dati e le notizie indicative della situazione patrimoniale e delle disponibilità del nucleo familiare ... l'inosservanza delle disposizioni è causa di decadenza immediata dall'incarico».

La legge, divisa in undici punti ed elaborata nel 1996, prevedeva una suprema Authority che avrebbe coordinato un organismo di centocinquanta unità civili e militari in grado di predisporre perquisizioni nonché «inavvertitamente ispezioni, indagini patrimoniali chiedendo copia di documentazione a ogni ente possibile ... [nonché] ogni altra informazione utile allo svolgimento delle indagini». Non bastasse, era nel potere dell'Authority «invitare qualsiasi altro soggetto a fornire notizie e informazioni» giacché «indagini patrimoniali possono essere estese ai prossimi congiunti nonché a terzi». Di Pietro in sostanza auspicava un organismo che facesse questo:

> ... operi in piena autonomia dagli altri poteri dello Stato con indipendenza di giudizio e di valutazione ... Questa autorità dovrebbe avere un potere simile a quello degli organi di polizia giudiziaria, con due sostanziali differenze: una estensiva (la possibilità di operare nella fase preventiva) e una riduttiva (solo per accertare i patrimoni diretti e indiretti dei pubblici dipendenti).[44]

La spontanea obiezione che un potere del genere prefigurasse uno Stato di polizia, detto ciò, veniva liquidata allo stato nascente:

> Conosco la facile obiezione: un ordinamento evoluto non può accettare la cultura della delazione. Ma ... bisogna fare un'analisi dei costi-benefici in una visione della giustizia penale che si preoccupi di raggiungere un vantaggio per la collettività.[45]

I diritti del singolo cioè si possono sacrificare. I benefici giustificano i costi. Il fine giustifica i mezzi. Vecchia storia.

Il Progetto strategico di Di Pietro proseguiva con l'intenzione di «programmare l'ingresso al Sisde o al Sis per ricominciare da dov'ero rimasto». E qui va ricordato quanto già detto dal presidente della Commissione stragi Giovanni Pellegrino: la consulenza che offrì a Di Pietro nel gennaio 1995 doveva essere un primo passo verso la direzione del Sis e del Sisde.

Per ora tutto quadra: i processi, Berlusconi, Enimont, il Sis, il Sisde e una serie di proposte di legge che comprendevano quella già presentata a Cernobbio.

Restava infine «Mani pulite 3» ossia «La ricostruzione, il ricambio della classe dirigente, nuove leggi e nuovi agglomerati politici, la divulgazione di Mani pulite nel mondo».

Dunque. Un rinnovamento per via giudiziaria c'era già stato, la comparsa di nuovi movimenti pure. Capire la natura dei «nuovi agglomerati politici» e del «ricambio della classe dirigente» sarebbe stato interessante. Restava la modesta «divulgazione di Mani pulite nel mondo», quello che secondo Di Pietro era solo un appunto per un ciclo di conferenze.

Ebbene, nelle elaborazioni di Antonio Di Pietro e del suo mentore Federico Stella, negli anni 1995 e 1996, si trova traccia persino di quella: scritti e interventi, cioè, in cui si auspicava «un diritto processuale europeo unico»[46] e che ponevano nel mirino soprattutto Stati come Francia, Germania e Regno Unito, superiori all'Italia per salvaguardia dei diritti individuali quanto inferiori per tassi di fisiologica corruzione; nazioni colpevoli, però, secondo Di Pietro, di scarsa moralità giudiziaria nonché di «un certa legislazione fiscale» e della «partecipazione delle multinazionali in società con sede in paradisi fiscali»:

> Non parlo solo dell'Italia, perché il fenomeno è generalizzato e l'unica differenza è che noi, prima di tanti altri, abbiamo avuto il coraggio di aprire armadi e lavare i panni sporchi. Altri paesi, anche occidentali, fanno finta di non conoscere il problema mascherandosi dietro una facciata di perbenismo del tutto fuori della realtà.[47]

L'Italia, insomma, poteva essere lo Stato pioniere di una crociata per mondare le corruzioni del globo terracqueo.

Altre considerazioni erano contenute in un articolo «Nuova politica e primato dell'etica» che andrebbe riprodotto per intero. La mano è ovviamente quella di Federico Stella:

> Il progressivo affievolirsi di istanze superiori ... è derivato dall'affermarsi di valori sempre meno sociali e sempre più particolaristici ... Con la crescita del benessere si è verificato un arretramento rispetto a principi universalmente accettati ... Sul terreno etico-morale gli effetti della corruzione appaiono sconvolgenti ... Si formarono moti di opinione, si determinarono reazioni, si elaborarono ideologie di rinnovamento: culturale, politico e giuridico. Soprattutto a gran voce si invocava l'intervento della magistratura. Così è stato. Così è nata Mani pulite. O meglio, questo è stato il retroterra che ha reso possibile un'operazione giudiziaria irripetibile ... La conclusione non può essere che la necessità di intervenire, oltre che attraverso il diritto penale, con un'ampia e profonda modificazione delle condizioni oggettive che stanno alla base della convivenza nella società ... l'autentica legalità trova la sua motivazione nella moralità dell'uomo ... Senza una diffusione di standard etici condivisi non ci può essere adesione spontanea alle norme, né diffusione del senso di legalità ... bisogna che ci accingiamo tutti a dar vita a un vero e proprio rinascimento dell'etica.[48]

È impossibile – si dirà – che Di Pietro possa aver detto o scritto cose del genere. I discorsi però li fece. Li lesse. Forse neppure gli importava di che cosa stava diventando inconsapevole strumento. Forse, dal suo punto di vista, c'era chi elaborava teorie e scriveva discorsi al posto suo, e gli bastava. Forse mandava avanti chi aveva strumenti diversi dai suoi. Forse, a persuaderlo che ogni cosa gli fosse comunque possibile, nel periodo del suo massimo consenso, contribuirono anche le simpatie che alcuni circoli americani avevano da tempo riposto in lui. Nulla di segreto o dietrologico: erano rapporti consolidati dai buoni uffici della Uses – l'agenzia governativa di promozione culturale che già nel 1992 l'aveva invitato negli Stati Uniti – e che erano proseguiti grazie a contatti con altri cenacoli non governativi legati all'American Enterprise Institute, una sorta di *think-tank* della destra repubblicana. Di Pietro, tra l'altro, tornò negli Usa proprio in quell'estate del 1995 e presenziò a una conferenza al Center for Strategic and International Studies; il 26 luglio criticò apertamente Berlusconi e propose l'abolizione del segreto bancario su scala mondiale. Ne scrissero i giornali.

Edward Luttwak, ex consulente della Casa Bianca ai tempi di

Reagan e frequente ospite delle nostre Tv, aveva dapprima definito Di Pietro «l'uomo nuovo per la politica italiana» e l'aveva paragonato a un «novello Eisenhower». Ma qualcosa poi l'aveva lasciato perplesso. Ha raccontato:

> Di Pietro si sentiva investito da una missione, si sforzava di parlare come uno statista. Era il periodo in cui, incoraggiato da Cossiga e appoggiato indirettamente da qualche gruppo di centrodestra, meditava di approfittare della debolezza giudiziaria di Berlusconi per scalzarlo ... poi non ho più capito che direzione volesse prendere. Credo che non abbia la minima idea di quel che vuol dire liberismo. Di esplicito in lui c'è soltanto una vena di populismo peronista.[49]

Anche Piero Rocchini, amico di Tonino e organizzatore di centinaia di inutili «comitati pro Di Pietro», deluso, ha confermato:

> Era come se lì negli Usa il nostro progetto fosse stato accolto con freddezza, e quello che doveva essere un progetto autonomo dai partiti si trasformò in un discorso di appoggio a una determinata forza politica.[50]

L'appoggio a una determinata forza politica a sua volta non sarà un segreto: scornato dopo il viaggio negli Stati Uniti, nel pieno della parabola discendente, Di Pietro da settembre in poi comincerà gli ammiccamenti con Romano Prodi, Carlo De Benedetti e ambienti legati al gruppo «Espresso». L'ultimo singulto del citato «progetto autonomo dai partiti» sarà rappresentato dal sottovalutato *Manifesto per un Paese normale*[51] scritto da Elio Veltri sempre su incarico di Di Pietro.[52] Nel volumetto, pur deprivati di certe punte clericali proprie di Federico Stella, venivano ripresi i progetti formulati in precedenza e si riproporrà un primato dell'etica:

> Il Parlamento potrebbe utilizzare il lavoro dei magistrati ... e quello fornito da organizzazioni di cittadini, affidandolo a un gruppo interdisciplinare di esperti e di persone di indiscussa moralità, esterno al Parlamento, con un duplice obiettivo: fare le valutazioni etiche e politiche ritenute utili e presentare alcune proposte concrete di educazione e prevenzione.[53]

L'ultimo pallino di Di Pietro, terzo punto del suo discorso di insediamento a Castellanza, era appunto «l'oggettività dell'informazione e i confini del diritto di cronaca». Ma qui, a pistole ormai scariche, il novello Eisenhower si limiterà a fare un paio di fiacche sparate tra la fine del 1996 e la prima metà del 1997. In sostanza propose provvedimenti come il «decreto cautelare di rettifica» oltreché la rilettura dei virgolettati agli interessati e – inevitabile – un inasprimento delle pene per il reato di diffamazione. Alle testate che se ne fossero macchiate, secondo Di Pietro, avrebbe dovuto essere imposta un'esponenziale sospensione delle pubblicazioni: più diffamazioni ergo più sospensioni, ogni volta più prolungate. Come disse durante un incontro a Pesaro: «Bisogna che qualunque povero cristo possa andare dal gip e ottenere nel giro di 48 ore un articolo uguale, ma contrario, per poter annullare, con il controllo di un giudice, la sentenza anticipata di condanna giornalistica».[54] Lo disse nell'indifferenza generale quando solo un anno prima ci avrebbero aperto le prime pagine. Lo disse oltretutto in un periodo in cui inoltrava centinaia di querele ai danni della medesima categoria giornalistica che l'aveva osannato e riverito come nessun'altro dal dopoguerra. Una categoria che di quanto spiegato sinora e di quanto Di Pietro andava confezionando anche per essa, non vide e scrisse nulla. Di nulla.

X
L'arte della fuga

Due venditori

Sin dal 25 luglio 1995, cioè dal giorno in cui Silvio Berlusconi aveva finalmente compreso il doppio gioco dell'ex pm, Antonio D'Adamo sapeva che gli rimaneva una sola carta da calare. Il suo gruppo boccheggiava, la prospettiva del fallimento stavolta era reale, i finanziamenti sbloccati dal Cavaliere erano serviti a poco, non aveva più terreni da vendere e adesso doveva risalire da un pozzo ancora più profondo. I suoi punti di forza erano sempre stati l'amicizia con Di Pietro e il buon rapporto coi Berlusconi, ma tutto era cambiato. Tonino aveva gettato la toga e nel tentativo di ripulirsi gli aveva frettolosamente restituito quei 100 milioni di «prestito» che pure erano solamente una parte dei benefit di cui aveva goduto; in febbraio, poi, l'ex pm lo aveva persino disconosciuto dal ruolo di prezioso ambasciatore col Cavaliere. Non gli fu difficile, perciò, mentre il suo gruppo andava a rotoli, condividere un certo sbigottimento per la piega che l'amico aveva preso. Gli fu molto più difficile, l'amico, tutto sommato, venderlo. O fingere di farlo. Ma quel che sapeva di lui era un capitale residuo che giusto in quei giorni aveva raggiunto la massima quotazione possibile agli occhi del più interessato acquirente possibile, il più facoltoso, colui che avrebbe potuto salvarlo dal fallimento. Difficile resistere. Dalla fine di luglio agli inizi di settembre D'Adamo cominciò perciò a snocciolare la sua merce, a srotolare il suo telo da piazzista. Scrisse un breve promemoria, appena abbozzato: «Note sul mio rapporto col dottor Antonio Di Pietro». Aveva sempre pensato che i suoi trascorsi con lui fossero un'assicurazione sulla vita: bene, ora stava morendo.

Il 2 settembre, dopo un'estate silenziosa, Di Pietro si decompresse tutto d'un botto e si mise a urlare al tradizionale workshop di Cernobbio: «Ho la presunzione di riuscire ancora a mobilitare le coscienze contro il famigerato colpo di spugna: un tentativo che si sta facendo più pressante in concomitanza con l'avvicinarsi delle sentenze di probabile condanna dei vari inquisiti eccellenti». Sui giornali si parlicchiava di amnistie e il «Corriere della Sera» restituì un Di Pietro alla Emiliano Zapata: «Mobiliterò il popolo infuriato».

Berlusconi chiamò subito D'Adamo: «Ieri il suo amico ha dato fuori di testa... Quindi bisogna che lei si prepari. Siamo nelle sue mani». E D'Adamo: «Ci sono dei problemi... un giorno che ha un minuto di tempo...». «Quando vuole.» I telefoni di D'Adamo erano controllati dalla Procura di Brescia. Di quei colloqui si sa tutto. Disse a suo fratello Ezio, subito dopo: «Il lumicino comincia ad accendersi... devo pensare, devo fare un piano... Sto pensando a una strategia».

Quale che fosse, la delineò il 7 settembre a casa del Cavaliere, per ore intere. Probabilmente è qui, diversamente da quanto racconterà Berlusconi, che D'Adamo raccontò fatti veri ma ammiccò anche a merce mirabolante che spacciò come immediatamente disponibile a magazzino ma che in realtà era poco vendibile a un tribunale: che è ciò che importava a Berlusconi. D'Adamo la buttò lì, mai avrebbe pensato che un giorno avrebbe dovuto magari dettagliarla davanti a un pubblico ministero. Pensava al suo gruppo da salvare. Poi chissà.

Al Cavaliere comunque la vendette bene. Gli raccontò che Pierfrancesco Pacini Battaglia, a metà del 1993, lo aveva finanziato per 9 miliardi di lire ma che poi gliene avrebbe richiesti indietro solo 4 e mezzo, perché il resto – disse il banchiere – se lo potevano dividere D'Adamo e quel Di Pietro che era stato tanto gentile con lui, non lo aveva mai arrestato, gli aveva consentito di fare un po' come voleva.

Berlusconi la sua parte la fece. Come al solito, non mise una lira: ma s'impegnò allo spasimo per favorire lo sblocco di finanziamenti e pratiche, far condonare crediti, contattare ambasciatori, agevolare affari che partivano dalla costruzione dell'aeroporto di Lacchiarella alla compartecipazione in una mega azienda in Libia. Poi ricontattò istituti e banche creditrici, fece quel che poteva, e poté molto, perché il gruppo D'Adamo ricominciò a respirare da morto che era.

Intanto Di Pietro rincarava. Era un periodo in cui il Cavaliere diversamente dal solito litigava col Pool in vista di un suo prossimo rinvio a giudizio, accusandolo di parzialità politica e di fare inchieste selettive. Così, sulla «Repubblica» dell'8 ottobre, eccoti una sberla di articolo dove sotto il titolo *Berlusconi, quante frottole* l'ex pm sparava ad altezza d'uomo:

Gli ultimi attacchi di Berlusconi alla magistratura non possono passare sotto silenzio ... Ho detto a Lui – anche per averglielo confidato io direttamente – come mi senta vicino col cuore agli elettori di Forza Italia. Ho detto a Lui ciò che è sotto gli occhi di tutti: molti cittadini italiani hanno dato fiducia a questa nuova formazione politica appunto perché dava l'impressione di rappresentare una svolta ... Questo desiderio di rinnovamento ha contagiato molti e, confesso, anche me. Ho l'impressione, però, che se Berlusconi continua a raccontare frottole agli italiani, prima o poi in molti saranno costretti a rivedere la propria posizione. Tra questi, anch'io ... le indagini relative ai rapporti fra il suo gruppo imprenditoriale ed alcuni esponenti della Guardia di finanza sono state svolte anche da me. Ed io posso mettere la mano sul fuoco che non l'ho fatto per fini politici, ma solo perché quello era il mio dovere (anche se mi dispiaceva), come era il dovere degli altri colleghi del Pool.

In una concatenazione ormai cronica di abbagli, il postfascista Maurizio Gasparri definì l'articolo «una dichiarazione d'amore per Forza Italia»,[1] subito imitato dal Tg2 che enfatizzò il passaggio in cui Di Pietro guardava «al cuore degli elettori di Forza Italia». Meglio informato, Berlusconi rispose il giorno dopo concludendo così: «Cambiare opinione è sempre possibile, soprattutto se si cambiano i commensali, come è di recente avvenuto in quel di Firenze, ma cambiarla così in fretta e con argomenti così deboli è sconsigliabile per chiunque, anche per il dottor Di Pietro». Aveva saputo di un pranzo tra Di Pietro e Prodi e Veltroni. E aveva capito che Tonino puntava di là.

Ed era vero. Questo lo sappiamo perché la Procura di La Spezia, dal 30 ottobre, decise di mettere sotto controllo i telefoni di Pierfrancesco Pacini Battaglia per un'indagine su un traffico d'armi. Il giorno dopo, fra l'altro, Pacini Battaglia si presentò proprio a Brescia per farsi interrogare da Fabio Salamone che intanto indagava a tutto spiano. Il pm gli chiese anche di D'Adamo e dei suoi rapporti con lui, ma invano.

Era ancora una fase in cui il corteggiatissimo Di Pietro telefonava a tutti, incontrava tutti e a tutti confermava e smentiva tutto: vide o sentì Romano Prodi, Carlo De Benedetti, Corrado Passera, ci fu pure un abboccamento con Umberto Bossi tramite Irene Pivetti, conosciuta nell'ambiente rilassante della Commissione stragi. Finirà male. Bossi dirà che «Tonino è un bambino, i suoi programmi vanno bene all'asilo»[2] dopodiché si augureranno reciprocamente di finire al gabbio: Di Pietro dicendo «la giustizia è lenta ma arriva per tutti, anche per Bossi» e l'altro rispondendo che ad attenderlo c'erano le celle della Padania: «Io rischio adesso, ma lui dopo». Tonino in quei giorni parlò di linee da seguire e di editorialisti da cassare: al direttore del «Corriere»

Paolo Mieli farà sapere che un articolo di Giuliano Zincone non gli era piaciuto per niente – era titolato *L'agropolitica* – e che bisognava quindi provvedere, cambiare linea, altrimenti avrebbe «chiuso la saracinesca». La chiuderà per esempio con «la Repubblica» un po' più avanti, il 28 aprile 1996, dopo quest'uscita di Eugenio Scalfari: «Il vero ruolo che Di Pietro ha è quello di tribuno della plebe». Il tribuno interromperà immediatamente la collaborazione con il quotidiano.

Nessun problema. La grandiosa bugia la ripeterà su «MicroMega»: «Un mio partito non ci sarà mai. E non ci sarà nemmeno un movimento organizzato, che poi è la stessa cosa del partito».[3] Ci saranno l'uno e l'altro. Questa sua disinvoltura nel mentire ripetutamente si nutrirà di modificazioni progressive e reiterate pure con fastidio. «Credevo di essere stato chiaro quando avevo detto che non mi sarei impegnato in politica, almeno fin quando» eccolo lì «non saranno concluse le inchieste giudiziarie di Brescia.» Questo lo dirà il 23 febbraio successivo. Bugia in ogni caso, perché le inchieste si chiuderanno nel marzo 1999 e lui avrà fatto politica ben prima.

Paese ingrato

Il problema è che l'ansia da inscatolamento non lo lasciava mai. Al telefono col suo amico Piero Colaprico, giornalista della «Repubblica», gli disse: «Ho letto delle minchiate che ha detto quello lì, Prodi… domani volevo fare un lisciabusso… voglio rispondere per le rime a questo qui… gli vorrei fare un culo così, insomma». Il 19 novembre 1995 si mise quindi a scrivere un articolo-lettera contro Prodi. Chiamò l'amico Giuseppe Lucibello:

Di Pietro: Sto scrivendo un articolo … durissimo nei confronti di Prodi.
Lucibello: È bellissimo.
Di Pietro: Sarà durissimo.
Lucibello: Benissimo.

Nella frenesia di quei giorni era legittimo anche qualche momento di scarsa lucidità:

Di Pietro: Sai se…
Veltri: Eh?
Di Pietro: … se Gaspari è stato intervistato stamattina?
Veltri: Te l'ho detto io.
Di Pietro: Ah! Tu me l'hai detto, sì, bravo, bravo.
Veltri: Antonio, se ti ho telefonato io cazzo![4]

Gaspari era Remo Gaspari, l'ex ministro della Funzione pubblica con cui Tonino aveva trafficato nei tardi anni Ottanta per diventare responsabile dell'informatizzazione del palazzo di giustizia milanese (vedi capitolo IV, pp. 66-72). Brescia stava indagando sulla faccenda come sulla Isi, la società gestita da due ex carabinieri che lavoravano con Tonino. Il quale, non v'è dubbio, come dimostra la seguente telefonata del 30 novembre con un non meglio identificato «Piero», aveva risorse tecnologiche sorprendenti:

> *Di Pietro*: Pronto?
> *Piero*: 'sto cellulare lo dobbiamo buttare via.
> *Di Pietro*: No no, io ho capito qual è il mio problema del mio Gsm e ... devo cambiarlo sì, perché io quando schiaccio forte sull'orecchio, lo spengo con l'orecchio.

Di Pietro spegneva i cellulari con l'orecchio.

Probabilmente non fu un bel Natale, per lui. I giornali, in pieno scandalo Affittopoli, avevano sparato in prima pagina la faccenda del bilocale in equo canone che aveva avuto in affitto dalla Cariplo. Poi, anche se non lo sapeva, la procura di Brescia il 22 novembre aveva chiesto di poter nascondere dei microfoni negli uffici romani del banchiere Pacini Battaglia. Poi, anche se non sapeva nemmeno questo, il suo ex amico Antonio D'Adamo stava tramando alle sue spalle col Cavaliere. Il 3 dicembre era andato persino ad Arcore a vedersi Milan-Lazio. Prima però aveva parlato al telefono con suo genero: «Se la vogliono utilizzare, poi, l'utilizzano... se non la vogliono utilizzare, non la utilizzano... Si vedrà». Parlava della memoria di due pagine che aveva scritto su Di Pietro. Resteranno ferme un altro anno e mezzo, quelle due paginette. Il Milan segnò a tre minuti dalla fine, gol di Weah.

Di Pietro seppe, questo sì, che il 20 dicembre i pm Salamone e Bonfigli avevano chiesto il suo rinvio a giudizio per le vicende dell'informatizzazione e soprattutto per quelle che riguardavano le rivelazioni di Giancarlo Gorrini. I giornali erano pieni di notizie e particolari per lui poco edificanti. Nei giorni di Natale fuggì e scomparve senza lasciare recapiti neanche alla moglie. Cellulare spento. Non volle saperne di niente e di nessuno. Alla fine Giulio Rapetti, il paroliere Mogol, telefonò a Susanna Mazzoleni per dirle almeno che Tonino era vivo e che era da lui in Umbria, a Toscolano.[5] Da lì, forse, scrisse l'ultima rubrica dell'anno per «Oggi»:

> Il nostro è un Paese ingrato e, anche se il tempo mi darà ragione, io non ho più nulla da dire e da dare, né come magistrato né come cittadino. Ora spero solo di essere dimenticato.

Sbancato, sbiancato, stangato, stancato

Nessuno si era dimenticato di lui. L'11 gennaio 1996, ecco una conversazione tra il banchiere Pierfrancesco Pacini Battaglia e l'avvocato Francesco Petrelli:

> Oggi come oggi noi siamo usciti da Mani pulite ... per ora siamo quasi usciti, pagando e intrafunando [*nel dialetto pisano, imbrogliando*] ... Cioè ti spiego ... noi siamo usciti da, voi siete usciti da Mani pulite o io sono uscito da Mani pulite perché s'è pagato, non cominciamo a rompere i coglioni: quelli più bravi di noi non ci sono nemmeno entrati ... a me se chiappano che Lucibello e Di Pietro ... Se li arrestano per me è solo un piacere ... perché a me Di Pietro e Lucibello mi hanno sicuramente sbancato ... sbancato nei limiti che ... a me se li buttano dentro tutti e due...

«Mi hanno sbancato.» Quando le intercettazioni saranno rese note, altre versioni fornite da Pacini o Lucibello o da altri soggetti – a scelta – saranno: 1) intendeva «sbancato» moralmente; 2) non è «sbancato», è «sbiancato»; 3) non è «sbiancato», è «stangato»; 4) non è «stangato», è «stancato» (nella pronuncia di Lucibello, i termini si equivalevano); 5) la registrazione è trascritta male. Appreso che era trascritta benissimo, si tornerà alla prima versione.

Nello stesso giorno fu intercettata un'altra conversazione tra Pacini Battaglia e Antonio Intiglietta, ex vicesindaco di Milano di frequentazioni cielline. Il banchiere parlava di un suo recente interrogatorio a Brescia:

> Sono stato interrogato a tappeto su quanti soldi davo a Lucibello, se pensavo che li divideva con Di Pietro... ma io ho detto: scusi dottor Salamone, ma mi dica una cosa, ma io vengo a parlar male del Pool Mani pulite? Facciamo che io decido di parlar male di Mani pulite... che forse potrei... (ride) Ma lei mi salva dalle sei imputazioni che ci ho? Io vengo lì e le dico: senta, Davigo e Colombo hanno fatto un abuso d'ufficio e glielo dimostro. Lei prende per buono le mie dimostrazioni e manda sotto inchiesta Davigo e Colombo al completo. Diciamo che lei li rinvia a giudizio. Cosa segue? Li manda al Csm e il Csm deciderà... Nel contempo, io vado a Milano, sono lì su rinvio a giudizio. Loro sono amici del gip che rinvia a giudizio. A me mi condannano a sei anni. Perché mi condannano a sei anni? Perché sono venuto da lei... e quindi, ragazzi! O lei mi fa parlar me, e leva il processo a loro, o io vado a parlar con loro... tutte le volte che lei mi chiama, Davigo mi manda a chiamare, così. Io come vengo chiamato da lei... ecco, guarda... Telefonata di ieri di Davigo che mi ha detto «vorrei fare una chiacchierata con lei»... vede, dottore?... ma perché m'avrà chiamato... per dirmi: ragazzo, stai attento a cosa dici a Salamone.[6]

Il 22 febbraio e il 6 marzo, a Brescia, il giudice dell'udienza preliminare Roberto Spanò respinse tutte le richieste di rinvio a giudizio che riguardavano le vicende informatiche di Tonino. Scrisse che l'ex pm si era fatto raccomandare dai socialisti per avere un incarico ministeriale sull'informatizzazione – che poi aveva ottenuto – ma motivò che non aveva tentato di concutere l'ex ministro Gaspari sul quale pure indagava nello stesso periodo, o poco prima; Gaspari aveva detto che l'incarico gliel'aveva affidato in una logica *do ut des* in quanto indagato da lui, ma il giudice Spanò concluse che Di Pietro aveva fatto in tempo ad astenersi dall'inchiesta anche se vi era stata una disputa sulle date e su qualche carta scomparsa. Inoltre, altra decisione, non fu per rappresaglia che Di Pietro indagò il democristiano Giancarlo Albini che aveva appena bocciato un progetto informatico della Isi, la società dei suoi collaboratori e di Giuseppe Lucibello e dove aveva lavorato anche Cristiano, suo figlio; ammise solo, il giudice Spanò, che Di Pietro aveva sponsorizzato la Isi al ministero grazie a una raccomandazione dell'ex sindaco Pillitteri. L'ex pm, secondo Spanò, non tentò di concutere nemmeno l'assessore regionale Francesco Rivolta, suo indagato, il quale cercò di fargli avere un incarico, è vero, ma solo per liberarsi di lui e di un'inchiesta che stava conducendo.

Il proscioglimento sorprese, ma relativamente: colpì più che altro che per vicende così complesse, infarcite di carte e testimoni, non si fosse optato per un processo. Ma era anche vero che le inchieste sull'informatizzazione apparivano piuttosto confuse. Inutile fingere che gli indagati siano tutti uguali: per mandare alla sbarra un simbolo come Di Pietro ci voleva altro. Questo pensarono in molti, non del tutto a torto.

Per Di Pietro fu un sospiro di sollievo. Non mancarono caldi applausi e rinnovati corteggiamenti soprattutto da esponenti di Alleanza nazionale.

I pre-processi

Il 29 marzo 1996, però, e questa sì fu una sorpresa veramente grossa, il giudice dell'udienza preliminare Anna Di Martino emise sentenza di non luogo a procedere anche per l'abuso d'ufficio legato alla nomina di Eleuterio Rea a comandante dei vigili, ma soprattutto per la concussione legata ai favori che Di Pietro aveva ottenuto da Giancarlo Gorrini. L'ex pm, cioè, non sarebbe stato processato.

La sentenza del gup diceva solo:

> Deve ritenersi pacifico che, tra la fine del 1989 e gli inizi del 1990, l'imputato ebbe a ricevere dal Rocca una vettura Mercedes 300 CE in proprietà della Maa Assicurazioni ... Altrettanto certo è che il Di Pietro dopo pochissimo tempo ebbe a venderla all'avvocato Lucibello ... provvedendo a incassare la somma senza corrisponderla alla Maa Assicurazioni ... L'imputato nell'anno 1991 ebbe effettivamente a interessarsi dei problemi di esposizione debitoria gravanti sull'amico ... Rea Eleuterio ... (il che complessivamente) avrebbe potuto assumere per Di Pietro legale apprezzamento solo sotto l'aspetto disciplinare, potendo apparire censurabile l'instaurazione di un prolungato rapporto debitorio con persone che successivamente ebbero a entrare in relazione con l'Ufficio della Procura di Milano.

Cento milioni in contanti restituiti in fretta e furia, soldi per Rea, Mercedes a scrocco poi rivenduta tenendosi i soldi, impiego del figlio, regali vari, ombrelli, agende, penne, persino dei calzettoni: non fu reato. E sta bene anche questo. Ma lo scontro fra tifoserie, nel clima da stadio che circondava Di Pietro, finì per coprire ogni valutazione non tanto sul proscioglimento, che su un piano formale poteva anche starci, ma sul dettaglio che neanche stavolta si fosse andati a processo. A Brescia, per quanto riguardava Di Pietro, non si stavano facendo i processi. Alcune particolari udienze preliminari si erano trasformate in piccoli processi monocratici.

Anzi no, ritirato tutto: era falso che a Brescia non si facessero i processi se c'era di mezzo Di Pietro. Anna Di Martino, in quello stesso giorno, accolse infatti il solo rinvio a giudizio tra tutti quelli che saranno stati chiesti nell'arco di quattro anni: il solo, cioè, in cui Di Pietro era parte lesa. Quel 29 marzo il gup mandò infatti a processo Paolo Berlusconi, Cesare Previti, Ugo Dinacci e Domenico De Biase per l'accusa di aver ricattato l'ex pm per farlo dimettere dalla magistratura nell'autunno 1994. Così era deciso.

Anzi no, non era ancora finita. Subito dopo l'accoglimento di uno soltanto dei tanti processi che aveva chiesto, il pm Fabio Salamone veniva invitato a rinunciarvi assieme a ogni indagine su Di Pietro. Glielo chiese il procuratore generale Marcello Torregrossa con una lettera formale: sosteneva che il pm poteva essere animato da una «grave inimicizia» verso Di Pietro: nel 1993, in effetti, l'ex pm aveva incrociato e indagato suo fratello, l'imprenditore Filippo Salamone, anche se ne aveva subito inviato la posizione a Palermo per competenza. Il pm Fabio Salamone si limitò a declinare l'invito del suo procuratore generale.

Che bel periodo, quello. Essersi tolto quel peso giudiziario lo rese gaio. Solo una sana predisposizione d'animo poteva giustificare una cena tra la coppia Di Pietro e la coppia Mastella a Bergamo alta. Tonino stava per diventare ministro dei Lavori pubblici per il governo Prodi: l'avrebbe annunciato al paese prima ancora che a Scalfaro, che in teoria doveva dare il suo assenso. Fu proprio una bella serata. E che non facessero i maliziosi: fu casuale che Clemente Mastella, dopo aver ascoltato attentamente i piani di Tonino per il futuro, l'indomani mattina partì per Lourdes.[7]

Il 5 maggio 1996, prima che giurasse battendo i tacchi davanti a un innervosito Scalfaro, a Montenero di Bisaccia gli montarono un tendone da circo tutto per lui.

I giornalisti non riuscirono a entrare e non furono i soli; c'era anche il pensionato Guerino Sinatora che si lamentava perché era venuto sin da Torino con la moglie Giuseppina e il cognato Alfredo; c'era tal Palmina Giannini che per la terza volta era scesa dalle montagne di Isernia perché suo figlio soffre di una rara malattia genetica e avrebbe voluto che Tonino sostenesse un comitato scientifico: ma disse che era stato più facile incontrare il papa.

Tonino salì in pedana con le stampelle e fu il primo boato: era reduce da un intervento al legamento crociato del ginocchio. La massa si commosse e si sciolse assieme alla condensa che colava dal tendone. Davanti all'ingresso, ben piazzato, un banco della premiata ditta Fratelli Sparvieri: mozzarelle, taralli naspratì, strozzacani e tarallini al finocchio. Tonino si rivolse al pubblico: «Mi levo la giacchetta!». Altro boato, applausi. Poi: «Le cravatte mi soffocano!». Ovazione. Si appalesarono anche il vescovo e il prefetto, ma non se li filò nessuno. Rieccolo: «L'Italia è un tutt'uno, dovete andare avanti da soli e non a spinta, fatevi raccontare quando si andava dal notabile di paese col salame sotto il braccio!». Terzo boato, un crescendo. E ancora, anche se il nesso non fu chiarissimo: «Ho fatto il difensore nel Montenero Calcio e non mi sono accorto che mi rovinavo il ginocchio, ho dovuto operarmiii!». Tripudio, ressa, calca. Una ragazzina gli chiese: «Che cosa deve fare l'Italia per meritarsi Maastricht?». E Tonino: «Non ti risponderò, ci sono fuori i giornalisti». «Perché l'educazione civica si insegna così poco?» Lui: «Già, perché? Lo vorrei sapere anch'io».[8]

Ogni ironia sulla breve esperienza di Antonio Di Pietro ai Lavori pubblici è un gol a porta vuota. Non potendo trasvolare, si sceglie di fissare immagini e fatti.

Vi fu una comprensibile difficoltà d'esordio, anzitutto. Disse Giuliano Ferrara: «Doveva rifare il mondo, è finito sulla poltrona di Nicolazzi».[9] Il pidiessino Gavino Angius aggiunse: «Ho più diritto io, che mi sono presentato al vaglio dei cittadini, a fare il ministro».[10] Quando Di Pietro si presentò con decine di faldoni come suo programma, gli disse il parlamentare Ugo Martinat: «Caro ministro, invece che dei funzionari corrotti, cominci a disfarsi della sua dattilografa: la sua relazione è piena di errori di ortografia e pure di grammatica». L'aveva scritta lui. «Io penso che il suo ministero, per cominciare» gli comunicava invece il comunista Primo Galdelli «dovrebbe sparire, e fondersi con quello dei Trasporti.» «Macché, il programma è ottimo» lo contraddisse il leghista Francesco Formenti «purché faccia il ministro per venticinque anni.»

Mise immediatamente becco su tutto. Quando il ministro dell'Industria Pierluigi Bersani annunciò le nomine dell'Authority sull'energia, lui chiese subito «chi sono?» e prese a scorrere gli elenchi: se non li conosceva, dato il suo lavoro precedente, era ritenuto un buon segno. «È come avere in permanenza un poliziotto a fianco» annotò Massimo Franco su «Panorama».[11] Altre volte, pur di parlare dei soli temi che conosceva, proponeva paralleli sconcertanti. In Consiglio dei ministri, il Guardasigilli Giovanni Maria Flick e il titolare dei Trasporti Claudio Burlando si confrontarono sui poteri da assegnare ai comandanti delle navi militari che solcavano fuori dalle acque territoriali; e mentre sulla questione altri ministri scartabellavano e telefonavano e puntualizzavano, lui irruppe sicuro:

> È sacrosanto dare ai comandanti questo potere. Siamo un paese dove è necessario ridimensionare i poteri che non servono … Ho fatto fare un censimento delle macchine che hanno la paletta rossa. Sapete quante sono? Ventiduemila. In pratica tutti hanno una paletta per divertirsi … È un potere che non ha senso.[12]

Si ricordano due nomine su tutte. Anzitutto quella dell'ex presidente dell'Associazione nazionale magistrati Mario Cicala, neocapo dell'ufficio legislativo: suo compito doveva essere stabilire i regolamenti e fornire un parere finale prima di ogni decisione. Nell'immaginazione di Di Pietro in pratica era il gip Italo Ghitti. La seconda nomina fu quella del collaboratore Roberto Arnoldi, anzi «quel certo Arnoldi» come avrà a definirlo Mario Cicala prima di cedergli il passo. Era l'assessore all'Urbanistica che a Curno si era schierato con Susanna Mazzoleni per un pasticcio di presunti abusi edilizi (vedi il capitolo III, pp. 49-51).

I propositi del neofita erano quelli di ogni ministro sedutosi sulla sua stessa poltrona: sburocratizzare, sbloccare e realizzare grandi opere, e se possibile – coi Verdi al governo – allentare le valutazioni di impatto ambientale. Con in più, nel suo caso, l'impellenza di non doversi confondere col «Palazzo».

Da qui, senza un Francesco Saverio Borrelli a farlo filare, la tendenza a litigare con l'universo mondo. Ogni volta che cercarono di scrivergli un discorso chiarì che preferiva «andare a braccia». Il suo primo decreto fu una riforma delle locazioni. Bocciato. Ogni occasione fu buona per minacciare le dimissioni, come quando sbottò a margine della commissione Ambiente: «Ma se non riesco a lavorare, vengo qui e vi dico: signori miei, non sono riuscito a lavorare, arrivederci e grazie. Avete capito come faccio io? Mica me l'ha ordinato il medico di fare il ministro, no?».[13] I giornali erano puntualmente informati di tutto.

Quando dal niente annunciò che il tratto Firenze-Bologna sarebbe stato raddoppiato – 122 chilometri di autostrada, la celebre variante di valico – al ministro dell'Ambiente, il verde Edo Ronchi, dovettero portare i sali. Cominciò il braccio di ferro. Di Pietro in sostanza aveva aderito al millimetro a un precedente progetto della Società Autostrade che prevedeva ampliamenti cui difettavano soltanto i 5700 miliardi necessari. Ma a indispettire i Verdi non fu solo che Di Pietro non aveva menzionato la parola «ambiente» neanche una volta, bensì che il progetto non era nel programma di governo. Lo era, per contro, quello per l'Alta Velocità ferroviaria che nelle intenzioni voleva proprio sgravare i tratti autostradali. Il presidente del Consiglio Romano Prodi, uno specialista, risolse con un compromesso: sarebbero partiti con 18 chilometri d'asfalto in attesa di qualche studio suppletivo. In pratica morì lì, ma lasciando tutti coi nervi tesi.

L'immagine passata agli annali resta quella del 25 luglio 1995. A Montecitorio si discuteva della salvaguardia della laguna di Venezia e a nome del governo parlava il verde Gianni Mattioli, ma una piccola disputa suggerì che sul tema si esprimesse anche il ministro Di Pietro: che però non c'era. A essere precisi, a Montecitorio non ci aveva ancora mai messo piede in vita sua. Lo mandarono a chiamare e più tardi tra marmi e losanghe s'avanzava un indimenticabile Di Pietro alla *Cielo di piombo, ispettore Callaghan:* jeans, occhialacci neri, cravatta aperta sul collo villoso e in mano un panino. Quando il presidente di turno scampanò, Di Pietro dapprima pretese di parlare da seduto, poi, invitato ad alzarsi, tenne una mano in tasca per tutto il tempo e prese a inveire col ditone puntato e gli occhi da requisitoria:

> Vabbè, abbiate pazienza, se mi avete chiamato, benedettiddio, fatemi parlare. Posso parlare adesso? Volete sapere se Mattioli poteva parlare per me? È questo il concetto? Bene: lui ha la mia delega, non gliel'ho mai tolta. E siccome sono impegnato al Senato, mi pare opportuno che io torni di là e lui resti qua, visto che la sua presenza è ottima e abbondante.[14]

Dalle parti di An si accennò una protesta, ma lui:

> Decido io dove andare. Ritengo che la mia presenza sia più importante là che qua. Vorrei pure vedere che fosse qualcun altro a dire dove devo andare e quando. Decido io, punto e basta.[15]

Lasciò il Transatlantico corrucciato e marziale. Il commento più gentile lo ebbe da Beppe Pisanu di Forza Italia: «Un bullo di periferia». Il più divertente rimarrà quello del verde Maurizio Pieroni: «Non so dove abbia lasciato gli stivaloni, non ha importanza, perché lui li ha nello sguardo».[16]

Risvegli

Tornato dalle ferie, il bilancio era scarso. In compenso c'era una modesta lobbina che a suo nome scorrazzava per Montecitorio: Elio Veltri aveva fondato l'associazione «Democrazia e legalità» col proposito di «bonificare con le riforme le zone che la magistratura non era riuscita a risanare».

Dopo infruttuosi incontri con sindacati e industriali, Di Pietro decise di puntare ancora sulle grandi opere in cemento e asfalto e cioè sui tratti autostradali Messina-Villafranca-Patti, Chieti-San Severo e la terza corsia delle autostrade Torino-Milano, Milano-Genova e Messina-Palermo. Per qualche ragione rimasta incompresa, nell'agenda «Hermes» di Pierfrancesco Pacini Battaglia si ritroveranno appuntate le stesse opere accanto a sigle, cifre, date e nomi di aziende.

Quello del 20 settembre, però, fu un duro colpo. Mario Cicala, il magistrato messo a capo dell'ufficio legislativo, si dimise. Personaggio alieno alle polemiche, denunciò genericamente «pressioni esterne» da parte di lobby interessate agli appalti pubblici. Per il resto la metterà così: «Il 21 luglio chiesi a Di Pietro che fosse messo per iscritto di garantire l'effettivo esercizio del mio ruolo di verifica ... Non ricevendo spiegazioni soddisfacenti, l'8 agosto decisi di dimettermi».[17] Tra le cose poco chiare, il fatto che il banchiere Pacini Battaglia fosse a conoscenza delle dimissioni di Cicala esattamente un mese prima che venissero ufficializzate, il 20 settembre. Il 20 agosto, infatti, era stato intercettato al telefono con l'imprenditore Francesco Froio:

Froio: Il milanese di Porta Pia come sta?
Pacini: Vedrai che... se ne va appena tornato dalle ferie.
Froio: E questo è interessante...
Pacini: Stai tranquillo che se ne va, non passa i primi di settembre.

Lo scorcio del 1996 sarà da film. Dalla Procura di La Spezia stavano emergendo fatti imbarazzanti che tiravano in ballo Pacini Battaglia e i due amici Di Pietro e D'Adamo. Tonino fu silenziosamente iscritto nel registro degli indagati. Il banchiere, grande impunito di Mani pulite, finì in galera il 15 settembre assieme all'amico Lorenzo Necci, amministratore delegato delle Ferrovie dello Stato. Stava emergendo la colossale truffa dell'Alta Velocità: così veloce che a Milano non l'avevano vista. Il 19 settembre l'avvocato di Tonino, Massimo Dinoia, palesò doti divinatorie. Al telefono con un magistrato di Teramo – erano sotto intercettazione – quest'ultimo gli chiese: ma Fabio Salamone? Continuerà il processo? E Dinoia, risoluto: «Sicuramente no».

Il 23 del mese Di Pietro si rivolse agli otto milioni di spettatori del Tg1 per un lungo sfogo-monologo coadiuvato dal silente Maurizio Losa nel ruolo di reggi-microfono: l'ex pm disse che ogni atto su Pacini Battaglia era condiviso dal Pool e che ipotizzare trattamenti di favore era «mostruoso».

Sul proprietario della banca Karfinco Pierfrancesco Pacini Battaglia, mediatore dei più grandi illeciti della Prima Repubblica, il Pool aveva indagato poco e male: è ciò che stava emergendo dalle carte spezzine e bresciane ed è quanto cominciavano a scrivere i giornali. Ma ecco. Il risveglio fu ufficialmente alle ore 11.12 del giorno 15 ottobre: d'un tratto, tre anni dopo le prime deposizioni di Pacini Battaglia, un anno dopo il suo rinvio a giudizio, il Pool di Milano sentiva l'improvvisa esigenza di riapprofondire vecchie questioni. E si rimise a chiedere rogatorie in Svizzera per Pacini Battaglia. E neppure per fatti nuovi, ma per tutta una serie di vecchi episodi – Eni, Saipem, Snam, Agip – per i quali Di Pietro aveva già ufficialmente indagato nel 1993 prima di cedere il testimone al pm Francesco Greco: il quale, d'un tratto, si accorgeva che somme illecite «ben più ingenti di quelle accertate», scriveva quel giorno, «è possibile che siano pervenute alla Karfinco ... è indispensabile a questo Ufficio effettuare più approfondite indagini e accertare se Pacini Battaglia disponesse di conti attraverso i quali abbia effettuato la gestione dell'immenso patrimonio distratto dall'Eni».[18] Queste le richieste del Pool dopo tre anni: se Pacini avesse dei conti alla Karfinco. La Procura di Milano, sino al 2002, chiederà per Pacini Battaglia in tutto ottanta rogatorie internazionali: alla fine neanche poche, grazie alla sveglia suonata da La Spezia. Addirittura molte, poi, se raffrontate con le 22 chieste per Bettino Craxi, le 7 chieste per il cassiere del Pds Marcello Stefanini, la sola (una) chiesta per Cesare Romiti e la nessuna (zero) per Carlo De Benedetti. Sorrideva come al solito, dall'alto delle sue 309 richieste di rogatoria in sette anni, il gruppo di Silvio Berlusconi.

Brescia bussa sempre due volte

Intanto, giocando la silenziosa partita che dilaniava il palazzo di giustizia bresciano e forse l'intera magistratura italiana, l'avvocato Massimo Dinoia chissà perché aveva visto giusto: il 17 ottobre 1996 il procuratore generale Marcello Torregrossa tolse d'autorità ogni indagine su Di Pietro al pm Fabio Salamone, compreso il processo che ipotizzava un ricatto per far dimettere l'ex pm da magistrato. Il procuratore generale gli attribuì «grave inimicizia e pervicace odio privato» per via dell'episodio del fratello sul quale Di Pietro aveva indagato qualche anno prima. Non tenne conto che Fabio Salamone intanto aveva archiviato diversi procedimenti contro Di Pietro e che rappresentava la pubblica accusa in un dibattimento dove Tonino era parte lesa, cioè la vittima. Anzi: per fare le cose bene, il procuratore generale avocò quest'ultimo processo alla procura generale e cioè a se stesso: così ne sarebbe rimasto escluso anche il pm Silvio Bonfigli che non aveva fratelli particolari ma condivideva il fascicolo. A sostituirli nel processo, mentre si appropinquava la data degli interrogatori di Previti e di Paolo Berlusconi ma soprattutto di Antonio Di Pietro, sarebbe stato il tiepido pm Raimondo Giustozzi. Riecheggia ancora la stupida battuta che un cronista gridò in corridoio: «È un ingiustozzi». Infine, il procuratore Torregrossa promosse contro Salamone anche un provvedimento disciplinare.[19] Nella storia giudiziaria italiana non era mai accaduto niente del genere. Di processi e inchieste tolti a un magistrato per «grave inimicizia» non si era mai sentito parlare. Le stranezze a Brescia continuavano.

Il nervosismo del ministro Di Pietro non era granché calato, anzi. Alle eco bresciane si aggiungeva che i cantieri non riaprivano, che l'edilizia era rimasta depressa e che le leggi annunciate restavano annunciate. Il presidente dell'Agi, Associazione grandi imprese, disse al «Corriere della Sera»: «Riacceso i motori? Di Pietro non ha riacceso un accidente di nulla ... Quell'impennata degli appalti di cui si vantava era fatta di lavori sotto il miliardo di lire, briciole ... Non ha capito che non poteva fare tutto da solo».[20] Anche i ventimila costruttori dell'Ance si dissero delusi; il previsto piano idrico da quasi 100.000 miliardi era fermo; un altro magniloquente cavallo di battaglia del ministro, il ponte sullo stretto di Messina – proprio quello – da non parlarne; e mentre per la variante di valico l'atto più concreto era stato fare un buco nella montagna per saggiarne la consistenza, proseguivano le litigate con i Verdi. Il ministro Ronchi e Di Pietro si beccavano anche sulle zanzare: il primo emanò un provvedimento per risanare la laguna veneta e il secondo glielo bloccò. «Di Pietro non ha nessuna idea strategica e ha un grave problema di cultura, non soltanto politica» infierì il verde Sauro Turroni.

Il 6 novembre Di Pietro era a Venezia per la tredicesima assemblea annuale dei sindaci; dopo aver scansato seccamente i fotografi – «non sono una ballerina», disse loro – nel successivo intervento sembrò cercare a tutti i costi l'incidente: tuonò contro il governo che «mi mettono i bastoni tra le ruote» e contro una maggioranza piena di «ritardatari». Se la prese, in particolare, con il popolare Rocco Buttiglione: «Il maestro ha parlato di storia e filosofia. Mi sono detto, mamma mia, quante cose non so. Poi però mi sono chiesto, che ha detto? Boh. Qui dobbiamo parlare di ponti, di strade, di fogne».

Il verde Maurizio Pieroni, quello degli stivaloni, non ne poteva più:

> Dopo questa reiterata espressione di cultura populista e sudamericana, è chiaro che Di Pietro non capisce che la gestione dei conflitti politici è l'essenza della democrazia. Ormai è un problema di Prodi se sbarcarlo dalla squadra o farsi tagliare le gomme quando Di Pietro penserà che sia giunto il momento.[21]

Dalle parti dell'opposizione il più agguerrito era invece Michele Saponara, nemico storico di Tonino quand'era penalista a Milano e poi divenuto parlamentare di Forza Italia: «Ve lo dico io che sono meridionale, Di Pietro è il classico uomo del Sud che si agita come un forsennato e litiga con chiunque pur di fare pace subito dopo e portarsi a casa qualcosa».

Problemi relativi. L'incarico del ministro, dopo soli sei mesi, stava per scadere. Il 12 novembre la Procura di La Spezia spedì alla competente Procura di Brescia il procedimento 1139/96 a carico di Antonio Di Pietro, Giuseppe Lucibello e Antonio D'Adamo: si ipotizzava una concussione o una tentata concussione ai danni del banchiere Pacini Battaglia. Il giorno dopo, in visita a Istanbul, il ministro dei Lavori pubblici vide il Tg5 e poco dopo la mezzanotte si fece leggere per telefono tutti i giornali, riga per riga. Era nuovamente indagato. I giornali spiegavano che secondo le accuse aveva protetto dei personaggi cari a Pacini Battaglia e anche Pacini Battaglia, che in qualche modo l'avrebbe ricompensato. Poi su Raiuno vide «Porta a Porta» con Bettino Craxi che telefonava da Hammamet e lo citava parlando di tesoretti: fu lì che gli estremi del Bosforo quasi si toccarono.

Attese un giorno e poi si dimise da ministro. Un sondaggio Directa[22] del 13 novembre sosteneva che oltre la metà degli italiani l'avrebbe votato ovunque si fosse schierato: se si fosse candidato a sinistra, il 56,7 per cento; se a destra, il 53,7. Avrebbe invece votato un partito tutto suo il 51,5 per cento. Ma stavano per giungere un paio di colpi da knock-out.

La nemesi dell'inquisitore

Tirava aria cattiva. Per bruciare i tempi, *more solito*, scrisse una lettera al procuratore capo di Brescia Giancarlo Tarquini per dirgli che temeva l'arresto e cercando così di scongiurarlo. Ai tempi suoi, a Milano, per un'accusa di concussione non ci avrebbero pensato due volte. Di Pietro, in particolare, non avrebbe avuto dubbi.

Il 6 dicembre 1996 fu uno dei giorni più drammatici della sua vita: 256 uomini batterono palmo a palmo le sue abitazioni e i suoi uffici. Alla fine della giornata le perquisizioni furono 68. Aveva preparato la borsa per il carcere e attese l'alba con tutta la famiglia. Ma non lo arrestarono. Allora riparò in montagna, nel rifugio Mirtillo del suo compare di caccia Pietro Igino Midali, a Carona, in Val Brembana. Salì con una motoslitta. E tacque. Sapeva che, sin da lassù, la sua immagine stava precipitando.

Poco importava che il 23 dicembre le perquisizioni sarebbero state giudicate illegittime dal Tribunale del riesame: intanto, però, i giornali sparavano notizie a raffica grazie a dinamiche che lui ben conosceva. Favoritismi. Omissioni. Documenti scomparsi. Un cellulare che gli aveva dato Pacini. Un altro, sorpresa, che Pacini aveva dato anche a Cesare Previti. Sempre lui. Ancora lui.

Il secondo colpo da knock-out se lo tirò da solo. Il 16 dicembre era convocato come teste nel processo che ipotizzava un ricatto per costringerlo alle dimissioni, un dibattimento che senza Fabio Salamone era divenuto grottesco: l'accusa, il pm Giustozzi, negava ogni complotto, e la parte lesa, Di Pietro, anche. C'era solo da chiudere il processo il prima possibile.

Il giorno precedente Tonino era passato da Piercamillo Davigo e gli aveva detto così: «Domani vado lì e gli spacco il culo a tutti».[23] Poi aveva cambiato idea. Non aveva nessuna voglia di essere interrogato e di spaccare niente: avrebbe dovuto ammettere che l'ispezione ministeriale dell'autunno del 1994 lo aveva condizionato per timore che i favori di Gorrini fossero rivelati. Ossia che lui, magistrato senza macchia e senza paura, aveva la macchia e la paura. In aula poi c'erano le telecamere, e parlare di prestiti e di Mercedes forse no, meglio di no.

Decise di avvalersi della facoltà di non rispondere. Ma alle 10 passate del mattino, forse confidando nelle concessioni a cui era comunque abituato nelle aule di giustizia, cercò di tacere e al tempo stesso di pontificare:

Presidente: Intende rispondere?

Di Pietro: Per rendere più chiaro il mio pensiero, signor presidente...

Presidente: Innanzitutto mi deve dire se intende rispondere.

Di Pietro (*titubante*): Intendo... esprimere la mia dichiarazione di risposta.

Presidente (*con decisione, dopo un attimo di perplessità*): No. Il discorso è lievemente diverso. La prego di specificare se lei intende avvalersi della facoltà di non rispondere. Sì o no. Questo è il discorso.

Di Pietro (*con aria smarrita*): Io, ripeto signor presidente, intendo... rispondere alla sua domanda. Intendo dichiarare se posso avere la possibilità...

Presidente (*lo interrompe*): Non ho capito, con sincerità. Cioè, intende avvalersi della facoltà di non rispondere?

Di Pietro: Intendo... rispondere... alla sua domanda con un documento scritto [*sic*] per rendere più chiara la mia risposta.

Presidente (*spazientito*): No... no. Si tratta di documento scritto. Io le ho chiesto se, e la prego a questo punto di rispondere, l'ho avvertita che la legge, ai sensi del 210, le dà facoltà di non rispondere. Cosa intende fare? Rispondere o no all'esame?

Di Pietro: Ripeto...

Presidente: Sì o no, dottor Di Pietro?

Di Pietro (*con aria da pugile suonato*): Non, non... mi perdoni... No, non... Sono una persona.

Presidente: Sì, ma intanto qual è la sua risposta?

(*Di Pietro si volta verso il suo avvocato e poi verso il pm Giustozzi che interviene per aiutare il testimone.*)

Giustozzi: Intanto dica sì o no. E poi dà la motivazione, questo intende il presidente.

Presidente: (*innervosito*) Pubblico ministero, grazie, ma penso di essere stato chiaro.

Di Pietro: (*un po' viscido*) Sì... era stato chiaro, signor presidente... e io intendo motivare il perché non intendo rispondere con un documento scritto che mi spetta ai sensi del 210...

Presidente (*risoluto, si volge verso i verbalizzanti*): Innanzitutto diciamo che il dottor Di Pietro dichiara che intende avvalersi della facoltà di non rispondere.

Di Pietro: ...con un documento scritto...

Il presidente lo interruppe e si ritirò in camera di consiglio. Dopo un'ora respinse la richiesta. Di Pietro non alzava gli occhi da terra.

Resterà la figura più devastante mai pubblicamente patita. Milioni di italiani non potranno dimenticare l'immagine di un uomo che aveva dismesso l'arroganza dell'inquisitore solo perché inquisito a sua volta, annichilito e soggiogato da sensazioni che pure doveva conoscere bene: perché dall'altra parte della scrivania, infinite volte, le aveva fatte provare a centinaia, migliaia di persone.

In corridoio, più tardi, distribuì il «documento scritto» ai soli organi giuridici cui era destinato sin dall'inizio: stampa e televisioni. Questo l'incipit: «Si è scatenata contro di me una violenta campagna tesa a bloccare il progredire delle indagini portata sapientemente avanti da Bettino Craxi». Sempre lui. Ancora lui. Solo negli anni, forse, Di Pietro avrebbe compreso che Craxi non aveva organizzato niente, o meglio: Craxi, potendolo fare, ne avrebbe scatenate anche dieci, di campagne, ma non poteva. Era molto più isolato e malato di quanto allora non si pensasse. Alla sua morte, tre anni dopo, forse risulterà più lampante. Ma Di Pietro quel giorno non conobbe vergogna: «Era mia intenzione riferire anche in questa sede le manovre e le vendette operate a mio danno e ciò con l'ausilio di una imponente documentazione processuale ... invece mi è stata sequestrata dalla Procura di Brescia ... Non mi resta altro da fare che avvalermi della facoltà di non rispondere».

Ossia: che non si dicesse che aveva taciuto per evitare domande imbarazzanti su Gorrini e compagnia bella, macché, l'aveva fatto per colpa della procura che lo indagava e per colpa di Craxi che complottava. La prima, cioè, aveva sequestrato gli strumenti che avrebbero svelato il ruolo del secondo.

Fece così pena, quel giorno, Di Pietro, che anche quando l'«imponente documentazione processuale» sarà dissequestrata nessuno si preoccuperà di verificarne l'esistenza e la valenza: in aula non sarà mai prodotta. Doveva essere davvero importante.

Vero su bianco

Silvio Berlusconi, per presentarsi a Brescia, aveva atteso che Di Pietro lo precedesse. Avrebbe voluto che esplodesse la bomba D'Adamo, ma questo nicchiava, ogni volta «vediamo» e «aspettiamo». Giunse in procura il 19 dicembre e pur da semplice teste si portò dietro due avvocati. Parlò qualche ora: il tempo di ribadire tutti i voltafaccia che gli aveva fatto Tonino, uno per uno, e di riferire quel che aveva saputo di quel tale, come si chiamava, Antonio D'Adamo, uno che gli aveva raccontato pure lui di prestiti, auto, vestiti, case, altre scrocconerie come con Giancarlo Gorrini, ma forse anche peggio. Questo D'Adamo, insomma, c'era un po' da capire, eh... Perché i signori pubblici ministeri non lo sentivano direttamente?

Il giorno prima della sentenza sul complotto per far dimettere Tonino, domenica 19 gennaio 1997, a Campobasso venne organizzata una manifestazione di solidarietà al compaesano. Ma vi parteciparono in meno di trecento. Il corteo partì da piazza San Francesco e poi si dimezzò, si perse nello struscio domenicale. Forse, a tanti italiani, Di Pietro non glielo dovevi toccare. Ma neanche la domenica.

La sentenza fu appunto il 20 gennaio. Era saltata fuori anche una lettera che Tonino aveva fatto recapitare alla difesa di Previti: «Non ho mai ricevuto pressioni dal senatore per dimettermi ... quando parlai con lui avevo già deciso di anticipare l'uscita dalla magistratura». Un minuetto. Non era chiaro allora perché si fosse costituito parte civile.

L'ambiguità perdurerà nel tempo. Anche quando il Parlamento discuterà la richiesta d'arresto per Cesare Previti per la vicenda Imi-Sir, meno di un anno dopo, Tonino non dirà una sola parola. Non prima o durante o dopo. I giornali scriveranno di una promessa fatta a Prodi.[24]

A Brescia era tutto così ridicolo, ormai, che un paio di pacifici cronisti non poterono non scriverlo. Tra questi, l'indomani, 21 gennaio 1997, Gianni Corvi sul «Corriere della Sera»:

> Raimondo Giustozzi, oltre a voler rinunciare, inutilmente, ad alcuni testimoni dell'accusa già ammessi dal tribunale, si dimentica di porre a diversi testimoni domande sulle dimissioni di Di Pietro (argomento centrale del processo) costringendo il tribunale a porre i quesiti più importanti. Il suo scopo pare invece essere quello di provare che Giancarlo Gorrini nella sua deposizione si è contraddetto e quindi è inattendibile.

E Cinzia Sasso sulla «Repubblica»:

> Giustozzi sembrava avesse una sola preoccupazione: quella di salvaguardare l'immagine di Di Pietro, poco interessato a chiarire il ruolo degli imputati, incapace di fare domande che potessero sollevare dubbi.

Il giudice Francesco Maddalo accolse giocoforza la tesi unificata e assolse infine Paolo Berlusconi, Cesare Previti, Ugo Dinacci e Domenico De Biase. Nessun complotto né altro. Avevano sventolato un'ispezione ministeriale davanti al naso di Di Pietro e, un secondo dopo che si era dimesso, l'avevano richiusa; Di Pietro aveva ammesso di esserne rimasto condizionato, se non ricattato, talché si era dimesso dopo aver saputo che l'avevano chiusa, e però continuava a spiegare al mondo che non aveva niente da nascondere. L'avessero chiamato baratto, anziché ricatto, avrebbero fatto prima.

Nessuno fece appello, ovvio: via, dimenticare. Ecco perché dopo il deposito della sentenza e delle motivazioni,[25] il 10 marzo, rimasero tutti di sale. In quasi duecento pagine, scritte limpidamente com'era raro per la categoria togata, gli episodi che i gup Roberto Spanò e Anna Di Martino avevano giudicato «penalmente irrilevanti» venivano inquadrati una volta per tutte e superati dal grado che apparteneva a un giudizio di tribunale. Le cose non erano andate come Di Pietro e la procura generale avevano sperato: c'era scritto, nero su bianco, che Giancarlo Gorrini aveva detto il vero e che era attendibile, che tutti i fatti descritti si erano verificati, che Di Pietro fece sistematico ricorso ai favori di chi, pure, era condannato per appropriazione indebita, che le pratiche passate a Susanna Mazzoleni furono un regalo al pari dell'impiego a suo figlio Cristiano, figurarsi quei 100 milioni senza interesse, o peggio la Mercedes presa a prestito e che Di Pietro rivendette a Giuseppe Lucibello – a prezzo maggiorato – tenendosi i soldi. Insomma erano tutti veri quei fatti di «dubbia correttezza» dai «risvolti non certo trasparenti» per i quali «avrebbe potuto incorrere in sanzioni disciplinari».[26] Condanne o non condanne, si era capito perlomeno com'era andata.

Amici suoi

Antonio D'Adamo era inquieto. Il suo gruppo era riscivolato nell'abisso, si era quasi rassegnato. Non era tanto quello: è che le cose avevano preso una piega che non gli piaceva per niente. Da quando era nata l'inchiesta di La Spezia e poi riesplosa quella di Brescia, addio pace. Lo chiamavano e richiamavano e reinterrogavano perché dicesse qualcosa, ma lui taceva. Non confermava, non smentiva: non gliene fregava niente né dei dossier anonimi né di quelli del Gico di Firenze, e al diavolo anche il Cavaliere: gli aveva scritto quel promemoria coi favori fatti a Tonino, era vero, in pratica glielo aveva venduto dopo averglielo indorato con evocazioni inquietanti sui suoi affari con Pacini Battaglia. Ma andare in procura, anzi, andare alla sbarra era un'altra cosa.

L'interrogarono il 18 gennaio 1997, ma tacque. Il pm Silvio Bonfigli voleva sapere come fosse riuscito a riacquistare la sua D'Adamo Editore per 4 miliardi e mezzo – da uno come Pacini Battaglia, poi – dopo che in precedenza l'aveva venduta a 9. Avevano dei riscontri, il solito rapporto del Gico di Firenze. Lui si avvalse della facoltà di non rispondere.

Ma non finiva mai. Lo reinterrogarono il 22 febbraio e tacque ancora. Aveva sempre detto che non ci voleva entrare, non sino a quel punto. Lui badava ai suoi affari, portava ambasciate, Tonino si era comportato malissimo, vero, ma denunciarlo in procura era diverso. Facessero le loro indagini, si arrangiassero, lui non era un giuda, poteva essere un piccolo delatore, un consulente, niente d'importante, però sui giornali no. Aveva un po' di aziende sotto la lente del tribunale fallimentare, in quei giorni, quindi no. E glielo ridisse un sacco di altre volte anche a Berlusconi: così era troppo, non era un ruolo per lui, non poteva funzionare, la faccenda dei soldi di Pacini da dividere con Tonino era complicata, il Cavaliere la faceva troppo semplice.

Ma poi, il 13 maggio, varcò l'ingresso della Procura di Brescia Cesare Previti. Secco, professionale. Consegnò un memoriale autografo, anzi due, bella e brutta copia, scritti da Antonio D'Adamo a casa di Berlusconi. Aggiunse particolari improbabili – tipo che il Cavaliere dapprima non voleva saperne, ma che D'Adamo aveva insistito – e in ogni caso le paginette eccole lì.

Il ritorno di Berlusconi a Brescia, il 31 maggio, fu una calcolata conseguenza:

> D'Adamo mi ha riferito di aver ricevuto da Pierfrancesco Pacini Battaglia un finanziamento di 9 miliardi. A fronte di tale finanziamento, D'Adamo avrebbe dovuto restituire a Pacini 4 miliardi e mezzo, mentre la restante somma avrebbe dovuto essere destinata al dottor Di Pietro. Per la precisione, D'Adamo mi disse che, all'atto della restituzione dei 9 miliardi al Pacini, 4 miliardi e mezzo sarebbero stati destinati a Di Pietro, pienamente consapevole e consenziente.

Finita? Macché. Primo colpo di scena: disse pure che aveva una registrazione in cui D'Adamo ripeteva le stesse cose. Per non ammettere di averlo registrato apposta, poi, tentò di spiegare che si era attivato per caso l'impianto di registrazione ambientale che aveva effettivamente in casa, ma a quel punto non era importante. Una cosa avrebbe tirato l'altra.

Tre giorni dopo, Berlusconi vide D'Adamo e glielo disse: ho raccontato tutto, ti chiameranno. D'Adamo andò nel panico puro, si disperò, paventò le peggiori ritorsioni. Il Cavaliere non ebbe neanche il coraggio di dirgli della registrazione.

Il 5 giugno i pubblici ministeri glielo dissero chiaro: doveva parlare o la sua situazione sarebbe precipitata. D'Adamo riuscì a prendere altro tempo nella vana speranza che qualche suo affare si sistemasse e che Eleuterio Rea, altro personaggio che con Tonino aveva rotto ormai da una vita, si rendesse disponibile a testimoniare pure lui. L'amico non fece problemi: disse che avrebbe confermato quel che sapeva anche se, per prudenza, l'avrebbe fatto solo dopo il suo reintegro al Comune di Milano previsto per la fine di luglio.[27] Per il resto non c'era problema, a convincerlo bastarono tre minuti. In una vita passata senza amici, Tonino Di Pietro ebbe comunque tutti quelli che si meritava.

L'incredibile e il non credibile

Nel mondo là fuori, intanto, Antonio Di Pietro fingeva di ergersi al di sopra di tutto questo. Il 13 giugno a Castellanza organizzò il grande convegno «Dalla parte dei cittadini, democrazia e riforme» nato da un'idea di Achille Occhetto che all'ultimo però disertò per la contemporanea presenza di Massimo D'Alema, accusato di segrete intese con Berlusconi. Forza Italia era assente, ma in compenso sfilarono Gianfranco Fini, Mario Segni, Leoluca Orlando e Nando Dalla Chiesa. La prima faccia del Tonino *style*: centinaia di macchine della polizia con lampade rotanti, radioline gracchianti e palette indicanti; un semaforo in aula per regolare gli interventi; una telecamera a circuito chiuso con l'immagine fissa di due carabinieri in piedi. La seconda faccia: l'annuncio che sarebbe stato testimonial dei mondiali di sci a Bormio e poi un altro per ringraziare il consorzio presieduto da suo cognato che avrebbe offerto il pranzo, quaranta chili di pizzoccheri e formaggi dalla parte dei cittadini. In un angolo, vicino a Rocco Stragapede e a Susanna Mazzoleni, uno sconosciuto tampinava i giornalisti: «Sono il cugino di Di Pietro».

L'ex repubblichino Mirko Tremaglia gongolava: «Dopo Castellanza nulla sarà più come prima, inizia il dopo-Berlusconi». Lo annunciava da tre anni. Centosessanta giornalisti, cento linee telefoniche, più di cento lanci d'agenzia e però non accadde nulla neanche quel giorno. Di Pietro disse:

> Con precisi paletti, il semipresidenzialismo alla francese sembra che si può fare ... i partiti vanno spuntati ... non è tollerabile sottostare al ricatto di gruppi che per qualche voto si autodefiniscono partiti che poi mettono i bastoni tra le ruote a chi vuol governare ... meglio lasciar spazio alla società civile, che eleggano direttamente il capo dello Stato.

Si schierò cioè con il semipresidenzialismo alla francese – sponsorizzato da Massimo D'Alema e relativa commissione bicamerale – e contro il partito che avrebbe fondato. Questo il Di Pietro uno.

Una quindicina di giorni dopo, nella sua rubrica su «Oggi» del 1° luglio, il di Pietro due scriveva che la Bicamerale prevedeva «una clausola veramente illiberale» e cioè che «potranno competere solo i candidati previamente scelti dalle segreterie politiche. Insomma un tuffo nel passato della più buia partitocrazia».[28] Non fosse stato chiaro, ecco «la Repubblica» del 2 e 4 luglio: *Di Pietro sfida la Bicamerale: sarà bocciata dai cittadini*; *Di Pietro, colpo di freno: non salgo su nessun carro*. Il semipresidenzialismo alla francese non gli piaceva più.

Aveva altri problemi, in effetti. Dopo aver tentato di evitarlo per quasi due anni, o forse per una vita intera, l'8 luglio 1997 infatti Antonio D'Adamo andò a Brescia e cominciò a parlare. Non andò propriamente ad accusare, non era un teste: tecnicamente era un indagato con chiamate di correo. Era un uomo che confessava. Tradì Antonio Di Pietro, dal suo punto di vista, solo perché Silvio Berlusconi aveva tradito lui. Non aveva mai aderito ai tentativi di intrappolare Tonino con l'affare Gorrini: era rimasto, sinché aveva potuto, in perfetto equilibrio tra gli assi Di Pietro/Lucibello e Berlusconi/Previti. Era un uomo intrappolatosi nel proprio mercato di fatti veri e dimostrabili misti ad altri falsi o indimostrabili, o – comunque – poco spendibili in un tribunale che avesse dovuto giudicare Di Pietro, non il primo che passava. La sua versione dell'affare con Pacini Battaglia non coinciderà con quella semplice e rotonda fornita da Berlusconi; le mancate convergenze con Previti, poi, non si conteranno; racconterà episodi sui quali i pm neppure indagavano e che inguaieranno solamente lui, ma nell'insieme cambierà poco: perché non rinuncerà a dire la sua verità anche quando non sarà in grado di documentarla:

> Tra la fine del 1992 e l'inizio del 1993 le mie aziende hanno cominciato ad andare in crisi. Di Pietro era al corrente della mia situazione. Mi disse di rivolgermi a Pacini Battaglia, facendomi presente che sicuramente avrei trovato la porta aperta. Tale discorso mi venne fatto quando Pacini

> era già stato coinvolto nelle indagini di Di Pietro ... Pacini si rese subito disponibile a effettuare il prestito senza pretendere alcuna garanzia in cambio ... in occasione di un nostro incontro a Milano, mi disse «mi devi liberare dalle cose giudiziarie» ... Fece esplicito riferimento a un mio intervento presso Di Pietro ... feci presente il problema a Di Pietro. Gli spiegai che Pacini mi stava aiutando, che stava finanziando le mie aziende e che era necessario che lui non si accanisse contro lo stesso ... Di Pietro mi rassicurò, mi disse di non sprecare tutti i soldi, ma di tenere qualcosa da parte anche per lui in futuro ... Fino alla fine del 1994 Di Pietro era tenuto da me al corrente di tutti gli sviluppi ... gli ho sicuramente detto di una provvista contabile all'estero per lui.[29]

Quando poi i pm gli dissero della registrazione, rimase malissimo. Non servì a molto, comunque: erano undici spezzoni di conversazioni incollati tra loro, e se ne arguiva che l'affare con Pacini Battaglia veniva complicato e confuso proprio da D'Adamo mentre Berlusconi, chiaramente consapevole della registrazione, cercava di semplificarlo.

Il secondo colpo di scena, quello del testamento, fu stupefacente come possono esserlo solo le cose ingenuamente vere o artatamente false. D'Adamo citò questo documento scritto il 21 novembre 1994 (giorno dell'avviso a comparire per Berlusconi) custodito dal notaio Pasquale Iannello di Roma. Con una lettera di accompagnamento:

> Preg.mo Notaio, Le affido fiduciariamente il mio testamento olografo con preghiera di voler informare della sua esistenza, nel caso di mio decesso, oltre i miei familiari, anche il mio amico dott. Silvio Berlusconi, che spero vorrà assisterli in un momento che per loro sarà particolarmente difficile.

Poi firma più controfirma del notaio: «Per ricevuta, Milano 21 novembre 1994». L'imprenditore, nel testamento, lasciava tutto alla famiglia ma invitava la medesima, sempre che fossero stati disponibili soldi o beni, a «compensare adeguatamente» Di Pietro «per il finanziamento ricevuto da Pacini Battaglia».

Incredibile ma vero. La procura ordinò di reperire immediatamente il testamento.

Tradimenti

In quelle stesse ore, il senatore Mirko Tremaglia s'industriava come al solito per avvicinare Gianfranco Fini ad Antonio Di Pietro dopo il deludente convegno di Castellanza che come al solito non aveva partorito nessun dopo-Berlusconi. Il 7 luglio «la Repubblica» raccontava di un Fini che sembrava convergere con Di Pietro in tema di riforme istituzionali, sicché Tremaglia spedì immediatamente l'articolo a Castellanza con un fax. La segreteria di Tonino gli rispose spedendogli un altro fax con un articolo in cui Di Pietro, nella sua rubrica su «Oggi», convergeva sostanzialmente con Fini. Tremaglia s'eccitò come al solito. Girò il fax di Tonino all'attenzione riservata di Gianfranco Fini e ne impose addirittura la pubblicazione sul «Secolo d'Italia» con una foto gigante del suo autore.

Se l'amore è amore, Mirko Tremaglia amò Antonio Di Pietro di un sentimento irredimibile. L'anziano ex repubblichino, più ancora di altri pretendenti come Maurizio Gasparri e Alessandra Mussolini, aveva perdonato all'amato i voltafaccia più stomachevoli. Aveva la fissa che Berlusconi dovesse lasciare il posto a Di Pietro perché il centrodestra, diceva, con il Cavaliere non avrebbe vinto mai: la sua passione accecava ogni veggenza. Tuonava sempre: «Un passo indietro di Berlusconi sarebbe un segnale utile», «A me Di Pietro ha detto che non tradisce le sue radici e le sue radici non sono a sinistra»,[30] «Ne ho parlato con lui e c'è convergenza assoluta».[31]

L'anziano senatore aveva già raccontato che fregatura gli avesse tirato Tonino l'anno precedente.[32] Si erano visti il 1° maggio e l'ex pm aveva fantasticato di un futuribile «Polo B» che scalzasse il Cavaliere in accordo con Alleanza nazionale, una cosa centrista, nel senso che avesse Tonino al centro. Tremaglia s'era agitato perché Gianfranco Fini e Mario Segni non sognavano altro, secondo lui.[33] Non sapeva che l'amato gli stava propinando il Polo B nelle stesse ore in cui aveva già accettato di fare il ministro per il governo Prodi, incarico che avrebbe reso noto l'indomani. E se per un Di Pietro fedeltà e parola valevano zero, dall'altra c'era un ex repubblichino per cui morte e tradimento se la battevano tra loro.

Ora, all'inizio del luglio 1997, ci sarebbe terribilmente ricascato. Tutto ripartiva, a proposito di tradimenti, da Antonio D'Adamo: come visto, aveva deciso di parlare l'8 luglio. La sequenza giornalistica di quei giorni, solo prendendo «la Repubblica» dall'11 al 13 luglio, era inquietante:

> D'Adamo, quei soldi a Pacini ... «Gli regalai auto, telefono, *garçonnière* e più di 100 milioni per favorire gli amici indagati.»
>
> Brescia, la storia dei 15 miliardi nelle parole di D'Adamo: «Avevo bisogno di soldi»; «Chiesi aiuto e lui mi disse: vai da Pacini».
>
> D'Adamo racconta tutto. Interrogato fino a notte su Di Pietro e i miliardi del banchiere.

A sottoporsi a un check-up alla clinica La Madonnina di Milano fu tuttavia Tremaglia, non Di Pietro. Era il 15 luglio e nel pomeriggio però era già a Bergamo, a casa. Fissò un appuntamento con Di Pietro per le 18, a Roma. Atterrò a Ciampino ma d'un tratto incrociò proprio Di Pietro che s'imbarcava per Bergamo. Non gli aveva detto niente. Ebbe un presagio sinistro, o sinistra, perché aveva letto un articolo sul «Messaggero» che associava Tonino a trame col Pds. La domanda fu secca, da vero innamorato: «Hai visto D'Alema?». «No, ho visto Bargone.» Capirai, Antonio Bargone era un brindisino fedelissimo di D'Alema. Ma Tonino fu rassicurante. Aggiunse solo che entro la fine della settimana avrebbe deciso che cosa fare e soprattutto se inventarsi o no un movimento politico tutto tuo, eventualità che mandava Tremaglia in sollucchero.

Quando più tardi l'ex repubblichino entrò a Montecitorio, però, tutti presero a sfotterlo: visto?, il tuo amico Tonino ha incontrato D'Alema al Testaccio. E lui: «Non è vero, l'ho appena visto e mi ha detto che non è vero». Un paio di giornalisti lo presero da parte: Mirko, guarda che è vero sì, ci sono i testimoni.

Dopo cena, tremebondo di rabbia, il senatore settantunenne richiamò l'amato: «Non puoi prendermi per il culo. Tutti dicono che hai incontrato D'Alema e io faccio la figura che faccio». E quell'altro: «Ti dico che non è vero. Ho visto soltanto Bargone».[34]

Il giorno dopo «la Repubblica» aveva questo titolo: *«Grazie Massimo, ho voglia di politica.» L'incontro di venerdì tra depistaggi e smentite*. Ma la notizia che Di Pietro sarebbe subentrato al senatore dimissionario Pino Arlacchi, candidandosi nel collegio blindato del Mugello, sarebbe circolata solo nel pomeriggio. Quando le agenzie di stampa l'avevano appena battuta, a Tremaglia squillò il cellulare. Era Di Pietro: «Mirko, prima che tu venga a saperlo dalle agenzie...». E gli mentì ancora. Lo assicurò che si sarebbe candidato come indipendente: invece, poi, sarebbe risultato un senatore ulivista con tutti i crismi, come D'Alema aveva preteso. Della replica telefonica di Tremaglia, dopo che Di Pietro si era spinto a citargli «il tuo Berlusconi», è noto un «ma porca puttana»[35] e poco altro. Bruno Vespa, a rendere ancora più pucciniano il finale, farà notare a Tremaglia che nel giorno in cui lui aveva ricevuto quel fax da Castellanza, quello con la rubrica in cui Di Pietro faceva da sponda a Fini, l'ex pm in realtà si trovava a Brindisi a festeggiare il compleanno di Antonio Bargone, nuovo inseparabile amico. Tonino, cioè, aveva deciso il salto della quaglia da almeno dieci giorni.

Questo l'uomo. E forse non è un caso che a riferire una verità di quei giorni sono due che gli vollero bene. Uno, appunto, è Tremaglia:

«Quando Berlusconi rivendicò il merito di aver convinto D'Adamo a parlare, la testa di Di Pietro se ne andò».[36] L'altro è Elio Veltri. Incontrò Tonino al bar Giolitti vicino a Montecitorio – ha raccontato – e ricorda ancora le parole dell'amico: «Mi devo candidare e devo essere eletto perché Pacini Battaglia ha paura solo di quelli che stanno dentro il Palazzo». A Veltri si gelò il sangue.[37]

Il senatore

Un uomo politico non va soppesato solo dai suoi errori, neanche se l'errore è l'aver candidato Antonio Di Pietro a senatore nel Mugello: ma non si può escludere che per Massimo D'Alema sia stato approntato uno specifico girone dell'inferno. E neppure si può escludere che abbia chiesto di costruirlo lui medesimo, dato il bilancio: persino il proposito di disinnescare un possibile partito dipietrista si rivelerà vano. L'ex pm lo fonderà lo stesso. Lo farà da senatore eletto coi voti diessini.

Della campagna e dell'elezione non vi è molto da dire. Rifondazione comunista, con socialisti e repubblicani, candidò Sandro Curzi, ex direttore del Tg3 e di Telemontecarlo; il centrodestra, invece, sfruttò la goliardica autocandidatura di Giuliano Ferrara il quale prese la palla al balzo e mollò così anche la direzione di «Panorama», che condivideva con quella del «Foglio». Memorabile il penultimo numero titolato *Il grande scroccone* con in copertina una ragazza fotografata proprio accanto a Tonino nella mitica *garçonnière* di D'Adamo. Ferrara perlomeno si divertì come un pazzo assieme alla ciurma del «Foglio» in trasferta integrale: fece l'intera campagna con una Mercedes «Gorrini *style*» anche se passò tutto il tempo a litigare con la moglie Selma che non sopportava l'aria condizionata. Di Pietro, nella migliore tradizione, non accettò di confrontarsi neanche una volta né con Curzi né con Ferrara. A rovinare la scampagnata di quest'ultimo, l'8 novembre, alla vigilia del voto, un episodio sconcertante: «il Giornale» diretto da Vittorio Feltri si scusava in prima pagina con Antonio Di Pietro – oggetto di una campagna durissima da almeno tre anni – e all'interno ospitava due intere pagine firmate dal cronista Andrea Pasqualetto che smentiva un suo vecchio articolo, con tonalità patetiche, in cui il craxiano Maurizio Raggio adombrava che Di Pietro fosse stato ricompensato da Pacini Battaglia con 5 miliardi di lire. La megarettifica faceva parte di un accordo con lo stesso Di Pietro affinché chiudesse un contenzioso col «Giornale» in cambio di 400 milioni di lire, ma la tempistica della pubblicazione suonò come una sconfessione per l'intera campagna condotta da Ferrara. Il direttore del «Foglio», via cellulare, rivolse al Cavaliere parole irriferibili. A lasciare basiti fu soprattutto la disinvoltura di Vittorio Feltri, che all'apparenza cadde dalle nuvole. Stavolta aveva chiesto davvero troppo alla sua abitudine di piegare la linea editoriale all'esigenza del momento: negli anni di Mani pulite era stato senza dubbio il più veemente sostenitore di Di Pietro e poi ne era diventato l'accusatore più accanito una volta sedutosi al vertice del «Giornale», all'inizio del 1994. Finì male. Fu divorzio.

Il 9 novembre Di Pietro fu eletto con il 67,7 per cento dei voti. Molte le astensioni. Pino Arlacchi in precedenza aveva preso il 66,5. Ferrara e Curzi si dovettero accontentare rispettivamente del 16 e 13 per cento, come da previsioni. Nel Mugello il neosenatore non si farà rivedere mai più: unica novità della sua campagna fu la pubblicazione del libretto arancione *La mia politica*,[38] in cui ci rifaceva ancora una volta: «Avrei potuto fondare un nuovo partito per costruire un terzo polo e godere di un'innegabile rendita di posizione...».

Avrebbe potuto e infatti potrà. E anche presto. Doveva correre, il caso Pacini Battaglia montava giorno dopo giorno. Era dal 1992 che conservava tutte le lettere di sostegno ricevute: sin da allora archiviava tutto ordinatamente, città per città, erano il suo istituto demoscopico personale e il suo prossimo schedario elettorale. Tramontava il 1997 e lui ripartì da lì. Cercò di rintracciarli tutti quanti.[39]

Tonino registrò il primo embrione di soggetto politico il 2 dicembre 1997. Con lui, dal notaio romano Maurizio Misurale,[40] c'era il neotesoriere dell'associazione Roberto Arnoldi, l'ex assessore di Curno, il portavoce ufficioso del ministero, insomma lui. Più che un partito era un soggetto fiscale per incamerare e spendere dei soldi indirizzati a una personale attività politica: ma anche in futuro l'Italia dei Valori non sarebbe stata niente di diverso. E infatti il Centro dei Valori fece questo: spendere denaro a suo nome. Anche troppo, pare. L'amico Arnoldi di lì a poco gli intentò una causa civile per sottrazione indebita. Di fronte alle carte bollate, Di Pietro propose una transazione.[41]

Altri soldi da restituire, ma finirà bene. Almeno in questo caso.

XI
Mani pulite desnuda

Il paradosso del mentitore

Ricordo come fosse ieri: Di Pietro era appoggiato a quel mobile lì, che noi chiamiamo il comò russo. Era il settembre del '93. Gli dico: Pacini Battaglia mi sta dando nove miliardi. E lui: stavolta non consumarteli tutti e cerca di mettere qualcosa da parte anche per me. Stai tranquillo, gli ho risposto.

Ha le prove?

No, questi discorsi non si facevano mai in presenza di testimoni. Poi man mano che i soldi arrivavano, ci parlavamo. Gli dicevo che stavo formando la famosa provvista all'estero.

Glieli ha dati o no quei soldi?

No. Il nostro rapporto si è interrotto prima. Quando ha voluto restituirmi i cento milioni per la casa di Curno che lui aveva considerato un prestito, mentre per me era una tangente.

Non le sembrava un po' strano di pagare mazzette al magistrato che stava smontando la corruzione in Italia?

Al momento non ci ho pensato. Anche perché noi ci eravamo conosciuti nell'88, quando Di Pietro era appena arrivato da Bergamo e non era famoso.

E lei appena conosce un magistrato gli allunga una busta? Perché?

A quei tempi, parlo della fine degli anni Ottanta, funzionava tutto così. Tutti gli imprenditori per lavorare pagavano, eravamo concussi, non corruttori. Chi prevedeva Mani pulite? Ci pareva normale… Volevo protezione. Anche se non mi piace, è la parola esatta.

Protezione dalla giustizia o dall'ingiustizia?

Di Pietro aveva salvato Radaelli nell'inchiesta sulle forniture all'Atm. Radaelli era mio socio occulto al 17 per cento nella capogruppo. Guarda che ho salvato il tuo amico, mi ha detto. Poi mi ha dato i consigli giusti in una causa civile contro un creditore: aggrediscilo sul piano penale, è stato il suo suggerimento. Ed è entrato in scena l'avvocato Lucibello.[1]

Antonio D'Adamo rilasciò quest'intervista il 15 febbraio 1998. Ma la questione, in parte, si sarebbe chiusa prima ancora che si cominciasse a discuterla davvero, prima cioè che un'udienza preliminare decidesse se Antonio Di Pietro, per una volta, si potesse processare per vedere se avesse infranto la legge. A questo servivano i processi, dei quali le udienze preliminari non erano che la burocratica reception. Sulla carta.

Tra la fine di gennaio e l'inizio di febbraio 1998, infatti, si tenne un lungo incidente probatorio che mise a confronto Antonio D'Adamo con l'avvocato della controparte, Massimo Dinoia. L'incidente probatorio serve a congelare una prova nel timore che per qualche ragione non possa essere riprodotta nel successivo dibattimento. Le domande legittime ma stringenti che il giudice Anna Di Martino rivolse a D'Adamo, per quattro giorni di fila, lasciarono già capire come fosse disposta nei suoi confronti. Ma non ebbe importanza, perché D'Adamo comunque disse:

> Io a Berlusconi non ho mai detto che avevo promesso 4 miliardi e mezzo a Di Pietro; io ho sempre parlato di restituzione di soldi, ho spiegato più volte le operazioni che avrei fatto, ma non ho mai quantificato … Evidentemente Berlusconi voleva sentirsi dire che erano 4 miliardi e mezzo messi a disposizione di Di Pietro, ma non era così … cercava di farmi dire che io dovevo dare 4 miliardi e mezzo perché non capiva che cosa significava la provvista … A Di Pietro non ho mai parlato di soldi. I 4 miliardi e mezzo non erano l'importo che gli dovevo dare, anche perché non avevo preso nessun impegno con lui.

E messa così era finita. La prova da congelare non c'era.

Nell'insieme, l'atteggiamento di Antonio D'Adamo parve sconcertante all'accusa e alla difesa: anziché proporre una verità giudiziaria che raccogliesse solo quanto gli fosse tornato utile – come fa un pubblico ministero nel suo fascicolo – D'Adamo nelle sue confessioni aveva catturato e riproposto tutte le imperfezioni e le incongruenze della verità reale, tutte le contraddizioni e le smagliature che nelle requisitorie e nelle sceneggiature dei film non compaiono mai. Aveva ostentato anche tutto ciò che gli tornava inutile e controproducente, quasi compiacendosene. A sessant'anni suonati, forse, si era liberato e basta: ma la verità di un doppiogiochista parve solo l'ultima puntata del giocatore. Da quel personaggio di sottobosco che era, trafficone, ambivalente, un genere che nei dintorni di Antonio Di Pietro ricorreva spesso, non fu creduto perché aveva detto il falso o perché aveva detto il vero: poco importava, non risultava credibile comunque.

Giuliano Ferrara, nel delineare il paradosso del mentitore, aveva scritto così: «Se un bugiardo dice "io mento", come si fa a credergli?».[2] Allo stesso modo, se pretende di aver detto la verità. E comunque Ferrara si riferiva a Pacini Battaglia.

I sansepolcristi

La prima versione dell'Italia dei Valori nacque il 20 marzo 1998 a Sansepolcro, in provincia di Arezzo. I fondatori furono ufficialmente 248, e non è semplice distinguere tra affiliati effettivi e chi si limitò a un concorso esterno. Tra i primi sicuramente ci furono il solito Elio Veltri e un nutritissimo drappello di deputati della Rete come Giuseppe Scozzari, Rino Piscitello, Franco Danieli e il senatore Mario Occhipinti, cui vanno aggiunti il democratico Willer Bordon e il venturo margheritino Pierluigi Mantini, più altri ancora tra coloro che cancelleranno la presenza fondativa dal loro curriculum; presenti anche parlamentari pidiessini come Luisa De Biasio Calimani, Giovanni Di Stasi, Vincenzo Sica e Tana De Zulueta, Alfonso Pecoraro Scanio (Verdi) più ovviamente il neomastelliano Gabriele Cimadoro, cognato di Di Pietro e unico non di centrosinistra. Non poteva mancare l'onnipresente leader della Federcasalinghe Federica Rossi Gasparrini e potevano mancare, ma non lo fecero, giornalisti come Federico Orlando, Gianni Barbacetto, Antonio Carlucci, Gabriele Paci e Paolo Flores D'Arcais.

Notevole, in termini fenomenologici, la presenza catartica di Alessandra Paradisi, ex strettissima collaboratrice del socialista Gianni De Michelis e neoportavoce dei sansepolcristi. Curiosa, senz'altro, quella del mitico docente Ezio Capizzano, destinato alla notorietà per uno scandaletto che nel 2001 lo scoprirà protagonista di sedici video hard girati con altrettante laureande dell'Università di Camerino, ribattezzata all'epoca «Decamerino».

Più spirituale, come la stessa Sansepolcro pareva suggerire, fu l'annuncio che diede Di Pietro nella sua rubrica su «Oggi»: «Nasce il mio movimento: è la fine della partitocrazia … I partiti devono perdere la loro aureola di potere supremo».[3]

Non sorprende, da allora, che dei colonnelli e dei politici minimamente noti non sia rimasto nessuno. Di quei 248 fondatori sopravviveranno otto cristiani compreso un democristiano, il cognato. E va detto che neppure dieci anni di militanza contribuiranno a rendere propriamente noti, nel 2009, i superstiti Felice Belisario, Elio Lannutti, Ignazio Messina, Antonio Palagiano, Franco Barbato, Nello Formisano e Renato Cambursano, personalità forse non spiccatissime che riassumono una precondizione per chi voglia avvicinarsi all'autocentrato Di Pietro.

A mo' di pesce, il 1° aprile, Mario Occhipinti esordì in Senato parlando a nome di certa Italia dei Valori:[4] era fatta. Nel giro di una settimana ci penserà Tonino a infilare il suo primo formidabile uno-due da capopartito. Il cavallo di battaglia l'avrebbe montato al galoppo, perché il Senato discuteva proprio una nuova legge sul famigerato finanziamento pubblico ai partiti, roba sua. Parlò e fu drammatico. Di Pietro uno:

> Voglio protestare contro questa legge che è un'ipocrisia contro tutti, contro i cittadini, contro gli elettori e contro l'erario ... Il contribuente ha già detto che non vuole aderire al finanziamento pubblico dei partiti ... Ve ne siete infischiati ... È tutto solo un'ipocrisia. E io voterò contro questo provvedimento ipocrita.[5]

Di Pietro due una settimana dopo incassò 164.348.215 lire per le spese elettorali sostenute nel Mugello, dopodiché – Di Pietro tre – fondò il gruppo «Ulivo alleanza per il governo» per avanzare una formale richiesta dello stesso finanziamento pubblico contro il quale si era svenato in Senato: altri 230 milioni che entravano in saccoccia mentre rilasciava interviste contro l'ipocrisia dei partiti. In questi termini, Di Pietro faceva politica da tutta la vita.

E continuò a farla. Anche se, più di un sistema elettorale, per lui il bipolarismo seguitò a essere una perdurante oscillazione fra il trambusto che rimbombava a Roma e il fruscio cartaceo che non riecheggiava da Brescia, dove tutto procedeva silenziosamente.

Il 26 maggio 1998 fu quasi con educazione che gli notificarono una richiesta di rinvio a giudizio per concorso in corruzione in atti giudiziari e per atti contrari ai doveri di ufficio: la Procura di Brescia chiedeva ufficialmente che fosse processato per l'accusa di aver favorito un imputato, Pierfrancesco Pacini Battaglia, in cambio di provvidenze economiche elargite a lui direttamente o a persone a lui legate.

Niente inguacchi, per favore

La notizia era che l'8 ottobre ci sarebbe stato Antonio Di Pietro a «Moby Dick» di Michele Santoro. L'evento aveva richiesto una settimana di trattative fra la produttrice Elsie Arfaras e il ricomparso Roberto Arnoldi, neoportavoce che andava e veniva con la sua Porsche. Di Pietro aveva chiesto l'elenco degli ospiti e aveva preteso che non ci fossero giornalisti del «Giornale» e del «Foglio» – «so' cuggini», avrebbe detto in trasmissione – e nessuno comunque che lui avesse querelato. In quel periodo, mezza stampa italiana.

Italia 1, 20.45, sigla, pronti via. Dottor Di Pietro, ce la farà il governo Prodi? «Per il rotto della cuffia, ma ce la fa.» Le braccia conserte. «Ce la fa, alla faccia di chi lo vuol male.» Poi, rivolto al conduttore: «Ce la fa, Santoro, non porti iella, ce la fa». Parentesi: non ce l'avrebbe fatta, sarebbe subentrato il governo D'Alema.

Documentare da quale stadio comunicativo sia partito il Di Pietro politico, undici anni dopo quel tardo ottobre 1998, consente di apprezzarne un indubbio miglioramento. Si è letto che frattanto abbia seguito dei corsi di dizione e comportamento, ma nessuno può dirlo con certezza. Denigrare, al tempo, non era difficile: «Io a lei gli dico solo una cosa», «bisogna dire a chi mi critica di finire a criticarmi», «Santoro parlacchiaro, aho!», «mi faccia finire a parlare». Sempre facile estrapolare, come si dice. La trascrizione ipertestuale di alcuni scambi tra lui e Michele Santoro, senza estrapolazione, è materiale originale che si mette a disposizione degli studiosi:

Di Pietro: Io torno a ripetere, io sono per il bipolarismo. L'Italia dei Valori...

Santoro: Ho capito questo, ma...

Di Pietro: Sta bono... sta bono...

Santoro: Eh?

Di Pietro: ... sta buono...

Santoro: Però Cossiga me lo deve di...

Di Pietro: ... sta buono, io non faccio mica da spalla a nessuno e quindi lei...

Santoro: Eh?

Di Pietro: ... io non faccio da spalla a nessuno e quindi lei mi lascia spiegare...

Santoro: La spalla a chi?

Di Pietro: Se mi fa parlà, sennò me ne vado...

Santoro: Pure lei se ne va? [*l'aveva già detto Achille Occhetto, altro ospite*]

Di Pietro: Stia tranquillo, non vado da nessuna parte... però lei mi deve far parlare, quando parlo. Lei l'ha visto come sto fermo io?

Santoro: Sì, però lei deve avere la bontà di rispondere anche alle domande, poi la faccio parlare quanto vuole...

Di Pietro: E allora parli lei! Lei che ne pensa di Cossiga?

Santoro: Ma chi se ne frega di quello che penso io...

Di Pietro: E allora lei mi faccia rispondere e non intervenga. O fa l'uno o fa l'altro mestiere, deve fare una scelta di campo, abbia pazienza.

A seminare il panico, tra i cronisti, un passaggio in cui l'ex pm aveva detto che «Prodi non deve fare inguacchi»: un problema di trascrizione prima che di interpretazione. Quattro cronisti, del «Foglio» e dell'Ansa e del «Giornale» e del Tg2, si divisero drammaticamente sullo scrivere «inquacchio», o «incquacchio» o «incuacchio», sinché il cugino abruzzese della giornalista del Tg2 risolse alle 23.11: era inguacchi. Parranno sciocchezze, ma erano in gioco le alleanze di governo.

In studio proiettarono una percentuale di consenso attribuita all'Italia dei Valori: il 6 per cento. «Può solo crescere» commentò Di Pietro. Il sondaggista spiegò che gli elettori virtuali appartenevano perlopiù alla fascia degli anziani o a quella con bassa scolarità: «Può solo crescere» ripeté Di Pietro.

Sempre per la scienza, ipertestuale:

> *Santoro*: Ma Prodi che le ha detto?
>
> *Di Pietro*: Romano Prodi mi ha chiesto se sono disposto, come Italia dei Valori, ad accorparmi per le europee con queste realtà, meno l'Udr evidentemente... Io ho detto: l'area moderata può andare insieme a una sola condizione, che si faccia una fusione per incorporazione reciproco [*sic*] con azzeramento della classe dirigente e rinnovo totale della classe dirigente. Perché noi non andiamo a fare i portaborse e i portabastoni a nessuno. C'è una sola condizione, noi possiamo fare, per aggregare realmente e non soltanto con cartelli elettorali, delle Europee, può essere un'occasione: e allora abbiano il coraggio, questi partiti movimenti, noi siamo i primi disposti a fare non uno, ma dieci passi indietro, ma allora tutti dobbiamo fare tre passi indietro, azzeramento della classe dirigente, una sola, uno [*sic*] solo gruppo politico e non le coalizioni elettorali con una sola classe dirigente. Se non si fa questo si crea solo i giochini.
>
> *Santoro*: Lei l'ha detto a Prodi, questo?
>
> *Di Pietro*: L'ho detto anche a Prodi.
>
> *Santoro*: E che ha detto?
>
> *Di Pietro*: A me ha detto che ho ragione.

I primi freddi

La temperatura stava cambiando velocemente come in quelle valli dove le stagioni sono solo due. Di Pietro non sapeva ancora come vestirsi. A preannunciare il solstizio invernale fu la discussione sull'articolo 513 del Codice di procedura penale, un tecnicismo interpretativo dietro il quale si era celato un decennio di esponenzialità giudiziaria e la possibile progressione di un pm come Di Pietro, oggettivo unicum tra i paesi civilizzati.

La magistratura aveva stravolto e sovrainterpretato il nuovo Codice di procedura penale varato nel 1989: questo era fuori discussione. Non avendolo mai gradito, era stato neutralizzato e poi ridestato come un Frankenstein inquisitorio/accusatorio gradito alle toghe ma non alle intenzioni originarie del legislatore. A un Di Pietro usato come ariete, infatti, si era affiancata una controlegislazione operata dall'alto: alcune sentenze della Corte costituzionale[6] e una legge[7] suicida avevano di fatto ristabilito e rafforzato lo strapotere delle indagini preliminari. Da un paio di lustri, ormai, ai pubblici ministeri era sufficiente estrarre verbali d'interrogatorio e riversarli meramente in processi che non contavano più nulla, ridotti a vidimazioni notarili delle carte in mano all'accusa. La totale discrezionalità dei pm dipendeva perlopiù dalla loro buona o cattiva disposizione, dalle trattative ossia che l'indagato fosse disposto ad accettare pur di uscire dal procedimento o dalla galera preventiva: colpevole o innocente che si ritenesse. Di Pietro ovviamente era al corrente di ogni cosa, e sapeva, cioè, che le condanne di Mani pulite nascevano in maggioranza da patteggiamenti e riti abbreviati – saranno 847 su 1254, alla fine – i quali erano stati ottenuti quando il carcere preventivo era la regola e quando nelle indagini tutto si esauriva, complice la stampa e le sue storture. Tutti quei nuovi riti erano divenuti le scorciatoie pagate a caro prezzo da chi aveva voluto uscire dal tritacarne giudiziario, dal rito ambrosiano: ma tutto erano fuorché normalità, soprattutto per chi non era disposto a starci. Non sarà un caso se, fra i 1320 indagati complessivi che il Pool milanese avrà spedito ad altre procure competenti, alla fine del 2002 il numero dei proscioglimenti sarà altissimo. Tutta gente non colpevole che però non figura nella casistica ufficiale di Mani Pulite, come se a Milano avessero teso a sbarazzarsi delle posizioni scomode e indisponibili alla confessione liberatoria. La riforma dell'articolo 513, di cui si discuteva da anni, cercava proprio di ristabilire un principio chiave che Mani pulite aveva fatto a pezzi: «la colpevolezza dell'imputato», era l'assunto, «non può essere provata sulla base di dichiarazioni rese da chi, per libera scelta, si è sempre volontariamente sottratto all'interrogatorio». In altre parole, è nel processo che una testimonianza doveva diventare una prova, non nel parlatorio di un carcere o in una caserma di polizia. Esattamente come accade nei film americani, dove tutto ciò che non avviene durante il processo semplicemente non esiste.

Di Pietro ne era consapevole. Quando la nuova norma era stata approvata in prima battuta, il 31 luglio 1997, era rimasto tranquillo e nella sua rubrica su «Oggi» aveva scritto questo:

> Per un basilare principio costituzionale, oltre che per una elementare ragione di buon senso, chiunque venga accusato deve avere la possibilità di confrontarsi con il suo accusatore ... Non gli si può togliere il diritto di sentirsi accusare pubblicamente e di controinterrogare l'accusatore. Altrimenti ognuno di noi potrebbe trovarsi alla mercé di qualcun altro ... Perciò sono favorevole alla riforma.

Questo il Di Pietro uno. La magistratura poi aveva investito di ricorsi la Corte costituzionale sinché un anno e mezzo più tardi, il 2 novembre 1998, la riforma era stata bocciata: tutto daccapo. Era da sette anni che il Parlamento si vedeva respingere ogni legge sulla giustizia: e questa volta non mollò. Il governo presieduto da Massimo D'Alema, per reintrodurre la riforma, propose di modificare direttamente la Costituzione e di trasfondere il 513 nell'articolo 111 della Carta, visto che altre strade non ce n'erano. Il ministro della Giustizia Oliviero Diliberto, un comunista, diede tutto il suo appoggio. Ma nel frattempo, dal luglio 1997 all'aprile 1998, Di Pietro era tornato sotto scacco giudiziario e aveva bisogno di ogni appoggio corporativo. Fece allora una chiamata al giornalista Giuseppe D'Avanzo, che ai tempi scriveva sul «Corriere», e il 19 aprile 1998 ne scaturirono oltre quattordicimila battute d'intervista: una pagina intera. Di Pietro due:

> Non posso starmene zitto e pensare solo a me stesso ... Per il 513 siamo di fronte ad un atto volontario, anzi a una presa in giro bell'e buona ... ben venga il 513, ma non può valere per i processi in corso. Altrimenti, è un colpo di spugna ... io non ho dubbi che si tratti di un atto intenzionale posto in essere dagli impuniti per vincere una partita con il trucco ... si pretende che le dichiarazioni dell'istruttoria non hanno valore se non ripetute in dibattimento ... Il sistema era come una piovra. Abbiamo spezzato braccia, gamba, rotto ossa e schiacciato mani. Ma la testa è rimasta lì, intoccata.

In coda, uno sfuggente e casuale riferimento:

> D'Adamo è spinto davanti ai giudici per lamentarsi che io gli avrei fatto ottenere dodici miliardi ... le sue accuse hanno dei mandanti. Lui è solo l'esecutore ... Berlusconi ha cercato di avermi dalla sua parte. Quando ho visto da che parte stava lui, ho preferito scegliere la strada opposta ... Sa quando l'ho capito? Quando sono intervenuto al Senato contro il finanziamento dei partiti.

Traduzione. Sull'articolo 513 la penso esattamente come due anni fa – favorevole, ma non ai processi in corso – ma ora tento di fare un baccano d'inferno e di addossare la colpa a Berlusconi anche se al governo c'è D'Alema; inoltre c'è la piovra, questo in generale, ma soprattutto c'è Berlusconi che sta spingendo D'Adamo a denunciarmi; ho capito che Berlusconi e io siamo diversi ma non nel 1994, quando m'invitò a casa sua, l'ho capito circa un mese fa, nell'aprile 1998, quando non lui, ma un governo di sinistra ha votato la legge sul finanziamento pubblico dei partiti, una norma che io ho contestato prima di incassarne i benefici sino all'ultima lira.

L'intervista, stavolta, scivolò come acqua nel lavandino: il cambio di stagione s'intuiva anche da quello. La doppia lettura alla Camera e al Senato – le due votazioni cioè necessarie per modificare la Costituzione – venne completata in meno di nove mesi e mise incredibilmente d'accordo tutto l'arco parlamentare. Votarono contro solo in cinque. Il nuovo articolo 111 sarà approvato definitivamente il 9 novembre 1999, poco prima che cada il governo D'Alema. Un qualsiasi imputato, prima di quella riforma, poteva tranquillamente denunciare un altro cittadino, patteggiare una pena simbolica e poi uscire dal processo senza neanche presentarsi in aula, senza cioè mai confrontarsi con la persona che aveva coinvolto e accusato. C'era gente, in Mani pulite, che era stata condannata senza aver mai visto in faccia il proprio accusatore.

Con quella norma, dopo le dimissioni di Antonio Di Pietro dalla magistratura, quattro anni dopo, una parte del paese si dimetteva da lui. Un pubblico ministero come Di Pietro non sarebbe più stato possibile. E infatti lui aveva cambiato mestiere da un pezzo.

La matrice genetica

Il 18 febbraio 1999 il giudice dell'udienza preliminare Anna Di Martino decise l'ennesimo non luogo a procedere a beneficio di Antonio Di Pietro: non sarebbe stato processato neanche per le accuse formulate dai pm Francesco Piantoni, Antonio Chiappani, Silvio Bonfigli e da Giancarlo Tarquini, il procuratore capo. Era il sesto non luogo a procedere in tre anni. L'ennesimo proscioglimento su 27 accuse complessive rivoltegli a Brescia, divise in 54 procedimenti penali.

Anna Di Martino, un giudice bravo e tecnicamente dotato, nella sua sentenza partiva dall'inattendibilità di D'Adamo e ne faceva discendere l'insussistenza di tutto il resto. Da qui un certo disinteresse per ogni riscontro proposto dall'accusa. Il pesce puzzava dalla testa.

La questione del testamento fu liquidata in fretta: era privo di data e «21 novembre 1994» era scritto solo sulla lettera di accompagnamento, ma ce n'era solo una copia e D'Adamo diceva di aver smarrito l'originale. Mancava la «giuridica certezza» che il testamento fosse stato scritto e consegnato in tempi non sospetti. Un falso? No, ma neppure sufficientemente provato come vero. Da qui la sua possibile «natura strumentale».

La tardività della presentazione di D'Adamo, secondo il giudice, ne faceva un testimone poco spontaneo: non considerò che di presentarsi non ne aveva nessuna voglia e che lo fece solo quando fu costretto dai pm. Il giudice non scrisse nulla neppure della mancata adesione di D'Adamo a tutti i precedenti tentativi di incastrare Di Pietro, e tutto sommato non scrisse molto neppure dei rapporti economici tra D'Adamo e Berlusconi: il fatto che lui e Cesare Previti avessero caldeggiato quella confessione venne inquadrato come un'«inquinata matrice genetica» e basta, come se il rinvio a giudizio avesse riguardato la serenità d'animo di chi aveva denunciato e non l'oggetto che denunciava. Dei favori e rapporti economici passati tra D'Adamo e Di Pietro, poi, non una parola. Niente sui 100 milioni restituiti dopo anni in una scatola da scarpe messa agli atti, niente sulle decine di milioni per ripianare il debito di Eleuterio Rea, sulla Lancia Dedra con radiomobile per la moglie, sulla *garçonnière* dietro piazza Duomo, sulla suite al Residence Mayfair dietro via Veneto, sull'appartamento gratis per il collaboratore Rocco Stragapede, sulle consulenze legali per la moglie, sul vestiario per sé e per la famiglia nelle boutique Tincati, Fimar e Hitman, sul telefono cellulare per sé e per Rocco Stragapede con bollette regolarmente pagate, sui biglietti aerei, la libreria di Curno, persino i panini a mezzogiorno. Niente sul perché D'Adamo elargisse tutto questo. Nelle sue memorie difensive, Di Pietro li aveva chiamati «regali»: ma i regali non si reclamano. Di Pietro li chiedeva.

Il giudice Di Martino rimase nel seminato che riteneva opportuno: riconobbe che sì, poteva anche darsi che D'Adamo avesse sfruttato il suo ruolo di amico di Antonio Di Pietro per ottenere dei vantaggi da Pacini Battaglia, e che quest'ultimo avesse accondisceso per ricavare benevolenza da Di Pietro, ma quest'ultimo poteva anche non saperlo. Il giudice riconobbe anche le «inquietanti oscurità dei rapporti finanziari tra D'Adamo e Pacini» ma aggiunse che a quel punto si potevano supporre, «con pari dignità, alternative ipotesi di ricostruzione dei fatti rispetto a quelle dei pm». Non pensò che i processi, stabilito che le oscurità c'erano, servivano proprio a chiarirle e a dare una risposta univoca a tutte le ipotesi.

I giudizi. E un fatto

Al di là dei giudizi, rimaneva questo: in piena Mani pulite, a processo Cusani-Enimont iniziato, il grande cassiere di Tangentopoli Pierfrancesco Pacini Battaglia era stato inquisito da Di Pietro, non era stato arrestato da Di Pietro, era assistito da un primo amico di Di Pietro e intanto strapagava una società di un secondo amico di Di Pietro, Antonio D'Adamo. Questo era il fatto. E così com'era, il gup Anna Di Martino non tentò nemmeno di negarlo. Al limite, ecco, il fatto che l'ex pm – gettata la toga da due mesi, ma ancora magistrato – utilizzasse un telefono cellulare di Pacini Battaglia, che intanto era ancora indagato dal Pool, questo, secondo Anna Di Martino, era un elemento «inconferente». E poi quel telefono gliel'aveva dato Lucibello, si era difeso Tonino. Risolto tutto.

C'era questo Pacini Battaglia: un uomo che il 10 marzo 1993 il gip Italo Ghitti aveva definito «un gradino sotto Dio» senza neppure farne il nome, lasciando attoniti i cronisti. Che Pacini avesse corrotto magistrati e militari, il giudice Anna Di Martino lo avrebbe potuto apprendere dalla richiesta di rinvio a giudizio che pochi giorni prima, il 7 gennaio, era stata depositata dalla Procura di Perugia. Tra i corrotti figuravano alcuni collaboratori di Di Pietro che Pacini Battaglia aveva pagato perché lo tenessero fuori dalle stesse inchieste milanesi che conduceva l'ex pm: Eni, Montedison, Enichem e Alta Velocità. Tra i personaggi che i corrotti dovevano proteggere, oltre a Pacini, c'era per esempio lo stesso Lorenzo Necci su cui Di Pietro aveva omesso di indagare nonostante fosse stato chiamato in correità. Era un fatto anche questo.

Dei tanti interrogatori di Pacini Battaglia, il giudice Di Martino ne citava solo uno in cui aveva detto questo: «Non ho mai fatto mistero dei miei rapporti con D'Adamo».[8] Non citava l'interrogatorio in cui, durante il processo Cusani, Pacini aveva detto di non conoscerlo. Non citava un altro interrogatorio del 1995 in cui aveva detto: «Non credo che D'Adamo abbia intrattenuto rapporti con la Karfinco». Non citava neppure l'interrogatorio del 1997 in cui Pacini diceva che D'Adamo l'aveva conosciuto al limite «nel 1992, non ho ricordi precisi a riguardo». Pacini avrebbe avuto un ritorno di memoria soltanto nel 1998, quando fu messo con le spalle al muro e cominciò ad ammettere che «D'Adamo aveva bisogno di finanziamenti ... era amico intimo del dottor Di Pietro. Non mi disse di essere stato mandato da lui ... quando ci incontravamo e parlavamo delle mie vicende giudiziarie mi terrorizzava dicendomi che Di Pietro era capace di arrestare anche suo fratello … Voi mi chiedete se avrei aderito alle richieste di finanziamento di D'Adamo se non fosse stato amico di Di Pietro. È una domanda alla quale oggi non sono in grado di rispondere». E questo era Pacini.

Poi c'era questo avvocato Giuseppe Lucibello, amico di Di Pietro e legale di Pacini: l'unico che era stato pagato di sicuro. Come avvocato, certo. Ma quanto? Un'intercettazione dell'8 febbraio 1996 rivelava che il banchiere gli dava 20 milioni al mese, ma è stato appurato che di milioni ne ricevette almeno 537. Non si tenne conto che l'agenda «Hermes 1996» di Pacini Battaglia, alla voce Lucibello, riportava pagamenti per 600 milioni di lire in soli sei mesi. A questo doveva aggiungersi che Pacini, nel 1995, a Milano, acquistò per 820 milioni un appartamento di fianco a quello in cui Lucibello aveva lo studio legale, in via San Barnaba: e che di seguito lo affittò a prezzo irrisorio allo stesso Lucibello che aveva avuto l'idea. La società che affittò l'appartamento a Lucibello era la Onder di Pacini Battaglia. Il suo amministratore si chiamava Pierluigi Manfredini che era anche il commercialista di Lucibello e che lo era stato anche di Di Pietro. Nell'insieme, un quadro trasparente: a cui va aggiunto, come intermezzo, che Manfredini il 1° febbraio 1996 fu arrestato per una faccenda di squillo d'alto bordo. A mero titolo di cronaca si registra poi che nel periodo delle indagini bresciane, nel 1998, un uomo della scorta di Di Pietro fu arrestato per un giro di squillo di bordo molto più basso.

Balzachiane o meno, di queste vicende il giudice Anna Di Martino non scrisse una riga e tantomeno delle circostanze mai ben chiarite che portarono uno come Pacini Battaglia ad avvalersi di un avvocato come Giuseppe Rosario Lucibello.

Ma questa era ancora la schiuma. E anche insistere nel chiedersi come un banchiere possa aver buttato 4 miliardi e mezzo in un'operazione all'apparenza priva di garanzie – che fu l'accusa più scintillante, la locomotiva che tirava le altre – parrebbe null'altro che un risentimento colpevolista. Non fu corruzione, punto. Sin qui, le sentenze si rispettano.

Chi protegge il testimonial

Però si leggono, anche. E si possono leggere, in parallelo, le carte di chi il processo lo voleva.

Il materiale raccolto da tre pubblici ministeri di buon nome, al pari del loro procuratore capo di Brescia, va ben oltre una corruzione improbabile o che era comunque trascurabile in confronto all'autentico oggetto del contendere: che era, e resta, la maniera in cui furono condotte le indagini su un banchiere che non era un faccendiere di passaggio, ma il garante dell'illegalità partitica e lobbistica di un intero paese. Se Pierfrancesco Pacini Battaglia era stato l'architrave di un sistema, da Enimont in giù, le inchieste su di lui erano state l'architrave di Mani pulite.

È questo che impressiona nel leggere le sterminate carte dei pm bresciani: le indagini sulle indagini. Brescia che rivisitava Milano. Al di là delle valenze penali – chi se ne importa, sul serio – nessuna sentenza di non luogo a procedere poté smentire la posizione quasi immunitaria e comunque privilegiata che dapprima consentì a Pacini Battaglia di ridimensionare il proprio ruolo effettivo: se le indagini della procura di La Spezia non avessero svelato chi era davvero il banchiere, e che generi di affari continuava tranquillamente a fare mentre era indagato a Milano, Mani pulite ce l'avrebbe consegnato come un qualsiasi riciclatore di fondi neri.

A Milano Pacini Battaglia faceva quel che voleva. Non fu mai arrestato, si è detto. Ma fosse solo questo. Le informazioni che forniva venivano messe a verbale quasi acriticamente, presentava documentazioni talvolta incomplete e in qualche caso alterate, rilasciava dichiarazioni quasi tutte ex post, di supporto cioè a dati esistenti: confessava a Di Pietro quello che già sapeva. Pacini predisponeva memorie che anticipavano puntualmente gli addebiti che altri indagati gli avessero attribuito, memorie peraltro selettive e che Di Pietro si limitava a recepire. Pacini non faceva mai nomi nuovi, non introduceva altre responsabilità se non di qualche nemico dichiarato: e di questo si vantava pure in qualche telefonata intercettata. Senza considerare che a Milano non si fece mai una sola indagine – mai – su conti bancari della Karfinco riferibili personalmente a lui. L'ha pure ammesso: «Su miei conti personali non furono mai fatte rogatorie, io stesso provvedevo a procurarmi e a produrre, nel corso degli interrogatori, la documentazione che ritenevo utile».

Al suo primo interrogatorio, il 10 marzo 1993, Pacini arrivò con un memoriale che anticipava parte delle contestazioni che gli aveva mosso Paolo Ciaccia, dirigente della Saipem. Parte, appunto: ma delle contestazioni mancanti non gli chiesero nulla. Eppure riferivano di filoni e provviste che si sarebbero rivelate milionarie. Le contestazioni residue fatte da Paolo Ciaccia, poi, scomparvero o quasi: non erano state trascritte nemmeno nell'ordine d'arresto per Pacini – predisposto, mai eseguito – e il verbale del dirigente Saipem fu il più introvabile di Mani pulite.

Un altro interrogatorio del 25 maggio 1993 si tradusse solo in una memoria esplicativa redatta su carta intestata dell'avvocato Lucibello. Pacini scrisse che dal 1984 aveva trasferito in Italia 40 miliardi di lire illegali dei quali 20 o 25 dal 1990 al 1992, soldi destinati alla Dc e al Psi. Secondo un'altra testimonianza, però, i miliardi versati nell'ultimo periodo erano stati 58: ma la cosa non tolse il sonno a nessuno.

Gli interrogatori del 21 maggio e 29 novembre 1993, secondo i pm bresciani, originarono poi una serie infinita di rogatorie non fatte o rallentate, ammissioni parziali, scaricamenti su gente morta (l'ex cassiere socialista Vincenzo Balzamo) e soprattutto discriminazioni tra vero e falso sulla base della mera parola di Pacini: era questo a determinare chi entrava o non entrava in Mani pulite, e fu così, per esempio, che l'amministratore delle Ferrovie Lorenzo Necci, amico personale del banchiere, rimase fuori assieme alla spaventosa Tangentopoli dell'Alta Velocità. Scoperta successivamente, come è vero; ma a La Spezia.

E dire che il Pool di Milano, giusto una settimana dopo il primo interrogatorio di Pacini, aveva nominato apposta un consulente tecnico, Giorgio Laganà: suo il compito di scavare tra bilanci, fatture, operazioni e verbali che ruotavano attorno all'indagine su Eni e dintorni. Ebbene, fu proprio Laganà, il 10 gennaio 1994, a far osservare al Pool che gli interrogatori di Pacini erano incompleti e contraddittori:

> L'incompletezza e la contraddittorietà scaturiscono dal fatto che (stranamente) Pacini, pur essendo in grado di commentare analiticamente, non specifica con quale criterio siano state gestite le società utilizzate per le false fatture, con quale criterio egli possa affermare (in mancanza di documentazione effettiva c/o Eni) che ogni singola società sia stata utilizzata anche per le intermediazioni realmente avvenute ... Le descrizioni date dal Pacini oggi non appaiono più confermate nei numeri e nelle dimensioni del fenomeno ... il vero circuito bancario in cui Pacini potrebbe aver riciclato il denaro, ottenuto dalle più disparate operazioni di creazione di fondi neri, pertanto è una realtà complessa e ben più articolata di quella effettivamente sviluppata.[9]

Questo, secondo il giudice Anna Di Martino, poteva essere ascrivibile ad «anomalie obiettivamente non appariscenti coerenti col carico enorme e i ritmi di lavoro frenetici che connotarono l'istruttoria condotta da Di Pietro e dagli altri sostituti del Pool». E a supporto chiamava a testimone il pm Gherardo Colombo:

> Il lavoro di Laganà non ha fornito risultati assolutamente decisivi ... certamente le considerazioni di Laganà costituivano oggetto di riflessione all'interno del Pool ... non ricordo se si tratti di documenti

all'epoca da me esaminati ... del resto quanto leggo nei documenti che mi mostrate non fa altro che confermare quelle che erano le mie convinzioni in ordine al fatto che, con ogni probabilità, Pacini, come tanti altri, aveva svelato soltanto una parte delle realtà penalmente rilevanti che erano a sua conoscenza.[10]

Questa, secondo il giudice Di Martino, era una testimonianza a sfavore dei pm bresciani. Ai quali, per tagliare la testa al toro, o a Pacini, nella sua sentenza chiariva una volta per tutte:

Non è ammissibile sindacare in sede penale la discrezionalità nell'esercizio delle funzioni giudiziarie, in modo da trarre, in via logico deduttiva, la prova di eventuali deviazioni commesse dal magistrato ... ciò vale in particolare per il pm ... Anche le scelte improntate a lassismo, ad approssimazione, a scarsa diligenza, ovvero la accertata violazione di norme processuali, non costituiscono indici ex se rivelatori di una quale delittuosa devianza, potendo esprimere al più una condotta contraria alle norme deontologiche, come tale valutabile in sede disciplinare.[11]

In parole poverissime: un magistrato non può indagare sulle indagini di un altro, e anche se si accorgesse che queste indagini sono fatte coi piedi e sono piene di irregolarità e parzialità e omissioni, che riguardassero pure il garante degli affari illegali di un'intera Repubblica, la faccenda attiene alla deontologia e potrebbe derivarne al massimo una sanzione del Csm.

Del resto, entrando più strettamente nel merito, il giudice aggiungeva che «le mancanze di approfondimenti rilevate appaiono del tutto in linea ... con i già evocati frenetici ritmi di lavoro che connotarono la prima fase del procedimento Mani Pulite».[12] Ossia: quanto accadde a margine del caso Pacini Battaglia, architrave di Mani pulite, fu abbastanza normale dati quei giorni convulsi. Sempre più interessante.

Anna Di Martino, direttamente in sentenza, chiamava a testimone il pm Francesco Greco:

Difficilmente in Mani pulite i filoni investigativi venivano approfonditi oltre un certo livello, perché non c'era il tempo per farlo. Scoperto un episodio si tornava a quello dopo ... Di Pietro era sempre proiettato alla scoperta di nuovi filoni investigativi e raramente tornava sui suoi passi ... anche Pacini ha sicuramente taciuto molte sue verità illecite ... ha omesso in particolare i suoi rapporti finanziari con i singoli dirigenti dell'Eni ... in seguito è emerso un suo ruolo nelle vicende Allied e Cragnotti e di volta in volta è stato interrogato da Di Pietro o dalla sua struttura ... di Pacini se ne occupò prevalentemente lui.[13]

Confermava, sempre in sentenza, il pm Gherardo Colombo:

> Accadeva spesso che chi collaborava non collaborasse a 360 gradi e tacesse parte di quanto a sua conoscenza ... succedeva a volte di richiamare questi indagati senza procedere a nuova cattura ... Credo che la posizione di Pacini sia stata prevalentemente curata dal dottor Di Pietro e dalla sua struttura ... solo dai verbali ho seguito lo sviluppo della collaborazione di Pacini.[14]

Mani pulite fu un'indagine superficiale – imperniata sul carcere – in cui la velocità primeggiò sulla qualità e sull'accuratezza. Sembra di capire questo. Di Pacini Battaglia si occupò solo Di Pietro, che pure l'aveva sempre negato. Si capiva questo.

Tutte questioni insindacabili, comunque. Doveva reputarsi normale persino che l'indagato Pacini Battaglia, l'avvocato Lucibello e il pm Di Pietro avessero consapevolmente introdotto dei documenti falsi nel corso del processo Cusani:

> Le risultanze investigative hanno evidenziato un'illecita condotta posta in essere, da un lato, da Pacini in concorso con Lucibello, i quali introducono scientemente le contabili Karfinco false; dall'altro Di Pietro, pur apprendendo per certa la falsità ... non evidenzia tale falsità durante il processo Cusani e utilizza nella requisitoria la slide riproducente la falsa contabile Karfinco servendosene per chiedere il rinvio a giudizio.[15]

Preso atto di questo, il giudice Di Martino risolveva spiegando che «l'utilizzo delle false contabili in sede di requisitoria fu limitato alla proiezione di una slide» e che ciò comunque non ebbe «concreto rilievo nel giudizio su Cusani». E restava inteso che questi documenti falsi, questa slide – che per inciso fu trasmessa per televisione – non era «esprimente alcun favoritismo nei confronti di Pacini Battaglia, ma al più favoritismo o danneggiamento di altri indagati».[16]

E allora fa niente.

I fatti. E un giudizio

Aveva detto: «Sarà una passeggiata». Ma una volta uscito dal Tribunale di Brescia, all'imbrunire, Di Pietro lo portarono in ospedale. Due cronisti lo sorressero sino alla macchina, poi si accasciò sui sedili posteriori. Un piccolo collasso, eviterà il ricovero. L'aveva sfangata anche stavolta.

Gli altri, i pm, degli stoccafissi. Francesco Piantoni, in particolare, aveva un sorriso tristissimo. Nessuno, tantomeno i giornalisti, li aveva bollati come inquisitori del mitico Di Pietro o si era sognato di ascriverli a una fazione particolare. Silvio Bonfigli era un giovane di buonsenso, un bravo ragazzo a detta di tutti. Di Antonio Chiappani erano noti i buoni rapporti col Pool milanese. Sull'onestà del procuratore capo Giancarlo Tarquini avrebbe scommesso persino Di Pietro. Il pm Piantoni, poi, aveva indagato più di chiunque sui rapporti economici tra D'Adamo e Berlusconi, aveva parlato per ore giungendo quasi a idolatrarlo, Di Pietro: l'aveva sempre ammirato, aveva ripetuto cento volte che no, non voleva fare nessun processo a Mani pulite.

Ma non puoi fermare la Storia. Perché quei proscioglimenti, al pari di altri riservati ad Antonio Di Pietro negli anni passati, avrebbero rappresentato un unicum nella storia della giurisprudenza al pari della loro successiva conferma in Cassazione.

Dal 1996 al 1999, alcune particolari udienze preliminari – prassi che talvolta duravano pochi minuti, e che al più verificavano i crismi formali per fare un normale processo – a Brescia erano durate settimane o mesi ed erano entrate nel merito delle accuse, e avevano vagliato testimoni, la loro credibilità, le prove, la loro attendibilità, anticipato insomma patenti di innocenza o di colpevolezza riservate di regola ai giudici veri e propri, quelli appunto di un processo vero e proprio. Anche sul ruolo delle udienze preliminari non mancavano certo i fautori di un'interpretazione più estensiva, ma nel periodo di cui stiamo parlando le linee guida del legislatore e della giurisprudenza erano chiarissime, e così pure lo erano le sentenze della Corte costituzionale[17] e della Corte di cassazione[18] anche a sezioni unite.[19] Dicevano, in sostanza, che per stabilire se uno è colpevole o innocente si dovevano fare i processi, punto. Basti questo: che per rendere possibile ciò che a Brescia avevano fatto fuori dalla legge, meno di un anno dopo, dovranno fare una legge apposta, la cosiddetta Legge Carotti del 16 dicembre 1999 che appunto riformerà completamente l'udienza preliminare.

Ma non esisterà mai un'udienza preliminare che permetta ufficialmente di fare ciò che venne fatto per Antonio Di Pietro: un processino a porte chiuse per evitarne uno vero. Ecco perché a Brescia, per tre anni, accadde qualcosa di completamente diverso. In un momento storico particolare, mentre tutto stava cambiando, una parte della magistratura decise che i processi ad Antonio Di Pietro non si dovevano fare. Dopo quattro anni di Mani pulite, il ragionamento fu: Di Pietro non si processa, noi non lo permetteremo.

Questi sono i fatti. Questo è quello che accadde. I giudizi sono un'altra cosa. La magistratura volle salvare, allora e per sempre, il suo miglior testimonial. Questo è un giudizio.

XII
Dopo la toga, niente

Senza di me

Dopodiché, a dirla subito tutta, non è che i primi anni dell'avventura politica di Antonio Di Pietro siano proprio di strabiliante interesse. Passato di categoria, e chiusa una pregnante stagione giudiziaria capace di eliminare e creare personalità dal nulla, la credenziale di gran ciambellano di Mani pulite si era fatta sempre più reducistica e meno trionfale: il silenzio carismatico degli esordi aveva ceduto il posto all'assenza di un qualsiasi mistero o, peggio, a un'immagine ormai consolidata di italiano molto medio che nel suo piccolo si faceva i suoi affarucci e nel suo grande braccava questo o quello per sostituirli. Che faceva, chi vedeva, quanto valeva Di Pietro? Ora si sarebbe saputo, anzi, ormai si sapeva: percentuali da socialdemocratici in agonia dopo che dall'armadio gli erano scivolati fuori non scheletri ma ossa di pollo rosicchiate, pochezze, un passato probatoriamente assodato con una combriccola di scrocconi e famigli e allibratori assurti a celebrità solo perché altri – altri amici suoi, le prime file – li aveva messi dentro tutti.

Ciò che non era penalmente rilevante, nell'opaca scia di Antonio Di Pietro, era ormai irrilevante. Da peso senza contrappeso era passato a tara vagante della politica italiana: c'era ancora gente che si chiedeva quando sarebbe sceso in politica dopo che aveva fatto il ministro, il senatore, fondato un gruppo parlamentare, un mezzo partito e un partito che stava per sciogliere prima di rifondarne uno identico. Ormai s'aggirava per il paese come una caricatura caracollante che aveva imperniato un'intera carriera sulla galera altrui e che ora irrompeva con l'aria impunita e compiaciuta dell'imbucato, dell'orfano invadente. Ma certo, ma è chiaro che non sarebbe finita lì.

Il tentativo di contemperare il vecchio e il nuovo mestiere lo porterà nel gennaio 1999 a contorcimenti anche incresciosi. Quasi a volersi scrollare ogni polvere questurina, i primi del mese, nella sua rubrica su «Oggi» giunse a addebitare la dilagante criminalità alle varie Tangentopoli ormai deprivate di lui: «Ora che l'acqua non arriva più al mulino, falsi mugnai mobilitano squadre e reparti investigativi a rileggere carte vecchie per ricostruire storie che dal punto di vista penale non hanno più nulla da dire». A distrarre dalla repressione spicciola, cioè, contribuiva a suo dire «lo spostamento troppo marcato degli apparati investigativi verso le grandi inchieste», perché si sa, «un investigatore che investigatore è se non ha a che fare con le inchieste su Tangentopoli?». E giù critiche a «carrozzoni investigativi con tanti addetti ai lavori sguinzagliati per la penisola in cerca di reati da addossare al personaggio noto di turno».[1]

Allertato dai cronisti, il procuratore capo Francesco Saverio Borrelli non alzò neanche lo sguardo: «Lasciamo stare, non mi interessa, non fatemi venire il mal di fegato».

Era un po' più grave, ora, ma non era la prima volta che capitava. Nel periodo in cui firmava libri, tra il 1995 e il 1996, la Larus di Bergamo aveva sfornato uno dopo l'altro tre testi scolastici di educazione civica: *Diventare grandi*, *Costruire il futuro* e *Educazione civica con elementi di diritto ed economia per il biennio delle scuole superiori*, non propriamente dei successi tra il corpo docente. Quest'ultimo tomo, di 368 pagine, aveva vissuto qualche ora di gloria dopo che il settimanale «Tempi», il 19 aprile 1996, ne aveva anticipato qualche stralcio. Testuale:

> Con una interpretazione perversa degli avvisi di garanzia, si sono purtroppo eliminati personaggi politici, e non, che agli occhi dell'opinione pubblica risultavano colpevoli prima ancora che si celebrassero i processi. Si tratta di un grave rischio per la democrazia, che rafforza ancora di più la necessità di attuare una legislazione attenta e rispettosa delle libertà ma anche dei diritti dei cittadini, in modo da non creare caste di privilegiati (giudici o giornalisti che siano) che possano abusare del loro potere per delegittimare uomini politici sgraditi alla loro parte politica.[2]

Da stropicciarsi gli occhi. E ancora:

> Troppo forte è la tentazione di far politica a colpi di inchieste giornalistiche o giudiziarie anziché di idee o di programmi. Una democrazia non può rischiare di essere messa in crisi o plagiata per una concezione di libertà che sfocia nel terrorismo giudiziario o giornalistico.

La parte dedicata ai collaboratori di giustizia, poi, sembrava scritta da Marcello Dell'Utri:

> A volte i pentiti non sono credibili ... vengono concessi grossi vantaggi a personaggi con decine di omicidi alle spalle che, probabilmente, farebbero qualunque cosa ... Sta all'onestà intellettuale dei magistrati non lasciarsi ingannare, né tantomeno spingere il pentito a dire qualcosa di qualcuno; in questo caso infatti, se il pentito non è stupido direbbe sicuramente qualcosa per fare contento il magistrato.

Che Di Pietro non avesse scritto il libro, pur firmandolo, era pacifico. Evidentemente non l'aveva neppure sbirciato, per non dire letto.

Ma qualcosa rimase. Il lascito più importante della Larus fu il logo della casa editrice, raffigurante un gabbiano che l'ex magistrato copiò palesemente per farne il simbolo dell'Italia dei Valori.

L'europarlamentare

Di Pietro, caduto il governo Prodi, quasi non aveva fondato il partito che già lo sciolse. Il 5 febbraio 1999 l'Italia dei Valori confluiva nella Lista Prodi *alias* Democratici per l'Ulivo, aspettando le europee di giugno. Erano anni in cui varie liste e listarelle – movimenti dei sindaci, avanzi della Rete, asteroidi democristiani – attorniavano i pesci grossi della politica come paranza saltellante: potevano pronunciare la parola «nuovo» senza che ancora volassero scarpe. Nello sciogliere il primo tempo del suo giovanissimo partito, il 21 febbraio, davanti a un pubblico plaudente, Di Pietro riuscì a criticare i partiti fondati su una sola leadership: «Un nome può servire da catalizzatore, ma non per sempre».[3]

Nel nuovo Asinello, neoeffigie prodiana antimodernista, trasfigurazione del pullman elettorale del 1996, era partito il reclutamento e Di Pietro chiaramente era ossessionato da possibili infiltrazioni; nel controllare elenchi e uomini come uno scanner umano, operava selezioni sulla base dell'onorabilità e in subordine di un tariffario: il suo staff, per la partecipazione a un convegno a Isernia, chiese 50.000 lire pranzo incluso o 10.000 escluso. Detto altrimenti, per ascoltare Di Pietro bisognava pagare.[4]

A Palazzo Madama intanto non c'era mai. Non mancò un episodio disdicevole. Alcuni senatori l'avevano cercato senza trovarlo dopo aver verificato che sul registro delle presenze risultava la sua firma: un ghirigoro assai somigliante a quello di un collega senatore amico suo. L'accusa, velata, avrebbe fatto il paio con quella di «falso ideologico» che già gli avevano rivolto a Brescia (vedi capitolo VIII, pp. 227-229) quando da alcuni verbali risultava essere contemporaneamente in due posti diversi. La faccenda fece infuriare i Democratici di sinistra e il presidente del Senato sarà costretto a mettere il registro sotto sorveglianza per via della comparsa, accanto alla firma di Tonino, di insulti e della frase «Rubi lo stipendio». Goliardate senatoriali.[5]

Trotterellando verso la data elettorale, l'Asinello venne caricato di tutta la soma polemica di Tonino. Al leader del Ppi Franco Marini, col quale in passato era andato più che d'accordo, non aveva perdonato un'uscita fatta a «Porta a porta» nella prima decade di gennaio: «La personalizzazione della politica non ci piace, nello statuto del tuo partito c'è scritto che la leadership spetta a Di Pietro».[6] «È solo una norma transitoria per il 1999» aveva risposto lui, mentendo.

Ora, in campagna elettorale, Tonino restituiva con *overstatement*: «Lo schiacceremo, il Ppi scomparirà».[7] Di Pietro manteneva una certa considerazione del proprio ruolo se è vero che in quei giorni si propose come leader di tutto il centrosinistra: «Per convincerci a votarlo» fu la risposta di Dario Franceschini «dovrebbe ipnotizzarci».[8]

C'era la guerra del Kosovo. Al governo D'Alema, che la sosteneva con decisione, Di Pietro diede prova di consueta coerenza. Nei primi giorni di aprile gli mancava solo l'elmetto in testa:

> Sono in gioco diritti fondamentali ... cavalcare atteggiamenti da politicanti per ottenere un consenso a buon prezzo significa compiere un atto irriguardoso verso le popolazioni bisognose del Kosovo e irresponsabile verso il governo ... i nostri soldati stanno dando l'anima per la dignità del nostro Paese.[9]

Neppure per Pasqua bisognava fermarsi: «Una tregua non allevierebbe la situazione in cui versano le popolazioni». E non cominciassero a distinguere tra attacchi di cielo e di terra: «I soldati sono soldati, non è che quelli che volano corrono rischi minori delle truppe di terra, non si può far finta di fare la guerra tirandola in lungo e rischiando la figura dei calabrache». Questo il Di Pietro uno: Prodi in persona dovette intervenire per sconfessarlo a nome dell'Asinello.

Il Di Pietro due, il 18 maggio, proponeva letteralmente di lanciare «dei fiori bianchi nell'Adriatico»:[10]

> Si possono uccidere persone innocenti? Si può dall'alto delle nuvole buttare bombe a grappoli a chi prende, prende, colpendo anche i civili? Insomma la guerra come atto di forza per resistere a una violenza è legittima, ma non si può risolvere in un atto violento, facendo morire delle persone anch'esse innocenti.[11]

Ed ecco il voto europeo. Con Prodi ormai presidente a Bruxelles, il 13 giugno 1999 i Democratici raccolsero il 7,7 per cento – più di due milioni di voti –, mentre Forza Italia tornava a essere il primo partito con il 25,2. Per i Democratici un risultato decente e per Di Pietro eccellente: un pieno di preferenze al Nordest (89.627) e al Nordovest (153.570) e soprattutto in meridione, dove raccattò addirittura 310.139 voti. Adesso era un europarlamentare.

La sue prime sillabe furono «Ho vinto, l'Asinello devo guidarlo io»[12] ma la leadership venne affidata subito ad Arturo Parisi. Decise Prodi, non poté opporsi. Chiaro che non la prese bene.

Le scorribande europee di Tonino non faranno notizia perché essenzialmente non ci saranno. Il passo burocratico e tremendamente noioso di Strasburgo non aveva appeal mediatico ed è immaginabile il suo entusiasmo quando gli rifilarono la presidenza di delegazione per le relazioni con l'Asia centrale, il Sudafrica e il Sudamerica. Qualche bolla grandiosa l'aveva soffiata mesi prima, mentre la prospettiva eurocentrica di Romano Prodi stava prendendo forma. A metà marzo 1999, alle due di notte, dopo che in un bar di Catania l'ex retino Rino Piscitello gli aveva offerto un sorbetto, Tonino aveva rilasciato un'intervista alla «Stampa» poi titolata così: *Adesso ci vuole l'Europa giudiziaria.*[13] Aveva spiegato che «l'unità monetaria e politica non bastano più» e aveva paventato l'introduzione di «un pm europeo per combattere l'Europa da bere». Se fosse un sorbetto quello che gli avevano offerto non fu chiaro, ma disse che ricordava «il numero del conto corrente» di alcuni leader europei e auspicò «una struttura giuridica stabile ... terza, perché il politico è per sua natura di parte», una «struttura a scopo preventivo e nel caso repressivo».[14]

Nel solo paese di cui gli importava, intanto, un certo risentimento prese le forme del dissenso politico quando D'Alema si dimise dal governo il 18 dicembre 1999, in attesa di un nuovo incarico. L'Asinello premeva per entrare nel D'Alema II, ma Di Pietro ufficialmente declinava: avrebbe avuto breve vita – diceva – e poi i Democratici erano troppo avidi di poltrone. Decise di prendere le distanze dall'esecutivo con un genere d'intervista che rilascerà ogni volta che si tratterà di alzare la posta: *I tangentisti stanno tornando* fu il titolo, anche se poi parlò quasi solo di politica. Lui non si sarebbe fatto comprare: «Siccome sanno che non ci sto, vengono a propormi di fare il ministro. Dei Trasporti per giunta. E io cosa ne so di trasporti?».[15] Quanto ne sapeva, probabilmente, di Lavori pubblici. Il dicastero dei Trasporti peraltro condivideva moltissimo con quello delle Infrastrutture che accetterà di guidare nel 2006, tanto che sulle competenze litigherà furiosamente proprio col ministro dei Trasporti, Alessandro Bianchi. Secondo lo stesso giornale che l'aveva intervistato, però, il vero problema era un altro: l'ex magistrato aspirava al ministero degli Interni, suo vecchio pallino, ma l'idea non era piaciuta al presidente Carlo Azeglio Ciampi né a parecchi altri. Da lì il ripiego sui Trasporti. Un prezzo troppo basso.[16]

Morte su Commissione

In teoria per lui era una manna: dopo che per anni Mani pulite aveva indagato sul Palazzo, il Palazzo voleva indagare su Mani pulite. Di una Commissione d'inchiesta su Tangentopoli si discuteva da anni, ma sui giornali e in Parlamento ora non si parlava d'altro. «Ho cominciato a preparare le mie carte perché prima o poi mi chiameranno alla commissione e lì ne vedremo delle belle» si lasciò sfuggire già tronfio nel pregustare una sorta di processo Cusani *in aeternum* con lui nel ruolo del grande pedagogo.

Ecco perché la tranquillità e compattezza con cui l'intero arco parlamentare escluse ogni sua partecipazione lo lasciò senza parole per qualche ora. Era paradossale ma, a pensarci, anche logico: l'ex pm aveva già dato, in certa misura si trattava proprio di indagare in termini meno giudiziari e più storicizzanti su quella storia che Mani pulite aveva raccontato solo in termini di manette e di faldoni. Conoscendolo, Di Pietro avrebbe passato la vita a indagarsi addosso e a giustificare ogni fotocopia della sua bell'età dell'oro, quando si trattava invece di tentare un approccio al finanziamento illegale della politica che appunto non riparlasse solo di guardie e di ladri, com'era invece sua abitudine e bandiera.

Quasi in trance, propose la creazione di una «commissione ombra» che scongiurasse «un vile attacco alla magistratura». Gli stavano rubando l'argenteria: «In questi giorni non si capisce più nulla, dove sta il vero e il non vero, chi è colpevole e chi è innocente, chi è il giudice e chi l'impunito. Tra un po' gli sconfitti saranno coloro che hanno cercato di far venir fuori il male dal nostro paese» disse, con ciò confermando ogni sua inadeguatezza all'incarico. Pur di esserci propose di tutto: anche di poter votare in commissione senza farne parte.[17] Invitato a moderarsi dal suo teorico segretario Arturo Parisi, archiviò la commissione ombra e tirò fuori un «osservatorio» «per offrire all'opinione pubblica una lettura coordinata e completa dell'illecito rapporto fra sistema economico politico, sistema economico finanziario e dell'illecito finanziamento dei partiti», una cosa che stancava solo a pronunciarla. Nel foglio che distribuì ai delegati dell'Ulivo c'era uno spazio bianco preceduto dalla scritta «Chi ha interesse può indicare la sua candidatura» con a fianco l'aggiunta «Io propongo la mia, ma è solo una proposta».[18] Sembrava tornato il tempo delle commissioni per informatizzare i tribunali: più lo escludevano e più continuava imperterrito a proporsi. Al congresso dell'Asinello arrivò con un suo «libro bianco sulla corruzione» e continuò a spiegare come fosse semplice conciliare il suo osservatorio con la Commissione parlamentare: «Ho già in mente tutto: penso a un organismo che opera su due livelli, quello nazionale e quello locale, penso di chiamare in questo osservatorio magistrati, ex magistrati, avvocati, anche qualche politico bene informato sulle cose». Faceva tutto da solo.

Si voleva quella Commissione perché era cambiata l'aria, come detto: o viceversa. L'anno precedente c'erano state le due assoluzioni in primo grado di Giulio Andreotti – omicidio Pecorelli e concorso esterno in associazione mafiosa – e anche Silvio Berlusconi ne aveva collezionate diverse. La più significativa era ormai prossima: quella per la corruzione della guardia di finanza, la madre dell'avviso durante il summit di Napoli, «io quello lo sfascio», il governo stramazzato anche se già cotto. Ora si poteva fare una Commissione parlamentare su Tangentopoli. Ma non si sarebbe fatta nessuna Commissione parlamentare su Tangentopoli. Il primo a proporla, all'alba del 1993, era stato Bettino Craxi. Per qualche ragione, che meriterebbe libri interi, ogni velleità morì proprio con lui, ad Hammamet, il 19 gennaio 2000.

L'avvocato

L'europarlamentare Antonio Di Pietro entrava nel nuovo millennio con l'oggettivo problema di far parlare di sé. Per la piccineria italiana, privilegi a parte, l'ultimo sottosegretario alla Funzione pubblica oltrepassava in importanza il più multilingue dei deputati di Strasburgo, ciò che Tonino peraltro non era precisamente. Un intero minuto senza che suonasse il cellulare fu forse sufficiente perché riesumasse una vecchia idea: rispolverare dei casi giudiziari che avevano appassionato il paese e risplendere di notorietà riflessa.

Se Antonio Di Pietro nel febbraio 2000 si autocandidò di punto in bianco alla difesa dell'ex ballerina polacca Katharina Miroslawa, condannata a 21 anni e mezzo per l'omicidio dell'industriale Carlo Mazza nel 1986, altre spiegazioni non se ne vedono. Era un caso che aveva tenuto banco su tutti i giornali e però chiuso e strachiuso: la Cassazione aveva confermato la condanna e tecnicamente l'unica speranza poteva essere un'istanza di revisione legata alla presenza di fatti nuovi. Ce n'erano stati? No.

In questo va ricordato che Di Pietro era anche avvocato: aveva giurato al Tribunale di Bergamo il 24 aprile 1997 – per gli ex magistrati l'iscrizione all'albo è automatica – e quel giorno era incorso oltretutto in una gaffe freudiana: si era presentato infatti all'appuntamento con la sua toga da magistrato. L'idea dell'avvocato l'aveva solleticato meno di un mese prima per via di un episodio tragico: il 28 marzo 1997 una corvetta della marina italiana si era scontrata nel canale d'Otranto con una motovedetta albanese carica di profughi, un dramma rimasto celebre; nelle acque gelate erano morte almeno 108 persone, in prevalenza donne e bambini. Fu allora che Antonio Di Pietro vergò un comunicato di ottantasette righe per annunciare che avrebbe valutato se «assumere la difesa legale come parti offese», come evidenziò ampiamente il «Corriere della Sera». Avrebbe valutato, cioè. E poi si vede che valutò: perché non ne fece nulla. Si accorse che non era ancora avvocato e incorse soltanto in una nuova gaffe: quei poveracci – esortò infatti – hanno «il sacrosanto diritto della restituzione dei corpi per una cristiana sepoltura». Erano tutti musulmani. Quando si fece notare che non si aveva notizia di alcuna nomina di assistenza legale, il cognato di Di Pietro, Gabriele Cimadoro, si limitò a dire: «Antonio ha voluto sottolineare un principio».

Ora, tre anni dopo, riecco l'avvocato. Il 14 febbraio 2000, nello studio dell'avvocato modenese Mario Secondo Ugolini e per conoscenza alla sua cliente Katharina Miroslawa, giungeva un fax dalla sede di Busto Arsizio dell'avvocato Antonio Di Pietro: il noto alfiere di Mani pulite, come ebbe a qualificarsi nel fax, si offriva come difensore della ballerina e lasciava intendere che poteva rifarne un caso nazionale.

«Mi aveva rubato Katharina. Lessi e rilessi quel fax, non credevo ai miei occhi. Lei poi mi spiegò perché si era fatta convincere: sai, mi disse, in mezzo a tante disgrazie ho avuto la fortuna di un così importante personaggio interessato ai miei guai.»[19] Ugolini fece ricorso all'Ordine degli avvocati di Modena: «Dissi che se avessero ritenuto normale quel comportamento avrei passato il resto della carriera a rubare clienti negli altri studi». Di Pietro reagì come al solito: controdenunciando. Fece un ricorso contro Ugolini e lo inoltrò all'Ordine degli avvocati di Brescia che però non c'entrava nulla e si dichiarò incompetente.

Di Pietro fu processato per violazione delle regole professionali, ma nel giorno dell'udienza fece recapitare all'Ordine di Modena la risoluzione d'incompetenza dell'Ordine di Brescia: la presentò come una sentenza e scrisse che non poteva essere giudicato due volte per lo stesso fatto. Una cosa di cui non si capiva neppure il senso. A ciò si aggiunsero delle accuse neanche velate all'avvocato Ugolini, un anziano e rinomato legale che di politica non si era mai interessato in vita sua: Di Pietro lo ascriveva a complicata trama politica per screditare l'Italia dei Valori. La tesi era così abnorme che mandò su tutte le furie l'Ordine di Modena che il 15 gennaio 2001, per farla breve, l'avrebbe sanzionato con una «censura» per comportamento deontologicamente scorretto. A questo si sarebbe aggiunta una risoluzione di condanna del Consiglio regionale dell'Emilia Romagna a deprecare «l'atto più scorretto che si possa fare nei confronti di un collega». Per Katharina Miroslawa, detto questo, non cambiò nulla. L'avvocato Di Pietro presentò due ricorsi, giudicati del tutto incongrui, e salutò.[20]

Meglio solo

L'iperagitazione umana e politica di Antonio Di Pietro trovava sfogo nella batosta rimediata dal centrosinistra nelle regionali primaverili del 2000: il premier Massimo D'Alema aveva ostentato sicumera e decise perciò di dimettersi, ma al suo posto fu indicato l'ex socialista craxiano Giuliano Amato che pareva una scelta studiata apposta per far indiavolare Tonino. Per dirla meglio, fu una scelta che si prestava particolarmente a fornirgli le munizioni più collaudate: «Nel 1992, d'accordo con Bettino Craxi, Amato tentò di fermare le indagini del Pool ... Craxi mi accusava falsamente e lui non ha mosso un dito, e mi ha detto che era a far pipì quando il capo parlava»[21] (per come andò veramente, vedi capitolo IV, pp. 142-144). Il leader dei Democratici Arturo Parisi, a proposito, mise tutto un po' troppo sul politichese: «La vera differenza con Di Pietro era di natura politica. Noi Democratici eravamo nati per ricostruire l'Ulivo e non per esasperare un radicalismo alternativo che covasse i germi del terzaforzismo. In un incontro ... i dipietristi giudicarono oltraggioso il sospetto di terzaforzismo».[22]

Forse non sapevano che cos'era. A ogni modo i Democratici presero per buona l'ipotesi che Di Pietro potesse dissentire individualmente e quindi non votare il governo Amato, ma dopo l'ennesima intervista in cui prefigurò di mettersi in proprio – lui che dei Democratici era pure capogruppo al Senato – scattò un ultimatum: «Chiedemmo agli esponenti della sua corrente di rispondere sì o no: chi avesse risposto no si sarebbe posto automaticamente fuori della coalizione e anche dei Democratici» ha raccontato ancora Parisi.[23] All'ultima riunione dell'Asinello c'erano Francesco Rutelli e Arturo Parisi, disinvolti, con affianco un Tonino ingrugnito. «Sottovalutavano completamente l'Italia dei Valori» dirà Di Pietro. E aveva ragione.

Giuliano Amato comunque divenne premier con 179 sì, 112 no e 2 astenuti. In attesa di meglio, Tonino chiamò alla sollevazione popolare le 8500 anime di Bojano, provincia di Campobasso:

> Molisani! È ora che anche per la politica rintocchino le campane! Diventate cacciatori della politica: cacciateli a casa! Questo è un Ulivo che fa poche ghiande, con attorno tanti avvoltoi!

Dopo aver proclamato che «i craxiani sono tornati al governo come dieci anni fa», ormai l'Asinello si autoscalciava. Di Pietro avvertì: «Non perdano tempo né a minacciare né a procedere a espulsioni, perché me ne vado via da solo, e invito a seguirmi tutti i democratici veri».[24] Non persero tempo: lo espulsero il 6 maggio – 47 voti favorevoli, 8 contrari e 4 astensioni – e i democratici veri che lo seguirono furono Elio Veltri e Gabriele Cimadoro, espulsi a loro volta. Non avevano ricostituito l'Ulivo, ma, stando a come la mise Di Pietro, l'orto degli ulivi: «Hanno venduto Di Pietro, l'anima del movimento, per i trenta denari necessari a sedersi al tavolo della spartizione con i socialisti».[25]

Fu a quel punto che il messia, come se non avesse mai fatto altro, annunciò che avrebbe corso da solo: sin dal giugno 2000 in pratica cominciò a prepararsi per le politiche del maggio 2001. Ecco la novità della ventura campagna: «Ora che abbiamo libertà di movimento, vogliamo rilanciare la questione morale». Precisò che avrebbe rispolverato il simbolo del gabbiano, legato al nome «Lista Di Pietro», e che aveva commissionato un inno al musicista napoletano Mimmo Di Francia – non se ne saprà mai nulla. La valvola si era riaperta: «Mi appello a coloro che dopo aver sconfitto la Prima Repubblica hanno dato sostegno ai magistrati con i fax, le denunce, le iniziative, siamo quelli che non vogliono dimenticare, quelli che vogliono che il ladro stia coi ladri e non seduto su qualche poltrona di potere, saremo la Greenpeace della legalità».[26]

Italia dei Valori 2

Prima di Greenpeace c'era da varare il nuovo partito. Parte della struttura giuridica era ancora in piedi ma andava sciolta per liberarsi dei 248 impiccioni di Sansepolcro di cui non voleva più sentir parlare: la sua nuova forza politica, come avrà a definirla Marco Pannella, sarebbe stata «una società personale». Ne registrò il simbolo in agosto: gabbiano su sfondo azzurro con scritta «Italia dei Valori-Lista Di Pietro». Tecnicamente, un marchio d'impresa individuale.

Il 23 settembre, dopo vari rinvii, nell'ultima riunione del vecchio partito riuscì a portarsi via il simbolo del gabbiano e a decretare lo scioglimento del partito. Quello nuovo già fremeva. Tempo tre giorni ed ecco l'abbrivio: uno statuto pressoché uguale al primo e una differenza sostanziale solo nel numero dei soci: tre. Al posto di comando, «fino a sua rinuncia», come da articolo 16, «il fondatore del Partito on.le Antonio Di Pietro». Ad affiancarlo, nella gestione, l'avvocato abruzzese Mario Di Domenico, segretario, e un'ex commerciante di biancheria, Silvana Mura, tesoriera. Dei tre, valuterà Di Pietro, uno era già di troppo. Unici nomi noti nelle ore successive al parto: l'anziano sondaggista Giorgio Calò, ancora la catartica ex portavoce di De Michelis, Alessandra Paradisi, e Massimo Donadi e Felice Belisario.

La prima battaglia politica fu subito sui soldi: Di Pietro minacciò ingiunzioni ai Democratici per la parte di finanziamento pubblico che reputava spettargli. Dopo un po' di tira e molla trovarono un accordo. La seconda battaglia, il 25 ottobre, chiedeva formalmente ad Arturo Parisi la restituzione di 20 scrivanie, 16 armadi, 63 ripiani, 9 attaccapanni, 94 sedie, 7 poltrone, un divano, 21 telefoni, 2 computer e una fotocopiatrice.[27]

La terza battaglia politica sarebbe stata molto più chiara a tutti: spaccare il mondo, scagliarsi in un conflitto di civiltà con destra e sinistra, alto e basso, chiunque non gli corrispondesse. Finita con le alleanze: lui era alternativo, bastante e mirava a una «Caporetto del Centrosinistra», come invocò in un'intervista a «Panorama»[28] in cui si pose come avversario unico di Berlusconi. «Unica opposizione», già allora.

L'assalto a D'Alema, il suo Caligola, fu senza preavviso e quasi senza pretesto. In pratica gli attribuì la paternità del famoso dossier del settimanale «Il Sabato» (vedi capitolo VII, pp. 191-192) che nel luglio 1993 per la prima volta aveva rivelato certe sue imbarazzanti frequentazioni. Una polemica tanto per accusare D'Alema di qualcosa: le stesse fonti di Di Pietro, i ciellini don Giacomo Tantardini e Marco Bucarelli, parlarono di forzature e smentirono.

La seconda puntata parve il seguito della prima: Di Pietro d'un tratto si ricordò del famoso miliardo portato da Raul Gardini a Botteghe Oscure (vedi capitolo VII, pp. 197-204) e rimasto ufficialmente senza un destinatario. A questo aggiunse un'altra serie di questioni da requisitoria del processo Enimont, rispolverato otto anni dopo. Ed era solo l'incipit. Stava tornando quello che era.

Io a quello lo sfascio 2

Dopodiché, rimboccate le maniche e presa una lunga rincorsa, poté finalmente ridedicarsi alla passione per Silvio Berlusconi. Dopo non essersene particolarmente curato, non da ministro o da senatore o da altro, il suo nuovo baricentro divenne il conflitto d'interessi. Fece mozioni, interpellanze, frettolose proposte di legge – spalleggiato da Elio Veltri, cui non parve vero – con chiaro riferimento al leitmotiv dell'«articolo 10 della legge 1957 che rende ineleggibili i titolari di concessioni di Stato».

Ma qui siamo ancora al dilettantismo, alla fase puberale di una polemica dipietrista che si muoveva negli spazi istituzionalmente previsti. In altre parole, lo invitavano poco in televisione.

Il lume definitivo, in piena campagna elettorale, fu il caso Luttazzi. Il 14 marzo 2001 il giornalista Marco Travaglio fu invitato alla trasmissione «Satyricon» di Raidue per parlare del libro *L'odore dei soldi* che aveva scritto con Elio Veltri, non uno a caso. Nel corso di una trasmissione teoricamente satirica, per quanto elastico potesse ritenersi il genere, Travaglio fece uno spalleggiato monologo di ventisei minuti in cui riassunse tutte le carte più o meno siciliane che avevano accusato Silvio Berlusconi e Marcello Dell'Utri di ogni cosa: si partiva dai capitali originari della Fininvest, adombrati come mafiosi, e si giungeva a una nebulosa in cui la nascita di Forza Italia veniva chiaramente messa nell'orbita delle bombe del 1993 e delle stragi che uccisero Falcone e Borsellino, questo per fermarsi alla grana grossa. Tutto materiale di cervellotica e immaginifica ipotesi che era disceso dalle sillabe di qualche pentito e che sarebbe presto finito in nulla, anzi, in parte c'era già finito perché gli stessi pm ne avevano già chiesto archiviazione.[29]

Le polemiche che ne nacquero sono note o immaginabili: Di Pietro, per quanto interessa qui, s'infilò nello spiraglio catodico e fu invitato per due volte al «Raggio verde» di Michele Santoro a parlare ovviamente di Berlusconi: il 16 marzo e il 20 aprile 2001 Tonino puntò il dito e parlò di società all'estero, prestanome, offshore e altri faldoni dei suoi tempi togati. Fece la sua parte: se quella campagna elettorale passò alla cronaca, tra studi trasformati in tribunali e requisitorie mono-imputato, fu anche grazie a lui. Sarà oggetto di studi demoscopici controversi, poi, se le accoppiate Travaglio-Luttazzi e Santoro-Di Pietro abbiano rubato o no consensi al Cavaliere: nessuno tenterà di sostenere che gliene abbia fatti guadagnare.

Ma per Di Pietro, che aveva comunque il problema primordiale di mettere a fronte della sua esistenza, andava bene comunque. I sondaggi lo davano fra il 3 e il 4 per cento e sotto quest'ultima soglia avrebbe perso i seggi e soprattutto i rimborsi elettorali, quel finanziamento pubblico che sulla carta avrebbe voluto abolire e sulle carte corrispondeva a soldi solamente suoi, come tutto il partito.

La tranvata del 2001

Man mano che si avvicinava il traguardo del 13 maggio, tra pronostici e sparate, l'idea che l'Italia dei Valori potesse fare la differenza prendeva una possibile forma: i calcoli sulla distribuzione dei seggi, infatti, cominciarono a terrorizzare tutti coloro ai quali la sconfitta del Cavaliere importava più della vittoria di chiunque altro. A pochi giorni dal voto il verdetto fu unanime: votare Di Pietro nel maggioritario probabilmente avrebbe finito per avvantaggiare proprio Berlusconi.

Cominciò la comica degli appelli al voto differenziato. Il primo fu di Francesco Rutelli: «Al proporzionale votate per chi vi sta a cuore, però nel maggioritario non disperdete i vostri voti facendo un regalo alla destra». Generico. Il diessino Pietro Folena non fu generico per niente e si rivolse esplicitamente «a quell'elettorato sensibile ai temi della legalità che ha anch'esso la possibilità di esprimere una posizione autonoma votando per il senatore Di Pietro»: che votassero l'Ulivo al maggioritario come argine a Berlusconi. A Tonino stavano cominciando a girare. Sinché, dall'empireo, cadde l'editto del suo amico Antonino Caponnetto, il vecchio padre del Pool di Palermo:

> Non disperdete il voto nel maggioritario facendo inutili regali a Berlusconi ... Voi sapete come io abbia condiviso negli ultimi anni la lotta per la legalità e la giustizia condotta da Antonio Di Pietro ... Ho sperato fino all'ultimo che Di Pietro potesse scendere in campo assieme alle forze dell'Ulivo. Io capisco bene che voi vi battiate, per il proporzionale, a sostegno del candidato dell'Italia dei Valori, data la necessità di raggiungere il quorum. Ciò premesso, vi chiedo di far convergere i vostri voti per il maggioritario sui candidati dell'Ulivo.

Per Tonino fu ufficialmente il panico. Pure Caponnetto. A quel punto, se lo facevano tutti, l'appello poteva farlo anche lui:

> Caponnetto, il tuo invito è troppo parziale perché ti limiti a dare indicazione solo sul maggioritario e non inviti invece tutti gli elettori, e dico tutti, non solo quelli della Lista Di Pietro-Italia dei Valori che già lo fanno, a votare al proporzionale per noi. Il nostro movimento è infatti l'unica formazione politica che in questi anni si è battuta concretamente per il ritorno della questione morale. Sono sicuro che comincerai a dare il buon esempio votando e facendo votare al proporzionale la nostra lista. Batti un colpo se ci sei.[30]

In sostanza, secondo Di Pietro, Caponnetto avrebbe dovuto dire agli elettori, che so, di Rifondazione comunista: votate Ulivo almeno nel maggioritario, poi nel proporzionale votate tranquillamente Di Pietro.

Il 13 maggio 2001 la Casa delle Libertà raccolse il 45,4 per cento nel maggioritario alla Camera e l'Ulivo il 43 per cento. Se uniti, i voti dell'Ulivo insieme a quelli dell'Italia dei Valori sarebbero stati 17.506.675 contro i 16.915.513 della Casa delle Libertà. La sconfitta del centrosinistra stava assumendo una corpulenza precisa.

Tonino, alle nove del mattino del giorno dopo, aveva già capito tutto e si fece inavvicinabile. Quando i dati prospettarono che non sarebbe arrivato primo neanche nel Molise cominciò a svuotarsi la sede del partito. Più tardi, però, seppe che il risultato del Molise sul filo di lana era cambiato e che non era più secondo: era terzo.

L'obiettivo era superare il 4 per cento alla Camera: immaginarsi l'attorcigliamento di budella nel momento in cui l'ultimo voto conteggiato sancì che l'Italia dei Valori aveva preso il 3,99 per cento. Mentre, al Senato, il 3,37. L'unica buona notizia che meritò un accenno di applauso, nella sede ormai sguarnita, fu questa: il senatore Valerio Carrara, in Lombardia, forse ce l'aveva fatta sulla base dei recuperi vari. Dirà Di Pietro:

> Il giorno dopo le elezioni, sono io a chiamare Carrara per fargli le mie congratulazioni e per convocarlo come senatore dell'Italia dei Valori. Lui, dopo avermi incontrato per pochi minuti, farfuglia qualcosa e se ne va alla chetichella.[31]

Carrara passò a Forza Italia entro poche ore dall'elezione, prima ancora dell'insediamento delle Camere: un record imbattuto. Le sue credenziali erano che lo aveva presentato Gabriele Cimadoro e che era presidente dell'Associazione cacciatori di Oltre il Colle, in provincia di Bergamo. Di Pietro aveva ripetuto per tutto il tempo che il suo partito non stava né con Berlusconi né con Rutelli, ora il senatore Carrara aveva deciso di non stare neanche con lui.

C'è tutto Di Pietro in questa immagine tratta dal libro di Alberico Giostra:

> Era esacerbato, ulcerato, in balia delle più discordanti pulsioni, un bailamme di umori dissonanti in cui emergeva in pieno una ormai accertata incapacità di rapportarsi serenamente ai suoi interlocutori politici. Il giorno dopo i risultati del voto, mentre ingollando una pizza ripiena di prosciutto nei pressi della sede romana dell'Idv a Piazza Vittorio commentava le elezioni appena archiviate, Di Pietro fu come sopraffatto dai miasmi velenosi che aveva accumulato dentro e sbottò: «Almeno così hanno perso anche loro».[32]

Tonino dissolvi

Il Di Pietro dei mesi successivi deambulò nella piazza elettorale rimasta sporca e disordinata come dopo un mercato. Diciottomila voti in più avrebbero scatenato analisi e controanalisi che nel suo caso non furono fatte. Pochi notarono che il suo raccolto era stato abbastanza omogeneo in tutto il paese.

L'essersi rivelato un cattivo ago della bilancia lo indusse magari non proprio a sentirsi in colpa – condizione inesplorata – ma perlomeno a interrogarsi nella forma di cento nuove giravolte. Adesso non voleva più correre da solo, o forse sì, o forse dipende. L'archivio Ansa, circa le sue metamorfosi su alleanze e sistemi elettorali, in pochi mesi offre un tale ventaglio di posizioni da confermare come nessuna sua parola abbia la minima importanza se pronunciata nell'intervallo tra una folgorazione e la successiva. Fece preaccordi coi comunisti di Oliviero Diliberto, altri coi Verdi di Alfonso Pecoraro Scanio, fece persino proposte a Clemente Mastella durante il congresso dell'Udeur. Parole. Aria.

Cento voltafaccia su bipolarismi e soglie di sbarramento potevano anche sfuggire a tanta gente normale, ma a proposito del mitico G8 di Genova il clima era decisamente più partecipato. Per le violenze di Bolzaneto, mentre gli indisturbati Black Block mettevano a ferro e fuoco la città, un'opinione calda l'avevano tutti. Figurarsi lui. Di Pietro uno:

> L'irruzione nella scuola Diaz ha dell'assurdo. È stato un errore sotto tutti i punti di vista, soprattutto quello organizzativo. Hanno messo in condizione quei ragazzi di entrare nella scuola animati perlopiù da spirito di vendetta. È stato solo un atto di ritorsione ... Io avrei insistito per la commissione d'inchiesta. Senza dubbio è il mezzo migliore per accertare fatti e responsabilità.[33]

Intendeva fatti e responsabilità della polizia, come tutti. Poi il Di Pietro due, da ministro nel governo Prodi, voterà contro l'istituzione della Commissione. E si giustificherà così:

> Nel programma del Centrosinistra è previsto che sia scritta una relazione parlamentare con riferimento ai fatti di Genova, sia per quanto riguarda il comportamento delle Forze dell'Ordine sia per quanto riguarda i danni causati dai Black Block e dai no global. Noi siamo favorevoli. Ieri invece si volevano creare i presupposti per una commissione che indagasse soltanto a metà, e cioè solo sulle forze di Polizia.[34]

Un doppio carpiato con avvitamento, anni dopo, seguirà ad altri incidenti studenteschi all'Università di Torino. Sullo sfondo sempre del G8, il professor Gianni Vattimo, candidato dell'Italia dei Valori alle europee, sosterrà pubblicamente una strategia studentesca così protesa: marciare in blocco, cercare lo scontro diretto coi celerini, deviare dai percorsi previsti e poi distruggere tutti i simboli del capitalismo capitati a tiro.[35] Il commento del suo segretario, l'ex poliziotto Antonio Di Pietro, sarà da consumato trapezista:

> Certi provvedimenti alimentano la violenza. Io sono contro la violenza utilizzata per protestare, però devo dire che si sta creando una nuova lotta di classe. Bisogna vedere la causa e l'effetto perché come al solito si critica l'effetto e non si guarda la causa.[36]

Una nuova lotta di classe. Intercettata da Gianni Vattimo. Il parolame per Di Pietro contava ancor meno del solito, nel *cupio dissolvi* di quel tardo 2001. Furono mesi in cui allontanò da sé ogni minima personalità che potesse dirsi tale: un percorso ciclico ma in accelerazione. Ciò che in politica è normale, assieme alla diffidenza per ogni sottoposto che possa farti le scarpe, nel suo caso si farà caricatura: alla ricorrente insofferenza del generale verso i colonnelli, specchi di errori e contraddizioni, si affiancherà un fastidio per chiunque non sia operosa e silente fanteria di terra. La nuova Italia dei Valori, rammentiamo, si era riconfigurata riportando i fondatori da 248 a tre.

Il rancore degli esclusi, con le loro code velenose, è sempre facile da sobillare. Certe frettolosità e superficialità nel compilare liste e organigrammi saranno colpe veniali benché innegabili. Va da sé che la compagnia della supercasalinga Federica Rossi Gasparrini sia sempre a scadenza, che uno come Sergio De Gregorio coi suoi «Italiani nel Mondo» abbia scritta in faccia la sua infedeltà, che i Valerio Carrara abbandoneranno sempre la nave che affonda o che neppure parte. In fondo l'ex vicesindaco di Savona Giorgio Balbo, novello dipietrista passato in un istante all'Udeur di Mastella, era stato pur sempre un uomo del socialista Alberto Teardo. Poteva capitare. Anche Pietro Mennea, eletto al Parlamento europeo con L'Italia dei Valori, era poi passato a Forza Italia in 19'72": ma si era pagato la campagna da solo – come tutti i dipietristi, invero – e aveva visto Tonino solo un paio di volte ai mercati rionali di Barletta. L'elenco sarebbe sterminato, non di questo si parla.

Il problema, presente e futuro, erano i suoi uomini, i luogotenenti: perché non c'erano. Erano già spariti o spariranno i Rino Piscitello, Federico Orlando, Milly Moratti, persino Paolo Flores D'Arcais. Era sparito uno come l'ex retino Beppe Scozzari, per esempio: uno che era stato cassazionista a ventotto anni e parlamentare a ventinove, uno bravo, diciamo così, uno che gli era stato vicino come nessuno per una lunga fase, e che aveva organizzato cene, incontri, convegni come quello di Castellanza, aveva avuto l'idea di candidarlo nel Mugello, gli aveva presentato Leoluca Orlando, aveva fatto il diavolo a quattro durante i giorni delle inchieste bresciane: sparito. Da quanto inteso, aveva giudicato un po' avventurosa la compilazione delle liste sudiste alle europee del 1999: Di Pietro non gli rivolse più la parola. Pur non raccontando granché, resta emblematico il titolo di un'intervista che rilasciò al «Giornale» in quei giorni: «Tonino l'ho fatto eleggere io e adesso mi saluta a stento». Due anni dopo, quando Scozzari si candidò in Sicilia per il Ppi, Di Pietro pur di sabotarlo fece l'impossibile. Ci riuscì: Scozzari non fu eletto per un niente.

Il caso di Elio Veltri è sicuramente peggiore. Si erano conosciuti il 16 maggio 1988 (vedi capitolo IV, pp. 62-66) e Veltri era uno che aveva incoraggiato e sostenuto Di Pietro ben prima di Mani pulite. Dopodiché era stato dietro ogni importante decisione, movimento, battaglia, soprattutto gran lavoro celato dalle scintille dipietresche. Il vero fedelissimo: vicino nei momenti difficili, discreto nella bolgia dei vincitori.

Sopportò di tutto. Alle politiche del 2001 era già sua la candidatura al collegio di Bologna, ma all'ultimo momento Di Pietro lo diede all'amica Silvana Mura. La quale, data la sua preparazione politica, non si fece problemi nel chiedere proprio a Veltri di andare ai dibattiti al posto suo. Identica situazione per le amministrative di Roma, come ben raccontato nel libro di Alberico Giostra:

> Il candidato sindaco dell'Italia dei Valori sarebbe dovuto essere Elio Veltri. Lo aveva votato all'unanimità l'assemblea del partito, su richiesta dello stesso Di Pietro. Poi scattarono le gelosie e le invidie dell'ex-pm e il

timore di dare un'eccessiva visibilità al suo amico. Così Di Pietro incaricò il suo braccio destro Di Domenico di trovare immediatamente un'alternativa. Di Domenico si inventò letteralmente dal nulla la candidatura di un giovanotto del tutto sconosciuto che bazzicava la sede del partito di Piazza Vittorio, Giovanni Roma. Roma ebbe l'ardire di accettare la candidatura e dopo il primo turno sparì schierandosi con Forza Italia.

Quando Veltri era di fatto il numero due del partito, Di Pietro gli nascose la trasformazione dello statuto da 248 soci a soli 3, escludendolo dalla possibilità di entrare a farne parte. Infine all'Ergife di Roma nel corso di un'assemblea nazionale, proprio sul finire, Di Domenico ricevette da Di Pietro l'ordine tassativo di non far parlare Veltri. «Sta crescendo troppo nel partito», motivò al suo segretario. E Di Domenico, proprio mentre Veltri aveva preso posto sul palco per fare il suo atteso intervento, spense il microfono. L'assemblea doveva chiudersi lì. Un gesto del quale Di Domenico oggi si pente amaramente. Quando Veltri si dimise dall'Italia dei Valori, dopo sette anni di sodalizio, Di Pietro scrisse questa lettera al suo compagno: «Busto Arsizio, 18 dicembre 2001. Caro Elio, ho letto su "la Repubblica" di questa mattina che hai abbandonato il Movimento. Ne prendo atto e ti auguro buona fortuna (anche se mi spiace averlo dovuto apprendere attraverso la stampa), Buon Natale a te e a famiglia». Con queste tre righe Di Pietro si gettava alle spalle un sodalizio umano e politico che era stato quanto mai fecondo e caloroso. Veltri aveva sacrificato gran parte della fase matura della sua vita politica a Di Pietro e alla costruzione del suo movimento.[37]

XIII
Borsa Valori

Ciao, sono io

SCENA PRIMA

Eccolo ricercare un senso di appartenenza all'inaugurazione dell'anno giudiziario 2002, con più di duecento magistrati che sfilavano parzialmente in toga nera per protestare e soprattutto «resistere, resistere, resistere come su un'ultima e irrinunciabile linea del Piave»: parole di Francesco Saverio Borrelli lette su una vecchia cartolina che Vittorio Emanuele Orlando aveva spedito a suo padre. Resistere contro il governo Berlusconi che toglieva la scorta ai pm che lo accusavano, resistere contro l'eccesso di garanzie che sabotava i processi, resistere contro il crollo del senso morale, resistere contro Tonino Di Pietro che dopo sette lunghi anni aveva la faccia di farsi rivedere a palazzo di giustizia per rimediare un raggio di luce. Stava risalendo la tensione giudiziaria e lui aveva strombazzato il suo arrivo con cento comunicati, ma uno scranno alla fine non era spuntato, nessun invito speciale. Eccolo allora scorrere tutta la prima fila, ingobbito e impunito come i ritardatari al cinema, e scroccare clamorosamente la sedia di un altro. E gongolare. Girare e rigirare la testa come un pappagallino in cerca di riferimenti. Era il 12 gennaio 2002.

Poi, dopo anni, ecco l'ambita scena dell'abbraccio in pubblico con Francesco Saverio Borrelli, il quale – questo dicevano – avrebbe evitato volentieri. Eccolo riservare un salutino all'amico Piercamillo Davigo e un altro abbraccio a Gerardo D'Ambrosio, genio del male con quella sua domandina: «Tonino... come ti va? Che fai adesso?». Eccolo attorniato da qualche giornalista che gli consentiva di riaccendere sgangherate vaghezze. «Ribadiamo forte e chiaro...» Ma ribadiamo chi? «Abbiamo fatto il nostro dovere.» Abbiamo chi? «Berlusconi la smetta di pestarci le scarpe.» Pestare a chi?

Il giorno dopo persino «la Repubblica» dovette ammettere il suo «evidente calo di popolarità tra i loggionisti». C'erano cronisti che un tempo pendevano dalle sue labbra e che neppure lo nominavano nelle loro cronache, ora. La scena dell'abbraccio almeno gli era servita a farsi intervistare dal «Corriere della Sera» che però ora lo qualificava come «Di Pietro, l'uomo che Borrelli ha stretto sabato in un fraterno abbraccio». Ecco che cos'era diventato. Un unto del procuratore.

Poi l'intervista: per il prossimo decennale di Mani pulite – gli domandavano – Massimo D'Alema aveva detto che non c'era niente da festeggiare, che rispondeva? «Nessuno di noi vuol festeggiare niente.» Il Di Pietro due, qualche riga più in basso, annunciava una manifestazione su Mani pulite per il 16 febbraio. Nel suo sito internet con suffisso gutturale (antoniodipietro.org) erano inoltre fissati qualcosa come venti incontri dal 19 gennaio al 2 marzo, dalla Puglia al Friuli, titolo: «Mani Pulite dieci anni dopo: riflessioni di un'esperienza, prospettive per il futuro!». Con punto esclamativo. Per gli incontri, si leggeva, «appropriate conferenze stampe [*sic*]» e ovunque, sul sito che in teoria era di tutto il partito, la sua foto, il suo nome, la sua storia, zero notizie circa tesseramenti, organismi, solo argenteria ossidata: Mani pulite. E il solito messaggio sottinteso: sono Di Pietro, quello che arresta i politici, i ladri della roba vostra, occhio, perché quelli stanno tornando, bussano già alla porta.

SCENA SECONDA

Mentire anche se il falso è già stato disvelato, mentire anche a dei ragazzi. Eccolo al Liceo scientifico Vittorio Veneto di Milano a raccontare se stesso e l'inchiesta Mani pulite. Ecco un paio di studenti a fargli sempre la solita maledettissima domanda: perché ha lasciato la toga per fare politica? E lui, oltretutto con postura pedagogica: «Vedete, nella formulazione stessa di questa domanda è implicita la manipolazione dell'informazione a cui tutti voi, vostro malgrado, siete stati e siete soggetti. Perché io non ho lasciato la toga per fare politica. Ho lasciato la toga per difendermi. E solo dopo essere stato assolto da ciascuna delle 27 accuse che erano state mosse a mio carico ho deciso di entrare in politica».[1] Ecco. Dopo una premessa falsa – quando lasciò la toga, infatti, non doveva difendersi da niente, le inchieste furono tutte successive, la prima fu sei mesi dopo che aveva lasciato – aveva nascosto loro che ben prima dell'ultima «assoluzione», che fu nel 1999, aveva già fatto il ministro, era stato eletto al Senato, aveva fondato un gruppo parlamentare e di passaggio anche un partito. Nascondeva questo e dava di manipolati a dei ragazzi che gli avevano fatto una domanda normale. Era il 25 marzo 2002.

Piazza Navona 1

Un Di Pietro nervoso, era buio, sul palco faceva anche freddo. Massimo D'Alema, tanto, era glaciale comunque, passava di colloquio in colloquio, Francesco Rutelli pure, Piero Fassino svettava e circolava, serafico. Avevano già parlato tutti. Intanto il professor Francesco Pardi detto «Pancho» gridava al microfono, ma gridava davvero. Era un docente universitario di Analisi del territorio che due settimane prima aveva trascinato qualche migliaio di fiorentini in un corteo a favore della libertà d'informazione, in pratica contro Berlusconi. Così, a quella manifestazione ulivista sulla giustizia, lì in piazza Navona, avevano invitato anche lui: e ora gridava, aveva esaurito il tempo a disposizione ma era dannatamente carico, era il primo comizio della sua vita e sentiva che il pubblico lo seguiva, mica studenti, e neppure claque congressuali a comando, ad ascoltarlo c'era una borghesia media fatta di pensionati, insegnanti, statali, un pezzo d'Italia poco militante ma vera, gente che regalava pochissimo. Stavano applaudendo lui, lui più degli altri, anche più di Di Pietro, e annuivano per la sua rabbia contro il conflitto d'interessi, contro la ventilata idea di una nuova legge per fingere di regolarlo, contro gli inciuci, contro la bicamerale, insomma contro D'Alema che intanto chiacchierava e se ne fregava. Di Pietro, invece, era nervoso perché quello lì, Pancho, gli aveva fregato non tanto gli argomenti quanto il volume, i registri, la veemenza, ora per risuperarlo avrebbe dovuto spaccare gli amplificatori o ripiegare sul positivo, genere uniti si vince, queste cose. La scena famosa, tanto, è un'altra, l'ultima della manifestazione: quella del regista Nanni Moretti che si avvicina al microfono sopra un brusio dapprima indifferente che va scemando, e poi:

> Avendo ascoltato gli interventi di Fassino e Rutelli, devo dire che anche questa serata è stata inutile. Il problema del centrosinistra è: per vincere bisogna saltare due, tre o quattro generazioni? Sono contento di aver visto nascere il nuovo leader dell'Ulivo, il professore di Firenze, il geografo. Però dico: negli ultimi interventi di Fassino e di Rutelli, che scarso rispetto per le opinioni delle elettrici e degli elettori! Nei precedenti interventi si chiedeva un minimo di autocritica rispetto alle scelte degli ultimi anni, rispetto alla timidezza, rispetto alla moderazione, rispetto al non saper più parlare alla testa, all'anima, al cuore delle persone. Mentre invece la burocrazia che sta alle mie spalle non ha capito nulla di questa serata, mi spiace dirlo, ma con questo tipo di dirigenti non vinceremo mai.

Era il 2 febbraio 2002. Di Pietro inceppato. Si avvicinò al microfono e urlò qualcosa di cui ci sono almeno tre versioni:

> Se continuiamo a spararci così addosso non andiamo da nessuna parte![2]
> Se continuiamo a spararci addosso da soli sulle palle non andiamo da nessuna parte![3]
> Ma sì, spariamoci nelle palle![4]

La versione effettiva pare essere la seconda – urlata in ogni caso – e il dato interessante non è solo la reazione in contropiede di uno abituato a sparare a palle incatenate contro tutti, alleati o meno, ma che i due tizi che «non andiamo da nessuna parte» entro venti minuti sarebbero stati i suoi nuovi punti di riferimento: Antonio Di Pietro stava per intrupparsi ufficialmente nel fuoco di paglia dei girotondi. Nasceva una nuova occasione di gioia e di festa indirizzata allo schiattamento politico del Cavaliere, con tanto di girotondologa ufficiale: la giornalista della «Repubblica» Concita De Gregorio, futura direttrice dell'«Unità».

I girotondi

C'è chi descriverà quella di Tonino come una svolta politica di un certo rilievo. Il parlamentare dell'Italia dei Valori Pino Pisicchio, sorta di storico-politologo del partito, la metterà molto seriosamente:

> Sul fronte del raccordo con l'area «movimentista», la condivisione della prima manifestazione dei «girotondi», tenutasi a piazza Navona nel 2002, rappresentò per l'IdV solo la prima di una serie di occasioni di mobilitazione e di fiancheggiamento dell'associazionismo civile e di movimenti spontanei che in quel contesto politico andava oggettivamente a giocare un ruolo di aspra critica e di «concorrenza» politica alla sinistra riformista.[5]

Alla fine non è che Di Pietro farà tutti questi girotondi. La successiva manifestazione del 23 febbraio, al Palavobis di Milano, era prevista da un pezzo e si ritrovò girotondina *honoris causa*: «MicroMega» l'aveva organizzata per il decimo anniversario di Mani pulite – quello che a Tonino non interessava festeggiare – e se ci andarono venti o quarantamila persone non importa, anche se il Palavobis ha una capienza di dodicimila: fu un grande successo comunque, c'era la gente fuori, riapparve uno scatenato Pancho Pardi e poi Sabina Guzzanti, il verde Alfonso Pecoraro Scanio, Oliviero Diliberto e Marco Rizzo del Pdci, i diessini Giovanni Berlinguer, Fabio Mussi, Pietro Folena e

Vincenzo Vita, Dario Fo tutto frizzi e lazzi, l'organizzatore Paolo Flores D'Arcais, il freschissimo ex presidente della Rai Roberto Zaccaria – che definì il suo sostituto, appena nominato, «un sodale di Previti» – e un sacco di ospiti tutti entusiasti. Diliberto sorrideva felice: «Mi sento più giovane di vent'anni, è un momento molto importante». Il mondo, là fuori, soprattutto l'Ulivo, non sapeva che cosa stava succedendo: «Il tema della legalità è sentitissimo, l'Ulivo avrebbe dovuto essere tutto qui» diceva Pecoraro Scanio mentre vicino a lui caricava l'arma l'unico segretario di partito presente: un Antonio Di Pietro che dopo quel nervoso «Ma sì, spariamoci nelle palle» aveva deciso di imbracciare una mitragliatrice. La prima scarica: «C'è una dirigenza dell'Ulivo chiusa e ottusa che oggi se n'è andata al mare. Dove sei Fassino? Dove sei Rutelli? E dove sono Violante, Parisi, tutta la Margherita?».

Magari non proprio al mare – era febbraio – ma non erano certo lì, e fu l'ennesima spaccatura. Stava formandosi l'embrione del pupo che sarebbe cresciuto sano e forte sino al 2007, quando salterà il fosso e tra politica e satira passerà lo scettro direttamente a Beppe Grillo.

Ma la marea girotondina del 2002, nell'attesa, doveva ancora salire: Nanni Moretti, che al Palavobis non c'era neppure andato, il 10 marzo successivo rimediò con un grandioso girotondo – proprio un girotondo: mano nella mano, migliaia di persone – attorno a tutte le sedi Rai del paese; la novità fu la presenza di Piero Fassino che in pratica si ritrovava a contestare gli organigrammi della Rai che aveva appena contribuito a nominare: due membri del consiglio di amministrazione, infatti, erano andati al centrosinistra come da copione. Più fiacco e svogliato fu già il girotondo del 13 aprile, con molta meno gente: ma la stagione dei girotondi, prima di morire nei freddi invernali, vivrà altre due fantastiche giornate di solleone. La prima il 31 luglio, attorno al Senato, ma soprattutto il 14 settembre in piazza San Giovanni, con un oceano di persone – centottantamila secondo la Questura, un milione secondo Paolo Flores D'Arcais – che acclamò Nanni Moretti e il suo «non perdiamoci di vista». Sotto il palco, dove sarebbero rimasti per tutto il tempo senza intervenire, ancora Fassino, ma anche Fausto Bertinotti, Francesco Rutelli, Sergio Cofferati, Pierluigi Castagnetti. E Di Pietro. E tutt'intorno un festival catodico-chic coi vari Carlo Freccero, Monica Guerritore, Serena Dandini, Fabio Fazio, Michele Santoro digiuno di folle ormai da anni, Gino Strada di Emergency, di tutto. Il discorso di Moretti fu pubblicato integralmente sulla «Repubblica» come se fosse un grande prologo, e invece fu un epilogo.

Antonio Di Pietro era già stufo da un pezzo. La corriera del girotondismo l'aveva preso a bordo – lui l'aveva presa al volo –, ma non gli avevano ceduto il volante nemmeno per un momento. Alla vigilia del raduno oceanico di piazza San Giovanni gli avevano addirittura preannunciato che non l'avrebbero fatto parlare, né lui né altri politici. Politico a lui. Uno sfregio definitivo. La reazione, sempre quella: «Io che ho fatto Mani Pulite devo sentirmi dire che non posso parlare di giustizia con i cittadini perché non mi spetta. Tenetevelo il vostro palco, non vogliamo essere condizionati da una nuova nomenclatura dei girotondi».

Lui che ha fatto Mani pulite. La nomenclatura dei girotondi.

Poi in piazza c'era andato lo stesso, chissà mai. Tanto, dopo quel giorno, tutti giù per terra.

Uniti si perde

Ad Antonio Di Pietro l'esperienza movimentista servirà almeno per accelerare un praticantato fatto di suole consumate, piazze battute, comizi e comizietti, roba che si impara nell'età in cui Tonino sorvegliava ditte di armamenti. Mai avrebbe pensato di dover fare quelle cose, lui che aveva il Quirinale a portata di manetta. Nessun problema, inquieto e sgobbone lo era sempre stato, si alzava alle cinque del mattino ancora dai tempi delle mucche di Montenero. Ma raccattare firme contro il Lodo Schifani[6] era davvero una rottura e ogni minuto malediceva chi non fosse lì con lui: «L'Italia dei Valori prende atto che la Margherita di Marini e Rutelli e compagnia bella è a favore del Lodo Berlusconi e non vuole il referendum ... l'Ulivo scelga se appoggiare cinquecentomila cittadini o ignorare la volontà popolare».[7] Ma la Margherita e compagnia bella avevano già scelto di attendere il responso della Corte costituzionale e ne avevano ogni ragione: la consulta rispedirà il Lodo al mittente e la vittoria come al solito avrà mille padri, compreso Di Pietro coi suoi ottanta scatoloni di firme da buttare.

Per ragioni che rendono la vita irripetibile, dal 2003 Di Pietro aveva guadagnato un neosodale: Achille Occhetto, l'ex segretario del Pds che da Mani pulite in poi era andato politicamente degradando. Fu lui a suggerire che l'Ulivo riaccogliesse l'Italia dei Valori tra le sue file: l'impegno sulla legalità era una risorsa per tutti, disse. Occupati a festeggiare, non gli risposero neanche. Tonino li aveva attaccati per tutta l'estate uno dopo l'altro e qualche risentimento galleggiava. Francesco Rutelli, per esempio, non aveva scordato d'esser stato squalificato per «totale assenza, afasia e mancanza di carisma».[8] Naturalmente erano attacchi che avevano il duplice scopo di blandire una parte dell'elettorato e bussare forsennatamente alla porta dell'attaccato: già si parlicchiava di un listone del centrosinistra per le europee e qualche corteggiamento Tonino l'avrebbe anche gradito, ma non ce n'era l'ombra. Anzi, i socialisti e l'esacerbato Arturo Parisi non ne volevano proprio sapere: «Sei fuori dall'Ulivo» gli dicevano. Di Pietro spediva ambasciate a mezzo Achille Occhetto, ma seguiva il silenzio. Tonino non contemplava che qualcuno potesse mandarlo seriamente al diavolo anziché controllargli il cartellino del prezzo. Una dote politica che nel suo caso corrispondeva a un'italianità da suk portata all'ennesima potenza. Se Silvio Berlusconi era un venditore, lui era un compratore: pianti greci, baruffe chiozzotte, addii verdiani, tutto si poteva aggiustare, niente era irrecuperabile. Per lui era tutto fumo anche se c'era l'incendio.

Ne era divampato uno, per esempio, sullo Statuto dei lavoratori e sulla proposta referendaria di estendere l'articolo 18 anche alle aziende con meno di quindici dipendenti: ma non c'era il suo cappello sopra, che gli importava. Cosicché il Di Pietro uno, in aprile, si era atteggiato a riformista responsabile:

> L'estensione dell'articolo 18 produce condizioni di non governabilità. La consultazione provocherà più danni che benefici. Rivendichiamo diritti per tutti i lavoratori, ma tutto questo si dovrà ottenere attraverso le leggi e non tramite il maglio referendario.[9]

Il Di Pietro due, a fine maggio, era diventato un picchettaro di Mirafiori:

> Voterò sì. Oggi il quesito si pone così: stai dalla parte dei lavoratori o dei padroni? Io, Antonio Di Pietro, sono sempre stato dalla parte dei più deboli. I più forti hanno da soli gli strumenti per difendersi.[10]

Se è vero che solo i cretini non cambiano idea, il Di Pietro movimentista/di sinistra era intelligentissimo. Lo dimostra, a proposito di picchettari, la sua posizione sugli scioperi. Non tutti gli scioperi – che in termini socioculturali, dato il suo conservatorismo naturale, preferiva lasciar deflagrare all'interno di mondi che un filo di schifo continuavano a farglielo – ma almeno gli scioperi della magistratura, categoria che bastava nominare per ringalluzzirlo. Prima di Mani pulite, a pensarci, Di Pietro era assurto alle cronache nazionali proprio per uno sciopero o meglio perché non vi aveva aderito il 2 dicembre 1991, quando le toghe protestavano in massa contro le esternazioni di Francesco Cossiga. La sua posizione sul tema non era cambiata neppure nell'aprile 2002, quando i magistrati minacciavano astensioni contro la riforma della giustizia annunciata dal governo Berlusconi:

> Lo sciopero, nelle mani dell'ordine giudiziario, è un'arma impropria ... mi pare una cosa irrazionale. Essendo la magistratura un organo dello Stato, non mi sembra proponibile un'astensione dal lavoro, sarebbe come se scioperasse il governo o il Parlamento.[11]

Il Di Pietro uno era restato su questa posizione per undici anni. Il Di Pietro due la capovolse in tre mesi:

> I magistrati hanno il diritto di fare sciopero per far capire ai cittadini il grave danno che questi provvedimenti possono arrecare ai cittadini.[12]

Consoliderà giust'appunto nel suo 2004-2005 movimentista/di sinistra:

> Quando lo Stato di diritto viene attaccato, anche il diritto allo sciopero diventa un dovere, i magistrati fanno bene a scioperare perché questa riforma dell'ordinamento giudiziario è solo una vendetta contro di loro.[13]

La metamorfosi, notare, non riguardava un suo rapportarsi agli scioperi volta per volta, decidendo secondo i casi come sarebbe normale: riguardava la legittimità per un magistrato a poter scioperare in generale. Il Guardasigilli Roberto Castelli, nel 2006, avanzerà dubbi analoghi a quelli che Di Pietro avanzava sino al 2002 e perciò annuncerà approfondimenti. Il ministro delle Riforme Roberto Calderoli rovinerà tutto paventando eventuali denunce contro gli scioperanti. Figurarsi:

> DI PIETRO A CALDEROLI: DENUNCIAMO NOI A TE [*sic*]
>
> Ansa – Roma, 8 luglio – Se Calderoli denuncia i magistrati in sciopero il 14 luglio, l'Italia dei Valori denuncerà lui per calunnia e abuso d'ufficio. Lo annuncia Antonio Di Pietro, leader dell'Idv.

La tranvata del 2004

Le elezioni europee si avvicinavano e la Casa delle Libertà era reduce da ripetute sconfitte alle amministrative: c'era nell'aria un altro calo di consensi e Tonino non voleva perderseli. Romano Prodi, da Bruxelles, scaldava i motori per riaffacciarsi sulla scena politica italiana: da qui l'improvviso appello per un solo grande simbolo a sinistra, «Uniti nell'Ulivo». A Di Pietro non parve vero: il professore non si poteva discutere, pensava. Fu discusso. Anzi, i socialisti dello Sdi ribadirono che Di Pietro non lo volevano punto e basta. Non ci fu verso.

Il compromesso fu un capolavoro prodiano del genere scontenta-tutti. Dopo una riunione nacque l'idea di una costituente aperta a «girotondi, movimenti e società civile» per coagulare partitini e listarelle rimaste fuori dal listone: a gennaio 2004 nacque la «Lista Società Civile, Di Pietro-Occhetto, Italia dei Valori» che però si sarebbe rivelata una totale sciagura politica.

Di battute sulla «strana coppia» Di Pietro-Occhetto ne furono dette anche troppe, così da trascurare che le altre punte di diamante erano nientemeno che Tana De Zulueta, Giulietto Chiesa, Pancho Pardi, Pino Arlacchi e un redivivo Elio Veltri. Tonino tentò subito la furbata: nel simbolo infilò la scritta «Per il Nuovo Ulivo» coronata da un ramoscello partecipativo, idea che piacque tiepidamente a Prodi e dispiacque decisamente a tutti gli altri. Dissero che poteva ingenerare confusione col «vero Ulivo» e mandarono Di Pietro ancora più in bestia. Da qui la sua decisione di «togliere autonomamente ogni riferimento all'Ulivo».[14] Era lui che aveva deciso.

Ripartì senza false modestie: rilasciò un'intervista titolata *La nuova sinistra la fonderò io*[15] per annunciare «un nuovo inizio». Scese in campo anche la moglie, Susanna: Tonino la incoraggiava da anni, almeno l'avrebbe piantata di lamentarsi come faceva dal 1992: «Antonio ha un grande cervello e una grande onestà e anche per questo lo adoro da venticinque anni». Erano meno di venti, ma ormai era entrata in politica anche lei. Nessun problema con Silvana Mura? «La stimo e ho fiducia in lei, non solo perché è donna, ma perché è una mamma.»[16]

La campagna dell'impronunciabile «Lista Società Civile, Di Pietro-Occhetto, Italia dei Valori» soffrì di un leggero strabismo per via degli interessi non sempre convergenti dei suoi candidati. La questione morale andava bene: non mancò una puntuale denuncia contro la consueta «estensione a macchia d'olio della corruzione politica» che ormai era come il Parmigiano. Andava bene anche puntare sulla delusione per il mancato taglio delle tasse da parte di Berlusconi, senz'altro. Per il resto c'era gente come Giulietto Chiesa che sotto una dissertazione sul quadro geopolitico internazionale non era disposta a scendere: da tre anni sosteneva che George Bush era corresponsabile dell'abbattimento delle Twin Towers e dissertava assieme a Tana De Zulueta e Pino Arlacchi e ormai anche Occhetto. Il fiancheggiatore Paolo Flores D'Arcais tentò di indicare la via: sulla copertina del suo «MicroMega» piazzò Bush e Berlusconi che si stringevano la mano sullo sfondo di un iracheno torturato. In quel clima cosmopolita Tonino era atteso al varco. Il suo piccolo problema era che il 15 aprile 2003, quando il governo aveva deciso di inviare le truppe in Iraq, lui aveva votato a favore:

> L'Italia dei Valori condivide le ragioni per le quali il governo Berlusconi ha dichiarato che vuole inviare strutture assistenziali e militari in aiuto al popolo iracheno e si augura che la missione possa raggiungere gli obiettivi.[17]

Tonino era uno di quelli che sul balcone esponeva la bandiera arcobaleno della pace assieme a quella degli Stati Uniti.[18] Lo raccontava anche. Dieci mesi dopo, il Di Pietro due:

> La guerra in Iraq va definita come un'occupazione ... si metta fine alla nostra presenza in Iraq attraverso la richiesta del ritiro immediato delle nostre truppe.[19]

Usa o Iraq, Franza o Spagna. E Bush? E Saddam? Il Di Pietro uno è sempre del 2003: «Tra Bush e il rapinatore di democrazia Saddam non ho difficoltà a scegliere Bush».[20] Di Pietro due, ora, chiedeva le dimissioni di Bush. Vero che in mezzo c'erano state le rivelazioni sul carcere di Abu Ghraib e annesse torture, ma contavano sino a un certo punto:

> La grave macchia non sono solo le torture, ma la guerra che Bush ha mosso all'Iraq ... Bush ha sporcato il valore degli americani, mi auguro che al più presto possa lasciare il governo di quel paese.[21]

Protagonista della scena era al tempo anche il leader palestinese Yasser Arafat: le truppe israeliane l'avevano praticamente sepolto vivo nella sede del Parlamento di Ramallah. Nel proporre conferenze di pace europee, un Di Pietro sempre più improbabile dava di «criminale» al premier israeliano Sharon e in novembre andrà al Cairo per partecipare ai funerali di Arafat. E se giudicarne i sentimenti pare brutto, è lecito almeno chiedersi che cosa l'aveva portato, solo l'anno precedente, a invocare una commissione d'inchiesta dell'Unione europea proprio su Arafat e sugli aiuti all'Olp palestinese: non bastasse, l'aveva sottoscritta[22] assieme a Marcello Dell'Utri, Francesco Speroni, Antonio Tajani e Claudio Martelli.

Dai manifesti elettorali, intanto, la coppia Di Pietro-Occhetto sorrideva poco convinta. La campagna era agli sgoccioli e l'aspettativa del duo non superava il 3 o 4 per cento, quindi dicevano che avrebbero preso il 5.

Poi ecco il sospirato voto del 12 e 13 giugno, l'ora della verità: il listone «Uniti nell'Ulivo» raccolse il 31,1 per cento e il centrosinistra vinse le elezioni con il 48,4; il centrodestra raccolse uno scarno 43,4 penalizzato dal crollo di Forza Italia che era calata al 21 per cento rispetto al 25,2 delle europee 1999. Di Pietro e Occhetto, alias la complicata «Lista Società Civile, Di Pietro-Occhetto, Italia dei Valori», presero il 2,14 per cento: meno di Verdi, Comunisti italiani e della Lista Bonino, circa un terzo di Rifondazione, come i maledetti socialisti.

L'esperimento aveva allontanato da Di Pietro anche gli elettori che credeva acquisiti. Achille Occhetto mollò la lista in trenta secondi e si tenne stretto il suo seggio al Senato mentre cedette quello europeo a Giulietto Chiesa coi suoi scenari geopolitici. Il professor «Pancho» Pardi dopo due anni smise di urlare. Tonino prese circa duecentomila preferenze e si ritrovò a Bruxelles nell'amata commissione per i rapporti col Sudafrica. Disse: «In queste elezioni l'Italia dei Valori ha dimostrato che il suo nocciolo duro ce l'ha, ma non c'è stata quell'onda lunga che ci aspettavamo».[23] Il divorzio da Occhetto fu immediato e consensuale.

Seguirà lite sugli alimenti. La lista Di Pietro-Occhetto aveva ottenuto circa settecentomila voti, pari a un rimborso di 5.510.203,60 euro: soldi che, dato il rapporto paritario tra le due componenti, all'apparenza andavano divisi equamente. Di Pietro non ci pensò neanche. La richiesta di Occhetto e Veltri, primo errore, fu fatta a nome dell'associazione Il Cantiere, messa in piedi dopo la batosta elettorale senza che però avesse partecipato al voto. Di Pietro estrasse una carta in base alla quale era stata l'Italia dei Valori a depositare simbolo e liste, perciò le spettava la riscossione dei rimborsi. Secondo i legali del Cantiere, però, non c'era scritto da nessuna parte che Occhetto e Veltri dovessero regalare la loro quota a Di Pietro, sicché la discussione proseguì su terreno a Tonino più congeniale – il tribunale – e fu il secondo errore. Ma sarà anche l'occasione di una verifica definitiva della specie di partito che Tonino intanto aveva messo in piedi.

Le sentenze saranno due. Una è del giudice civile del Tribunale di Roma Francesco Oddi: il 22 luglio 2008 sancirà che tra i due soggetti – la Lista e il Cantiere – c'era continuità politica ma non giuridica: ricorso respinto, decreto ingiuntivo non eseguito, arrivederci. La seconda, invece, farà seguito alla richiesta del duo Occhetto-Veltri di nominare un liquidatore per l'Italia dei Valori: a loro dire il partito, inteso come Lista, inteso come associazione non riconosciuta, era ormai privo della cosiddetta pluralità degli associati e quindi doveva sciogliersi per forza. Il 19 ottobre 2007 la richiesta sarà respinta stavolta dal giudice milanese Giuseppe Tarantola, lo stesso del processo Cusani: in due parole spiegherà che da un lato non tutti i soci se n'erano andati, dall'altro che l'obiettivo dell'associazione non risultava perseguito ma che in teoria avrebbe ancora potuto esserlo, magari alle successive europee.

Le colonnelle

La ricomparsa di Susanna Mazzoleni e il consolidamento di Silvana Mura non erano casuali. Di carattere chiassoso e personalità trascurabile, Silvana Mura si era affacciata nel partito nel 1999 dopo la consueta sparizione di tutti i i personaggi femminili – e anche maschili – che nel tempo si erano affiancati a Tonino: oltre alla Gasparrini si erano eclissate la portavoce ex socialista Alessandra Paradisi, l'addetta stampa Sonia Mancini, l'ex assessore socialista Letizia Girardelli e anche la fidata Simona Stoppa, che era stata la sua segretaria a Castellanza e poi a Busto Arsizio. Dopo di questo, l'orobicocagliaritana Silvana Mura si era appalesata con la discrezione della sua Mercedes cabriolet argentata. Circa la sua conoscenza con Tonino farà un po' di confusione: in un'intervista al «Corriere della Sera» dirà di averlo conosciuto «quando è arrivato a Bergamo e faceva il magistrato, io avevo diciotto anni e lui dieci più di me».[24] Dettagli a parte – gli anni di differenza sono otto –, questo implicherebbe che Di Pietro fosse già magistrato a Bergamo nel 1976 quando invece vi giunse nel 1983, periodo in cui in effetti «stava affrontando il divorzio dalla prima moglie» come giustamente ricorda la Mura. Tanta puntigliosità è obbligata da un paio di querele riguardanti il grado di conoscenza tra lei e Di Pietro – sporte da entrambi – e dalle polemiche che sollevarono un paio di biografie pur autorizzate[25] che ebbero a sfiorare il delicato crocevia fra Tonino e le donne, tema che, messo nero su bianco, aveva già provocato la cacciata di casa dell'ex magistrato per qualche tempo.[26] È comprensibile. È normale che i querelanti vogliano escludere che «esistano o siano esistiti rapporti di natura diversa da quelli politici e professionali o di semplice rispetto reciproco», o che possa esser stata solo «la procacità della Mura ad attirare il pm».[27] Lei era una giovane e appariscente indossatrice di biancheria intima e lui un giovane divorziando in carriera, ma questo non autorizza addizioni sbrigative. Silvana Mura dirà nella sua intervista: «Mi ha subito colpito la sua umanità, abbiamo stretto un'amicizia molto forte».[28] Altro non serve sapere.

Per il resto, «la zarina» o «la colonnella», come ebbero a chiamarla, si è doluta pubblicamente[29] di aver trascurato la crescita del figlio nato nel 1988 («non ho fatto bene il lavoro di mamma, è inutile che finga»), e per quanto interessa qui fu trasformata di punto in bianco in assessore alle Attività commerciali del Comune di Bologna, sindaco Cofferati. Questo appunto nel 2004.

Si sono sprecate malizie inutili anche sulla sua coesistenza con Susanna Mazzoleni. Le due si conobbero a loro volta a Bergamo, ma un differente ceto d'origine in una città assai provinciale – Susanna era rampolla di una nota famiglia di avvocati e di notai – non avrebbe impedito a Tonino di consumare un matrimonio con una e di mantenere «un'amicizia molto forte» con l'altra. Silvana Mura era diventata tesoriera e assessore nello stesso mese, luglio, in cui partiva anche l'operazione assessorato per Susanna.

L'operazione fu a Bergamo, naturalmente. In città, un mese dopo le europee e le amministrative, il posto di assessore al Commercio pareva già assegnato da un pezzo a Goffredo Cassader, coordinatore provinciale dell'Italia dei Valori e uomo che si era speso per il partito più di chiunque altro. Il neosindaco stava giusto per incaricarlo quando piovve il diktat: l'assessore doveva farlo la Mazzoleni, parola del responsabile regionale del partito Giorgio Calò. Sembrava uno scherzo. Quando Cassader si rese conto che non lo era, riavutosi, non le mandò a dire: «Questo è un sopruso bello e buono, se c'è un partito che dovrebbe osservare le regole è proprio il nostro. Gli organismi provinciali avevano indicato il mio nome, le scelte calate dall'alto sono inaccettabili».[30] Giorgio Calò gli rispose come neanche Tonino sarebbe riuscito: «A noi piacciono poco le persone che puntano alle poltrone, certe insistenze sono inopportune. Susanna Mazzoleni invece ho dovuto faticare a convincerla». Il giorno dopo Cassader sbatté la porta. Si dimise da coordinatore e anche dal partito: «Chi si richiama alle regole non può fare come ha fatto Di Pietro».[31] Il capolavoro si perfezionò quando il sindaco Roberto Bruni decise che la moglie calata dall'alto non piaceva neppure a lui. Così l'Italia dei Valori perse tutto: l'assessorato e il suo uomo più significativo. Di Pietro certo non lo rincorse.

Poco male, comunque. Per Susanna era pronto un posto più importante.

L'Italia dei valori familiari

Negli stessi giorni, Antonio Di Pietro provvide a liberarsi dell'avvocato Mario Di Domenico, uno dei tre soci di quell'Italia dei Valori che aveva rifondato nel 2000. Oggetto della disputa, come sempre, una questione di soldi. Il legale aveva preso a sospettare che Di Pietro distraesse il denaro del partito per fini personali, e su questa base, successivamente, presenterà anche un esposto per falso e truffa e appropriazione indebita: ma sarà tutto archiviato.[32]

L'avvocato Di Domenico, nel 2003, non da solo, si era limitato a chiedere uno statuto più trasparente. E Di Pietro dapprima aveva finto di accettare: il 5 novembre 2003 aveva preso atto delle dimissioni dei due soci – condizione per poter apporre una modifica statutaria, disse – ma poi non aveva fatto assolutamente nulla. Anzi: il 29 novembre aveva ritoccato il vecchio statuto ed era divenuto socio unico dell'associazione Italia dei Valori.

Ora, 24 luglio 2004, senza fretta, riammise tra i soci Silvana Mura e sostituì Di Domenico con Susanna Mazzoleni: eccola lì. In pratica è il partito che c'è adesso. Meglio: è l'associazione che lo gestisce. Meglio: è l'associazione privata e familiare che già allora controllava il partito grazie alle decine di milioni di finanziamento pubblico elargito da una legge che Di Pietro in precedenza aveva contestato in tutte le sedi: Parlamento, tv, giornali e comizi. Denaro che ora gestiva come voleva, completamente da solo.

Parrebbe un labirinto, ma è un piccolo gioco di scatole molisane: in sostanza il partito Italia dei Valori era e resta affiancato da un'altra e diversa associazione costituita da Di Pietro (presidente) e da Silvana Mura (tesoriera) e da Susanna Mazzoleni (segretaria) nel cui consiglio si poteva accedere solo con il consenso dello stesso presidente (Di Pietro) il quale si intascava tutti i soldi e decideva come e quando usarli; solo l'associazione era un soggetto giuridico con tanto di codice fiscale, il partito formalmente era e resta una scatola vuota con facoltà di gestire in termini amministrativi i soldi eventualmente calati dall'alto, ma senza poter dire una parola al riguardo.

A sancire che il partito Italia dei Valori e l'associazione Italia dei Valori sono cose diverse e separate, diversamente da quanto Tonino ha sempre sostenuto, è stata una sentenza del giudice Francesco Oddi della III sezione civile del Tribunale di Roma. La disputa era quella che opponeva Di Pietro e l'associazione Il Cantiere a proposito dell'erogazione dei rimborsi elettorali per le elezioni europee del 2004: a pagina 2 del decreto di archiviazione, il 22 luglio 2008, il giudice romano scrisse chiaramente che «l'associazione Italia dei Valori è soggetto giuridico diverso dal movimento politico Italia dei Valori ... ne consegue che, essendo stato citato [*in Tribunale*] il movimento politico ma essendosi costituita [*in giudizio*] l'associazione, il movimento politico deve essere dichiarato contumace e l'associazione va considerata mero interventore adesivo». Come ben ricostruito anche dal *Tribuno* di Alberico Giostra, in altre parole, a presentare i bilanci dell'Italia dei Valori alla Camera dei deputati – passaggio indispensabile per poter percepire i rimborsi elettorali – è stato un soggetto diverso dall'unico legittimato a riceverli, cioè il partito. La legge parla di partiti, non di associazioni private. E la Camera dei deputati, incredibilmente, non ha mai eccepito. La Corte dei conti, neanche.

Forse non è chiaro di quanti soldi si sta parlando. La legge sul finanziamento pubblico dei partiti prevede che il rateo annuale dei rimborsi debba proseguire anche se la legislatura si interrompe: i soldi destinati ai partiti dopo il voto del 2006, per capirci, continueranno a essere erogati come se la legislatura non si fosse mai interrotta e come se durasse sino al 2011. A questi soldi, semplicemente, verranno sommate anche le quote previste dalla nuova legislatura iniziata nel 2008 ricalcolate sulla base dei consensi acquisiti. I partiti in pratica vengono pagati due volte. Restando all'Italia dei Valori: sommando tutti i rimborsi e spalmandoli sui cinque anni – mettendo insieme elezioni europee ed elezioni politiche del 2006 e del 2008 – un calcolo attendibile di Paolo Bracalini del «Giornale» è arrivato a sommare nelle tasche di Antonio Di Pietro complessivi 55.775.000 euro. Oltre 110 miliardi di vecchie lire.

Lo schema – va ripetuto – dal 2004 non è cambiato. Il presidente del partito corrisponde al presidente dell'associazione – e viceversa – a vita, cioè «fino a sua rinuncia». Gli iscritti al partito non possono quindi sfiduciare il presidente e non esistono organi di controllo neppure sul bilancio, quindi su entrate e uscite per milioni di euro. Non sono mai stati fatti veri congressi nazionali – solo qualcosa a livello regionale, con delegati scelti dal presidente – e la regola non scritta è che ciascuno finanzi le proprie campagne elettorali e che sedi e affitti e bollette siano pagati coi soldi degli iscritti, con facoltà discrezionale del presidente di rimborsare qua e là. Iscriversi al partito è facilissimo – anche via internet – ma non c'è collegamento diretto tra il partito e l'associazione che lo gestisce economicamente e politicamente: tranne nel fatto che Di Pietro è padrone di entrambi. Senza timore di esagerare, è qualcosa che non si è mai visto in nessun paese del mondo.

Al primo che gli obiettò debolmente qualcosa, Franco Marini a «Porta a porta» dell'11 gennaio 1999, Di Pietro rispose che si trattava solo di «una norma transitoria per il 1999».[33] Ma le successive modifiche statutarie – 9 gennaio 2001, 21 marzo 2001, 5 novembre 2003 e 24 luglio 2004 – serviranno solo a blindare lo statuto ancora di più.

Quando poi «il Giornale» comincerà a martellare sulla questione, nel dicembre 2008, si creerà un circuito demenziale: il quotidiano scriveva, Di Pietro annunciava querele terribili – mai giunte – e poi rispondeva pacatamente: ma su «Libero», il quotidiano di Vittorio Feltri. Proprio quest'ultimo, l'8 gennaio 2009, dopo aver elogiato il lavoro «a mio giudizio eccellente» dei giornalisti Gianmarco Chiocci, Paolo Bracalini, Massimo Malpica e altri ancora del «Giornale», si rivolse infine a Di Pietro: «La sollecito a darci prova della sua trasparenza e affidare i milioni del finanziamento a un collegio di ragionieri eletti nel suo partito».

Di Pietro rispose il giorno dopo:

> Caro direttore, mi pare proprio un buon consiglio, la ringrazio e mi attivo immediatamente. Ho oggi stesso disposto la modifica dello Statuto ... Ho già preso appuntamento per domani da un notaio di Bergamo (che conosce pure Lei) per la relativa statura notarile. Appena sottoscritto Le invierò in anteprima copia del nuovo Statuto di Idv: se ha qualche ulteriore consiglio da darci le sarei davvero grato.[34]

Di Pietro, per oltre dieci anni, aveva gestito l'Italia dei Valori come Kim Il Sung aveva gestito il Partito dei lavoratori in Corea del Nord: ma ecco che nell'arco di ventiquattr'ore, su «Libero» del 10 gennaio, spiegò che aveva sistemato tutto:

> Ho azzerato la partecipazione e il ruolo degli originari soci fondatori (e quindi anche di mia moglie, con cui mi devo davvero scusare per tutti i grattacapi che le ho procurato). Ho affidato ogni risorsa finanziaria (presente, passata e futura) a un organo collegiale di sette persone (l'ufficio di presidenza) affidando a loro i poteri finora spettanti solo ed esclusivamente agli organi del partito. Inoltre ho cancellato di sana pianta il tanto contestato art. 16 del vecchio statuto: quello che affidava a me transitoriamente i poteri statutari: anche questi sono stati rimessi totalmente agli organi del partito. Infine mi sono anche spogliato della possibilità di cambiare statuto e quindi mi sono messo in condizione anche di non poter più tornare indietro. L'Italia dei Valori è diventato un partito vero.

Ho azzerato, ho affidato, ho cancellato, mi sono spogliato. La prima persona singolare regnava indisturbata come sempre: aveva dunque fatto tutto da solo? Senza nessuna assemblea, nessun voto, nessuna dinamica banalmente democratica? Nessuno si pose troppe domande, da principio.

«Il Giornale» infatti tornò alla carica non l'indomani, ma quattro mesi e mezzo dopo:

Aveva detto che avrebbe modificato lo statuto, e a un certo punto ha detto semplicemente che ok, l'aveva fatto: si potrebbe saperne di più? Si può vedere l'atto notarile con cui ha sancito la modifica statutaria? Chi l'ha firmato? Sua moglie c'è ancora? Chi l'ha approvato? L'ha approvato qualcuno del Partito, chessò, un'assemblea, o sempre i dioscuri dell'Associazione? Ci dimostri che le sue astuzie non sono servite solo a fare ciò per cui abbatté una Repubblica: usare il finanziamento pubblico dei partiti per fini che pubblici non sono per niente. Renda tutto pubblico. Ricordi che cosa gli dicevano tutti quei politici nella mitica stanza 254: li ho presi per il partito, dicevano. Ecco, non deve dimostrarci altro.[35]

Niente, silenzio. Poi, verso la fine di maggio, i cronisti del «Giornale» individuarono il notaio bergamasco cui era solito rivolgersi Di Pietro, Giovanni Vacirca, e chiesero lumi. Dopo giorni d'insistenze il notaio rispose che Di Pietro gli aveva espressamente proibito di dare il documento al quotidiano. Era un atto pubblico che Di Pietro non voleva rendere pubblico, ma come tale spuntò fuori lo stesso assieme al documento più importante: il verbale di modifica.

La beffa era lì. Le modifiche allo statuto c'erano. Di Pietro le aveva effettuate proprio quel 9 gennaio come aveva detto. Nel nuovo statuto c'era scritto che spettava all'Ufficio di presidenza, non più solo al presidente, il compito di «approvare annualmente il rendiconto economico finanziario ... e il rendiconto con gli allegati previsti dalle leggi sulla contabilità dei partiti e sui rimborsi elettorali». Si intendevano, per Ufficio di presidenza, sette persone «pro tempore» che Di Pietro aveva già indicato nella sua lettera a «Libero»: il presidente del partito (sempre lui), i capigruppo alla Camera e al Senato, il portavoce del partito, il tesoriere (Silvana Mura), un rappresentante degli eletti nelle regioni e infine un contabile nominato dall'Ufficio di presidenza stessa (Di Pietro) su proposta dell'esecutivo nazionale del partito. Nient'altro, ma il problema non era lì. Il punto, semplificando, è che lo stesso statuto già in vigore, com'era normale, spiegava che ogni modifica per essere valida doveva aver corso durante un'assemblea regolare convocata dal rappresentante legale, e cioè da Silvana Mura; Di Pietro invece si era convocato da solo – e lui solo – e di deleghe del socio Susanna Mazzoleni e della Mura non c'era l'ombra. C'era solo la firma di Di Pietro. Non c'era traccia di una valida delibera assembleare e la modifica non aveva perciò nessun valore. Il testo era cambiato, ma solo sulla carta: alla prima occasione utile sarebbe bastato obiettare che l'assemblea era stata convocata irregolarmente e si sarebbe tornati alle regole dello statuto di sempre, blindato da undici anni.

L'Italia dei valori immobiliari

Se tutto questo è un po' noioso, ora la fantasia potrà almeno galoppare. In uno sforzo di distinzione delle diverse spese, abbiamo quindi: 1) il pubblico partito dell'Italia dei Valori; 2) i pubblici affari dell'Italia dei Valori; 3) gli affari privati dell'associazione Italia dei Valori; 4) gli affari privatissimi di Antonio Di Pietro e della sua famiglia che a sua volta, con Cristiano e Susanna, milita rispettivamente nel partito e nell'associazione Italia dei Valori. Ecco: in questo intreccio si muove una quantità di affari immobiliari da conturbare un enigmista.

All'associazione blindata che gestisce i soldi e al partito scatola vuota, infatti, Di Pietro ha pensato di aggiungere un terzo soggetto: la società An.To.Cri., una Srl con a capo ovviamente se stesso e come socia sempre Silvana Mura, e però stavolta, come secondo socio, la novità: non sua moglie, ma il marito di Silvana Mura o convivente che sia. Oggetto sociale della Srl: acquisti immobiliari a raffica in un incrocio continuo col partito e con l'associazione.

Per capire di che cosa si sta parlando c'è solo da azzardare un riepilogo di tutta l'impressionante sequenza partitica e societaria e personale e familiare e immobiliare dell'uomo che seguita, ancor oggi, a sventolare il vessillo del conflitto d'interessi e della lotta alle commistioni tra politica e affari. Il lavoro di ricostruzione catastale è stato curato in prima stesura da Giulio Sansevero.[36]

Segue cronologia.

– Antonio Di Pietro nel 1999 acquista due appartamenti tra loro adiacenti a Busto Arsizio – diverranno uno solo – per complessivi 370 metri quadri. Costo: 845.166.000 lire. Di Pietro ha sostenuto[37] di averli rivenduti nel 2004 per 655.533,46 euro.

– Antonio Di Pietro, nello stesso anno, 1999, acquista un bilocale a Bruxelles di 80 metri quadri. Costo: 204 milioni di lire.

– Antonio Di Pietro il 3 gennaio 2002 acquista un appartamento a Roma, in via Merulana, di 180 metri quadri. Costo: circa 400.000 euro. È dove vive durante i soggiorni romani. Il 18 novembre 2002 risulta emessa una fattura di 7200 euro relativa a «Lavori per vostro ordine e conto svolti nella sede sociale di via Merulana 99 Roma, imbiancatura e stuccatura pareti, riparazione idraulica». La fattura non è intestata a Di Pietro, ma a «Italia dei Valori, via Milano 14, Busto Arsizio, Varese». È la vecchia sede del partito. Di Pietro, nel replicare a un'inchiesta del «Giornale», ha sostenuto su «Libero»: «A Roma sono proprietario dell'appartamento di via Merulana ove abito quando mi reco lì per ragioni legate al mio lavoro di parlamentare. L'ho comprato prima dei rimborsi elettorali, nel

2001, per 800 milioni di vecchie lire».[38] Ma ha sbagliato l'anno: l'acquisto è del 2002, quando già percepiva gli odiati rimborsi elettorali.

– Cristiano Di Pietro, figlio di Antonio, il 19 marzo 2003 acquista o diviene proprietario con sua moglie Lara Di Pietro – è il cognome da nubile, si chiama Di Pietro anche lei – di un attico di 173 metri quadri a Montenero di Bisaccia. Costo: circa 200.000 euro. Antonio Di Pietro ha sostenuto che suo figlio l'ha acquistato grazie alla vendita di un immobile posseduto a Curno, ma dell'operazione, così come descritta, non risulta traccia catastale.

– Antonio Di Pietro il 28 marzo 2003 acquista un appartamento a Bergamo in via dei Partigiani, in pieno centro, di 190 metri quadri. Nello stesso giorno la moglie Susanna Mazzoleni compra un monolocale di 48 metri situato sullo stesso piano. A ciò si aggiungono due cantine e un garage. Costo stimato: tra i 700 e gli 800.000 euro.

– Antonio Di Pietro il 1° aprile 2003 costituisce la società Srl An.To. Cri. – dalle iniziali dei suoi tre figli Anna, Toto e Cristiano – con sede a Bergamo in via Ghislanzoni. Capitale versato: 50.000 euro. Socio unico: Antonio Di Pietro. L'anno dopo, nel 2004, si aggiungeranno i consiglieri Silvana Mura e Claudio Belotti, uomo di lei. Obiettivo non dichiarato: gestione immobiliare. Di Pietro è quindi a capo dell'associazione privata Italia dei Valori, del partito Italia dei Valori e di questa società di gestione immobiliare. Silvana Mura lo segue a ruota.

– Antonio Di Pietro il 24 luglio 2004 manda a casa il socio Mario Di Domenico dall'associazione privata Italia dei Valori e lo sostituisce con la moglie Susanna Mazzoleni. A gestire l'intero finanziamento pubblico del partito Italia dei Valori sono quindi i coniugi più Silvana Mura. Si parla di rimborsi per 250.000 euro nel 2001, 2 milioni nel 2002, 400.000 euro all'anno dal 2001 al 2005 e 10.726.000 euro nel 2006. Quasi 20 milioni di euro totali aggiornati all'anno 2007.

– La An.To.Cri. – cioè Di Pietro, Mura e compagno – il 20 aprile 2004 acquista un appartamento a Milano, in via Felice Casati, di 188 metri quadri. Costo: 614.500 euro. Subito dopo l'acquisto, la società affitta l'appartamento al partito dell'Italia dei Valori per 2800 euro al mese, cifra che va a coprire e superare la rata mensile del mutuo che intanto è stato acceso dalla stessa An.To.Cri. Antonio Di Pietro cioè affitta ad Antonio Di Pietro, Silvana Mura versa soldi a Silvana Mura: i soldi sono sempre quelli del finanziamento pubblico. In concreto significa che Di Pietro, cioè la An.To.Cri., con il denaro pubblico del partito, cioè dei contribuenti, compra casa per sé.

– La An.To.Cri. il 7 giugno 2005 acquista un appartamento a Roma, in via Principe Eugenio, di 235 metri quadri. Costo: 1.045.000 euro. Subito dopo la società ripete l'operazione milanese: affitta l'appartamento al partito per 54.000 euro annui, che coprono il mutuo acceso nel frattempo. Di Pietro acquista e affitta a se stesso: ma con soldi pubblici. A seguito di articoli di stampa e interpellanze parlamentari che scopriranno l'altarino, Di Pietro nel 2007 deciderà di vendere l'immobile a 1.115.000 euro. Il giochino però continua tranquillamente per l'appartamento milanese di via Casati. A tutt'oggi.

– Susanna Mazzoleni il 23 dicembre 2005 acquista un appartamento di metratura imprecisata a Bergamo in via del Pradello, in centro. Nello stesso giorno e nella stessa città e nello stesso stabile acquista un appartamento di 90 metri quadri. Costo complessivo: 400 o 500.000 euro.

– Antonio Di Pietro il 16 marzo 2006 acquista un appartamento di 178 metri quadri a Bergamo, in centro, in via Antonio Locatelli. Costo: 261.661 euro, un incredibile affare regalato dalla cartolarizzazione degli immobili dell'Inail. L'acquisto in precedenza era stato condotto per conto di Di Pietro dal citato Claudio Belotti, compagno di Silvana Mura, e l'aggiudicazione era passata attraverso un ricorso al Tar e un altro al Consiglio di Stato. Anche qui si ripete il giochino: Di Pietro affitta l'appartamento al partito Italia dei Valori, cioè a se stesso, che lo ripaga con soldi pubblici.

– Antonio di Pietro il 6 aprile 2007 acquista una masseria a Montenero di Bisaccia posta di fronte a quella dov'è nato e che pure gli appartiene. Costo comprensivo di 2 ettari di terra: 70.000 euro per l'acquisto e circa 150.000 per la ristrutturazione. Gestisce l'operazione un'immobiliare del posto che si chiama Di Pietro: nessuna parentela, ma il proprietario è stato consigliere provinciale dell'Italia dei Valori.

– Antonio Di Pietro nel 2007 procede alla totale ristrutturazione della masseria di Montenero che il padre Giuseppe gli ha lasciato in eredità negli anni Ottanta. L'ampliamento, sino a 450 metri quadri, prevede una spesa non inferiore ai 300.000 euro. Nella stessa zona, Di Pietro possiede 33 «frazionamenti», ereditati o acquistati da parenti e familiari, per complessivi 16 ettari. I suoi terreni confinano inoltre con quelli che la sorella Concettina ha ricevuto a sua volta in eredità dalla famiglia. La recente iscrizione di Antonio Di Pietro all'albo degli imprenditori agricoli gli consente, nelle transazioni immobiliari, di scalare le tasse, scendendo dal 20 per cento anche fino all'1.

– Cristiano Di Pietro, figlio di Antonio, nel 2007 acquista due lotti di terreno totalmente edificabile di 700 metri quadri, valutabili in una villa di 500 metri quadri posta su due livelli. Costo del terreno: 150.000 euro.

– Antonio Di Pietro nel 2008 acquista un appartamento a Milano, in piazza Dergano, di 60 metri quadri. Costo: da 250 a 350.000 euro.

– Susanna Mazzoleni, si ricorda per completezza, nel 1985 acquistò una casa con giardino a Curno (Bergamo) in via Lungobrembo. Costo del rudere prima di ristrutturarlo: 38 milioni di lire. (Per la storia del rudere, vedi capitolo III, pp. 50-52.)

– Antonio Di Pietro nel 1989, proprio affianco e sempre a Curno in via Lungobrembo, acquistò una villetta a schiera dove visse per qualche tempo suo figlio Cristiano, che in precedenza risultava locatario – irregolare, perché ogni forma di subaffitto era proibita – nel famoso appartamento milanese di via Andegari affittato dal Fondo pensioni Cariplo del socialista Radaelli. Nella citata lettera a «Libero» del 9 gennaio 2009, Di Pietro ha precisato che la villetta a schiera di via Lungobrembo è stata «acquistata alla fine degli anni Ottanta e quindi per definizione con soldi non del partito». È vero. I soldi erano di Giancarlo Gorrini e corrispondevano al famoso «prestito» di 100 milioni cui si aggiunsero i 100 prestati da Antonio D'Adamo al quale pure Di Pietro si era rivolto parlando dell'acquisto di una casa. Poiché Di Pietro non l'ha scritto, si indica anche il prezzo della villetta: 150 milioni di lire.

L'Italia dei valori suoi

I cosiddetti conti della serva andrebbero sempre evitati. Ci sarebbe da conoscere con maggior precisione i prezzi degli immobili, quelli delle ristrutturazioni, il giochino dei mutui e degli autoaffitti, senza contare ciò che non si conosce: gli acquisti immobiliari ammessi dall'ex magistrato nella citata lettera a «Libero», per capirci, sono parziali, incompleti rispetto a quanto emerso successivamente e riportato in questa biografia. Ci sarebbe poi da sapere o da chiarire – perché Di Pietro non l'ha chiarito, non ritiene di doverlo fare, benché personaggio pubblico – il suo possibile ruolo di capofamiglia negli acquisti di case e di terreni da parte dei figli e della moglie. Susanna Mazzoleni è un avvocato benestante, ma il figlio Cristiano è un consigliere provinciale che cominciò a comprare case quando aveva lo stipendio di poliziotto. E comunque fare conti nelle tasche altrui comporterebbe anche il conoscere il tenore di vita di un nucleo complessivo che comprende una coppia, tre figli e un'ex moglie.

Pur generica, l'opinione di Di Pietro in merito è stata questa:

> Alcuni giocano, altri speculano, altri evadono le tasse e altri ancora girano il mondo o se la godono e si divertono. Io ho preferito e preferisco fare la formichina come mi hanno insegnato i miei genitori.[39]

L'opinione sarebbe ancora più interessante se Di Pietro, oltre a quelle figurate, conoscesse le reali caratteristiche delle formiche.[40] È noto almeno il 740 della formichina dal 1996 a oggi: ha guadagnato in tutto 1 milione di euro netti e ne ha dichiarati circa 200.000 l'anno. Al milione vanno aggiunti i circa 700.000 euro ottenuti dalle querele che ha sporto e vinto – il diffamato, in termini di resa esentasse, è per lui una seconda attività – e poi c'è un particolare sconcertante da sommare a quanto esposto sinora: dopodiché ciascuno farà valutazioni e calcoli suoi.

Il sogno della vedova

Il particolare è il caso dell'eredità Borletti, altro riflesso accecante di chi è davvero Antonio Di Pietro. La storia è stata raccontata dai giornali, ma molto confusamente.

Il 22 maggio 1995 la contessa Maria Virginia Borletti, detta Malvina, decise di donare il 20 per cento della sua cospicua eredità a Romano Prodi e ad Antonio Di Pietro. Il padre, Mario Borletti, era stato un mitico produttore di macchine per cucire e aveva accumulato capitali da favola. Perché proprio a loro? Perché erano gli unici – pensava l'anziana contessa dal suo osservatorio di Londra, dove viveva con figli e fratelli – che potevano risollevare le sorti del paese:

> Riflettono la miglior parte degli italiani. Di Pietro, fra i magistrati di cui ho stima, è l'unico che ha lasciato la toga e quindi è diventato accessibile. Mi sembra un uomo molto libero da ogni vincolo politico e capace d'influenzare positivamente le masse.[41]

Non s'era mai visto niente di simile: rimarrà la più ingente donazione politica mai fatta in Italia. Donazione politica, si è detto: la contessa vedeva in Prodi un elemento che poteva «neutralizzare la schizofrenica veemenza di Forza Italia» e in Di Pietro la persona giusta per costruire «un centro che possa offrire un'assistenza legale, sia effettiva che preventiva, al cittadino più indifeso».[42] Prodi a quel tempo girava in pullman per arrivare sino a Palazzo Chigi, Di Pietro invece si avvoltolava in se stesso dopo aver lasciato la toga da pochi mesi: non erano ancora stati assieme al governo, non avevano ancora convissuto nell'Asinello dei Democratici. Malvina Borletti, da un lato, aveva visto lungo. Dall'altro, non aveva visto Di Pietro. E che disse lui di tanta grazia? Era macerato:

> Appena ne avrò l'occasione voglio approfondire le ragioni di questo gesto e cosa lei si aspetta da me. Non v'è alcuna ragione logica per cui una persona che non conosco mi debba regalare una somma così importante. Declinerò l'invito, se non ci vedrò chiaro.[43]

Gli venne la vista di un'aquila: perché non disse più nulla e comincerà a incassare, meglio, ad «approfondire». Ma non subito: il Tribunale di Milano congelerà i soldi per via di comprensibili bisticci ereditari e li sbloccherà solo tre anni più tardi. Malvina Borletti – lo scrissero tutti, e a tutti sembrava logico – aveva detto che i soldi erano per attività politiche. A partire dal 15 settembre 1998 sembrò confermarlo anche Di Pietro: comunicò alle presidenze delle Camere, come la legge prevedeva, che dal 15 giugno 1998 al 19 marzo

1999 aveva ricevuto tre bonifici dalla contessa. Sono gli atti della tesoreria della Camera a chiarire questi particolari: non certo le spiegazioni di Di Pietro che sul tema rimase muto come un pescecane. «Io a quei tempi ero sempre con Di Pietro» dirà Elio Veltri «e mai l'ho sentito dire che aveva incassato i soldi dalla contessa.»

La stessa legge sul finanziamento pubblico consentiva di detrarre le donazioni ai partiti dalle tasse: ecco perché il commercialista Alessandro Manusardi, incaricato dalla famiglia Borletti affinché limitasse i danni, cominciò a chiedere qualche riscontro a Prodi e a Di Pietro circa l'uso che avessero fatto delle donazioni. Risposta: silenzio. Quando poi nel 2000 fu chiaro a tutti che l'Asinello di Prodi e il partito dipietrista stavano rompendo, fu la disperazione della contessa e l'allarme definitivo della famiglia: Francesca e Federico, i figli, le ridissero che stava buttando i soldi. Intanto il commercialista, discretamente disperato, continuava a chiedere pezze d'appoggio ai due. Lo esaudì almeno il professore: documentò che i 545 milioni che aveva ricevuto da un conto svizzero Ubs – esentasse, secondo la legge 346 del 1990 – li aveva spesi nella sua campagna elettorale bolognese come il suo commercialista Fabrizio Zoli spiegò con dovizia: sciorinò l'elenco di tutti gli stipendi che aveva pagato con quei soldi.

Antonio Di Pietro non fornì neanche uno scontrino. Mai: «Finora ho recuperato il documento del versamento fatto da Prodi al Movimento per l'Ulivo» disse il commercialista della famiglia, Manusardi, «ma da Di Pietro non ho ottenuto niente».[44] Molto distrattamente l'ex pm fece sapere di «attività politiche diversificate» e che gli erano rimasti «sessantadue milioni circa».[45] In pratica aveva speso tutto, cioè aveva fatto un sacco di attività politica. Sicuro? No, a giudicare da una frase che buttò lì a «Panorama» del 6 giugno 2000: «La donazione non era, nel mio caso, finalizzata ad attività politiche, ma all'uso che ne avrei ritenuto più opportuno». Ecco. E dove stava scritto? Perché chiunque altro aveva capito il contrario? Perché aveva denunciato dei versamenti alla Camera secondo la legge sul finanziamento ai partiti? Che altro uso «opportuno» poteva celarsi? Dov'era finito quel «centro di assistenza legale» di cui aveva parlato la contessa, quello che potesse aiutare in forma «sia effettiva che preventiva il cittadino più indifeso»?

Ogni dubbio si fece definitivo quando il tesoriere dell'Italia dei Valori, Renato Cambursano, disse che l'Italia dei Valori non aveva avuto «alcun contributo proveniente dalla donazione Borletti». Nel bilancio del partito di Tonino di quei soldi non c'era traccia: né ci sarà.

I figli, alla fine, riuscirono a bloccare ulteriori versamenti: lo stop fu il

13 giugno 2000. Non mancò un'interrogazione parlamentare:[46] la Lega chiedeva se la donazione fosse stata fatta a favore di un movimento o di una persona fisica. Non ci fu risposta, ma era questa: di una persona molto fisica. Dopodiché tutta la faccenda prese a scemare. Se ne riaccennò solo un anno più tardi, quando un'altra contessa, Anna Maria Colleoni, nel luglio 2001 decise di lasciare 2 miliardi e 300 milioni di lire ad Alleanza nazionale. Nel caso, il «Corriere della Sera» rispolverò la questione e andò a vedere le cifre incassate da Tonino e le rivelò nell'indifferenza generale.[47] Quello che Di Pietro voleva, forse.

Seguiva un buio di quasi dieci anni. A risollevare la questione, *en passant*, fu proprio Antonio Di Pietro il 9 gennaio 2009 nella famosa lettera che scrisse a «Libero»; in un passaggio in cui cercava di giustificare le sue disponibilità finanziarie, gli scappava:

> Devono aggiungersi ulteriori rinvenienze attive, tra cui una donazione mobiliare per circa 300 milioni di vecchie lire ricevuta nel 1996 dalla contessa Borletti. I fatti sono notori in quanto hanno riguardato come beneficiari altri personaggi pubblici.

I fatti erano notori un accidente. Da una vita Di Pietro liquidava come notorio ciò che aveva taciuto prima che lo si scoprisse: mai grazie a lui e spesso fuori tempo massimo. Fu poi «Panorama» a ricordare com'era andata: anche se era già tutto scritto, come detto, in un vecchio articolo del «Corriere della Sera» del 3 luglio 2001. Ecco qua: divisi in tre versamenti, nelle tasche di Di Pietro si erano materializzati 954.317.014 lire. Un miliardo circa. Non 300 milioni. Che cosa ne aveva fatto, visto che nel bilancio del partito non ce n'era traccia? Quali le «attività politiche diversificate?». Una domanda stupida: Di Pietro l'aveva appena spiegato nella sua lettera a «Libero»: operazioni immobiliari. Coi soldi della vecchia. Il commercialista dei Borletti, Alessandro Manusardi, si limitò a dire questo: «Escludo nella maniera più assoluta che l'obiettivo della signora fosse il finanziamento di qualsivoglia acquisto immobiliare altrui». Sai che problema, per Di Pietro.

«Autostrade» paga il pedaggio

Di Pietro, in quella lettera, disse perciò una mezza verità e due bugie intere anche a proposito dei finanziamenti pubblici da lui incamerati:

> L'Italia dei Valori non riceve finanziamenti da imprenditori o sponsor ... Riceveremo invece i finanziamenti pubblici previsti dalla legge ... Essi vengono introitati da Idv tutti ed esclusivamente sui 2 conti correnti della tesoreria dell'Italia dei Valori.[48]

La mezza verità era appunto che finanziamenti da un imprenditore o sponsor, termine forse improprio per qualificare la contessa Borletti, l'Italia dei Valori in effetti non li aveva ricevuti: li aveva ricevuti lui. La prima bugia o imprecisione, poi, è l'aver dimenticato che i conti correnti erano almeno tre e non due: c'era anche quello della Banca nazionale del lavoro di Roma[49] su cui la tesoriera aveva chiesto di versare i rimborsi per le europee del 2004, per esempio. Ma può darsi che non abbia granché rilevanza. Infine, sempre a proposito di soldi mai presi da finanziatori o sponsor, vedasi questo scambio tra Di Pietro e la giornalista Antonella Baccaro pubblicato sul «Corriere della Sera» del 10 maggio 2006:

Sì, li abbiamo presi anche noi i finanziamenti.

Può dirmi quanto?

Certo che glielo dico. E che problema c'è? Quanto abbiamo ricevuto? (*chiede a Silvana Mura, la tesoriera, Ndr*) Sì, ecco, ventimila euro. Abbiamo fatto la ricevuta? Sì abbiamo fatto la ricevuta.

Ha letto anche cosa ha detto a questo proposito il segretario della Cisl, Raffaele Bonanni?

No, che leggere: qui stiamo eleggendo il Presidente della Repubblica...

Testualmente: «È un fatto di una gravità inaudita. Bisogna chiedersi perché costoro hanno dato soldi ai partiti perché i partiti li hanno presi».

Noi abbiamo preso i soldi? Ma che abbiamo preso? Ma che soldi? Questo è un modo indecente e indegno di dire le cose!

Le dica lei.

Noi possiamo ricevere finanziamenti per il partito in base alla legge. Possiamo riceverne di pubblici e di privati. Io, ad esempio, sono finanziatore del mio partito. Tutto qui.

Quindi non li restituisce?

Ripeto: il finanziamento di Autostrade è legittimo e trasparente.

C'è chi, per quanto legittimi, quei finanziamenti non li ha presi, come i Verdi e Prc.

E io rispetto le scelte di tutti. Dopodiché nessuno si permetta di dire che ho preso soldi. È tutto a rigor di legge.

A parte il dato della legittimità, c'è anche quello dell'opportunità. Sono opportuni quei finanziamenti?

Non ho capito il problema. Se li avesse offerti la P2, piuttosto che la 'ndrangheta, ok, sarebbero da rifiutare. Ma questa è una società quotata, che c'azzecca?

Secondo i Verdi, quei soldi in realtà vengono dai cittadini attraverso i pedaggi, per questo andrebbero rifiutati.

Guardi, questa è una società a capitale misto, quotata, che ha deciso di fare un finanziamento. E lo ha fatto in modo trasparente. Come lo doveva fare?

Poteva disporre di quei soldi diversamente.
Io credo che abbia finanziato i partiti affinché possano esercitare la propria funzione nella società.

La società Autostrade, quindi, ha finanziato Di Pietro o l'incorporato partito. Che cos'è Autostrade, imprenditore o sponsor? Forse chiromante: perché trentasette giorni dopo, il 17 giugno 2006, Di Pietro diventerà ufficialmente ministro delle Infrastrutture con competenza sulle autostrade, settore che alla società Autostrade interessava discretamente.

XIV
Il menu del cannibale

E Antonio affilava

Lui il Bossi del Sud non lo voleva fare. La tentazione c'era, i dati erano quelli: alle regionali del 2005 era andata ancora maluccio – l'1,4 per cento medio – e gli unici risultati incoraggianti erano venuti dal Meridione. A parte il solito 8,7 per cento in Molise, c'era il 2,6 della Basilicata e il 2,4 dell'Abruzzo e il 2,3 della Campania. Eccetera. I voti dell'Italietta dei Valori erano speculari a quelli della Lega al Nord, ma solo in abbozzo.

E comunque c'era un concorrente orrendo: Mastella. Dopo la nascita dell'Unione, che prometteva di tirar dentro anche Di Pietro e Rifondazione comunista, a Romano Prodi era venuta quest'idea delle primarie: una trovata intrigante che in due secondi però era stata trasformata in un imbuto di consensi solo per lui. Più che coinvolgere l'elettorato nella scelta delle candidature c'era la necessità di improvvisare un'investitura popolare per il candidato unico dell'Unione, Prodi appunto, che non risultava eletto da nessuno. La mancanza di un partito alle spalle l'aveva già arrostito vivo nel 1996, al professore ancora gli bruciava.

I segretari dei partiti che concorrevano alle primarie dissero perciò che confidavano nella vittoria di Prodi: indicavano di votare lui. Una gara col vincitore prestabilito: una cosa un po' bulgara, sicuramente impensabile nelle primarie dei paesi che avevano ispirato l'idea. Ma andò così. Di Pietro si era candidato immediatamente, la gara a quel punto era a piazzarsi bene ma senza levare troppi consensi al vincitore: anche se quattro dei concorrenti – incluso Di Pietro, nel concreto – si atteggiavano formalmente a candidati veri e alternativi. Nell'insieme, un pasticcio, una gara al secondo posto con garanzia di esposizione mediatica e con gentile richiesta di celare sudori concorrenziali. Rispetto a Di Pietro, era come chiedere a un bufalo di battersi senza le corna.

Si votò il 16 ottobre 2005 e parteciparono in 4.311.000, meno di un decimo di tutto l'elettorato: ma fu ritenuto un buon risultato e lo si associò anche a una certa rabbia verso il morituro governo Berlusconi. Clemente Mastella sosterrà che il numero dei partecipanti era stato gonfiato, ma senza alterazione sostanziale.

Mastella, si diceva: le primarie alla fine le aveva vinte Prodi col 74 per cento dei suffragi mentre Di Pietro era arrivato quarto. Detto così non era male, ma poi corrispondeva a uno scarno 3,3 per cento. E chi c'era davanti a lui? Mastella. Col suo 4,6 per cento. Eccolo il Bossi del Sud: c'era già, collaudatissimo. E infatti non sarà tanto Mastella l'uomo che Di Pietro vorrà cannibalizzare togliendogli voti: già gli pareva più interessante quell'altro, come si chiamava, il secondo arrivato col suo 14,6 per cento: Bertinotti. Lui sì che nel 2008 finirà spolpato in un convivio all'africana, i commensali a mangiare con le mani.

Le elezioni politiche dopo qualche tentennamento erano state fissate per il 9 e 10 aprile 2006. La campagna per le politiche, ne convennero tutti, doveva riassumersi nel nome della coalizione: Unione. Niente polemiche o litigate. Tonino annuì, potevano fidarsi. Al termine delle primarie era ufficialmente felice. Disse: «Qualsiasi sia il risultato, abbiamo vinto tutti».[1] Intanto affilava la roncola.

L'Unione fa Di Pietro

Se il centrosinistra aveva importato e ridicolizzato le primarie, il centrodestra pensò di batterla importando un pateracchio di sistemi elettorali ignobilmente rimescolati: altro non fu il celebre «Porcellum»[2] nel suo puerile tentativo di mettere d'accordo il proporzionalismo dell'Udc e della Lega col maggioritarismo di Forza Italia e di Alleanza nazionale. Era un sistema proporzionale con lista bloccata che introduceva un premio di maggioranza su base nazionale alla Camera e su base regionale al Senato. Nel fuggire a gambe levate dall'argomento, va detto che avrebbe dovuto garantire stabilità alla coalizione vincente – ciò che nel 2006 non accadrà per via dell'incredibile pareggio – e che nei fatti restituirà valore al voto di partito, dando così il colpo di grazia a ogni selezione dal basso dei parlamentari.

Antonio Di Pietro, il 22 dicembre 2005, giorno seguente all'approvazione del Porcellum, era già in strada a chiedere firme per abrogarlo: «Rispetto la decisione presa dal capo dello Stato, ma resta intatta l'illogicità di questa legge che disattende la volontà degli italiani».[3]

Al pari di questa, saranno centinaia le uscite dipietresche caratterizzate per esempio dal termine «rispetto» a inizio frase – io rispetto, pur nel rispetto – seguite da un inesorabile «ma» a far da crocevia per successive valutazioni anche pochissimo rispettose. Lo schema, diffuso, nel suo caso caricaturale, diverrà fisso qualora il destinatario sarà il capo dello Stato. I suoi «io rispetto, ma» e più in generale i suoi «io non lo dico, ma lo sto dicendo» oppure «io non ti accuso, ma sei un ladro», come mera quantità, faranno impallidire i più noti «ma anche» di Walter Veltroni. Prima dimostrazione: «Noi non facciamo né ricatti né ultimatum, ma» eccolo lì «vogliamo sapere le modalità con le quali dobbiamo partecipare … i leader dei partiti maggiori allora ci vogliono o no?».[4]

Di queste uscite, mentre si componevano le liste, occorre immaginarne una quantità sterminata e percussiva: Di Pietro è il personaggio che se non rispondi al telefono non si arrende dopo quattro o cinque squilli, prosegue sino all'ultimo squillo e poi richiama e richiama a tutte le ore: e se spegni il telefono attacca col citofono, se sradichi il citofono è già alla porta, e se non apri la porta senti traballare la grondaia. Tonino era terrorizzato dalle esperienze con Achille Occhetto nel 2004 e in solitaria nel 2001, quando rimase cristallizzato davanti a quel 3,99 per cento che lo tenne fuori: dunque bussava e bussava. Su giornali e televisioni continuava a ripetere per esempio che «l'Italia dei Valori nel 2001 è stata tenuta fuori dalla coalizione e l'Ulivo ha perso anche per questo», ma era il contrario della verità: era stato lui a porsi come «avversario unico»[5] di Berlusconi auspicando una «Caporetto del centrosinistra»,[6] furono i voti che prese nel maggioritario ad assicurare la vittoria del centrodestra.

Ma fa niente. Ogni giorno pum pum alla porta. Un paio di esempi:

> Non so nulla di come sia andato ieri il vertice. Apprendo tutto dai giornali perché Prodi non mi ha cercato e, a oggi, siamo tagliati fuori da ogni dialogo.[7]

> Noi siamo tenuti fuori da ogni dialogo … Ho cercato i leader del centrosinistra dopo aver letto le notizie sulla composizione delle liste, ma non mi ha risposto nessuno, non vogliono farsi rintracciare … invierò una raccomandata con ricevuta di ritorno.[8]

Lo strazio proseguì ma lo chiamarono solo all'ultimo. Dal 26 febbraio 2006 non ebbe più da lamentarsi – si fa per dire – perché fu stabilito che quattro candidati del suo movimento sarebbero stati presenti in posizione d'eccellenza nelle liste dell'Ulivo. Perfetto. Dopo l'accordo, la modestia di chi non aveva mai avuto dubbi:

> Si sono resi conto che non rispettare i patti presi non solo sarebbe stato controproducente per tutta l'Unione, ma avrebbe portato inevitabilmente la coalizione di centrosinistra a una sconfitta catastrofica.[9]

Salvata l'Unione dalla catastrofe, Di Pietro si ritrovava decisamente in un bel calderone. Nell'Unione c'erano i Democratici di Sinistra di Fassino, la Margherita di Rutelli – che raggruppava il Ppi, i Democratici e Rinnovamento italiano – e poi i Popolari-Udeur dell'amato Mastella, i Verdi di Pecoraro Scanio, la piccola novità della Rosa nel pugno – che raggruppava i Socialisti di Boselli più i radicali – e ancora i Comunisti di Diliberto, il Südtiroler Volkspartei di chissà chi, e infine la grande novità di Rifondazione comunista di Bertinotti. Seguivano frattaglie come il Movimento repubblicani europei, i Socialisti di Bobo Craxi, i socialdemocratici, il Partito pensionati e persino la Lista consumatori.

Il calderone della Casa delle Libertà non era meno capiente. C'erano Forza Italia di Berlusconi, Alleanza nazionale di Fini, la Lega di Bossi, l'Udc di Lorenzo Cesa – che raggruppava il Cdu di Rocco Buttiglione e il Ccd di Casini – e poi il Nuovo Psi di De Michelis, la neo Democrazia cristiana di Gianfranco Rotondi, il Partito repubblicano di La Malfa, il Movimento per l'autonomia di Raffaele Lombardo, i Riformatori liberali di Benedetto Della Vedova e infine Alternativa Sociale della Mussolini. Se non le precedenti, altre frattaglie comprendevano i geniali Verdi Verdi, No Euro, S.o.s. Italia, Pensionati Uniti, Patto Cristiano Esteso, Nuova Sicilia e Patto per la Sicilia.

L'evidente semplificazione del quadro politico fu un altro capolavoro della nuova legge elettorale, quel Porcellum che non prevedeva l'elezione diretta del capo del governo ma almeno l'indicazione formale di un capo della coalizione: nel caso, Prodi e Berlusconi. Gli alleati di quest'ultimo, Fini e Casini, lasciarono capire che se i loro partiti avessero preso globalmente più voti di Forza Italia le cose sarebbero potute però andare diversamente. E quell'uscita fu l'epilogo di una puntigliosa gara al distinguo che aveva estenuato il governo per cinque lunghissimi anni. Berlusconi, da presidente del Consiglio, avrebbe voluto abbassare l'Irpef, ma Fini e Marco Follini dissero che il gettito andava preservato; Berlusconi voleva accelerare sulla riforma delle pensioni, ma Fini e Follini e Roberto Maroni dissero che bisognava dialogare coi sindacati; Berlusconi appoggiava decisamente la devolution leghista, ma Fini e Follini accennavano regolarmente ad altre priorità; Berlusconi insisteva sulla separazione delle carriere dei magistrati, ma Fini e Follini parlavano di sola separazione delle funzioni; Berlusconi a un certo punto disse che gli italiani dovevano lavorare di più, ma Fini difese il pubblico impiego e la Lega difese il pubblico impiego padano. Quando poi Berlusconi annunciò una liberalizzazione dell'economia, Fini e Casini contrapposero un rifinanziamento del Mezzogiorno citando e ricitando la parola di Luca Cordero di Montezemolo, elevato a guru per un paio di settimane. Il più franco era stato l'eterno democristiano Bruno Tabacci: aveva ammesso pubblicamente che del federalismo non gliene fregava niente e che si era trattato solo di un manifesto programmatico per ammansire la Lega. Se non nella sconfitta, tutto questo ebbe comunque una parte nella successiva non vittoria del centrodestra. Solo il quotidiano «Libero» riportò uno sfogo di Berlusconi che, letterale o meno, per il futuro rispecchierà la sua definitiva rinuncia a ogni alleanza coi partiti centristi:

> Voi ex democristiani mi avete rotto il cazzo, me lo avete rotto tu e il tuo segretario Follini. Basta con la vecchia politica. Conosco i vostri metodi da irresponsabili. Fate favori di qua e di là e poi raccogliete voti, ma io vi denuncio, non ve la caverete a buon mercato, vi faccio a pezzi. Io le televisioni le so usare e le userò. Chiaro? Mi avete rotto i coglioni. Non mi faccio massacrare due anni e mezzo per poi schiattare come un pollo cinese. Se andiamo avanti in questo modo ci stritolano, lo capite o no, affaristi che non siete altro?[10]

Gli argomenti di quella campagna elettorale furono gli stessi del 2008. A scomparire, due anni più tardi, saranno solo le fanfare dell'inarrestabile «declino» del paese che la trasmissione di Raitre «Ballarò» s'incaricava ogni settimana di far risuonare: le «famiglie che comprano a rate anche il latte»[11] con «le bambine lasciate morire di stenti» (sempre «Ballarò») senza contare i «due milioni di bambini poveri»[12] che l'istituto Eurispes aveva denunciato nel novembre 2004. La cosiddetta sindrome della quarta settimana aveva coinciso simbolicamente col manifesto che il centrosinistra aveva commissionato alla Pan Advertising, il più menagramo della sua storia: «Arrivi a fine mese?». In compenso, in quel 2006 la matematica diventerà ufficialmente un'opinione e l'ingresso della parola «percepito» – declino, inflazione, disoccupazione, tutto – offrirà nuovi espedienti per opporre a ogni dato una percezione diversa, chiaramente quella giusta.

Antipolitico anch'io

Tonino era impegnato a fare le liste. Per giustificare la candidatura di Leoluca Orlando e il ritorno della supercasalinga Federica Rossi Gasparrini con massaie al seguito, disse: «Abbiamo preferito aprire alla società civile e a italiani di valore». Non si fece problemi ad accogliere Sergio De Gregorio coi suoi «Italiani nel Mondo» perché aveva italiani anche in Italia, e gli portavano voti. In Lombardia fece capolista Franca Rame, «segnale preciso di apertura dell'Italia dei Valori ai movimenti della cultura».

Più ai movimenti che alla cultura, forse. Quel 2006 fu anche la stagione di prima fioritura per una neotrasversalità che si cementò in una particolare visione della satira e della politica e del giornalismo, oltretutto in perfetta scia con un mercato collaudato. Beppe Grillo, Sabina Guzzanti, Michele Santoro e Marco Travaglio per fermarsi a qualche nome: la verve si farà meno comica e più comiziante, tribunizia, requisitoria. Ogni delirio di onnipotenza sarà travestito da missione salvifica, ogni disturbo narcisistico da sindrome da persecuzione cilena. Il cemento, manco a dirlo, sarà l'antiberlusconismo, un genere che tirava molto e che offriva a ciascuno tornaconti diversi. Tonino, che pescava dove poteva e se possibile con la canna altrui, si unì a una compagnia di samurai che si incaricarono di avvelenare i pozzi ovunque si fosse deviato da un clima eternamente frontista: i migliori andavano divisi dai peggiori, la libertà dal regime, la democrazia da Berlusconi, la magistratura dalla politica, di seguito alcuni magistrati da altri, e altri politici da altri ancora. Ogni accordo o dialogo saranno chiamati restaurazione o inciucio, innegabile il martirio, ennesimo il golpe: e a denunciarlo saranno – con libri, dvd, show e magari la pretesa di un programma in Rai – giornalisti e professori e magistrati e politici e scrittori e comici che si rimescoleranno come un sol Beppe Grillo in un mestiere indistinto, ciascuno coprendosi col mestiere dell'altro ma vestendone perlopiù i privilegi, declinandone ogni responsabilità. Beppe Grillo farà informazione – dirà lui stesso – ma senza le regole dell'informazione e all'occorrenza ritirandosi a semplice comico: salvo riapparire con delle liste civiche alle elezioni amministrative e preannunciando un partito nazionale. Una Sabina Guzzanti ormai priva di leggiadria fingerà ancora di credere che «tocca ai comici dire le cose serie» senza i limiti di chi pure ufficialmente era chiamato a dirle, a scriverle. Marco Travaglio seguiterà a coniugare il mestiere di giornalista dotato di fonti univoche – singoli magistrati – ma declinandolo in forme autocentrate e sbeffeggianti i difetti fisici altrui, al punto da reclamare il diritto di satira anziché di critica: con la pretesa, intanto, di continuare a fiancheggiare un singolo partito e un singolo corpulento politico di cui addivenire il piccolo Berija oltretutto sulle reti del servizio pubblico. L'incontro fra Tonino e Grillo nasce da qui, anche dal ricordo di un equivoco di successo come si era rivelato l'episodio di «Satyricon» nel 2001. Maturarono frutti che probabilmente anche la stagione dei girotondi aveva seminato. Dunque, il 30 gennaio 2006, Tonino annunciava la nascita del suo nuovo blog sulla falsariga di quello di Beppe Grillo – contattò anche lo stesso consulente informatico, Gianroberto Casaleggio – e quindi si lanciava:

> Rispetto al problema enorme dei monopoli dell'informazione, noi ci stiamo attrezzando per quello che sarà il domani: la rete, che abbatterà qualsiasi forma di monopolio. Nel giro di qualche anno l'informazione su Internet andrà per la maggiore, soprattutto senza censure.[13]

E citava Grillo, Travaglio e altri. Michele Santoro occhieggerà e intercetterà prontamente, la piazza dell'antipolitica già fremeva. Anche se, nell'attesa, non aveva niente da leggere.

Tonino decise di estrarre il fucile a canne mozze dopo gli scandali delle scalate bancarie, quando le prime intercettazioni telefoniche tra il capo di Unipol Giovanni Consorte e la coppia Massimo D'Alema e Piero Fassino lasciarono intuire che i postcomunisti potevano comprare delle banche e gestire delle operazioni finanziarie come capitava a tanti altri. Un problema d'immagine, in primis: c'erano ancora molti elettori di sinistra che solo a nominare «Antonveneta» o «Bnl» o addirittura «Ricucci» si sentivano male e riparlavano di Berlinguer. Di Pietro, anche a loro, ripropose l'eterno ritorno della questione morale:

> La definizione più corretta l'ha data Marco Travaglio quando disse che dalla sinistra di Berlinguer si è arrivati alla nuova merchant bank di Palazzo Chigi ... La contestazione dell'associazione a delinquere nei confronti di Consorte e Gnutti porterà a indagare anche esponenti di quel sistema politico che ha circumnavigato intorno ai cosiddetti furbetti del quartierino, Ds compresi.[14]

Lo disse sotto campagna elettorale. Un vero amico. Stessi giorni:

> La questione morale interessa anche un vasto mondo affaristico-politico che circumnaviga attorno alla nostra coalizione.[15]

Circumnavigato, circumnaviga. Ogni tanto imparava una nuova parola. Dando un colpo al cerchio e uno al Cavaliere, in pratica si ergeva a unico pulpito titolato a parlare:

> Berlusconi che fa la morale a Fassino e parla di inaccettabile intreccio tra affari e politica è come il bue che dice cornuto all'asino.[16]

In marzo poi ebbe la fase del *Caimano*, il film di Nanni Moretti dedicato alla carriera di un simil-Berlusconi. Secondo Tonino, tutti dovevano vederlo:

> *Il Caimano* dà un contributo alla conoscenza su una persona che ha fatto veramente la parte del caimano della politica italiana ... la scena finale del film con i sostenitori del premier che scagliano molotov contro i magistrati che lo hanno condannato è tutt'altro che lontana dalla realtà, perché prima o poi avremo gli ultrà della politica.[17]

Già pensava ai grillini. Tocca segnalare anche la fase del «coglione» dopo che all'assemblea della Confcommercio, il 4 aprile, Berlusconi disse precisamente questo: «Ho troppa stima dell'intelligenza degli italiani per pensare che ci siano così tanti coglioni che possano votare contro il loro interesse». Opportuna o meno, la traduzione media fu «a sinistra sono tutti coglioni» e Di Pietro a rispondere «meglio coglioni che Berlusconi».[18] Si passa d'argomento.

Il buon esempio

Il fulcro dipietresco rimaneva quello. A Berlusconi rinfacciò tutte le leggi approvate in tema di giustizia che definì *ad personam* quando lo erano e quando non lo erano. Nel mirino: la riduzione dei componenti del Csm, la parziale soppressione del reato di falso in bilancio, l'inutile comma sul «legittimo sospetto», il nuovo ordinamento giudiziario che riordinava le modalità di carriera dei magistrati, la «ex Cirielli» che dimezzava i tempi di prescrizione per gli incensurati e li raddoppiava per i recidivi, la riforma del processo civile e infine la sacrosanta «Pecorella» – poi rimandata alle Camere – che impediva ai pm di fare sempre e comunque appello dopo un'assoluzione. Di Pietro tuonava contro gli indagati, i condannati e altra gentaglia del Parlamento. Questo il Di Pietro uno.

Il Di Pietro due, ad Amantea, in Calabria, faceva due comizi assieme a un personaggio – non stiamo a citare, non c'è ragione – già allora indagato per brogli elettorali e condannato per abuso, poi riarrestato con l'accusa di aver ricevuto aiuti elettorali dalla 'ndrangheta, dunque in attesa di giudizio per concorso esterno in associazione mafiosa.[19] Di Pietro non era informato, sono cose che capitano. Ma non ne terrà gran conto quando capiterà ad altri.

A Lungro, sempre in Calabria, un candidato alla Camera dell'Italia dei Valori finiva indagato per abuso d'ufficio e reati edilizi.[20] A Cosenza un consigliere comunale dell'Italia dei Valori finiva in carcere per truffa aggravata e falso in atto pubblico.[21] A Foggia, per le comunali, il suo partito appoggiava una lista di centrosinistra che vantava un condannato per rapina continuata, ricettazione, violenza privata, furto continuato e furto in concorso, evasione, danneggiamento continuato, violenza privata continuata e che oltretutto si era fatto due anni di manicomio giudiziario.[22] Nel Gargano l'assessore alla cultura dell'Italia dei Valori veniva indagato per concussione.[23] Nel casertano un esponente locale del partito veniva arrestato con l'accusa di aver truccato una gara d'appalto.[24] A Santa Maria Capua Vetere l'assessore ai Lavori pubblici dell'Italia dei Valori finiva arrestato per concorso in corruzione e falso in atto pubblico in relazione ai lavori per la centrale termica di Pignattaro Maggiore.[25] A Pescara un candidato di punta dell'Italia dei Valori alle comunali finiva in manette con l'accusa di aver praticato aborti illegali.[26] A Latina un altro esponente del partito finiva ai domiciliari per un sospetto giro di appalti.[27] A San Benedetto del Tronto lo stesso Di Pietro si prese una bottigliata in testa dopo che una manifestazione elettorale aveva scatenato una guerriglia urbana fomentata dagli ultras della Sanbenedettese Calcio: non gli perdonavano d'aver candidato alla Camera – l'ex pm non lo sapeva – l'uomo che stava mandando in malora la squadra che infatti fallirà ufficialmente meno di due mesi dopo.[28] A Genova finiva ai domiciliari il capogruppo del suo partito, già consigliere alla Provincia, con l'accusa di essersi intascato i soldi delle contravvenzioni.[29] Sempre a Genova un consigliere comunale del suo partito veniva condannato a 1 anno e 9 mesi dopo aver ammesso che aveva presentato la lista raccogliendo la firma di un morto.[30]

Il fotofinish del 2006

Dopo mesi di sondaggi che sorridevano all'Unione, i giorni del voto giunsero a ridosso di una rimonta quasi fisica di Silvio Berlusconi. Nell'ultimo periodo fu ovunque, disse tutto e recuperò punti riconquistando l'ammirazione degli alleati ormai rassegnati. Non bastò lo stesso, ma pose le basi del risultato che ne seguì.

Il 9 e 10 aprile, infatti, ci fu quel sostanziale pareggio che tutti ricordano: 49,8 per cento all'Unione e 49,7 alla Casa delle Libertà: questo alla Camera. Al Senato viceversa vinse la Cdl col 50 per cento contro il 48,9 di Prodi. In sintesi, il centrosinistra prese 25.224 voti in più alla

Camera, lo 0,06 per cento: ma grazie al premio di maggioranza ebbe 340 deputati che salirono a 348 con gli eletti all'estero e in Valle d'Aosta. Anche al Senato lo svantaggio dello 0,6 si tradusse in una maggioranza: questo grazie a due senatori normali più uno estero e quattro a vita. In seconda sintesi, il centrodestra prese più voti del centrosinistra – 17.713.163 contro 17.511.309 – ma grazie al Porcellum perse le elezioni. Lo scarto fu talmente modesto che provocherà inutili richieste di riconteggio e l'instabilità del governo per tutta la sua breve durata.

Poi ecco l'Italia dei Valori: prese il 2,3 per cento alla Camera e il 2,9 al Senato, meglio delle recenti tornate locali ma molto peggio del voto nazionale del 2001. Fu prezioso il buon risultato ottenuto da Leoluca Orlando in Sicilia, terra di mafia e di centrodestra. Nel maggioritario prese più voti di Mastella e dei Verdi, ma meno dei Comunisti e della Rosa nel pugno. Il bottino era di venticinque eletti di cui uno all'estero – venti deputati, cinque senatori – che bastavano per un gruppo parlamentare alla Camera. Tonino aveva fatto i suoi accordi ed era a posto così, anche se entro un anno e mezzo lo molleranno in quattro: subito Sergio De Gregorio e Federica Rossi Gasparrini, che fuggiranno insieme per far gruppo a sé; poi Giuseppe Ossorio e Salvatore Raiti, che invece andranno nel Partito democratico; Franca Rame si dimetterà dal Senato dopo un tormentato addio annunciato ogni giorno per quindici mesi; anche Jean-Léonard Touadì, subentrato in marzo, nato in Congo-Brazzaville e primo parlamentare nero italiano, andrà nel Partito democratico per protestare contro la manifestazione di piazza Navona del luglio 2008.

Dopodiché sarà stata la stanchezza, un calo di tensione, i postumi della bottigliata in testa beccata a San Benedetto del Tronto: ma, una settimana dopo il voto, Di Pietro rilasciò un'intervista folle:

> Sarà che sono diventato più maturo, che in questi anni ho capito più cose, ma ora so che il movimento che ho fondato deve cominciare a camminare con le sue gambe … Se voglio che abbia un futuro, devo lasciare la guida di Italia dei Valori a qualcun altro dopo il congresso di rifondazione del partito che terremo a settembre, per aprire una nuova fase. Voglio che ci sia una spersonalizzazione, insomma. Finora si giocava tutto sulla mia faccia, ora dovremo cambiar musica. Altrimenti il nostro diventa un discorso di breve respiro…[31]

Incredibile. Naturalmente non farà niente del genere, nessun congresso, la personalizzazione si accentuerà soltanto: ma almeno l'aveva detto. Per ridestarlo, gli chiesero se avrebbe preteso il ministero della Giustizia:

> Sicuramente Prodi, e in questo la penso come lui, ha ribadito di volere un governo forte. E di voler scegliere persone competenti e capaci senza tener conto dei partiti di appartenenza. Insomma, niente lottizzazione dei posti e niente bilancino in base ai risultati elettorali.[32]

Aveva risposto: sì, lo voglio il ministero della Giustizia. Ma lo disse sempre serafico, tranquillo. Per scrollarlo a tradimento gli dissero: «Mastella». E lui:

> Io di fare polemiche con Mastella non ho proprio più voglia … Ci assomigliamo. Ma lui è molto più scafato di me. Poi gli riconosco grande furbizia unita a intuizione politica. Io invece sono meno furbo e resto, orgogliosamente, più genuino … sa come si dice nel gergo dei vigili? Con Mastella concilio.[33]

Azzannerà Mastella alla giugulare e non lo mollerà sino alle dimissioni. Una cosa Di Pietro bramava: il ministero della Giustizia. Una cosa Di Pietro detestava: Mastella. Il ministero della Giustizia andrà a Mastella.

Attenti a quei due

Tonino non aveva tutti i torti. Clemente Mastella, per tutta la campagna elettorale, aveva prenotato quella poltrona con supponenza ricattatoria e aveva minacciato di lasciare il governo prima ancora che ci fosse, meglio, prima che fossero vinte le elezioni come si dava per acquisito. Ora la maggioranza era un castello di carta in cui tutti erano inutili e tutti indispensabili: anche l'1,4 per cento dell'Udeur pesava come piombo pur appartenendo proprio a lui, Mastella, uno che le aveva davvero tutte: localista, familista, fieramente terrone, statale, clientelare, il potere per il potere, la poltrona, il posto, la seggiola, uno che neanche lui ricordava tutti gli immemorabili partitini che aveva condiviso o inventato: Ccd, Cdr, Cdu, Udr e Udeur. Invertendo l'ordine delle sigle, restava il più elevato tasso di inquisiti di tutto l'arco parlamentare.

Il candidato per la Giustizia, in realtà, c'era da tempo: era l'avvocato Giuliano Pisapia, ex deputato indipendente di Rifondazione, gradito a Romano Prodi e competente in materia; ma era estraneo a quel gioco di pesi e contrappesi che avrebbe reso i ministri del governo Prodi perfettamente intercambiabili tra loro. Così, un giorno via l'altro, Mastella sui giornali era candidato alla Difesa, alla Giustizia, alle Politiche agricole o ad altro ancora. Nessuno si sarebbe mai sognato di candidare Giuliano Pisapia alle Politiche agricole, non era la sua tazza di tè: un ragionamento istintivo che per Mastella o per altri non era neppure contemplato. Chi non era competente in niente era candidato a tutto. L'avvocato Pisapia si era detto favorevole alla separazione delle carriere, al divieto di appello in caso di assoluzione, all'abolizione dei reati di concorso esterno in associazione mafiosa, a non azzerare tutte le precedenti leggi del Polo, era inviso alla sinistra forcaiola: andava troppo bene perché andasse bene. Dato l'ambiente, poi, dissero pure che era troppo giovane: aveva cinquantasette anni.

E allora Mastella. Immaginarsi Tonino. Non facevano che beccarsi perché a modo loro si somigliavano: entrambi meridionali, con elettori geograficamente delimitati, entrambi originari di paesini dov'erano considerati semidei, entrambi familisti e pensionati baby – il primo da giornalista Rai, il secondo da pm dopo dodici anni di carriera – ed entrambi abituati a porre problemi per incassare il prezzo della soluzione.

Di Pietro la Giustizia l'aveva anche chiesta, male che fosse andata aveva chiesto le Telecomunicazioni così da sfasciare Berlusconi sul serio. Macché. Nessuno l'avrebbe mai ammesso, ma il galateo istituzionale non prevedeva che Di Pietro potesse sedere su poltrone come la Giustizia o gli Interni o la Difesa o le Telecomunicazioni, gli erano precluse com'era accaduto ai leghisti negli anni Novanta. Per loro le cose poi erano cambiate, per lui no. Persino due anni dopo, nel 2008, con Walter Veltroni dapprima apertissimo a ogni ipotesi, il diniego sarà netto: Di Pietro Guardasigilli? «Non è proprio nel novero delle cose di cui si discute»[34] dirà il neosegretario del Partito democratico. Tonino lamenterà «veti incomprensibili e inaccettabili» che comprendeva e accettava per forza, alla fine, anche se a pensarci era paradossale: da un lato non era ritenuto abbastanza equilibrato da poter governare una giustizia di cui aveva una visione oggettivamente repressiva, per dirlo in maniera dolce; ma lui, dall'altro, non era mai stato niente di diverso, una strillata visione della giustizia senza la quale non avrebbe beccato neppure uno dei voti che la stessa sinistra voleva indirettamente intercettare. L'arruolamento di Di Pietro, che nel centrosinistra resterà dovuto a ragioni soprattutto contabili, conteneva al tempo stesso la sua delegittimazione.

La cosa lo snervava. Mentre emanava trecento comunicati e cercava reazioni che gli facessero da borsino delle proprie quotazioni, una parte della sinistra sorrideva e tendeva a esibirlo come un orso da circo, ne additava le unghie tagliate e le zanne smussate rispetto alla belva che era stata. Come a dire: vedete?, ormai non fa più niente, non ha in tasca le manette, non urlacchia; pensate: quest'uomo mise in scacco l'Italia e ora guardatelo, vuole che gli tiriamo un pesce, pensa ai sottosegretari.

Alla fine gli diedero le Infrastrutture, che era un termine più complicato per definire i Lavori pubblici che aveva già governato esattamente dieci anni prima, il 17 maggio 1996. Anzi, neanche: la forzata moltiplicazione dei posti costrinse Prodi a sdoppiare il dicastero affidando i Trasporti ad Alessandro Bianchi, un docente universitario in quota ai Comunisti italiani. Già a Di Pietro non piacque, perché gli toglievano roba. Con Bianchi litigò entro mezz'ora per faccende di competenze sulle autostrade che guai a toccargliele: «È necessario un apposito provvedimento di Prodi».[35] Come primo provvedimento del governo, cioè, ne invocava uno che stagliasse le sue competenze. La disputa proseguì a proposito della Salerno-Reggio Calabria e del ponte sullo Stretto: «Mio è tutto ciò che si costruisce, suo quello che deve navigare e camminare e volare».[36] Bianchi intanto spiegava ai giornalisti che il ponte non era nel programma. E allora lui: «Io mi confronto con il governo e con le commissioni parlamentari, in quelle sedi si decide, non nelle buvette».[37] Ed erano passati solo due giorni: era il 19 maggio.

Quando poi la presidenza del Consiglio si dotò di ben due vicepremier, D'Alema e Rutelli, Di Pietro si lasciò andare a un'esternazione di pura antipatia:

> Ds e Margherita scendano dal piedistallo, perché il fatto che il nuovo governo debba avere due vicepremier è solo un atto di furbizia per mostrare i muscoli all'interno della coalizione.[38]

Insomma, le premesse erano buone. L'estate era alle porte e Tonino buttò giù perlomeno la lista della spesa. Poi, come primo atto visibile da ministro del governo Prodi, scese in piazza a contestare il governo Prodi.

Gli indultati

Di Pietro pensò che diventare il grande oppositore dell'indulto potesse rafforzarlo più di vent'anni di discussione sulle infrastrutture: il senso c'era. Il paradosso è che lui all'indulto non era contrario per niente, all'inizio: non perlomeno all'indulto che avrebbe indispettito l'opinione pubblica perché avrebbe liberato circa ventimila carcerati rispetto ai dodicimila previsti. Il provvedimento era motivato da ragioni urgenti perché le carceri scoppiavano davvero, c'era da muoversi subito: il che non toglieva che le finanziarie continuassero intanto a negare fondi per costruire nuove carceri e che il problema sarebbe tornato ciclicamente. Contrari a ogni genere di indulto erano semmai la Lega Nord e una parte di Alleanza nazionale, non Di Pietro. Vari lanci d'agenzia spiegavano che dapprima all'ex pm sarebbe bastata l'esclusione dal provvedimento dei reati finanziari ed economici – quelli dei cosiddetti «colletti bianchi», li chiamava – la cui denuncia perenne rappresentava il suo *core business*:

> È sconcertante vedere l'Unione rinnegare il programma che ha presentato ai cittadini e per cui è stata eletta. Il cittadino non può neppure vedere rispettato il programma di governo.[39]

Nel programma di governo l'indulto c'era. L'enciclopedico libro dei sogni di Prodi riportava però la dicitura «prima la riforma e poi l'indulto» e questo gli fu sufficiente per farlo scendere in strada dopo aver spiato il vento. Il 14 luglio minacciò di lasciare il ministero e di passare all'appoggio esterno: «Alle dimissioni di Di Pietro non crede nessuno» lo irrise il leghista Roberto Castelli.

Infatti. Anche i suoi alleati fecero muro contro le sue richieste. E qui il secondo aspetto paradossale è che Di Pietro giunse a proporre in alternativa una depenalizzazione della Bossi-Fini sull'immigrazione: «Facendo una leggina» spiegava «avremmo fatto uscire subito almeno diecimila immigrati che non hanno commesso alcun reato e che sono finiti in galera solo per non aver lasciato l'Italia così come gli era stato ordinato». Gli fecero il favore di non ascoltarlo neanche: immaginarsi la reazione della sua opinione pubblica alla notizia che per lasciare dentro pochi colletti bianchi avrebbero rilasciato dieci o più probabilmente trentamila immigrati clandestini: era proprio il rapporto tra questi ultimi e la microcriminalità ad aver montato insofferenze popolari a destra come a sinistra, anche se non era ancora chiaro a tutti. Gli avessero dato retta, la gente lo inseguirebbe ancor oggi coi forconi.

La chiamata alle armi definitiva coincise con l'appoggio di Forza Italia al provvedimento e con la presenza ormai assodata dei reati contro la pubblica amministrazione: l'Italia dei Valori preparò trecento emendamenti dopodiché scese in piazza Montecitorio col megafono in mano, in maniche di camicia. Era il 24 luglio. I comunisti italiani si guardarono: quello scendeva in piazza e loro no. Dieci minuti ed erano giù, Oliviero Diliberto affianco a Luciana Sbarbati, che era repubblicana, ma che c'entra, quello col megafono allora era ministro.

Il Di Pietro uno urlava dalla collinetta di Montecitorio. Il Di Pietro due, il 4 novembre, parlerà responsabilmente dopo che gli stessi comunisti e lo stesso Diliberto scenderanno in piazza per una manifestazione sul precariato:

Oggi c'è una piazza che sta manifestando con in testa il governo: c'è qualcosa che non funziona. La nostra è una coalizione eterogenea nei fini politici che sono tutti rispettabili, ma oggi non si capisce chi è maschio e chi è femmina.[40]

In quel luglio, invece, l'ermafrodito ebbe il cavillo pronto: non si era dimesso dal governo, spiegò, perché l'indulto era una legge d'iniziativa parlamentare. Il fatto che il governo la appoggiasse in toto, a parte lui e i comunisti, veniva dopo.

Incuranti, il 27 luglio votarono favorevolmente più dei due terzi dei deputati e dei senatori: provvedimento accolto. Di Pietro non si fece neanche vedere. Pubblicò sul suo sito web i nomi dei 460 deputati e 245 senatori responsabili e li additò al pubblico ludibrio. Guardò bene: vide che c'era anche la sua Federica Rossi Gasparrini. Stava per passare con Mastella.

C'erano già due morali, a fine luglio. La prima: il governo era ancora in fasce e mezza Italia l'avrebbe già scaraventato volentieri dalla rupe. La seconda: a Tonino, il ministro di lotta e di governo, era piaciuto proprio. Avrebbe replicato. Eccome. Il ministro Di Pietro giungerà a dire testualmente: «Sono pronto a mobilitare le piazze, ma dall'interno delle istituzioni».[41] Per distendere la tensione istituzionale, prima delle ferie, si rivolse intanto ai senatori chiamandoli «Banda Bassotti».[42] Questa, poi, solo in settembre e in ottobre, sarebbe stata la traiettoria del fedele alleato:

– Il 9 settembre attaccherà il governo Prodi sul conflitto d'interessi.

– Il 12 settembre attaccherà il centrosinistra sulle nomine Rai.

– Il 14 settembre attaccherà Luciano Violante sul conflitto d'interessi.

– Il 21 e 23 settembre attaccherà Mastella e tutta l'Unione sul disegno anti-intercettazioni.

– Il 22 settembre attaccherà il ministro Ferrero sul blocco degli sfratti.

– Il 29 settembre attaccherà il governo sulle aliquote superiori ai 70.000 euro.

– Il 3 ottobre non voterà un disegno di legge sulla giustizia. L'Unione andrà sotto.

– Il 7 e 9 ottobre accuserà Ds e Margherita di non volerlo nel prossimo Pd (vero).

– Il 10 ottobre attaccherà la finanziaria definendola «acqua calda».

– Il 30 ottobre, dal niente, chiederà una riforma delle pensioni.

Due mesi soli, si è detto.

Ma intanto c'era da andare in ferie. Una disperazione, per lui. Una perdita di tempo. Tonino rilasciava comunicati e aspettava che succedesse qualcosa. Un giorno ebbe notizia che un drappello di deputati dell'Unione, il 18 agosto, era passato a trovare in carcere il consigliere regionale calabrese Franco Pacenza, arrestato per concussione. Di Pietro, che presidiava tutto, disse che non si doveva fare:

> È un messaggio che equivale a dire stiamo dalla tua parte, dalla parte cioè non della giustizia che ricerca la verità, ma dalla parte di uno di noi che viene difeso dagli altri del gruppo. È con questa logica che è stato possibile arrivare all'indulto allargato ai fatti di corruzione.[43]

La risposta dei parlamentari non fu propriamente intimidita:

> Non sappiamo in quale veste parli Di Pietro. Se da parlamentare o da presidente dell'Italia dei Valori, partito che ha candidato nelle recenti elezioni di Cosenza, primo dei non eletti, il fratello del gip che ha autorizzato l'arresto di Pacenza.[44]

Franco Pacenza sarebbe stato prosciolto l'anno successivo.

Il ministro 2

La prima annotazione è a discarico: passare un solo anno e mezzo in un ministero come quello equivale a revisionare una spider, ripulirla, ricordarsi come si guida e poi tentare di riavviarla: e non si è ancora usciti dal garage. Se cioè Di Pietro non concluse granché, dunque, è anche difficile dire dove cominci l'inesperienza – che in teoria non aveva, avendo scaldato la stessa seggiola nel 1996 – e dove la sfortuna, la possibilità che non fosse dotato, che fosse caratterialmente incompatibile, che fosse un incapace.

La seconda annotazione riguarda la mancata fusione, grazie a Tonino, tra la spagnola Abertis e l'italiana Autostrade: questo secondo alcuni ha impedito che 3500 chilometri di autostrade italiane finissero in mani straniere, secondo altri invece ha impedito che la situazione delle autostrade migliorasse e basta. E qui ci si astiene, ci si arrende alla cronaca. Di Pietro, appena insediato, mise subito le mani nella trattativa e cercò di rivedere, ricontrollare, cercare l'inghippo. Il governo bocciò la fusione, il 4 agosto, e Tonino sul suo blog scrisse di aver bloccato dei «conflitti d'interessi» circa la partecipazione del gruppo di Florentino Peres, che avrebbe avuto il 12,5 per cento della nuova società, e di quello della famiglia Benetton, che avrebbe avuto il 24,9 per cento. Gli avventori del suo blog, superati i complimenti generici, erano però più interessati ad «abbassare i pedaggi»[45] e favorire le utilitarie «che pagano come le Ferrari».[46]

Per il resto i fatti, si diceva. Nel settembre 2006 l'antitrust di Bruxelles aprì due dossier sul no italiano; in ottobre Romano Prodi andò dal primo ministro José Zapatero e annunciò pubblicamente che per la fusione tra Abertis e Autostrade non c'erano più ostacoli, ma Di Pietro intanto stava dicendo ai giornalisti l'esatto contrario: cioè che senza la sua autorizzazione al trasferimento della concessione non si poteva fare niente. In novembre l'Unione europea avviò una procedura d'infrazione contro l'Italia. In dicembre anche il Tar del Lazio disse che la fusione si poteva fare e diede torto a Di Pietro, che però non mollò. Il 13 dicembre il consiglio d'amministrazione di Autostrade si arrese «per impossibilità di procedere». Di Pietro annuì. Disse: «La fusione di un asset fondamentale per l'economia del paese non può essere trattata alla stregua della fusione di una società di noccioline».[47] Perciò l'aveva bloccata.

Per il resto, ma la cosa è nota, Di Pietro versione Infrastrutture è stato un ministro assolutamente berlusconiano con il problema però di non sembrarlo troppo. L'unica cosa che non aveva contestato con tutte le sue forze a Berlusconi, dal 2001 al 2005, era stata la cosiddetta «legge obiettivo»[48] che serviva a ridefinire le procedure per realizzare le grandi opere, appunto le infrastrutture. Questa legge introduceva la figura del cosiddetto «general contractor», un appaltatore che fosse in grado di consegnare allo Stato un'opera chiavi in mano deprivata di continue e costose supervisioni. La legge però era divenuta un demone di una parte della sinistra e tra le 281 pagine del suo programma, in quel 2006, si prevedeva espressamente di spazzar via la «legge obiettivo» e il general contractor. Non lo farà la sinistra e soprattutto non lo farà Tonino, pur soggetto a ciclotimie sull'argomento. Appena arrivato al ministero, comunque, si mise semplicemente a urlare che non c'era un soldo:

> Anas e Ferrovie tra due-tre settimane potrebbero non essere in grado di far camminare i cantieri, Berlusconi ha illuso i cittadini come Vanna Marchi con i prodotti placebo.[49]

Il 24 giugno, poi, crollò un cantiere sull'autostrada Catania-Siracusa, causando la morte di un operaio e il ferimento di altri quattordici, e Di Pietro accusò i general contractor per la loro «smania di finire i lavori e fare profitti»:

> È difficile immaginare che lo stesso soggetto possa ricoprire tutte le funzioni senza entrare in conflitto di interessi.[50]

Quello c'era sempre. Il soggetto, però, rimase. La lenzuolata di liberalizzazioni voluta dal ministro Pierluigi Bersani, nell'aprile 2007, azzerò molti importanti consorzi di appalti legati soprattutto all'Alta Velocità.[51]

Belle le liberalizzazioni, però avevano bloccato tutto e fioccavano le cause: e prima di procedere a nuove gare d'appalto occorreva attenderne la risoluzione. Un guaio. Di Pietro ripiombò sui vecchi general contractor, cioè le aziende nominate a suo tempo dal governo Berlusconi senza alcuna gara, e chiese «un ripristino dei vecchi contratti».[52] A parte qualche nuova regoletta qua e là, tutto insomma restò come aveva previsto Berlusconi. Di Pietro avrebbe potuto scegliere diversamente dall'ottobre 2007, quando il Consiglio di Stato sbloccò l'intoppo delle cause e permise nuove gare d'appalto: ma Di Pietro non le indisse. Sul suo blog, senza entrare nei particolari, si limitò a vantarsi in generale:

> Mentre sui giornali si continua a parlare di cronaca e gossip, in silenzio continuo a lavorare per l'interesse del Paese, settimana dopo settimana.[53]

Un uomo del fare: sempre più berlusconiano. A margine dell'affare Bre.Be.Mi., poi, passò direttamente agli accordi politici col centrodestra. Sul serio. La Bre.Be.Mi. è l'autostrada che dovrebbe collegare il tratto Brescia-Bergamo-Milano e che è già stata discussa un milione di volte. Di Pietro, appena insediato, il 29 luglio 2006, disse immediatamente che l'autostrada non si sarebbe fatta, come auspicavano i Verdi, Rifondazione e Comunisti italiani: «Stiamo facendo la quarta corsia della A4, questa autostrada non rientra nelle priorità».[54] Era una risposta al governatore della Lombardia Roberto Formigoni, che l'autostrada l'aveva appena reclamata. Ma quello era il Di Pietro uno.

Il Di Pietro due, i primi di ottobre, disse: «Vogliamo partecipare alla Bre.Be.Mi.». Venti giorni dopo autorizzò un progetto a finanziamento privato, «project financing», come si dice. Decise che si poteva fare e firmò un accordo con Roberto Formigoni il 7 maggio 2007: per il panorama italiano era una novità assoluta che metteva anche d'accordo centrosinistra e centrodestra. Meglio: lui e il centrodestra, perché per il resto fu brutalmente attaccato dalla sinistra radicale e in particolare da Paolo Brutti di Sinistra democratica, portavoce della commissione Trasporti del Senato: a suo dire il costo a chilometro dell'autostrada risultava incredibilmente alto rispetto alla media europea, almeno il doppio. La commissione diede parere contrario, ma non era vincolante. Paolo Brutti scrisse anche al commissario europeo al Mercato interno Charlie McCreevy:

> Sono costretto a evidenziare il comportamento di chi, deputato per legge alla vigilanza sull'operato della Bre.Be.Mi. Spa, non solo lascia fare, ma si rende platealmente complice di atti assunti in stridente contrasto con la convenzione e con la normativa vigente.[55]

Il 18 luglio, in aula, Di Pietro riuscì a far passare il progetto: ma coi voti del centrodestra. Il problema di Paolo Brutti lo risolverà a modo suo: gli chiederà di candidarsi per l'Italia dei Valori alle europee del 2009. E così sarà.

Di Pietro userà le autostrade anche per piazzare uomini come un qualsiasi partitocrate. Nel consiglio di amministrazione dell'Anas nominerà il suo avvocato Sergio Scicchitano, già collezionista di incarichi e di collegi arbitrali. Alla direzione del personale dell'Anas e nel Cda delle Autostrade del Lazio metterà Alessandro Iacorossi del direttivo romano dell'Italia dei Valori. Nel Cda dell'Autostrada del Molise metterà Francesco Mancini e Gaetano Di Niro, cioè altra gente del partito come Dante Merlonghi, sedutosi a sua volta nel Cda della Quadrilatero Spa, nelle Marche. Alla Concessioni autostradali lombarde, invece, Giampiero De Toni, deputato dell'Italia dei Valori, uno della Valcamonica.

Tutto questo era politicamente molto utile, per Tonino. Ma terribilmente noioso.

La faccia come l'Abruzzo

Nella sua ovvietà, quel titolo della «Repubblica» sintetizzava ciò che ogni mattina stortava la giornata di Tonino: *Mastella a Di Pietro: «Il Guardasigilli sono io»*.[56] Era lui. Ogni tanto sentiva il bisogno di ripeterlo perché il suo collega delle Infrastrutture a forza di guardare verso via Arenula aveva il torcicollo. Di Pietro sorvegliava, commentava, sbuffava, esternava, suggeriva, protestava, controdeduceva, minacciava. Non esisteva una questione su cui non si fossero azzuffati, Infrastrutture a parte. Ormai Tonino cercava proprio la rissa, passava e spintonava, ripassava e spintonava.

Nell'ottobre 2006, dopo che il governo era andato sotto sulla giustizia per un'imboscata dell'Italia dei Valori, Di Pietro aveva detto: «È stato un avvertimento diretto a tutti i parlamentari della maggioranza», la colt ancora fumante. E Mastella con diplomazia: «Mi sono rotto i coglioni di Di Pietro, fa il moralista e invece è solo un ricattatore».[57] In gennaio Tonino aveva risposto sul «Corriere della Sera»: «Mastella se ne vada. Nell'Unione c'è una questione morale. Ora voglio un tavolo sulla giustizia».[58]

Ora, luglio 2007, si proseguiva. La riforma dell'ordinamento giudiziario a Tonino non piaceva: allora scrisse una lettera a Prodi e ovviamente a Mastella, il quale sapeva come indispettirlo e gli rispose senza neanche leggerla: «Non so che cosa mi abbia scritto, per quanto mi riguarda sono attestato sulla linea della commissione». Intanto «la Repubblica» titolava: *Giustizia, l'altolà di Di Pietro*.[59] Tonino disse a tutti che l'ordinamento non l'avrebbe votato. «È un clown» fu la reazione di Mastella. Il Guardasigilli in quei giorni decise di acquisire le ordinanze del gip Clementina Forleo sul caso Unipol, e riecco Tonino: «Il comportamento di Mastella è ai limiti dell'attentato alla Costituzione».[60] «Di Pietro attenta al buon senso» rispose l'altro prima di individuare un definitivo interlocutore per le intemerate del suo ispettore permanente: «L'usciere di via Arenula» comunicò «sostiene che il ministro della Giustizia si occupa di giustizia e che il ministro delle Infrastrutture dovrebbe occuparsi di strade e autostrade: a partire dalla Salerno-Reggio Calabria. Sapete, l'usciere è meridionale».[61] Tutto un anno così.

Nella sua falsa illibatezza, Tonino sapeva palesare una faccia tosta ai limiti dell'umano. Ottaviano Del Turco, presidente della Regione Abruzzo, fu arrestato proprio in quei giorni, il 14 luglio, assieme a qualche assessore della sua giunta. Per Tonino era una scarica di adrenalina e annunciò subito che «è tornata Tangentopoli» come faceva da quindici anni, e davanti ai giornalisti lasciò scivolare qualche meravigliosa sciocchezza preceduta dalla solita e robotizzata «Noi dell'Italia dei Valori» che pronunciava anche se gli chiedevano l'ora:

> Noi dell'Italia dei Valori siamo sempre stati fuori dalla politica di governo nelle regioni, e abbiamo sempre evitato di partecipare alla spartizione della torta. Ecco perché occorre un ricambio generazionale e io invito a guardare alle persone e non ai partiti.[62]

Questo il Di Pietro uno. Il Di Pietro due ometteva tre o quattrocento cose. Una era che l'Italia dei Valori aveva pochi consiglieri regionali perché alle elezioni del 2005 aveva preso un niente di voti. Un'altra era che il suo partito non era rimasto «fuori dalla politica di governo» manco per niente: aveva fatto in tempo a beccarsi un assessorato in Calabria nel 2005 – l'assessore dipietrista Beniamino Donnici prese la delega al Turismo e poi mollò Di Pietro per fondare un movimento di transito verso il Pd – e poi si era beccato un altro assessorato proprio lì, nella giunta abruzzese decapitata. Di Pietro, in Abruzzo, era al governo dal 6 aprile: solo l'innesto del suo partito, a essere precisi, aveva salvato Ottaviano Del Turco da una crisi altrimenti inevitabile. Ora Di Pietro ritirava il suo assessore dalla giunta – non c'era più – e con la legislatura regionale agli sgoccioli invocava quelle elezioni anticipate che non aveva chiesto quando scelse invece di partecipare «alla spartizione della torta». Quanto al «ricambio generazionale», il suo assessore si chiamava Augusto Di Stanislao e negli ultimi vent'anni si era fatto i Ds, Sinistra democratica, l'Udeur di Mastella, aveva cercato vanamente di entrare in Forza Italia e poi solo allora aveva bussato alla porta di Di Pietro: aperta. Lo scandalo che aveva decapitato la giunta riguardava la sanità, ma nessuno ricordava denunce del partitello di Tonino a proposito.

Di Pietro era così. C'erano degli arresti e convocava i giornalisti per parlare di «ricambio generazionale» dopo aver affittato il movimento come porta girevole: a parte quelli citati, c'era il caso del repubblicano Giuseppe Ossorio – massone del Grande Oriente Italiano – che come detto era passato dall'Italia dei Valori prima di andare nel Partito democratico. C'era poi stata tutta una truppa di ex Udeur – proprio quello – alla maniera di Tancredi Cimmino, Pino Pisicchio, Egidio Enrico Pedrini, Cristina Matranga, quelli che ci stavano. Di Pietro era così: diceva «Siamo sempre stati fuori dalla politica di governo nelle regioni» ed era falso; diceva «Abbiamo sempre evitato di partecipare alla spartizione della torta» ed era falso; diceva «Occorre un ricambio generazionale» ed era vero, ma doveva guardarsi in casa.

Grillino anch'io

Invece guardava a nordovest, direzione Genova. Il vento dell'antipolitica tirava da lì. All'inizio dell'estate era uscita *La casta*, un libro scritto da Gian Antonio Stella e Sergio Rizzo che aveva documentato con grande successo gli sprechi e i privilegi della classe politica e ne aveva puntualmente paragonato «la caricatura obesa e ingorda» alla miglior virtù di altri paesi europei. Beppe Grillo lo lesse e ne fece un manifesto di resurrezione: anche da qui nacque l'idea del «V-day» alias «vaffanculo day», primo appuntamento per l'8 settembre a Bologna e in cento altre piazze italiane. Manifestazioni o libri più che vento saranno bandiere di qualcosa che fu intercettato con ritardo. Quando Clemente Mastella aveva abbandonato lo studio di «AnnoZero» con arroganza e sufficienza, in marzo, Michele Santoro aveva reagito dicendo una verità pur mimetizzata tra altre veemenze tribunizie: «L'arroganza della politica sta diventando insopportabile, devono abituarsi di nuovo a discutere, a parlare con chi li critica».[63] Nel dato essenziale aveva ragione. Complice un giornalismo sovrabbondante che pietiva dichiarazioni a rullo, il distacco tra il politico e la sua percezione del reale ormai era drammatico. Uno come l'ex ambasciatore Sergio Romano, non proprio un ribelle da centri sociali, aveva detto qualcosa di simile: «Ho l'impressione che mai la politica in Italia sia stata così disprezzata, il sentimento dell'opinione pubblica è di rigetto, non so se i politici si rendano conto che la loro immagine non è mai stata così bassa».[64] L'immagine del politico era quella di chi viveva la realtà del paese come un'oscillazione tra «Porta a porta», «Ballarò» e «Matrix». In maggio aveva destato scalpore un'intervista rilasciata da Massimo D'Alema:

> È in atto una crisi della credibilità della politica che tornerà a travolgere il paese con sentimenti come quelli che negli anni Novanta segnarono la fine della Prima Repubblica.[65]

Non andrà così, ma con un certo rigetto i conti dovranno farli tutti. L'accusa di appartenere a una casta diverrà uno sport nazionale anche perché l'appartenenza a una casta *era* lo sport nazionale: l'italiano medio restava ancorato a quell'Alberto Sordi che nel *Borghese piccolo piccolo* di Mario Monicelli s'iscriveva alla massoneria per poi scoprire che dell'ufficio ministeriale era l'unico che non l'aveva ancora fatto. Ma Beppe Grillo allora non la faceva così difficile. Il suo V-day non fu chiaro neppure a lui che cosa dovesse essere, all'inizio: si parlò di cacciare i condannati dal Parlamento, di raccogliere firme, di fare, abrogare: per Tonino era più che sufficiente. Si buttò a pesce direttamente dalla finestra di Porta Pia, perché nell'arrivare secondo restava sicuramente il primo. La sua adesione fu entusiastica:

> L'8 settembre Beppe Grillo ha lanciato una giornata di impegno civile. Sarò presente per porre la mia firma alla proposta di legge di iniziativa popolare per impedire che condannati con sentenza passata in giudicato possano essere candidati alle elezioni, per evitare che si possa essere rieletti per più di due legislature e per tornare alle preferenze. Faccio un appello a tutti i naviganti a aderire al V-day.[66]

Il successo delle prime uscite di Grillo è noto come i suoi eccessi. Da Bologna, in Piazza Maggiore, in collegamento con altre duecento piazze, attaccò tutti compreso Romano Prodi. Centocinquantamila persone o cinquantamila cambiava poco: il messaggio era passato benché non oltrepassasse di molto il titolo della manifestazione. Si raccolsero firme per cacciare i condannati dal Parlamento o non permetterne l'ingresso, per fissare a due le legislature massime per ciascun parlamentare, per ripristinare il voto di preferenza. Oltre a Grillo parlarono svariati personaggi che mischiarono cose sensate a un fracco di sciocchezze. Stampa e Tv non ci capirono molto – i giornalisti facevano parte della casta – e passeranno dalla non menzione alla sopravvalutazione. Dei politici uno solo fu risparmiato: Antonio

Di Pietro. «È una persona per bene» disse Grillo «mi mette in ansia quando parla ma poi dice le cose come vanno.» Il ministro delle Infrastrutture restituirà immediatamente mettendoci il cappellone:

> Sono orgoglioso della riuscita di questa operazione sia come cittadino che ha firmato le proposte di legge sia come rappresentante di una forza politica che si è adoperata per la validazione delle firme.[67]

Il multiforme, di qui in poi, non perderà occasione per pavoneggiarsi coi grillini a ogni occasione possibile e senza temere di passare per demagogo. Tutto farà al gioco suo. In quei giorni il ministro dell'Ambiente Alfonso Pecoraro Scanio gli aveva bloccato un paio di opere e lui lo tirò dentro: «Lo sapete perché ce l'hanno tanto con me? Perché l'Italia dei Valori ha preso parte al "V-day", un'esperienza dalla quale questo sistema è uscito umiliato e che ha messo a nudo il loro senso di frustrazione e di impotenza ... O nella manovra ci sono i soldi per la Tav e per il Mose, oppure me ne vado».[68] Un pastone unico. Il presidente della Camera Fausto Bertinotti, che a Bologna non era stato risparmiato, gli scagliò addosso tre note ufficiali e definì il suo atteggiamento «inconcepibile». Allora Di Pietro, tre giorni dopo il V-day, accusò Bertinotti di non aver messo in calendario una sua fantasmatica proposta di ineleggibilità dei parlamentari condannati: «Gli scrivo da settimane ma non mi ha mai risposto».[69] Da settimane. «La richiesta di metterle nel calendario» rispose Bertinotti «è giunta solo ieri, e non risultano lettere nelle precedenti riunioni dei capigruppo.»[70] Fa niente, Di Pietro continuò a dire che Bertinotti voleva fermare il vento dell'antipolitica. Qualche giorno dopo, euforizzato, rilasciò un'intervista a «Panorama» in cui sempre ammiccando ai nuovi amici attaccò addirittura Prodi: «Deve fare un passo indietro: la gente non ha più stima di questo governo ... Ci vogliono facce nuove, aria nuova. I ministri sono troppi e inutili. E siamo invasi di sottosegretari inutili e incapaci. Vanno dimezzati».[71] Non si capiva mai su quale tribuna si collocasse. Grillo intanto annunciava che sarebbe andato alla Festa dei Valori del 5 ottobre: ormai erano amiconi. Tonino l'anfibio era l'unico politico che non stava precipitando nei sondaggi.

Nel trascinare con sé germogli e foglie secche, in settembre e in ottobre, il vento di «AnnoZero» porterà con sé qualcosa di nuovo, anzi di antico. Difficile distillare tutti gli ingredienti che vennero mescolati nel paiolo incandescente dell'autunno 2007, forse non è poi così rilevante. Le evanescenze istruttorie della nuova starlett togata Luigi De Magistris, un caso unico, un magistrato che a più riprese era già stato squalificato dalla sua stessa corporazione, divennero l'icona imprendibile di una campagna che cercava un punto debole del governo per poi premere forte: e riecco Mastella, cucinato anche a «Ballarò» del 25 settembre dopo che Santoro aveva appena ritrasmesso la cronaca del V-day. Un Prodi imbarazzato dovette affrettarsi a solidarizzare col suo Guardasigilli. Le confuse doglianze dei magistrati Forleo e De Magistris – che durante «AnnoZero» del 4 ottobre preferirono esternare in televisione prima ancora che al Csm – furono un qualsiasi detonatore per altre cento risse di ogni ordine e natura. Nel marasma, domenica 21 ottobre, un Di Pietro senza pace chiedeva a Romano Prodi di togliere dalle mani di Mastella il ruolo di titolare dell'azione disciplinare nei confronti di De Magistris. Il ministro della Giustizia prese a quasi-dimettersi tutti i giorni.

Se quell'orizzonte plumbeo spingeva a chiudersi in casa cogli scuri serrati, alle spalle già risorgeva l'alba. Le primarie del Partito democratico prospettavano la consacrazione di un Walter Veltroni atteso al varco ormai da troppo tempo. E Di Pietro che diceva? Il grande imbucato disertava le primarie? Così pareva: «Non riesco proprio a capire come nascano voci di questo tipo, io non ci penso proprio»[72] aveva detto il 30 luglio il Di Pietro uno. La sera prima, il Di Pietro due aveva giusto consegnato 2961 firme a sostegno della sua candidatura. Era previsto che ciascun candidato allegasse una dichiarazione d'intenti, una sorta di poemetto speranzoso e magari retorico. Ecco che cosa scrisse Tonino:

> È naturale che solo quando sarà costituito il nuovo partito si determinerà la necessità per i singoli cittadini di scegliere formalmente l'adesione secondo regole da definire insieme e si determinerà per i partiti che abbiano aderito, allora e solo allora, sia chiaro, la valutazione di sciogliersi.

Un romantico. Fu bocciato il giorno dopo: il comitato per le primarie respinse le candidatura sua e di Furio Colombo e stranamente anche di Marco Pannella, «leader di altri partiti al momento non riconducibili al percorso costitutivo del soggetto unitario».[73] Tonino non fece grandi scene. Ma sul suo blog spiegò:

> Il Partito democratico ha perso un'occasione per potersi qualificare tale, giacché un partito, per potersi definire davvero democratico, deve essere aperto e pluralista, altrimenti semplicemente «non è», non esiste.

Parlava l'esperto. Era una buffonata: per concorrere sul serio avrebbe dovuto mettere in pista lo scioglimento del partito come non si sognava minimamente di fare. Dal basso del suo 2,6 per cento pesava quello che pesava, ma gli piaceva dipingersi come un moloch osteggiato da una Spectre:

> Io do fastidio al manovratore e ai manovratori ... Sono vittima del riposizionamento degli apparati che non vogliono aprirsi alla società ... bisognerà riflettere sulle reali motivazioni di questo diniego, che, in realtà, sono molto gravi e per certi versi inconfessabili.[74]

Il riposizionamento degli apparati il 26 ottobre portò all'acclamazione palingenetica di Walter Veltroni, un successo cui avevano contribuito la bellezza di tre milioni e mezzo di votanti. La classifica finale: Walter Veltroni 75,82 per cento, Rosy Bindi 12,93, Enrico Letta 11,02, Mario Adinolfi 0,17, Piergiorgio Gawronski 0,07. L'indomani Veltroni fu incoronato primo segretario del Pd alla presenza di un Romano Prodi alla disperata ricerca di irradiazioni benefiche per il suo governo. I sondaggi lo davano in caduta libera assieme a tutti i partiti fuorché l'Italia dei Valori, dato sul 3 o 4 per cento. A un Grillo politico, poi, si attribuivano consensi almeno quadrupli. Tonino emanò comunicati di felicitazioni. Intanto affilava il machete.

Le distanze tra Di Pietro e Grillo, soprattutto su certi temi come quelli ambientali, in realtà erano siderali. Ma era un problema secondario perché Di Pietro, a ben vedere, non aveva nessuna vera posizione su niente. Decideva minuto dopo minuto. Se avesse detto a Grillo che era favorevole al ponte sullo Stretto, per dire, gli avrebbe stirato i riccioli. Per fortuna non era favorevole. O forse sì. O no. Non ricordava bene.

Il parolaio di Messina

Il ponte sullo Stretto era un sognante progetto berlusconiano dal 1994. Questo non aveva impedito a Di Pietro di portarlo tranquillamente in Consiglio dei ministri già il 26 luglio 1996,[75] quand'era ai Lavori pubblici col governo Prodi. Lo aveva anche inserito tra le opere urgenti, poi era finita com'era finita. Questo il Di Pietro uno.

Nel 2001 era tornato al governo il Cavaliere e il Di Pietro due, a Bellaria per gli stati generali del partitello, aveva mutato angolazione:

> È un'opera mussoliniana per potere dire ai posteri «quello l'ho fatto io» ... è una cattedrale di San Silvio.[76]

Battute a parte, definiva l'opera «non prioritaria».[77] Poi, nell'anno 2006, tornava il Di Pietro uno: ma piano, a modo suo, senza chiamare le cose col loro nome. Il 28 giugno, per esempio, auspicò «una soluzione condivisa che non porti al ponte sullo Stretto né a una penalizzazione estrema».[78] Mezzo ponte?

Il 4 luglio incontrava i rappresentanti della società Ponte sullo Stretto e ne discuteva con loro. Era la stessa società che Pds e Verdi avevano già chiesto di chiudere perché in dodici anni aveva speso incredibili quantità di soldi, ma Di Pietro, bello bello, dispose un ulteriore finanziamento di circa 25 milioni di euro. E diceva, sempre più chiaro:

> Non ho mai detto di volere il ponte, ho detto solo che bisogna completare il progetto per capire se è fattibile o no.[79]

Addirittura cristallino, poi, intervistato da Milena Gabanelli, stagliava:

> Non sono convinto che basta dire non si fa. Sono convinto che se avessimo fatto tutto il resto in Italia, anche il ponte è da discutere se valga la pena di farlo, perché no?[80]

Arnaldo Forlani era un venditore di pentole in confronto al Tonino che per discutere del ponte incontrò anche Salvatore Cuffaro, il presidente della Regione Sicilia.[81] I nodi vennero al pettine il 25 ottobre 2007, quando i Verdi al Senato presentarono un chiaro emendamento per sopprimere la società Ponte sullo Stretto. Nessun problema: Di Pietro ricorse ai voti del centrodestra e la maggioranza andò sotto. La società fu salva.[82] Tonino si tenne il ponte ma non Franca Rame, che lasciò il movimento. «Ecco l'uomo nuovo di Beppe Grillo»[83] chiosò Franco Giordano di Rifondazione comunista. E proprio tutti i torti non li aveva. Il programma dell'Unione, nel citare il ponte, si riproponeva «di sospendere l'iter procedurale in atto per realizzarlo» ritenendolo «inutile e velleitario». Ma che c'entrava: quel programma l'aveva firmato il Di Pietro due. Quello era il Di Pietro uno. Un po' di pazienza e il Di Pietro due sarebbe senz'altro tornato. E infatti. Eccolo a metà maggio 2009, nel pieno della campagna per le elezioni europee:

> Berlusconi rinunci alla realizzazione dell'inutile ponte di Messina … in Sicilia, in Calabria e in tutta Italia ci sono emergenze più importanti del ponte … Emergenze come quella idrica, dell'occupazione, ambientale, delle energie rinnovabili.[84]

Nel citare anche la classica «cattedrale del deserto»[85] le sue parole si faranno provvisoriamente identiche a quelle della stessa sinistra radicale che aveva turlupinato al Senato. Sul tema, una sintesi della posizione di Tonino – l'uomo della trasparenza – l'ha abbozzata il giornalista Giuseppe Criciani in un suo libro interamente dedicato al ponte:

> Si può fare, ma anche no. Dipende. Si arrangia. Si adatta. Non dice mai no, ma nemmeno sì. In fondo è quello che hanno fatto tutti i politici italiani dal dopoguerra in poi. Un piede di qua, uno di là. «Vi comportate come i talebani coi Buddha» urla rivolto ai verdi. Mentre rassicura deferente l'amico Marco Travaglio: «Non lo voglio fare, sia chiaro».[86]

Il ponte sullo Stretto aveva fatto ammucchiare circa un quintale di documenti, aveva fatto spendere 160 milioni di euro in studi e progettazioni, era stato promesso da Mussolini, Craxi, Prodi e Berlusconi e se n'erano occupati trentatré governi e 234 ministri in dodici legislature.[87] Un Di Pietro in più o in meno sai che differenza faceva.

Tanto tuonò che Mastella

Una rogna dopo l'altra. Di Pietro era di lotta, di governo e pure di opposizione, perché capitava sempre più spesso che a salvare i suoi progetti fosse il voto del centrodestra: «Per le Infrastrutture non c'è la maggioranza, ho fatto quel che ho fatto ... anche grazie all'opposizione, c'è una sorta di maggioranza infrastrutturale».[88]

Ma i suoi problemi erano comuni a tutti. Lo scenario era lampante: la maggioranza era sempre appesa a un filo o direttamente in minoranza, c'era scarsa coesione di fronte a milioni di cose da fare, indecisioni una via l'altra, litigi per tutto, nodi irrisolti, malumore. Quel che successe poi avrebbe potuto succedere con altri: con Lamberto Dini, con Pecoraro Scanio, con lo stesso Di Pietro. Accadde con Mastella.

La procura di Santa Maria Capua Vetere, il 16 gennaio 2008, dispose gli arresti domiciliari per Alessandrina Lonardo detta Sandra, moglie di Clemente Mastella e presidente del consiglio regionale della Campania. L'accusa era di tentata concussione nei confronti del direttore dell'ospedale di Caserta e c'erano sette ipotesi di reato che riguardavano anche il Guardasigilli. A parte qualche evidente forzatura – si prefigurava anche un Mastella concussore di Antonio Bassolino – buona parte dei provvedimenti apparivano fondati anche se pochi li lessero: il campo d'indagine, la lottizzazione della sanità, autorizzò dibattiti generici attorno a delle pratiche ritenute criticabili e però non illecite. Perciò il titolo *Così fan tutti*, il 18 gennaio, comparve su ben tre fondi di tre quotidiani diversi: Francesco Merlo sulla «Repubblica», Lucia Annunziata sulla «Stampa» e Gianantonio

Stella sul «Corriere». La Cassazione però confermerà i provvedimenti e con essi che Luigi Annunziata, un medico, era stato perseguitato perché faceva nomine sulla base del merito e non delle indicazioni dei Mastella. Il procedimento non è concluso.

Il Guardasigilli avrebbe dovuto leggere una relazione sullo stato della giustizia: invece si presentò dimissionario e pronunciò una durissima requisitoria contro una parte della magistratura. I toni più da marito che da statista, lancinanti, gli fecero da attenuante.

Non certo per Di Pietro:

> Lo sfogo personale fatto nell'immediatezza della sua vicenda personale non è accettabile sul piano giuridico né politico … Il presidente Napolitano farebbe bene a intervenire per ribadire che tutti devono rispettare la magistratura … Lui sa cosa deve fare.[89]

Più a freddo, Mastella poi quasi si scusò: «Non ho espresso giudizi contro la magistratura. Agli italiani dico anzi: fidatevi della magistratura italiana. Non vi fidate però di gip particolari che arrestano persone incensurate».[90] Lasciata la poltrona, preannunciò l'appoggio esterno e garantì fedeltà alla coalizione. Ma a Di Pietro non andava bene neanche quello:

> Mastella predispone atti concreti e inequivoci per andare alla crisi. Prodi deve rilanciare con un rimpasto e un nuovo governo più che cedere al ricatto di chi piega la politica alle sue questioni personali.[91]

Non si capiva che cosa volesse, a parte sostituire Mastella.

Il leader dell'Udeur finse sin troppa calma anche con se stesso, probabilmente. Solidarietà ne aveva avuta davvero pochina. Non era più ministro, aveva la moglie agli arresti coatti, mezzo partito pure, Di Pietro infieriva, un tizio delle «Iene» di Italia 1 era andato davanti a casa sua a Ceppaloni – la moglie dentro – portando delle arance come coi carcerati, suo figlio Elio dopo un battibecco spettacolare con la stessa Iena gli si era rivolto così: «Papà, ma come fai a stare con questi?».

E come faceva? Non ci stette più. Scrisse una lettera a Prodi che rimase malissimo. Nella lettera parlò di famiglia e di affetti, mai di politica.

La scena del 24 gennaio, quando l'Udeur ritirò la fiducia a Prodi nonostante la defezione di un suo senatore che si accapigliò col suo capogruppo, non va raccontata ma soltanto rivista. Chi non la ricorda la associa comunque a sputi, insulti, urla, minacce, svenimenti, tappi di spumante e tòcchi di mortadella tra i denti. Voto finale: 161 contrari e 156 favorevoli, governo a casa. Sipario. Si era scoperto almeno che Mastella era un essere umano. Su Di Pietro proseguivano le indagini.

XV
Il centro nel mirino

Di Pietro da guardia

Marco Pannella da quarant'anni diceva cose giuste ma con troppo anticipo, così sembravano sciocchezze. Quando si realizzavano era già passato a dire altre cose giuste con troppo anticipo, e sembravano altre sciocchezze. Così sembrava che dicesse sempre sciocchezze e non ne diceva mai. Quando disse che tra il Partito democratico e l'Italia dei Valori si stava consumando il bacio della morte, gli risposero: sciocchezze.

Antonio Di Pietro e Walter Veltroni si incontrarono il giorno dopo, 10 febbraio 2008. Tempo tre giorni e avevano raggiunto un accordo per le elezioni di aprile. Disse Tonino:

> Con Veltroni abbiamo fatto un accordo non solo elettorale, ma programmatico, politico e progettuale … un percorso che porterà alla possibilità di una nostra confluenza in un unico partito … e nel confluire in un unico gruppo parlamentare all'indomani delle elezioni. Questo per rimarcare l'impegno preso e per rimanere uniti ora e dopo.[1]

Sembrava una cosa seria. Doveva esserlo, se Veltroni aveva detto «correremo da soli» e poi aveva accettato di imparentarsi soltanto con Di Pietro lasciando fuori i radicali e i socialisti. E pensare che Tonino, otto giorni prima, aveva detto pure lui che avrebbe corso da solo: «Ci presentiamo con il nostro simbolo e prendiamo atto che dobbiamo giocare con queste regole».[2]

Altre fonti sono ancora più chiare, è sempre Di Pietro a parlare:

> Da questo percorso comune si avvierà anche un percorso verso un'unità di intenti e di partiti … Al momento non è previsto alcuno scioglimento del partito, ma dopo le elezioni l'Italia dei Valori creerà un unico gruppo con il Partito democratico con l'obiettivo finale di confluire nel Pd.[3]

Unico gruppo. Confluire. Le parole erano quelle, tanto per chiarire che cosa non gli passerà neppure per l'anticamera del cervello.

L'accordo comunque prevedeva che l'Italia dei Valori si sarebbe presentata al voto con il proprio simbolo e con la propria lista, in pratica si trattava di una minicoalizione che sottoscriveva uno stesso programma e appoggiava la candidatura di Veltroni a premier. Dopo le elezioni sarebbe stato fatto un solo gruppo parlamentare. Lo si ripete per la terza volta perché fu ripetuto anche allora:

> Con noi Veltroni può vincere e governare bene, senza pugnalate alle spalle ... Saremo alleati fedeli che si batteranno per dare un forte segnale di cambiamento alla politica italiana ... Abbiamo sottoscritto un programma con il Pd e per noi quel programma è il Vangelo, e io il Vangelo sono abituato a rispettarlo.

Passavano solo cinque giorni e il Di Pietro due cominciava a smarcarsi:

> Non scioglierò l'Italia dei Valori e non ho mai detto una cosa del genere. Questo non significa che non formerò un unico gruppo elettorale del Pd, con il quale ho fatto un'alleanza oltre che elettorale anche politica.[4]

Si potrebbe anche chiuderla qui, ma il dubbio resterà in parte irrisolto: perché Veltroni fece quell'accordo? Era vissuto in un altro paese sino a quel giorno? Lo fece – si disse – per avere qualche residua chance di poter vincere le elezioni. Ma perché proprio con Di Pietro? Perché spezzare proprio per lui lo sbandierato proposito di correre da solo? Lo fece perché Di Pietro – si disse – era lo spauracchio che doveva tenere sottotraccia i grillisti e i forcaiolisti del paese, l'antipolitica, queste cose. Tonino in effetti aveva già cercato di arruolare nelle liste Marco Travaglio e Luigi De Magistris: il primo aveva rifiutato, il secondo non lo voleva Walter. Comunque si dissero molte cose. Qualcuno rispolverò la storiella della rana e dello scorpione di Orson Welles,[5] altri azzardarono che Veltroni aveva fatto come Marcello Dell'Utri con Vittorio Mangano: se l'era messo in casa come assicurazione contro quelli come lui.

Dirà Veltroni mesi dopo:

> L'alleanza con Di Pietro avrebbe accresciuto la nostra competitività elettorale ... Aver costretto Italia dei Valori a una convergenza su un programma avrebbe fatto sparire dalla campagna elettorale il vecchio antiberlusconismo, che non ci avrebbe giovato ... Se Di Pietro fosse rimasto fuori dell'alleanza, avrebbe usato in campagna elettorale i toni che lo hanno caratterizzato nei mesi successivi ... Per questo ... non sono pentito della scelta che ho fatto.[6]

Persiste l'impressione di aver visto dei film diversi. Nella sala in cui Veltroni non c'era, in marzo e aprile, proiettarono un cortometraggio in cui Di Pietro si tenne ben stretto l'antiberlusconismo e lo usò anche contro il Partito democratico. I toni pre-elettorali e postelettorali non parvero divisi dall'Himalaya.

In compenso Di Pietro era un boccone che non tutti gli elettori del centrosinistra erano disposti a ingoiare. Qualche mugugno, straripante sul web, lo rappresentò bene Luca Sofri sul suo blog Wittgenstein, peraltro tirando una stoccata anche all'amico Giuliano Ferrara che aveva appena presentato la lista «Aborto? No grazie»: «Con le mail che arrivano contro l'apparentamento del Pd con Di Pietro» scrisse «potrei convincermi a partecipare alle elezioni con una lista mia: Nando Pagnoncelli mi dà l'otto per cento».[7]

La descrizione di come Di Pietro si comportò successivamente, a questo punto della biografia, diviene ridondanza. Un solo esempio. Veltroni, come appariva logico, chiese a Di Pietro di non ricandidare nelle sue liste chi era rimasto fuori da quelle del Pd. Di Pietro invece chiese a Veltroni di non ricandidare nel Pd chi avesse già fatto tre legislature, come volevano i grillini e come l'amico Walter aveva in parte già fatto. L'accordo fu siglato. La parola era quella di Di Pietro. Veltroni non ricandidò per esempio Giovanni Paladini, Renato Cambursano e Giuseppe Giulietti. Dopodiché Di Pietro andò da ciascuno di loro e gli offrì di candidarsi con l'Italia dei Valori. Diverranno suoi parlamentari e lui ridiscenderà nelle piazze a raccogliere firme contro i parlamentari con più di due legislature.

«AnnoZero», domande anche

Breve ma intensa: dissero così della campagna elettorale per le politiche del 2008. Non fu comunque tra le memorabili. I sondaggi davano un vantaggio incolmabile al centrodestra e grandi sorprese non ce ne saranno. L'evanescente fantasma di un recupero si affaccerà negli ultimi giorni, ma saranno leggende, equivoci, desideri scambiati per realtà.

Di Pietro, dato per acquisito un suo parallelo e rutilante antiberlusconismo, continuerà a vampirizzare il Partito democratico per tutto il tempo: l'idea di Veltroni di non ossessionarsi sull'avversario addirittura spingendosi a non nominarlo – proposito che durerà poco – convinse Tonino che era maturo il momento di ergersi a «unica opposizione». Veltroni aveva mollato le zavorre del partitume ricattatore ma si era trascinato dietro un cane da guardia che abbaiava per tutto il tempo, copriva ogni sua parola e gli fregava la bistecca dal piatto. Berlusconi era dato a percentuali stellari e il governo Prodi era stato una sciagura a detta di molti, di troppi: non era un gap recuperabile; l'ambizioso Veltroni ne aveva approfittato per tentare di porre le basi di una sinistra più moderna e che avesse un avversario anziché un nemico, ma era proprio quello che non gli perdonavano Antonio Di Pietro e tanti altri che gli saltavano al collo. Il leader del Pd aveva cercato di imbarcare tutti, dai grillini ai baroni universitari, dai piloti Alitalia agli immigrati, la Cgil come i comici: nel coro frastornante nessuno udiva più la sua voce. Il cane invece faceva un baccano d'inferno e a furia di cercare cibo rischiava di distruggere la casa. Questo era il Partito democratico: Walter davanti e Antonio di dietro, una facciata di understatement e un retroscena manettaro.

Una sorta di immunità mediatica da unico oppositore lo faceva andare sull'olio dappertutto. Figurarsi ad «AnnoZero», dove alla fine di febbraio fu ospite come ormai da tradizione: ma non gli rivolsero nessuna delle milioni di domande che avrebbero potuto. Marco Travaglio, solito a dar lezioni proprio sulle domande che i colleghi avrebbero dovuto fare a questo e a quello, parlò di Cesare Previti e di Paolo Cirino Pomicino. Per rivolgere una domanda sensata a Di Pietro non c'era da fare grandi inchieste, bastava leggere il suo programma appena pubblicato sul blog. C'era scritto, diversamente da come proposto in passato e come proponevano ora i grillini,[8] che non doveva essere candidato neppure un semplice condannato in primo grado, questo indipendentemente dal reato. In primo grado, non in terzo. Significava, per dire, che non avrebbe potuto candidarsi neanche Marco Travaglio, condannato penalmente per diffamazione – com'è normalissimo che capiti a un giornalista – ma non ancora in giudicato, in via definitiva. Non avrebbe potuto candidarsi neanche Beppe Grillo, condannato il 13 marzo 1985 – in via definitiva – a 1 anno e 4 mesi per omicidio colposo, sentenza passata in Cassazione l'8 aprile 1988. Il suo avvocato era stato Alfredo Biondi, poi divenuto parlamentare liberale: ora Grillo l'aveva incluso nella lista dei parlamentari da epurare per via di un reato fiscale in realtà depenalizzato, sostituito da un'ammenda, neanche presente cioè sul casellario giudiziario.

Travaglio avrebbe potuto fargli qualche domanda su queste cose. Oppure avrebbe potuto rileggere il punto 7 del programma di Tonino dove si auspicava «una limitazione dell'elezione a parlamentare per massimo due legislature». Poteva chiedergli: scusi, ma allora perché lei ha candidato quelli che di legislature ne hanno tre? Scusi, lei quante legislature ha? E a proposito di casta: lei quante pensioni ha?

Da magistrato, da parlamentare e da europarlamentare: ce ne sono altre? E da quanti anni è già in pensione? Travaglio invece parlò di Previti e di Cirino Pomicino, che non erano neanche candidati.

Una norma per impedire ai condannati di potersi candidare al Parlamento non esisteva in nessun paese democratico. Esisteva il buon senso: in Italia non proprio a fiumi, ma di mezzo c'era pur sempre il giudizio degli elettori. La gara nel cercar di smangiucchiare qualche trancio di pensiero grillesco fu perciò una sceneggiata da dimenticare. Il Partito democratico approvò un complicato codice etico – ne parlò anche la Sinistra Arcobaleno – e non candidò nessuno che avesse condanne anche solo in primo grado, o così dissero. Alleanza nazionale blaterò genericamente di «liste pulite». Forza Italia, nell'ordine, prima comunicò di voler impedire la candidatura dei condannati, poi precisò che la cosa escludeva le vittime di «processi politici», infine concluse che un condannato prima del terzo grado non era un condannato.[9]

Il problema non era per chi si tenesse. Per capirlo bastava prendere un'edizione qualsiasi della «Repubblica» a ridosso del voto. L'11 aprile, in prima pagina, c'erano: il titolo *Il Cavaliere attacca Totti*, un fondo di Curzio Maltese che dava a Berlusconi di «ignobile», un altro fondo di Giorgio Bocca che riesumava rapporti tra Berlusconi e il mafioso Mangano, un altro articolo di Giuseppe D'Avanzo che parlava ancora di Berlusconi e di Mangano, un intervento di Nanni Moretti titolato *Berlusconi inadatto alla democrazia* e, affianco, un reportage di Carlo Bonini secondo il quale l'aereo che aveva causato la strage di Linate dell'8 gennaio 2001 era un jet Gulfstream IV della flotta privata di Berlusconi. A pagina 2 c'era il titolo *Fini si smarca da Silvio* e a pagina 7 l'altro titolo *Maroni contro Berlusconi*, con intervista ad Antonio Di Pietro che sulla «Repubblica» c'era sempre. Questo per fermarsi all'11 aprile, e andava benissimo, ciascuno sceglieva la linea sua, il suo antiberlusconismo, se reputava. Ma in tutto questo Veltroni non c'era. Di Pietro invece sì.

Agli sgoccioli della campagna elettorale Veltroni provò a dirglielo: «Si parla con una voce sola». Di Pietro quasi non l'aveva sentito: «Sul Cavaliere faccio quel che mi pare».[10] C'era altro?

La riscossa del 2008

Elezioni del 13 e 14 aprile. Formazioni. A sinistra sui teleschermi: Partito democratico alleato con Italia dei Valori (più qualche radicale infilato dentro) e poi Rifondazione comunista, Comunisti italiani, Verdi e Sinistra democratica (quest'ultimi quattro riuniti sotto il simbolo La Sinistra l'Arcobaleno) e ancora Partito socialista, Partito comunista dei lavoratori, Sinistra critica, Unione democratica per i consumatori, Per il bene comune e Südtiroler Volkspartei.

Al centro dei teleschermi, vicino alla monetina dell'arbitro: Udeur di Mastella privo di alleanze, Unione di centro (somma dell'Udc di Casini e degli scissionisti della Rosa Bianca di Tabacci e Baccini: in pratica si scissero per poi riallearsi) e lista «Aborto? No, grazie» che secondo alcuni però era da ascrivere alla destra.

A destra sui teleschermi: Popolo della Libertà e Alleanza nazionale sotto un unico simbolo in coalizione con Lega Nord (che presentava liste solo al Nord) e Movimento per l'autonomia (che le presentava di conseguenza) più altri alleatini come Dc per le Autonomie e Liberaldemocratici; ancora: Democrazia cristiana di Giuseppe Pizza, Forza Nuova e infine La Destra, alleata con Movimento Sociale-Fiamma Tricolore.

Poco prima del voto corse voce che il Partito democratico fosse ormai a un'incollatura da Berlusconi. Di Pietro era dato al 3 o 5 per cento. Anche i primi exit-poll, a seggi chiusi, davano un 42 per cento al centrodestra e un 40 al centrosinistra. Alla fine il margine di errore sarà ripetutamente di un –5 per cento e di un +2,5 per cento.

Senza farla tanto lunga: il 13 e 14 aprile il centrodestra fece punto, gioco, set, incontro, torneo, coppa e belle ragazze. La vittoria fu indubbiamente schiacciante sia al Senato sia alla Camera: uno stacco medio di quasi dieci punti. Alla Camera 46,8 per cento contro 37,5, al Senato 47,3 contro 38. Al netto di tutti i calcolini, al Senato facevano 168 seggi contro 130, più i tre che prendeva l'Udc di Casini; alla Camera invece 340 seggi contro i 239 del centrosinistra, e i 36 dell'Udc. Il margine più alto di sempre.

L'Italia dei Valori beccò il 4,4 per cento alla Camera e il 4,3 al Senato, non raddoppiando l'esito del 2006 ma quasi. Aveva preso circa 750.000 voti in più: al Sud ma stavolta anche nel Nordest. Nel Molise Di Pietro superava anche il Partito democratico. I suoi eletti erano in tutto 42, 28 alla Camera e 14 al Senato. Per andare al cuore del problema politico: facevano 18 milioni e 427.608 euro di rimborsi elettorali.

Che c'era da dire? Moltissimo: tutti gli altri erano fuori. La sinistra radicale o comunque sganciata dal Pd si era estinta come i dinosauri secondo la teoria del meteorite: in un minuto. Per la prima volta dal dopoguerra non c'erano più esponenti legati alla parola «comunista» o «socialista» come nel resto d'Europa. Alla Camera ci sarebbero stati solo cinque gruppi parlamentari, al Senato quattro. Prima erano diciannove. La Destra di Storace si fermò al 2,42 per cento, il Partito socialista allo 0,97, ma soprattutto uno come Bertinotti aveva perso 2 milioni e 774.042 voti: prese circa il 3 per cento. Nel 2006 aveva preso il 7,4 al Senato e il 5,8 alla Camera per un totale di 68 parlamentari. Ora neanche uno: come Verdi, Socialisti, Sinistra democratica e gli altri cugini comunisti. Secondo Renato Mannheimer,[11] ad aver confermato il voto per la sinistra radicale era stato solo il 22 per cento di chi l'aveva scelta due anni prima.

I paradossi erano in parte macroscopici e in parte sotto il pelo dell'acqua. Non i numeri, ma il guazzabuglio dei vari sistemi elettorali faceva sì che l'estrema sinistra fosse presente nelle province e nelle città, ma non in Parlamento: e qualcosa strideva. Non pareva molto giusto. È anche vero che le prime giustificazioni fornite dagli esclusi inducevano solo a buttare l'ultima badilata di terra. La tesi infatti resterà uguale per settimane e mesi: in Italia anzitutto era scomparsa la sinistra ed era rimasto solo un partito di centrodestra e uno di centro – dicevano – nel senso che la sinistra erano loro o nessun altro; le ragioni della disfatta, poi, erano ridotte a tre: l'astensionismo, il razzismo imperversante e soprattutto il bipolarismo referendario tra Berlusconi e Veltroni, alimentato dai mass media. Questa la spiegazione in pillole. Era da tre legislature in realtà che gli operai del Nord votavano Lega: e ora i partiti della sinistra radicale avevano perso anche alcune roccaforti ritenute un tempo inespugnabili; gli elettori li avevano palesemente mollati e come primo passo per cercare di recuperarli davano loro di razzisti.

L'altra svolta storica coincideva con la fine di un processo che aveva mutato lo status del Parlamento. Una sorta di antipolitica perbene aveva svuotato le Camere del maledetto «professionismo della politica» e aveva passato il testimone a quella che un tempo era chiamata «società civile» ma che ora si traduceva in una separatezza borghese dalla politica. Ormai contava solo un'oligarchia di cinquanta professionisti contrapposti a centinaia di spingitori di bottoni scelti praticamente a caso, un piccolo esercito che a Montecitorio sapeva a malapena dov'erano i bagni. Nell'ansia del «fare», la funzione legislativa del Parlamento verrà scambiata sempre più spesso per una bizantina lungaggine di quei perditempo della casta. Criteri di selezione per i nuovi parlamentari erano diventati l'affidabilità complessiva, la sperimentata accondiscendenza e anche una certa presenza fisica. Le liste bloccate avevano contrapposto militari a militari, imprenditori a imprenditori, sindacalisti a sindacalisti, handicappati ad handicappati, categorie, brand a cui se possibile affiancare portavoce, cugine e segretarie. Per anni ci si era arrovellati nel chiedersi se il Parlamento fosse migliore o peggiore del paese: ora qualsiasi risposta avrebbe fatto tremare le gambe.

Sicuramente unica

Noi no, noi dell'Italia dei Valori non abbocchiamo! Noi dell'Italia dei Valori non intendiamo cadere nella tela del ragno che lei, ancora una volta, sta tentando di costruire con pacche sulle spalle, come ha detto lei, «volemose bene, va' che ce la famo». Lo dica agli altri, non lo dica a noi dell'Italia dei Valori! Infatti, noi dell'Italia dei Valori…

Fine primo tempo. Era il 14 maggio e alla Camera si stava votando la fiducia al neonato governo Berlusconi. Il Cavaliere, il suo discorso inaugurale l'aveva già fatto. Di Pietro era in disaccordo. Secondo tempo:

Noi dell'Italia dei Valori conosciamo la sua storia personale e politica e conosciamo bene anche la sua storia personale e giudiziaria … Noi dell'Italia dei Valori conosciamo bene le sue bugie e la sua capacità di distorcere la verità dei fatti … Il suo è un discorso furbo per cercare di imbavagliare l'opposizione. Ma noi non abbocchiamo. Lei dice di volere il dialogo ma noi crediamo che lei voglia un dialogo ad una voce sola: la sua … Fare opposizione vuol dire innanzitutto riscrivere la verità rispetto alle disinformazioni che lei ha portato avanti in questi anni nel nostro Paese … Il mio discorso ha reso palese un fatto importante: esiste un'unica opposizione, quella dell'Italia dei Valori.[12]

Dovette sentirlo come un momento importante, perché fece pubblicare l'intero stenografico sul suo blog. Cominciava la legislatura e insomma c'era da divertirsi, almeno per lui. Tutte le scartoffie le aveva già sbrigate, aveva già lasciato intendere che a confluire nel Partito democratico non ci pensava neanche, figurarsi il fare un gruppo unico: non aveva neanche dovuto dirlo. Aveva mandato avanti il capogruppo Massimo Donadi e aveva lasciato intendere che un gruppo comune al minimo avrebbe dovuto avere le diciture «Italia dei Valori» e «Partito democratico» su uno stesso piano di dignità. A mente fredda, qualche tempo dopo, Di Pietro ci costruirà su tutto un ragionamento:

È vero, l'accordo prevedeva la confluenza in un unico gruppo … La sua mancata realizzazione fu una scelta tacitamente condivisa da entrambi, alla luce dei risultati elettorali … Non è vero che, dopo le elezioni, il Pd si sarebbe limitato a fare un gruppo unico con noi: vo-

> leva inglobarci ... Anche sul piano logico sarebbe stata improponibile un'annessione militare del nostro partito in quello di Veltroni, perché in una regione come il Molise abbiamo preso più voti e in un'altra come l'Abruzzo siamo arrivati al 9 per cento. No, dia retta a me: è stato meglio fare due gruppi, e la decisione è stata comune.[13]

Fu una cosa condivisa. Sempre la stessa storia. Veltroni la farà più semplice:

> La verità è che Di Pietro, visto che aveva i deputati per fare un gruppo da solo, non ha esitato a stracciare un impegno preso con gli elettori.[14]

Chi l'avrebbe immaginato. Avere dei gruppi propri alla Camera e al Senato significava rimborsi e benefici come segreterie, portaborse, consulenti e uffici. Facevano un altro milione di euro all'anno più i soldi per assumere una ventina di persone, uno ogni tre eletti. Avere un gruppo inoltre garantiva un segretario di presidenza sia a Montecitorio sia a palazzo Madama pagati circa 4000 euro a testa, e con in più la possibilità di assumere altre cinque persone e avere altri benefit, auto blu compresa. Senza contare che la costituzione di un gruppo consentiva di avere un rappresentante negli uffici di presidenza delle giunte e delle commissioni. Di Pietro avrebbe dovuto perdere tutto questo per tener fede a una promessa fatta a Walter Veltroni: ma gli sarebbe bastato molto meno. Una cosa era vera: Di Pietro non fece gran trambusto, si limitò a fare il pesce in barile e a lavare i panni sporchi in casa, per usare il suo gergo. Se li lavò, comunque, è perché tanto puliti non erano.

Di Pietro era ormai un politico responsabile: in coda al suo discorso alla Camera aveva chiarito che avrebbe fatto un'opposizione «fatta di critiche, ma anche di proposte costruttive». Ma anche.

Il popolo target

«Distorcere la verità dei fatti» aveva detto Tonino nel suo discorso alla Camera. Chiaro di chi parlasse. Non era solo una sparata: era la coda di una teoria che veniva ripetuta a rullo. A declinarla erano per esempio il solito Marco Travaglio, Paolo Flores D'Arcais e il professor Giovanni Sartori, oltreché Tonino. Era la risposta a un quesito lampante, quasi vigliacco: se Berlusconi era tutto questo demonio, perché vinceva? Il professor Sartori tentò di rispiegarlo pazientemente nel corso della prima puntata postelettorale di «AnnoZero»: presenti Di Pietro, Travaglio e persino l'autore. Si doveva analizzare il perché del voto: Di Pietro parlò di Retequattro. Il legame c'era, diceva.

La teoria era questa: la chiave di volta di ogni vittoria berlusconiana era sempre stata la mancata soluzione del conflitto di interessi. La capacità di plagiare e corrompere le menti attraverso il possesso del 90 per cento dei mass media – tipica percentuale sparata assolutamente a caso, come ogni tanto piaceva fare anche al Cavaliere – era il vero e sostanziale merito di Berlusconi. Il fatto che il Cavaliere avesse anche perso molte elezioni pur possedendo quanto possedeva – aveva perso tutte le amministrative dal 2001 al 2006 – non significava nulla, ma spingeva semmai a chiedersi in che misura avrebbe potuto perdere se i mass media non li avesse neppure posseduti. Il loro possesso, cioè, non equivaleva a una vittoria automatica: «Se le date a me, le televisioni, io perdo lo stesso» diceva sempre Sartori. Dunque sì, era vero che gli italiani avevano votato Berlusconi: ma questo significava in misura minore e improbabile che fossero stupidi – «non si può escludere» disse Sartori – e in misura più probabile che stesse perdurando una cappa di disinformazione. Questa cappa, che peggiorava ogni giorno di più, era la principale causa dell'elevato e preoccupante grado di popolarità di Berlusconi. E questo anche Di Pietro si era incaricato di denunciare.

Lo schema, che Tonino pronunciava con parole sue, cercava di spingere l'opinione pubblica a una decodificazione di quella spontaneità berlusconiana che piaceva indubbiamente a tanti italiani. L'obiettivo, come nel discorso di Di Pietro alla Camera, o in mille articoli di Travaglio, o in quattrocento uscite di Grillo, era convincere che l'immagine di Berlusconi ne contenesse una occulta, qualcosa che sfuggisse costantemente: da qui la tendenza a cercare retroscena extrademocratici che rispondessero a plagiature mediatiche e a corruzioni delle coscienze quando non addirittura a corruzioni e basta. Il mercato di queste possibilità dietrologiche, con articoli e libri, corrispondeva a un preciso target – quella di Grillo e Travaglio è una piccola industria – ma riportava inevitabilmente a una presunta cialtroneria del popolo italiano che ci cascava ogni volta. A Berlusconi si riconosceva una genialità nel farcelo cascare. Il Cavaliere era un venditore, il popolo un target a sua volta. Questo dicevano: e Berlusconi aveva dato loro una mano quando aveva affermato che «sia per un partito sia per la Coca-Cola, le regole per raggiungere il consenso sono le stesse...»,[15] «La media degli italiani è un ragazzo di seconda media che nemmeno siede al primo banco... È a loro che devo parlare».[16] La frase era inquietante anche per un'altra ragione: se il target di Berlusconi era in seconda media, in che classe era quello di Di Pietro?

Lo schema, del quale Sartori era forse il portatore più illuminato, difficilmente deviava da questi binari. Circa l'80 per cento degli italiani, spiegavano spesso i sondaggisti Renato Mannheimer e Nando Pagnoncelli,[17] aveva opinioni politiche definite e indisponibili a cambiare: tutto si giocava su un 15-20 per cento di persone disposte a cambiare di volta in volta. Lo schema di Sartori e degli altri però escludeva che potesse esserci un embrione di bipolarismo grazie al quale, un domani, il 15-20 per cento che aveva votato Berlusconi potesse semplicemente votare un altro. Il sodalizio ormai pluriennale tra Berlusconi e gli italiani, in sostanza, era descritto come la somma delle capacità persuasive del primo sui secondi, ed era sganciato dall'ipotesi che gli elettori, in un dato momento storico, potessero essersi limitati a preferirlo a un altro. A Veltroni, per esempio. Addirittura a Di Pietro.

«No Cav Day»

Il primo dei secondi questa volta decideva di scippare l'idea a «MicroMega»: sul numero di giugno c'era Paolo Flores D'Arcais che annunciava la «Giornata per la giustizia contro le leggi vergogna» e cioè il «No Cav Day», partecipassero numerosi. Di Pietro si accese come una lampadina. Se ne impossessò subito: cominciò a emanare comunicati, stampare manifesti e a produrre bandiere. Veltroni declinò con decisione, ma per non sembrare uno stoccafisso sarà costretto a inventarsi una manifestazione autunnale in cui raccogliere pure lui delle firme contro il Lodo Alfano, la legge che proteggeva le prime cariche dello Stato dalle incursioni giudiziarie. Se Veltroni non fu alleato di Di Pietro, già Berlusconi lo fu di più: pur di anticipare l'approvazione del Lodo stava mettendo a soqquadro il calendario parlamentare.

L'appuntamento era fissato in piazza Navona per l'8 luglio. Programma: una grande kermesse contro il Cavaliere e le sue leggi con un gradito ritorno dei girotondi. Politici: uno solo, Antonio Di Pietro. Previsti: Beppe Grillo e Sabina Guzzanti. Imprevisti: gli attacchi della Guzzanti al papa e quelli di Grillo al capo dello Stato.

Un sondaggio dell'«Espresso»[18] diceva che Di Pietro era «il più attivo nell'opposizione a Berlusconi» secondo il 44 per cento degli intervistati, ma non bastava. Tonino in quel periodo cominciò ad alzare il tiro e non l'avrebbe riabbassato più. Le critiche passarono di categoria. Circolavano, in quei giorni, alcune intercettazioni tra Berlusconi e il capo di Raifiction Agostino Saccà. Si chiacchierava di alcune attricette da piazzare:

Queste intercettazioni di questi giorni ci fanno capire come al governo più che dei statisti [*sic*] abbiamo dei magnaccia, che trattano le ragazze come merce.[19]

«Unica opposizione», recitava intanto il notiziario online dell'Italia dei Valori. Marco Travaglio il giorno prima aveva citato Orwell sull'«Unità» e definito metaforicamente «maiali» le prime quattro cariche dello Stato. Furio Colombo, tra gli organizzatori della manifestazione di piazza Navona, aveva definito Renato Brunetta «miniministro» subito imitato da Travaglio che per contrappasso l'aveva chiamato «corazziere». Grillo del resto era già passato alla cronaca per Berlusconi «psiconano» e per Prodi «Alzheimer»: se ora il politico del gruppo parlava di «magnaccia» non era poi questa tragedia. E pensare che la giornata aveva promesso diversamente. Di Pietro, quel 28 giugno, era nell'amato Molise. Il titolo di un lancio Ansa aveva come restituito un senso di riequilibrio cosmico:

DI PIETRO A GIORNALISTI: «SBRIGATEVI, CHE DEVO TREBBIARE»

Ansa, 28 giugno 2008 – «Dobbiamo fare subito perché dalle 6 di questa mattina sto trebbiando e devo continuare.» Lo ha detto Antonio Di Pietro arrivando stamattina a Campobasso dove i giornalisti lo attendevano per una conferenza stampa.

Sceso dal trattore, però, l'umore era peggiorato:

Esiste solo un premier che al governo impone con stile mafioso ai suoi picciotti in Parlamento che cosa devono fare.[20]

Magnaccia. Mafioso. E a proposito del Lodo Alfano:

Attraverso il referendum abrogheremo questa legge che non serve allo Stato, ma solo a qualcuno. Ci vuole la mazza, ci vuole.[21]

Parlando del Lodo Alfano disse che voleva «fermare il diavolo». E, parlando di precari a Montecitorio, chiese al governo: «E dove li mandiamo, nei forni crematori?».[22] Il diavolo stava facendo anche i coperchi:

Tutti i mezzi di informazione avevano un ordine scritto: piazza Navona andava denigrata, maledetta. E così è stato. Se non ci fosse stata la Guzzanti, avrebbero attaccato Beppe Grillo, e senza Grillo, Andrea Camilleri, e senza Camilleri, Marco Travaglio, e se non ci fosse stato nessuno di questi, se la sarebbero presa con mamma Rosa.[23]

A trovarla, una mamma Rosa, in quella piazza Navona dell'8 luglio: tutto uno sventolio di bandiere di partito. C'era, sì, anche qualche vessillo di Sinistra democratica e del Partito comunista dei lavoratori di Marco Ferrando, ma poca roba. Un gruppo di sostenitori dell'Italia dei Valori indossava dei cartelli con riportati alcuni reati che il Lodo Alfano avrebbe potuto sospendere: «Stupro, sospeso», «Abuso d'ufficio, sospeso». Altri dipietrini indossavano una maglietta con la scritta «Fermiamo il caimano». C'era un sole da piegarti ma la kermesse incominciò puntuale e parlarono Paolo Flores D'Arcais, Laura Belli e Moni Ovadia. Poi toccò a Di Pietro. Invocò che non fossero candidati i parlamentari con più di due mandati: e ancora una volta nessuno gli avrebbe chiesto perché ne aveva candidati a bizzeffe o quanti mandati aveva lui. Distratti da Grillo e la Guzzanti, pochi notarono anche la leggerezza di Tonino sul Lodo Alfano:

> La legge così consente a chi raggiunge lo status di presidente di ammazzare la moglie, squartare le amanti, spacciare droga senza essere processato.[24]

Grillo intervenne in diretta telefonica e definì il capo dello Stato «un Morfeo che sonnecchia ma poi firma provvedimenti per la Banda dei Quattro». Poi se la prese con «Topo Gigio Veltroni»: «Ci stanno prendendo per il culo, il governo e l'opposizione sono identici». Di seguito toccò a Sabina Guzzanti che in termini diffamatori disse qualcosa anche di condivisibile – che aver messo Mara Carfagna alle Pari Opportunità era una presa in giro – e poi disse che immaginava il papa all'inferno nelle mani di alcuni diavoli gay. Non piacque a tutti. Tonino incolperà la disinformazione, cioè Berlusconi:

> A piazza Navona mi sono sentito a casa mia, sia quando ho condiviso sia quando non l'ho condiviso. La manifestazione doveva criticare Berlusconi che non c'azzecca nulla col papa, e questo rischia di dare l'occasione ai professionisti della disinformazione di spostare l'attenzione dalle vere questioni … Certo non avrei usato i toni di Sabina Guzzanti, ma lei fa satira, io faccio politica … La manifestazione è stata descritta come un'associazione a delinquere, i suoi partecipanti come dei pazzi esaltati e invasati.[25]

C'è del vero. I professionisti della disinformazione si erano fatti distrarre da una banale descrizione del papa sodomizzato all'inferno. Interessante come, al primo problema, i ruoli si ridefinissero: io faccio politica, quella fa un'altra cosa. Dirà Veltroni:

> Se avessi portato il Pd in quella piazza, oggi saremmo un cumulo di macerie. Sentire quella caterva di insulti … mi ha fatto male, mentre Berlusconi ha goduto, la sceneggiatura sembrava scritta da lui. Di

> Pietro scelga con chi stare: se con Grillo e Travaglio, con la piazza che insulta. Lo dica.[26]

Tonino lo dirà:

> Non mi dissocio dalla piazza. L'errore è del Pd, che ha aperto a Berlusconi. Nessuno pensi di poterci intimidire con aut aut di sorta.[27]

Se c'era un clima intimidatorio l'aveva creato Veltroni, cioè. Meno di due mesi dopo, Di Pietro sosterrà che l'Italia dei Valori in piazza Navona neppure c'era:

> A piazza Navona non c'era l'Italia dei Valori, ma i cittadini che spontaneamente si sono riuniti.[28]

Il caso di Sabina Guzzanti avrà un epilogo tra i più beffardi. Beppe Grillo aveva detto che il capo dello Stato era sonnacchioso e che non avrebbe dovuto firmare un certo provvedimento: secondo la magistratura, la sua era satira. Sabina Guzzanti aveva fatto quell'uscita sul papa e sui diavoli gay: e secondo la magistratura non era detto che fosse satira, perciò fu messa sotto indagine per vilipendio. Ne era seguita l'apocalisse: una serie di commentatori si era indignata perché quella di Sabina era satira e basta, dissero. Poteva anche esserlo, ma a qualcuno toccava ristabilirlo: a meno di pensare che la satira equivalesse a un'immunità giudiziaria per autoproclamazione, un Lodo Guzzanti. Per fortuna questo qualcuno esisteva: era la magistratura. Era la stessa magistratura che i satiri e i Di Pietro e i Travaglio invocavano di continuo perché indagassero sullo scibile umano ma non su di loro, se possibile. E allora secondo Dario Fo c'era improvvisamente «aria di fascismo»[29] e «la Repubblica» diede l'altolà: «La satira non si processa».[30] Andava anche bene, la satira non si processa: ma forse quella della Guzzanti non era satira.

Data la particolarità del caso – c'era di mezzo il Vaticano – l'indagine doveva prima passare sulla scrivania del ministro della Giustizia Angelino Alfano, quello del Lodo che li aveva fatti scendere in piazza. Sarà lui, il 18 settembre 2008, a negare l'autorizzazione a procedere:

> *Alfano «salva» Sabina Guzzanti.* Il ministro della Giustizia sugli insulti al papa: «Non darò l'autorizzazione a procedere».
>
> Milano – «Ho deciso di non concedere l'autorizzazione a procedere conoscendo lo spessore e la capacità di perdono del papa che prevale sulle offese.» Ad annunciare che, per il ministero della Giustizia, il caso Guzzanti «finisce qui», è il ministro della Giustizia Angelino Alfano presente a Milano a un incontro all'Università Cattolica.[31]

Ancora più beffardo il destino di Beppe Grillo e di tutte le firme raccolte per i suoi vari referendum, oggetto di una campagna che doveva spaccare il mondo. La legge sugli stessi referendum era sempre stata lì, bastava leggerla: diceva che per proporne, in Italia, si dovevano raccogliere un minimo di 500.000 firme per ogni quesito nell'arco di tre mesi; la stessa legge diceva che «non può essere depositata richiesta di referendum nei sei mesi successivi alla data di convocazione delle elezioni», il che significava appunto che da quando fossero state indette le elezioni non si potevano depositare firme per sei mesi. Le elezioni politiche erano state indette il 6 febbraio 2008: questo significava che Grillo non avrebbe potuto depositarne nessuna sino al 7 agosto; e poiché le firme, come visto, era però obbligato a raccoglierle nell'arco di tre mesi, e cioè a partire dal 7 maggio, prima di quella data nessuna firma era valida. Ma Grillo ne aveva raccolte centinaia di migliaia durante il V-day del 25 aprile 2006: tutte inutili. In luglio le aveva consegnate ugualmente per non buttarle via, ma di fatto erano buttate via. Ai grillini non disse niente e lo stesso Di Pietro non disse una parola benché sollecitato a farlo.[32] Grillo avrebbe potuto organizzare altre raccolte, ma la faccenda gli sarebbe costata. La data del Vaffa-day del 25 aprile era già stata decisa da tempo: da prima, cioè, di accorgersi che le firme raccolte non sarebbero valse a niente. Grillo incolperà «i costituzionalisti» anche se la legge sui referendum era del 1970.

Una prateria immensa

Dal suo punto di vista, Di Pietro aveva fatto bingo. La catarsi di piazza Navona aveva registrato il dissenso di una componente cattolica dell'Italia dei Valori – ne esisteva una – ma Di Pietro quelli neppure li vedeva. Il neoparlamentare di colore Jean-Léonard Touadì l'aveva mollato, sai che dramma. Andrea Camilleri e Moni Ovadia non avevano gradito: sarebbe sopravvissuto. Nanni Moretti aveva preso le distanze con toni sprezzanti: mai capito quello. I grandi soloni del giornalismo l'avevano liquidato: c'era abituato, buon segno. Nel complesso, non gliene fregava niente. Un paio di distinguo sul papa e giù ancora come un toro.

Il 13 luglio era già a Bellaria coi giovani del partitello a invocare «mille piazza Navona». Sempre per farsi capire bene, fece un altro suadente esempio dei possibili effetti del Lodo Alfano: «Con l'immunità, il Cavaliere resta impunito anche se uccide Napolitano».[33]

Quello che a lui interessava era celato in una ricerca commissionata all'Ipso di Renato Mannheimer: diceva che il 48,8 per cento degli elettori del Partito democratico aveva approvato la manifestazione di piazza Navona e che oltre il 30 per cento degli italiani la pensava allo stesso modo, quale che fosse il partito di riferimento. D'altra parte registrava le perplessità di quasi il 40 per cento dei suoi elettori, ma quel 30 per cento di italiani consenzienti rappresentava una prateria immensa e tutta da esplorare.[34] In fondo col partitello aveva preso solo il 4 per cento. Oltre al dato di Mannheimer, lo soccorreva un sondaggio dell'Ipr Marketing riguardante la fiducia raccolta da leader e partiti italiani:[35] Berlusconi aveva il 50 per cento, Veltroni il 30, lui aveva conquistato il 48. Aveva «trasmutato il girotondismo»,[36] accolto pezzi di Pd, pezzi di Bertinotti, sinistrume vario, movimentismi, travaglismi, in più c'era quel Beppe Grillo che aveva un seguito da paura e che si faceva abbastanza gli affari suoi, però intanto bombardava tutti tranne lui. A questo punto c'era solo il rischio che Di Pietro facesse quello che avrebbe fatto: proseguire.

Lo fece. Tutto poteva dire, tutto poteva fare. Crisi dell'Alitalia? Arrivo, qualcosa m'inventerò.

Il 18 settembre eccolo a Fiumicino. Poco prima delle 16 era già attorniato da piloti e impiegati e servitrici di snack che invocavano «Giustizia!» e gli dicevano «Bravo!». Lui, subito:

> Denuncerò personalmente al procuratore generale della Corte dei Conti, al procuratore generale della Repubblica di Roma e all'Autorità antitrust, perché pensiamo che esistono delle violazioni di legge nella procedura di vendita di Alitalia ... Questo ultimatum che ha tutto il sapore di un'estorsione aggravata ... La procedura è a dir poco immorale. Io credo che sul piano tecnico...[37]

Parole, aria, un osso buttato lì. Il 17 marzo precedente il Di Pietro uno aveva detto:

> Quella di Air France è un'offerta umiliante, un danno per la compagnia, per le maestranze, per il paese, una proposta finalizzata unicamente al profitto dell'offerente.

Poi, il 23 marzo, il Di Pietro due:

> Noi avevamo trovato una soluzione e un compratore che salvavano il personale: Air France.

Straparlava, tanto chi se ne accorgeva? Ora, il 18 settembre, diceva a piloti e hostess:

> Si voleva gettare a mare Fiumicino per fare spazio ancora una volta a Malpensa, che ha già fallito tutti i suoi obiettivi.

Ma il 17 marzo aveva detto:

> Malpensa, da solo [*sic*], vale dieci volte Alitalia e dovremmo tutti impegnarci per salvaguardarla.

Giustizia. Bravo. E poi via, verso nuove avventure.

Eccolo a Trento. E subito: «Tangentopoli sta scoppiando in tutta Italia». A Trento non era scoppiata neanche negli anni Novanta, ma nella regione c'erano stati sei arresti e ora c'erano le elezioni provinciali. L'auspicata convergenza col Partito democratico e con Veltroni era diventata una comica: il giorno prima Di Pietro era a Trento e Veltroni a Bolzano, il giorno prima ancora Di Pietro era a Roma e Veltroni a Trento. In compenso, mentre Di Pietro era a Trento, a Trento c'era Beppe Grillo: unica opposizione, unico vero alleato. Veltroni diceva che in Italia non c'era un regime, Di Pietro parlava di «moderna dittatura». A Trento, di «coalizione xenofoba».

C'erano anche le elezioni in Abruzzo, Veltroni auspicava un'alleanza paritaria: se la poteva scordare. «Il Pd» disse Tonino «si ricordi che per vincere deve avere il 51 per cento.» Tonino voleva imporre il suo candidato perché diceva che lo scandalo abruzzese era colpa della sinistra. Ci sarebbe almeno andato – gli chiesero – alla manifestazione organizzata da Veltroni per il 25 ottobre? Sì, ma «noi non andiamo al seguito di nessuno». Qualche giorno prima era sceso in piazza al fianco dei cobas scolastici davanti al ministero dell'Istruzione di Mariastella Gelmini. Era stato anche ad Anagni dai cassintegrati della Videocon.

Il 20 ottobre definiva Veltroni «patetico e ridicolo» e però confermava che sarebbe andato alla manifestazione del 25. Non fosse chiaro, non l'avevano invitato.

Figlio di suo padre

Che brutta storia: come c'entrava poco, ora, con quel suo periodo di veemenza purificatoria. Suo figlio Cristiano beccato a far raccomandazioni come un qualsiasi Remo Gaspari. Di più: intercettato. Di più: indagato. Di più.

Era andata così. Il suo ex senatore Sergio De Gregorio, il 23 settembre 2008, aveva detto all'agenzia di stampa «Il Velino» che Cristiano Di Pietro, consigliere provinciale a Campobasso, era coinvolto in un'inchiesta non chiara. Il 5 e 10 ottobre, poi, il settimanale «La voce della Campania» aveva circostanziato le accuse e sostenuto che Cristiano fosse proprio indagato: la magistratura era in possesso di intercettazioni telefoniche in cui il ragazzo parlava di appalti con un certo Mario Mautone – provveditore alle opere pubbliche di Campania e Molise – e gli chiedeva l'assunzione di alcuni suoi amici di partito o meno che fossero. Il 21 ottobre, ancora, «il Giornale» riprendeva la stessa notizia e spiegava che a nominare questo Mario Mautone – prima direttore centrale del settore edilizia, poi presidente di una commissione tecnica sugli appalti autostradali – era stato Antonio Di Pietro quand'era ministro delle Infrastrutture. Il 3 dicembre i quotidiani «il Giornale» e «Il Mattino» rilanciavano ancora: il provveditore Mautone – scrivevano – figurava anche nell'informativa giudiziaria che aveva dato il via alla recente Tangentopoli partenopea legata alla Global Service di Alfredo Romeo: ecco com'era nata la cosa. Mautone, infatti, era finito in manette a Napoli.

La faccenda si faceva pesante, Di Pietro non poteva più star zitto. Il 3 dicembre diramò un comunicato: lui aveva capito tutto da un pezzo, spiegò, e infatti a suo tempo aveva trasferito quel provveditore Mautone a partire dal «momento in cui ho appreso le prime avvisaglie di indagini». Cioè quando? A metà del 2007. Capito. Ma lui a metà del 2007 come faceva a conoscere indagini che non conosceva nessuno? Erano coperte da segreto, in ogni caso. Non rispose. Anzi, sì: dopo qualche giorno scrisse che ne era venuto a conoscenza «come qualsiasi cittadino» e cioè «dalle agenzie di stampa». Ma poi si scoprì che nessuna agenzia di stampa ne aveva mai parlato.

Si stava incasinando. Giungeva così il 23 dicembre, quando sui giornali usciva un'informativa della Direzione investigativa antimafia che sbugiardava tutte le storie raccontate dall'uomo della trasparenza: c'era stata una «fuga di notizie» ed era la ragione per cui Di Pietro il 29 luglio 2007 aveva improvvisamente smesso di parlare al telefono con Mautone e di Mautone; anche Cristiano di Pietro, che in precedenza aveva chiesto delle assunzioni al provveditore Mautone, aveva smesso di parlare al telefono a partire dalla stessa data.

Di Pietro era all'angolo. Tentò di azzerare tutto, dimenticò le versioni improbabili che aveva dato e con un comunicato riprese a vantarsi: «Quando arrivai al ministero, presi una decisione che ora, a ragion veduta, si è dimostrata davvero azzeccata: ho trasferito Mautone ad altro incarico e l'ho spostato di sede, togliendogli quindi ogni possibilità di fare danni». Ecco. In sintesi: lui aveva piazzato, anzi, aveva trasferito Mario Mautone nientemeno che alla direzione del settore edilizia e interventi speciali del ministero delle Infrastrutture, dandogli anche una commissione tecnica sugli appalti di alcune autostrade – tutte poltrone chiave del suo ministero – ma per punirlo, per confinarlo in un luogo di espiazione dove non avrebbe potuto fare danni o favori. Piacerebbe a molti.

Non fece una bella figura, ma il problema ora era suo figlio. Il 24 dicembre 2008 «La Stampa» intervistò papà:

> *C'è il sospetto che lei fu avvisato sulle indagini e per questo impose a Cristiano di troncare i rapporti con Mautone.*
>
> È una puttanata mostruosa. Mio figlio ha fatto telefonate istituzionali doverose, e anche altre che non hanno alcuna rilevanza penale ma, al massimo, attengono alla sfera della deontologia e dell'opportunità ... È stato un comportamento assolutamente non corretto che noi dell'Italia dei Valori però [*sic*] non condividiamo.

Il 28 dicembre intervistare papà toccava alla «Repubblica»:

> *Il suo giudizio su Cristiano è oscillato: prima ha detto «non c'è figlio che tenga», poi è sembrato scagionarlo perché «non c'è alcun reato». Come la mettiamo?*
>
> Ribadisco... Per quanto ho potuto leggere delle intercettazioni, osservo che, da un lato, non c'è alcun reato, dall'altro che mio figlio, con quei suoi interventi presso Mautone, ha tenuto un comportamento sbagliato e inopportuno ... Mi auguro che Cristiano tragga da questa esperienza la maturità politica per non sbagliare più. Che gli serva di lezione.
>
> *Gasparri l'ha sfidata a chiarire come faceva a sapere che erano intercettate le telefonate tra suo figlio e Mautone. Come risponde?*
>
> È una stupidaggine mostruosa sostenere che qualcuno mi abbia rivelato segreti d'ufficio. Chi ha fatto il mio mestiere annusa l'aria.

L'odore di tutta la faccenda cominciava a non piacere a tanti supporter dell'Italia dei Valori. Ecco tre messaggi giunti al blog di Di Pietro il 28 e 29 dicembre:

> «Al direttivo provinciale di domani ci sarò con le dimissioni pronte se Cristiano non lascerà l'Idv prima.»
>
> «Suo figlio chiede di raccomandare alcuni suoi conoscenti a un funzionario pubblico... il comportamento di Cristiano è moralmente e politicamente inaccettabile per un partito come il nostro che si prefigge di combattere il clientelismo e il vecchio modo di far politica. Le dimissioni di suo figlio non sono consigliate, sono auspicate e richieste.»
>
> «Attendo con ansia che suo figlia [*sic*] si allontani dalla vita politica o che venga invitato a farlo perché altrimenti tutte le sue/nostre battaglie perderebbero di credibilità.»

Così, sempre il 29 dicembre, Antonio Di Pietro dichiarava di aver ricevuto una lettera da Cristiano. Stesso stile di scrittura. Un estratto:

> La mia unica colpa è quella di essere «figlio di mio padre»: per colpire lui stanno colpendo me, mia moglie ed i miei tre figli, dimenticando che anche noi abbiamo la nostra dignità ed abbiamo il diritto di esistere. Lascio l'Italia dei Valori e conseguentemente ogni incarico di partito ed anche il mio ruolo di Capogruppo al Consiglio provinciale di Campobasso, ove mi iscriverò al Gruppo misto. Lo faccio con sofferenza e dispiacere per la disumana ingiustizia che sto patendo, ma non voglio creare imbarazzo alcuno al partito.

Il soccorso di Marco Travaglio sull'«Unità», il 30 dicembre, pareva un'allucinazione:

> È giunta notizia delle dimissioni di Di Pietro junior dall'Italia dei Valori per un paio di semplici raccomandazioni: un gesto di grande dignità.

Una dignità mai vista: le dimissioni erano finte. Cristiano Di Pietro si era dimesso dall'Italia dei Valori, non da consigliere provinciale. Dopo esser finito su tutti i giornali per un'intercettazione telefonica di cui si vociferava da mesi, e di cui il padre era a conoscenza da un anno e mezzo, e dopo proteste e proteste dei militanti, ecco il gesto: si dimetteva dal partito, come se al resto del mondo importasse del partito e non del suo ruolo di pubblico e stipendiato consigliere provinciale. Quella carica la tenne. Lo stipendio pure. Nessuno poi si premurò di ricordare che Cristiano Di Pietro era anche consigliere comunale a Montenero di Bisaccia.

Dopo la lettera, il «coordinamento regionale dell'Italia dei Valori» diramava una nota grottesca: «Non condividiamo la notizia delle dimissioni di Cristiano Di Pietro dall'Italia dei Valori, Cristiano è un ragazzo buono, che ha lavorato in questi anni con entusiasmo e grande senso di responsabilità». Il coordinamento, «di raccordo con la segreteria nazionale del partito, si sarebbe occupato di indirizzare le scelte e gli orientamenti politici dell'Italia dei Valori molisana». «Scelte.» «Indirizzi politici.» Ma esisteva soltanto Di Pietro. Per capirci: Marco Travaglio aveva pure detto che «non è reato segnalare amici per incarichi, è però malcostume, quindi bene ha fatto Di Pietro a tirare le orecchie a suo figlio. Nel suo, come negli altri partiti, ci dovrebbe essere immediatamente l'intervento del collegio dei probiviri che esamina i casi non penalmente rilevanti e decide sanzioni».[38] Peter Gomez, sodale di Travaglio, un paio di giorni prima aveva scritto la stessa cosa sul suo blog: «Deve essere il collegio dei probiviri dell'Italia dei Valori a esaminare il caso di Cristiano Di Pietro ... Va seguito un percorso istituzionale al termine del quale i probiviri potranno sospendere, espellere, ammonire, censurare o scagionare gli iscritti».[39]

Ma l'Italia dei Valori non aveva nessun collegio dei probiviri. Non aveva niente. Aveva Di Pietro.

«AnnoZero», domande anche 2

L'uomo che venne interrogato dalla Procura di Napoli, quel pomeriggio del 15 gennaio 2009, non era un cittadino qualsiasi: era il perpetuo amico delle toghe, l'ex magistrato a vita, il difensore di ogni pubblico ministero dello Stivale. Non era un uomo: era uno sponsor di categoria, e, anche alla luce di passate vicende, senz'altro il cittadino più protetto del paese. Altrimenti non gli avrebbero riservato un'accoglienza così sontuosa: giornalisti e fotografi erano stati allontanati dall'ingresso della procura grazie a una disposizione *ad horas* del procuratore generale, provvedimento personalizzato e senza precedenti che aveva sollevato ovvie proteste da parte dei giornalisti e degli operatori; gli stessi cronisti avevano fatto notare che qualche giorno prima, in occasione dell'interrogatorio del parlamentare di An Italo Bocchino, le cose erano state organizzate in ben altro modo: era mancato solo che potessero assistere all'interrogatorio. Invece a protezione di Di Pietro mancavano solo i dobermann.

Tonino sembrava lui, quello dei bei tempi: del resto era l'uomo che aveva annusato l'inchiesta napoletana un anno e mezzo prima che fosse resa nota, l'uomo che a Brescia aveva evitato ogni processo incassando una serie di «non luoghi a procedere» mai più vista nella storia della Repubblica, l'uomo che durante Mani pulite entrava nei negozi preceduto dai mitra spianati della scorta, l'uomo il cui figlio Cristiano, allora ventiduenne, un po' tardivo, ottenne di fare l'esame di maturità da solo per «motivi di sicurezza».

Il cittadino più protetto d'Italia, quel giorno, venne ufficialmente ascoltato a proposito della faccenda che riguardava suo figlio, i favori, la fuga di notizie, quelle cose. Dopo tre ore uscì con l'aria sfatta di chi l'indagine in realtà la stava conducendo. Aveva raccontato che si era recato spontaneamente in procura per rendere delle dichiarazioni: ma non era vero, l'avevano convocato. Si offrì ai giornalisti con lo stile marziale e burocratico tipico dei suoi momenti difficili: «Ho messo in condizione la procura di ricostruire le ragioni per cui il provveditore Mautone è stato trasferito insieme a decine di funzionari». Traduzione: aveva risposto alle domande. «Non solo io, ma anche altri ministri abbiamo ritenuto di trasferire questi funzionari.» Qui era sempre la solita storia, come ai tempi delle inchieste bresciane: la chiamata in correità per più gente possibile. I giornalisti gli chiesero di Cristiano, il consigliere provinciale che raccomandava gli amici. E c'era da tradurre anche qui: «Non vogliamo ci sia alcuna riserva per parenti, figli compresi, ed esponenti di partito». Cioè: era indagato.

La famiglia Di Pietro era nel polverone. Quel giorno stesso ne intervistarono uno dei componenti allargati: Marco Travaglio. «Io non confondo chi ha preso mazzette, che è un reato, con una semplice raccomandazione.» Quindi Cristiano non avrebbe dovuto dimettersi da consigliere provinciale? «Non c'è niente di penalmente rilevante.» A dire il vero era indagato per corruzione e abuso d'ufficio e turbativa d'asta. «Di Pietro sta facendo un figurone» assicurava Travaglio.

Per fortuna che una settimana dopo, il 22 gennaio 2009, arrivava anche «AnnoZero» sempre con Travaglio. Se la prese col «Giornale»: su Tonino «titoloni in diciassette prime pagine su ventuno, mentre in Italia e nel mondo accadeva di tutto». Sì, ma le cose che «il Giornale» aveva scritto erano vere. Forse Travaglio, pur facendo l'esperto, non aveva letto le intercettazioni telefoniche. Cristiano Di Pietro e Mario Mautone, infatti, ricoprivano due ruoli istituzionali, non erano due cugini che parlavano. Il primo aveva chiesto al secondo anche incarichi al di fuori degli ambiti di competenza: gente vicina al partito, architetti amici. Mautone peraltro aveva sempre esaudito.

> *Cristiano Di Pietro*: ... non so se la puoi fare questa cosa o meno... se hai la possibilità...
>
> *Mario Mautone*: Dimmi dimmi...
>
> *Cristiano*: Io ho un amico ingegnere però che sta a Bologna volevo sapere se su Bologna c'era la possibilità di trovargli qualche cosa come ingegnere a questo ragazzo, di fargli avere qualche cosa...
>
> *Mautone*: Adesso vediamo, ci informiamo subito e vediamo... Poi ti volevo dire che... a quella signora, la moglie di quell'ingegnere...
>
> *Cristiano*: Sì...
>
> *Mautone*: C'ho dato un incarico. Poi non l'ho dato ancora a lei, lo passerò sempre a te e poi ce lo farai avere tu...
>
> *Cristiano*: Grazie Mario, tu quando è che vieni?[40]

Poi, dopo un'ultima telefonata del 2 luglio 2007, il silenzio più totale. Ma per Travaglio, durante «AnnoZero», il problema era un altro: «È bastato che Di Pietro toccasse il 15 per cento in Abruzzo e collezionasse un milione di firme contro la legge Alfano perché "il Giornale" scatenasse una campagna forsennata». Il problema era l'Abruzzo: non la Campania dove Antonio Di Pietro era stato ascoltato per tre ore dai magistrati, e dove il figlio Cristiano era indagato.

Nonostante il silenzio telefonico, peraltro, le richieste di favori da Cristiano a Mautone erano proseguite. Gli aveva chiesto, per esempio, «un incarico a persona di sua fiducia per la sorveglianza dei lavori in corso nella caserma dei carabinieri di Termoli».[41] Ma tutto in segreto, senza parlarsi al telefono: a parte un sms di auguri a Natale.

Quel 22 gennaio, ad «AnnoZero», naturalmente c'era anche lui, Antonio Di Pietro. L'ex pm tentò di aggiustare anche la faccenda della fuga di notizie: disse che era vero, sì, aveva genericamente saputo degli intrallazzi di questo Mario Mautone sin dal 2007. E come? Disse che gliel'aveva raccontato un capitano della guardia di finanza. Chi? Un certo Salvatore Scaletta. Rieccolo: Scaletta, il fidatissimo collaboratore che spesso interrogava Pierfrancesco Pacini Battaglia al posto di Tonino, un personaggio che la Procura di Perugia aveva accusato d'esser stato corrotto proprio da Pacini. Chiaro. Ma questo Scaletta gli disse che Mautone era indagato a Napoli? No, quello precisamente no. E quando l'aveva saputo? L'aveva saputo, come tanti altri, leggendo «Il Velino» del 23 settembre, quello dove il senatore Di Gregorio rivelava per la prima volta che Cristiano era coinvolto in qualcosa. Chiaro.

Come nebbia. «Il Velino» del 23 settembre, infatti, non faceva il nome di Mautone. Inoltre: Di Pietro disse[42] che il suo amico Scaletta gli aveva fatto la soffiata più o meno all'inizio del 2007 e che successivamente, qualche mese dopo, si era deciso a trasferire Mautone nella maniera che abbiamo visto, tra l'altro: con fior di incarichi. Ma di tutto questo, di Mautone, di quanto gli disse il finanziere Scaletta, di questo provveditore poco raccomandabile da trasferire e da evitare, Di Pietro evidentemente si dimenticò di avvertire suo figlio: il quale, per tutto il tempo, continuò a sentire e a frequentare Mautone e chiedergli favori, ottenendoli. Sino all'improvviso stop. La ricostruzione di Tonino non stava insieme neanche con lo sputo. Ma Travaglio parlava dell'Abruzzo. Del Lodo Alfano. Il problema era Berlusconi e le ossessioni del «Giornale».

Davvero un personaggio poco raccomandabile, questo Mario Mautone. Ecco perché il 29 dicembre 2007, dopo averlo trasferito e quindi in teoria diffidato, Di Pietro lo volle accanto a sé a Montenero di Bisaccia per inaugurare i lavori di restauro della Torre di Montebello. Forse voleva sorvegliarlo più da vicino. Dal grado di confidenza che traspare dalle telefonate con Cristiano, c'è da giurarci, poi saranno andati a pranzo. Cavatelli al sugo, magari. Per sorvegliarlo meglio.

La Ceppaloni di Tonino

Quello sul Molise e sulla Di Pietro family sarebbe un altro libro. L'Italia dei Valori sta al Molise come il Pci stava a Bologna negli anni Sessanta, da raccontare ce ne sarebbe. Per restare a Cristiano, qualcosa racconta il direttore di primapaginamolise.it, Nicola Dell'Omo:[43]

> Di Pietro junior aveva una Fiat Ulisse. Poi, in coincidenza con le provinciali di Campobasso, si regalò una Bmw X5, 3000 di cilindrata. Il calcolo del rimborso spese per chi risiede lontano dagli uffici, alla Provincia, è diverso rispetto ad altri enti pubblici; mentre altrove si divide per cinque il costo della benzina e poi si moltiplica per il numero dei km percorsi, alla Provincia si tiene conto di cilindrata e cavalli. Più l'auto del consigliere è potente, più alto è il rimborso e la spesa per l'ente pubblico.[44]

Questo andazzo tuttavia è terminato nel dicembre 2008, dopo un intervento del ministro Tremonti. Secondo un calcolo più che affidabile,[45] la tratta percorsa da Cristiano per andare e tornare dalla Provincia comportava un rimborso di circa 200 euro al giorno, il quintuplo dei 40 assicurati dalla maggioranza degli altri enti e con in più il vanto di non usare nessuna auto blu. La cifra era da moltiplicare mensilmente almeno per venti volte – registri alla mano – calcolando le sedute di consiglio e le riunioni di commissione. Tra rimborsi e gettoni di presenza, la cifra poteva superare i 5000 euro mensili e senza contare che Cristiano è anche consigliere comunale a Montenero di Bisaccia. Tornare allo stipendio da poliziotto, nell'insieme, comporterebbe un certo spirito di adattamento. A lavorare in questa direzione tuttavia parrebbe essere lo stesso Cristiano Di Pietro, consigliere provinciale che vuole abolire la Provincia: «Aboliamo le Province e dimostriamo coerenza» disse prima di aggiungere che «io non sono legato alla mia poltrona come molti politici italiani».[46] Lo scrisse l'11 dicembre 2008 su primapaginamolise.it. Diciotto giorni più tardi, dopo lo scandalo delle sue richieste di raccomandazioni a Mario Mautone, l'idea di lasciare la poltrona di consigliere provinciale non lo sfiorerà neanche per un minuto. Piuttosto avrebbe abolito tutta la Provincia.

Il numero di macchinoni che scorrazzava grazie a questa storia dei rimborsi potrebbe aprire anche un discorsetto sull'ambiente: lo si risparmierebbe volentieri se non attenesse ancora una volta alla coerenza della famiglia e a sciocche accuse di nepotismo che attendono smentita.

Per spiegarsi meglio si torna di volata alla corsa per le elezioni europee. Nella primavera del 2009 infatti furono in molti a notare quei manifesti con la facciona di Antonio Di Pietro e la scritta «Per un'Europa delle energie rinnovabili» con uno sfondo di simpatiche pale eoliche in contrapposizione a centrali nucleari sporche e cattive. Trattandosi di elezioni europee, vi era da presumere che le pale secondo Tonino andassero sparpagliate in tutto il Continente: forse. Ma non nel Molise. Cioè: dipende.

Va raccontata bene. Nel marzo 2007 l'Unione europea approvò un piano energetico che introduceva delle quote vincolanti per la produzione di fonti energetiche rinnovabili: roba che pareva fatta apposta per un'idea studiata dalla Effeventi, una società milanese che aveva presentato un progetto oltretutto finanziabile con capitale privato. Si trattava di cinquantaquattro pale, alte tra i 60 e gli 80 metri, che svettassero in pieno Adriatico a circa 5 miglia marine dalla costa tra Vasto e Termoli, in Molise. La centrale, sfruttando i venti marini, avrebbe potuto soddisfare i consumi di almeno 120.000 famiglie e il tempo di realizzazione sarebbe stato anche breve, circa un anno e mezzo: l'idea insomma entusiasmò anche le associazioni ambientaliste tanto che sia Legambiente sia Greenpeace plaudirono all'iniziativa; le pale, secondo il progetto e secondo una simulazione presentata alla stampa, dalla costa sarebbero state appena percettibili a occhio nudo.

La commissione per la valutazione d'impatto ambientale non fece problemi, ma poi si alzò un coro di lagnanze dagli operatori turistici, dai sindaci locali – soprattutto di Vasto e di Montenero di Bisaccia – e ancora dalla Provincia e dalla Regione guidata da Michele Iorio di Forza Italia. Anche la Regione, morale, si oppose. E Antonio Di Pietro? Il pallino, da ministro delle Infrastrutture, era praticamente in mano sua. E si oppose pure lui. Così disse a Luca Sancilio, comandante della Capitaneria di Termoli: «Questa vicenda ci segnala l'urgenza di definire a livello governativo un piano nazionale per l'energia eolica». Quest'uscita democristiana è del marzo 2007. Poi passò al dipietrese: «Si tratta di un progetto nato più nel sottoscala che nelle sedi opportune, e mi appare mosso più da interessi speculativi che industriali».[47] Insomma, non se ne fece niente. Era una cosa da sottoscala. Al tema fu dedicato anche un ridicolo summit familista che Massimo Gramellini, sulla «Stampa», fotografò così:

> Il ministro Antonio Di Pietro ha ricevuto la visita del consigliere provinciale di Campobasso, Cristiano Di Pietro, per discutere la richiesta di una ditta privata che vorrebbe insediare un impianto di energia eolica in Molise. Al termine del summit il consigliere Cristiano, figlio di Antonio, ha manifestato pubblicamente la sua soddisfazione per aver chiesto e ottenuto un incontro con il ministro Antonio, papà di Cristiano. E poi dicono che nelle famiglie italiane non c'è dialogo.[48]

Le associazioni ambientaliste protestarono: «Bloccare il progetto è un'assurdità» disse Legambiente «anche perché l'esperienza straniera ci dice che le cose stanno in maniera esattamente opposta: quello molisano finirebbe per essere un ulteriore richiamo turistico».

Le sorprese però non erano finite. Edoardo Zanchini di Legambiente, nel novembre 2008, scoprì un particolare che sembrava cambiare le carte in tavola: la Regione, nei comuni di Montenero di Bisaccia, Guglionesi e Petacciato, aveva dato il via a un nuovo e misterioso progetto di impianto eolico da svilupparsi «in un'area sottoposta allo stesso vincolo paesaggistico dell'impianto bocciato a mare», disse Zanchini. Di Pietro uno. Di Pietro due.

Il progetto c'era. Si trattava di dodici pale per un'altezza di 80 metri e una potenza generata di 36 megawatt. La proposta era di K.R.Energy Spa (ex Kaitech) e la Regione avrebbe poi dato il suo beneplacito, ma la situazione a questo punto si era fatta confusa. La Confcommercio molisana espresse forti perplessità. Dalla Regione e da Montenero di Bisaccia non una mosca. Nel caso del bi-consigliere Cristiano Di Pietro, dunque, valse il silenzio assenso. Il resto lo racconta Nicola Dell'Omo:

> Abbiamo scoperto e scritto che la stessa amministrazione di Montenero aveva dato la sua approvazione con il placet della Regione: parliamo di pali di ottanta metri, non di un parco eolico di piccole dimensioni. L'impianto sorgerà davanti alla masseria di Antonio Di Pietro, sul terreno della nipote, Paola Bozzelli. Ma a parte questo, resta l'obiezione: o i pali eolici ci devono stare o non ci devono stare, in mare o sulla costa che siano.[49]

Dodici pali di 80 metri davanti alla sua masseria. Sopra un terreno di famiglia. Se Cristiano e Antonio Di Pietro fossero stati contrari, forse, l'avrebbero timidamente segnalato. Sicuramente erano contrari al progetto della Effeventi perché era «da sottoscala», diceva Tonino.

Forse era stata una svolta ecologista favorita da una più approfondita conoscenza di Beppe Grillo. Ecco perché quei manifesti con le centrali nucleari da film catastrofico. Le sue uscite di quel periodo furono conseguenti:

> Solo un truffatore come Berlusconi potrebbe non riconoscere che i referendum dell'87 manifestavano la volontà del popolo italiano di non sposare il binomio futuro-nucleare … il futuro è nelle energie rinnovabili.[50]

Il 20 aprile 2009 Tonino accettava anche un'intervista col direttore di Greenpeace Italia, associazione che avrebbe voluto impiantare le pale che lui aveva bloccato:

> Il governo Berlusconi ci allontana dal vero sviluppo energetico di cui abbiamo bisogno e ci spinge su binari lontani dalle energie rinnovabili, unica vera opportunità nei prossimi decenni.[51]

La coerenza è coerenza. Di Pietro l'aveva detto anche nel luglio 2008, pieno tempo di grillini e di piazza Navona:

> Noi dell'Italia dei Valori abbiamo sempre detto che il nucleare è un'energia obsoleta e pericolosa.[52]

L'abbiamo sempre detto. Solo dieci mesi prima, infatti:

> Il ministero dell'Ambiente non aiuta lo sviluppo ... il nucleare oggi non è come quello di ieri. Non so se ne abbiamo davvero bisogno, vorrei adoperarmi affinché non vi si ricorra, ma non facciamo demagogia. In attesa che un'energia differenziata possa attecchire, abbiamo bisogno di un'energia domani mattina, sennò quest'inverno rimaniamo al freddo.[53]

Non facciamo demagogia. Se c'è da costruire per esempio un'autostrada da 3 miliardi di euro in Molise – l'opera che il paese attende – Di Pietro potrebbe anche allearsi con Forza Italia. Infatti fu sotto il suo ministero delle Infrastrutture che venne costituita la società Autostrade del Molise spartita col governatore forzista Michele Iorio. La presidenza e metà consiglio di amministrazione andarono a uomini di Iorio, l'altra metà a uomini di Tonino. In fondo, come visto, Tonino aveva trovato un accordo anche col governatore della Lombardia Roberto Formigoni per l'autostrada Bre.Be.Mi. La differenza è che in Molise il rapporto con Iorio era molto più stretto: non si contavano le manifestazioni di reciproco elogio.

Tutto era possibile nella Ceppaloni di Tonino. Persino che l'Italia dei Valori e Forza Italia governassero insieme come a Venafro, in provincia di Isernia, un centro discretamente importante anche se il meno molisano tra tutti: appiccicato alla Campania e distante una novantina di chilometri da Napoli, è una di quelle allegre cittadine in cui i sindaci decadono per incompatibilità e i tassi di generico abusivismo fanno sembrare Alto Adige persino la Calabria. Fu prima delle elezioni amministrative dell'aprile 2008 che fu siglato l'accordo contronatura: il presidente forzista della Regione, Michele Iorio, favorì una spaccatura del centrodestra e quindi la nascita di «Venafro sarà», un'incredibile lista-minestrone da contrapporre a quella dell'europarlamentare di centrodestra Aldo Patricello, suo avversario politico e uomo che raccoglie spropositate quantità di voti nelle zone già descritte da Roberto Saviano in *Gomorra*. Nella lista di Iorio furono mischiati uomini di Forza Italia, di Alleanza nazionale, dell'Italia dei Valori e di altre forze minori: il problema è che Iorio era il leader del futuro Pdl, non di una lista civica da contrapporre ad altri candidati di centrodestra. Morale: la lista di Iorio vinse e piuttosto che allearsi con la lista di Aldo Patricello preferì proseguire il grande abbraccio che già da tempo segnava i rapporti tra Di Pietro e il governatore forzista. Ergo: sindaco diventò Nicandro Cotugno del Pdl e assessore al Commercio fu nominato Adriano Iannaccone dell'Italia dei Valori, medesimo partito che grazie a Nino Palumbo occupò anche la presidenza del consiglio comunale.

Il doppiogiochismo molisano di Michele Iorio e Antonio Di Pietro – quest'ultimo alleato con lo stesso Pdl a cui attribuiva dittature antidemocratiche a livello nazionale – nel tempo si è risolto in una voragine di voti persi tuttavia soltanto dal centrodestra. Il Molise è l'unica regione italiana che alle politiche del 2008 è infatti passata al centrosinistra per numero di voti: nel 2006 la coalizione di centrodestra aveva preso il 49,1 per cento (102.206 voti) mentre nel 2008 la stessa coalizione ha preso il 41,8 (82.561 voti).

Il fallimento politico di Michele Iorio è stato paradossalmente premiato dallo stesso Pdl: nonostante abbia governato la regione per otto anni – per un certo periodo assumendo anche l'interim dell'assessorato alla Salute – il 24 luglio 2009 Iorio è stato nominato commissario alla Sanità a dispetto di un deficit sanitario salito a 700 milioni di euro proprio nel corso della sua presidenza. Di fronte alla conclamata urgenza di contenere spese e clientelismi, oltretutto, il neocommissario risultava così imparentato: suo fratello era primario a Isernia; sua sorella lavorava al distretto sanitario di Isernia; il marito di sua sorella era primario a Isernia; suo figlio Raffaele aveva aperto un centro privato di ortopedia a Isernia mentre chiudeva il reparto di ortopedia dell'ospedale di Isernia; suo figlio Luca era stato assunto all'ospedale di Isernia; una sua nuora, infine, era stata assunta come anestesista naturalmente a Isernia. Servisse specificarlo, Michele Iorio è di Isernia.

Insultopoli

Quella su cui Di Pietro sfrecciava a velocità supersonica, nel suo febbrile 2009, era ormai una sola e ampia autostrada senza limiti di tachimetro, senza patente a punti, senza stazioni di servizio, senza pedaggi: la corsia di sorpasso era sua e sparava fari abbaglianti a raffica. Piazza Navona, No Cav, V-day, quello che volevano: per lui era sempre uguale, saliva sul palco, tirava moccoli e correva a vedere i sondaggi. Le europee erano dietro l'angolo. Piazza Farnese andava benissimo perché era più piccola di piazza Navona e non si rischiava l'effetto Speaker's Corner. Da professionista, non aveva mai smesso di tenersi in allenamento:

> «Per Berlusconi i magistrati rappresentano ciò che gli ebrei rappresentavano per Hitler: razza infame da eliminare, anzi dementi da mandare nei manicomi.»[54]
>
> «Affidare il caso dei rifiuti campani a Berlusconi è come consegnare l'Avis a Dracula.»[55]
>
> «Riconsegnare questa regione a Berlusconi è consegnare il pronto soccorso a Dracula.»[56]
>
> «Affidare la riforma della Costituzione a Berlusconi è come affidare il pronto soccorso a Dracula.»[57]

Poi gli ripulivano la puntina e ripartiva:

> «Berlusconi è un novello Nerone che merita una mozione di sfiducia in Parlamento.»[58]
>
> «Caro presidente del consiglio Videla, lei umilia il Parlamento con colpi di mano che violano la democrazia.»[59]

Jorge Rafael Videla era un dittatore argentino che faceva buttare gli oppositori dagli aerei, ma poteva anche essere un cantautore brasiliano per quel che ne sapeva la sua piazza. La manifestazione non si capiva neanche bene chi l'avesse organizzata. Tanto nessuno badava allo sfondo, alla storia: solo agli attori. Ormai era un serial, neanche, era uno di quei sequel arrivati dopo che il livello dei film era sceso di volta in volta, i migliori registi a declinare, gli esordienti a sgomitare, le trovate narrative rimpiazzate da fuochi artificiali. E fu un bel botto, quello del 27 gennaio.

Di Pietro era ingrugnito perché i sondaggi avevano smesso di correre. Parlarono in tanti e dissero ogni cosa. Tutti potevano offendere tutti perché nessuno ormai si offendeva più. Nazista, fascista, razzista, piduista, antisemita, mafioso, Hitler, Videla, Dracula, Nerone. Ormai le parole svolazzavano insignificanti, intercambiabili, svuotate di peso culturale e storico, erano voci qualsiasi in un parolaio senza chiaroscuri. Si era delegata alla magistratura ogni valutazione su che cosa potesse ledere la dignità di ciascuno: non si diceva più «mi hai offeso», si diceva «è un reato». A fare la differenza era rimasto il pulpito e il bersaglio, chi diceva che cosa a chi. E allora chi se ne importava di quella sconosciuta ragazzetta che dal palco aveva appena additato «i delinquenti che oggi occupano le istituzioni italiane». Era una ragazzetta. Di Pietro, però, era un capopartito: tempo due mesi e l'avrebbe candidata per le europee, si chiamava Sonia Alfano. Poi toccò a lui. Aveva visto che in piazza c'era uno striscione – «Napolitano dorme, l'Italia insorge» – e che qualcuno poi l'aveva fatto togliere. Salì sul palco:

> Possiamo permetterci, signor Presidente, di accogliere anche qualcuno di noi che non è d'accordo con alcuni suoi silenzi? Possiamo permetterci o no? Noi la rispettiamo, noi abbiamo rispetto delle istituzioni ... lo possiamo dire o no? Rispettosamente, rispettosamente: ma il rispetto è una cosa, il silenzio è un'altra. Il silenzio uccide, il silenzio è mafioso, il silenzio è un comportamento mafioso.

La frase fu più lunga e contorta, chiaro. È su YouTube. Tra le parole «Napolitano» e «mafioso» Di Pietro lasciò uno spazio sufficiente perché l'associazione non fosse diretta: ma percepibile sì, perché la percepirono tutti. Tutti allo stesso modo. Sarebbe stata «l'Unità», non «il Giornale», a titolare così: *Di Pietro attacca Napolitano: «Il silenzio è da mafiosi». Bufera sul leader Idv.*

Giusto o sbagliato, polverone cercava e polverone ebbe. Capirono male anche dal Colle:

> La presidenza della Repubblica è totalmente estranea alla vicenda dello striscione nella manifestazione svoltasi oggi in piazza Farnese a Roma a cui fa riferimento l'onorevole Di Pietro. Del tutto pretestuose sono comunque da considerare le offensive espressioni usate dallo stesso Di Pietro per contestare presunti silenzi del capo dello Stato, le cui prese di posizione avvengono nella scrupolosa osservanza delle prerogative che la Costituzione gli attribuisce.

Le reazioni furono così univoche e bipartisan che Di Pietro, spaventato, cominciò a intercalare l'avverbio «rispettosamente» ogni due parole. Lesse il comunicato del Quirinale e reagì d'impulso: «Mi amareggia molto l'oggettiva disinformazione che contiene». Disinformava anche Napolitano.

Il funambolo proseguì e cercò come sempre di contemperare il «rispetto per le istituzioni» con la compagnia di giro di Beppe Grillo, il «rispetto per le istituzioni» con chi, su quel palco, aveva appena spiegato che il Parlamento era stato eletto grazie ad accordi con la mafia, unire il «rispetto per le istituzioni» con le televendite editoriali di Marco Travaglio, il «rispetto per le istituzioni» col dare indirettamente del mafioso alla più alta istituzione dello Stato.

Lo accusarono tutti, persino Oscar Luigi Scalfaro, così era troppo.

Di Pietro sembrava disorientato perché lo era veramente: che cos'era successo, in fondo? Che aveva detto? Mica aveva detto «Hitler» o «Videla», e poi lui il presidente della Repubblica l'aveva «tirato per la giacchetta» tante altre volte, che cosa era cambiato? Aveva sbagliato una parola? L'avrebbe cambiata, che problema c'era? Si scusò:

> Non ho mai offeso, né inteso offendere, il capo dello Stato quando ho ricordato pubblicamente che il silenzio uccide come la mafia, giacché non è a lui che mi riferivo, ma a chi vuole mettere la museruola ai magistrati che indagano sui potenti di Stato.

Sollievo: il mafioso era Berlusconi.

L'unanimismo di quanti condannarono quelle parole di Antonio Di Pietro non fu estraneo a un certo conformismo. A qualche commentatore toccò ripetere che «il presidente della Repubblica si può criticare» come se non fosse stato ovvio. Si poteva criticare, certo: si poteva persino incrociarne lo sguardo senza trasformarsi in statue di sale. La precisazione che in una democrazia si poteva liberamente giudicare qualcuno si riaffacciava solo quando c'erano di mezzo il capo dello Stato o il papa o la magistratura, ultimo confine dell'intangibile e del sacrale. Ma non v'era più proporzione tra quanto fossero rispettati loro e quanto non lo fosse più tutto il resto, comprese le seconde o terze o quarte cariche dello Stato, per esempio, o l'avversario politico, il giornalista dello schieramento avverso, quello della casta antagonista: e via a scendere. Al grillino medio non importava neanche più un accidente del presidente della Repubblica, per dire: questa figura così altera, indiretta, ancora usa a metaforizzare ogni messaggio facendolo rimbalzare da inaugurazioni, celebrazioni e discorsi agli studenti. In tempi di antipolitica e di platee sbeffeggianti, di parole chiare come insulti, quel tizio del Quirinale sembrava solo uno che dormisse. Era questo che i Grillo e i Di Pietro attizzavano: la giustificazione a posteriori di ogni irriverenza, mancata comprensione, pigrizia intellettuale, semplice ignoranza. Dopo ogni kermesse o V-day o quello che era, non c'era pregiudizio *de panza* che non ne uscisse rinvigorito e rilegittimato. Se non capivano qualcosa, era colpa della casta.

Il 3 febbraio 2009 Antonio Di Pietro fu iscritto nel registro degli indagati con l'accusa di offesa al prestigio del presidente della Repubblica, articolo 278 del Codice penale. L'Unione delle camere penali italiane forse la denuncia poteva evitarsela o lasciarla ad altri, visto che il suo presidente, il professor Oreste Dominioni, era anche un avvocato di Berlusconi. Di Pietro ci mise un secondo a liquidare tutto quanto come «mossa puramente politica»[60] e a ricominciare da dov'era rimasto. Metterla su un piano di legale o illegale non significava solo scendere sul terreno prediletto di Tonino e della piazza, ma riabilitare affatto entrambi se fosse stato prosciolto. E si sapeva che sarebbe stato prosciolto.

Non si sapeva, magari, che l'avrebbero assolto in dieci giorni, un tempo sufficiente perché il pm Giancarlo Amato compisse «una lettura attenta» e archiviasse con un fiume di motivazioni:

> Una lettura attenta del complessivo intervento dell'onorevole Di Pietro consente di escludere che i riferimenti al «silenzio mafioso» abbiano avuto quale destinatario il presidente della Repubblica ... Dovendosi esse [*le affermazioni riferite al capo dello Stato*] invece inquadrarsi nell'esercizio di un legittimo diritto di critica che è consentito anche nei confronti delle più alte cariche dello Stato se espresso in forme continenti (qui senz'altro ravvisabili), nessuna offesa all'onore ovvero al prestigio del capo dello Stato possono essere ipotizzate.

Dieci giorni. Non un mese. Non un anno. Non i cinque anni medi di un processo penale, i sette anni e mezzo medi di un divorzio, i quattro anni medi di un'esecuzione immobiliare. Assomigliava di più, per fare un esempio solo, alla querela che Di Pietro aveva sporto il 5 febbraio 1997 e che era andata a giudizio il 3 aprile successivo, in meno di due mesi.[61]

L'impunito

Alla fantasia però doveva esserci un limite. A tutte le giravolte, i voltafaccia, i contrappassi, le metamorfosi e le facce toste doveva esserci un limite. Antonio Di Pietro era pur sempre l'uomo che aveva capovolto una Repubblica, era l'ariete che dal 1992 al 1994 aveva indagato un Parlamento che passava metà del tempo a discutere le autorizzazioni a procedere che lui aveva richiesto, e negarne una era lo sfregio massimo, l'ultimo arroccamento del regime morente, il sigillo dell'impunità. Erano state alcune mancate autorizzazioni nei confronti di Bettino Craxi – e neanche tutte: due su sei furono concesse – che il 29 aprile 1993 avevano scatenato una mezza guerra civile che aveva portato alla parziale abolizione dell'immunità parlamentare. Di Pietro da una parte, Craxi dall'altra. Ora c'era solo Di Pietro uno e due.

La nemesi definitiva, a diciassette anni da Mani pulite, era che Antonio Di Pietro si era trincerato dietro l'immunità parlamentare per non essere condannato in una causa per diffamazione che l'avrebbe sicuramente visto soccombente, cioè perdente. Il Parlamento di Bruxelles, il 22 aprile 2009, decideva di non revocare lo scudo dell'immunità che lo stesso Di Pietro aveva chiesto dopo averlo pubblicamente negato. Non era neppure un procedimento penale, era una causa civile: significava che Di Pietro l'aveva fatto solo per non perdere dei soldi. Proprio come i mostri della casta.

Di Pietro è nei particolari. Nell'ottobre 2002 aveva scritto un articolo sul quotidiano «Rinascita della sinistra», organo dei Comunisti italiani, e non ne aveva azzeccata una: aveva qualificato il giudice Filippo Verde come un imputato nel processo per il Lodo Mondadori – dipingendolo oltretutto come uno dei giudici che avevano influenzato l'annullamento di una sentenza favorevole a Carlo De Benedetti – e nello specifico aveva messo nero su bianco che «per l'insieme di queste vicende, la pubblica accusa rappresentata dalla tenace Ilda Boccassini ha chiesto pene di tutto rispetto, tra cui 10 anni per il giudice Filippo Verde». Ma Filippo Verde non era mai stato coinvolto in quel processo: era stato imputato in un altro, il cosiddetto Imi-Sir, e peraltro ne era uscito assolto in primo e secondo grado. Di Pietro della castroneria non solo non si accorse, ma nel febbraio 2003 la ripubblicò tale e quale sul sito internet dell'Italia dei Valori. E a quel punto partì una causa per diffamazione con richiesta di risarcimento danni, visto che Tonino non aveva mai smentito né rettificato ma addirittura reiterato, per usare il suo linguaggio.[62] I legali di Filippo Verde gli chiesero 210.000 euro di risarcimento. Del suo errore, Di Pietro darà colpa ancora una volta ai giornali.

Di Pietro scrisse quell'articolo nel 2002 e cioè quando era eurodeputato. Perciò, un anno e mezzo più tardi, dopo che la pratica si era congelata nella cancelleria del Tribunale di Roma, presentava richiesta di immunità europarlamentare e incaricava della pratica l'avvocato Sergio Scicchitano, deputato dell'Italia dei Valori e già autore di varie querele dipietresche ai danni di giornalisti che facevano errori come il suo o più lievi del suo. La richiesta fu inoltrata a Bruxelles all'inizio del 2007: «L'articolo deve intendersi quale espressione di critica politica e dunque si richiede che nel caso di specie venga applicato l'articolo 68 della Costituzione». Critica politica. Uno scrive che un giudice ha influenzato illecitamente una sentenza – la peggiore delle accuse, per un giudice – e dice pure che per questo volevano condannarlo a 10 anni: una classica critica politica.

I giudici romani spedirono le carte all'apposita commissione di Bruxelles perché l'Europarlamento valutasse. Era da una vita che

Di Pietro per qualsiasi sciocchezza invitava la classe politica a farsi giudicare come cittadini qualsiasi. Così pure fece nel 2007 e nel 2008:

> L'articolo 68 della Costituzione [*l'immunità parlamentare*] va cancellato perché aveva senso quando fu scritto, dopo la fine del fascismo. Ho sempre detto che andrebbe abrogato.[63]

L'aveva ripetuto di recente:

> Se Berlusconi vuole querelarmi, rinunci all'impunità.[64]

Quando Di Pietro querelava un altro politico, poi, non mancava mai di scrivere:

> Mi auguro che, come me, Ella rinunci all'immunità e accetti il giudizio del giudice terzo.[65]

Quelli poi non erano giorni qualsiasi: era il febbraio 2009 e c'era Di Pietro per strada che raccoglieva firme contro il Lodo Alfano. La notiziola che Di Pietro aveva chiesto l'immunità la diede per primo e praticamente per ultimo Paolo Bracalini, cronista del «Giornale». Di Pietro rispose il 6 febbraio, come infastidito:

> Con riferimento alle notizie di stampa che ipotizzano ciò che io andrei a sostenere al Parlamento europeo la prossima settimana, specifico che non chiederò l'immunità, ma che il procedimento civile prosegua ... Tale rinuncia all'immunità verrà da me formulata in un atto scritto che pubblicherò sul mio blog, in modo da evitare qualsiasi strumentalizzazione.

Non chiederò l'immunità, voglio che mi processino, vi terrò informati. Di Pietro ogni tanto dismetteva improvvisamente la sua chiarezza popolana, ma aveva scritto questo.

Ed eccoci al 22 aprile 2009:

> Approvando con 654 voti favorevoli, 11 contrari e 13 astensioni la relazione di Aloyzas Salakas (Pse, Lt), il Parlamento ha deciso di non revocare l'immunità di Antonio Di Pietro a seguito dell'ordinanza del Tribunale Civile di Roma rivolta al deputato nella causa civile intentata da Filippo Verde. In tale ordinanza il Tribunale italiano, esaminando l'argomento difensivo sollevato da Di Pietro «sotto forma di eccezione di insindacabilità», ha chiesto al Parlamento europeo di decidere sulla sua immunità, dal momento che all'epoca dei fatti egli era parlamentare europeo ... egli stava esercitando le sue funzioni di parlamentare, esprimendo la sua opinione su un tema d'interesse pubblico per i suoi elettori. Cercare di imbavagliare i parlamentari, avviando procedimenti giudiziari nei loro confronti, per impedire loro di esprimere le proprie opinioni su questio-

ni che suscitano un legittimo interesse e preoccupazione nell'opinione pubblica, è inaccettabile in una società democratica.[66]

Il quello stesso giorno, il giorno in cui l'immunità da lui richiesta lo aveva salvato, per coprire la notizia Di Pietro dichiarò:

> Silvio Berlusconi si avvale del Lodo Alfano anche per sfuggire alla mia querela ... È vergognoso usare il Lodo Alfano anche per difendersi dall'accusa di diffamazione.[67]

A dire quel che si pensa, l'immunità tornerebbe utile.

I Di Pietro's

A questo punto mancava solo che denunciasse la giustizia a orologeria di certe procure: ma non lo fece. Non lui, almeno. Che Di Pietro avrebbe candidato Luigi De Magistris alle europee era già noto, così come lo era che alcuni magistrati di Catanzaro avevano deciso di procedere contro il loro collega per abuso d'ufficio e interruzione di pubblico servizio. Il fascicolo, per un complicato giro di trasferimenti e di competenze, era atteso a Roma proprio in quei giorni e la notizia era scontata: un cosiddetto atto dovuto. Di Pietro aveva deciso di candidarlo lo stesso. Quando si seppe che la notizia dell'iscrizione di De Magistris nel registro degli indagati stava per uscire, la mattina del 17 marzo, ecco che Di Pietro convocava una conferenza stampa di presentazione del suo neocapolista. Al voto mancavano ancora due mesi e mezzo. Affianco a De Magistris c'era anche la candidata Sonia Alfano, altro personaggio moderato che nel corso della conferenza stampa mantenne una certa prudenza:

> Continuiamo ad avere tra le più alte cariche dello Stato gente in odor di mafia che ci ha navigato e non so se ci naviga ancora ... Se il presidente del Senato Schifani è stato socio in affari del boss di mafia Mandalà e la stampa fa finta di nulla ... Nel momento in cui il ministro della giustizia Alfano ama andare ai matrimoni delle figlie del boss Croce Napoli, allora questo paese non è corretto, non è pulito, democratico.[68]

Benvenuta nell'Italia dei Valori.

L'agenzia di stampa con la notizia che De Magistris era indagato giunse poche ore dopo. Di Pietro non giocò sulla suggestione tra causa/effetto, De Magistris figurarsi:

> Prendo atto che la notizia esce proprio il giorno in cui viene presentata la mia candidatura, ma sono abituato a questo ed altro ... Non mi faccio condizionare.[69]

Mentre Di Pietro diceva che era un atto dovuto, scontato, De Magistris si stupiva del sincronismo. Erano già affiatati. Come visto, Di Pietro durante la campagna elettorale del 2008 aveva detto e scritto che non avrebbe candidato inquisiti: aveva cambiato idea, non c'era problema. Del resto avevano inquisito anche suo figlio, che si era tenuto la poltrona. Poi c'era la questione del tetto massimo dei mandati parlamentari. C'era questo, c'era quello. Non c'era nulla.

Il connubio Di Pietro-De Magistris troverà convergenza anche sul valore attribuito alla parola data, cioè nessuno. Disse infatti il neocandidato sempre quel 17 marzo, durante la conferenza stampa: «La mia è una scelta irreversibile, anche qualora non dovessi essere eletto». Gli fece eco Di Pietro: «De Magistris si dimetterà dalla magistratura subito dopo le elezioni, lo assicuro. Anche lui, come me, pensa che sia una strada senza ritorno... Lascerà con l'amarezza nel cuore. Per noi questa è una regola non scritta che ci applichiamo, non un generico richiamo. Noi applichiamo la legge morale».

Un mese più tardi De Magistris non si era ancora dimesso, ma guai a dubitare: «Sarebbe inopportuno un mio ritorno, perché la scelta dell'attività politica è per me definitiva» disse. Una volta eletto a Bruxelles, in realtà, a lasciare la toga non ci penserà neanche. A fine luglio 2009 ne darà conferma il Consiglio superiore della magistratura:

> Luigi De Magistris non lascia la magistratura. Il plenum del Csm ha deciso questa mattina di collocare in aspettativa l'ex pm di Catanzaro e attuale europarlamentare dell'Idv. Palazzo dei marescialli ha accolto la richiesta del magistrato e l'aspettativa durerà per l'intero suo mandato a Bruxelles.[70]

Di Pietro era anche l'uomo secondo il quale occorreva sempre rispettare le decisioni della magistratura. Ed era stata la magistratura ad aver disconosciuto tecnicamente e deontologicamente l'operato del suo candidato Luigi De Magistris: Csm, Cassazione, gip, gup, procuratori aggiunti, procuratori capi, giudici e anche l'Associazione nazionale magistrati. Per comprendere meglio il personaggio De Magistris forse sarebbe bastato leggere il parere con cui il Consiglio giudiziario di Catanzaro si era espresso sulla sua nomina a magistrato di Corte d'appello: doveva essere un passaggio scontato, solo un timbro che i Consigli giudiziari tendono quasi sempre a rilasciare per consacrare la progressione di carriera; i magistrati giudicati negativamente, di norma, non superano l'1 per mille del totale. Ma nel caso di De Magistris, il 18 giugno 2008, il relatore Bruno Arcuri fu poco tradizionalista:

Prendendo possesso del mio ufficio di Procuratore generale, iniziavo la mia esperienza in Calabria con vivo interesse per il dr. De Magistris dopo aver letto di lui sulla stampa e averlo visto in televisione. Fui subito colpito dalle notizie che andavo apprendendo presso i colleghi tutti: i procedimenti da lui istruiti, di grande impatto sociale perché istruiti contro i cosiddetti colletti bianchi, erano quasi tutti abortiti con provvedimenti di archiviazione, con sentenze di non doversi procedere e con sentenze ampiamente assolutorie. Voci che mi stupirono perché in contrasto con la rappresentazione che ne davano i media.

Seguiva un'analisi che denotava «una serie numerosissima di insuccessi», la «anomalia dei provvedimenti adottati», «procedimenti infausti», «omessa indicazione dei reati e delle fonti di prova», questo mentre De Magistris, ogni volta, «perseverava nell'adozione di provvedimenti immotivati malgrado i continui insuccessi». Poi l'affondo del procuratore generale:

Di fronte a una tale patologia, forse unica nel panorama delle iniziative di un pm, a meno di configurare una magistratura disattenta se non collusa con centri di potere criminale (come ha configurato De Magistris con esternazioni mediatiche) non si sfugge a un'alternativa secca: o le persone indagate sono tutte esenti da responsabilità penali, o i giudici di Catanzaro sono tutti non professionalmente idonei se non corrotti ... Il dato certo è che il dr. De Magistris è del tutto inadeguato, sul piano professionale e sul piano dell'equilibrio e sul piano dei diritti delle persone solo sospettate di reato, a svolgere quantomeno le funzioni di pm ... Le tesi accusatorie sono cadute spesso per errori evitabili ed evidenziati dall'organo giudicante ... Sono emersi rilievi negativi per l'anomalia di molti provvedimenti adottati. I procedimenti di rilevante impatto sociale hanno trovato clamorose smentite ... Il rapporto statistico indagini/giudizio lascia emergere un'anomalia, poiché numerosi procedimenti non hanno condotto a nessuna fondatezza. Non solo: nei provvedimenti si configurano violazioni manifeste di legge (addirittura diritti costituzionali) ovvero si radicano prassi senza alcun fondamento normativo, come in materia di intercettazioni.

La conclusione del Consiglio:

Giudizio finale negativo. Le voci capacità e preparazione presentano profili di evidente deficit ... gravi vizi o lacune; tecniche di indagine discutibili; procedimenti fondati su ipotesi accusatorie che non hanno trovato conferma, attività carente dal punto di vista dell'approfondimento e della preparazione.[71]

Bocciato. Il Consiglio giudiziario, oltretutto, aveva preso in esame solo il periodo 2002-2008 e aveva quindi tralasciato i buchi nell'acqua che riguardavano l'attività di De Magistris a partire dal 1996, quando gli addetti ai lavori, a Catanzaro, cominciarono a soprannominarlo «Gigineddu flop» perché non vinceva un processo che fosse uno.

Il trionfo del 2009

Candidato un bel calabrese, c'era il problema del Nord, punto debole dell'Italia dei Valori. Tonino ci mise poco: s'improvvisò leghista. Nel Settentrione presero a comparire dei manifesti identici a quelli che fecero la fortuna della Lega alla fine degli anni Ottanta.

Ha scritto Giancarlo Perna:

> In trasferta pasquale nella campagna cuneese mi sono imbattuto, all'angolo di un viottolo, in un vistoso cartellone elettorale. Nel mezzo, un grosso pollo pronto per lo spiedo. In alto, la scritta: «Pioggia di miliardi per lo spreco nel Sud». Sud scritto a caratteri enormi per attirare attenzione e rabbia. Insomma, la solita solfa della Lega che nella Provincia Granda ha buon seguito. Intorno al pollo – mesto simbolo del contribuente padano spennato da Roma ladrona – l'elenco dei finanziamenti pubblici buttati al vento per il Sud: «Roma & Co: 1000 miliardi» (*vecchie lire, Ndr*); «Napoli & Co: 1.000 miliardi» …; «Catania & Co: 280 miliardi»; «Terremoto del Belice dal 1968: 76 miliardi». L'ultima voce è curiosamente dedicata ad «Alitalia & Co: 600 miliardi». Può darsi – ho pensato – che i leghisti, indispettiti per il declassamento di Malpensa in favore dell'aeroporto romano di Fiumicino, non la considerino più la compagnia di bandiera ma una linea aerea sudista. Così, giungo al fondo del cartellone dove il partito si firma. Leggo e trasecolo. Su una prima riga c'è scritto: «Fermiamo il governo Pdl-Lega». Sulla seconda: «La Lega condona, Italia dei Valori non perdona». Accanto, bello grosso, il simbolo di Totò Di Pietro.[72]

Al di là della copia spudorata, c'era una strategia. La si poteva anche apprendere nel saggio *Italia dei valori*[73] di Pino Pisicchio, parlamentare e neointellettuale dipietrista. All'Italia dei Valori mancava il sale dell'esperienza leghista ossia il radicamento sul territorio, ciò che Bossi ormai aveva più di chiunque altro. Allora Tonino provava a imitarlo. Fine della strategia.

Il resto della strategia era averle tutte, sostenere ogni cosa, candidare chiunque. Riecco allora il professor Pancho Pardi: era un condannato anche lui, ma solo a un mese di carcere per «manifestazione non autorizzata», faccende di quando militava in Potere operaio. «Su settantadue candidati, sessantasette provengono dalla società civile e non hanno mai avuto esperienze partitiche precedenti» dichiarò solennemente Di Pietro.[74] Tanto chi andava a controllare? Nel crogiolo c'era il sindacalista della Fiom Maurizio Zipponi, l'infermiere dell'Ospedale Maggiore di Milano Giovanni Muttillo, i manager Corrado Giovanni Farina di Microsoft Italia e Massimo Bernacconi di Eurocontrol. Altri nomi: un ritrovato Pino Arlacchi, il portavoce europeo del Nuovo Umanesimo Giorgio Schultze, l'avvocato Giovanni Pesce e il giornalista Carlo Vulpio. Tutta gente che Tonino presentò così:

> Non sono cavalli della politica che vanno in Europa solo per arrivismo personale ma fanno poco per l'Italia, non sono pacchettari di voti.[75]

Ad averceli, i pacchettari. C'era anche Maruska Piredda, una delle due hostess diventate famose nei giorni della vertenza Alitalia. L'altra era quella del cappio, più aggressiva, protagonista di uno o due reality show. La Piredda invece era quella col megafono che esortava i lavoratori. Non sarà eletta.

Quando Tonino annunciò anche la sua squadra di intellettuali, nelle redazioni cominciarono i capogiri. Forse fu l'unico aspetto veramente triste della campagna dipietresca. I candidati, più che comunicare qualcosa sulla rinnovata funzione dell'intellettuale, visti uno a uno, comunicavano qualcosa del loro climaterio. Mostravano il cinismo esistenziale e indifferente di chi sentiva mancarsi ogni centralità sotto i piedi, progressivamente relegati ai margini di una «cultura» che nell'accezione da loro conosciuta non esisteva più. Neanche da citarli: sarebbe ingiusto. Si buttavano nella nuova avventura come quei pensionati che mollano la famiglia e i giardinetti per un ultimo sussulto in Thailandia o alle Hawaii, con la ghirlanda di fiori in testa.

Intanto ci pensava Tonino ad animare la festa. Mancavano gli ultimi formidabili carpiati con avvitamento al contrario.

Di Pietro era stato uno dei principali promotori del referendum per cambiare la legge elettorale, il famoso «Porcellum». Aveva raccolto firme e maledetto quelli che non ci stavano. Giugno 2008, Di Pietro uno:

> Il sì al referendum favorirà il superamento della porcata di Calderoli e farà nascere una nuova legge elettorale.[76]

Maggio 2009, Di Pietro due:

> Il sì al referendum elettorale consegna definitivamente tutta l'Italia al ducetto Berlusconi.[77]

Per le europee, Silvio Berlusconi aveva detto che lui e altri ministri si sarebbero candidati capilista. Il Di Pietro uno aveva suonato la tromba democratica:

> È un gesto degno della disonestà di un corruttore, si sa già che non andranno a Strasburgo anche se eletti.[78]

Il Di Pietro due si è candidato capolista. E la chiudiamo qui. Senza riportare la sua opinione sul caso Noemi, sulla questione di Veronica Lario, sul caso dell'avvocato Mills, sulle feste a villa Certosa. Ai fini della biografia è inconferente, direbbero i suoi ex colleghi.

> Siamo l'unica vera opposizione al modello di governo berlusconiano, che toglie agli onesti per dare ai furbi.[79]

Lo spoglio delle schede, il 4 giugno 2009, squadernò quello che tutti sapevano da tempo: come se fosse stato inciso nella pietra per almeno un anno. L'Italia dei Valori raddoppiò i voti: circa 800.000, il 7,98 per cento, il quadruplo delle precedenti europee, il doppio o quasi rispetto alle politiche del 2008. E tutti gli altri ora non interessano.

I flussi di entrata del consenso erano già stati studiati da tempo: circa il 50 per cento dei voti erano smembrati dal Partito democratico, il 20 per cento dalla Lega, quasi il 18 dall'Udc, non più del 14 per cento dalla cosiddetta «sinistra antagonista».[80]

Una ricerca dell'Ipr l'aveva già detto chiaramente:[81] solo una percentuale oscillante tra il 5 e il 10 per cento percepiva la collocazione dell'Italia dei Valori come propriamente a sinistra; da un 15 a un 25 per cento invece la immaginava nel centrosinistra, mentre nel centrodestra la immaginava un arco tra il 10 e il 15 per cento; solo un 5 per cento, infine, la percepiva a destra.

L'Italia dei Valori era un partito di centro. L'espansione elettorale di Antonio Di Pietro nell'area moderata veniva valutata almeno al 23,5 per cento: ma questo prima che raddoppiasse o quadruplicasse i voti alle europee; prima cioè di un eventuale effetto trascinamento, prima di un neoconformismo che potesse farlo diventare, come fu, volano di se stesso.

In luglio la strategia di Antonio Di Pietro sarà già apertamente delineata: punterà a delegittimare gli ultimi basamenti di ciò che un tempo era uno Stato, cercherà di trascinare nell'agone anche la Corte costituzionale e soprattutto il presidente della Repubblica: lo punterà, gli intimerà comportamenti, ingaggerà polemiche e provocazioni quotidiane, cercherà di rosicchiarne giorno dopo giorno le prerogative essenziali e l'insindacabilità politica, di minarne la funzione di controllo e di garanzia, di livellarlo progressivamente verso la bassezza dei linguaggi e delle polemiche già riservate a tutti gli altri. Non c'è più una democrazia, sosterrà Di Pietro: le regole del gioco democratico sono falsate e con esse chi le custodisce e le arbitra all'interno di un perimetro costituzionale che a lui sta sempre più stretto. Non c'è più un paese, denuncerà alla stampa estera: e lo farà mentre la parte sana del paese, durante il G8 dell'Aquila, tiferà solo per il paese.

Un voto democratico che elegge un Parlamento, un Parlamento che elegge un governo, un governo che legifera sotto il controllo di un presidente della Repubblica e di una Corte costituzionale: se tutto questo era una dittatura, allora tutto questo andava cambiato. La marcia di Antonio di Pietro dunque proseguiva. C'era da continuare a spiegare l'imperfezione di una democrazia che lui avrebbe continuato a presidiare per tutti, illustrandone i difetti, la disinformazione che la drogava, l'immaturità che ne conseguiva, il plagio e la corruzione delle coscienze che impedivano a un corpo elettorale di non continuare a sbagliarsi. C'era da fare, da soffiare su ogni fuoco, da rendere permanente ogni conflitto tra una democrazia imperfetta e un grande gendarme, come lui, che di continuo la riordinasse: perché la corruzione c'era, c'era sempre, Tangentopoli si perpetuava in eterno perché a esser corrotta, così com'era, era la democrazia stessa.

Un pensiero terribilmente reazionario, di centro. Ed è lì che puntava: al centro. Era stato il centro del paese, anni prima, che gli aveva consentito di fare Mani pulite e che poi se n'era stancato e l'aveva spinto a dimettersi. Solo l'eterno «centro moderato», in Italia, da almeno un secolo, permetteva di fare le rivoluzioni. La rivoluzione, in Italia, era un pranzo di gala.

Il nulla

Le frasi che seguono sono state effettivamente pronunciate da Antonio Di Pietro nelle più varie occasioni. Sono tutte rintracciabili in audiovideo grazie alle fonti riportate per ciascuna di esse. L'ordine è completamente casuale e vuole essere un incrocio tra un gioco, un esperimento linguistico e un rudimento di analisi della comunicazione.

La somma delle locuzioni forma una *consecutio* che non ha alcun senso, ma una percezione superficiale che possa trattarsi di un normale discorso di Antonio Di Pietro è invero innegabile. Gli addendi, che non danno mai una somma, possono essere disordinati a caso senza che nulla cambi. Una lettura random di ciascuna frase, cioè, non muterà la percezione finale.

Cosa chiediamo noi all'Italia dei Valori?[82] Qui dobbiamo farci a capire.[83] È chiaro che se la mano destra controlla la sinistra, la testa è sempre quella; la mano destra dà sempre ragione alla mano sinistra.[84] Ma Benedetto il Signore![85] È il segreto di Pulcinella.[86] Ma a me mia madre mi diceva sempre: «Parti per tempo, che arrivi di buon'ora».[87] Se invece diciamo una cosa e ne facciamo un'altra...[88] Tra le intenzioni e i fatti, c'è sempre di mezzo il mare![89] Senza soldi, si fanno chiacchiere.[90] Non ci azzecca nulla.[91] Altrimenti si tira a campare.[92] Chiudere le porte quando i buoi sono scappati, non serve a niente.[93] Questi, dalla sera alla mattina, sono stati mandati via.[94] Quelli che hanno già dimostrato che, mettendo le mani in pasta, hanno rubato la pasta.[95] O scegli di mangiare la pastasciutta, o scegli di mangiare la bistecca.[96] Che mangia quella minestra o salta quella finestra.[97] Tutto è finito a tarallucci e vino.[98] Non si può aver la moglie ubriaca e la botte piena![99] Un po' di serietà![100] Ho fatto bene o ho fatto male?[101] Ma perché noi dobbiamo metterci a berlusconeggiare pure a noi?[102] Che stavano facendo, questi?[103] È il cittadino che paga, è il cittadino che ci mette i soldi, è il cittadino che tutte le mattine contribuisce.[104] Come al solito si sta a discutere e discutere mentre Sagunto viene espugnata, diceva qualcuno.[105] Qualcuno dirà: «Perché non lo fai tu, già che sei nel Parlamento?».[106] Tutti mi hanno dato ragione, ma è la ragione dei fessi, se non si cambia la legge.[107] Se sulla giustizia decidiamo che ci deve essere un segno di discontinuità dal precedente governo, lo dobbiamo fare.[108] Lo so, dice: «Ma tu ne fai parte!»... e che devo fare, mica posso prendere la mazza![109] Cosa ho voluto dire con queste semplici regole?[110] Il fatto di cui si discute, è vero o falso?[111] Qual è il tema di fondo?[112] Che cosa è venuto fuori?[113] Di cosa abbiamo parlato?[114]

Per fatto personale

So cosa vogliono fare, quando lo faranno, chi lo fa. E ho preso le mie contromisure. Anzi vorrei dare un consiglio: chi sta realizzando la diffusione di un pamphlet che mi riguarda, ci pensi due volte.

ANTONIO DI PIETRO, in «la Repubblica», 23 ottobre 1997

Avevo ventiquattro anni e volevo fare il giornalista. Nel gennaio 1991 vantavo già tre o quattro querele e fu allora che incontrai Antonio Di Pietro per la prima volta. Avevo cominciato presto, e dal giornaletto in cui spadroneggiavo, a Monza, approdai a delle collaborazioni con «l'Unità» e con «la Repubblica». Tuttavia le querele giungevano scientificamente solo al giornaletto che mi dava da vivere e che perciò dovetti lasciare.

Di Pietro lo conobbi appunto per una querela: era in toga e me l'indicarono; gli rivolsi un saluto formale che lui non ricambiò. Non gl'importava nulla di quella causa, lo si capiva. Sembrava mestamente annoiato dalle sciocchezze e dalle querele di me giornalistucolo, e quella sua burocratica indolenza non me la sarei più schiodata dalla mente. La querela non ebbe seguito.

Finito il militare, i miei contatti con «l'Unità» e con «la Repubblica» erano saltati. Mi ero sposato l'anno prima, a ventitré anni, ed ero disoccupato: l'unico contatto che riuscii a procurarmi fu con la redazione milanese dell'«Avanti!», dove per un paio d'anni avrei lavorato da abusivo. A me importava solo di fare il giornalista.

Mi diedi da fare. Di Pietro lo rividi nel dicembre 1991 quando mi mandarono a intervistarlo con la testuale premessa che era «amico nostro». L'incontrai di nuovo seguendo Mani pulite: l'«Avanti!» era ritenuto il giornale dei ladri e lo chiamavano «la gazzetta degli avvocati», e tra una diffidenza e l'altra i nervi di una mia collega avevano cominciato a cedere; avevano mandato avanti me perché secondo il mio caporedattore ero un «cane sciolto». Ma un cronista dell'«Avanti!», al tempo, aveva poche alternative tra l'essere considerato un cane sciolto o l'essere considerato un cane. Ricordo quando entrai nella sala stampa del palazzo di giustizia e tutti uscirono, come capitò anche a un cronista del «Secolo d'Italia». Ricordo quando davanti a una clinica privata, dove un famoso finanziere era agli arresti ospedalieri, il gruppetto dei cronisti cambiava marciapiede a seconda della mia posizione. Quando mi capitò di pubblicare dei verbali d'interrogatorio che guastarono i piani di chi scriveva in pool, poi, un collega mi disse a brutto muso che secondo lui i miei verbali erano falsi. Un altro cronista mise in relazione la fuga notturna di un dirigente socialista con una mia possibile spiata. Lo scrisse pure. In tutto questo la situazione si era fatta ancora più complicata perché la sede romana dell'«Avanti!» vedeva nella redazione milanese un avamposto craxiano – ciò che era – e man mano che decresceva il potere di Craxi cresceva anche il tentativo di isolarci e di toglierci peso. Io formalmente neppure esistevo: non avrei potuto neanche stare in redazione; il direttore di allora, su cui non esprimo un'opinione perché non ho l'immunità parlamentare, si chiamava Roberto Villetti e ogni tanto telefonava da Roma per sincerarsi che io fossi rimasto a casa o scrivessi comunque da fuori, quando invece in redazione praticamente ci dormivo. A un certo punto, in un periodo in cui peraltro non arrivava più una lira perché le tangenti erano finite – questo l'avrei appreso poi – Villetti prese a togliermi anche la firma dagli articoli: ma neppure sempre, a giorni alterni, quando capitava. Pensai di aggirare l'ostacolo ricorrendo alla doppia firma col mio caporedattore milanese, Stefano Carluccio, un amico: ma a un certo punto il direttore risolse togliendo solo la mia firma e lasciando quella di Carluccio sotto articoli che però avevo scritto io. Nell'insieme: lavoravo da abusivo per il giornale dei ladri, ero disprezzato dai colleghi e da chiunque in quel periodo sapesse dove scrivevo, completamente gratis, in teoria non potevo neppure entrare in redazione e sotto i miei articoli c'era la firma di un altro. Però c'era la salute.

Continuai a seguire Di Pietro e Mani pulite anche quando l'atmosfera si fece ancora più elettrica e quando due persone che conoscevo, inquisite, si suicidarono.

Scrivere sull'«Avanti!» certo mi forzava a guardare le cose da un punto di vista speculare, ma probabilmente c'entrava anche il mio carattere e un'età in cui avevo davvero poco da perdere. In ogni caso il clima che ribolliva nel paese non mi piaceva. Mi venne naturale raccogliere del materiale su cui lavorare: di giorno, quindi, seguivo la cronaca, e la sera ci ragionavo, approfondivo, scrivevo, ne discutevo sino a tarda notte.

Continuai a occuparmi di Di Pietro anche quando l'«Avanti!» chiuse i battenti e rimasi a spasso. Era la fine del 1992. Fu un brutto colpo, soprattutto perché ormai ero catturato dagli avvenimenti. La redazione era chiusa ma spesso ci dormivo dentro perché a casa c'era qualche problema. Presi a indagare, feci domande in giro, raccolsi ritagli di giornale. Un paese intero invocava manette e io intanto fingevo di fare il giornalista come di consueto: assumevo informazioni, le ordinavo, le assemblavo, ne parlavo: solo che, il giorno dopo, non usciva nessun mio articolo. Mi limitavo a ingrassare e limare un mio libro impossibile, una sorta di rivisitazione della carriera di Di Pietro e della sua inchiesta devastante. Non avevo nient'altro da fare, né di nient'altro m'importava.

Era il periodo dei governi che non riuscivano a governare, l'anno delle bombe a Milano e a Roma, delle speculazioni internazionali: l'atmosfera da torbido complotto era illuminata solo dalla mirabolante traiettoria di Antonio Di Pietro. Un sondaggio, tra «abbastanza», «molta» e «moltissima», gli attribuiva il 90 per cento della fiducia degli italiani. Neppure certi suicidi eccellenti avevano scosso l'opinione pubblica: il 60 per cento degli italiani riteneva che l'uso della carcerazione preventiva andasse bene così. Neppure quel clima da carboneria e la mia vocazione di bastiancontrario mi divertivano più: ero pur sempre un ragazzo di ventisei anni che voleva fare il giornalista. Cercai di defilarmi.

Scrivevo. Il libro era ormai denso e particolareggiato sino alla paranoia, quasi quattrocento pagine che ingenuamente e nelle maniere più improbabili tentai di proporre a qualche casa editrice. Non interessò a nessuno perché ero un perfetto sconosciuto, ma nondimeno perché era il periodo che era. Sulla copertina di «TV Sorrisi e Canzoni» l'icona del magistrato più amato dagli italiani troneggiava su un titolo cubitale: *Di Pietro facci sognare.*

Conobbi Bettino Craxi semplicemente telefonandogli: fu poco prima che quasi lo linciassero all'Hotel Raphaël, all'inizio del 1993. Non dirò nulla di lui. Conobbi altre persone tra le più care, in quel periodo: uomini e ragazzi che difendevano storie che non erano le loro, e che dicevano follie che un giorno sarebbero state ovvie. L'effervescenza di Mani pulite mi disvelò codardie raggelanti e dignità insospettabili. Il mondo delle persone normali, a poco a poco, mi perse. Sfumarono amicizie e affetti, il matrimonio era ormai consunto, mio padre intanto leggeva il forcaiolo «Indipendente» di Vittorio Feltri.

Poi, un giorno di aprile, mi telefonò un personaggio di una fantomatica casa editrice straniera, uno che diceva di aver saputo del mio dattiloscritto da qualche collega di Palazzo Marino, la sede del Comune di Milano. Si disse interessato. Ci vedemmo due volte in un bar del centro e nel secondo incontro mi mostrò anche un libro pubblicato da questa casa editrice straniera, la Marshall di Dublino. Nel trattenere una copia del mio lavoro mi disse che uno scritto come il mio in Italia non sarebbe mai stato pubblicato, e con mio sbigottimento mi diede una busta che – verificai poi – conteneva 4 milioni in contanti. Gli lasciai anche due mie foto. Una, lo feci per scherzare, mi ritraeva che avevo circa un anno.

A metà luglio il settimanale «Il Sabato» pubblicò un dossier che conteneva tutta una serie di notizie imbarazzanti per Antonio Di Pietro. Erano cose che perlopiù conoscevo e che nel mio libro fantasma avevo sviluppato in parte meglio e in parte peggio. Furono sbrigativamente bollate come «calunnie» come capitava a ogni minimo rilievo mosso contro Di Pietro, ma fu un altro fatto a colpirmi. Mi suonavano stranamente familiari, di quel dossier, almeno un paio di passaggi. Ebbi l'impressione che l'estensore avesse quantomeno consultato il mio libro fantasma, ma fu solo un primo campanello d'allarme. Presto un altro episodio l'avrebbe terribilmente superato.

Il mio ex caporedattore, Stefano Carluccio, mi convinse a fare causa all'«Avanti!» così da ottenere almeno il praticantato d'ufficio, un riconoscimento legale che mi avrebbe permesso di fare l'esame da giornalista professionista. All'Ordine della Lombardia c'era Franco Abruzzo, ritenuto vicino a quel che rimaneva del Psi. La mia causa fu accolta.

A Roma feci l'esame scritto e scelsi un tema sul cosiddetto «nuovismo» maturato dopo Mani pulite, anche se l'enfasi della titolazione avrebbe potuto indurmi a migliori consigli. Fui soddisfatto del mio lavoro, ma tempo dopo appresi che mi avevano bocciato.

Diedi di nuovo l'esame scritto e scelsi l'analisi di un decreto legge sulla giustizia, il Decreto Gargani. Presi il voto più alto di tutta la sessione. Preparai l'orale e intanto non combinavo granché. Nel dicembre 1992 avevo conosciuto l'ex sindaco di Milano Paolo Pillitteri, ex amicone di Antonio Di Pietro, e mi aveva già confidato qualche notevole aneddoto su Tonino, Ninì come lo chiamava lui. Passavo a trovarlo nella ridicola speranza che potesse aiutarmi a trovare lavoro e mi dava udienza anche perché era avvolto da una solitudine impressionante. Un giorno mi mostrò un faldone pieno di appunti infarciti di correzioni illeggibili, voleva una valutazione. La forma faceva abbastanza schifo e glielo dissi, ma gli proposi di fare un libro intervista purché corredato di domande e risposte vere. Pillitteri aveva lottizzato e piazzato giornalisti ai più alti livelli, ora aveva me. Ci mise un po' ad accettare.

A lavoro finito, l'ex sindaco mi favorì due appuntamenti con due editori, ma andò male. Nel febbraio 1994 tentai di mia iniziativa con la romana Newton Compton e sorpresa: accettarono. Mi posero dei tempi di consegna strettissimi così da uscire entro le elezioni del 27 marzo. Ero sbalordito.

L'esame orale da giornalista fu sempre in febbraio. Si doveva discutere una tesina scelta dal candidato e rispondere a un po' di domande. I commissari sbirciarono il voto dello scritto e si compiacquero. Ma poi, di fronte a una commissione composta da magistrati e giornalisti, cominciai a discutere la tesina «Commistioni tra magistrati e giornalisti nell'inchiesta Mani pulite» perché ero fatto così. Un samurai. Anche un po' scemo, a riguardarmi oggi, ma ero uno che non mollava mai. Gli altri aspiranti professionisti sgranarono gli occhi di fronte all'harakiri e l'esame non fu piacevole, durò almeno il doppio del consueto e anche la camera di consiglio si protrasse per un'ora secca. Fui promosso col minimo dei voti, grazie, appresi, a un commissario che poi venne a cercarmi.

Ero finalmente un disoccupato professionista e pensai che l'importante fosse non fermarsi. Cominciai a girare da un avvocato all'altro per raccogliere varie storie di malagiustizia, mia vecchia passione di quando sedicenne militavo nei Radicali. Cercai di condensare queste storie in un altro volume in cerca di fortuna. Ogni tanto ripensavo all'improbabilità di quell'editore straniero, tutte le stranezze, i contanti senza ricevuta, neppure un numero telefonico o un indirizzo dove rintracciarlo. Era sparito e pensai che potesse essere normale in un periodo in cui nulla lo era.

Un vecchio amico di mio padre lavorava alla neonata «Voce» di Montanelli, e provai lì. Erano in overbooking, ma il tizio mi procurò un appuntamento con Maurizio Belpietro, vicedirettore del «Giornale». Quest'ultimo mi accompagnò dal capo della cronaca di Milano, Daniele Vimercati, e gli propose di mettermi alla prova. Ma non mi chiamò mai. Era un ottimo giornalista, era vicino alle posizioni di Bossi e io ero uno che aveva lavorato all'«Avanti!» da abusivo.

Un mattino mi segnalarono uno dei tanti anonimi su Mani pulite che circolavano per le redazioni. C'era una copertina grigia col titolo *Gli omissis di Mani pulite* e risultava edito da una certa «Marshall

Ltd-Irlanda», firmato da Anonimo giornalista. Centonovantadue pagine fitte. Era il mio libro, Anonimo giornalista ero io. Sulla retrocopertina, piccolina, c'era anche la mia foto di quando avevo un anno.

Rimasi di sale. Da una parte la rabbia per quell'incredibile lavoro perduto nell'oceano degli anonimi, dall'altra un timore irrazionale di venire scoperto per aver fatto qualcosa che in realtà non volevo neppure nascondere. Fu difficile non parlarne con nessuno per mesi, per anni. Tanto più quando il settimanale «Panorama», poco tempo dopo, in un trafiletto, fece cenno al volume e titolò *Veleni contro Mani pulite*. Mi raccontarono che alcuni colleghi della giudiziaria si divertirono con la caccia all'autore e seppi che non sospettarono di me perché non mi ritenevano all'altezza.

Il libro intervista con Pillitteri, *Io li conoscevo bene*, uscì a marzo inoltrato. «Panorama» ci dedicò un'intera pagina e altri articoli uscirono sulla «Stampa» e sul «Messaggero». Spesso neppure mi nominavano, ma fui contento anche se dell'argomento principe del libro, Antonio Di Pietro e certi suoi legami imbarazzanti, preferirono non parlare.

Già lavoravo ad altro: la raccolta delle storie di malagiustizia mi appassionava. In luglio, nei giorni del disgraziato Decreto Biondi, il mio amico Luca Josi mi propose di presentarle sotto forma di libro in via di pubblicazione, anche se propriamente non c'era il libro e non c'era l'editore; diceva che si poteva contrapporlo a quanti, a fronte delle lagnanze garantiste, invocavano ogni volta esempi e casi concreti. Nella saletta di un hotel romano, non certo grazie a me, intervennero Vittorio Sgarbi, l'avvocato Nicolò Amato e il professor Paolo Ungari. Uscì un trafiletto sul «Giornale» e uno sul «Corriere della Sera». Fu un risultato, dati i tempi.

Qualche giorno dopo si fece vivo tal Roberto Maggi, già editore di Sgarbi con la sua Larus di Bergamo. Aveva letto il trafiletto sul «Corriere». Disse che il libro gli interessava molto ma tutto venne rimandato a settembre. Gli credetti. Passai l'intero agosto a lavorarci sopra.

In settembre, dopo ripetuti rinvii, Maggi si rese irreperibile e compresi poi perché: stava per pubblicare *La Costituzione italiana: diritti e doveri* commentata da Antonio Di Pietro con prefazione di Francesco Cossiga. Presto avrebbe editato anche due testi di educazione civica sempre firmati dall'ex magistrato. Roberto Maggi cercò di convincermi che aveva grandi progetti e che non avrebbe avuto problemi a pubblicare anche me, perché era un liberale, e la cosa incredibile è che io credetti anche a questo. Continuai a lavorarci. Non ero cretino: ero di mente lineare, poco incline al barocchismo e al retroscena, figlio di mezzi tedeschi, soprattutto crederci era gratis.

Il mio ultimo appuntamento alla Larus di Bergamo fu il 3 febbraio 1995. Attesi due ore in una saletta e poi eccomi nell'ufficio di Maggi, dove appesa al muro c'era una gigantografia di Antonio Di Pietro firmata da Bob Krieger. Mi spiegò che non poteva permettersi di pubblicare il mio lavoro perché l'aveva mostrato all'ex magistrato. In sostanza aveva cercato di farsi bello con lui bloccando il mio libretto. Questo disse, almeno. Rimasi malissimo.

I primi di giugno 1995 ero a Monza a giocare a pallacanestro. Non possedevo un telefono cellulare e sul bordo del campetto d'un tratto comparve mio padre: mi disse che mi stavano cercando urgentemente dal «Giornale», quotidiano che intanto lui era passato a leggere. Finii la partita e solo molto più tardi, da una cabina del telefono, appresi che Di Pietro era stato inquisito a Brescia, e mi proposero di scrivere un articolo tipo «io l'avevo detto» sulla base di quanto avevo già scritto nel libro-intervista a Pillitteri. Dovetti precipitarmi al «Giornale» con la canottiera ancora madida di sudore e ricordo l'orrore negli occhi di Vittorio Feltri che allora se la tirava con l'eleganza british-campagnola. Scrissi un affresco sul reticolo di amicizie discutibili dell'eroe nazionale.

Il giorno dopo, più di un quotidiano fu costretto a inseguirmi. «L'Unità», circa il libro intervista con Pillitteri, scrisse di «veleni», e «la Repubblica» che «il pamphlet rischia di diventare un best seller che pare già depositato agli atti dell'inchiesta di Brescia». Il best seller mi fruttò in tutto 1.081.623 lire.

Cominciai a scrivere sul piccolo quotidiano «L'Opinione» grazie a una raccomandazione di Pillitteri, ma stavano per addensarsi nubi davvero nere.

Procure e redazioni, al tempo, erano invase da scritti anonimi contro la magistratura milanese, e si prospettava l'ombra di un Mister X che fungesse da suggeritore dei cosiddetti veleni indirizzati contro Di Pietro. Il clima da spy-story era a mille. Il 3 luglio 1995 sul «Giornale» lessi questo titolo: *Mister X era già in un libro di due anni fa*. Sottotitolo: *Un memoriale anonimo pubblicizzò tutti i veleni e gli omissis del gruppo di Mani pulite*. Testo: «Oggi andrebbe a ruba. Allora, nel maggio 1993, circolò per il tribunale come i samizdat clandestini del dissenso russo. *Gli omissis di Mani pulite*, un pamphlet di 192 pagine, raccontava già tutto. Gli anonimi e i Mister X che sono venuti dopo avevano alle spalle quel superdossier».

Avevo la certezza che non sarebbe finita lì. Ebbi l'irrazionale sensazione che qualcuno mi stesse cercando.

Non mi trovò la Spectre, ma Stefano Zurlo del «Giornale». Mi telefonò e mi chiese esplicitamente se Mister X fossi io. Negai. Per giorni. A un mio generalizzato timore si accompagnava la consapevolezza che la storia dell'inglese che scippa i libri dei giovani cronisti era incredibile, nel senso di poco credibile.

Cedetti, ovviamente. La verità per la verità interessava relativamente, lo sapevo bene: la scoperta di un ingenuo Mister X probabilmente avrebbe potuto smentire chi prefigurava dei potenti burattinai di centrodestra dietro la diffusione dei dossier anonimi. Decisi di correre il rischio. Al «Giornale» incontrai Maurizio Belpietro per la quinta volta in una quinta veste diversa: prima ero stato un imberbe che cercava lavoro, poi l'autore di un libro intervista con Pillitteri, poi l'autore di un libro inesistente su casi di malagiustizia, poi un giocatore di basket avvolto da un alone non propriamente di mistero, ora un Mister X di ventotto anni che viveva al quartiere Giambellino. Gli chiesi come avessero fatto ad arrivare a me e mi rispose che mi aveva riconosciuto dalla foto di bambino stampata dietro il dossier.

«Il Giornale», il 24 luglio, aprì la prima pagina con uno spaventoso titolone: *Ecco l'autore del dossier Di Pietro*. Sottotitolo: *Filippo Facci, un giovane cronista dell'«Avanti!», scrisse due anni fa un rapporto in cui anticipava le accuse all'eroe di Mani pulite*. Si insisteva ancora col «samizdat clandestino del dissenso russo». Stavo per finire in un mare di guai.

La Procura di Brescia mi convocò e mi interrogò per sei ore: il samizdat russo finì agli atti. Anche il libro intervista con Pillitteri era già finito agli atti. Vi finì anche la faccenda del libro sui casi di malagiustizia fermato dalla Larus. Mi chiesero del presunto editore inglese o irlandese e risposi che mi si era presentato come «Olinco» o forse «Holinko», non avevo mai visto il suo nome per iscritto. Gli inquirenti, com'era prevedibile, mi chiesero se avessi mai ricevuto altri dossier anonimi e gli consegnai quelli che avevo. Vollero sapere se li avessi utilizzati per scrivere il mio libro e li invitai a verificare che in qualche caso li avevo addirittura smentiti. Il giorno dopo, sul «Giornale»: *Caso Di Pietro, cronista sotto torchio*. Sottotitolo: *Sei ore e mezzo senza neanche una pausa caffè*.

Pochi giorni dopo trovai la casa perquisita e devastata da chi cercava chissà che cosa. Non mancava nulla, a parte qualche documento poco significante. Sporsi denuncia alla polizia e fui interrogato di nuovo a Brescia.

Settembre coincise con propositi di rinnovata normalità: scrivevo sempre per «L'Opinione», mi concentravo sul lato oscuro di Antonio Di Pietro e setacciavo nuovi casi di malagiustizia. Ogni tanto, almeno una volta alla settimana, sentivo Craxi al telefono. Mi chiamava lui. Gli piaceva che io venissi praticamente dal nulla, per quanto poteva saperne.

Il 12 settembre 1995 sulla «Repubblica» uscì un articolone titolato *Il Mistero Holinko*. Sottotitolo: *Salamone indaga su un libro contro Mani pulite*. Un estratto:

> Chi è il signor Anthony Holinko? E chi si nasconde dietro la Marshall Ltd, casa editrice fantasma con sede forse a Dublino? La Digos bresciana sta indagando sul misterioso emissario dell'ancor più misteriosa Marshall, la casa editrice che nel '93 pubblicò il libro *Gli omissis di Mani pulite*, un pamphlet che in Italia circolò semiclandestino, spesso in fotocopie, e che anticipava alcuni dei temi recenti delle accuse contro Di Pietro. Il pm Salamone sta cercando di capire se esistono dei legami tra la casa editrice irlandese e un'altra entità oscura apparsa sullo scenario recente di Mani pulite, l'agenzia investigativa americana ma con ufficio di corrispondenza a Parigi che avrebbe svolto, per conto di chissà chi, lunghe indagini sul passato dello scopritore di Tangentopoli.

Brescia. Dublino. L'America. Parigi. Il Giambellino.

Un mattino mi contattò l'ex mezzobusto del Tg2 Alda D'Eusanio, mai conosciuta prima. Disse che aveva letto le mie disavventure e mi elencò dei colleghi che le avevano parlato bene di me, tutti nomi però a me sconosciuti. La incontrai a Roma e mi spiegò che per il programma «L'Italia in diretta», su Raidue, avrei potuto fare dei servizi su casi di malagiustizia purché non trattassero di politici. Accettai e iniziai la trafila per il contratto. Pensai che potessero c'entrare Pillitteri o Craxi.

Il 14 settembre ero ancora a Monza a giocare a pallacanestro. Trillò il cellulare che mi ero finalmente procurato: era Craxi. Cercai di capire se c'entrasse con la faccenda di Raidue: «La conduttrice mi ha parlato di come si potrebbe trattare il tema del garantismo», gli dissi, omettendo nomi e cognomi come era d'uso. Ma non riuscii a capire. La conclusione della telefonata, testuale, fu la seguente:

> *Craxi*: A te ti controlleranno il telefono, devo supporre...
> *Facci*: Sì, forse, ma non è un problema...
> *Craxi* (*scherzoso*): Nessunissimo problema, neanch'io nessunissimo problema...

In realtà c'era problema. Aspettando la Rai, mi ributtai sull'«Opinione» e su Di Pietro, tema che tirava molto. Furoreggiava l'inchiesta su Affittopoli e io mi ero fissato di trovare i dati sull'appartamento a equo canone che il Fondo pensioni Cariplo aveva concesso all'ex magistrato alla fine degli anni Ottanta. Ne avevo già scritto nel mio libro fantasma e nel mio libro intervista a Pillitteri, con tanto di indirizzo, ma la notizia non era mai deflagrata. Mi procurai lo schedario del Fondo pensioni Cariplo e un funzionario mi diede tutte le conferme del caso. Mi capitò di parlarne al telefono col mio amico Luca Josi. Sinché un mattino, per coincidenze varie, capii che «il Giornale» avrebbe probabilmente sparato la notizia l'indomani e mi prese il panico. Allertai il direttore dell'«Opinione», Arturo Diaconale, e scrissi l'articolo in un battibaleno. Nel tentativo di anticipare «il Giornale» telefonai a tutte le agenzie di stampa perché preannunciassero quel che «L'Opinione» avrebbe pubblicato, ma servì a poco. «Il Giornale» l'indomani sparò la notizia in prima pagina e quasi nessuno si accorse che sull'«Opinione» ne avevo scritto anch'io. Era il 22 settembre.

Il pandemonio fu il 29 settembre. Il pubblico ministero Paolo Ielo, al Tribunale di Milano, denunciò «campagne giornalistiche coordinate da Hammamet» e citò espressamente gli articoli che «il Giornale» aveva dedicato all'equo canone di Di Pietro: disse che la diffusione della notizia era stata pilotata da Craxi a Vittorio Feltri, e la riprova, aggiunse, ne era un'intercettazione telefonica tra Craxi e Luca Josi, il mio amico. Feltri venne additato come un robot craxiano e i telegiornali di mezzogiorno si scatenarono. Io ci misi poco a capire com'era andata davvero: io avevo parlato a Josi dell'articolo che stavo preparando per «L'Opinione» e lui probabilmente ne aveva fatto cenno a Craxi, ma le varie telefonate erano state intercettate e i magistrati avevano capito che si parlasse di un articolo per «il Giornale» anziché per «L'Opinione». Passai una mezz'ora disperata: che fare? Esporsi di nuovo? Temevo per il mio contratto con la Rai.

Mi esposi, chiaro. Telefonai al «Giornale» e feci pure fatica a farmi ascoltare. Il giorno dopo, morale, ecco un'altra intervista dove spiegavo tutta la dinamica. Vittorio Feltri titolò il suo editoriale *Esigiamo pubbliche scuse* e però scrisse così: «Filippo Facci, e non un mio redattore, ha attinto notizie da fonte socialista riguardo a Di Pietro ... "L'Opinione" ha pubblicato la notizia in questione proprio su segnalazione di Luca Josi. Facci, che è persona onesta, ammette tutto ciò in un'intervista che riportiamo». Ma come? Era il contrario della verità: io nell'intervista non dicevo niente del genere, non avevo attinto a nessuna fonte socialista, avevo solo parlato a Josi di un articolo che stavo preparando. Ma niente da fare, Feltri ripeté le stesse cose al «Messaggero» e alla «Repubblica». In un'intervista al «Corriere della Sera» giunse a dire: «Avevo ragione. Abbiamo rintracciato Filippo Facci il quale ci ha confermato quel che sospettavamo». Cioè: adesso erano stati loro ad aver capito, e ad aver rintracciato me, ricettore di notizie provenienti da Hammamet.

Il robot craxiano ero diventato io. Telefonai al «Giornale» e l'indomani fu abbozzata una rettifica dallo stesso Feltri, ma era tardi: un altro delirante articolo di un cronista giudiziario, sempre e incredibilmente sul «Giornale» dello stesso giorno, mi citava tra gli «irriducibili collaboratori di Craxi» e cercava di dimostrare chissà che cosa con un collage di intercettazioni varie. Intanto «la Repubblica» titolava *Craxi, il burattinaio* e il «Corriere della Sera» *È Craxi il segretario di Forza Italia*. Tutti i giornali pubblicarono centinaia di intercettazioni tra Craxi e il resto del mondo. Altri telefonisti craxiani erano Veronica Lario, moglie di Silvio Berlusconi, e giornalisti come Enrico Mentana, Emilio Fede e Bruno Vespa. Un altro telefonista, Alessandro Caprettini, direttore dell'«Italia settimanale», fu licenziato. Il mio ex compagno di scrivania all'«Avanti!» Luca Mantovani, portavoce del parlamentare di Forza Italia Vittorio Dotti, fu licenziato a sua volta perché aveva spedito a Craxi la copia di un'interrogazione parlamentare. Mancavo io.

Tra i telefonisti c'era anche Alda D'Eusanio, l'ex mezzobusto che mi aveva proposto il lavoro alla Rai. I giornali pubblicarono un'intercettazione dove lei diceva a Craxi «Sarò la tua voce» e l'associarono a un'altra intercettazione, questa:

> *Craxi*: A te ti controlleranno il telefono, devo supporre…
> *Facci*: Sì, forse, ma non è un problema…
> *Craxi* (*scherzoso*): Nessunissimo problema, neanch'io nessunissimo problema…

C'era problema. «L'Unità» del 5 ottobre deprecava il mio «contratto milionario» (66 milioni di lire lordi per un anno) e tre interpellanze parlamentari fecero il resto. Il contratto venne stracciato con il consenso del presidente della Rai Letizia Moratti. In sintesi: avevo dato una notizia vera, l'equo canone goduto da Di Pietro, e avevo perso il lavoro.

Nel giorno in cui «l'Unità» sanciva la fine di ogni mia velleità contrattuale, oltretutto, «Panorama» mi ritirava in ballo per il libro fantasma: un lungo e complicato articolo citava un dossier anonimo che avevo consegnato alla Procura di Brescia, uno dei tanti, e lo definiva «in stile Fbi». Si ritirava in ballo il samizdat russo o irlandese scritto al Giambellino. Il quotidiano «L'Indipendente» titolò *Di Pietro spiato dai servizi segreti*, citandomi.

Avevo ventott'anni, volevo fare il giornalista.

Nel periodo successivo divenni una specie di pendolare tra Milano e Brescia, nella duplice veste di cronista e di testimone. Di Pietro ormai era nel mio destino. Un'altra mia inchiesta sull'«Opinione», dopo una testimonianza che rilasciai sempre a Brescia, fece aprire un filone d'indagine contro l'ex magistrato per alcune sue presunte concussioni al ministero della Giustizia. Senza farla troppo lunga: mi sarebbe capitato di far iscrivere Di Pietro nel registro degli indagati altre due volte.

Di Pietro mi seppellì di querele e mi denunciò anche per calunnia. In una memoria difensiva chiese di appurare i miei rapporti con Craxi e di inoltrare rogatorie internazionali in Irlanda. Quando si discusse il rinvio a giudizio per calunnia, pochi mesi dopo, l'udienza preliminare durò sei ore e io e Di Pietro sfiorammo lo scontro fisico. L'ex magistrato ce l'aveva in particolare col mio libro fantasma: «È da quel dossier» disse «che sono cominciati tutti i miei guai». Ma quel dossier, che diversamente da altri non era un dossier ma solo un disperato e tentato libro, diceva tutte cose vere. Cose che reggono, ancor oggi, la prova del tempo. Fui prosciolto.

L'aria cambiò lentamente, ma cambiò. Le storie di malagiustizia che riuscivo a trovare, grazie al rinnovato garantismo berlusconiano e al mio buon rapporto con Maurizio Belpietro, ottennero spazio sul «Giornale». Presi a collaborare anche con «Il Foglio» di Giuliano Ferrara. Ogni tanto, per esempio su «Panorama», uscivano articoli imbarazzanti che mi esaltavano come «il cronista che sapeva troppo». Un quotidiano di Trento, non trovandomi, e in mancanza d'altro, intervistò mio padre. Dopo vari tentativi nel 1996 riuscii a trovare un editore anche per il libro sui casi di malagiustizia, intitolato *Presunti colpevoli*: lo pubblicò Mondadori. Altri giornali si soffermarono sul mio caso e a dirla giusta fu «Il Foglio»: «Dopo tre anni di peregrinazioni, Filippo Facci ha trovato l'editore, ma più probabilmente le condizioni politiche». Era la verità.

Le stesse condizioni politiche, un anno dopo, mi permisero di pubblicare una prima biografia su Antonio Di Pietro sempre per Mondadori. Temendo chissà che cosa, Di Pietro disse alla «Repubblica»: «So cosa vogliono fare, ... chi lo fa. E ho preso le mie contromisure. Anzi vorrei dare un consiglio: chi sta realizzando la diffusione di un pamphlet che mi riguarda, ci pensi due volte».

Il libro uscì lo stesso. In autunno, davanti al palazzo di giustizia milanese, per la stupida legge dei corsi e ricorsi, ci fu una manifestazione del centrodestra in cui il libro fu addirittura agitato da qualche manifestante, o questo almeno lessi.

I primi di giugno 1999 ero di nuovo a Monza a giocare a pallacanestro quando un mio compagno di squadra mi disse che alla sua fidanzata, studentessa alla Cattolica, avevano chiesto di me durante un esame. Impossibile, dissi.

Era vero. L'esame era Storia del giornalismo italiano e nel tomo intitolato appunto *Storia del giornalismo italiano dalle origini ai giorni nostri*, a pagina 366, c'era un capitoletto titolato «Le fonti e le disavventure delle notizie». Si parlava di «tre casi limite, espressione di tre diversi momenti della storia italiana: portano il nome di Zicari, Pecorelli e Facci».

Di Giorgio Zicari ricordavo che era talmente ben informato che l'accusarono di essere colluso coi servizi segreti, di Mino Pecorelli che ebbe la fama di ricattatore prima di essere preso a revolverate nel 1979. Il terzo ero io.

> Curiosa e ambigua la vicenda di Filippo Facci, un giovane di 26 anni nel 1993, che rimane disoccupato quando l'«Avanti!» chiude il 31 dicembre 1992. Il quotidiano del Partito socialista, fondato il 25 dicembre 1896 da Leonida Bissolati, viene travolto dallo scandalo di Tangentopoli che distrugge la carriera politica di Bettino Craxi, costretto a fuggire in esilio nella sua villa di Hammamet, Tunisia. Facci è autore di un libro intervista al cognato di Craxi, Paolo Pillitteri, ex sindaco di Milano. S'intitola *Io li conoscevo bene*. Nel 1993, colleziona particolari e notizie su Antonio Di Pietro, ne escono centonovantadue pagine che documentano le amicizie pericolose del pubblico ministero più famoso d'Italia e simbolo del rinnovamento morale. Il dattiloscritto viene pagato 4 milioni da un oscuro personaggio, sedicente editore di una piccola casa editrice irlandese. Alcuni mesi dopo, pagine del libro iniziano a comparire sui quotidiani ma il volume ancora non è stampato. Circolerà in seguito clandestinamente. I contenuti entreranno nell'inchiesta giudiziaria su Di Pietro che si concluderà a Brescia nel marzo 1996 con il proscioglimento dell'ex magistrato.

In autunno ricevetti qualche invito residuo a presentare la biografia su Di Pietro, e uno mi colpì in particolare: era del Rotary Club Milano Giardini, accanto al palazzo della stampa dove c'era la redazione dell'«Avanti!». Il giornalista che mi aveva invitato era lo stesso che anni prima aveva impaginato quel *Di Pietro, facci sognare* che troneggiava sulla copertina di «TV Sorrisi e Canzoni». Fu lui a dirmelo.

Quella sera, per farmi voler bene, dissi subito qualcosa che ripeto ancor oggi: «Negli anni di Mani pulite, la percentuale di italiani favorevoli ad Antonio Di Pietro ha oscillato tra il 90 e il 95 per cento. Se mi applaudite, ora, presumo che sia perché al tempo rientravate in quel residuo 5-10 per cento».

Nel maggio 2000, vagando per Milano in motorino, imboccai sparato via Giulio Uberti in netto contromano: un'auto blu dovette inchiodare e rischiò seriamente di mettermi sotto, la ruota anteriore del mio scooter si fermò a non più di un centimetro dal suo paraurti. Alzai il braccio per scusarmi. Mi avvicinai e vidi che alla guida c'era il pubblico ministero Paolo Ielo, autore peraltro di un paio di querele contro di me. Sembrava impietrito. Abbassò il finestrino e mi disse: «Facci, ma se poi ti mettevo sotto, chi ci credeva che era colpa tua?».

Antonio Di Pietro, per molti anni, rifiutò ogni invito in programmi televisivi dove fosse prevista la mia presenza. Ha cambiato atteggiamento dal 2005 in poi.

Dei colleghi che uscivano dalla sala stampa quando vi entravo io, ora, almeno quattro sono discreti amici. Il collega che mi accusò d'aver pubblicato dei verbali falsi è passato a scrivere gialli metropolitani, come in fondo faceva già allora. L'altro collega che m'accusò di aver favorito la fuga di un dirigente socialista ha sposato una mia amica. Nel tardo agosto 2009, con il ritorno di Vittorio Feltri in via Negri, ho abbandonato «il Giornale» dopo quindici anni. Il collega che fece un collage di intercettazioni telefoniche sul «Giornale» e fece strappare il mio contratto, Gianluigi Nuzzi, oggi condivide il mio stesso incarico – inviato speciale a «Libero» – sotto il mio stesso direttore, Maurizio Belpietro.

Dal 1992 a oggi è passata una mezza generazione e ci sono giovani e meno giovani che di Antonio Di Pietro sanno a malapena che faceva il magistrato. Credo di aver scritto questo libro anche per loro.

Note

Preludio

[1] La circostanza è emersa nel corso dell'udienza del 18 febbraio 2005, come da Ansa dello stesso giorno.

[2] Ansa, 8 marzo 2002.

[3] Colloquio con l'autore, marzo e giugno 2009.

[4] Ansa, 17 aprile 2002.

[5] L'articolo 51 del Codice deontologico degli avvocati spiega che «l'assunzione di un incarico professionale contro un ex cliente è ammessa quando sia trascorso almeno un biennio dalla cessazione del rapporto professionale e l'oggetto del nuovo incarico sia estraneo a quello espletato in precedenza». L'incarico da parte di Pasqualino Cianci arrivò nel marzo 2002, e il 19 di quello stesso mese Di Pietro passò a difendere i famigliari della defunta. Lo stesso articolo 51 chiarisce che «in ogni caso è fatto divieto all'avvocato di utilizzare notizie acquisite in ragione del rapporto professionale già esaurito».

[6] ApCom, 8 novembre 2007.

[7] «La condotta del professionista» si legge nelle motivazioni della decisione «integra certamente la violazione dei doveri di lealtà, correttezza e di fedeltà (artt. 5, 6, 7 del Codice deontologico forense) nei confronti della parte assistita e integra altresì l'illecito previsto dall'articolo 51 del Codice deontologico forense.» Una norma che fa espresso divieto al legale di «assumere incarico contro un ex cliente, in particolare quando il nuovo incarico è inerente lo stesso procedimento nel quale è stato espletato l'incarico precedente». A seguito degli accertamenti svolti e della sussistenza degli illeciti contestati «non può che conseguire la sanzione disciplinare» calcolata in tre mesi di sospensione dall'esercizio della funzione di avvocato in quanto «adeguata alla gravità dell'illecito compiuto». La sospensione è intercorsa dal 15 luglio al 15 ottobre 2009.

[8] Colloquio con l'autore, giugno 2009.

I. *Da contadino a immigrato*

[1] Paolo Colonnello, Piero Degli Antoni, Marco Rota e Rossella Verga, *Antonio Di Pietro*, Napoli, Pironti, 1992, p. 12; Fabrizio Rizzi, *I giudici di Milano*, Quart (Valle d'Aosta), Musumeci, 1993, p. 58.

[2] Bruno Vespa, *Telecamera con vista*, Milano, Mondadori, 1993, p. 16.

[3] Bruno Vespa ha raccolto questa testimonianza di Di Pietro: «Quando morì mio padre dovetti scegliere: lasciare tutto o rendere abitabile la masseria. Lo sa che non c'era nemmeno il cesso?» (*ivi*, p. 15).

[4] Luigi Moncalvo, *Di Pietro. Il giudice terremoto, l'uomo della speranza*, Milano, Edizioni Paoline, 1992, pp. 24-25.

[5] «La Repubblica», 3 gennaio 1996.

[6] L. Moncalvo, *Di Pietro*, cit., p. 19.

[7] *Ivi*, p. 73.

[8] *Ivi*, p. 93.

[9] P. Colonnello, P. Degli Antoni, M. Rota e R. Verga, *Antonio Di Pietro*, cit., p. 29.

II. *Da immigrato a poliziotto*

[1] Le bozze autografe sono state fornite da Luigi Moncalvo, quelle della biografia di Pironti erano già state oggetto di un articolo (*Il corruttore di bozze*) scritto da Riccardo Bocca per «Cuore» del 17 giugno 1995.

[2] L. Moncalvo, *Di Pietro*, cit., p. 87.

[3] *Ivi*, pp. 222-23.

[4] Colloquio con l'autore, settembre 1997.

[5] L. Moncalvo, *Di Pietro*, cit., p. 87.

[6] Gli interessati hanno confermato la circostanza.

[7] Roberto Maggi, *La verità di Di Pietro*, Bergamo, Larus, 1996, p. 23.

[8] Antonio Di Pietro, *La mia politica*, suppl. a «MicroMega», 3, 1997, p. 32.

[9] Massimo Brutti, ex presidente del comitato parlamentare sui servizi segreti, affermò durante la trasmissione «Linea 3» (citata in «Corriere della Sera», 17 gennaio 1996): «Non mi risulta che Di Pietro abbia mai fatto parte dei servizi».

[10] L. Moncalvo, *Di Pietro*, cit., p. 100.

[11] A. Di Pietro, *La mia politica*, cit., risguardo di copertina.

[12] «Il Foglio», 28 e 29 gennaio 1997.

[13] Agostino Ruju è morto il 3 gennaio 2001 prima che la sua vicenda giudiziaria si concludesse.

[14] «Corriere della Sera», 24 giugno 1997.

[15] Colloquio con l'autore, giugno 1997.

[16] Interrogatorio di Antonio Di Pietro a Brescia, 2 luglio 1995, p. 3.

[17] P. Colonnello, P. Degli Antoni, M. Rota e R. Verga, *Antonio Di Pietro*, cit., p. 49.

[18] L'11 dicembre 1996 Stornelli è stato condannato in appello a tre anni per corruzione.

[19] P. Colonnello, P. Degli Antoni, M. Rota e R. Verga, *Antonio Di Pietro*, cit., p. 43.

[20] «Il Giornale», 9 dicembre 1996. Il 4 luglio 2008, sul «Velino», Carnevale preciserà: «Oggi mi pento di aver fatto promuovere Di Pietro al concorso».

III. *Da poliziotto a magistrato*

[1] P. Colonnello, P. Degli Antoni, M. Rota e R. Verga, *Antonio Di Pietro*, cit., p. 71.

[2] *Ivi*, p. 73.

[3] L. Moncalvo, *Di Pietro*, cit., p. 118.

[4] La frase, frutto di una conversazione telefonica tra Mafferri e Moncalvo, è stata espunta dalla citata biografia scritta da quest'ultimo.

[5] Nell'autunno del 1992 Fabrizio Pavan e Cinzia Astolfo presenteranno un'inquietante denuncia ai carabinieri: il 10 settembre 1992, a loro dire, si rivolse a loro un emissario poi identificato come Paolo Pagnoni. «Cinzia, tu sul suo conto [*di Di Pietro*] sai molte cose, è arrivato il momento di raccontarle» avrebbe detto Pagnoni, prima di invitarli a firmare una testimonianza (falsa a detta di Pavan e Astolfo, vera a detta di Pagnoni) secondo la quale Di Pietro era cocainomane. Per questa ammissione, hanno raccontato i denuncianti, sarebbero stati premiati, se avessero accettato, con 5 miliardi di lire. Il colloquio con Pagnoni fu registrato. Della denuncia si occupò dapprima Roberto Zuliani, capitano dei carabinieri stretto collaboratore di Di Pietro. La vicenda è finita in nulla.

[6] «L'Eco di Bergamo», 21 ottobre 1983.

[7] Procedimento penale n. 9838/83 del 6 marzo 1984.

[8] Citata dal verbale d'adunanza della Corte d'appello di Brescia dell'8 ottobre 1984, presidente Alfonso Squarotti.

[9] Colloquio con l'autore, settembre 1997.

[10] Colloquio con l'autore, settembre 1997.

IV. *Ninì*

[1] L. Moncalvo, *Di Pietro*, cit., p. 117.

[2] «Corriere della Sera», 9 luglio 1997.

[3] «Il Giornale», 23 dicembre 1995.

[4] Verbale del compartimento di polizia stradale del 2 dicembre 1987, ore 13.00.

[5] Sentenza del Tribunale di Alessandria in data 26 maggio 1988.

[6] Trascrizione dibattimentale del 16 giugno 1988.

[7] Sentenza di non luogo a procedere del gup di Brescia Roberto Spanò in data 22 febbraio 1996.

[8] Luigi Ferrarella, *L'intruso*, Arezzo, Limina, 1992, pp. 197-98.

[9] Sentenza d'appello in data 22 ottobre 1988.

[10] Gianni Barbacetto e Elio Veltri, *Milano degli scandali*, Bari, Laterza, 1991.

[11] Elio Veltri, *Da Craxi a Craxi*, Bari, Laterza, 1993, p. 235.

[12] Gianni Barbacetto, Peter Gomez e Marco Travaglio, *Mani pulite, la vera storia*, Roma, Editori Riuniti, 2002, p. 684.

[13] «Il Giornale», 19 ottobre 1996.

[14] «Proposta per una realizzazione organica e funzionale di automazione integrata del sistema penale».

[15] Memoria difensiva di Antonio Di Pietro, presentata a Brescia il 29 novembre 1995.

[16] Verbali Com. Aut. del 10 e 19 ottobre 1989.

[17] Lettera di Umberto Loi a Di Pietro, 10 maggio 1991, in verbali Com. Aut. del 10 e 19 ottobre 1989.

[18] Interrogatorio di Fabio Racchi a Brescia in data 9 novembre 1995.

[19] La sentenza di non luogo a procedere del gup di Brescia Roberto Spanò in data 22 febbraio 1996 annoterà tuttavia che «la concussione Gaspari poggia sul presupposto erroneo dell'assegnazione a Di Pietro del processo cd. Oltrepò Pavese fino al 20.12.1990, mentre risulta per tabulas che l'imputato presentò richiesta di astensione già il 3.11.1989».

[20] Interrogatorio di Luciano Pazzucconi a Brescia in data 9 novembre 1995.

[21] «Il Giornale», 4 dicembre 1995.
[22] *Ibid.*
[23] Interrogatorio di Adolfo Beria di Argentine a Brescia in data 9 ottobre 1995.
[24] «Il Giornale», 7 marzo 1996.
[25] *Ibid.*
[26] Enrico Nascimbeni e Andrea Pamparana, *Le Mani pulite*, Milano, Mondadori, 1992, p. 107.
[27] «L'Espresso», 23 marzo 1997.
[28] Colloquio con l'autore, gennaio 1993. Il tema è stato poi ampiamente ripreso in Paolo Pillitteri e Filippo Facci, *Io li conoscevo bene*, Roma, Newton Compton, 1994.
[29] P. Pillitteri e F. Facci, *Io li conoscevo bene*, cit., e «L'Opinione», 29 settembre 1995.
[30] Riccardo Bocca, in «Cuore», 17 giugno 1995.
[31] P. Colonnello, P. Degli Antoni, M. Rota e R. Verga, *Antonio Di Pietro*, cit., p. 157.
[32] Memoria difensiva di Antonio Di Pietro presentata a Brescia il 29 novembre 1995.
[33] *Ibid.*

V. *Prima della pioggia*

[1] Sentenza del tribunale di Brescia del 29 gennaio 1997.
[2] *Ibid.*
[3] «Il Giornale», 23 dicembre 1995.
[4] «Panorama», 4 settembre 1997.
[5] La data dell'intercettazione telefonica, disposta dalla Procura di Brescia, è riportata in maniera errata. Si legge: «Telef. nr. 846 del 07.96.95». Verosimilmente trattasi del 7 novembre 1995.
[6] «Il Giornale», 23 dicembre 1995.
[7] Sentenza del Tribunale di Brescia del 29 gennaio 1997.
[8] «Il Giornale», 23 dicembre 1995.
[9] E. Nascimbeni e A. Pamparana, *Le Mani pulite*, cit., p. 107.
[10] L. Ferrarella, *L'intruso*, cit., p. 198.
[11] Colloquio con l'autore, dicembre 1992.

VI. *1992*

[1] Antonio Di Pietro, *Intervista su Tangentopoli*, a cura di Giovanni Valentini, Bari, Laterza, 2000, p. 15.
[2] *Ivi*, pp. 4 e 14.
[3] Marcella Andreoli, *Borrelli direttore d'orchestra*, Milano, Baldini & Castoldi, 1998, p. 17.
[4] A. Di Pietro, *Intervista su Tangentopoli*, cit., p. 40.
[5] *Ivi*, pp. 35 e 36.
[6] P. Colonnello, P. Degli Antoni, M. Rota e R. Verga, *Antonio Di Pietro*, cit., p. 144.
[7] «Il Giornale», 21 settembre 1997.
[8] Gherardo Colombo, *Il vizio della memoria*, Milano, Feltrinelli, 1997, p. 146.

[9] «Prima comunicazione», maggio 1993.

[10] «Corriere della Sera» e «Il Mattino», 16 febbraio 2002.

[11] Enzo Carra, *Il caso Citaristi*, Palermo, Sellerio, 1999, p. 139.

[12] «Prima comunicazione», maggio 1993.

[13] «Il Giornale», 17 ottobre 2005.

[14] «Prima comunicazione», maggio 1993.

[15] Ispezione ministeriale del 4 agosto 1995, relazione conclusiva depositata il 3 settembre 1996.

[16] Cit. in «il Giornale», 27 luglio 2007.

[17] P. Colonnello, P. Degli Antoni, M. Rota e R. Verga, *Antonio Di Pietro*, cit., p. 203.

[18] Antonio Carlucci e Antonio Di Pietro, *Grazie Tonino. Le lettere degli italiani al giudice di Mani pulite*, Milano, Baldini&Castoldi, 1995, p. 10.

[19] *Ivi*, p. 67.

[20] «Corriere della Sera», 7, 11 e 13 maggio 1992.

[21] «Il Giornale di Napoli», 29 ottobre 1991.

[22] «La Repubblica», 9 gennaio 1992.

[23] «L'Unità», 12 marzo 1992.

[24] «Il Giornale», 4 agosto 1995.

[25] Roberto Mongini, *Gli impuniti. Storie di ordinaria corruzione*, Milano, Sperling & Kupfer, 1992, p. 13.

[26] *Ivi*, p. 3.

[27] G. Colombo, *Il vizio della memoria*, cit., p. 133.

[28] A. Di Pietro, *Intervista su Tangentopoli*, cit., pp. 38-39.

[29] David Grieco, *Parla Greganti*, Milano, Bompiani, 1995, pp. 33-34.

[30] P. Colonnello, P. Degli Antoni, M. Rota e R. Verga, *Antonio Di Pietro*, cit., p. 143.

[31] A. Carlucci e A. Di Pietro, *Grazie Tonino*, cit., p. 80.

[32] E. Nascimbeni e A. Pamparana, *Le Mani pulite*, cit., p. 96.

[33] E. Carra, *Il caso Citaristi*, cit., p. 139.

[34] Giovanni Fasanella e Giovanni Pellegrino, *La guerra civile. Da Salò a Berlusconi. Perché in Italia la guerra civile non si è ancora conclusa? I protagonisti e le storie di uno scontro che dura da più di sessantanni*, Milano, Biblioteca Universale Rizzoli, 2005, pp. 138-39.

[35] «Il Giornale», 7 ottobre 1997.

[36] G. Colombo, *Il vizio della memoria*, cit., p. 133.

[37] P. Colonnello, P. Degli Antoni, M. Rota e R. Verga, *Antonio Di Pietro*, cit., p. 186.

[38] Ispezione ministeriale del 4 agosto 1995, relazione conclusiva depositata il 3 settembre 1996.

[39] «Corriere della Sera», 9 dicembre 2008.

[40] G. Colombo, *Il vizio della memoria*, cit., p. 146.

[41] Bettino Craxi, *Il Caso C*, suppl. a «Critica Sociale» (Milano), 2/3, 1995.

[42] Bettino Craxi, *Rosso giallo nero sporco e grigio*, Giornalisti editori, Milano, 1997, pp. 29-33.

[43] Bruno Vespa, *Il duello. Chi vincerà nello scontro finale*, Milano, Mondadori, 1995, pp. 352-53.

[44] Il Comitato, presieduto da Massimo Brutti del Pds, annoterà tuttavia: «Sembra contraddittorio che Parisi consegnasse a Craxi i tabulati, cioè un'arma che poteva servire a rendere più duro l'attacco contro Di Pietro, proprio nel momento in cui stabiliva un contatto con l'ex presidente del Consiglio, per sollecitare da parte

sua un'attenuazione delle polemiche ... È invece possibile che li abbia acquisiti non nel settembre 1992, ma più tardi». L'autore, tuttavia, ebbe modo di visionare gli stessi tabulati in un periodo immediatamente successivo.

45 Elio Veltri, *Da Craxi a Craxi*, Bari, Laterza, 1993, p. 252.

46 Rispettivamente su «La Stampa», «Il Giorno» e il «Corriere della Sera», 2 novembre 1992.

47 «Visto», 14 novembre 1992.

48 «Il Venerdì di Repubblica», 17 ottobre 1997.

49 «Il Giornale», 15 novembre 1996.

50 Carlo Bonini e Francesco Misiani, *La toga rossa*, Marco Tropea, Milano, 1998, p. 170.

51 Tutte le citazioni sono tratte da L. Moncalvo, *Di Pietro*, cit., pp. 192-222.

52 C. Bonini e F. Misiani, *La toga rossa*, cit., p. 181.

53 Marcella Andreoli, *Andavamo in piazza Duomo. Un'Italia da cancellare: il capo, la moglie, la sorella, il cognato, il figlio, i compagni, gli arrampicatori e i nuovi ricchi nella testimonianza di Mario Chiesa*, Milano, Sperling & Kupfer, 1993, p. 124.

54 Piercamillo Davigo, *La giubba del re. Intervista sulla corruzione*, a cura di Davide Pinardi, Bari, Laterza, 1998-2004, p. 117.

55 Ispezione ministeriale del 4 agosto 1995, relazione conclusiva depositata il 3 settembre 1996.

56 «La Repubblica», 9 gennaio 1993.

VII. *1993*

1 G. Fasanella e G. Pellegrino, *La guerra civile*, cit., p. 145.

2 P. Davigo, *La giubba del re*, cit., p. 209.

3 «Il Giornale», 17 ottobre 2005.

4 G. Barbacetto, P. Gomez e M. Travaglio, *Mani pulite*, cit., pp. 693-94.

5 «L'Europeo», 5 marzo 1993.

6 A. Carlucci e A. Di Pietro, *Grazie Tonino*, cit., p. 120.

7 Il registratore non aveva funzionato e fu sottoscritta una comune dichiarazione: «Si dà atto che ad un certo punto del confronto l'avvocato Chiusano ha pronunciato la frase "Prada, con lei ci vediamo fuori"». La circostanza è documentata nel libro di Paolo Griseri, Massimo Novelli e Marco Travaglio, *Il processo*, Roma, Editori Riuniti, 1997, pp. 51-60.

8 «Corriere della Sera», 25 marzo 1994.

9 P. Griseri, M. Novelli e M. Travaglio, *Il processo*, cit., p. 102.

10 Bruno Vespa, *La sfida*, Milano Mondadori, 1997, p. 362.

11 *Ibid.*

12 *Ivi*, p. 359.

13 *Ivi*, p. 360.

14 D. Grieco, *Parla Greganti*, cit., pp. 6-7.

15 «Il Giorno», 10 luglio 1993.

16 B. Vespa, *La sfida*, cit., p. 352.

17 G. Fasanella e G. Pellegrino, *La guerra civile*, cit., p. 139.

18 Barbieredellasera.com, 3 marzo 2002.

19 Orazio Savia nel 1997 sarà accusato di essersi lasciato corrompere proprio per insabbiare Enimont e patteggerà una pena di 1 anno e 4 mesi.

[20] C. Bonini e F. Misiani, *La toga rossa*, cit., pp. 170-71.

[21] «Corriere della Sera», 8 dicembre 1994.

[22] E. Carra, *Il caso Citaristi*, cit., pp. 13-14.

[23] *Ivi*, p. 15.

[24] *Ivi*, p. 13.

[25] *Ivi*, p. 16.

[26] «La Stampa», 6 e 8 marzo 1993.

[27] G. Fasanella e G. Pellegrino, *La guerra civile*, cit., pp. 130-31.

[28] G. Barbacetto, P. Gomez e M. Travaglio, *Mani pulite*, cit., p. 141.

[29] «Il Giornale», 21 settembre 1997.

[30] «L'Espresso», 3 ottobre 1996.

[31] «Corriere della Sera», 16 giugno 1997.

[32] G. Colombo, *Il vizio della memoria*, cit., p. 146.

[33] Ferdinando Imposimato, Giuseppe Pisauro e Sandro Provvisionato, *Corruzione ad alta velocità*, Roma, Koinè, 1999, p. 101; anche in Alberico Giostra, *Il Tribuno. Storia politica di Antonio Di Pietro*, Roma, Castelvecchi, 2009, p. 190.

[34] F. Imposimato, G. Pisauro e S. Provvisionato, *Corruzione ad alta velocità*, cit., p. 101.

[35] *Ivi*, p. 103.

[36] Sentenza del giudice Francesco Maddalo a Brescia in data 29 gennaio 1997.

[37] B. Vespa, *La sfida*, cit., p. 361.

[38] A. Di Pietro, *Intervista su Tangentopoli*, cit., pp. 65-67.

[39] «Se l'avessimo arrestato subito, forse tutto questo non sarebbe successo» afferma Greco in G. Barbacetto, P. Gomez e M. Travaglio, *Mani pulite*, cit., p. 152.

[40] Marcella Andreoli, *Processo all'Italia. Il Belpaese alla sbarra: storie di delitti ordinari e di castighi eccellenti*, Milano, Sperling & Kupfer, 1994, p. 38.

[41] B. Vespa, *La sfida*, cit., p. 381.

[42] «L'Unità», 26 luglio 1993.

[43] D. Grieco, *Parla Greganti*, cit., pp. 33-34.

[44] G. Barbacetto, P. Gomez e M. Travaglio, *Mani pulite*, cit., p. 121.

[45] G. Fasanella e G. Pellegrino, *La guerra civile*, cit., p. 135.

[46] Interrogatorio di Luigi Mijno Carnevale reso a Di Pietro il 20 settembre 1993.

[47] G. Barbacetto, P. Gomez e M. Travaglio, *Mani pulite*, cit., p. 685.

[48] C. Bonini e F. Misiani, *La toga rossa*, cit., p. 211.

[49] «Corriere della Sera», 16 febbraio 2002.

[50] Arnaldo Forlani, *Il potere discreto*, a cura di Sandro Fontana e Nicola Guiso, Venezia, Marsilio, 2008, p. 31.

[51] Non mancarono errori. La deputata Barbara Pollastrini fu assolta. L'ex deputato Gianni Cervetti, condannato in primo grado, fu poi assolto in appello.

[52] Il costruttore Bruno Binasco (Itinera, autostrade) raccontò di 400 milioni dati a Greganti per il Pds e in particolare citò una riunione del 1989 convocata dal senatore Lucio Libertini in via delle Botteghe Oscure. C'erano i massimi costruttori italiani. Si era alla vigilia del varo di grandi opere, tra le quali nuovi tratti autostradali e appunto l'Alta Velocità ferroviaria: e il Pds aveva aderito senza riserve, è nero su bianco. Il costruttore Marcellino Gavio confermerà che Greganti incassò denaro per tener buono il partito, e il compagno G. peraltro non negò di averlo ricevuto come funzionario del Pci: ma addusse a giustificazione una complicata operazione immobiliare poi smontata dai giudici. Gavio motiverà l'elargizione «in previsione del fatto che in quel momento venivano stanziati i finanziamenti

per le opere pubbliche che il partito era impegnato a sostenere». Greganti e Binasco sono stati condannati per finanziamento illecito al Pds (rispettivamente a 5 mesi e a 1 anno e 2 mesi) e dalla sentenza si apprende che «era la volontà non del Greganti, ma del Pds, e che tale richiesta egli faceva espressamente in nome e per conto del tesoriere nazionale Stefanini». Circa la posizione di Massimo D'Alema, il cassiere socialista Bartolomeo De Toma raccontò: «Balzamo mi riferì di una riunione sull'Alta Velocità dove si discuteva di una ripartizione dei lavori tra le varie imprese che poi avrebbero erogato finanziamenti illeciti. In quell'occasione Balzamo mi disse che, pur essendo Stefanini il segretario amministrativo, tutte le questioni riguardanti il finanziamento erano coordinate dall'allora vicesegretario Massimo D'Alema». Marcello Stefanini e Vincenzo Balzamo non poterono confermare né smentire, essendo morti.

53 Sempre a proposito della posizione di Massimo D'Alema, l'europarlamentare diessino Cesare De Piccoli, capo dei dalemiani a Venezia, nel 1993 fu beneficiario di mazzette Fiat. Il manager Ugo Montevecchi infatti aveva confessato al Pool di Milano: «Mi fu fatto presente che bisognava dare una mano al Pci e significativamente alla corrente veneta di D'Alema». E partirono 200 milioni elargiti al Pds nel maggio e nel giugno 1992 (in piena Mani pulite) poi versati su conti svizzeri. I reati andarono in prescrizione nel febbraio 2000. Due mesi dopo Cesare De Piccoli divenne sottosegretario all'Industria nel secondo governo Amato e in seguito passò all'ufficio economico del partito. Per altra indagine, poi, fu appurato che Massimo D'Alema nel 1985 incassò circa 20 milioni illeciti da Francesco Cavallari, re delle cliniche baresi e definito «facente parte di un'associazione di tipo mafioso» dalla Procura antimafia di Bari. Il reato, peraltro non negato da D'Alema, è caduto in prescrizione perché confessato solo nel 1994, un anno dopo la scadenza dei termini.

54 A proposito di Piero Fassino e dell'indagine sull'immenso centro commerciale «Le gru» di Grugliasco, in provincia di Torino, non fu trovato alcun riscontro circa il particolareggiato ma solitario racconto fornito alla procura da Antonio Crivelli, ex capogruppo del Pci: «La linea del partito era che il centro andava costruito a ogni costo: la nostra sensazione era che la decisione fosse stata già presa in altra sede, e cioè in sede di segreterie di partiti a livello provinciale e nazionale ... Avevo saputo che Fassino si era recato a Parigi sotto la Tour Eiffel per ritirare una borsa con del denaro, in relazione alla vicenda delle Gru». Furono appurate tangenti a due sindaci comunisti, ma nessuno confermerà mai il racconto di Crivelli, e tantomeno lo farà Fassino, sentito come testimone per la sua curiosa funzione di garante politico per la costruzione di un centro commerciale.

55 L'immensa inchiesta veneziana condotta da Carlo Nordio, che pure archiviò le posizioni di Occhetto, D'Alema e Craxi, accertò centinaia di responsabilità e più in generale la falsità dei bilanci, l'occultamento regolare di beni, il legame finanziario col Pci-Pds nonché «la partecipazione della segreteria nazionale alla gestione economica delle risorse e in particolare dei finanziamenti pervenuti in modo anomalo e clandestino», e soprattutto la condiscendenza di svariati «signor G» oltreché la disponibilità del partito di un immenso patrimonio immobiliare gestito da prestanome e derivante da contributi clandestini. Nell'archiviare l'indagato Massimo D'Alema, la Procura di Reggio Emilia ha dovuto prendere atto che il presidente di una cooperativa rossa che aveva fatto versamenti illeciti al Pci, Nino Tagliavini, «dichiara di aver preso parte, nel febbraio 1992, con molti altri presidenti di cooperative, a una riunione nel corso della quale il D'Alema

avrebbe ricordato agli intervenuti gli oneri economici che il partito doveva sopportare, dicendo loro che lo Stefanini li avrebbe chiamati. Sarebbe stato così che, sollecitato a un incontro, Tagliavini avrebbe versato 370 milioni».

Una delle migliori descrizioni di come funzionasse il rapporto tra partito e cooperative resta quella di Giovanni Donigaglia, presidente della Coopcostruttori di Argenta (Ferrara) e ovviamente comunista di ferro. Durante Tangentopoli, inquisito a Verona, Milano e Napoli, collezionò un numero impressionante di arresti e la racconterà così: «Nelle commesse pubbliche era riservata una quota di appalto alle cooperative vicine al Pci, che ha sempre richiesto e voluto che una parte degli appalti fosse riservata alle imprese ideologicamente vicine alle sue posizioni ... Ogni volta che c'è un appalto pubblico in cui si deve formare un raggruppamento di imprese e in cui deve essere previsto l'inserimento di una cooperativa, io mi rivolgo al Consorzio cooperative di costruzione per avere ordini, poi è il Consorzio che decide come distribuire ogni appalto tra le cooperative. Periodicamente venivamo informati dai funzionari circa le richieste economiche del partito». Fra questi funzionari c'erano Primo Greganti, Renato Pollini e Marcello Stefanini. Ecco come il denaro arrivava a destinazione: «Pubblicità sui giornali del Pci-Pds, contributi alle Feste dell'Unità, spese per manutenzione di sedi, assunzione di operai e personale su richiesta di esponenti del partito, contribuzioni a manifestazioni e convegni».

[56] La Procura di Torino indagò sulla Eumit (Euro Union Metal Italiana Torino) Intereurotrade e cioè su una società che promuoveva import-export di acciai con i paesi comunisti. Un classico del Pci vecchia maniera: la società era stata fondata nel 1974 dal Partito comunista e da una banca della Germania Est, la Deutsche Handelsbank, ovviamente sotto l'occhio attento del servizio segreto Stasi. Poi il fascicolo confluì a Milano e in mille altri rivoli: con ciò divenendo un dedalo di cui si è sempre scritto e capito poco, complice la spaventosa difficoltà di raccogliere documentazioni oltrecortina; senza contare che una banca austriaca, in particolare, non ha mai risposto alle rogatorie chieste dalla Procura di Milano, e questo senza che il Pool scatenasse il finimondo. Non si tratta di cifre da poco, ma di qualcosa come 16 miliardi di lire che sono passati dalla Eumit al Pci tra il 1983 e il 1989, estero su estero: i reati prospettati furono frode fiscale, bancarotta fraudolenta e finanziamento illecito al partito; gli indagati furono Achille Occhetto, Renato Pollini e Marcello Stefanini. Un prestanome del caso, certo Brenno Ramazzotti, ex funzionario del Pci, faceva la parte del Greganti di turno.

Ma è ancora e direttamente il Greganti autentico, sorta di prezzemolo del finanziamento illecito pidiessino, a spuntare nel tardo 1993: sul suo celebre conto svizzero Gabbietta nel 1990 era transitato infatti 1 miliardo di lire (frutto della vendita della quota di Eumit appartenente al Pci, quell'anno ceduta interamente alla Deutsche Handelsbank), che poi aveva fatto un giro contorto ed era andato a ripianare i conti della Ecolibri, una casa editrice amministrata da Paola Occhetto, sorella di Achille. In pratica: «Realmente vi furono illecite erogazioni da Eumit al Pci, il cui segretario era allora l'on. Achille Occhetto, e i segretari responsabili [*tesorieri*] erano allora sia Stefanini sia Pollini. Tanto è attestato dalla logica, dal riscontro documentale, dalle univoche risultanze della rogatoria in ambito della Ddr». La Eumit era una società autentica che faceva profitti autentici, beninteso, ma sino al 1989, ossia sino al crollo della cortina di ferro, rappresentava una sorta di passaggio obbligato per tutte le imprese italiane che volevano fare affari con l'Est: bisognava passare di lì e pagare una commessa, una tangente, un pizzo che poi finiva al partito. Tutto questo è appurato nelle sentenze, al pari della sussistenza di un finanziamento illecito che tuttavia «cessò prima della fine del 1989, data in cui la funzione di illecito strumento di erogazione della ricchezza di Eumit venne meno; senza contare la citata amnistia che vi fu nello stesso anno. Nella sentenza di archiviazione dell'estate del 2000, dunque, non si ravvisano i reati di falso in bilancio e bancarotta, ma per tutto il resto (corruzione, finanziamento illecito, reati fiscali) intervennero la prescrizione e l'amnistia.

57 Procedimento penale: Borrelli, Davigo, Colombo, Greco, Boccassini contro Lehner, Tribunale di Cles, udienza del 23 giugno 2000. Riportata in Giancarlo Lehner, *Storia di un processo politico. Giudici contro Berlusconi 1994-2002*, Milano, Mondadori, 2003, p. 45.

58 Procedimento penale: Borrelli, Davigo, Colombo, Greco, Boccassini contro Lehner, Tribunale di Cles, udienza del 23 giugno 2000. Riportata *ivi*, p. 46.

59 «La Repubblica», 5 luglio 1993.

60 «Corriere della Sera», 7 novembre 1991.

61 «La Voce», 2 aprile 1994.

62 Ciro Paglia, *Attenti al lupo. Il caso politico giudiziario di Francesco De Lorenzo*, Roma, Koinè, 1996, p. 142.

63 «Il Giornale», 10 agosto 1995.

64 «Panorama», 8 novembre 1992.

65 B. Vespa, *La sfida*, cit., p. 386.

66 G. Barbacetto, P. Gomez e M. Travaglio, *Mani pulite*, cit., p. 153.

67 A. Pamparana, *Il processo Cusani*, cit., p. 142.

68 C. Bonini e F. Misiani, *La toga rossa*, cit., pp. 188-89.

69 Carlo Giovanardi, *Storie di straordinaria ingiustizia*, Milano, Mondadori, 2003, pp. 43-45.

VIII. *1994*

1 «L'Unità», 25 novembre 1993.

2 Paolo Pagani, *Forza Italia. Come è nato il movimento che in 5 mesi ha cambiato la politica italiana*, Milano, Boroli Editore, 2003, p. 17.

3 «Corriere della sera», 20 dicembre 1993. Il giornalista notoriamente prediletto era il conterraneo Goffredo Buccini.

4 Indro Montanelli e Mario Cervi, *L'Italia di Berlusconi*, Milano, Rizzoli, 1995, p. 59.

5 «La Repubblica», 23 febbraio 1994.

6 A. Carlucci e A. Di Pietro, *Grazie Tonino*, cit., p. 160.

7 Filippo Facci, *Presunti colpevoli. Lo stato di diritto in Italia. 66 storie di normale ingiustizia*, Milano, Mondadori, 1996, p. 13.

8 «La Repubblica», 1° maggio 1997.

9 «Il Messaggero», 17 febbraio 2002.

10 «Corriere della Sera», 11 marzo 1994.

11 «L'Unità», 10 marzo 1994.

12 «La Repubblica», 11 marzo 1994.

13 G. Barbacetto, P. Gomez e M. Travaglio, *Mani pulite*, cit, p. 221.

14 *Ivi*, pp. 221-22.

15 «La Repubblica», 3 gennaio 1996.

[16] G. Barbacetto, P. Gomez e M. Travaglio, *Mani pulite*, cit., p. 234.
[17] Interrogatorio di Italo Ghitti a Brescia, 6 luglio 1995.
[18] B. Vespa, *Il duello*, cit., p. 375.
[19] «La Repubblica», 16 gennaio 1996.
[20] *Ivi*, 14 gennaio 1997.
[21] A. Giostra, *Il Tribuno*, cit., p. 36.
[22] La testimonianza di Davigo è citata a p. 169 della sentenza del giudice Francesco Maddalo a Brescia in data 29 gennaio 1997.
[23] B. Vespa, *La sfida*, cit., pp. 269-70.
[24] *Ivi*, p. 270; la testimonianza di Cirino Pomicino è riportata anche in «Corriere della Sera», 22 luglio 1997.
[25] G. Barbacetto, P. Gomez e M. Travaglio, *Mani pulite*, cit., p. 689.
[26] «Corriere della Sera», 8 dicembre 1994.
[27] A. Carlucci e A. Di Pietro, *Grazie Tonino*, cit., p. 186.
[28] «Il Giornale», 15 novembre 1996.
[29] Interrogatorio di Francesco Nanocchio a Brescia in data 16 maggio 1995.
[30] «Corriere della Sera», 19 aprile 1995.
[31] Interrogatorio di Giuseppe Cerciello a Brescia in data 3 aprile 1995.
[32] «La Repubblica», 14 luglio 1994.
[33] G. Colombo, *Il vizio della memoria*, cit.
[34] *Ivi*, pp. 140-41.
[35] L. Ferrarella, *L'intruso*, cit., p. 54.
[36] G. Colombo, *Il vizio della memoria*, cit., pp. 140, 142-43.
[37] «Panorama», 23 luglio 1994.
[38] G. Colombo, *Il vizio della memoria*, cit., p. 139.
[39] G. Barbacetto, P. Gomez e M. Travaglio, *Mani pulite*, cit., pp. 693-94.
[40] Lettera di Alfredo Biondi all'autore. Pubblicata in «il Giornale», 16 luglio 2004.
[41] Furono coinvolte, fra altre centinaia, aziende come Artsana, Atahotels, Bepi Koelliker, Lodigiani, Euromercato, Zambeletti, Boheringer, Italcase, Tamoil, Falk, Euromobiliare, Akros, Gemina, Rinascente, Cogefar, Armani, Versace, Ferrè , Krizia, Etro, Lovable, Italease, Château d'Ax, Elena Rubinstein, Sandoz Farmaceutici.
[42] G. Barbacetto, P. Gomez e M. Travaglio, *Mani pulite*, cit., p. 687.
[43] P. Davigo, *La giubba del re*, cit., p. 128.
[44] E. Carra, *Il caso Citaristi*, cit., p. 19-20.
[45] A. Di Pietro, *La mia politica*, cit., p. 87.
[46] «Corriere della Sera», 16 settembre 1994.
[47] Ansa, 16 gennaio 1996. Cit. in A. Giostra, *Il Tribuno*, cit., p. 61.
[48] G. Barbacetto, P. Gomez e M. Travaglio, *Mani pulite*, cit., p. 698.
[49] Sentenza del Tribunale di Brescia n.65/1997 del 29 gennaio 1997, depositata il 10 marzo successivo, presidente Francesco Maddalo, giudice estensore Michele Mocciola.
[50] La vicenda è finita sul tavolo del gip Roberto Spanò, che il 17 luglio 1997 ha sentenziato il non luogo a procedere.
[51] Memoria difensiva del 6 novembre 1995.
[52] Lettera di Filippo Dinacci al pm Francesco Misiani in data 12 gennaio 1995.
[53] «Ritiene il Tribunale» si legge nella sentenza bresciana 65/1997 «che fu l'imputato Paolo Berlusconi a inviare a Dinacci il carteggio anonimo composto dal

dossier intitolato "Riepilogo Abusi Dp" e dal documento intitolato "Promemoria" datato 4 ottobre 1994 e proveniente da Gorrini.»

54 B. Vespa, *La sfida*, cit., p. 271.

55 «Corriere della Sera», 18 novembre 1994.

56 G. Barbacetto, P. Gomez e M. Travaglio, *Mani pulite*, cit., p. 282.

57 *Ivi*, p. 695.

58 *Ivi*, p. 689.

59 L. Ferrarella, *L'intruso*, cit., p. 61.

60 Segue estratto dalla sentenza del Tribunale di Brescia n.65/1997 del 29 gennaio 1997, depositata il 10 marzo successivo, presidente Francesco Maddalo, giudice estensore Michele Mocciola. La sentenza è definitiva. «In conclusione può quindi ritenersi che Di Pietro era particolarmente attratto fin dal maggio del '94 da investiture politiche. La prova sul punto è fornita proprio da quella primitiva disponibilità espressa da Di Pietro rispetto alla proposta di Berlusconi, rivelandosi ciò non solo da dichiarazioni dell'imputato Previti, ma anche dalla circostanza dell'incontro a Roma. Un incontro personale, poco compatibile con un rifiuto indiscriminato e generalizzato a qualsiasi incarico politico ... D'altronde, Di Pietro manifestò al collega Davigo, che aveva ricevuto per parte sua un'offerta per il ministero di Grazia e Giustizia, un'indecisione in merito alla proposta del Polo, significando, perciò, una disponibilità concreta ad accettare. Ma Di Pietro era interessato, in alternativa, anche all'assunzione di autorevoli e prestigiosi incarichi istituzionali, e infatti di una tale possibilità parla con Previti nel corso del precitato incontro ... Una volta conosciuti da parte dei suoi colleghi gli interessi politici che andava coltivando e rafforzando, questi avrebbero potuto sospettarlo di duplicità per non aver condotto con la sua tradizionale veemenza la discussione e la decisione contro Berlusconi. Insomma, un'immediata partecipazione di Di Pietro al procuratore e agli altri colleghi delle prospettive che gli si aprivano ... avrebbe potuto inquinare quella sua indiscussa leadership all'interno e all'esterno del pool, con consequenziali ripercussioni nell'immagine esterna, e avrebbe potuto indurre i colleghi a renderlo sempre meno partecipe dell'attività giudiziaria in vista di un suo preannunciato abbandono.»

61 Sentenza n.65/1997, p. 67.

62 Il 13 giugno 1996 il pubblico ministero romano Francesco Misiani dichiarò a Massimo Martinelli del «Messaggero»: «All'epoca delle ispezioni ministeriali ordinate da Biondi a Milano [*autunno 1994*] il collega del Pool Francesco Greco mi chiamava per parlarmi del caso dell'ex ministro Darida, per il quale io avevo chiesto il rinvio a giudizio. Loro erano accusati dagli ispettori di averlo perseguitato dal punto di vista giudiziario. Allora Greco mi disse che era bene che non si chiudesse il procedimento contro Darida almeno fin quando c'era l'ispezione in corso. Io avevo già chiesto il rinvio a giudizio, ma il Gip Adele Rando aveva prosciolto tutti. Quindi Greco mi ricordava che se ci fosse stato appello contro il proscioglimento, era bene che fosse fatto anche per Darida. Ripeto, eravamo amici». Greco negherà ripetutamente. Cit. anche in B. Vespa, *La sfida*, cit., p. 363.

63 L. Ferrarella, *L'intruso*, cit., p. 157.

64 G. Barbacetto, P. Gomez e M. Travaglio scrivono nel loro *Mani pulite*, cit., p. 317: «De Biase è comunque convinto che nella vicenda Gorrini non ci siano reati né illeciti disciplinari (la giurisprudenza amministrativa e penale è unanime nell'escluderli)». E chiudono il discorso.

65 Sentenza n.65/1997, p. 115.

[66] *Ivi*, p. 114.
[67] L. Ferrarella, *L'intruso*, cit., p. 158.
[68] G. Colombo, *Il vizio della memoria*, cit., p. 124.
[69] Parere del Consiglio giudiziario di Milano del 28 novembre 1994, relatore Piero Calabrò, verbale di adunanza.
[70] M. Andreoli, *Borrelli direttore d'orchestra*, cit., p. 169.

IX. *Dopo la toga, tutto*

[1] «Corriere della Sera», 18 maggio 1995.
[2] «Milano Finanza», 20 novembre 1996. I dati sono citati anche in A. Giostra, *Il Tribuno*, cit., p. 46.
[3] A. Giostra, *Il Tribuno*, cit., p. 45.
[4] *Ibid.*
[5] *Ibid.*
[6] «Corriere della Sera», 15 luglio 1997.
[7] «Oggi», 5 settembre 1995.
[8] Ansa, 4 maggio 1999.
[9] «Il Messaggero», 6 aprile 1995.
[10] «La Repubblica» e «Il Messaggero», 8 dicembre 1994.
[11] Brescia, incidente probatorio del 27 febbraio - 2 marzo 1998.
[12] G. Barbacetto, P. Gomez e M. Travaglio, *Mani pulite*, cit., p. 355.
[13] Brescia, incidente probatorio del 27 febbraio - 2 marzo 1998.
[14] G. Barbacetto, P. Gomez e M. Travaglio, *Mani pulite*, cit., p. 689.
[15] M. Andreoli, *Borrelli direttore d'orchestra*, cit., p. 175.
[16] *Ivi*, p. 177.
[17] L. Ferrarella, *L'intruso*, cit., p. 160.
[18] P. Colonnello, P. Degli Antoni, M. Rota e R. Verga, *Antonio Di Pietro*, cit., p. 49.
[19] Ansa, 21 aprile 1995.
[20] «La Repubblica», 22 aprile 1995.
[21] B. Vespa, *La sfida*, cit., p. 273.
[22] Sentenza del Tribunale di Brescia n.65/1997 del 29 gennaio 1997, pp. 174-75.
[23] A. Giostra, *Il Tribuno*, cit., p. 56.
[24] G. Barbacetto, P. Gomez e M. Travaglio, *Mani pulite*, cit., p. 692.
[25] A. Giostra, *Il Tribuno*, cit., p. 48.
[26] I punti sui quali Carlo Taormina chiese chiarimenti furono: caso *Viking*, nave con un carico di armi localizzata al largo di Messina nel 1984; rapporti con Antonio D'Adamo e l'assicuratore Giancarlo Gorrini, imputato per aver sottratto 49 miliardi alla Maa assicurazioni; rapporti finalizzati a ripianare i debiti di Rea; rapporti col professor Gaspare Falsitta e la signora Susanna Mazzoleni in relazione all'assegnazione del portafoglio sinistri della Maa; vicenda di un imprenditore farmaceutico inquisito e arrestato, collegato con il suocero di Di Pietro; arresto dell'amministratore della società informatica Gemini, rapporti di Di Pietro con Salvatore Buono, imputato di traffico di stupefacenti; connessioni di tal Cattaneo (in realtà Rosario Cattafi) coinvolto nell'inchiesta sull'autoparco di Milano.
[27] Ansa, 18 aprile 1995.
[28] Ansa, 30 aprile 1995.
[29] «La Repubblica», 13 aprile 1995.

[30] «Corriere della Sera», 13 aprile 1995.

[31] Escussione del pm Francesco Greco a Brescia in data 19 marzo 1998. Anche nella sentenza n.105/99 di non luogo a procedere del gup Anna Di Martino del 18 febbraio 1999, depositata il 27 marzo, p. 73.

[32] G. Barbacetto, P. Gomez e M. Travaglio, *Mani pulite*, cit., p. 29.

[33] Escussione del pm Francesco Greco a Brescia in data 19 marzo 1998. Anche nella sentenza n.105/99 di non luogo a procedere del gup Anna Di Martino del 18 febbraio 1999, depositata il 27 marzo, p. 73.

[34] Interrogatorio di Italo Ghitti a Brescia, 6 luglio 1995.

[35] A. Giostra, *Il Tribuno*, cit., p. 68.

[36] *Ivi*, p. 74.

[37] *Ivi*, p. 69.

[38] «La Repubblica», 3 gennaio 1996.

[39] A. Giostra, *Il Tribuno*, cit., p. 60.

[40] Lettera di Antonio Di Pietro letta dal giornalista Antonio Carlucci durante «Tempo reale» del 18 gennaio 1996.

[41] L. Ferrarella, *L'intruso*, cit., p. 71.

[42] Discorso riportato in «MicroMega», 1, 1995.

[43] «Nuova politica e primato dell'etica», discorso riportato in «MicroMega», 5, 1996, e ripreso in A. Di Pietro, *La mia politica*, cit.

[44] «Nuova politica e primato dell'etica», discorso riportato in «MicroMega», 5, 1996.

[45] *Ibid*.

[46] «MicroMega», 3, 1995.

[47] «Nuova politica e primato dell'etica», discorso riportato in «MicroMega», 5, 1996.

[48] *Ibid*.

[49] Edward Luttwak, *Dove va l'Italia?*, Roma, Newton Compton, 1997.

[50] «Epoca», 16 giugno 1996.

[51] Elio Veltri, *Manifesto per un Paese normale*, Milano, Baldini & Castoldi, 1995.

[52] A. Giostra, *Il Tribuno*, cit., p. 106.

[53] E. Veltri, *Manifesto per un Paese normale*, cit., p. 67.

[54] «Corriere della Sera», 8 maggio 1997.

X. *L'arte della fuga*

[1] «Corriere della Sera», 12 ottobre 1995.

[2] Carlo Fusi, *Antonio Di Pietro*, Roma, Viviani editore, 1996, p. 123.

[3] «MicroMega», 3, 1995.

[4] Procura di Brescia, intercettazione del 1° dicembre 1995.

[5] A. Giostra, *Il Tribuno*, cit., p. 96.

[6] Memoria dei pm Francesco Piantoni, Antonio Chiappani, Silvio Bonfigli e del procuratore capo Giancarlo Tarquini depositata a Brescia, 3 febbraio 1999.

[7] C. Fusi, *Antonio Di Pietro*, cit., p. 135.

[8] «La Repubblica», 15 maggio 1996.

[9] C. Fusi, *Antonio Di Pietro*, cit., p. 137.

[10] *Ivi*, p. 136.

[11] «Panorama», 25 luglio 1995, cit. in C. Fusi, *Antonio Di Pietro*, cit., p. 146.

[12] C. Fusi, *Antonio Di Pietro*, cit., p. 147.

[13] «Corriere della Sera», 20 giugno 1996.

[14] C. Fusi, *Antonio Di Pietro*, cit., p. 155.

[15] *Ivi*, p. 156.

[16] A. Giostra, *Il Tribuno*, cit., pp. 200-01.

[17] «Corriere della Sera», 9 dicembre 1996.

[18] «Il Foglio», 5 novembre 1996.

[19] Il 17 gennaio 1998 il Csm sanzionerà Fabio Salamone con l'ammonimento per aver lui «arrecato pregiudizio all'ordine giudiziario», avendo indagato su Di Pietro dopo che quest'ultimo aveva pur brevemente indagato su suo fratello, con ciò evidenziando – secondo il procuratore generale della Cassazione Mario Persiani – una «palese incompatibilità» dato il sospetto di «connotazione personalistica della pubblica accusa».

[20] «Corriere della Sera», 15 novembre 1996.

[21] Ansa, 24 ottobre 1996.

[22] B. Vespa, *La sfida*, cit., p. 278.

[23] G. Barbacetto, P. Gomez e M. Travaglio, *Mani pulite*, cit., p. 506.

[24] «Corriere della Sera», 21 gennaio 1998.

[25] Cfr. n. 60, cap. VIII, e cap. V, par. «L'innominabile sentenza Maddalo».

[26] Dalla sentenza del Tribunale di Brescia n.65/1997 del 29 gennaio 1997, depositata il 10 marzo successivo, presidente Francesco Maddalo, giudice estensore Michele Mocciola, n. a p. 152: «Ne viene fuori un quadro negativo dell'immagine di Di Pietro ... fatti specifici che oggettivamente potevano presentare connotati di indubbia rilevanza disciplinare».

[27] Il 9 giugno Eleuterio Rea raccontò tale proposito al suo legale Armando Salaroli, che però dissentì dall'iniziativa e si rese indisponibile ad assisterlo. Sin qui i fatti. Salaroli, piccato per la decisione di Rea di proseguire servendosi di un altro legale, testimonierà spontaneamente che l'avvenuto reintegro al Comune di Milano del suo ex cliente – in precedenza sospeso perché sottoposto a indagine – sarebbe stato un premio per la sua successiva testimonianza contro Di Pietro. Rea, invece, il 31 luglio 1997 metterà a verbale che Di Pietro tentò più volte di scongiurare la sua deposizione tramite Osvaldo Rocca, ex braccio destro di Giancarlo Gorrini e vecchio amico dell'ex pm. Il racconto di Salaroli, regolarmente trasformato in denuncia da Di Pietro, non troverà conferme.

[28] Ansa, 1° luglio 1997.

[29] Memoria dei pm Francesco Piantoni, Antonio Chiappani, Silvio Bonfigli e del procuratore capo Giancarlo Tarquini, depositata a Brescia il 3 febbraio 1999.

[30] «Corriere della Sera», 4 novembre 1995.

[31] Ansa, 23 febbraio 1996.

[32] B. Vespa, *La sfida*, cit., p. 304.

[33] «Corriere della Sera», 24 dicembre 1996.

[34] B. Vespa, *La sfida*, cit., p. 303.

[35] *Ibid*.

[36] *Ivi*, p. 307.

[37] A. Giostra, *Il Tribuno*, cit., p. 158.

[38] A. Di Pietro, *La mia politica*, cit.

[39] Antonio Di Pietro con Gianni Barbacetto, *Il guastafeste. La storia, le idee, le battaglie di un ex magistrato entrato in politica senza chiedere permesso*, Milano, Ponte alle Grazie, 2008, p. 62.

[40] A. Giostra, *Il Tribuno*, cit., p. 161.

[41] La causa civile, risalente al 2000, chiedeva che il Tribunale di Bergamo «accertasse l'entità di tutte le somme di denaro erogate dall'associazione attrice per disposizione e a esclusivo vantaggio del convenuto Di Pietro nella misura indicata o in quella maggiore o minore che risulterà in corso di causa e condannare il convenuto Antonio Di Pietro a restituire all'attrice dette somme», e quindi a «condannare conseguentemente il convenuto alla restituzione di detti beni o al pagamento di somma pari al loro valore effettivo» (*ivi*, p. 163).

XI. *Mani pulite desnuda*

[1] «Corriere della Sera», 15 febbraio 1998.

[2] «Il Foglio», 16 ottobre 1996.

[3] Ansa, 3 marzo 1998. Anche in A. Giostra, *Il Tribuno*, cit., p. 169.

[4] Ansa, 1° aprile 1998.

[5] Ansa, 8 aprile 1998.

[6] La sentenza della Corte costituzionale n. 255 del 3 giugno 1992.

[7] Il decreto Scotti-Martelli fu approvato l'8 giugno 1992 – cinque giorni dopo la sentenza della Corte costituzionale (cfr. nota precedente) – e prevedeva la riforma dell'articolo 371 del Cpp: consentiva l'arresto del testimone colto in flagranza a mentire o a essere reticente di fronte al pubblico ministero o alla polizia giudiziaria. A piovere sul bagnato, la sentenza n. 24/1995 della Consulta, che stabilì che i funzionari di polizia potessero deporre sul contenuto di dichiarazioni rese da testimoni in fase preliminare.

[8] Sentenza n.105/99 di non luogo a procedere del gup Anna Di Martino del 18 febbraio 1999, depositata il 27 marzo, p. 57.

[9] Memoria dei pm Francesco Piantoni, Antonio Chiappani, Silvio Bonfigli e del procuratore capo Giancarlo Tarquini, depositata a Brescia il 3 febbraio 1999.

[10] Sentenza n.105/99 di non luogo a procedere del gup Anna Di Martino del 18 febbraio 1999, depositata il 27 marzo, p. 76.

[11] *Ivi*, pp. 66-67.

[12] *Ibid*.

[13] Escussione del pm Francesco Greco il 19 marzo 1998 a Brescia, cit. *ivi*, p. 74.

[14] Escussione del pm Gherardo Colombo, cit. *ivi*, p. 76.

[15] Richiesta di archiviazione dei pm Francesco Piantoni, Antonio Chiappani, Silvio Bonfigli e del procuratore capo Giancarlo Tarquini, depositata a Brescia il 7 giugno 1997.

[16] Sentenza n.105/99 di non luogo a procedere del gup Anna Di Martino del 18 febbraio 1999, depositata il 27 marzo, p. 86.

[17] Corte costituzionale, sentenza n.41 del 28 gennaio 1993: «L'udienza preliminare non è sede di acquisizione probatoria destinata all'accertamento della verità».

Corte costituzionale, ordinanza del 24 gennaio 1996: «Il giudice dell'udienza preliminare non è chiamato a esprimere valutazioni sul merito dell'accusa, bensì a valutare la legittimità della domanda di giudizio formulata dal pubblico ministero ... esplicito intendimento del legislatore era appunto quello di evitare che al provvedimento di rinvio a giudizio fosse attribuito un peso eccessivo, e quindi una portata condizionante sui successivi esiti del processo, mentre ove si dovesse ritenere che l'udienza preliminare è giudizio a tutti gli effetti, detta decisione si trasformerebbe in una pesante ipoteca gravante sul destino processuale dell'imputato».

Corte costituzionale, sentenza n.71 del 7 marzo 1996: «L'apprezzamento del merito che il giudice è chiamato a compiere all'esito dell'udienza preliminare non si sviluppa secondo un canone, sia pur prognostico, di colpevolezza o di innocenza, ma si incentra sulla ben diversa prospettiva di delibare se, nel caso in specie, risulti o meno necessario dare ingresso alla successiva fase del dibattimento».

[18] Corte di cassazione, sezione I, 17 luglio 1997: «Il giudice dell'udienza preliminare, una volta che risultino certe tanto la verificazione del fatto reato, sotto il profilo della sua materialità, quanto la sua attribuibilità all'imputato sotto il profilo del rapporto causale, non è legittimato a valorizzare, nell'ambito della pur necessaria indagine in ordine all'elemento psicologico del reato, ipotetiche e incerte alternative, né a operare scelte tra le molteplici soluzioni aperte, che sono viceversa riservate in via esclusiva al libero convincimento del giudice del dibattimento, in esito all'effettivo contraddittorio delle parti sulla prova».

[19] Corte di cassazione, sezioni unite, 21 aprile 1995: «Si è già sottolineato che la ricerca della prova è estranea alla fase delle indagini preliminari, così come lo è quella dell'udienza preliminare, poiché, per il rinvio a giudizio, sono sufficienti soltanto indizi di tale gravità da rendere possibile la condanna dell'imputato».

Corte di cassazione, sezioni unite, 9 giugno - 25 ottobre 1995: «Il gip può prosciogliere la persona nei cui confronti il pm abbia chiesto il rinvio a giudizio solo per una delle ipotesi tassativamente indicate nell'art. 129 c.p.p., e non anche per mancanza, insufficienza o contraddittorietà della prova, alle quali – non essendo la prova ancora assunta – l'art. 129 non consente di attribuire valore processuale».

XII. *Dopo la toga, niente*

[1] Ansa, 12 gennaio 1999.
[2] Ansa, 10 aprile 1996.
[3] «La Stampa», 21 febbraio 1999.
[4] «Il Giornale», 5 marzo 1999.
[5] «La Repubblica», 13 ottobre 1999, e «il Giornale», 12 marzo 1999.
[6] Ansa, 11 gennaio 1999.
[7] Ansa, 1° giugno 1999.
[8] «Il Messaggero», 6 giugno 1999.
[9] A. Giostra, *Il Tribuno*, cit., p. 194.
[10] *Ivi*, p. 195.
[11] Ansa, 18 maggio 1999.
[12] «Il Messaggero», 17 giugno 1999.
[13] Cit. in «il Giornale», 18 marzo 1999.
[14] «Il Giornale», 18 febbraio 2000. Di temi similari aveva scritto su «MicroMega», 3 e 5, 1995.
[15] «La Repubblica», 3 novembre 1999.
[16] «La Repubblica», 22 ottobre 1999.
[17] «La Stampa», 2 febbraio 2000.
[18] «Il Giornale», 6 febbraio 2000.
[19] «Il Giornale», 17 febbraio 2000 e 17 maggio 2009.

[20] *Ibid*. Anche in A. Giostra, *Il Tribuno*, cit., p. 87.
[21] «La Repubblica», 27 aprile 2000.
[22] Bruno Vespa, *La scossa. Il cambiamento italiano nel mondo che trema*, Milano, Mondadori, 2001, p. 203.
[23] *Ibid.*
[24] A. Giostra, *Il Tribuno*, cit., p. 210.
[25] Ansa, 7 maggio 2000.
[26] «La Stampa», 4 giugno 2000.
[27] A. Giostra, *Il Tribuno*, cit., p. 219.
[28] «Panorama», 12 ottobre 2000.
[29] La Procura di Caltanissetta, circa l'accusa rivolta a Berlusconi e Dell'Utri quali «mandanti esterni» della strage di Capaci, aveva fatto richiesta d'archiviazione un mese prima della trasmissione. La Procura di Firenze archivierà la posizione di Berlusconi e Dell'Utri per accuse analoghe. Per la strage di Capaci si sono fatte almeno undici inchieste e i processi che hanno inchiodato i capi di Cosa Nostra, i corleonesi, sono almeno sei. Anche i sospetti riguardanti la dubbia origine dei capitali Fininvest, riportati in alcuni documenti redatti dall'ispettore della Banca d'Italia Francesco Giuffrida, sono stati poi smentiti dal medesimo in sede giudiziaria.
[30] Ansa, 9 maggio 2001.
[31] A. Di Pietro con G. Barbacetto, *Il guastafeste*, cit., p. 72.
[32] A. Giostra, *Il Tribuno*, cit., p. 230.
[33] Ansa, 1° agosto 2001.
[34] Ansa, 31 ottobre 2007.
[35] «Il Giornale», 20 maggio 2009.
[36] «Il Velino», 21 maggio 2009.
[37] A. Giostra, *Il Tribuno*, cit., pp. 86-87.

XIII. *Borsa Valori*

[1] «Corriere della Sera», 26 marzo 2002.
[2] A. Giostra, *Il Tribuno*, cit., p. 241.
[3] «Corriere della Sera», 3 febbraio 2002.
[4] Bruno Vespa, *La grande muraglia. L'Italia di Berlusconi. L'Italia dei girotondi*, Milano, Mondadori, 2002, p. 73.
[5] Pino Pisicchio, *Italia dei valori. Il post partito*, Catanzaro, Rubbettino, 2008, p. 10.
[6] Recitava la legge 140/2003, con decorrenza dal 22 giugno 2003: «Non possono essere sottoposti a processi penali, per qualsiasi reato anche riguardante fatti antecedenti l'assunzione della carica o della funzione fino alla cessazione delle medesime, il Presidente della Repubblica, il Presidente del Senato, il Presidente della Camera dei Deputati, il Presidente del Consiglio dei Ministri, il Presidente della Corte Costituzionale».
[7] «Corriere della Sera», 26 agosto 2003.
[8] «Corriere della Sera», 1° luglio 2003.
[9] Ansa, 30 aprile 2003.
[10] Ansa, 25 maggio 2003.
[11] «Corriere della Sera», 21 aprile 2002. Anche in A. Giostra, *Il Tribuno*, cit., p. 339.
[12] Ansa, 20 giugno 2002.

[13] Ansa, 25 maggio 2004.
[14] Ansa, 16 aprile 2004.
[15] «Libero», 14 febbraio 2004.
[16] Ansa, 27 maggio 2004.
[17] Ansa, 15 aprile 2003.
[18] A. Giostra, *Il Tribuno*, cit., pp. 13 e 244.
[19] Ansa, 16 e 20 febbraio 2004.
[20] A. Giostra, *Il Tribuno*, cit., p. 255.
[21] Ansa, 9 maggio 2004.
[22] Ansa, 6 febbraio 2003.
[23] Ansa, 14 giugno 2004.
[24] «Io donna», 10 marzo 2007.
[25] Cfr. cap. VI, pp. 147-51.
[26] «Il Venerdì di Repubblica», 17 ottobre 1997.
[27] Atto di citazione di Antonio Di Pietro in data 18 febbraio 2009 contro Società europea di edizioni in relazione a un articolo pubblicato sul «Giornale» del 18 gennaio 2009 a firma di Paolo Bracalini.
[28] «Io donna», 10 marzo 2007.
[29] *Ibid.*
[30] «Corriere della Sera», 10 luglio 2004.
[31] «Corriere della Sera», 11 luglio 2004.
[32] Il 14 marzo 2008 il gip del Tribunale di Roma Luciano Imperiali ha accolto la richiesta del pm Giancarlo Amato di archiviare l'esposto-querela per infondatezza.
[33] «Porta a porta», 11 gennaio 1999, cit. in Ansa dello stesso giorno.
[34] «Libero», 9 gennaio 2009.
[35] Filippo Facci, in «il Giornale», 14 maggio 2009.
[36] Giulio Sansevero ha curato una prima stesura della ricostruzione catastale da lui riportata sul mensile «la Voce delle Voci» il 5 luglio 2008, poi ripresa sul «Giornale» del 4 agosto 2008. Successive integrazioni di Gianmarco Chiocci sul «Giornale» nel gennaio 2009 e poi ancora di Giuliano Sansevero nell'aprile successivo – era sfuggita una masseria acquistata nel 2007, causa un errore di trascrizione al catasto – hanno portato alla presente stesura, ulteriormente aggiornata, arricchita e riordinata.
[37] «Libero», 9 gennaio 2009.
[38] *Ibid.*
[39] *Ibid.*
[40] Da wikipedia.it: «Le formiche sono insetti territoriali e particolarmente aggressivi. Nelle colonie di Myrmecia, le operaie usano uccidersi fra loro per il dominio del territorio controllato dalla propria colonia. Le formiche compiono inoltre guerre fra colonie o specie diverse. Esse, infatti, sono alcuni dei pochi animali che, come l'uomo, fanno la guerra fra loro. Le formiche di una stessa colonia si riconoscono grazie all'odore, e uccidono gli esemplari delle colonie limitrofe per eliminare la concorrenza nella raccolta del cibo o nel dominio del territorio. In alcune specie, gli insetti parassiti delle piante, quali afidi, coccidi (o cocciniglie), vengono allevati dalle operaie».
[41] «Corriere Della Sera», 14 luglio 1997 e 3 luglio 2001. In quest'ultimo numero si cita un articolo della «Stampa» senza indicarne la data; il periodo di riferimento è comunque ottobre-novembre 1995.

[42] «Italia Oggi», 13 gennaio 2009.
[43] «Corriere della Sera», 3 luglio 2001.
[44] *Ibid.*
[45] «Panorama», 6 giugno 2000.
[46] Interrogazione parlamentare a risposta scritta dell'on. Maurizio Balocchi in data 20 luglio 2000.
[47] «Corriere della Sera», 3 luglio 2001.
[48] «Libero», 9 maggio 2009.
[49] «Il Giornale», 29 giugno 2009.

XIV. *Il menu del cannibale*

[1] Ansa, 16 ottobre 2005.
[2] «Porcellum» viene da «porcata», come il leghista Roberto Calderoli – durante un'intervista con Enrico Mentana a «Matrix» del 15 marzo 2006 – ebbe a definire un sistema elettorale che aveva particolarmente contribuito a disegnare.
[3] Ansa, 22 dicembre 2005.
[4] Ansa, 5 dicembre 2005.
[5] «Panorama», 12 ottobre 2000.
[6] *Ibid.*
[7] Ansa, 27 gennaio 2006.
[8] Ansa, 24 gennaio 2006.
[9] Ansa, 26 febbraio 2006.
[10] «Libero», 6 febbraio 2004.
[11] «Ballarò», 22 febbraio 2005.
[12] Il 19 maggio 2004 diversi quotidiani ripresero un comunicato stampa dell'Eurispes che affermava: «Secondo le nostre stime, nel 2003 si contano quasi due milioni di bambini poveri». L'incipit della «Repubblica» fu il seguente: «Sono quasi due milioni in Italia i bambini poveri, baby lavoratori, sfruttati e disagiati, in precarie o drammatiche condizioni economiche».
[13] Ansa, 30 gennaio 2006.
[14] Ansa, 5 gennaio 2006.
[15] Ansa, 8 gennaio 2006.
[16] Ansa, 5 gennaio 2006.
[17] Ansa, 23 e 25 marzo 2006.
[18] Ansa, 4 aprile 2006.
[19] A. Giostra, *Il Tribuno*, cit., p. 316.
[20] *Ivi*, pp. 316-17.
[21] *Ivi*, p. 317.
[22] *Ibid.*
[23] *Ivi*, p. 319.
[24] *Ivi*, p. 323.
[25] Gianmarco Chiocci, in «il Giornale», 9 aprile 2009.
[26] A. Giostra, *Il Tribuno*, cit., p. 325.
[27] *Ivi*, pp. 325-26.
[28] *Ivi*, p. 327.
[29] *Ivi*, p. 328.
[30] *Ivi*, p. 329.

31 «Corriere della Sera», 16 aprile 2006.
32 *Ibid.*
33 *Ibid.*
34 «Il Giornale», 25 marzo 2008.
35 Ansa, 19 maggio 2006.
36 Ansa, 20 maggio 2006.
37 Ansa, 19 maggio 2006.
38 Ansa, 13 maggio 2006.
39 Ansa, 19 luglio 2006.
40 Ansa, 4 novembre 2006.
41 A. Giostra, *Il Tribuno*, cit., p. 380.
42 *Ivi*, p. 373.
43 *Ivi*, p. 374. Anche in Ansa, 19 agosto 2006.
44 *Ibid.*
45 Ansa, 7 agosto 2006.
46 *Ibid.*
47 Ansa, 29 gennaio 2007.
48 Legge n.443 del 2001.
49 Ansa, 29 maggio 2006.
50 Ansa, 25 giugno 2006.
51 Si azzerarono i consorzi Cepav Due, Cociv e Iricav Due che erano guidati da Eni, Impregilo e Astaldi e che avevano in affidamento la realizzazione delle tratte della Tav Milano-Genova, Milano-Verona e Verona-Padova.
52 «Il Giornale», 8 settembre 2007.
53 antoniodipietro.it, 31 agosto 2007.
54 Ansa, 29 luglio 2006.
55 A. Giostra, *Il Tribuno*, cit., p. 366.
56 «La Repubblica», 4 luglio 2007.
57 A. Giostra, *Il Tribuno*, cit., p. 275. Anche in Ansa, 3 ottobre 2006.
58 «Corriere della Sera», 4 gennaio 2007.
59 «La Repubblica», 4 luglio 2007.
60 Corriere.it, 22 luglio 2007.
61 Ansa, 27 luglio 2007.
62 «Il Giornale», 15 luglio 2007.
63 «Il Giornale», 13 marzo 2007.
64 *Ibid.*
65 «Corriere della Sera», 20 maggio 2007.
66 Ansa, 6 settembre 2007.
67 Ansa, 9 settembre 2007.
68 «Libero», 14 settembre 2007.
69 Ansa, 12 settembre 2007.
70 *Ibid.*
71 Ansa, 20 settembre 2007.
72 Ansa, 30 luglio 2007.
73 Ansa, 31 luglio 2007.
74 A. Giostra, *Il Tribuno*, cit., p. 383. Anche in Ansa, 31 luglio 2006.
75 Ansa, 26 luglio 1996.
76 Ansa, 22 giugno 2002.
77 *Ibid.*

[78] Ansa, 28 giugno 2006.
[79] A. Giostra, *Il Tribuno*, cit., p. 128.
[80] Giuseppe Cruciani, *Questo ponte s'ha da fare*, Milano, Rizzoli, 2009, p. 161.
[81] *Ivi*, p. 162.
[82] Ansa, 25 ottobre 2007.
[83] *Ibid.*
[84] Ansa, 20 aprile e 6 maggio 2009.
[85] Ansa, 16 maggio 2009.
[86] G. Cruciani, *Questo ponte s'ha da fare*, cit., pp. 162-63.
[87] *Ivi*, quarta di copertina.
[88] Ansa, 17 dicembre 2007.
[89] «La Repubblica», 20 gennaio 2008. Cfr. anche antoniodipietro.it, 18 gennaio 2008.
[90] «Corriere della Sera», 17 gennaio 2008.
[91] «La Repubblica», 20 gennaio 2008.

XV. *Il centro nel mirino*

[1] Ansa, 13 febbraio 2008.
[2] Ansa, 5 febbraio 2008.
[3] Ansa, 13 e 15 febbraio 2008.
[4] Videochat organizzata su Repubblica.it, 18 febbraio 2008.
[5] La storiella in sintesi. Uno scorpione doveva attraversare un fiume, ma non sapendo nuotare, chiese aiuto a una rana che si trovava lì. Con voce suadente le disse: «Per favore, fammi salire sulla tua schiena e portami sull'altra sponda». La rana rispose: «Fossi matta, così appena siamo in acqua mi pungi e mi uccidi». «E perché dovrei?» incalzò lo scorpione. «Se ti pungessi, tu moriresti ma io, non sapendo nuotare, annegherei.» La rana ci pensò e poi si convinse. Lo caricò sul dorso e insieme entrarono in acqua. A metà tragitto la rana sentì un dolore intenso sulla schiena e capì che era stata punta. Mentre entrambi stavano per morire, la rana chiese allo scorpione perché aveva fatto una follia del genere. «Perché sono uno scorpione» rispose lui. «È la mia natura.»
[6] Bruno Vespa, *Viaggio in un'Italia diversa*, Milano, Mondadori, 2008, p. 285.
[7] Wittgenstein.it, 14 febbraio 2008.
[8] «La Repubblica», 7 settembre 2007.
[9] Repubblica.it, 25 febbraio 2008.
[10] Paolo Crecchi e Giorgio Rinaldi, *Indignati speciali contro la casta*, Roma, Aliberti, 2008, p. 34.
[11] B. Vespa, *Viaggio in un'Italia diversa*, cit., p. 266.
[12] Ansa, 14 maggio 2008.
[13] B. Vespa, *Viaggio in un'Italia diversa*, cit., pp. 285-86.
[14] *Ivi*, p. 287.
[15] Intervista rilasciata al «Corriere della Sera», 9 febbraio 2000.
[16] «Corriere della Sera», 10 dicembre 2004. Berlusconi, intervistato, aggiunse: «Da uno studio emerge che se la Coca-Cola negli Usa deve mantenere il 30 per cento del mercato, deve fare il 30 per cento di pubblicità: be', non ci sono sostanziali differenze per la scelta di un acquisto o del voto».
[17] Conversazione con l'autore.

[18] «L'Espresso», 4 luglio 2008.
[19] Ansa, 28 giugno 2008.
[20] Radio 24, «Viva voce». Riportato da Adnkronos, 8 luglio 2008.
[21] «La Repubblica», 24 luglio 2008.
[22] P. Crecchi e G. Rinaldi, *Indignati speciali contro la casta*, cit., p. 35.
[23] B. Vespa, *Viaggio in un'Italia diversa*, cit., p. 281.
[24] Ansa, 8 luglio 2008.
[25] Ansa, 9 luglio 2008. B. Vespa, *Viaggio in un'Italia diversa*, cit., p. 281.
[26] B. Vespa, *Viaggio in un'Italia diversa*, cit., p. 282.
[27] *Ibid.*
[28] Ansa, 29 agosto 2009.
[29] «Il Giornale», 12 settembre 2008.
[30] «La Repubblica», 11 settembre 2008.
[31] Corriere.it, 18 settembre 2008.
[32] L'autore stesso aveva fatto presente la questione ad Antonio Di Pietro nel corso della trasmissione «Matrix», su Canale 5, in diretta, in data 10 ottobre 2007.
[33] P. Pisicchio, *Italia dei valori*, cit., p. 31.
[34] *Ibid.* La ricerca della Ipso di Mannheimer è citata a p. 37.
[35] Il sondaggio, effettuato per conto di Repubblica.it, è citato *ivi*, p. 32.
[36] *Ibid.*
[37] «Il Giornale», 18 settembre 2008.
[38] voglioscendere.it, rubrica «Passaparola», 29 dicembre 2008.
[39] voglioscendere.it, 27 dicembre 2008.
[40] Intercettazione telefonica dell'8 giugno 2007.
[41] «Panorama», 9 gennaio 2009. Anche in A. Giostra, *Il Tribuno*, cit., p. 421.
[42] Antonio Di Pietro lo sostenne anche nel memoriale presentato a Napoli a margine della sua audizione del 15 gennaio 2009.
[43] Nicola Dell'Omo è un venticinquenne già editore del quotidiano online primapaginamolise.it che vanta qualche migliaio di lettori e che in Molise, ma forse non solo, è una realtà assoluta e ormai consolidata. Non c'è testata nazionale che non vi acceda per sapere come vadano le cose da quelle parti.
[44] Colloquio con l'autore, testimonianza anche messa per iscritto.
[45] Giulio Sansevero, in «la Voce delle Voci», 5 febbraio 2009.
[46] Ripreso in «il Giornale», 24 aprile 2009.
[47] «Corriere della Sera», 1° marzo 2007. Ripreso in «il Giornale», 1° aprile 2009.
[48] «La Stampa», 15 marzo 2007.
[49] Colloquio con l'autore, testimonianza anche messa per iscritto.
[50] Ansa, 14 maggio 2009.
[51] Ansa, 20 aprile 2009.
[52] Ansa, 29 luglio 2008.
[53] Ansa, 13 settembre 2007.
[54] A. Di Pietro con G. Barbacetto, *Il guastafeste*, cit., p. 22.
[55] «Il Giornale», 7 gennaio 2008.
[56] «L'Unità», 27 novembre 2008.
[57] Adnkronos, 30 marzo 2009.
[58] ApCom, 27 maggio 2009.
[59] Ansa, 13 novembre 2008.
[60] antoniodipietro.it, 31 gennaio 2009.

61 Antonio Di Pietro sporse querela per un'intervista rilasciata alla «Repubblica» il giorno stesso della sua pubblicazione, 5 febbraio 1997.

62 Come spiega la stessa «Relazione sulla richiesta di consultazione sull'immunità e i privilegi di Antonio Di Pietro dell'Europarlamento», 23 aprile 2009: «Di Pietro ha riconosciuto che il suo articolo conteneva un "errore madornale" ... In effetti, Filippo Verde non è mai stato coinvolto nella vicenda processuale del Lodo Mondadori, mentre lo è stato nel processo Imi-Sir, nell'ambito del quale era stato assolto da tutte le imputazioni contestategli. Nella sua difesa, Di Pietro ha sostenuto che questo errore tecnico/redazionale si è verificato perché i mass-media accomunavano normalmente le due vicende giudiziarie con il termine "processo Imi-Sir/Lodo Mondadori"».

63 Ansa, 23 luglio 2007.

64 Ansa, 12 aprile 2008.

65 «Il Giornale», 23 aprile 2009.

66 Comunicato dell'ufficio stampa del Parlamento europeo, 22 aprile 2009. Anche in *Relazione sulla richiesta di consultazione sull'immunità e i privilegi di Antonio Di Pietro*, 23 aprile 2009.

67 «Il Giornale», 23 aprile 2009.

68 Ansa, 17 marzo 2009.

69 Ansa, 18 marzo 2009.

70 Adnkronos, 28 luglio 2009.

71 Parere per nomina a magistrato di Corte d'appello del dott. Luigi De Magistris, 26 agosto 2008, prot. 11478. Relazione introduttiva e parere finale.

72 «Il Giornale», 10 aprile 2009.

73 P. Pisicchio, *Italia dei valori*, cit.

74 «L'Espresso», 11 giugno 2009.

75 «Il Giornale», 1° aprile 2009.

76 Cit. in «L'Unità», 13 maggio 2009.

77 *Ibid.*

78 antoniodipietro.it, 13 maggio 2009.

79 Ansa, 28 aprile 2009.

80 P. Pisicchio, *Italia dei valori*, cit., p. 104.

81 *Ibid.*

82 YouTube, 18 maggio 2007.

83 YouTube, 7 febbraio 2007.

84 YouTube, 18 maggio 2007.

85 YouTube, 19 dicembre 2006.

86 YouTube, 7 febbraio 2007.

87 YouTube, Consiglio dei ministri, 7 settembre 2007.

88 YouTube, 22 febbraio 2007.

89 YouTube, 7 settembre 2007.

90 YouTube, Consiglio dei ministri, 7 settembre 2007.

91 *Ibid.*

92 YouTube, Consiglio dei ministri, 13 aprile 2007.

93 YouTube, 11 aprile 2007.

94 YouTube, 23 maggio 2007.

95 YouTube, 4 maggio 2007.

96 YouTube, Consiglio dei ministri, 4 maggio 2007.

97 YouTube, 19 dicembre 2006.

98 YouTube, 23 maggio 2007.
99 YouTube, Consiglio dei ministri, 7 settembre 2007.
100 YouTube, 22 febbraio 2007.
101 YouTube, Consiglio dei ministri, 30 marzo 2007.
102 YouTube, 23 maggio 2007.
103 *Ibid.*
104 YouTube, 19 dicembre 2006.
105 YouTube, adesione al V-day, 8 settembre 2007.
106 YouTube, 22 febbraio 2007.
107 YouTube, Consiglio dei ministri, 27 luglio 2007.
108 YouTube, 22 febbraio 2007.
109 YouTube, 11 aprile 2007.
110 YouTube, Consiglio dei ministri, 8 marzo 2007.
111 YouTube, 23 maggio 2007.
112 YouTube, Consiglio dei ministri, 8 marzo 2007.
113 YouTube, Consiglio dei ministri, 7 settembre 2007.
114 YouTube, Consiglio dei ministri, 30 marzo 2007.

Un grazie vero ai colleghi Marianna Venturini e Francesco Cutillo che hanno avuto la pazienza di aiutarmi a capire come potevano aiutarmi. Gratitudine ad Alberico Giostra e al suo *Tribuno*. Menzione d'ufficio per Barbara Ricevuto, Luca Josi, Riccardo Pugnalin, Giancarlo Lehner, Gianluca Genini, Giorgio Catania e Roberto Iannaccone.

Indice dei nomi

Arnoldo Mondadori Editore S.p.A.

Questo volume è stato stampato
presso Mondadori Printing S.p.A.
Stabilimento Nuova Stampa Mondadori - Cles (TN)

Stampato in Italia - Printed in Italy